U0451200

本书为国家社科基金项目"近代芜湖与皖江地区城乡经济互动关系研究"(项目号：12BZS0616)结项成果修改而成。

本书由安徽师范大学高峰学科建设计划项目(中国史)资助出版，特此致谢！

近代芜湖与腹地经济关系研究

沈世培 ◎ 著

中国社会科学出版社

图书在版编目（CIP）数据

近代芜湖与腹地经济关系研究 / 沈世培著. -- 北京：中国社会科学出版社，2025．3． -- ISBN 978 – 7 – 5227 – 4461 – 2

Ⅰ．F129.5

中国国家版本馆 CIP 数据核字第 2024V1T128 号

出 版 人	赵剑英
责任编辑	李凯凯
责任校对	王 龙
责任印制	李寡寡

出　　版	中国社会科学出版社
社　　址	北京鼓楼西大街甲 158 号
邮　　编	100720
网　　址	http://www.csspw.cn
发 行 部	010 – 84083685
门 市 部	010 – 84029450
经　　销	新华书店及其他书店
印　　刷	北京君升印刷有限公司
装　　订	廊坊市广阳区广增装订厂
版　　次	2025 年 3 月第 1 版
印　　次	2025 年 3 月第 1 次印刷
开　　本	710×1000　1/16
印　　张	32
字　　数	510 千字
定　　价	178.00 元

凡购买中国社会科学出版社图书，如有质量问题请与本社营销中心联系调换

电话：010 – 84083683

版权所有　侵权必究

目 录

绪 论 ………………………………………………………………… (1)

第一章 前近代传统区域中心城市形成 ………………………… (20)
 第一节 先秦至隋唐五代时期芜湖城变迁 ……………………… (20)
 第二节 宋元时期芜湖工商业发展 ……………………………… (33)
 第三节 明清时期转输贸易与芜湖传统区域中心城市形成 …… (41)
 小 结 …………………………………………………………… (66)

第二章 近代口岸城市制度优势增长 …………………………… (68)
 第一节 口岸开放与长江流域经济格局变化 …………………… (69)
 第二节 口岸开放与芜湖城市优势增长 ………………………… (78)
 第三节 列强控制海关、常关对城市与腹地经济关系构建的
    影响 ……………………………………………………… (91)
 第四节 制度和政策调整与芜湖城市优势增长 ………………… (108)
 小 结 …………………………………………………………… (119)

第三章 近代口岸城市辐射能力优势增长 ……………………… (120)
 第一节 航运业发展 ……………………………………………… (120)
 第二节 近代陆路交通 …………………………………………… (143)
 第三节 水陆交通对城市与腹地经济关系构建的影响 ………… (149)
 第四节 近代邮电事业发展 ……………………………………… (160)
 小 结 …………………………………………………………… (167)

1

第四章　近代口岸城市技术和产业优势增长下洋货销售市场范围扩大 …………………………………………………… (169)

　　第一节　口岸洋货贸易结构和洋货输入量 ………………… (170)
　　第二节　列强向腹地倾销洋货方式 ………………………… (180)
　　第三节　运入内地洋货子口贸易 …………………………… (188)
　　第四节　洋货销售市场范围 ………………………………… (201)
　　小　结 ………………………………………………………… (212)

第五章　近代腹地原运出土货向口岸城市集散 ………………… (214)

　　第一节　原运出土货贸易与口岸土货贸易市场 …………… (214)
　　第二节　原运出粮油贸易与城乡经济互动 ………………… (228)
　　第三节　其他原运出土货贸易与城乡经济互动 …………… (242)
　　第四节　原运出土货子口贸易 ……………………………… (253)
　　小　结 ………………………………………………………… (259)

第六章　优势互补：近代芜湖与沿海、沿江口岸城市经济互动 …………………………………………………… (260)

　　第一节　外洋贸易对城市与腹地经济互动关系构建的影响 …… (260)
　　第二节　国内其他口岸运进洋货贸易与芜湖口岸洋货贸易互动 ……………………………………………… (279)
　　第三节　芜湖与其他口岸城市之间土货贸易互动 ………… (290)
　　第四节　金银进出口：国内外贸易与芜湖口岸贸易互动 …… (308)
　　小　结 ………………………………………………………… (320)

第七章　城市与腹地经济互动下近代区域中心城市形成 ……… (321)

　　第一节　芜湖成长为近代皖江地区商业中心 ……………… (322)
　　第二节　芜湖成为安徽近代工业中心 ……………………… (353)
　　第三节　人口流动与城市人口聚集 ………………………… (371)
　　第四节　金融与城乡资金流通 ……………………………… (387)
　　小　结 ………………………………………………………… (395)

第八章　近代芜湖对腹地农村经济的影响 (397)
　　第一节　口岸与腹地农村商品经济 (397)
　　第二节　口岸贸易与腹地农村"耕"的商品化程度提高 (407)
　　第三节　口岸城市洋货贸易促进农村"织"的商品化 (421)
　　第四节　口岸洋货贸易对皖江地区农村经济生活影响 (428)
　　第五节　乡村发展障碍 (434)
　　小　结 (446)

第九章　近代城市与腹地经济关系构建下城市经济圈形成 (447)
　　第一节　芜湖通过腹地城镇市场把城乡之间经济联系起来 (447)
　　第二节　城市与腹地经济互动促进近代芜湖城市经济圈
　　　　　　形成 (462)
　　第三节　城市与腹地经济互动促进近代沿江口岸城市
　　　　　　经济圈形成 (471)
　　小　结 (480)

结　语 (481)

参考文献 (487)

绪　　论

一　选题原因及意义

近代以来，中国经济开始从农村经济逐渐向城市经济发展，城市扮演着越来越重要的角色。当今中国已经进入城市经济时代，中国城市特别是中心城市在经济、社会发展中发挥重要作用，城市经济日益成为主导经济，农业经济退居次要地位，逐步从属于城市经济。在当今工业化和信息化时代，"国家之间的竞争本质上是城市的竞争"①，"城市是发达的原因和起源"②。随着城市的发展，城市史研究也越来越重要，城市发展规律、经验、教训需要总结。城市不仅是城市学、社会学研究的对象，也是历史学研究的重要对象。从农村经济向城市经济的转化，无疑是重大历史课题。中国近代以来城市发展是有规律的，是有层次的，弄清这一规律和层次关系，对正确认识中国近代社会发展、中国近代化有重要意义。目前史学界对城市史研究不够，需要综合研究城市发展及其运行规律。

研究城市，不能孤立地研究城市。城市不是城市单独发展的结果，是城市与腹地互动的结果，其中主要是城乡互动的结果。在城市与腹地关系中，经济关系尤为重要，其中城乡经济互动关系又是重要的关系，尤其是近代口岸与腹地城乡经济互动关系，更是近代城乡经济互动关系变动的主轴，影响着城乡发展、近代化进程以及城市经济发展。在城市与腹地经济

---

① 《国家中心城市抢位战激烈：8 城争夺仅剩的 4 个名额》，2017 年 3 月 20 日，凤凰网，http://news.ifeng.com/a/20170320/50802490_0.shtml，原标题：《国家中心城市争夺战》，来源：《中国新闻周刊》。

② ［法］费尔南·布罗代尔：《15 至 18 世纪的物质文明、经济和资本主义》第 1 卷，顾良、施康强译，生活·读书·新知三联书店 1992 年版，第 569 页。

关系中，有城市与腹地城镇关系，有城市与腹地乡村关系。不过，腹地中城镇是连接城市与乡村的纽带，因此，近代城市与腹地经济关系，本质上就是城乡经济关系。农村与城市"互为前景"，"我创造你，你创造我；我统治你，你统治我；我剥削你，你剥削我；以此类推，彼此都服从共处的永久规则"。① 因此，城乡经济关系是近代口岸与腹地经济关系研究的重点。

美国学者施坚雅认为，研究中国经济史，一个比较合适的研究单元是"一些具有共同特点的地区所综合成的经济区域"。② 也就是选择一个经济区，是研究的切入点，这个经济区必须是有经济联系、具有共同特点的地区。近代口岸城市是近代化的引擎，口岸城市与腹地经济相互影响，相互依赖，城乡经济互动，各地区形成外向型经济体系，城市开始近代化，传统农村经济也开始解体，口岸城市推动了其腹地近代化进程。因此，选择口岸城市与腹地经济关系为研究切入点，可以很好地理解中国近代化发展逻辑。

基于以上原因，本书研究内容为口岸城市与腹地经济关系，并以芜湖为中心。芜湖，简称"芜"，别称江城、鸠兹、中江，有2500多年的历史，从鸠兹古镇，到江口芜湖县城，明清时期就成长为皖江地区经济中心。光绪二年（1876）中英签订《烟台条约》后，芜湖是安徽最早开放的口岸城市，进一步成长为皖江地区近代中心城市，安徽最大的工商业城市，也是长江中下游地区重要城市，被誉为"长江巨埠，皖之中坚"。芜湖自古享有"江东首邑""吴楚名区"之美誉，近代为"江南四大米市"之首，是国家历史文化名城。近代芜湖繁荣，超过当时省会安庆，也超过当时的合肥。今天芜湖，为省辖地级市，下辖镜湖区、弋江区、鸠江区、湾沚区、繁昌区、无为县级市、南陵县5区2县，为全国文明城市、创新型试点城市、数字经济百强城市，仅次于安徽省域中心城市合肥。因此，芜湖不仅在安徽地位极高，在长江流域城市中也享有盛誉。从光绪二年（1876）《烟台条约》将芜湖辟为通商口岸起，至1937年全面抗日战争爆发，芜湖成长及其与腹地经济关系构建也具有典型性。因此，本书研究近代特别是光绪二年（1876）至1937年芜湖与腹地经济

---

① ［法］费尔南·布罗代尔：《15至18世纪的物质文明、经济和资本主义》第1卷，顾良、施康强译，生活·读书·新知三联书店1992年版，第577页。
② 樊树志：《明清江南市镇探微》，复旦大学出版社1990年版，第2页。

互动关系。在全面抗战和解放战争时期，城市发展处于不正常时期，本书对战时城市与腹地经济关系不作专门研究。

这一研究课题是有意义的。理论意义在于，研究芜湖这一区域中心城市成长过程及其与腹地经济互动关系，可以总结区域中心城市成长的规律和特点，弄清区域中心城市与腹地经济关系构建及其规律和特点，从而理解近代城市和乡村的变化、近代化有关问题、近代城市经济圈形成问题、中心城市发展、城乡一体化趋势等，也可以为中国近现代史和安徽地方史研究提供参考。现实意义在于，该课题对当今芜湖省域副中心城市建设、安徽城市发展乃至全国城市发展、城乡经济关系构建、城市经济圈构建和经济区建设，都有借鉴作用。

二 研究现状

口岸城市一般都一个地区中心城市，甚至是全国中心城市，因而受到学界关注，成为重要的研究对象。

在国外，19世纪后期到20世纪前期，西方学界一直对中国通商口岸进行研究，但多限于对通商口岸材料的整理。美国学者费正清第一个对口岸进行理论研究，对道光二十二年（1842）—咸丰四年（1854）年通商口岸及其外侨社团、海关、贸易等进行研究。[1] 美国学者施坚雅（G. William Skinner）、墨菲（Rhoads Murphey）和罗威廉（William T. Rowe）清晚期的城市、中国城市和汉口等城市进行研究。[2] 另外，日本学者滨下武志研究了清末海关财政与通商口岸市场圈关系。[3]

台北"中研院"近代史研究所编的《六十年来的中国近代史研究》所录 David D. Buck《近代中国城市史研究成果》一文，介绍了中国、西方学界对中国近代城市研究成果，介绍了通商口岸地位。[4] 史明正介绍了

---

[1] ［美］费正清：《中国沿海的贸易和外交：1842—1854年通商口岸的开埠》，Stanford University Press，1969年。

[2] ［美］G. W. 施坚雅：《中国封建社会晚期城市研究》，吉林教育出版社1991年版；［美］罗威廉：《汉口：一个中国城市的商业和社会（1796—1889）》，鲁西奇译，中国人民大学出版社2005年版，等等。

[3] ［日］滨下武志：《中国近代经济史研究——清末海关财政与通商口岸市场圈》，高淑娟、孙彬译，江苏人民出版社2006年版。

[4] 近代史研究所编辑委员会编：《六十年来的中国近代史研究》下册，台北："中研院"近代史研究所1988年版。

Weber、Skinner 学说及近年美国有关中国近代城市研究情况。① 这些研究，为我们研究口岸城市提供了新视角，但是对口岸城市与腹地经济关系特别是城乡经济关系研究是不够的，不能从理论上阐述口岸城市与腹地经济关系特别是城乡经济关系演变及其本质。

在国内，城市史研究是史学研究的一个新兴领域。19 世纪末 20 世纪初，城市史研究在欧美兴起。20 世纪二三十年代，随着民国城市建设受到重视，城市史研究兴起，其间有数十种论著，如刘友德、杨哲明、白敦庸、凤公、阮麟运等的相关著作。② 关于长江流域城市研究文章，如蒯世勋、曹玉麟、杨哲明、望泉、蒙思明、周以让、顾彭年论及上海、成都、武汉、杭州等城市。③ 民国时期，有关通商口岸研究约可分为 4 类：地方志纂修、掌故佚闻编集、城市概述和时事问题研究，还有部分地方出版介绍通商口岸的书籍。这些对新中国成立后史学界有重要影响，但是对口岸城市与腹地经济关系特别是城乡经济关系缺乏研究。

20 世纪 80 年代以来，中国学者对口岸城市研究逐渐重视，对近代中国城市史研究，主要是发起于 20 世纪 80 年代国家社科基金项目有关上海、重庆、武汉、天津 4 个城市近代发展的研究，形成了以上海社会科学院历史研究所为代表的上海城市研究团队，以四川大学历史系为主的重庆城市史研究团队，以武汉大学和江汉大学为主的武汉城市史研究团队，以天津社会科学院历史研究所为代表的天津城市史研究团队，取得不少成果，并创办《城市史研究》集刊，从 1988 年到 2009 年，上海、重庆、武汉、天津、青岛等城市先后举办 18 次城市史学术会议。④ 上海师范大学都市文化研究中心创办《都市文化研究》集刊，其中有些论

---

① 史明正：《西方学者对中国近代城市史的研究》，《近代中国史研究通讯》总第 13 期。

② 刘友德：《都市政策》，华通书局 1929 年版；杨哲明：《市政管理 ABC》，ABC 丛书社 1928 年版；白敦庸：《市政述要》，商务印书馆 1928 年版；董修甲：《市政与民治》，大东书局 1931 年版；陆丹林等：《市政全书》，上海道路月刊社 1931 年版；凤公：《上海与沪渎之考证》，《东方杂志》1918 年第 11 期；阮麟运：《论汉口》，《地学杂志》1916 年第 12 期等。

③ 蒯世勋：《上海公共租界的发端》，《上海市通志馆期刊》1936 年第 1 期；曹玉麟：《上海发展之回溯》，《史地》1933 年第 2 期；杨哲明：《上海沿革考略》，《复旦学报》1935 年第 1 期；望泉：《上海论》，《新学识》1937 年第 6 期；蒙思明：《成都城池考略》，《禹贡》1936 年第 8 期；周以让：《武汉三镇之现在及将来》，《东方杂志》1924 年第 3 期；顾彭年：《杭州市之沿革》，《杭州市政季刊》1933 年第 1 期等。

④ 张利民编：《城市史研究》第 31 辑，社会科学文献出版社 2014 年版。

文涉及近代城市研究。关于口岸发展、口岸城市与租界关系、口岸对腹地经济影响等问题，出了不少论著。如陈诗启研究中国近代海关史，①费成康、张洪祥、郑祖安、施扣柱等研究中国租界等，②陈振江、郑忠、杜语、杨天宏、隗瀛涛等研究口岸城市，包括近代中国条约口岸城市发展特征和非条约口岸城市化道路，近代中国通商口岸研究历史与现状，近代自开商埠情况，近代中国不同类型城市，从城市地域、城市经济、城市社会、城市政治、城市文化5个方面研究近代中国城市结构和功能的发展演变。③张仲礼等研究了长江沿江城市与中国近代化关系，长江沿江城市与中国近代化关系，长江下游城市近代化的发展轨迹；④刘金声等研究了中国半殖民地半封建社会城市发展及社会经济概况等。⑤有的学者对较有影响的城市进行研究，侧重研究上海、武汉、天津、重庆近代史。⑥另外，刘海岩探讨近代城市史内涵及中国史

---

① 陈诗启：《中国近代海关史》，人民出版社2002年版。

② 费成康：《中国租界史》，上海社会科学院出版社1991年版；张洪祥：《近代中国通商口岸与租界》，天津人民出版社1993年版；郑祖安、施扣柱：《国内租界史研究概述》，《社会科学》1988年第9期。

③ 陈振江：《通商口岸与近代文明的传播》，《近代史研究》1991年第1期。郑忠：《近代中国条约口岸城市发展特征——与非条约口岸城市之比较》，《江海学刊》2001年第4期；郑忠：《近代非条约口岸城市化道路——以南通、无锡、常州为例》，《江海学刊》2008年第2期；杜语：《近代中国通商口岸研究——历史与现状》，《中国社会科学院研究生院学报》1996年第6期；杨天宏：《口岸开放与社会变革——近代中国自开商埠研究》，中华书局2002年版；隗瀛涛：《中国近代不同类型城市综合研究》，四川大学出版社1998年版；张利民主编：《城市史研究》第31辑，社会科学文献出版社2014年版。

④ 张仲礼、熊月之、沈祖炜：《长江沿江城市与中国近代化》，上海人民出版社2002年版；茅家琦等：《横看成岭侧成峰——长江下游城市近代化的轨迹》，江苏人民出版社1993年版。

⑤ 刘金声、曹洪涛：《中国近现代城市的发展》，中国城市出版社1998年版。

⑥ 熊月之主编：《上海通史》，上海人民出版社1999年版；罗澍伟：《近代天津城市史》，中国社会科学出版社1993年版；皮明庥编：《近代武汉城市史》，中国社会科学出版社1993年版；张仲礼：《近代上海城市研究》，上海人民出版社1990年版；隗瀛涛：《近代重庆城市史》，四川大学出版社1991年版；胡光明：《被迫开放与天津城市近代化》，《天津社会科学》1989年第5期；罗澍伟：《近代天津城市史散论》，《近代史研究》1991年第4期；涂文学：《近代汉口城市文化生成机制探源》，《近代史研究》1992年第3期；史明正：《走向近代化的北京城——城市建设与社会变革》，北京大学出版社1995年版，等等。

学界城市史研究情况;① 王笛研究了近年美国史学界对近代中国城市研究成果和概念;② 欧阳跃峰、叶东阐述了近代芜湖海关与对外贸易关系;③ 叶东等还论述了近代航运业对芜湖城市兴起的影响;④ 马长伟等论述了晚清芜湖子口贸易及其对芜湖工商业等方面影响;⑤ 范习中以芜湖、安庆、蚌埠为例研究近代安徽城市发展的动力因素。⑥ 林满红介绍了20世纪70—80年代台湾研究通商口岸的9篇硕士论文。⑦ 这些论著一般侧重于口岸城市本身的研究,对城乡经济关系论述不够。

西方学界有关城乡经济关系研究的思路和基本方法,主要是继承了古典主义和新古典主义的学术源流,同时也不断修补其局限性,进而完善城乡关系理论和方法。古典主义和新古典主义有一些共同的假定前提和分析思路。⑧ 国内对城乡经济关系研究,主要侧重新中国成立以来,对近代研究不够。学界在对近代口岸城市研究时,对口岸城市与腹地的城乡经济关系也有涉及,取得一些成果。如张仲礼等研究了广州、厦门、福州、宁波、上海五口通商城市对中国近代化的作用,阐述了五口城市对周边乡村经济影响及乡村产业结构变迁。⑨ 何一民等讨论了近代城乡关系特点、变化动因、变动趋势及其对城乡发展影响等。⑩ 以吴松弟和戴鞍钢为代表的复旦大学中国历史地理研究所学术团队,对口岸城市与腹地关系研究,有较多研究成果。另外,方书生、水海刚、连心豪、隗瀛涛、田永秀、赵彬、陈炜、蔡云辉、徐蕴、张珊珊等从不同角度研究口岸与

---

① 刘海岩:《近代中国城市史研究的回顾与展望》,《历史研究》1992年第3期。
② 王笛:《近年美国关于近代中国城市的研究》,《历史研究》1996年第1期。
③ 欧阳跃峰、叶东:《近代芜湖海关与对外贸易》,《北华大学学报》2009年第6期。
④ 叶东、王佳:《近代航运业与芜湖城市的兴起》,《重庆交通大学学报》2009年第5期。
⑤ 马长伟、马陵合:《晚清芜湖子口贸易》,《安徽师范大学学报》2009年第6期。
⑥ 范习中:《近代安徽城市发展的动力因素分析——以芜湖、安庆、蚌埠为例》,《西南民族大学学报》2012年第2期。
⑦ 林满红:《口岸贸易与近代中国——台湾最近有关研究之回顾》,《近代中国区域史研讨会论文集》下册,台北:"中研院"近代史研究所1984年版。
⑧ 金碚:《国外城乡经济关系理论评介》,《中国工业经济研究》1993年第5期。
⑨ 张仲礼:《东南沿海城市与中国近代化》,上海人民出版社1996年版。
⑩ 何一民:《近代中国城市发展与社会变迁》,科学出版社2004年版。

腹地经济关系。①

关于近代芜湖城市研究，有一些成果，主要集中于芜湖聚落起源城市发展及其规律，② 芜湖米市，③ 芜湖海关，④ 20 世纪芜湖城市发

---

① 吴松弟：《港口：腹地与北方的经济变迁（1840—1949）》，浙江大学出版社2011年版；吴松弟：《港口—腹地和中国近代经济地理》，齐鲁书社2005年版；吴松弟：《中国百年经济拼图：港口城市及其腹地与中国现代化》，山东画报出版社2006年版；吴松弟：《通商口岸与近代的城市和区域发展——从港口—腹地的角度》，《郑州大学学报》2006年第6期；戴鞍钢：《近代中国城乡经济关系演进述论》，《安徽史学》2013年第3期；戴鞍钢：《港口·城市·腹地——上海与长江流域经济关系的历史考察（1843—1913）》，复旦大学出版社1998年版；戴鞍钢：《近代上海与周围农村》，《史学月刊》1994年第2期；戴鞍钢：《近代上海与苏南浙北农村经济变迁》，《中国农史》1997年第2期；方书生：《近代经济区的形成与运作——长三角与珠三角的口岸与腹地（1842—1937）》，博士学位论文，复旦大学，2007年；水海刚：《中国近代通商口岸城市的外部市场研究》，《厦门大学学报》2011年第2期；水海刚：《近代口岸与腹地经济关系新探——以闽江流域为例》，《厦门大学学报》2006年第3期；连心豪：《近代中国通商口岸与腹地——厦门、泉州常关内地税个案研究》，《民国档案》2005年第4期；陇瀛涛、田永秀：《近代四川城乡关系析论》，《中华文化论坛》2003年第2期；赵彬：《近代烟台贸易与城乡关系变迁》，《山东师范大学学报》2002年第2期；陈炜：《近代中国城乡关系的二重性：对立与统一》，《长沙大学学报》2005年第3期；林红：《现代化、革命与20世纪上半叶中国城乡关系》，《四川大学学报》2002年第6期；蔡云辉：《城乡关系与近代中国城市化问题》，《西南师范大学学报》2003年第5期；徐蕴：《近代长江上游"港口—腹地"经济关系研究——以宜昌、重庆、万县为中心（1877—1936年）》，《中华文化论坛》2018年第9期；徐蕴：《近代长江上游港口腹地经济关系研究》，吉林大学出版社2018年版；张珊珊：《近代汉口港与其腹地经济关系变迁（1862—1936）——以主要出口商品为中心》，博士学位论文，复旦大学，等等。

② 唐晓峰、于希贤、尹钧科、高松凡：《芜湖的聚落起源、城市发展及其规律的探讨》，《安徽师范大学学报》1980年第2期。

③ 安徽哲学社会科学研究所芜湖米市调查研究组等：《芜湖米市——旧中国四大米市之一》，《安徽史学通讯》1959年第21期；陈敬宇：《芜湖米市的兴起及其与李鸿章的关系》，《安徽师范大学学报》2006年第5期；戴国芳：《近代芜湖米市兴衰的原因及其影响》，《长江大学学报（自科版）》2006年第5期；陈爱娟：《19世纪50—80年代芜湖米市米源地稻米生产能力的历史考察》，《安徽史学》2012年第3期；谢国权：《近代芜湖米市与芜湖城市的发展》，《中国社会经济史研究》1999年第3期；方前移：《近代口岸市场米粮贸易波动研究——基于海关资料的分析》，《中国农史》2017年第1期；徐正元：《中国近代农产商品化的发展与米市的形成》，《安徽史学》1997年第1期；徐正元：《中国近代稻米供需、运销状况的计量考察》，《中国经济史研究》1992年第1期；张家康：《芜湖米市兴衰录》，《民国春秋》1996年第5期；周忍伟：《商业对近代中国城市发展作用——芜湖米市分析》，《华东理工大学学报》（社科版）2002年第4期；王涌：《中国四大米市》，漓江出版社1990年版；徐正元：《中国近代四大米市考》，黄山书社1996年版。

④ 王鹤鸣：《芜湖海关》，黄山书社1994年版；沈世培校注：《〈芜湖关华洋贸易情形论略〉校注》，安徽师范大学出版社2015年版。

展,① 芜湖通史,② 徽商与芜湖及芜湖商业,③ 近代芜湖口岸开放与城市转型,芜湖近代工业发展,④ 等等。樊树志关于明清江南市镇的研究,⑤ 周忍伟关于皖江城市近代化的研究,⑥ 郭万清等关于安徽地区城镇历史变迁的研究,⑦ 涉及近代芜湖发展历史。对近代皖江地区研究,包括皖江开发史,⑧ 安徽现代化,⑨ 皖江地区经济（1877—1937）,⑩ 安徽近代史、经济史及通史,都涉及皖江地区近代经济史。⑪ 只有杨莲和丁琦研究了芜湖与腹地城乡关系,⑫ 对芜湖与腹地城乡经济关系探索是一个尝试。刘博对近代芜湖与上海经济互动关系进行了梳理,⑬ 就上海来说,也是口岸城市与腹地之间的经济关系。

上述研究，为本书研究奠定了基础。不过，学界虽然对近代城乡经济关系有所研究，但是对近代芜湖口岸城市与腹地经济互动关系研究不足，如对城市与腹地经济是如何互动、互动范围、产生的结果、内在规律及对中国经济影响等问题，还须深入探讨。

---

① 章征科：《从旧埠到新城：20世纪芜湖城市发展研究》，安徽人民出版社2005年版。
② 芜湖市地方志办公室主编：《芜湖通史》，黄山书社2011年版。
③ 芜湖市地方志办公室编：《徽商与芜湖》，黄山书社2013年版；芜湖市地方志办公室、芜湖市商务局编：《芜湖商业史话》，黄山书社2012年版。
④ 马琼：《近代芜湖口岸开放与城市转型研究（1876—1937）》，硕士学位论文，安徽师范大学，2014年；李猛：《芜湖开埠与芜湖近代工业发展》，硕士学位论文，安徽师范大学，2015年。
⑤ 樊树志：《明清江南市镇探微》，复旦大学出版社1990年版。
⑥ 周忍伟：《举步维艰：皖江城市近代化研究》，安徽教育出版社2002年版。
⑦ 郭万清：《安徽地区城镇历史变迁研究》，安徽人民出版社2014年版。
⑧ 郭万清、朱玉龙：《皖江开发史》，黄山书社2001年版。
⑨ 谢国兴：《中国现代化的区域研究：安徽省（1860—1937）》，台北："中研院"代史研究所1991年版。
⑩ 方前移：《国际视域下皖江区域经济（1877—1937）》，社会科学文献出版社2018年版。
⑪ 翁飞等：《安徽近代史》，安徽人民出版社1990年版；王鹤鸣、施立业：《安徽近代经济轨迹》，安徽人民出版社1991年版；王鹤鸣：《安徽近代经济探讨：1840—1949》，中国展望出版社1987年版；程必定：《安徽近代经济史》，黄山书社1989年版；沈世培：《文明的撞击与困惑：近代江淮地区经济和社会变迁研究》，安徽人民出版社2006年版；张南等：《简明安徽通史》，安徽人民出版社1994年版；陈金勇：《芜湖开埠与近代皖江地区社会经济的变迁（1876—1937）》，硕士学位论文，苏州大学，2005年。
⑫ 杨莲：《芜湖与近代皖江地区的经济互动（1876—1937）》，硕士学位论文，安徽师范大学，2010年；丁琦：《近代芜湖与郊县城乡互动研究》，硕士学位论文，安徽师范大学，2012年。
⑬ 刘博：《近代芜湖与上海经济互动关系研究》，硕士学位论文，安徽师范大学，2014年。

三　理论与范式

研究近代芜湖与腹地经济互动关系，需要一定理论和范式。

中国近代化属于"后发外生型"，与西方"先发内生型"不同，属于早期现代化。研究近代历史，就是研究中国现代化历史。因此，本书除运用传统历史学理论唯物史观外，现代化理论也是本书所要运用的理论。城市与腹地经济关系研究涉及城市发展、气候、地理环境、地域范围、经济等，本书还要运用城市学、经济学、经济地理学、历史地理学等理论。如城市学理论，研究城市自身的整体发展和运动规律，城市是在政治、经济、文化、社会、地理、技术、环境、资源等因素交互作用下发展的，研究内容包括城市产生和发展、城市特征和本质、城市结构和运行、城市功能和作用、城市社会化和现代化等。① 这一理论对研究城市与腹地经济关系是有帮助的。

如何研究中国近代化史，研究范式也很重要。范式是一种解释体系，基本解释框架。在中国近代史研究中，新中国成立后，长期采用"革命范式"，20 世纪 80 年代，开始采用"近代化范式"。在区域史研究中，"近代化范式"采用比较普遍。

美国学者费正清在研究中国沿海通商口岸时，提出了"冲击—反应"模式（或"帝国主义"模式），从西方角度研究中国近代历史，把中国社会变化归因于西方的冲击。② 学界采用"冲击—反应"范式（或"帝国主义"模式），从外部寻找中国近代发展的动力，认为是西方资本主义侵略，迫使中国作出反应，被迫学习西方，进行近代化。运用这种范式，缺乏对中国社会特殊性的分析，把中国社会看成似乎是静止不动的，似乎无西方冲击，中国社会很难发展，具有"超稳定结构"。在历史长河中，各个社会都具有特殊性，遵循自己成长的轨迹和发展规律，但是从历史哲学来讲，螺旋式的上升却是每一个社会发展的必然趋势，这是共性。也就是每个社会都有内在发展动力和规律，忽视这种共性，就难以理解中国历史发展。如果仅仅以这种范式研究中国近代史，容易给人以西方资本主义侵略"有

---

① 董增刚主编：《城市学概论》，北京大学出版社 2013 年版，第 5—6 页。
② ［美］费正清：《中国沿海的贸易和外交：1842—1854 年通商口岸的开埠》，Stanford University Press，1969 年。

功"的错觉,也难以找到中国近代社会发展特殊性和内在规律。所以,"冲击—反应"范式有其局限性,不足以理解中国是如何反应或回应的,单纯从外部寻找动力是不够的。一些西方学者不同意"冲击—反应"模式以及后来的"传统—近代"模式。针对"冲击—反应"范式的不足,美国保罗·柯文不赞同传统西方学者完全从西方角度探讨中国近代历史发展的动因,主张从中国内部而不是从西方着手来研究中国历史,提出"中国中心观"("中国中心的历史")。"中国中心观"把近代中国所受西方文明影响分为3层:一是外层,包括通商口岸、现代工商业、大众传媒、基督教等,与西方文明有直接联系;二是中层,包括太平天国、洋务运动、晚清新政、辛亥革命、联省自治等,与西方文明有一定联系;三是内层,包括人口、乡村宗法关系、风俗习惯、生活方式、底层骚扰、匪患等,受西方文明影响较小,一直延续下来。① 不过,"中国中心观"仍然是"冲击—反应"范式的补充,并没有否认"冲击—反应"范式。"近代化范式"也是"冲击—反应"范式的延伸。单纯用"冲击—反应"范式,或"中国中心观"范式研究,不能得出令人信服的结论。因为这些范式,解释不了其背后的原因,如为什么会冲击,是如何响应的,为什么要响应等;为什么要从传统走向近代;帝国主义为什么会侵略,中国社会何以产生巨大变化;"中国中心观"如何分析中国历史变化及原因,以什么样尺度分析,等等。

近年来,学界采用"口岸—腹地"范式研究区域经济史,取得丰硕成果。城市与腹地经济关系历史由来已久。口岸与腹地经济关系,就是特殊的城市与腹地经济关系,包括口岸城市与腹地城镇关系,也包括口岸城市与腹地乡村经济关系,并主要是城乡经济关系。通过口岸与腹地经济关系研究,可以解释近代化的历程。"港口—腹地"模式最先由戴鞍钢教授提出,他将港口与所在城市以及经济腹地作为一个整体加以综合考察,并对港口建设这一水运体系对上海的重要意义进行了特别强调。② 在"港口—腹地"模式中,港口和港口城市的概念是一体的,港口(城市)与腹地之间的经济联系越密切,港口(城市)越繁荣。

---

① [美]保罗·柯文:《在中国发现历史——中国中心观在美国的兴起》,林同奇译,中华书局1989年版。
② 戴鞍钢:《港口·城市·腹地——上海与长江流域经济关系的历史考察(1843—1913)》,复旦大学出版社1997年版。

但是，运用"港口—腹地"范式，还不足以解释口岸城市与腹地经济关系的动力，即为什么会产生口岸城市与腹地经济互动关系。这一范式是用来解释近代口岸城市与腹地关系的，口岸与腹地关系是近代产生的特殊关系。而口岸城市与腹地经济关系是从城市产生以来就存在了，因此近代口岸城市与腹地经济关系既具有特殊性，又具有一般性。

近代口岸城市都是不同程度的中心城市。为什么近代口岸城市成长比一般城市快呢？动力何在？"港口—腹地"范式没有回答这一问题。城市自产生后，由于各自条件不同，发展前景也不同，有的消亡，有的成长迅速，形成不同等级的城市。"口岸"是一个历史概念，是指一个国家根据自己需要，在具有特殊历史和地理条件的城市设置的对外开放场所，口岸城市就成为一个区域对外开放的门户。"口岸"，先是明清时期由国家指定对外通商的沿海港口，为海港口岸。到近代，有列强根据不平等条约设立的"条约口岸"，有中国自愿设立的"自开口岸"，由沿海延伸到内地。近代"条约口岸"和"自开口岸"是通商口岸，设立口岸的城市成为"条约口岸城市"和"自开口岸城市"，是一种特殊的城市。芜湖根据1876年中英《烟台条约》开放，成为"条约口岸城市"。近代以来，随着五口通商，口岸城市不断增加，城市由沿海向内陆交通方便的地方发展，城市经济发展日益显著，形成了以口岸城市为基础的城市群，主要为以广州为中心的珠江三角洲城市群，以上海为中心的长江三角洲城市群，以天津为中心的环渤海湾城市群，以武汉为中心的中国中部城市群，这些城市群又相互影响，共同促进中国近代市场形成和发展，促进城市经济发展。在这个基础上，形成了广州、上海、天津、武汉等几个大的中心城市。这些城市具有全国影响，因此可以称为"国家中心城市"，也是"塔尖中心城市"，其辐射和带动的中心城市，可以称为"区域中心城市"。1933年德国地理学家克利斯塔勒《南德的中心地》一书提出"中心地学说"，认为城市在特定区域内按一定规律相互联系，形成梯形的等级结构。① 芜湖到近代是主要从属于上海的城市，城市地位进一

---

① [美] G. W. 施坚雅：《城市与地方体系的等级结构》，见《中国封建社会晚期城市研究》，吉林教育出版社1991年版，第144—231页。另参见杨天宏《口岸开放与社会变革——近代中国自开商埠研究》，中华书局2002年版，第224—225页。

步提高,发展为近代"区域中心城市"。芜湖在前近代由小镇发展为传统"区域中心城市",开埠后发展为近代"区域中心城市",是口岸城市与腹地经济互动的结果,与一般城市不同。

同时,近代口岸城市的腹地不是静止的,是不断变动的,"港口—腹地"范式却没有关注这一变化。腹地,顾名思义,就是位于港口城市之后,提供出口和进口商货的内陆地区。腹地一般有3种含义:一是指靠近中心一带的地区;二是指内地,与边区、沿海相对;三是指港口的辐射区域。本书所用"腹地"概念是第三种含义,是相对港口城市而言的相对范畴,是指为港口城市销售商品,为港口城市提供土货商品的区域。这种为港口提供出口物资,并消费港口的进口物资的区域,在地理学上称为"港口的腹地"。[①] 谢国兴认为,"各通商口岸均有取得出口货物与行销进口货之市场,是为该口岸之腹地或贸易圈"[②]。腹地,就是城市辐射的范围,是城市经济圈。城市经济圈扩大就是城市市场扩大。"腹地"似乎是稳定的区域,其实销售口岸商品和为口岸提供商品的区域是复杂的,有重点地区,有非重点地区,又是变动的,并有扩大的趋势。一个由口岸城市发展起来的中心城市,其腹地是不断发展的,并不是固定的。一般给人的感觉是,口岸腹地是固定的。但是,事实并非如此。城市腹地随城市辐射和吸附能力变化而变化,也就是随着口岸城市与腹地经济互动关系变化而变化。还要看到,口岸城市与腹地之间也是交叉和覆盖的,到近代尤其如此。近代口岸城市纳入世界资本主义市场体系,口岸城市与腹地关系发生了变化,不再是口岸城市与腹地单纯对应关系,而是变得更加复杂,口岸城市不仅与原来腹地进行贸易,而且与外洋和其他口岸城市进行贸易。洋货由外洋输入口岸城市,再转销内地,内地土货由口岸城市出口外洋和其他口岸城市,转口贸易成为主要贸易,腹地更为复杂。

芜湖作为港口城市,其腹地也是变动的。芜湖传统腹地是皖江地区。

[①] 吴松弟:《通商口岸与近代的城市和区域发展——从港口—腹地的角度》,《郑州大学学报》2006年第6期。

[②] 谢国兴:《中国现代化的区域研究:安徽省(1860—1937)》,台北:"中研院"近代史研究所1991年版,第458页。

绪　论

"皖江地区"是一个地理概念，不是行政概念，是20世纪90年代初安徽省委、省政府制定发展战略时提出的一个经济区域概念。① "皖江"是长江安徽段习称，自江西湖口流经安徽安庆境内，至马鞍山流出安徽，全长401千米，常称为"八百里皖江"，是皖省最重要的河流，分为九江（皖江之首为今宿松、望江段，本古彭蠡泽遗存，为九江）、鹊江（铜陵至芜湖段，约为铜陵大通至芜湖三山一段长江，古名"鸠江"，亦称"鹊江"）、鸠江（芜湖三山至长江出安徽界）、楚江（芜湖段）②、横江（皖江末段为采石河段，古称横江）。皖江地区的地域范围是江淮分水岭以南和徽州地区黄山以北的皖江流域。

清顺治二年（1645），南直隶改为江南省，皖江地区隶属江南省，置凤阳巡抚及安庐池太巡抚，由淮阳总督统辖，到顺治六年（1649）俱罢。乾隆二十五年（1760）安徽布政使从江宁迁到安庆驻守，安徽完成建省。全省分8府：安庆府、庐州府、凤阳府、颍州府、徽州府、宁国府、池州府、太平府；直隶州5个：广德州、滁州、和州、六安州、泗州；府属州4个：颍州府属之亳州、庐州府属之无为州、凤阳府属之寿州和宿州；51个县。③ 皖江地区，在清代安徽8府5直隶州行政区划中，分属江北的庐州府、安庆府、滁州直隶州、和州直隶州、六安州直隶州，江南的池州府、太平府、宁国府、广德直隶州（见表0-1）。

表0-1　　　　　　　　清代皖江地区府、州行政区划

府、州名	所属州县名
安庆府	怀宁县、桐城县、潜山县、太湖县、宿松县、望江县
庐州府	合肥县、庐江县、舒城县、无为州、巢县
六安州	六安州、英山县、霍山县
和州	和州、含山县
滁州	滁州、来安县、全椒县
池州府	贵池县、青阳县、铜陵县、石埭县、建德县、东流县

---

① 郭万清、朱玉龙：《皖江开发史》，黄山书社2001年版，第1页。
② 戴卿：《这样读懂芜湖》，安徽师范大学出版社2023年版，第101—103页。
③ 张南等：《简明安徽通史》，安徽人民出版社1994年版，第260—261页。

续表

府、州名	所属州县名
太平府	当涂县、芜湖县、繁昌县
宁国府	宣城县、宁国县、泾县、太平县、旌德县、南陵县
广德州	广德州、建平县①

资料来源：（清）冯煦主修，陈师礼总纂：《皖政辑要》卷34《度支科·杂税二》，黄山书社2005年版，第361—362页。

皖江流域约占全省总面积的50%，约6.6万平方千米，其中湖泊面积4.1万平方千米，圩区面积1.1万平方千米，其余为山陵。今皖江地区包括江北的安庆市、六安市南部、合肥市南部、滁州市区及全椒、来安、天长3县，江南的池州市、铜陵市、芜湖市、马鞍山市、宣城市（除绩溪县），为皖江流域9市所辖地区。也有人认为"皖江地区"，是指"长江流域安徽段两岸地区，覆盖地域涉及现行行政区划的沿江8市，即安庆、池州、铜陵、芜湖、马鞍山、巢湖、宣城（除绩溪县）和滁州市东部"。②不过，2011年巢湖市撤销，划归合肥、芜湖和马鞍山三个市，因此就不能把巢湖市作为一个行政区划了。另外，六安南部也属于皖江流域，应该把这个部分纳入皖江地区。在前近代，水系构成了贸易网络系统，水运能够到达的范围，也往往形成一个港口城市的传统腹地。芜湖发展主要是靠长江贸易拉动起来的，与长江上下游地区构成经济关系，与皖江地区经济关系也随之扩展，腹地范围远超皖江地区这一地域范围。明清时期，芜湖腹地从皖江地区扩展到徽州地区，乃至长江中下游地区。到近代，随着陆路交通如铁路、公路等的发展，区域和国内外市场也随之发展，口岸城市腹地也在扩大，不局限于传统的腹地范围。近代城市辐射能力增强，城乡经济关系范围扩大。近代是中国区域市场乃至全国市场形成时期，一个大的区域内众多口岸城市构成城市群，它们之间互相联系，腹地相互覆盖，相互交叉，扩大了城市圈，也就是扩大了市场，

---

① 《内务部改定各省重复县名及存废理由清单》（《东方杂志》第10卷第9号，1914年）载，1914年，安徽省建平县改名郎溪县，安徽省建德县改名秋浦县。

② 郭万清、朱玉龙：《皖江开发史》，黄山书社2001年版，第1页。

绪　论

扩大了腹地。芜湖口岸腹地范围很广，不能以某个固定区域来确定。因为近代中国被纳入世界资本主义市场，原来封闭的内地经济日益市场化，城市辐射范围不断扩大，不同的城市经济圈相互覆盖，使中国内地经济联系起来，国内统一的民族市场逐渐形成。

有人认为，芜湖腹地覆盖面包括贵池、青阳、南陵、宣城、当涂、泾县、舒城、巢县、庐江、桐城、太湖等地。① 只是沿江一带，地域小了。近代芜湖口岸城市辐射范围很广，不仅包括安徽，还远及云南、贵州、四川、湖南、湖北、河南、陕西、江苏等省，主要是土药和竹木贸易延伸的范围很广。芜湖腹地是与以皖江地区为主的长江中下游地区联系，并与国内外市场联系。

不过，近代口岸腹地也有相对稳定的范围，主要受到交通的影响，构成一个城乡互动的区域经济体系，芜湖与皖江地区经济联系最紧密，其次是徽州地区，最后是其他地区。因此，芜湖口岸腹地最主要的是皖江地区，然后是徽州地区及其他地区。皖江地区是芜湖腹地的一部分，并且是主要部分。从地域来讲，芜湖是皖江地区中心城市。在陆路交通不发达的近代，水运交通是主要的，从属于长江贸易的芜湖，其主要贸易通道仍然是长江和皖江地区长江水系，皖江水运商路延及的范围构成的皖江地区是芜湖口岸城市的主要腹地，芜湖的进口洋货主要销往皖江地区，芜湖的土货也主要来自皖江地区。从近代芜湖与腹地经济关系，可以看出芜湖与腹地经济关系构建的过程和规律，进而弄清近代口岸城市与腹地经济关系构建规律，弄清近代化发展规律。

因此，"口岸—腹地"范式似乎静止地看待口岸与腹地关系，其实，近代口岸城市和腹地都是变动的，近代口岸城市辐射能力超过一般城市，腹地范围也超过一般城市。那么，城市为什么会产生辐射呢？这是因为城市一产生就具有自身优势，优势是城市存在的依据，是口岸城市与腹地经济关系构建的前提。假如城市不具有优势，城市也产生不了，并且优势大小决定了城市发展前途。城市优势是城市成长的条件和动力，城市辐射能力是城市功能的体现。城市优势越强，城市辐射能力越强，城

---

① 周忍伟：《商业对近代中国城市发展作用——芜湖米市分析》，《华东理工大学学报》2002年第4期。

市发展前景就好，城市腹地越广大；反之，城市优势小，城市发展前景就不好，城市腹地就越狭小。到近代，口岸城市获得了新优势，城市优势增长，其发展就与一般城市不同，口岸—腹地经济关系就注入了新内容，带有时代特殊性。城市优势是综合的，有先天和后天的，优势会增长，也会衰弱，并且不同城市有不同优势，城市发展过程，既是城市优势发挥、增长、互补的过程，也是城乡经济关系构建的过程。中心城市是逐步成长起来的，是在地理位置、交通、地缘、地理环境、产业等优势聚集基础上发展起来的，"国家中心城市"和"区域中心城市"，都是在一定区域范围内投入产出效率比较高的地方，区域中心城市是所在经济区内投入产出效率最高的地方。① 中心城市具有辐射能力，集聚区域内生产要素，促进生产要素在经济区内顺畅流动，实现经济区内生产效率的最大化。如到明清时期，长江流域城市逐渐形成传统区域中心城市。芜湖是长江流域很有地位的城市，在前近代已发展成为传统区域中心城市。在城市研究中，目前采用城市集聚理论，认为城市的本质是集聚，是生产要素和生活要素的集中，集聚就是集聚"优势"。城市集聚的内容包括人口、生产和流通、科学和文化、社会活动，城市集聚效益包括经济效益、社会效益、环境效益。② 这一理论不足以解释口岸城市与腹地经济关系，因为它没有重视"优势"的聚集。因此，"城市优势"范式，是解释口岸城市与腹地经济关系的基本范式，是对其他研究范式的补充和延伸。利用这种范式，就可以弄清中国近代化的历史逻辑。"城市优势"范式是对"口岸—腹地"范式的升华，是解释口岸城市与腹地经济互动关系的钥匙。

我们在理解口岸城市与腹地经济关系时，往往把口岸城市与腹地经济关系孤立地理解为一个城市与其附近乡村之间的经济关系，似乎城市与腹地经济关系构成了经济圈。这是一种理论设想，在历史实际中，口岸城市与腹地经济关系远没有这么简单。城市各不相同，其口岸城市与

---

① 《国家中心城市抢位战激烈：8 城争夺仅剩的 4 个名额》，2017 年 3 月 20 日，凤凰网，http://news.ifeng.com/a/20170320/50802490_0.shtml，来源：《中国新闻周刊》，原标题：《国家中心城市争夺战》，载于《中国新闻周刊》总第 796 期。

② 董增刚编：《城市学概论》，北京大学出版社 2013 年版，第 55—59 页。

腹地经济互动关系也各不相同；口岸城市与腹地经济关系发展是动态的，并不是固定的；口岸城市与腹地经济关系建构的经济圈不一定是圆形的，可能随着交通架构确定形状；不同城市之间有相互经济关系，其口岸城市与腹地经济关系有交叉性；等等。这与城市本身发展有关，一些城市能够发展为区域中心城市，有历史的必然性。

城市是在乡村中产生的，其产生必定有其特殊性，有其优势，优势是城市产生和发展的前提；没有优势，城市不可能产生，也不可能发展；区域中心城市形成是自身优势积累的结果。一个城市从小镇成长为区域中心城市，是口岸城市与腹地经济互动的结果。但是，不是所有的小镇都能成长为区域中心城市，是因为口岸城市与腹地经济互动的情况不同。不同城市所具有的条件是不同的，只有那些具有更加优越条件的城市才能在城乡经济互动中从小镇成长为区域中心城市。区域中心城市成长需要一定的优势条件，既有先天自然条件，也有后天发展条件。城市优势，可以划分为先天优势和后天优势。先天优势是天然的，如地理位置、气候、地理环境、物产、水路交通系统。一个区域中心城市发育和成长，离不开其所在地区的自然条件，优越的地理、气候、物产等自然条件是区域中心城市发育和成长的必要条件。后天优势，就是城镇在发展过程中形成的优势，为后天成长的优势，如商品经济发展，区域经济发展优势，交通改善优势，城市本身发展的优势，包括城市技术和产业优势，城市发展的制度和政策优势，城市建设的优势等。城市与区域经济关系密切，区域经济繁荣，可以促进城市发展，城市本身发展了，城乡经济关系的构建才会深入。

因此，以"城市优势"为分析模式，以马克思主义为指导，运用历史学、社会学、城市学、经济地理学、历史地理学、经济学、现代化、人口学等多学科理论与方法进行研究，分析口岸—腹地经济互动关系，并结合不同历史时期芜湖与腹地经济关系历史等，运用实证分析与比较研究、局部剖析与整体归纳等方法，多角度、多视角、多层次对本课题进行研究。

四 芜湖城市优势与腹地增长

明清时期，芜湖已经成长为皖江地区中心城市，到了近代，其城市地位更高，是因为芜湖有先天优势，也有后天优势。芜湖能发展为区域中心城市，是城市优势发挥、增长和互补的结果。先天优势包括：（1）位置优势。芜湖位于长江中下游水运要冲，位于长江下游安徽南部长江与青弋江交汇处，"张左辅宜，莫若芜湖"①，得在皖江地区居中优势。嘉庆《芜湖县志》载，"大江以南，称重地者，莫如鸠兹（芜湖），当天堑巨浸之中，南接秋浦，为荆、襄、闽、粤之孔道；北连牛渚，历淮阳而达燕、蓟，诚畿辅之襟喉也"。②（2）水运交通优势。芜湖处于长江和皖江水系枢纽位置，"襟江带河，近海濒淮"③，交通便利，上通川楚，下连吴越，与长江中下游均可联系，得水运要道优势。芜湖，诸省之冲，江津之要，贾贸四集，所通江河，交叉纵横，航道畅通，水路交通尤称方便。通过长江黄金水道，联系长江中下游地区；通过青弋江、水阳江、漳河联系皖南地区，达新安江流域；通过裕溪河、皖河等，联系淮河流域。（3）区位经济地位优势。芜湖所处的长江中下游地区为亚热带季风气候，温和湿润，季节性强，具有南北过渡特点，物产丰富，是鱼米之乡。唐代刘秩的《过芜湖》描写芜湖，"近海鱼盐富，濒淮粟麦饶"④，有江海之富，区域物产之饶。（4）芜湖与长江中下游城镇构成了城镇群，优势互补，有利于城市发展。随着长江流域经济繁荣，有许多城市产生，这些城市发展对芜湖发展有促进作用。芜湖与长江沿岸城市都不远，有利于经济往来。从城市分布来说，与相对大的城市比较远一点，与小的城市近一点。如芜湖至上海386千米，至南京102千米，至扬州202千米，至镇江156千米，至无锡291千米，至常州197千米，至杭州315千米，至九江357千米，至武汉520千米，通过长江、运河通行方便。这些城市在历史上互相影响，到近代来往更是密切。所以，我们在研究城市时，不能单纯看一个城市发展，还要研究它的邻近城市，看它的地缘优势。芜湖与长江沿岸城市因优势互补，共同发展。这些优势是天然的优势，为芜湖发育成为区域中心城市及芜湖与腹地经济关系构建

---

① （明）汪道昆：《太函集》卷68《芜湖县城碑记》，黄山书社2004年版，第1415页。
② 《（嘉庆）芜湖县志》卷19《艺文志》。
③ 芜湖市地方志编纂委员会编：《芜湖市志》（上），社会科学文献出版社1993年版，第15页。
④ 余谊密修，鲍寔纂：《（民国）芜湖县志》卷59《杂识》，黄山书社2008年版，第747页。

创造了条件。至于后天优势，是在经济和社会发展的过程中逐渐形成的，包括区域经济发展优势、商人聚集优势、制度和政策优势、产业和技术优势、辐射能力优势等。在城市成长的过程中，贯穿着城市与腹地经济互动关系。城市成长的不同时期，城市与腹地经济互动关系也不同。随着芜湖城市发展，芜湖腹地也不断扩大，由城郊发展到皖江地区，进而发展到徽州地区、长江中下游地区。芜湖城市与腹地在经济互动中不断发展。

　　本书创新之处，就在于以"城市优势"为分析模式，分析近代芜湖与腹地经济互动关系构建及其规律。运用多学科理论与方法进行跨学科研究，是特色。运用"城市优势"范式研究近代芜湖与腹地经济互动关系，把口岸与腹地关系看作近代特殊的关系，这一关系是在城市优势发挥、增长和互补中形成的，在"口岸—腹地"范式基础上前进了一步。观点上，以"城市优势"范式为视角，从多个方面研究了近代芜湖与腹地经济互动关系，得出近代芜湖与腹地经济互动关系诸观点，弄清了口岸洋货贸易结构、口岸土货贸易结构、口岸城市与腹地经济关系构建、城市经济圈形成、口岸城市在社会转型中地位和作用等问题，弄清了中国近代经济发展趋势。在这个基础上，探讨"区域中心城市"形成过程及其规律，特别是近代"区域中心城市"形成及其如何构建城市与腹地经济关系。明清时期，芜湖成长为传统区域中心城市，近代则成长为近代区域中心城市，其成长具有典型性，其城市与腹地经济互动关系构建也具有典型性。

第一章

前近代传统区域中心城市形成

一个区域中心城市，必须在交通占据优势的条件下，才能逐步形成。在前近代，交通主要依赖水运，陆路运输比较落后。城市通过江河辐射、扩散自己的影响力，通过水路延伸城乡经济关系。城市所在区域水运系统就构成了城市能够辐射的主要范围，是构成城乡关系所能达到的主要范围。水运系统既是一个地区的生态系统、交通系统，也是城市与腹地联系的纽带。如果一个城市所在区域不具备这样的系统，这个城市就难以成长为区域中心城市。芜湖具有天然的水系与水运系统优势。从先秦至宋元时期，芜湖发展经历了漫长时期，从鸠兹聚落逐渐发展为县城，由行政中心向工商业城市发展。在前近代，正是在商品经济发展和城市优势积累过程中，通过城市与腹地经济关系构建，芜湖从鸠兹小镇，到明清时期成长为皖江地区中心城市，其腹地也不断扩大，从皖江局部地区，延伸到徽州地区，乃至长江中下游地区，最紧密的腹地是皖江地区。

第一节 先秦至隋唐五代时期芜湖城变迁

先秦至隋唐五代时期，芜湖城经历了由聚落、县治、城镇再到县治过程，芜湖城市发展不显著，腹地范围很小。但是，这也显示了芜湖成为区域中心城市的潜质，城市手工业发展不显著，商业肇端于先秦，经过秦汉沉寂，东吴重新起步，东晋、南朝初步成长，隋代压抑，唐前期恢复，到唐后期和杨吴、南唐有了跨越式发展。①

---

① 芜湖市地方志办公室等编：《芜湖商业史话》，黄山书社2012年版，第37页。

一 先秦时期

原始社会末期，芜湖已经有人类活动踪迹，在今芜湖大、小荆山发现陶片，应为当时人们日用品。① 先秦时期皖江地区分布许多方国。春秋战国时期，随着社会分工出现，有了商品生产和商品交换，并孕育了市场，淮河流域有名的集市是亳州乾溪、城父，凤阳的钟离，楚都寿春（今寿县）。长江流域尚未完全开发，因为处于长江中游的楚国和长江下游的吴国统治之下，方国林立，吴楚相争，阻碍了商品交流，不利于城镇发育和成长，城乡关系难以建立起来。

芜湖历史可以追溯到2500多年前，"春秋时为吴之鸠兹邑"②。最早记载"鸠兹"地名的是《左传》，该书记载，鲁襄公三年（前570）春，楚国子重率师伐吴，攻克鸠兹，直抵衡山，史称"鸠兹之战"。③ 从此，"鸠兹"不断出现于典籍，并有勾慈、祝兹、皋兹、皋夷等别称。西晋杜预说："鸠兹，吴邑，在丹阳芜湖县东，今皋夷也。衡山，在吴兴乌程县南。"④ "鸠兹，今皋彝也。地志以为皋慈。今县东四十里有鸠慈港，自晋以后皆仍吴治。"⑤ 衡山即今天当涂县东北的横山，而鸠兹地址说法不同。一是今花桥镇境内的"楚王城"遗址，即鸠兹故地。1978年历史地理学家、北京大学教授侯仁之应芜湖市城市规划领导小组邀请，参与了芜湖城市规划工作，并考察了"楚王城"遗址，在其后研究文章中认为，"楚王城很可能是西汉芜湖县城的遗址，亦即古鸠兹所在之地"⑥。这种"很可能"，后来被很多人当作事实。二是今镜湖区大荆山向东至湾沚区咸保圩的残丘上。⑦ 这两说，都不能确定具体位置。清代顾祖禹认为，鸠兹在"（芜湖）县东三十里"⑧，也未确定具体位置。大致位置，即今芜湖市东

---

① 殷涤非：《芜湖蒋公山遗址调查小记》，《考古》1959年第9期。
② （清）顾祖禹：《读史方舆纪要》卷27《江南九·芜湖县》，清稿本。
③ 《左传》，岳麓书社1988年版，第181页。
④ （晋）杜预：《春秋经传集解》卷14《襄元》，四部丛刊景宋本。
⑤ （清）顾祖禹：《读史方舆纪要》卷27《江南九·芜湖县》，清稿本。
⑥ 唐晓峰等：《芜湖的聚落起源、城市发展及其规律的探讨》，《安徽师范大学学报》1980年第2期。
⑦ 戴卿：《这样读懂芜湖》，安徽师范大学出版社2023年版，第168页。
⑧ （清）顾祖禹：《读史方舆纪要》卷27《江南九·芜湖县》，清稿本。

30 余里，位于青弋江腹地（今清水镇一带）、水阳江南岸。①

鸠兹邑，由于位于皖江中部，滨于水阳江，西连长江，处于春秋吴楚之间，所以，芜湖古称"吴头楚尾"，"芜湖以下，古吴地也，芜湖以上，古楚地也"②。春秋战国时期，鸠兹军事战略地位重要，是一个小城邑，为春秋战国时期吴、楚、越诸国的军事重镇，③ 也是吴楚争夺的对象。鸠兹已显示了优势潜质。

鸠兹邑有产业优势条件，其所在皖江地区有金银铜铁铅等矿藏，有发展冶炼业的潜质。在这个地区相继出土越王剑、吴王剑，历经千年，仍然剑刃锋锐，寒光凛冽，"花纹清晰，光彩照人"④。芜湖冶炼历史悠久，可以追溯到春秋末期干将、莫邪在芜湖神山、赤铸山铸剑。相传，干将，春秋末著名冶匠，善于铸剑，与欧冶子同师，曾为吴王阖闾铸剑，"采五山之铁精，六合之金英"，金铁不销，其妻莫邪断发剪爪，投入冶炼炉子，金铁才融化，铸成两剑，名为干将、莫邪。《（民国）芜湖县志》卷3《地理志》载，"神山，在县东北六里，高二十八丈。《图经》云：干将淬剑于此。上有磨剑池，俗名仙池。砥剑石，俗名石卵"。"赤铸山，在县东北六里，高二十余丈，周七里。《图经》云：楚干将造剑之处，山有干将墓"。"火炉山，在县东北六里，高约十五丈，有大小二座，中有一道名铁门槛，相传干将造剑设炉于此，因以为名。"⑤ 神山和赤铸山，在今芜湖市神山公园。当然，干将、莫邪在芜湖铸剑，有争议。《（民国）芜湖县志》的作者也不能肯定，认为"江苏松江县有午山，以干将铸剑得名，未知孰是"⑥。不过，我们从两个方面考察：第一，文献记载明确。《图经》载，神山，"干将淬剑于此，上有磨剑池、砥石"；"县东北六里赤铸山，楚干将造剑之处，山有干将墓。又有火炉山两座，相传干将造剑设炉于此，因以为名"。《晏公类要》载，"干将之子，埋其父于宣春城北"。《舆地纪略》载，"宣春城在芜湖"。宣春为芜湖古老的城名，后城

---

① 芜湖市地方志办公室编：《芜湖城镇变迁史话》，黄山书社2013年版，第328页。
② 李絜非：《芜湖风土志》，《学风》第3卷第4期，1933年5月15日，第71页。
③ 郭万清：《安徽地区城镇历史变迁研究》，安徽人民出版社2014年版，第391页。
④ 杜石然等：《中国科学技术史稿》上册，科学出版社1985年版，第50页。
⑤ 余谊密修，鲍寔纂：《（民国）芜湖县志》卷3《地理志》，黄山书社2008年版，第8—9页。
⑥ 余谊密修，鲍寔纂：《（民国）芜湖县志》卷3《地理志》，黄山书社2008年版，第8—9页。

东门有宣春门。古城在今城之东数里，赤铸山正处城北。根据诸多史料应该可以确定，干将、莫邪在芜湖铸剑。第二，考古资料显示，早在西周时期这里就是全国三大冶炼业中心之一，"各地铸剑名匠云集于此大显身手应在情理之中，故干将在神山铸剑或为信史"①。因此，芜湖冶炼业自春秋时期就有名了。冶炼业优势，对芜湖城市成长很有意义，为芜湖后来冶炼业发展创造了产业优势条件。

商业出现了运输网络雏形。公元前486年吴国在今扬州开凿邗沟，连接长江和淮河；公元前482年又从淮河开凿运河，达宋、鲁两国间，北通沂水，西通济水，沟通了济水和泗水，泗水又连接淮河，过淮河可以与邗沟连接。这样，运河将长江水系和黄河水系连接起来。战国时期，魏国在今河南开凿鸿沟，连接了淮河水系和黄河水系。这样，淮河、颖水、泗水、汝水、济水连成交通运输网。春秋战国时期，安徽经济落后，农业生产工具主要为石、木、骨制工具，生产力低下。安徽处于吴楚越等争战中，经济无法发展。皖北在楚国统一之下，商品经济也有部分发展，寿春城不仅是楚国都城，也是淮河流域的商业重镇。1958年在安徽寿县发现的鄂君启节，就是战国时期商业长途运输通行证，陆路运输用车，水运用舟，商路为今湖北、湖南、江西、河南、安徽等地，贸易范围广泛，寿春腹地广大。皖江地区由于长期战乱，经济发展迟缓，商业落后。春秋时期，吴国在高今淳东坝附近山梁开挖运河，运河东起高淳固城湖，西至溧阳米家桥，仅十数里，因为是采纳伍子胥意见修建的，所以称为"胥溪"。该运河向东由荆溪穿过漏湖、长荡湖、通太湖；向西通过水阳江、青弋江，经芜湖，入长江，沟通了太湖和长江。春秋时吴王阖闾采用伍子胥之谋伐楚，"始创此河以为漕运，春冬载二百石舟，而东则通太湖，西则入长江。自后相传，未始有废"②。这使芜湖到太湖有了通道，增加了商路，改善了水路运输。不过，这时皖江地区商品经济落后，这条运河还没有发挥商路的作用。当时今芜湖市所在的青弋江和长江交汇处还没有开发，鸠兹因水而兴，也没有成为政治、经济、文化城镇，还

---

① 芜湖市政协文史委员会等编：《芜湖通史·古近代部分》，安徽人民出版社2011年版，第28页。

② （明）张国维：《吴中水利全书》卷13《奏状·疏凿》，清文渊阁四库全书本。

谈不上是城市，只是一个具有军事价值的城堡，与水阳江沿岸可能有经济交往，经济联系的腹地范围很小，只能是附近地区。

二　秦汉时期

秦代时间短，鸠兹发展不明显。但是有两点对鸠兹的成长是有利的。第一，水路和陆路交通有新的发展。秦统一天下后，实行郡县制，在安徽设立25个县，分属6个郡，加强了中央集权。皖江地区，秦时分属会稽郡、九江郡；汉属扬州之丹阳、九江和庐江郡管辖。为了强化对原来六国的统治，秦始皇还以咸阳为中心修筑向东、向南2条"驰道"，向南驰道经过安徽，到达江浙，并整修鸿沟，使淮、泗、汝、济诸水沟通，客观上改善了淮北地区交通，对皖江地区交通改善不大，但也有意义。第二，皖江地区受到重视，对将来皖江开发是有利的。秦始皇巡幸天下，有2次经过皖江地区，公元前219年他第一次巡幸，经东都，到泰山封禅，南下，过淮河，到南岳衡山（即天柱山）祭祀。公元前210年他最后一次巡幸，过云梦泽东下，到今安徽枞阳附近，又到丹阳（今当涂），再南下浙江，皖江地区受到关注。

汉代是芜湖地位实质性提高的重要时期。随着安徽的开发，汉武帝元封二年（前109），改鄣郡为丹阳郡，设17县，在鸠兹设立芜湖县。"汉置芜湖县，属丹阳郡，以地卑蓄水而生芜藻，因名。后汉因之"[①]。"汉末于湖侧置芜湖县"[②]。也就是因为有湖名"芜湖"，县也称"芜湖"。"芜湖城"，即"古鸠兹"，一名"祝松"，亦曰"祝兹"，吕后时，封徐厉为祝兹侯，或以为"松兹"，后汉仍属芜湖县。[③] 芜湖历史上曾被称为无湖，[④] 无湖县就是芜湖县的初始县名，至东晋义熙元年（413）被撤销，"无湖"县名一直沿用。《汉书·地理志》载，"清水（即青弋江），西北至芜湖入江"。《元和郡县志》载，"芜湖水源出丹阳湖，西北流入于大

[①] （清）顾祖禹：《读史方舆纪要》卷27《江南九·芜湖县》，清稿本。
[②] 余谊密修，鲍寔纂：《（民国）芜湖县志》卷59《杂识》，黄山书社2008年版，第746页。
[③] （清）顾祖禹：《读史方舆纪要》卷27《江南九·芜湖县》，清稿本。
[④] 芜湖市档案馆编：《芜湖历史区域变迁概要》，安徽师范大学出版社2022年版，第33页。

江。汉末湖侧亦尝置芜湖县……以蓄水不深而生芜藻，故名"。此"芜湖"指设在"芜湖城"的芜湖县。"建安初，孙策破刘繇，太史慈遁芜湖山中，自称丹阳太守。（建安）十五年（200），孙权迎周瑜之丧于芜湖，皆此城也。又使陆逊屯于此"①。从鸠兹集镇到芜湖县的设立，芜湖地位提高。

这一时期，有两点有利于芜湖未来发展：（1）皖江地区经济有了进步，为商品经济发展创造了条件，有利于区域经济联系。汉代，安徽地区有楚国和淮南国两个封国，还有九江郡、庐江郡（郡治在舒县，即今庐江县）、衡山郡、豫章郡（郡治在江西南昌）。韩信被杀后，刘邦把楚国和淮南国封给同姓王，楚国分为楚国和荆国；英布被杀后，荆国改为吴国。汉初，安徽经历了英布造反、七国之乱和淮南王"谋反"等事件，社会、经济发展受到影响。景帝平定叛乱后，控制了今安徽地域。秦汉时期，安徽南北发展不平衡。淮北开发早，比较先进。江淮地区，开发迟于淮北，人少而贫困，刀耕火种，生产和生活水平落后，东汉王景在庐江郡太守任上推广铁犁牛耕，传授种桑养蚕技术，加速农业开发。皖南经济开发较迟，也比较落后，不过，皖江地区有铜矿，先秦就已开采，产铜区主要集中在贵池、铜陵、南陵、繁昌、泾县、当涂等县；汉代皖南铜开采、冶炼是一个高峰期，因为这些产地多属丹阳郡（郡治在宛陵，即今宣城），产铜以"丹阳铜"闻名，并在丹阳郡设立冶铜管理机关"铜官"。丹阳郡是汉代铜镜生产中心。汉代庐江郡皖县（今潜山县）冶铁著名，并设有"铁官"。汉代庐江郡也是当时"楼船"生产基地。经济发展，对商品经济发展是有利的。②（2）皖江地区城市有了一定发展，区域工商业有了进步，对芜湖发展有带动作用。汉代安徽商业最繁荣的城市是合肥和寿春。寿春位于淮河南岸水运枢纽，在战国后期至西汉前期，是一个工商业城市，为淮河流域经济中心，也是江南与中原交通贸易的枢纽城市，始终是一个"都会型"城市。合肥，位于江淮之间，地理位置居中，属于皖江地区城市，南北沟通长江和淮河，北连黄河、济水、汝水和泗水4大水运网，是南北重要的水运交通枢纽。合肥于西汉初设

---

① （清）顾祖禹：《读史方舆纪要》卷27《江南九·芜湖县》，清稿本。
② 张南等：《简明安徽通史》，安徽人民出版社1994年版，第57—61页。

县，行政地位提高，迅速地成长为全国唯一的以转运贸易为主的"输会"城市，是寿春辐射和带动发展的城市。在大运河开凿前，江南木材、水产，北方皮革、农畜产品，通过合肥集散。① 淮南王刘安被汉武帝除掉后，合肥转运贸易地位受到影响，东汉时期沟通江淮的海运交通线连通，由寿春至合肥一线沟通江淮的南北交通线也逐渐被废弃，合肥也逐渐失去"输会"城市地位，到东汉末年合肥已经衰败。汉代皖江流域除了合肥城市发展，还有以冶铜著称的宛陵城和以冶铁著称的皖县城，在当时也具有区域影响。② 芜湖县设立后，自西汉中期至东汉末年3个世纪中，有关芜湖县记载不多。这大概是因为这一时期汉廷用兵北方，抗拒匈奴，对南方地区开发不足，也反映了当时芜湖影响不大，地位不高。但是，区域城市和工商业发展，对芜湖发展是有利的。

三 魏晋南北朝时期

魏晋南北朝时期，战争不断。不过，此时皖江地区得到开发，芜湖的地位也大大提高。

皖江地区得到开发，芜湖经济地位提高。皖江地区，三国时，被吴、魏分据；西晋分属淮南、庐江、丹阳、宣城4郡管辖。此时，江淮为魏、吴争战之地，为了解决军需，魏、吴均在淮南实行屯垦。曹魏在淮南屯田，重点地区是淮北和江淮地区。建安五年（200）派刘馥为扬州刺史，驻守合肥9年，在辖区招抚流民屯田；派仓慈到淮南屯田；派军驻守皖县屯田；派朱光为庐江太守，组织屯田。孙吴也在皖江地区屯田，在江北庐江郡治皖县及周边地区大兴屯田，在吴国军事要地濡须坞组织5000人屯田。江南是吴国屯田的重点，在吴国都城建业附近设了于湖、溧阳、江乘（今江苏句容）、湖熟（今南京）4个屯田区，其中于湖屯田区在安徽当涂、芜湖一带。另外在牛渚（今当涂）、芜湖、宣城、虎村（今池州）等沿江地区及新都郡（今黄山市）设立屯田区。屯田分为军屯和民屯，民屯招募江北10万流民来江南开垦荒田。屯田

---

① 欧阳发等：《经济史踪》，安徽人民出版社1999年版，第478页。
② 张南等：《简明安徽通史》，安徽人民出版社1994年版，第57—62页。

时修筑了一些圩田，如宣城的金宝圩就是军屯修建的。① 在丹阳湖一带兴修水利，围湖造田，形成"丹阳湖田"（当涂县大公圩）；在今芜湖万春和咸保一带，开始修建圩田。芜湖城东的万春圩，是江南圩田中开发最早的圩田之一。② 这些都促进了皖江地区农业经济发展，皖江地区初创圩田，也为宋代全面兴修圩田打下了基础。三国时期，巢湖流域沿江滩地就开始围垦，无为滨江地区沙洲罗列，芦苇丛生，无为先民不怕艰难，圈圩垦殖。东汉末年战乱，北方人南迁皖江地区，东吴征服皖南"山越人"，变为编户齐民，都有利于皖江地区开发。以姑孰为中心的沿江地区是皖南经济最富庶地区，种植水稻，种桑养蚕。

芜湖城市地位提高。汉代丹阳郡治宛陵（今宣城），是皖南地区工商业中心，六朝时期是江南6个商业城市之一。姑孰（今当涂）原为长江南岸一个渡口，六朝建都建康后，地位提高，商业繁荣。皖江地区农业经济和城市发展，也促进了芜湖发展。在三国争霸时，芜湖军事价值显示出来，刘备曾对孙权说："江东形势，先有建业，次有芜湖是矣。"③ 为了西拒西蜀，北拒魏国，东吴也重视处于水路交通要道的芜湖，吴派陆逊率军数万人驻守芜湖，在江对岸开辟濡须坞，筑城防卫。不过，鸠兹离长江较远，不利于防守，于是黄武二年（223），孙权又"徙县于今治"④，把芜湖县治由鸠兹故地迁至长江和青弋江交汇处鸡毛山高地上。此后，芜湖成为交通要道和军事要地。⑤ 县治迁移，虽然是由于军事需要，但是新城位于交通要道，可以利用长江和青弋江与周边进行经济往来，提高了芜湖城地位。芜邑，古称泽国。此湖泊由新芜湖县治东南大、小荆山一带，往东30里延伸到鸠兹，往东北连接丹阳湖。新芜湖县治落实后，东吴兴修水利，围湖造田，这里不再是荒芜的湖沼低地，变成了丰产的农业区，芜湖城市也发展起来。后来"芜湖"由湖名变成了城名。芜湖建县，是迁到平坦的地方，"惟芜湖濒丹阳而县，故山南接繁昌，北

---

① 张南等：《简明安徽通史》，安徽人民出版社1994年版，第89—90页。
② 刘尚恒：《万春圩兴建小史》，《二馀斋说书》，河北教育出版社2004年版，第257—260页。
③ （清）顾祖禹：《读史方舆纪要》卷27《江南九·芜湖县》，清稿本。
④ （清）顾祖禹：《读史方舆纪要》卷27《江南九·芜湖城》，清稿本。
⑤ 芜湖市地方志办公室等编：《芜湖古城》，黄山书社2011年版，第8—9页。

接当涂，纡徐萦回，钩联蝉贯，然后衍平为壤，而县治建焉"①。

芜湖城为军事重镇，其与皖江地区经济关系还没有显示出来。芜湖县治从鸠兹迁到鸡毛山，当时芜湖城还是军政城，与周边经济联系不是主要的，当时鸠兹港、渡亦下移，四褐山、濡须口（今裕溪口）、澛港等处成为水军泊船地。②新县城发展很快，到东晋时已成为临江军事重镇，常有军队驻守。其中东晋大将军王敦在芜湖筑城（后称为"王敦城"），使芜湖城成为军事重镇。其间还出现了东晋明帝司马绍私察其营垒的故事。王敦欲谋反，太宁二年（324），明帝私察其营垒，被王敦部下发觉后，王敦派兵追拿明帝。明帝在出逃途中留下七宝鞭，追兵看到七宝鞭，传玩良久，耽误时间，明帝得以脱身，平安回到京城，然后举兵平定王敦叛乱。《晋书·明帝纪》载，"敦将举兵内向，帝密知之，乃乘巴滇骏马微行，至于湖，阴察敦营垒而出"。关于这段史料，人们有不同断句，还衍生出芜湖的别名。第一，把"芜湖"谬传为"湖阴"。把上面"至于湖，阴察敦营垒而出"断句为"至于湖阴察敦营垒而出"，出现了把芜湖称为"湖阴"的现象，如南北朝乐府中有反映王敦谋反故事的湖阴曲词，唐代温庭筠写过一首《湖阴词》，也是反映王敦谋反的事情，"湖阴"是"芜湖"的谬传。"湖阴"作为"芜湖"别名一直沿用到清代，有人把"湖阴"和"芜湖"结合成"芜阴"，"芜阴"也成为"芜湖"的别称。第二，也有人把"至于湖阴察敦营垒而出"断句为"至于湖，阴察敦营垒而出"，出现了把芜湖称为"于湖"的现象。如北宋张耒认为温庭筠及前人断句有误，写了一首《于湖曲》，"于湖"又成为"芜湖"别称。又如南宋状元张孝祥生于芜湖，自号"于湖居士""于湖先生"，被称为"张于湖"，其集名为《于湖居士文集》，其词名为《于湖词》。又如明末清初芜湖大画家萧云从住在芜湖城内东门萧家巷，也自号"于湖萧云从"，别号"于湖渔父"。"于湖"作为"芜湖"别名，从唐代一直沿用到近代。③《（民国）芜湖县志》认为，"《王敦传》乃云：帝微服至

---

① 余谊密修，鲍寔纂：《（民国）芜湖县志》卷3《地理志》，黄山书社2008年版，第8页。
② 芜湖市地方志编纂委员会编：《芜湖市志·交通》下册，社会科学文献出版社1995年版，第503页。
③ 刘尚恒：《二徐斋说书》，河北教育出版社2004年版，第229—231页。

芜湖。似即以于湖为芜湖"①。其实，于湖为另一县名，在今当涂境内。东晋"成帝侨立于湖，而《纲目》注亦谓于湖今当涂地，《通志》载入当涂宜矣。旧说相沿多以于湖为芜湖，其谬殊甚"②。

芜湖城经济优势有了部分显现。南北朝时期，南北分裂数百年，北方战乱频繁，人口大量南迁江南，南朝在江南侨置郡县，芜湖也是北方人口南迁的重要地区，也侨置郡县。如晋武帝平吴，分置宣城郡，移丹阳郡于建业，东晋咸和四年（329），侨立豫州于芜湖，庾亮为刺史，镇守芜湖。宁康二年（374），上党百姓南渡，又侨立上党县于芜湖。至东晋义熙九年（413），移宣城还治宛陵，省阳谷（今南陵县境），又省芜湖入襄垣，自是芜湖阙。③ 上党城，"在县西南五里，东晋太元中以上党流民侨置上党郡及襄垣县，后省郡为上党县，属淮南郡。宋元嘉九年（432）又省上党县入襄垣"④。宋文帝元嘉九年（432），并上党县入襄垣，属淮南郡，南齐因之。⑤ "芜湖"作为县级行政建制被撤销，襄垣县治仍在芜湖城。"芜湖"虽然县名不存，但是芜湖城仍在，从南朝到唐末典籍中仍然有"芜湖城""芜湖"记载。侨立郡县，迁居大批北方人口南来，带来北方农业生产技术和经验，促进了江南农业生产的进步，包括推广新的农作物栽培技术，继续围湖造田，恢复军事屯田。⑥ 芜湖作为军镇，大量驻军在芜湖屯垦，修筑圩田，也促进了芜湖农业生产发展。六朝时期，皖江地区农业生产因兵乱大受影响，但是比秦汉时期有较大进步。同时，皖江盛产苎麻，当时江南麻纺织业水平很高，南朝刘宋时皖南沿江地区盛产麻织品白苎布，质若轻云，色如白银。白纶亭，在当涂县东70里，宋帝曾与大臣在此举行宴会，唱《白苎歌》。此布至唐代成为贡品。当涂属于淮南侨郡，包括今芜湖大部分地区。冶炼技术上有很

---

① 余谊密修，鲍寔纂：《（民国）芜湖县志》卷2《地理志》，黄山书社2008年版，第6页。
② 余谊密修，鲍寔纂：《（民国）芜湖县志》卷2《地理志》，黄山书社2008年版，第5页。
③ 余谊密修，鲍寔纂：《（民国）芜湖县志》卷2《地理志·沿革》，黄山书社2008年版，第4页。
④ （清）顾祖禹：《读史方舆纪要》卷27《江南九·芜湖县》，清稿本。
⑤ 李絜非：《芜湖风土志》，《学风》第3卷第4期，1933年5月15日，第71页。
⑥ 芜湖市政协文史委员会等编：《芜湖通史·古近代部分》，安徽人民出版社2011年版，第61页。

大进步，南朝已有"水排"，又称"排橐"，用水力鼓风，发明了灌钢法，是在汉代"炒钢法"和"百炼钢"基础上发展而来的。①

四 隋唐五代时期

在古代中国农业经济时代，经济发展是复杂而漫长的，各地经济发展有很大差异，具有不平衡性；经济发展历史曲折，具有波动性。唐代中期以前，中国经济重心在北方中原地区，黄河流域是中心所在，淮河、长江以南比较落后，发展比较晚。隋唐五代时期，芜湖城经历曲折，发展不显著。隋朝统一天下，结束了南北朝分裂局面，这对经济发展十分有利。隋代改革地方建制，将州、郡、县3级制，改为州、县2级制，后又改州为郡。隋灭陈后，江淮设立钟离、淮南、同安、庐江、历阳、江都6郡。隋时皖江地区分属庐州庐江郡、舒州同安郡、和州历阳郡、扬州江都郡、蒋州丹阳郡、宣州宣城郡管辖。隋代短暂，隋末大乱，江淮地区破坏严重。隋文帝开皇九年（589），废除在当涂县设立的淮南郡，并襄垣、于湖、樊昌（繁昌）诸县入当涂县（丹阳郡当涂县，旧置淮南郡），属丹阳郡。丹阳郡设江宁、当涂、溧水3县。唐统一全国后，江淮地区设立淮南道。贞观元年（627），分天下为10道，后又分为15道。宣州属江南道，领10县：宣城、泾、溧水、太平、当涂、南陵、绥安、宁国、溧阳、青阳。②皖江地区，唐时其江南地区属江南道，江北属淮南道；五代十国时，先后为吴、南唐所有。据在今芜湖湾沚区赵桥乡出土的《唐故吴兴沈府君合祔曹氏夫人墓志铭并序》等资料载，今芜湖湾沚区（含芜湖市区）在唐代分别属于当涂、宣城和南陵3县：青弋江、水阳江以北地区归当涂县管辖；自清水镇至西河镇的青弋江以东地区为宣城县凤林乡，以西属南陵县金陵乡。③隋文帝开皇九年（589）废

---

① 芜湖市政协文史委员会等编：《芜湖通史·古近代部分》，安徽人民出版社2011年版，第67页。

② 余谊密修，鲍寔纂：《（民国）芜湖县志》卷2《地理志·沿革》，黄山书社2008年版，第6页。

③ 芜湖市政协文史委员会等编：《芜湖通史·古近代部分》，安徽人民出版社2011年版，第68页。

襄垣,① 芜湖成为当涂县一个属镇,城市地位下降。隋唐时期,芜湖也没有城郭。五代十国时期,南唐升元时(936—942),改吴之金陵府为江宁府,② 升平南军为太平州,设置芜湖、铜陵、繁昌3县,"唐以芜湖为当涂属镇,南唐复置芜湖县"。③ 自此,芜湖县建制一直相沿下来。这也反映到五代后期,芜湖城地位又提高了,有利于其与周边乡村发展经济联系。

但是,自唐中期经济重心开始南移,8世纪后期至12世纪初,即自唐朝中叶至宋室南渡,是中国经济重心南移的过渡时期。④ 南宋时期,中国经济重心完全移到江南,长江中下游地区经济发展超过北方,皖江地区经济也发展显著。直到明清时期,长江中下游地区一直是中国经济最繁荣的地区。唐宋以来,随着长江流域经济发展,皖江地区也发展起来,成为南方经济重心的重要组成部分。皖江地区处于安徽中部,是安徽经济重心所在,也是安徽经济最为繁荣的地区。皖江地区又处于中国中部,是东西过渡地带,东部连接长江下游地区,与长江三角洲经济发达地区相连,西部可通赣、鄂、湘、川、云、贵,与长江中上游地区进行经济联系。同时,皖江地区也是南北过渡地带,北部可以连接中原地区,南部可以连接闽广地区。这样居中区位,在商品经济发展中具有优势地位,因为在南北、东西贸易中,皖江地区都处于交汇枢纽地位。特别是芜湖与皖江地区处于江南地区西部,毗邻发达的太湖地区,其经济发展和地位举足轻重。长江流域包括皖江地区经济发展,是芜湖城市发展基础条件,既有先天优势,又有后天增长的优势,这对芜湖城市发展和城乡经济关系构建是有利的。

皖江地区水利建设方面,唐玄宗开元中县丞韦尹在乌江县东南2里,引江水至城郭15里,溉田500顷。到唐德宗贞元十六年(800),县令游重彦在原有基础上进行疏凿治理,接江浦县界,这项工程以二人的姓氏命名,故称"韦游沟",亦称"韦游沟渡"。唐大历二年(767),宣歙观

---

① 张宪华:《皖江历史与文献丛稿》,安徽师范大学出版社2013年版,第141页。
② 李絜非:《芜湖风土志》,《学风》第3卷第4期,1933年5月15日,第71页。
③ 余谊密修,鲍寔纂:《(民国)芜湖县志》卷2《地理志·沿革》,黄山书社2008年版,第6页。
④ 张家驹:《两宋经济重心的南移·绪言》,湖北人民出版社1957年版,第2页。

察节度使陈少游在宣州城东 60 里修德政陂。这是宣城历史上最早的水利工程，沿用 1000 多年，至今仍能灌溉农田数万亩。① 唐代南陵县修了大农陂和永丰陂。水利建设有利于农业生产。芜湖兴修了圩田，如芜湖城东万春圩，是江南圩田中开发最早的圩田之一。唐代为保障粮运，禁用丹阳湖水溉田，万春圩田遂废。后来万春圩逐渐恢复，为土豪秦氏侵占，改名"秦家圩"，五代收归皇家所有，租入后宫，到宋代属芜湖县。② 五代时期，吴、南唐在江淮进行屯田，屯田既有军队屯垦，提供军粮；也有州县土地，由佃农耕种。社会经济得到恢复，粮食和茶叶生产都有所发展。淮海、江淮粮食输送京师。同时，《唐六典》卷 20 载，盛唐时，江淮物产在全国排名靠前，舒州火麻，庐、和贲布，为第二等；扬州苎、楚、庐、寿州火麻，楚、滁州贲，为第三等；庐州纻为第四等；寿州绢为第五等。江淮地区寿州、庐州、舒州为唐代著名产茶区。③ 陆羽《茶经》谈到安徽的舒、寿、宣、歙州诸州产茶，其中太湖茶与潜山茶同等，霍山茶与衡山茶同等，宣城雅山茶与蕲州茶同等，太平的上睦、临睦茶与黄州茶同等。

手工业方面，皖南沿江产铜之地较多，集中在古南陵及其沿江州县，即今铜陵、南陵、繁昌、贵池等地。唐代皖江沿江地区冶炼业发展显著。唐制，天下出铜铁州府，任人私采，官收矿税。当时皖南冶炼业兴旺，《南陵县志·艺文志》载，"自六朝至唐，南陵号为坑冶之地"。南陵是当时铜冶炼基地。唐代在宣州南陵县设立宛陵、梅根 2 监，管理铸钱事务。④ 宣州自古以来铜矿藏量丰富，开采历史悠久，唐贞观年间在宣州南陵县设置宣州铜官冶。芜湖冶炼业虽然没有记载，但是皖南冶炼业，也促进芜湖冶炼业进步。宣州铜官冶与稍晚建置的宣州钱监性质不同，宣州钱监是隶属于国家的钱币铸造机构，为国家金融业服务，而宣州铜官冶则属于铜器铸造，包括军事器械、农业工具和日常生活用品。梅根冶是魏晋至隋朝时期全国铜矿采冶中心之一，一般认为在今贵池市梅埂，

---

① 张南等：《简明安徽通史》，安徽人民出版社 1994 年版，第 115 页。
② 刘尚恒：《二馀斋说书》，河北教育出版社 2004 年版，第 257—260 页。
③ 欧阳发：《经济史踪》，安徽人民出版社 1999 年版，第 478—479 页。
④ 张南等：《简明安徽通史》，安徽人民出版社 1994 年版，第 113 页。

又称"钱溪"。芜湖所在皖南地区生产稻米,唐代宣州酿酒,一种是甜米酒,即李白诗中的"白酒";另一种是黄酒"老春"。① 唐代饮酒风气盛行,在南陵县有"仙酒坊"。隋唐时期芜湖纺织业可以从宣城"红线毯"看出技术水平。当时进贡宫廷使用的地毯有蜀都褥、太原毡和宣州红线毯,而红线毯最好。白居易《红线毯》诗说,唐贞元时宣州每年向宫廷进贡"红线毯",这种毯子铺在宫殿地上,舞女跳舞,踩在上面,柔软且温暖。② 随着皖江地区经济发展,芜湖的价值也逐渐体现出来,其地位也逐渐提高。

先秦到唐五代时期,芜湖从小镇发展为县城,主要还是军镇城市,经济功能不强,城市与腹地经济关系还处于松散状态,经济联系的腹地范围也比较小。但是,芜湖城市地位逐渐提高,区域经济发展,优势增长,为以后城市与腹地经济关系构建奠定了基础。

第二节 宋元时期芜湖工商业发展

宋代是中国城市发展的一个节点。皖江地区北宋时,分属江南东路、淮南东路、淮南西路管辖;南宋时,江淮之间沦为战场,改舒州为安庆府,宣州为宁国府;元时,属江浙行省。③ 芜湖就是从这一时期开始由行政中心城市向工商业城市转化的。芜湖是"因水而兴,因水而发"的城市。④ 宋代以前主要是军政城市;宋元以后又"因商而兴",逐渐向工商业城市转变,其与腹地经济关系构筑也发生变化。在分析这一时期城市时,一方面要分析城市本身发展,另一方面还要把这一时期城市发展放到当时社会经济发展的背景下分析,才能理解城市发展及其与腹地经济关系。

---

① 芜湖市政协文史委员会等编:《芜湖通史·古近代部分》,安徽人民出版社2011年版,第73—75页。
② (唐)白居易:《红绣毯》,《白居易集》卷4《讽谕》,中华书局1979年版,第78页。
③ 郭万清、朱玉龙:《皖江开发史》,黄山书社2001年版,第5—8页。
④ 芜湖市地方志办公室编:《芜湖城镇历史变迁》,安徽芜湖新华印务有限责任公司2012年版,第81页。

一　区域经济优势增长

芜湖成长，是区域经济发展的结果，没有长江流域经济发展，特别是皖江地区经济发展，芜湖就不可能发展，其城市地位也不会提高，城乡经济关系也构建不起来。宋元时期，皖江地区经济有长足发展。

农业方面。宋代各地农业生产发展不平衡，农业经营方式有原始经营、粗放经营和集约经营3种，西部诸路主要采用原始经营和粗放经营，东部诸路如北方诸路、江南西路、江南东路、两浙路、荆湖南路、福建路等采用精耕细作式的集约经营。① 宋代经济重心南移，江南成为经济中心，两浙地区和皖江沿江地区是南宋农业最为发达地区，是全国产粮最多的地区，是长江流域乃至其他地区粮食供应区。除粮食外，经济作物生产也有进步。皖江地区是农业经济发展比较好的地区。宋初，安徽荒地多，宋廷采取招抚流民垦荒的办法，促进垦田，又推广先进生产工具，引进耐旱的"占城稻"在江淮地区推广种植，等等。这些措施，促进了皖江地区农业发展。宋代皖江地区农田水利建设，体现在沿江圩田整修。唐代万春圩田为土豪秦氏侵占，改名"秦家圩"，到北宋时受损毁。嘉祐六年（1061），宁国县令沈披主修万春圩，胞弟沈括参与修圩工作。圩成，每年收租谷3.6万斛，菰蒲桑枲等50万，宋仁宗赐名"万春"。北宋末年，宋金战争，北方战乱，流民南迁，江淮地区和江南沿岸土地荒芜，南宋政府采取招民垦荒、兴修圩田、江淮屯田等办法，使皖江地区圩田遍及沿江及皖南宣城和广德等地，大量圩田得以修复，芜湖县修筑了政和、易太、陶辛、行春等圩田。② 农田水利建设，增加了水稻产量，并开始推广小麦种植等，提高了粮食产量。安徽茶叶生产，于唐代后期发展起来，到宋代发展为安徽重要产业，当时产茶州郡包括寿、庐、舒、宣、歙、池、太平州及广德军，另外，滁、和等州及无为军也产茶。江南多集中名茶，如徽州有华英、胜金、先春等。元代，由于宋金、宋元对峙，战争频仍，皖江地区经济遭到破坏，土地荒芜，人烟稀少，元朝政府为了恢复生产，把江淮地区作为屯田垦荒的重点地区，加强水利修

---

① 漆侠：《宋代经济史》（上册），上海人民出版社1987年版，第129页。
② 刘尚恒：《二馀斋说书》，河北教育出版社2004年版，第257—260页。

复，使社会经济得到恢复。

手工业方面。北宋，安徽铜矿开采殆尽，只有铜陵铜矿仍继续维持，但产量不高，只得从饶州调铜供永丰监铸钱。不过，舒州采铁，供应同安监铸钱，向朝廷进贡铁器。池州铜陵、贵池二县产铁，朝廷征收二地铁税。宋代铜陵县和无为军产明矾，特别是无为军的明矾矿开采一直延续至今，宋廷在无为军设崑山务进行管理，每年上缴矿税。舒州铸铁技术在唐代就很高，铜陵县掌握了胆水浸铜技术。池州从五代以来就是铸钱场所，宋代改池州新铸钱监为永丰监。宋代黑釉瓷器生产发展迅速，霍山下符桥窑、太湖刘丰窑、庐江果树窑等，专制黑釉瓷器。笔墨纸砚文房四宝产生于唐，闻名于宋，宋代文房四宝以宣城的笔及徽州墨、砚、纸为最有名。南宋在和州设钱监铸铁钱，恢复舒州山口镇古钱监，舒州创立私人冶铁作坊，冶铁业得以发展。另外，南宋池州所造战船全国闻名。① 唐宋时期南陵和繁昌一带铜铁冶炼业很兴盛，目前有很多冶炼遗址。发现宋代烧制瓷器遗址遍及南北各地，其中在芜湖的有 1955 年发现的柯家窑和 1985 年发现的东门渡窑，烧制的瓷器主要为人们生活用品，有杯、盏、碗、盘、壶、罐、盆、瓶等。② 长江流域包括皖江地区的经济发展，是芜湖发展的依托和基础。

二 城市建设优势增长

宋代芜湖一带由于圩田开发，使古代作为湖泊的"芜湖"收缩很快，到元代只剩下 3 个小湖了，即欧阳湖、易泰湖（又称南湖）和天成湖（又称天圣湖）。到 19 世纪进一步围湖造田，作为湖泊的"芜湖"才消失。③ 芜湖城发展的空间在扩大。

芜湖城市建设。南唐升元时（936—942）重置芜湖县。芜湖，"宋初，属宣州，太平兴国三年（978），改属太平州，县无城，今编户三

---

① 张南等：《简明安徽通史》，安徽人民出版社 1994 年版，第 150—175 页。
② 芜湖市政协文史委员会等编：《芜湖通史·古近代部分》，安徽人民出版社 2011 年版，第 108—110 页。
③ 唐晓峰等：《芜湖的聚落起源、城市发展及其规律的探讨》，《安徽师范大学学报》1980 年第 2 期。

十五里"①。约 11 世纪，芜湖开始筑城，宋城范围，仍然以鸡毛山为中心，因为无记载，据推测，东到今东门外鼓楼岗，南到南门外南门湾，西到西门外大城墙根，北到北门外高城坂。两宋时"十里长街"初步形成，今存的兴隆街、仓前铺、笆斗街、打铜巷、米市街、薪市街、鱼市街、花街、油坊巷、铁锁巷、南正街、西内街等，都属宋城内商业区，并成为市场。② 宋城毁于南宋建炎年间战乱，淳熙七年（1180）重建城垣。宋城位置，比明城稍微偏东，大部分和明城重合。今濮家店在宋城东南角，神山离宋城东城墙不远，鱼市街的铜锁巷在宋城西墙角下。河南，在青弋江以南，有双忠庙、普济寺及居士韦许宅第。城西，有西湖池，往西有宁渊观。南宋陆游来芜，到宁渊观拜访陈炳，再往西是吉祥寺。城北，渔家盐户众多。③ 芜湖濒临江河，城内城外山多湖多，景色秀丽，有"半城山半城水"之称，又寺庙众多，人文环境优越，唐宋以来就成为文人墨客游览胜地。其自然和人文优势，在皖江地区很突出。另外，芜湖还有古城院、永寿院、清凉寺、永靓禅林、东能仁寺等寺院，均有宋代皇帝赐名题匾，成为当时名胜风景区，有不少文人雅士游览。徽宗建中靖国元年（1101），芜湖首创学宫。④ 这些景点、寺庙、学宫的设立，既反映了芜湖繁荣，也增强了芜湖城市优势和城市吸附能力，可以吸引外地人客居芜湖，学习，讲学，游览，定居，经商等。唐宋时期，青弋江沿岸渡口密布，渡口码头为天然坡岸，有头道渡、二道渡、石桥港、海南渡等，舟船运输，在此停泊。⑤

北宋末年，北方战乱，建炎元年（1127）金兵攻采石及芜湖，这一次金兵攻城没有得逞。建炎四年（1130）前后，芜湖又遭兵燹，学宫、寺庙、房屋被烧毁，芜湖城变成一片废墟瓦砾。淳熙七年（1180）重筑

---

① （清）顾祖禹：《读史方舆纪要》卷 27《江南九·芜湖县》，清稿本。
② 许知为：《芜湖十里长街史话》，《芜湖文史资料》第 2 辑，芜湖政协 1986 年印，第 64 页。
③ 芜湖市政协文史委员会等编：《芜湖通史·古近代部分》，安徽人民出版社 2011 年版，第 117—118 页。
④ 唐晓峰等：《芜湖的聚落起源、城市发展及其规律的探讨》，《安徽师范大学学报》1980 年第 2 期。
⑤ 芜湖市地方志编纂委员会：《芜湖市志》下册，社会科学文献出版社 1995 年版，第 503、505 页。

城垣。元代经过恢复，芜湖城恢复起来，全县人口发展到近 5 万人，芜湖为当时壮县芜县。① 当时繁荣景象，正如明初人黄礼说："芜湖附河距麓，舟车之多，货殖之富，殆与州郡埒。今城中外，市廛鳞次，百物翔集，文彩布帛鱼盐，襁至而辐辏，市声若潮，至夕不得休。"② 元末（1355）又遭兵燹焚毁，芜湖城"废为荆棒瓦砾之墟"，百姓只存 83 家，一年收田赋仅为 17 石。县令只好租借民居为公署。③ 到至正二十二年（1362），才重设公署，但是没有城垣。

城市产业优势增长。宋元时期，芜湖商业发展显著，如南宋吴龙翰有诗《泊芜湖县》载，"古邑苍江曲，鳞鳞华屋横。酒楼歌妓集，渔市贩夫行。野阔云无势，江流月有声。桥边息诗担，谯鼓更分明"。④ 诗中城市，建筑华丽而众多，有官府，有民居，有酒楼，有渔市。宋代城镇商业贸易已不受时间限制，夜市普遍存在。芜湖夜市歌舞升平，街市繁荣。手工业方面，最突出的是冶炼业进步。传统城镇生产功能，一般是由手工业作坊发挥的。北宋末年，山东曲阜有濮家兄弟 7 人，善于炼钢制器，金人南侵时，出于民族义愤，兄弟 7 人均从军，帮助宋军修造兵器，支援抗金。他们在分散前，特制铁符 1 方，分作 7 块，兄弟各执 1 块，作为以后相见凭证。他们分别随军南移，于南宋初分别在凤阳、当涂、芜湖 7 处安家。其中最小的老七到芜湖落户，濮氏宗谱称之为南来始祖"七公"。芜湖附近繁昌、当涂铁矿蕴藏丰富，打铁材料取用方便，长江运输便利，这些为冶炼业发展创造了条件。所以濮七先住芜湖宋城东南郊，重操旧业，开设冶坊，炼钢制器。冶坊所在地原名"百家店"，后因濮家开设冶坊，制作铁器精良，生意兴旺，人们改称"濮家店"。濮氏以善冶铁名世，并带动芜湖铁业长盛不衰，直至近代。⑤ 宋代芜湖冶炼业上了一个台阶，提升了芜湖手工业地位，增加了芜湖产业优势，增强了芜湖对

---

① 芜湖市地方志办公室等编：《芜湖古城》，黄山书社 2006 年版，第 15 页。
② 余谊密修，鲍寔纂：《（民国）芜湖县志》卷 8《地理志》，黄山书社 2008 年版，第 38 页。
③ 康熙《太平府志》卷 37。
④ （宋）吴龙翰：《古梅遗稿》卷 2《泊芜湖县》，清文渊阁四库全书本。
⑤ 张九皋：《濮家与芜钢》，《安徽史学通讯》1959 年第 3 期；张南等：《简明安徽通史》，安徽人民出版社 1994 年版，第 230 页；芜湖市政协文史委员会等编：《芜湖通史·古近代部分》，安徽人民出版社 2011 年版，第 114 页。

乡村辐射能力。

三 贸易与城乡经济关系构建

随着长江流域经济发展，长江贸易和运河贸易发展起来，芜湖凭借其交通枢纽优势，在区域贸易中发挥着重要作用。

由于分工深入、经济发展，宋元长江流域贸易比以前进步，客货船只往来长江水系，商品种类，有粮食、食盐、纺织品、文化用品、陶瓷器、药物、香药、金银、珠玉等数十种。芜湖得益于长江要津，自然也纳入长江贸易和运河贸易中。

财赋供给拉动的贸易。北宋建都开封，庞大的军政开支主要来自东南地区的淮南、江南、荆湖、福建、广南、两浙等地，这些地方的米粮、布帛、土产杂货等运到开封，陆路和水路均经过今安徽。水路，荆南、广南等地船只走长江，经过芜湖，到真州入运河北上；福建、两浙、江南东路船，北上经运河，到开封。陆路，东南行旅走广德千秋岭，再走水阳江、青弋江至芜湖过长江，经过庐、寿、颖等州北上开封，或走滁州旧道，或入运河北上。财赋运输带动沿途商业发展，芜湖处于此要津，商业也受到促进发展。① 宋代还注意芜湖一带水路修建。宋代由于池州大江东有20余处暗石，西岸则有沙洲，朝廷纲运所经，往往舟至毁拆。宣和六年（1124），宋廷开始修治杜湖，以避风险。宣和七年（1125），"又诏宗原措置开浚江东古河，自芜湖由宣溪、溧水至镇江，渡扬子，趋淮、汴，免六百里江行之险"。② 修治中江，由芜湖通太湖，通过运河北上中原，这样长江水道可以连接东西，运河又连接南北。当时，是从漕粮等运输角度修治的，长江贸易还不显著，但是芜湖的中转地位还是重要的。芜湖大宗货物水上运输，始于漕运。唐宋时期，江淮漕粮，多由青弋江、裕溪河运集芜湖，转运北上。③ 宋代芜湖商业发展，并逐步成为皖南山区、沿江平原、巢湖地区以及淮河流域的米粮、食盐、木材和多种农副

---

① 张南等：《简明安徽通史》，安徽人民出版社1994年版，第157页。
② 《宋史》卷96《河渠志六》，中华书局1977年版，第2390—2391页。
③ 芜湖市地方志编纂委员会编：《芜湖市志》下册，社会科学文献出版社1995年版，第521页。

产品、手工业品的集散地。大宗贸易仍是运粮以出、载盐而归。过往船只均泊于青弋江距长江交汇点2千米处。①

皖江地区贸易。宋代生产工具、盐、酒、茶叶贸易兴盛，如茶叶贸易成为地区特色，宋廷对茶叶贸易实行统购统销，推行榷法，在淮河以南设立13个榷场，其中安徽有6个榷场，即庐州王同场、寿州麻埠场、霍山场、开顺场、舒州太湖场、罗源场。②宋廷在皖江地区和徽州地区收购大量茶叶。皖江地区城镇发展显著。宋元时期，皖江地区贸易兴盛，使包括芜湖在内的城镇发展迅速，一些小城镇开始兴起。

长江贸易包括皖江贸易使芜湖腹地扩大。宋元时期，皖江地区经济发展，促进了芜湖城市发展。芜湖工商业和城市建设都超越历史时期。芜湖地理位置优势显示出来，"西接巴蜀，东走勾吴，北超中原，南走番禺，莫不由我之径，出我之衢"③，芜湖为皖江地区交通要津，开始与皖江地区及其他地区构建经济关系。芜湖发展，其吸附能力增强，吸引了各地客商来芜湖，宋代有"万家之邑，百贾所趋"之称④。当时来芜的客商众多，南宋宣城周紫芝"徙居湖阴之野"，造钓鱼台，也讲到"夫大艑巨舻、越商巴贾之所往来，皆寓目而得之"。⑤南来北往客商，有的经过芜湖，有的寓居芜湖。此时，徽商已开始到芜湖经营，如方客，婺源人，"为盐商，至芜湖遇盗"，先杀其仆。⑥江西人也寓居芜湖，如北宋，"临川王氏支派，有散居芜湖者，生计赡足"。⑦临川王氏迁居芜湖，生活富足，必是经商致富。南宋末年人董嗣杲有诗《送刘汉老过芜湖》讲芜湖夜市，"浙客粜盐少，淮商贩药多"。芜湖有贩盐的"浙客"，有贩药的"淮商"。到元代，芜湖来往客商同样众多，如元皇庆二年（1313）正月二十四日，吴澄从建康出发，行近芜湖时，"西北云集风起，并力牵拽先

---

① 张孝康、包先进：《芜湖港口及航运业的历史沿革》，《安徽文史资料选辑》第14辑，巢湖印刷厂1983年版，第65页。
② 张南等：《简明安徽通史》，安徽人民出版社1994年版，第150页。
③ 《（乾隆）太平府志》卷39《艺文志》。
④ （宋）张孝祥：《于湖集》卷26《芜湖修浮桥疏》，四部丛刊景宋本。
⑤ （宋）周紫芝：《太仓稊米集》卷61《钓鱼台》，清文渊阁四库全书补配清文津阁四库全书本。
⑥ （宋）洪迈：《夷坚甲志》卷4《方客遇盗》，清十万卷楼丛书本。
⑦ （宋）洪迈：《夷坚支志》卷10《芜湖王氏痴女》，清景宋钞本。

客舟而行，鹾贾巨舰在前弗让"，盐商大船航行在芜湖。① 从当时贸易情况看，江南贸易发展快于江北，芜湖贸易地位提高较快。宋元时期，芜湖与周边市镇位于水路要津，他们相互影响，商旅往来，共同发展，组成城镇网络，把市镇与乡村经济联系起来。连接芜湖的江南水路有青弋江、水阳江、漳河，在这些河流兴起的市镇商业既受到芜湖的辐射，同时他们也对芜湖产生影响。甚至这些新兴市镇商业兴盛，征的商税较高，有的税额甚至超过县城，如黄池镇位于水阳江两岸，南宋时期，"商贾辐辏，市井繁盛。俗谚有云：太平州不如芜湖，芜湖不如黄池也"。② 宋代宣城符里镇（今东门渡），"居民商贾凑集，贸贩颇盛，置监酒税"。③ 芜湖周围的乡村小市，如澛港、荻港、新林等，商业也很兴盛。南宋乾道年间，周必大在南归江西时，从黄池镇坐船，经易泰庄、行春坞至小淮，进入漳河，然后泊在新林。当时新林，"小商十数，皆以船为家。登岸三里至市，有民居、酒坊及韦察院祠。守者云：兴于后唐同光中"。④ 宋代皖江地区圩田大量开发，到芜湖进行稻米交易也最多。芜湖地当要冲，处于产粮区，南宋政府在芜湖设立转运司寄纳仓和常平仓等粮仓，以平抑物价，救济灾荒。如乾道元年（1165），浙西发生水灾，太平州芜湖县有常平米16万石没有支用，诏令取用这些米救济浙西，其中临安府取5万石，平江府、常州3万石，湖、秀各2万石，镇江府1万石，"押发人船前去般取，专充赈粜，不得他用"⑤。可见，芜湖储藏稻米量很大，芜湖地区产粮已经产生影响了。宋代，宁国、旌德都在芜湖设立粮仓。到元代，仍然是"官粮至太平芜湖江口交割"。⑥ 日本学者斯波义信认为，"后世以芜湖为中心的广阔地域的产米区，在宋代时尚未形成"。⑦ 虽然是官粮集中区，没有讲到粮食贸易，但是从其官仓设置可以看出，皖江地区粮食生产和芜湖在粮食集散中的地位。这样，芜湖与长江流域特别是

---

① （元）吴澄：《吴文正集》卷65《张氏太夫人墓碑》，清文渊阁四库全书本。
② （宋）周必大：《文忠集》卷171《乾道壬辰南归录》，清文渊阁四库全书本。
③ 《（光绪）宣城县志》卷4《山川》，清文渊阁四库全书本。
④ （宋）周必大：《文忠集》卷171《乾道壬辰南归录》，清文渊阁四库全书本。
⑤ （宋）董煟：《救荒活民书》卷2《通融有无》。
⑥ 芜湖市政协文史委员会等编：《芜湖通史·古近代部分》，安徽人民出版社2011年版，第114页。
⑦ ［日］斯波义信：《宋代江南经济史研究》，江苏人民出版社2012年版，第123页。

皖江地区城乡经济联系加强。

北宋芜湖已发展为沿江重要都会和手工业、商业均发达的港口城市。

第三节 明清时期转输贸易与芜湖传统区域中心城市形成

明清时期是中国工商业城市形成时期，也是中国古代城市化的高潮时期。明后期到清前期，中国城市化的重要特征是伴随国内市场拓展和长途贩运贸易的兴起而快速发展的商业城市和商业城市网络的形成。① 长江中下游的沙市、芜湖、九江等都是在长途贩运贸易下新兴的商业城市。长途贩运贸易带动了芜湖转输贸易发展，进而带动芜湖发展及其与腹地经济关系变化。

一 区域经济优势增长

明代长江流域经济格局发生了变化。中国古代经济重心，到南宋时南移江南，主要在江东和两浙，这里是全国粮食产区。但是，随着太湖地区经济作物种植和手工业发展，粮食生产地位降低，明代粮食产区的重点地区转移到湖广地区，南宋"苏湖熟，天下足"或"苏常熟，天下足"等谚语，到明代逐渐被"湖广熟，天下足"谚语所取代。长江流域经济发展和分工加深，经济格局发生变化，各地经济优势在增长。明清时期，农业经济商品化倾向明显，蚕桑、棉花、烟草、药材、果树等经济作物种植推广，与市场联系日益紧密，有的还出现了专业市场，如谷市、猪市、茧市、桑市、丝墟、牛市等。一些手工业也逐渐从农业中分离出来，在城镇从事手工业生产，促进了城镇经济发展。清代，长江流域，不仅中下游经济发展，而且中上游四川、两湖等省经济也获得发展，整个长江流域商品贸易比明代有了更大发展。

明代皖江地区也有新的发展。明代皖江地区属于南直隶管辖，设有庐州府、太平府、池州府、宁国府，滁州、和州、广德三直隶州及受府

---

① 隗瀛涛：《中国近代不同类型城市综合研究》，四川大学出版社1998年版，第4页。

管辖的无为州。① 明升太平路为太平府，属南直隶，芜湖县隶如故。清太平府隶江南安徽省布政使司，芜湖县从之。② 元末战乱，江淮之间和沿江江南地区屡遭战火，尤其是江淮之间，很多地方人烟稀少，土地荒芜。朱元璋建立明朝后，实行休养生息政策，对安徽尤其优待，对他的家乡凤阳及作为立足江南起点的皖南太平、宁国、广德地区的政策更加宽松，减免赋税。早在元至正二十五年（1365）就下令在他控制的皖南等地区强令农民种植棉花、桑、麻等经济作物，洪武二十五年（1392）他又令凤阳、滁州、和州、庐州农民种植桑、枣、柿，并推广到全国。棉花、桑、麻种植，为以后江南丝、棉织业发展提供了原料基础。又在安徽兴修水利。皖江江南圩田自宋代以来就有长足发展，到明清时期进一步发展，新筑了许多圩田，并联圩并堤，把许多小圩联成 1 个大圩，坚固堤岸，统一管理规划，减少圩堤渗漏，增加灌排能力。如芜湖红杨镇和平圩，为傍山圩，明万历六年（1578）由上贤兴、下贤兴、郑公、六保、六圩、新圩联成六保圩；埭南圩在清代由杨家坝、俞坝、保仪坝、前村坝、罗周坝、宦家坝 7 圩联并而成。圩田开发，提高了水田产量。安徽农业恢复较快，皖江地区发展比较明显，粮食产量大增。茶叶生产发展显著。今庐江、无为、枞阳 3 县交界的山区明矾矿蕴藏丰富，开采历史悠久。北宋时期，庐江矾矿以"无为军矾"著称，明代庐江矾矿扩大，产量增加。③ 安徽皖西和皖南徽州地区都盛产茶叶，庐州、池州、徽州三府为全国重要产茶区，明代六安茶就很有名，"江南地暖，故独宜茶。大江以北，则称六安。然六安乃其郡名，其实产霍山县之大蜀山也。茶生最多，品名亦振，河南、山陕人皆用之"。④ 清代皖江地区粮食和经济作物种植出现新的变化，从外国传入新的作物，开始推广，如从美洲传入的玉米、山芋推广，补充了粮食的不足；烟草种植，增加了经济作物种类，烟草也是长江贸易贩运的重要商品；花生种植增加了油料品种等。

---

① 郭万清、朱玉龙：《皖江开发史》，黄山书社 2001 年版，第 5—8 页。
② 李絜非：《芜湖风土志》，《学风》第 3 卷第 4 期，1933 年 5 月 15 日，第 71 页。
③ 张南等：《简明安徽通史》，安徽人民出版社 1994 年版，第 223—226 页。
④ （明）许次纾：《茶疏·产茶》，民国景明宝颜堂秘籍本。

二 长江贸易中芜湖与腹地经济关系构建

根据吴承明先生研究，中国长途贩运贸易很早就有，但是在宋代以前，除官营专卖品外，主要是奢侈品和土特产贸易，这些物品不是为市场生产的，销售对象也仅限于官僚贵族，不是广大民众，大约从明中叶起，中国长途贩运贸易才以民生用品为主。明后期贩运贸易主要是长江贸易和运河贸易。另外一条商路是沿着赣江南下过庾岭到两广的商路，是长江贸易的延伸。当时贩运的商品主要为粮食、棉花、棉布、丝及丝织品，还有专卖品的盐和茶。① 随着长江流域经济发展，分工加深，长江贸易繁盛，"河面船只往来如蚁"②。

清代长途贩运贸易和市场均有拓展，尤其是长江贸易有新的突破，长江上游拓展到宜宾，宜宾以上还开通金沙江航路 1300 余里；长江中游也有很大发展，如沿江的宜宾、泸州、重庆、长沙、襄阳、樊城，特别是汉口发展成转口贸易城市。这一时期，珠江流域长途贩运有了发展，特别是西江航运发展起来。南北贸易中，大运河贸易趋于衰落；由江西赣江经过庾岭、北江至广州商路贸易继续发展；南北贸易的重要发展是，向北开通了上海至天津的北洋航线，并延伸到营口，与辽河商路相连，向南由上海与南洋航线相连。到鸦片战争前，我国内河航运路线已经具备规模，到近代，这些航线基本上是贸易的商路。商人资本也有发展，徽商、山陕商、海商、粤商、宁绍商、沙船商、国际贸易商兴起。③ 其中，徽商和晋商尤为有名。"富室之称雄者，江南则推新安（徽商），江北则推山右（晋商）。西南大贾，鱼盐为业，藏镪有至百万者也，其他二三十万则中贾耳。山右或盐，或丝，或转贩，或窖粟，其富甚于新安。"④

长江是长江流域黄金水道，也是主要贸易通道，明清时期商品经济发展，各地通过长江进行贸易往来。粮食、盐、茶叶、布匹、竹木、瓷器、杂货等是长江贸易中主要商品。长江中上游地区农业得到开发，粮

---

① 隗瀛涛：《中国近代不同类型城市综合研究》，四川大学出版社 1998 年版，第 4 页。
② 戴鞍钢、黄苇编：《中国地方志经济资料汇编》，汉语大词典出版社 1999 年版，第 714 页。
③ 隗瀛涛：《中国近代不同类型城市综合研究》，四川大学出版社 1998 年版，第 5 页。
④ （明）谢肇淛：《五杂俎》卷 5《人部一》。

食生产发展显著,可以补长江下游地区因为发展经济作物和工商业而造成的粮食不足,而长江下游地区手工业品和盐等又可以运到长江中上游地区交换粮食、木材、瓷器等商品。明清时期,芜湖商业发展,得益于长江贸易发展。长江贸易促进了芜湖商业兴盛,使芜湖与长江上下游地区包括皖江地区构成经济关系。

木材贸易。明清时期,随着长江中下游地区和北方地区经济发展,生产工具、生活用品、交通工具制造及房屋建造需要的竹木增加,长江中上游云、贵、川、湘、赣及皖等竹木通过长江支流到干流,销往长江中下游地区和北方地区。四川木材汇集重庆再顺江而下;湖南竹木由湘、沅、资、澧4江进入洞庭湖经汉口进入长江东下;江西赣州府木材沿着赣江入长江;皖南徽州府、宁国府竹木由水阳江、青弋江经过芜湖转运大江。这些木材大多数在芜湖青弋江港湾汇集转运。青弋江港湾,江宽水深,停泊条件良好,因此各地竹木在此整排通过。长江下游地区常来芜湖采购木材,如明代南京工部来芜湖买楠木,如四川"凡楠木最巨者,商人采之,凿字号,结筏而下。既至芜湖,每年清江主事必来选择,买供造运舟之用,南部(南京工部)又来争,商人甚以为苦"。①

粮食贸易。清代粮食为最大宗贸易货物,每年四川、湖广、江西、安徽大批粮食通过长江运销江浙及北方各省;全汉昇估计仅仅湖广雍正十二年(1734)约有1000万石。② 在近代芜湖米市形成以前,芜湖已有大米集散,长江中上游湖南、江西等地米船顺江而下,"江广米船开江东下,其口岸有三:棕阳、芜湖、苏州是也"。③ 皖江两岸大量圩田也盛产稻米,运销外地。晏斯盛说,江广米船聚集区为皖江南岸芜湖及以北的枞阳、运漕,这3个水路要道是皖江稻米集散地,皖江地区稻米开始加入长江贸易行列。枞阳、芜湖、苏州又是长江稻米贸易的重要城市。清代江宁府人多地少,粮食短缺,依靠芜湖等地,"于是贩湰港、和州、庐江、三河、运漕诸米,以枭于铺户"。④ 在皖江沿线"粮食大口岸"中,

---

① (明)朱国桢:《涌幢小品》卷4《神木》。
② 许涤新、吴承明主编:《中国资本主义发展史》第1卷,人民出版社2005年版,第280—281页;全汉昇:《中国经济史论丛》第2册,1972年版,第573页。
③ 《清经世文编》卷47《上制府论布商易米书》。
④ 《(同治)上江两县志》卷7《食货》。

芜湖最为重要,"客贩米船皆由湖广、江西、安徽而来,经过九江、芜湖各关",① 芜湖是皖江沿线粮食集散的最大"口岸"。到近代芜湖米市是在此基础上发展起来的。巢湖流域的庐州、和州、无为、含山等都盛产稻米,明代就有大量米粮运销江南地区,"庐之壤,抱湖而吞江,水泽所及,环匝千里。其民以是工于农,而务五谷,岁逢丰穰,则粒米狼戾,转输他售者,舟车不绝焉"。② 明万历后,广德州"每年于秋末,照年岁丰歉,议征价银,给付粮里,领往外江芜湖等处买米,雇船运赴水阳,赁房寄顿"。③ 旌德县在康熙时受灾,"在城各大姓捐赀赴三河、芜湖买米,运旌设局,减价平粜,民赖以生"。④ 大豆是粮食,也是油料,山东、河南及东北等地大豆通过运河、长江运销江南,也成为长江贸易的一部分。

布匹贸易。明清时期,长三角地区棉布销往全国,其商路有二条:一是京杭运河,经运河过江淮,北达齐鲁,供京师,达边塞,以山东临清为转输中心;二是长江,溯江而上,经湖广、四川,沿途分销于闽、粤、秦、晋、滇、黔广大地域,以芜湖为缟毂转输之地。⑤ 芜湖是浆染中心,松江是棉纺织业中心,松江及其他地方棉布运到芜湖染色,在芜湖集散的布匹量应该不小。布匹到清代在长江贸易中成为最主要的手工业品。明代以前,盐是最主要的流通商品,随着纺织业发展,到清代前期人们衣着原料主要为丝、棉、麻,丝、丝织品、棉布、麻织品广泛流通,布匹商品率达52.8%,代替食盐成为主要商品。⑥ 清代松江棉布、南方夏布等都比较有名,并进行长途贩卖。江南棉布贩运的主要市场是长江中上游地区,每年有大批商船从江南载布溯江而上,远达武汉、重庆等地贩卖,同时,四川、湖广商船载米顺江而下,卖了米,再载布返回。江南丝织品也畅销大江南北,并沿长江西进,运销皖、赣、湖广等地区。

---

① (清)韩文琦:《朱批奏折(关税)》(道光三年八月十八日),中国第一历史档案馆馆藏。
② (明)杨循吉:《庐阳客记·物产》,四库全书存目丛书(史247),齐鲁社1996年版。
③ 《(光绪)广德州志》卷50《改折漕粮碑》。
④ 《(嘉庆)宁国府志》卷9《舆地志·风俗》。
⑤ (明)陈继儒:《陈眉公全集》卷59《布税议》。
⑥ 吴承明:《中国的现代化:市场与社会》,生活·读书·新知三联书店2001年版,第158页。

如在安徽,"缎匹贾诸江宁,土人无有织者",所以丝织品也只有从江宁贩运而来。皖、赣等省夏布也顺着长江运销江南,沿着运河远销直隶等北方各省。如宁国府夏布"岁鬻三吴间",① 由长江运销江南。

另外,长江中上游瓷器、油豆、纸、铜、铁等商品,大量"运往苏浙"销售。② 两淮盐、江浙地区各种杂货及其他手工业品通过长江西进运销湖广、四川等地。茶叶贸易,也是长江贸易的重要内容。清代闽、浙、皖、湘等省盛产茶叶,茶叶不仅在国内畅销,还远销海外。

芜湖号称"四通五达之途",是个天然"转输之地"。在长江贸易带动下,芜湖与长江流域包括皖江地区城乡经济关系也逐渐构建起来。

三 芜湖关设立对芜湖与腹地经济关系构建的影响

芜湖关设立与芜湖地位提高。明政府为增加财政收入,在长江、运河、沿海等沿线的要津设立专门征税机构"钞关",向过往商船、商品征税,分为工部管辖的工关和户部管辖的户关。户关在明代时称"钞关",工关在明代是"工部抽分"。其中,户关以一般商品为征税对象,为钞关的主体,税额比较大;工关,一般征收船料(竹木)税。"钞关",俗称"榷关"。其设立,是由于长江流域商品经济发展,长江贸易繁荣,芜湖处于皖江水系枢纽,贸易也发展显著,巨大的商业利益,诱使明政府在长江沿岸设关征税。明清两朝选择芜湖作为榷关,是因为芜湖有发达的长江航运水系和繁盛的商品贸易。"皇明奄有天下,四方全盛,水陆毕至,通若江、汉、蜀、广、滇南、溪洞之区,产木与竹,必尽力输致北来。为贸易计,巨筏浮江以下,逶迤蜿蜒若无胜算者。加之徽宁诸山,种值杉木益众,有司始建议榷之。芜湖据江之下流,控荆楚、通宣歙,请命官开厂于此。"③

明代前期,经济重心在长江下游地区,由于商品经济发展,宝钞的流通,永乐迁都北京及大运河开通,南北运河漕运十分重要,运河商品

---

① 《宁国府志》卷18《食货志·物产》。
② 《朱批奏折(关税)》,乾隆二十二年三月二十八日安徽巡抚高晋治奏,中国第一历史档案馆馆藏。
③ 《(康熙)太平府志》卷36。

贸易也繁荣起来。沿江也出现了九江和武昌、南京、扬州等区域市场中心。因此，随着长江贸易和南北运河贸易发展，明政府为了增加财政收入，在长江、运河沿岸要津设立关卡征税。

宣德四年（1429），明政府就在运河要津设立对过往船只、商品征税的钞关。宣德、景泰年间，明朝先后设立钞关（户关）11 处，其中运河沿线有崇文门、河西务、临清、淮安、扬州、浒墅、北新等 8 处，长江沿线有金沙洲（今湖北武昌县西南）、九江、南京上新河 3 处。当时，长江贸易繁荣景象不如运河贸易，所以长江沿线钞关没有运河沿线多，而且长江沿线 3 关税收不多，不能与运河沿河诸关相当，当时关税收入主要来自运河沿线榷关，长江沿线关税收有限。金沙洲关因云贵货物流通不足，户部竟不愿派官征税；南京上新河关经历两次废立过程，很不稳定；而九江关则征税相对稳定。芜湖钞关没有建立，说明当时芜湖贸易也不繁荣，在全国没有地位。芜湖城市发展也不显著，与皖江地区经济关系也不紧密。

明朝后期，长江贸易进一步发展，粮食、木材、盐、茶叶、瓷器等贸易繁荣起来。九江关税额也逐步提高，万历初位居全国第 7 位，[①] 天启初升至第 5 位。[②] 长江沿线城市发展起来，此时芜湖也发展起来。由于长江贸易发展，万历年间，为了增加财政收入，明朝在九江至扬州的长江沿线设立 9 处关卡，其中包括芜湖户关。[③] 不过，明后期，长江沿线关税虽然增加了，但是仍然没有超过运河沿线关税。《春明梦余录》载，天启（1621—1627）末长江沿线关税，只是运河沿线关税的 28.5%。[④] 芜湖关地位提高较快。明代芜湖城市工商业有一定发展，但还有限，产业优势还不明显，"有聚无产"。[⑤]

芜湖关分户关和工关两个机构。明政府制造漕船器物的木材摊派民间，也促进了长江、运河木材贸易，朝廷设立属于工部的抽分厂。由于长江木材贸易发展较快，明成化七年（1471），明廷在芜湖、荆州、杭州

[①] 孙承泽：《天府广记》，北京出版社 1962 年版，第 150 页。
[②] 孙承泽：《春明梦余录》卷 35，天香斋光绪九年刻本。
[③] 《明神宗实录》，台北："中研院"历史语言研究所 1962 年版，第 6713 页。
[④] 陈联：《明清时期的芜湖榷关》，《安徽师范大学学报》2000 年第 1 期。
[⑤] 黄汴：《天下水陆路程》卷 7，山西人民出版社 1992 年版。

等三地增设"抽分厂",隶属于工部,对通过的竹木抽十分之一税。"工关首重竹木,分别整零排把,按根抽税"。①"明天启中,置榷关于此"。②嘉靖九年(1530),抽分厂开始"折银解部",其名称也逐渐演化为"芜湖工关"。为防止偷漏税款,工关设泥汊、东河、澓港、青弋、新河5口;巡司13处,包括江北庐州府无为州泥汊(上江北距芜湖抽分厂90里)、奥龙河镇(上江北距厂50里)、黄雒河镇(下江北内河距厂90里),直隶和州裕溪河镇(下江北距厂90里)、牛屯和镇(下江北距厂40里),江南太平府繁昌县荻港镇(上江南距厂100里)、三山镇(上江南距厂30里),芜湖县河口镇(上江南澓港距厂20里),当涂县大信镇(下江南距厂40里)、采石镇(下江南距厂80里),内河宁国府宣城县黄池镇(距厂东40里)、水阳镇(距厂东80里),应天府高淳县广通镇(距厂东180里)。③

芜湖户关设立,也经历曲折。万历时,税使四出,芜湖始设关,岁征税六七万两,泰昌时已停。由于财政紧张,崇祯三年(1630),户部课臣解学龙请增加天下关税,南京关也增加银2万两,南京户部尚书郑三俊不同意,请求征收一半,另一半征收芜湖坐贾。"户部遂派芜湖三万,复设关征商。(郑)三俊请罢征,并于工部分司计舟输课,不税货物。皆不从,遂为永制。"④ 当时芜湖、淮安、杭州3关都属于南户部。所以,芜湖户部钞关,设于崇祯三年(1630),由于属于户部管辖,又称"户关"。户关征税范围很广,对通过口岸的一切货物按照船头大小征税,户关抽税则例分衣物、用物、食物、杂物四类,开列物名,详载银数。"每收税一两,征铜价银一钱六分。其货不足二百石者,为零单,税银一两,征水脚银三钱;足二百石者,为大单,税银一两,征水脚银五钱四分。"⑤钞关在东河、内河、澓港、下关、裕溪、泥汊、珊港、大信、重柱、青

---

① (清)冯煦主修,陈师礼总纂:《皖政辑要》卷29《关税》,黄山书社2005年版,第328页。
② (清)顾祖禹:《读史方舆纪要》卷27《江南九·芜湖县》,清稿本。
③ (明)刘洪谟纂,王廷元点校:《芜关榷志》,黄山书社2006年版,第7页。
④ 张廷玉等:《明史》卷254《郑三俊传》,中华书局1974年版,第6564页。
⑤ (清)冯煦主修,陈师礼总纂:《皖政辑要》卷29《关税》,黄山书社2005年版,第327—328页。

弋、新河、西江、浮桥13处设立分守口岸。明成化元年（1465），设立凤阳钞关（今安徽凤阳县），包括正阳、临淮两个税关。① 正阳关位于正阳镇，临淮关设在凤阳府城。凤阳是朱元璋家乡，洪武时建有中都，是明代皖北政治中心和商业重镇，所以设立凤阳关，与芜湖钞关并称南北两关。

清代继承明制，芜湖户关、工关仍存在，在芜湖增设关卡，征收来往货物赋税，派户部汉司官1员监收；顺治四年（1647），芜湖关归并户部，改派满、汉司官各1员，顺治八年（1651）只派汉司官1员。康熙四年（1665），下放关权，芜湖关归池（州）太（平）道（后改为徽宁池太广道，又称皖南道）管辖。同年在县城西丁家庄又设"工关"。康熙十年（1671），芜湖关卡隶属关系由工部划归户部，工部每年派员稽征，即户部芜湖关兼管工部芜湖关，合二为一。由过去仅征水路改为水、陆皆征，增设陆路关卡征税。雍正元年（1723），芜湖关从户部划出，改由安徽巡抚委派官员管理，在沿江河港设有分口，"定制交与巡抚，令地方官兼理，按照两部颁发税则征收。其沿江河港口岸，有金柱口收户关税；清［弋］、新庄二口，收工关税；裕溪、泥汊二口，兼收户、工两税。东河、内河、浮桥、下关、澛港、珊港、大信等处司稽查、巡查"。② 不过，税银仍分别解归户部和工部。③ 雍正十一年（1733）又设芜湖、凤阳二关，并设立安徽宁池太广分巡道兼管芜湖关务，又称"芜湖关道"。④

芜湖户关设立，反映芜湖城市经济地位提高，长江贸易发展。经芜湖纳税的船只和货物不断增加。芜湖关设立时间较晚，但是税收增长速度快，在全国各关中地位在不断提高。汪道昆说，芜湖"独以榷赋最"⑤。芜湖关设立后，征税不断增加。芜湖工关设立时征银0.1万两，到弘治十

---

① 《明会典》卷35《商税》。
② （清）冯煦主修，陈师礼总纂：《皖政辑要》卷29《关税》，黄山书社2005年版，第327页。
③ 《（光绪）大清会典事例》，中华书局1991年版，第780页。
④ 胡根法主编：《芜湖海关志（初稿）》，芜湖市委党史和地方志研究室1987年印，第1页。
⑤ （明）汪道昆：《太函集》卷68《芜湖县城碑记》，明万历刻本。

五年增加到 3.7 万两。户关年征税高达 13 万两。到户关设立时，整个芜湖常关税额达到 16.8 万两，其中工关税约 1/4，户关税约 3/4。① 关税激增亦反映芜湖商业的发展和繁荣。明末芜湖工关征税量为全国工关之最，而且超过了九江、浒墅等户关征税量。② 康熙年间，芜湖关"税额俱多"，③ 为全国重要税关之一。乾隆时，芜湖关税额位居全国常关前列，户关每岁征银 31 万余两，工关征银 7 万余两。④ 嘉庆四年（1799），芜湖关 7.3 万两。是时户关额税正银 138496 两，额解铜斤脚价归正银 18423 两 7 分 5 厘。工关额税正银 55530 两 7 钱 17 分。原额银 45300 两，康熙二十五年（1686），增铜价银 10230 两 7 钱 7 分，额解铜斤脚价归正银 14615 两 3 钱 8 分 5 厘。⑤

  芜湖关设立对芜湖与腹地经济关系构建有重要作用。到嘉庆时，"芜邑处滨江孔道，榷关建焉。四方水陆商贾，日经其地，阛阓之内，百货杂陈，繁华满目，市声若潮"。⑥ 芜湖户关和工关关署位于长江与青弋江交汇处，户关在青弋江南岸，工关在青弋江北岸，关栅建在江口鳌州，两关夹河相对，占据了芜湖水路交通要道，把住货物流通的咽喉。但是，仅仅依靠一个税务机关，难以防止偷税、漏税。为了堵塞征税漏洞，芜湖关还在河流要道设立分支机构，迫使船只和货物向芜湖集中征税。万历时，芜湖工关除工关署设在芜湖县城外，还在芜湖县及附近地区（包括东坝）设立派出机构，包括 2 个分关、14 个总甲和 13 个巡检司。⑦ 崇祯三年（1630），除了在青弋江南长江口设钞关，还设立稽查卡口 8 处。乾隆六年（1741），复设东河口分关。⑧ 清代芜湖关机构一度精简，后来

---

① 《安徽通志·食货志》，光绪四年。
② 孙承泽：《天府广记》，北京出版社 1962 年版，第 150 页。
③ 《清朝文献通考》卷 26。
④ 《清朝通典》卷 8。
⑤ 余谊密修，鲍寔纂：《（民国）芜湖县志》卷 24《赋税志》，黄山书社 2008 年版，第 164 页。
⑥ 余谊密修，鲍寔纂：《（民国）芜湖县志》卷 60《杂识·姚逢年序》，黄山书社 2008 年版，第 796 页。
⑦ （明）刘洪谟纂：《芜关榷志》，万历初刻、顺治末增刻本，南京大学图书馆藏。
⑧ 芜湖市地方志编纂委员会编：《芜湖市志》下册，社会科学文献出版社 1995 年版，第 820 页。

又严密起来，康熙初有口岸 5 处、稽查口 8 处。① 清末芜湖关机构设置，责权明确，层次分明。芜湖关，有分关 5 处，包括裕溪口、泥汊口、新庄口、青弋口、金柱口；防守口 2 处，包括东河、澛港。另外，还有防堵卡 7 处，驻于海关的查验口 2 个，与海关联系的出口 1 个，比销所 1 个。史称：芜湖关，"属隶之口五、防守之口二，防堵之卡七。海关属隶之卡二，而常关查验之卡附之，又属隶常关，而时与海关有关系，则有出口、比销二所稽征货物"。② 这样，芜湖关控制了皖江地区税源，也控制了贸易，使芜湖与皖江地区经济关系紧密起来。同时，芜关也使芜湖辐射面扩大，辐射面不局限于皖江地区，还延及长江中下游，甚至华北地区。同治十三年（1874）十一月二十六日，安徽巡抚裕禄奏，"凤阳、芜湖二关，向以船料杂货为大宗，昼赖巨舰大舟，往来贩运"。③ 咸丰三年（1853）五月十八日，安徽巡抚革职留任李嘉端奏，芜关税课，"全赖川楚江西货物，前赴浙江、江苏仪征、扬州、清江浦等处，转行北五省销售"④。芜湖关设立，不仅可以通过征收往来商船关税，增加国家财政，还可以控制往来商船、货物、商人及各色人员，迫使长江船运货物及皖江南北地区货物到芜湖纳税，既维持了社会稳定，也使芜湖与长江流域经济关系加强，加强了芜湖与皖江地区及徽州的经济关系。

四　长江贸易驱动徽商至芜湖

随着长江、运河贸易发展，明代商帮崛起，如徽商、山西商、陕西商、闽广商、浙直商等，⑤ 其中徽商作用尤其重要。徽商萌芽于东晋，成长于唐宋，盛于明，衰于清。⑥ 芜湖发展总体上借助于客商之力，本土人士作用较小，自明代到晚清均是如此。明代芜湖，"其居厚实，操缓急以权利成富者，多旁郡县人，土著者仅小小兴贩，无西贾秦翟、北贾燕代

---

① 尹继善等：《江南通志》，台湾商务印书馆四库全书本。
② 余谊密修，鲍寔纂：《（民国）芜湖县志》卷 24《赋税志》，黄山书社 2008 年版，第 163—165 页。
③ 清代钞档：《安徽巡抚裕禄奏》（同治十三年十一月二十六日）。
④ 清代钞档：《安徽巡抚革职留任李嘉端奏》（咸丰三年五月十八日）。
⑤ 韩大成：《明代社会经济初探》，人民出版社 1986 年版，第 170—171 页。
⑥ 安徽省地方志编纂委员会编：《安徽省志·对外经济贸易志》，方志出版社 1998 年版，第 41 页。

之俗。居人入市，左右望皆家人，需莫不以为便，然甘食美服，日耗金钱，居人亦坐是敝，不可深长思欤"。① 徽商经营芜湖，一直占主导地位，到晚清仍然如此，"同、光以来，邑人以商业致富者颇不乏人，较之旧俗，大有进步。然城镇乡各处，大率业砻坊者居多，此外各业仍不若客籍之占优胜"。②

徽州与芜湖联系方便，路途相通。徽州，"郡处万山，百货皆仰于外"，③ 相通水路，有两条：西通饶州，东通浙江杭州、严州。从交通来说，徽商西行饶州、东行杭州经商，虽然有新安江、昌江、婺江可通舟楫，但是水路交通并不顺畅。由于地势较高，徽州向西向东河道，水量小，险滩多，水流急，不利于行船。徽商外出经商东西两路，并不比北路优越。他们北上参与长江贸易和运河贸易，虽然有新岭关、崇山关之险，但是可以扩大贸易范围，长江贸易，运河延及北方各省贸易，为徽商发展带来广阔的商业天地，北上到沿江城市经商定居，离徽州不远的芜湖，必然成为徽商北上的首选城市。芜湖与徽州府城只有 500 里远，自古有 2 条道路相通：一条由徽州经宣城至芜湖古道在唐宋时就有了，据淳熙《新安志》载，自歙县至汴京道路，从绩溪县出发，途经宣城、黄池、太平州，由采石渡江北上。此路还有水路运输，可以乘坐木船、竹筏溯青弋江、水阳江南下，经过宣城，达溪汐上游的胡乐镇。④ 胡乐镇离绩溪县城 60 里，离歙县 120 里，这一段旱路，对吃苦耐劳的徽商来说，是不成问题的。另一条路为自徽州经南陵达芜湖的道路。《（嘉庆）休宁县志》载，自休宁至江宁道路，"由郡城（即歙县）逾绩之新岭、宁国之旌德，经南陵、太平之繁昌、芜湖及其府，以达于省"。⑤ 明嘉靖、万历年间，歙县人阮弼从徽州经南陵到芜湖经商，还"捐金以倡诸贾，甃而

---

① 余谊密修，鲍寔纂：《（民国）芜湖县志》卷 8《地理志·风俗》，黄山书社 2008 年版，第 38 页。
② 余谊密修，鲍寔纂：《（民国）芜湖县志》卷 8《地理志·风俗》，黄山书社 2008 年版，第 38 页。
③ （清）丁廷楗、卢询修，赵吉士等纂：《徽州府志》卷 8《蠲赈》，清康熙三十八年刻本。
④ 《（民国）宁国县志》卷 1。
⑤ 《（嘉庆）休宁县志》卷 1。

夷"①，用砖石修路。万历时，休宁人查杰，修治徽州到芜湖的南陵一段道路，"广石道于南陵"。②经过阮弼、查杰等修治，这条道路改善，到清代成为徽州至芜湖的主要交通线。同时，青弋江与此道相平行，可通舟船，水路方便，因此此路所需步行的旱路只有100余里。1919年歙县人吴日法写的《徽商便览》也载，自芜湖至徽州的2条道路，一为从芜湖乘坐小轮至宣城，登岸陆行，过崇山关，经绩溪县，至歙县；二为从芜湖乘坐小轮至南陵，登岸南行，经旌德县，过新岭关，经绩溪县，至歙县。徽商将徽州茶叶、木材、毛竹、香菇、木耳等山林物产，运到芜湖销售。③徽商将徽州丰富的山林物产，如茶叶、木材、毛竹、香菇、木耳等运到芜湖销售。④长江贸易和运河贸易吸引外地商人到芜湖经商或定居，其中徽商为主体。被誉为"徽骆驼"和"绩溪牛"的徽商，把芜湖作为首居地，以此为大本营和桥头堡，利用内河和长江水道，在长江流域从事长江贸易，进而参与运河贸易，带动了芜湖中转贸易。芜湖成为徽商走向全国的跳板，⑤徽商以芜湖为基地，进可贩运于大江南北，退可在芜湖经商、居住，返回家乡也不远。芜湖成为他们理想的活动城市。

　　徽商参与长江贸易，进而参与运河贸易。明清是徽商发展、鼎盛时期，最重要的原因是长江贸易和运河贸易发展，为徽商提供了机遇。长江粮食贸易，主要贩运者为徽商，明万历时，舟船通过长江向长江中上游地区贩运粮食，到"南畿"赈灾，贩粮商舟皆集于江西，徽人尤众。芜湖是当时重要的粮食转输地，自然也成为徽商经营的重要城市。盐商多为徽商，从事长江和运河贸易。清代许多徽商参与长江盐粮等商品贸易，他们由长江运盐到汉口销售，然后返回时买进粮食销往江南等地。当时盐船购买湖广粮食多寡，湖广粮价的高低直接受到影响。长江木材贸易中，徽商也最为活跃。芜湖工关主要征收过往长江的木材税收，大量木材在芜湖转输，徽商就以芜湖为基地，贩运木材。山东临清商人和

---

① （明）汪道昆：《太函集》卷35《芜湖县城碑记》，明万历刻本。
② 《休宁西门查氏祠记》。
③ （民国）吴日法：《徽商便览》，见王廷元《论明清时期徽商与芜湖》，《安徽史学》1984年第4期。
④ 唐玉霞编：《行走青弋江》，安徽师范大学出版社2023年版，第307页。
⑤ 芜湖市地方志办公室编：《徽商与芜湖》，黄山书社2013年版，第106页。

徽州商人参与长江木材贸易，以芜湖为木材转输地。在芜湖贩运木材的商人主要为徽、临二帮，并以徽帮为主，所以堆放木材的江口滩地称"徽临滩"。徽商将徽州出产木材及云贵、湖广运来的木材，在芜湖集散。关于"徽临滩"，《（民国）芜湖县志》载："在芜业木者以徽、临两郡人为多，尤以徽州人为最，故其堆放木材之处谓之'徽临滩'。"徽商将这些木材贩运到江南地区出售，由此，芜湖成为徽商木材的重要中转集散之地。因为芜湖竹木贸易量很大，明代中叶以后，在此设立工关、户关等榷关，专门负责对在此转运的竹木进行抽分、征税。随着商品货币经济的发展，竹木转运贸易日益兴盛。清乾隆年间，芜湖户关每年征银31万两，工关征银7万多两，成为全国税额较多的常关。由此可见，徽商在繁荣市场的同时，也增加了政府的财政收入。

清代徽州茶叶生产兴旺，茶叶是徽商经营的重要商品。原来徽商贩运徽州茶叶到广东售卖，商路为由江西翻越大庾岭，路途艰难，随着茶叶销量增加，这条商路已不能适应需要。到嘉庆时，徽商改贩茶叶到京城和关东销售，走北路至芜湖，行长江，"装至江苏、上海县雇觅沙船运送"。① 徽州到浙江的水路和到江西的水路都比较难走，到芜湖则相对容易，因此芜湖与徽州较早地建立了经济关系。徽商东下浙江杭州，西到江西饶州经商，经营范围有限，不适合大批徽商到这些地方经商，而北上芜湖，参与长江贸易和运河贸易，就有了广阔的天地。事实上，他们参与长江贸易和运河贸易，许多人成为大商人，富甲一方。在长江贸易中，粮食、茶叶、竹木、布匹、瓷器等贸易中，主要活动的身影是徽商。

五 芜湖城市建设

江滨芜湖，旧无城池，北宋始筑城，南宋兵毁，淳熙七年（1180）重建。元末，城池又毁。② 但是经明初发展，出现繁荣景象。明代前期芜湖一直没有城垣，一旦有寇盗，难以防范。有两次事件，迫使芜湖建筑城墙。（1）明嘉靖三十四年（1555）七月，倭寇从杭州登陆，经淳安侵

---

① 贺长龄辑、魏源参订：《清经世文编》卷48《漕运》。
② 史州：《皖志综述》，安徽省体委印刷厂1988年印，第206页。

第一章 前近代传统区域中心城市形成

入徽州，洗劫歙县、绩溪，抢劫旌德县城南门，至泾县遭打击后，北上攻陷南陵，进犯芜湖，遭到抵抗后，逃窜到江苏浒墅被歼。倭寇此次进犯皖南，洗劫4座县城，屠杀数千人。第二年、第三年倭寇还进犯无为、天长等县。① 修城建议被提出，但是没有落实。（2）明代嘉靖三十八年（1559）和万历二年（1574）发生了两次"盗劫县库"事件。② 这两起盗劫事件惊动朝野，史称"芜湖之变"。③ 经历这两起盗劫事件，建城被提上议事日程。史载，"先是县城未建，时有外虞，两议兴筑未果。及（万历）三年知府钱立至，首事建城以谨防卫，爰复临县相度，规费絜地，画长街于城外，就高城冈之东达于五面场之西，未竣，同知龙宗武继之，（万历）九年，知县周之翰乃告蒇事"。④ 当时太平府知府钱立亲自到芜湖规划建城。当时有几种建城方案，最后确定的方案是，"则南留濒潴而廛居者三达，裁小横街；西留居室完美者百家，裁古小永安巷；东北则裁公家闲地，不涉民居，得地七百三十九丈为城，市肆不易"。"独楼城门者四，辟便门者三，城上为周庐者十有五，取给府库百金"。⑤ 按照这种方案修筑的芜湖城垣，4座正门为东门"宣春门"，南门"长虹门"，西门"弼赋门"，北门"来凤门"；3个便门为迎秀门、上水门和下水门。建城从万历三年（1575）开始，到九年（1581年）才完成。由于筑城时侵占县学宫土地，建筑的城墙很高，人们认为城墙阻隔了学宫"风水"，万历四十年（1612年），又在县城东南角开了一座城门，称为"金马门"。此门与其他4门构成了城垣规制。新建城墙高3丈，周长739丈，东跨能仁寺，南距青弋江，西连长街，北望赭山。此后，在封建社会最后300年内，芜湖几经战乱，城市受到破坏，又重建，但是基本上以明城为基址。⑥

明代芜湖县城建设，徽商也起到一定作用。嘉靖三十四年（1555）倭寇入侵芜湖。当时倭寇从杭州经徽州、南陵，进犯至芜湖青弋江南岸

---

① 张南等：《简明安徽通史》，安徽人民出版社1994年版，第215页。
② （明）张萱：《西园闻见录》卷58《江防》，民国哈佛燕京学社印本。
③ （明）瞿九思：《万历武功录》卷2《江贼何旺李七列传》，两京北直隶明万历刻本。
④ 乾隆《太平府志》卷6《建置志》。
⑤ （明）汪道昆：《太函集》卷68《芜湖县城碑记》，黄山书社2004年版，第1416页。
⑥ 芜湖市政协文史委员会等编：《芜湖通史·古近代部分》，安徽人民出版社2011年版，第152页。

劫掠，芜湖无城可守，官府束手无策，徽商阮弼率领数千商民御敌，斩杀倭寇 1 人，击退倭寇进犯，使芜湖青弋江北岸商业区免遭焚掠。① 万历时芜湖开始筑城。民国《歙县志》卷 9 载，官府委派歙县商人徐行路主持筑城工程，并"捐千金独造南城井干之楼"。徽商阮弼积极参加筑城，"城完而坚，如期而告成事"。② 为纪念阮弼义举，芜湖县城西门称为"弼赋门"。明代万历年间，青弋江沿岸码头，辟有金马门、观音桥、上水门、下水门等渡口码头。③ 明城区以青弋江北岸鸡毛山高地为中心，周长 5 华里，沿青弋江边"一"字形布局。④ 芜湖城发展，是一种优势成长，对芜湖工商业发展和城市地位提高有重要作用。

清代芜湖城是在明代基础上发展的。清顺治、乾隆时，曾对芜湖明城进行两次整修和加固。今芜湖镜湖区内环城东路、西路、南路、北路，均为明代城墙遗址。⑤ 街巷，在明筑城前就已有了，到清康熙十二年（1673），弼赋门外有 33 条街巷，其中长街最长，为主干街，它沿着青弋江北岸向长江边延伸，直到江河汇合处的中江塔，足有 3.5 千米。长街，道路用麻石条和青石板铺成，石料主要来自东南郊卜家店、大荆山；阴沟在石板下。长街是主要商业街，店铺林立，多为二层砖木结构楼房。沿着长街，分布着许多建筑，从弼赋门沿着长街往西，过升平桥，有梁文孝祠（祀梁昭明太子萧统）、状元坊（祀南宋大词人张孝祥）、横金坊、宁渊观，接着是陡门巷、馆驿前、寺码头、厂码头、中江塔、识舟亭，"由塔前北行过望江楼、鹤儿山，皆沿江民居"。⑥ 长街漫长，熙熙攘攘，商贸繁荣。明清时期，除了长街，还有一些名街，如迎秀门内有儒林街，东西走向，因县儒学在此，所以称为"儒林街"。雅积楼，位于儒林街和官沟沿交叉处，为明代藏书楼，相传汤显祖《牡丹亭》就是在雅积楼上

---

① （明）汪道昆：《太函集》卷 35《芜湖县城碑记》，明万历刻本；《岩镇志草·义行传》。
② （明）汪道昆：《太函集》卷 35《芜湖县城碑记》，明万历刻本。
③ 参见芜湖市地方志编纂委员会编《芜湖市志·交通》下册，社会科学文献出版社 1995 年版，第 505 页。
④ 金弋等：《近代芜湖城市建设述略》，《芜湖文史资料》第 4 辑，芜湖日报社印刷厂 1990 年印。
⑤ 芜湖市政协文史委员会等编：《芜湖通史·古近代部分》，安徽人民出版社 2011 年版，第 152 页。
⑥ 康熙《芜湖县志》卷 2《街市》。

创作的。道光六年（1826），黄钺退休后也寓居儒林街。清代吴敬梓约于乾隆十五年（1750）在芜湖寓居，其名著《儒林外史》，也受此街影响。南正街，位于长虹门内，宋已形成，为商业步行街。老浮桥，位于长虹门外，横跨青弋江，联舟为桥以渡河。此桥在宋代就已存在，到明清多次维修。清乾隆初，浮桥北岸建有"襟带三吴坊"，南岸建有"锁钥中江坊"；浮桥两岸，商铺林立，生意兴隆，还有城隍庙和甘露庵。清代将南正街与县衙前官道称为"安丰里"，今称"花街"。城内西北部为钢坊集中地，有铁作巷、堂子巷、铁石墩及城外石桥港、西湖池等。

青弋江（长河）由东向西穿经芜湖城区，将城区分为河南和河北两部分。河南部分有观音阁街、南街，为河南市所在地。南街附近堂子巷清初曾为妓女集聚之处。河南普济寺，宋代就存在，位于今中江桥下首，清代又重修。往西为禹王宫，清代建有湖南会馆。再往西为将军巷，有明崇祯三年（1630）设立的户关；清代有芜湖关道，称为"道台衙"。河南还有明代隆庆年间设立的阳明书院和乾隆三十年（1765）设立的中江书院。明末清初，由于商业发展，人口增加，沿青弋江两岸兴建了大量民宅。与宋元时期相比，河南新增了市肆、会馆、衙署、书院等。河南街巷，《（康熙）芜湖县志》载有15处，《（嘉庆）芜湖县志》载有23处，明清时期河南城区有所发展。当时吉祥寺以北有雨耕山、鹤儿山、范罗山、严家山，范罗山四周有一些寺庙。城西有镜湖，又称"陶塘"，为芜湖城风景最佳处，有"小西湖"之称。镜湖边建有私家园林、酒肆茶馆。园林，明代有桂园、闵园，清代有来佛亭、澹人居、一房山、长春园、读画轩、矜园、龙家园、戴园等。赭山，明清时期处于城市北，周边是乡村农田。

明清时期，芜湖城区变化有4个显著特点：第一，街巷数目增加，《（康熙）芜湖县志》载清初有87条，《（嘉庆）芜湖县志》载有125条。第二，商业区扩展。商业中心，宋代在南正街和花街一带，明清时期向青弋江口方向延伸，在青弋江北岸形成"十里长街"，商业繁荣，甲于江左。第三，住宅区扩展。第四，镜湖沿岸建有一些园林和酒肆茶馆等。① 《（康熙）芜湖县志》卷1《疆域》载，"芜居金陵上游，为江左首邑。濒

---

① 芜湖市政协文史委员会等编：《芜湖通史·古近代部分》，安徽人民出版社2011年版，第176—177页。

江为县，处东北而控西南，正雄涛奔折之会。山川回环，形势清胜，太平属邑，芜湖最为奥区"。这是清代对芜湖城市地位的高度评价。

六 城市商业繁荣

明清长江贸易繁荣，带动芜湖商业繁荣。而这一繁荣，与徽商在芜湖经营有关，使芜湖与徽州构成经济关系。徽商参与长江贸易，对芜湖商业发展有重要作用。明清时期徽商在芜湖从事工商业者就渐渐增多。如万历时，汪一龙从休宁迁到芜湖西门外大街经商，创立"正田药店"，字号"永春"，经营了200多年。药店"慎选药材，虔制丸散，四方争购之，对症取服，应效神速。每外藩入贡者，多取道于芜，市药而归"。① 药材不仅在芜湖销售，还销往国外。明末人汪道昆说："吾乡（指徽州）去芜阴四百里而近，乡人贾者，往往居芜阴。"② 清初人赵吉士说："徽之富民，尽家于仪、扬、苏、松、淮安、芜湖诸郡以及江西之南昌、湖广之汉口，远如北京，亦复挈其家属而去。"③

明代中期以后，芜湖长街为著名的商业街，店铺林立，除钢坊、浆染坊、色纸坊外，棉布丝绸店、金银首饰店、南北货店、药材店、陶瓷店、纸张店、笔墨店、香烛店、剪刀店、颜料店、典当铺、米店、酒店等各类商店，门类齐全。清康熙年间，芜湖，"当诸省之冲，商贾辐辏"④。"阛阓之盛，甲于江左"，⑤ "百货鬼目，习俗豪举"⑥，乾隆年间，五月端午节，商民赛龙舟，场面热闹，吸引南京游客，南京秦淮河凉篷子船"溯江而上至芜湖，辄百十只"。诗云："华灯照水笙歌沸，不枉人呼小建康。"芜湖俗有"小南京"之称。⑦ 明清时期，随着商品经济发展，芜湖成为全国

---

① 余谊密修，鲍寔纂：《（民国）芜湖县志》卷58《杂识》，黄山书社2008年版，第718—719页。
② （明）汪道昆：《太函集》卷10《芜湖县城碑记》，明万历刻本。
③ 《（康熙）徽州府志》卷2。
④ （清）李敏迪修，曹守谦纂：《太平府志》卷6《风俗》，台北：成文出版社1985年影印本。
⑤ （明）焦兹：《千学记》，嘉庆《芜湖县志》卷19《艺文志》。
⑥ 《（嘉庆）芜湖县志》卷1《地理志》。
⑦ 余谊密修，鲍寔纂：《（民国）芜湖县志》卷59《凉篷子词》，黄山书社2008年版，第790页。

著名的"商业都会""商业枢纽"。①

七 城市手工业发展

芜湖手工业在明中叶后有所发展,到嘉靖、万历年间,私人手工业渐居主要地位,其经营方式和生产技术都有显著进步,呈现专业化和规模化经营趋势。明代芜湖手工业发展以浆染业和芜钢冶炼业发展最为显著,是全国浆染业中心,也是全国著名的炼钢业中心。芜湖到明代成为安徽和长江中下游的一个重要的手工业中心。② 清代芜湖手工业在明代基础上继续发展,纺织、碾米、浆染和冶炼等手工业为主要行业,其中浆染业和芜钢冶炼业最为著名。

浆染业。宋末元初,棉花种植业传入安徽。此后,江南成为中国最大的棉纺织中心。明代江南推广种植棉花、桑、麻,纺织业也发展起来。明政府把皖南作为重要的纺织品供应基地。自永乐后,明政府先后在歙县、宁国府、广德州设立官营染织工场"织染局",为官府生产纺织品。明中期,全国有织染局22个,皖南就占3个。万历末年,明政府规定徽州、广德、宁国及江苏扬州、常州等织染局每年增造绢帛绸缎1万匹。长江下游地区纺织业发展,催生了芜湖浆染业。皖南民间纺织业以芜湖浆染业最为出名。明代中期,它与松江棉纺织业、苏杭丝织业、铅山造纸业和景德镇制瓷业齐名,芜湖与这4个城镇并称为全国5大手工业专业区域。明代芜湖的浆染业,分为染纸的色纸业和染棉布的染布业2种,而染布业尤为突出。③ 明代芜湖纺织印染出现了一个全盛期。在棉花、蚕丝加工技术上,发明了脚踏式搅车,配有飞轮装置,比先前手工弹棉弹丝前进了一大步。④ 明代前期,芜湖已有小染坊10余家,染青光布,行销国内外,但色彩单调,逐渐滞销。嘉靖年间,徽商阮弼资本雄厚,来芜湖开染坊,雇工达千人。染棉布主要工序是碾压和上色。浆染业需要碾石,而芜湖东南大、小荆山产碾石。阮弼买来大量碾石,又从皖南和

---

① 王廷元:《论明清时期徽商与芜湖》,《安徽史学》1984年第4期。
② 张南等:《简明安徽通史》,安徽人民出版社1994年版,第229页。
③ 芜湖市地方志办公室等编:《芜湖科技之光》,黄山书社2011年版,第132页。
④ 芜湖市地方志办公室编:《芜湖工业百年》,黄山书社2008年版,第26页。

苏南等聘用了一批技术工人,提高了芜湖染布质量。经碾石染制后,表面粗糙的本色棉布变得布面平整,色彩鲜丽,行销今江苏、浙江、湖北、山东、河南、河北等地区。他还兼并了一些小染坊,在芜湖设总局,号称"芜湖巨店"。他又在全国交通要津设立分局,把芜湖染布运销全国广大城乡地区。① 明末宋应星说,"芜湖巨店,首尚佳石"。他对芜湖浆染业高度评价说:"凡棉布寸土皆有,而织造尚松江,浆染尚芜湖。"② 这种产业优势,奠定了芜湖全国浆染中心的地位,芜湖对乡村辐射能力大大加强。芜湖是浆染业中心,太湖地区松江府是棉纺织业中心,但是松江府棉织品还要运到芜湖染色,不仅说明芜湖浆染业繁荣,影响大,而且说明芜湖产业优势辐射到太湖地区,构成了芜湖与太湖地区经济关系。同时,浆染业也增强了芜湖的吸附能力,浆染业先是徽商经营,后来是"句溧帮"(江苏句容、溧水人)掌握该业,这就使芜湖与徽州和江苏构成了经济关系。

清代芜湖浆染业发展显著,仍然为全国浆染业中心。明代芜湖浆染业中色纸业和浆染棉布的浆染业到清代继续发展。浆染业先后由徽商和"句溧帮"掌握。在色纸业中,清乾隆时,"句溧帮"已经占据主导地位,并在镜湖建有供祀葛玄的崇仙院,又称"葛仙翁祠"。芜湖色纸以朱砂笺纸为主,又称"万年红",银朱为其染色原料。据《(民国)芜湖县志》记载:"银朱为芜湖驰名物产,旧志称用石桥港水炼成。"其次染料为铜绿,又称"糠青",是由紫铜、粗糠、糯米制成。嘉道时,生产铜绿的有18家,工人100多人,销路以染纸为大宗,次则染纱鱼皮及器皿。③ 明代以后,芜湖浆染业进行分工,分为青蓝杂色坊、大红坊、印花坊,各自独立经营,其中最大的是青蓝杂色坊,其次为大红坊。④ 明代"芜湖青布"也畅销,但因色彩单调,渐渐滞销,于是毛青色兴起。宋应星说:"布青初尚芜湖千百年矣,以其浆碾成青光,边方外国皆贵重之。人情久

---

① 张南等:《简明安徽通史》,安徽人民出版社1994年版,第228—229页。
② (明)宋应星:《天工开物》卷上《乃服第二·布衣》,明崇祯初刻本。
③ 余谊密修,鲍寔纂:《(民国)芜湖县志》卷58《杂识》,黄山书社2008年版,第250页。
④ 芜湖市政协文史委员会等编:《芜湖通史·古近代部分》,安徽人民出版社2011年版,第164页。

则生厌，毛青乃出近代。其法取松江美布染成深青，不复浆碾，吹干，用胶水渗豆浆水一过，先蓄好靛，名曰标缸，入内薄染即起。红焰之色隐然，此布一时重用。"① 明末这种毛青色布很流行，很畅销。这种毛青色染法，对各地影响巨大，直至近代，仍在农村沿用。

芜钢冶炼业。明代是"芜钢"崛起时期。由于皖江沿江地区铜铁等矿蕴藏丰富，芜湖钢铁冶炼业历史悠久，从宋代发展而来的濮氏炼钢业，到元代由于统治者严禁汉人使用铁器，被迫停产。明代濮氏炼钢业得到恢复和发展，到明代中期，濮家在芜湖建立濮万兴钢坊，全盛时设有总坊和东西两坊，产品远销江浙及山西。濮氏的兴盛带动了芜湖炼钢业的发展，葛永泰、马万盛等大钢坊也发展迅速，仅次于濮氏钢坊，还有其他小钢坊。芜湖西湖池塘，由于葛氏钢坊及大小钢坊迁来，倾倒大量钢渣，而填为平地。徽商开始投资钢坊，如投资马万盛钢坊。徽商还自办钢坊，如嘉靖年时徽商汪尚权来芜湖，自办大钢坊，招募工人100余名，由于管理有方，钢坊效益很好。芜湖钢坊生产的菜刀、剪刀已行销远近，辐射乡村。② 明中期8家有影响的大钢坊到清初继续发展。清初至乾嘉年间是芜湖炼钢业发展的黄金时代，大小钢坊有几十家，大钢坊为葛永泰、马万盛、程道盛、吴豫泰、陈祥泰、陈奎泰、程立泰、邢怡泰、王时和、程时金、濮万兴、程顺兴、葛通顺、陈元泰、陈京祥、吴源全、陈茂源、吴启发18家。③ 芜湖的长街、二街大院，铿锵之声，终日不绝于耳。古人炼钢是将生铁与熟铁合炼而形成。"芜钢"冶炼在明清时期形成自己独特的技术，《(民国)芜湖县志》载，"芜工人素朴拙，无他技巧，而攻木、攻革、刮摩、搏植之工皆备，然不能为良。惟铁工为异于他县。居市廛冶钢业者数十家，每日须工作不啻数百人，初锻熟铁于炉，徐以生镤下之，名曰馁铁，馁饱则镤不入也。于是渣滓尽去，锤而条之，乃成钢。其工之上者，视火候无差。忒手而试其声曰：若者良，若者楛。其良者扑之皆寸寸断，乃分别为记，豪束而授之，客走天下不訾也。工以

---

① （明）宋应星：《天工开物》卷上《彰施·诸色质料》，明崇祯初刻本。
② 张南等：《简明安徽通史》，安徽人民出版社1994年版，第230页。
③ 芜湖市政协文史委员会等编：《芜湖通史·古近代部分》，安徽人民出版社2011年版，第165页。

此食于主人，倍其曹而恒称其术"。① "䥬铁"工艺就是将"生镤"（生铁）在已烧红熟铁上反复擦淋，让"生镤"渗透到熟铁中，这就是灌钢法。手艺精者可以敲钢听音知道钢质量，宋代就有"铁到芜湖自成钢"赞誉，剪刀、剃刀、菜刀并称"芜湖三刀"，② 闻名全国，其中尤以剪刀最为著名。芜湖剪刀从明代开始生产，到清代发展到鼎盛时期，当时芜湖和澛港两地生产剪刀的铁工多达几百人，经营剪刀百年老店有五六家。芜湖剪刀，以"赵云生"剪刀为代表，与北京"王麻子"和杭州"张小泉"剪刀齐名，质良锋锐，软可剪丝棉，硬可剪钢板，不卷不夹，经久耐用。芜湖赵云生剪刀素享盛名，除剪刃锋利外，还有剪口软硬不惧、不卷不夹、经久耐用的特点。③ 剃刀（剃头刀）也是芜湖名产，其初剃刀是用"芜钢"中最好的"寸钢"制成，钢性坚硬，从不卷口。由于"芜钢"冶炼和制器工艺先进，芜湖炼钢业发展显著，规模较大，成为明朝中叶至清朝中期江南冶金制造中心，独领风骚200余年。

"芜钢"冶炼产业优势，增强了芜湖辐射能力。芜湖是"芜钢"技术创造和生产中心，也是芜钢技术传播中心。湖南湘潭为清代"四大钢市"之一，其制钢技术就是乾隆年间芜湖陶裕盛传授过去的。④ "芜湖三刀"销往大江南北，来芜湖的人都要买几把菜刀和剪刀带回自用，或赠送亲友；剃刀行销全国14个省份。清代"芜钢"不仅在芜湖县城销售，还销往外地，对外辐射。宋镕《贩运钢筋章程》载，芜钢，"为芜邑土产贩运百有余年"。⑤ 由于销量大，芜钢外销要经过芜湖关纳税。清代芜湖关征收铜斤水脚，以钢为大宗。芜湖不仅与皖江地区构成城乡关系，还与外省构成经济关系。同时，"芜钢"冶炼和制造，产业越来越兴旺，也吸引周边地区人到芜湖从事冶铁工作，清代钢坊主，主要为京帮和徽帮。徽帮是指芜湖、繁昌、泾县、徽州等地人，即皖南地区人。京帮是指江宁、

---

① 余谊密修，鲍寔纂：《（民国）芜湖县志》卷8《地理志》，黄山书社2008年版，第37—38页。
② 芜湖市地方志办公室等编：《芜湖古城》，黄山书社2006年版，第272页。
③ 芜湖市文化局编：《芜湖古今》，安徽人民出版社1983年版，第27页。
④ 杨宽：《中国古代冶铁技术发展史》，上海人民出版社2004年版，第272页。
⑤ 余谊密修，鲍寔纂：《（民国）芜湖县志》卷24《赋税志》，黄山书社2008年版，第164页。

第一章 前近代传统区域中心城市形成

南京、句容、溧水等地人,即秦淮流域人。① 这使芜湖与皖江地区、徽州地区和江苏构成了经济关系。

芜湖铁画。"芜钢"发展,也带动其他行业发展。芜湖铁画,是芜湖生产的富有特色的工艺美术品,把绘画与锻铁结合起来,是一种把绘画用铁片锻打出来的工艺美术,其历史已经300多年。芜湖铁画是明清时期冶炼技术、雕刻工艺和绘画艺术发展的产物。从芜湖铁画也可以看出,芜湖冶炼业不仅历史悠久,而且冶炼水平高。芜湖铁画的产生是有特定社会经济、文化历史条件的,与冶铁技术、雕刻工艺和绘画发展密切相关。芜湖铁画是清顺治到康熙间铁工汤鹏创造的,《(民国)芜湖县志》载,"汤鹏,字天池,溧水人,侨芜湖,创为铁画,施之灯幢屏障,曲折尽致,山水花卉,各极其妙,一时称为绝技。有二孙亦世其业,至今铁工仿制不衰,远客都购之,然真迹殊不易得也"。② 该志又载,"又有锤铁为画者,治之使薄且缕析之,以意屈伸,为山水,为竹石,为败荷,为衰柳,为蜩螗郭索,点缀位置,一如丹青家而无斲[?]积皴皱之迹。康熙间,有汤天池者创为此,名噪公卿间。今咸祖其法,虽制作,远逊汤,而四方多购之,以为斋壁雅玩"。③ 汤鹏生活在康熙时期,自幼随家人逃荒来芜湖,芜湖铁工,精于炼钢。当时芜湖钢铁业十分兴盛,工人技术精湛。同时,清初有许多诗人、画家云集芜湖。明末清初,芜湖产生姑熟画派,代表人物是萧云从。汤鹏向萧云从学画,揉铁作画,以花鸟、鱼虫、山水、人物等为题材,创作铁画包括尺幅小景、铁花(画)灯、铁画屏风,当时画家萧云从提供画稿,传授构图画技,二人相互切磋,制作铁画水平大大提高。④ 汤鹏留下画作有《四季花鸟屏》《溪山烟霭》《翠竹图》等。铁画鬼斧神工,惟妙惟肖。⑤《(嘉庆)芜湖县志·艺文类》载梁山舟《铁画歌序》说:"汤鹏,字天池,芜湖铁工也,能锻铁作画,兰、

---

① 张九皋:《芜湖手工炼钢业的片断史料》,《安徽史学通讯》1958年第1期。
② 余谊密修,鲍寔纂:《(民国)芜湖县志》卷51《人物志》,黄山书社2008年版,第579页。
③ 余谊密修,鲍寔纂:《(民国)芜湖县志》卷8《地理志》,黄山书社2008年版,第38页。
④ 刘伯璜、姚永森:《芜湖铁画溯源》,《安徽师大学报》1983年第2期。
⑤ 芜湖市政协文史委员会等编:《芜湖通史·古近代部分》,安徽人民出版社2011年版,第164页。

竹、草、虫，无不入妙，尤工山水，大幅积岁月乃成，世罕得之，流传者径尺小景耳。以木范为之若屏障，或合四面以成灯，亦名铁灯，镂锤之巧，前代所未见也。是时，韦谦恒作歌和之，并序其事云：'天池少工铁与画，室邻日窥其泼墨。'"因此，汤鹏是杰出的早期铁画家代表。而左天《壹斋集》则云："学画于萧云从，尝诣尺木处，求其稿而得其神似。"① 汤鹏去世后，其孙传其业，之后传至他人。乾隆、嘉庆年间，芜湖铁工仿制铁画的人越来越多，销路越来越广，四方争购。1933年，安徽通志馆采访员吴云在采访时，就说："汤铁画，清康熙间，今无。"② 铁画是芜湖炼钢业和绘画艺术结合的产物，反映了芜湖炼钢业的兴盛。芜湖铁画，也随着徽商被带到国内其他地方。徽商查氏，自唐代起先居歙县篁墩，后迁婺源凤山，明万历时查秀客居宛平（今北京丰台），其后人查日乾经营长芦盐，移居天津，清代雍正、乾隆年间，在天津南运河西岸建有园林"水西庄"，藏有芜湖铁画。铁画是由运河带到天津的。可见，芜湖铁画影响力甚至达到天津。③ 1959年陈列于人民大会堂的大型铁画《迎客松》，见证了国家领导人与世界各国交往的历史，也展现了芜湖铁画的艺术水平和魅力，独特铁画艺术深受好评。1964年5月，郭沫若在视察芜湖工艺美术厂时，对铁画极为赞赏，并题词"以铁的资料创造优美的图案，以铁的意志创造伟大的中华"。④ 总之，至清代中期，芜湖已发展为皖江地区乃至安徽手工业中心。

八 传统区域中心城市形成

芜湖真正发展是在明代后期，经济地位获得提高，主要是长江贸易带动的结果。明代后期，芜湖在长江贸易带动下，转运贸易繁荣，大量商品由长江汇集芜湖，再由芜湖转运到其他地方销售。明清时期，芜湖为"天授转输地"，上通川楚，下连吴越，与长江上下游均可联系；往南通过青弋江，连接皖南；往北通过裕溪河、巢湖，联系合肥，并与淮河

---

① 吴云：《古物第一表金石》，《民国芜湖采访录》，1934年，安庆市图书馆藏。
② 吴云：《芜湖古物金石表》，《民国芜湖采访录》，1934年，安庆市图书馆藏。
③ 刘尚恒：《芜湖铁画北传天津小考》，《二馀斋说书》，河北教育出版社2004年版，第190—191页。
④ 沈卓娅：《芜湖铁画的历史和艺术特色》，《淮北煤师院学报》1984年第1、2期合刊。

流域联系。与长江下游地区联系，除通过长江、运河，还可以通过"中江"古水道。"中江，从丹阳无湖县西，东至会稽阳羡县东入海"。① 这条水道连接今江苏省荆溪河、胥溪河，及安徽省青弋江、水阳江部分河段。船只由长江驶入芜湖，进入青弋江、水阳江，经过今江苏高淳、溧阳、宜兴，进入太湖。由芜湖经此水道至太湖，比经长江、运河一线，路程缩短一半。因此，"中江"也是芜湖与皖南、太湖流域重要的贸易通道。② 南京也是商业都会，万历时南京关征税繁重，致使"上江货物多止于鸠兹"，南京上新河关冷落凋敝。③ 而芜湖就更多地汇集上江货物。外地商人也聚集芜湖，其中主要是徽商，他们在芜湖从事转运贸易。④ 在长江贸易中，芜湖转运贸易地位提高。在长江贸易带动下，城市商业和手工业发展起来，城市建设也出现新面貌。

明代，皖江地区城镇发展开始向芜湖倾斜，长江贸易带动了沿江城市的发展。合肥为巢湖地区经济中心，也是南北漕运转输地，江淮各县赋粮物资和巢湖地区粮油棉由合肥转输京师。元明时期，安庆客籍商人日多，有湖南人开的伞店，浙江人开的银楼，特别是徽州商人在安庆尤为活跃，当铺、钱店、布店、南货、百货、绸缎庄、纸坊、粮食、茶叶店、食盐等，都有徽商经营，皖南丝、茶、生漆、桐油、徽墨、歙砚等土货运到安庆销售，安庆成为安徽西南中心市场，市场从属于长江贸易，经济辐射到浙江、徽州和湖南等地。铜陵大通镇，明初设河泊所、巡检司、大通驿等商业、军事及交通机构，帆樯林立，商业繁荣，成为市肆众多的工商集镇。明嘉靖前屯溪，主要街市在黎阳、西镇一带，嘉靖十五年（1536）建成的镇海桥把屯溪和黎阳联起来，自此，来往方便，屯溪街市商铺林立，商船密集，商贸日渐繁荣，到万历时，"屯溪已成为休宁全县商业中心"。⑤ 不过，相比较，芜湖市场范围超过了安徽其他城市，

---

① （唐）孔颖达疏：《尚书注疏》卷6，清嘉庆二十年南昌府学重刊宋本十三经注疏本。
② 杨正泰校注：《天下水陆路程·天下路程图引·客商一览醒迷》卷1，山西人民出版社1992年版。
③ 顾起元：《客座赘语》，金陵丛刻本。
④ 张海鹏、王廷元：《徽商研究》，安徽人民出版社1995年版，第108—120页。
⑤ 欧阳发等：《经济史踪》，安徽人民出版社1999年版，第479页。

在皖江地区，明代芜湖就成为"万货之会"① 的商业中心，也是手工业中心。到了明代，"芜湖，金陵帝王之区也"，② 已有"江东首邑"之称。

清代芜湖行政单位仍然为安徽太平府下的一个县，行政地位还不显著，但是，芜湖城市地位却已超越了前代，是历史上最高的。清初，"商旅骈集"。③ 清康熙年间，"芜湖地狭人稠，土著课农者率多素族，能崇俭，城中外市廛鳞次，百货翔集，五方杂居者十之七"。④ 当时芜湖，"烟井不下数万家，商贾雾集，甲第云连"。⑤ 清初刘献廷对当时全国区域中心城市进行了梳理，他认为，"汉口不特为楚省咽喉，而云、贵、四川、湖南、广西、陕西、河南、江西之货皆于此焉转输，虽欲不雄天下不可得也。天下有四聚，北则京师，南则佛山，东则苏州，西则汉口。然东海之滨，苏州而外，更有芜湖、扬州、江宁、杭州以分其势，西则惟汉口耳"。⑥ 实际上清代这些城市地位就奠定了。明清时期，北京、汉口、苏州、佛山为4个全国最大的货物集散地，也是最大的区域中心城市，城市辐射和吸附的范围占据中国一方，跨越数省；芜湖、扬州、江宁、杭州为次一级的货物集散地，也是次一级的区域中心城市，城市辐射和吸附范围占据中国一个区域，城乡联系范围次于上述4个城市。不过，从这里可以看出，芜湖城市地位在明清时期就很高了，成为一个区域中心城市，其辐射和吸附范围，主要是长江流域，也包括皖江地区。芜湖不仅成为转口贸易城市，也是封建时代皖江地区传统手工业、商业中心，为中等工商业城市。

小 结

宋代以前，芜湖为一个军政城市，城市地位不高，甚至一度撤除县

---

① （明）汪道昆：《太函集》卷32《潘母吴伯姬传》，明万历刻本。
② （明）余志：《芜湖八景序》，见乾隆《太平府志》卷37《艺文志》。
③ （清）顾祖禹：《读史方舆纪要》卷27《江南九·芜湖城》，清稿本。
④ （清）黄桂修，宋骧纂，李敏迪增修，曹守谦增纂：《（康熙）太平府志》卷5《地理志·风俗》，清光绪二十九年据康熙十二年刻、康熙四十六年增刻本木活字重印本。
⑤ （清）夏冲：《重修神山殿宇序》，《（嘉庆）芜湖县志》卷20《艺文志》。
⑥ （清）刘献廷：《广阳杂记》卷4，清同治四年钞本。

行政编制，城市功能主要是军政功能，城市腹地范围并不大，乡村主要满足城市消费需求。宋代以后，中国经济重心南移，长江中下游地区经济发展起来，长江贸易兴起，芜湖城市也发展起来，逐渐向工商业城市转化。到明清时期，城市与腹地经济互动，使芜湖成为传统区域中心城市，芜湖与皖江地区经济联系逐渐扩大，与徽州地区经济联系也逐渐产生，与长江上下游地区都有经济关系，芜湖腹地范围扩大了。芜湖具有成为区域中心城市的得天独厚的先天优势，其与皖江地区经济互动关系从芜湖最早的鸠兹建立就开始了，并随着芜湖城市成长，其与皖江地区经济互动关系也日益发展。到明清时期，芜湖已成为长江流域一个具有影响力的区域经济中心，成为传统区域中心城市，为近代区域中心城市产生和发展奠定了基础。不过，也要看到，前近代芜湖主要是转口贸易城市，传统城市的辐射能力有限，城市与腹地经济互动主要依托水运系统，陆路交通为辅，交通工具以帆船和排筏为主，运输能力有限，所以城市腹地范围有限，芜湖与皖江地区经济关系不紧密，较为松散。皖江地区经济为自然经济，商品经济发展不足，城乡人员往来、信息流通、资金交流也很有限，城市与腹地经济关系构建有限。

第二章

近代口岸城市制度优势增长

在前近代，芜湖城市与腹地经济关系构建是在封建农业社会内部经济联系的环境中进行的，是在传统城市优势发挥、增长、互补中形成的，城市与腹地经济互动也使芜湖成长为传统区域中心城市。近代口岸城市一般在前近代就成长为区域中心城市，或具有区域中心城市潜质，开放后，很快发展为近代区域中心城市。为什么近代口岸城市发展迅速，城市与腹地经济联系也超过了一般城市？如果从口岸与腹地范式解释这一问题，就难以找出答案，也就是存在口岸与腹地为什么会互动的问题。近代口岸与腹地经济关系之所以与前近代不同，就是因为近代口岸城市发展出现了新的优势。城市优势变化，城市与腹地经济关系也发生了变化。如何看待近代口岸城市快速而畸形发展问题，需要辩证地看。资本主义列强入侵，一方面损害了中国主权，掠夺了中国财富，使中国变为半殖民地半封建社会；另一方面，通过不平等条约，发展交通和产业等，使口岸城市获得制度、辐射能力、技术和产业等"优势"，发展速度比一般城市快，形成畸形发展。就城市发展来说，口岸城市获得了新的发展优势，包括制度优势、能力优势、技术和产业优势等。城市发展优势增加，城市竞争力就增加，其对腹地辐射和吸附能力就增强，城市与腹地关系发展就发生新变化。近代口岸城市就是在这种传统优势发挥、新的优势增长、互补中发展的，城市与腹地经济关系也发生了巨大变化。西方资本主义列强通过一系列不平等政治条约、通商专约等正式制度安排，在长江口岸城市获得关税协定、内河航运、口岸设厂、最惠国待遇等贸易权利，又通过条约外的强制，获取各种非正式制度供给的具体特权。这些条约体系制度内外供给，对口岸城市发展影响巨大。在通商口岸制度存在的100年间，资本主义列强根据不平等条约，获得了大量特权。同时，相应的晚清和民国政府也在口岸城市作出制度调整，增强了口岸城市优势。长江流域口岸城市开放，增强了口岸城市优势，也改变了长江流域经济和贸易格局。近代芜湖之所以成长为安徽工商业中心和皖江地区中心城市，是因为它不仅有条约体系制度"优势"，还有晚清和民国政府在芜湖进行制度调整优势。制度优势增长，对城市发展及其与腹地经济关系构建有巨大影响。

第一节 口岸开放与长江流域经济格局变化

前近代芜湖发展成为传统区域中心城市，是在长江流域经济发展、长江贸易繁荣的情况下，由城市与腹地经济互动发展起来的，是在封建小农经济时代商品经济推动下发展的。但是，自1842年以来，沿海、沿江通商口岸相继开放，国内外贸易出现了新的发展，中国经济发生了深刻变化，从以前相对封闭、自给自足的经济状态，进入世界资本主义经济体系，并开始了现代化的进程。① 近代城市与腹地关系是纳入世界资本主义市场体系的城市与腹地关系，不单纯是一个城市与附近农村关系。因此，近代城市与腹地关系必须放到世界范围内，从资本主义全球化角度理解，是世界现代化浪潮的一部分。鸦片战争后，长江流域口岸逐步开放，长江流域经济也被纳入资本主义市场经济体系，经济格局也发生变化，不再是长江流域经济相对封闭发展，而是与沿海口岸城市经济和外国经济联动发展。城市也出现了新的类型，即开埠通商城市，包括约开商埠和自开商埠。芜湖与腹地经济互动关系的背景与前近代截然不同。这对芜湖来说，也是优势增长。

一 "条约口岸"打开长江流域贸易市场

中国地大物博，人口众多，拥有广大市场，西方资本主义对中国广大市场垂涎欲滴，急切地想将其技术和产业优势渗透到中国广大地区。

---

① 吴松弟：《通商口岸与近代的城市和区域发展——从港口—腹地的角度》，《郑州大学学报》2006年第6期。

为此，西方列强通过"兵战"，强迫开放口岸，在中国掠夺特权，进而在中国进行"商战"，利用自身优势，打败中国商业，攫取中国财富。19世纪末，世界资本主义从自由竞争阶段进入垄断阶段，英、法、美、俄、日等列强加紧对中国侵略，通过两次鸦片战争、中法战争、中日甲午战争、八国联军侵华战争等，迫使中国签订许多不平等条约，占领中国大片领土，勒索巨额赔款，开放许多沿海港口城市和内陆城市作为条约口岸，建立大量租界，享有各种特权，成为清朝封建统治者的"太上皇"，在中国进行军事侵略、政治压迫、经济剥削，使中国逐步沦为半殖民地半封建社会，中国人民陷入苦难的深渊。1840年鸦片战争后，列强势力从中国东南沿海向内地渗透，通过战争强迫中国签订了大量不平等条约，构成了"条约体系"，形成"条约口岸城市"，由此产生了近代中国通商口岸制度。直到1943年1月，这一制度才由中美、中英取消治外法权换文得以废止。从1840年到1930年，共开放77个城市作为通商口岸，至20世纪30年代开放广东中山港止，中国被迫开放的条约口岸和自开口岸有104个，外加广州湾、威海卫、胶州湾、旅顺口和大连湾5个租借地，通商口岸多达110个。[①] 中国除山西、陕西、宁夏、青海、贵州等少数省份无口岸外，其他省份都有口岸，有的有多个口岸。通商口岸主要分布在沿海、沿江城市，特别沿海城市。条约口岸，是西方列强"商战"的平台，首先，改变了鸦片战争前广东公行对外商关税过重情况，以低关税输入洋货，"值百抽五"，子口半税，西方产品以其技术优势，又有关税优势，对中国工商业造成巨大冲击；其次，在口岸城市设立租界，侵害了中国主权。上海租界是中国最早的租界，是1845年英国根据1843年签订的中英《五口通商附粘善后条款》和上海道台拟定的《上海租地章程》设立的。在上海租界设立后，法、美、德、俄、日、比、意、奥等国分别在中国各主要口岸设立"专管租界"25处、"公共租界"2处及若干租借地。[②] 咸丰四年（1854）后，外国人在上海租界设立市政委员会（工部局），采取地方自治，使租界成为"国中之国"。列强在条约口岸设立领事馆、租界、海关、洋行，享有低关税特权，在享有制度特权下，

---

① 严中平等编：《中国近代经济史统计资料选辑》，科学出版社1955年版，第41—48页。
② 费成康：《中国租界史》，上海社会科学院出版社1991年版，第427—430页。

将其技术和产业优势,渗透到中国内地,向内地倾销洋货,掠夺土货,占有中国市场,把持地方经济命脉。

长江流域是列强觊觎中国的主要地区,对长江流域经济侵略活动日益增加。道光二十二年(1842)《南京条约》开放广州、厦门、福州、宁波、上海5个通商口岸,其中宁波、上海就属于长江流域城市。道光二十三年(1843)11月14日上海首先正式开埠。1个月后,宁波口岸也宣布开放。这样,广州"公行"垄断被打破,中外贸易扩大到东南沿海。这5个通商口岸位于沿海,列强不满足于开放沿海地区,还要求进一步开放内地。19世纪50年代美英法要求获得"内河特别是扬子江的自由航行"。① 但是,第一次鸦片战争后,西方国家在同清政府签订不平等条约时,还要听从清政府开出的条件,才能允许双方关系存在。自上海开埠后,19世纪50年代英国商界就要求中国内地、内河通商。第二次鸦片战争爆发后,列强强迫清政府于咸丰八年(1858)签订《天津条约》,咸丰十年(1860)签订《北京条约》,除增开牛庄(今营口)、天津、登州(今烟台)、潮州(汕头)、台湾(台南)、淡水(今台北)、琼州为通商口岸外,长江流域增开镇江、南京、九江、汉口为通商口岸。咸丰八年(1858)中英《天津条约》规定"长江一带各口,英商船只俱可通行",使外国商船有进入长江的特权。② 自此,列强通过不平等条约,迫使长江流域许多口岸城市陆续开放。咸丰十一年(1861),英国驻上海领事巴夏礼拟定《长江各口通商暂行章程》,规定英船只要持有江照,就可到汉口以下城市经商;并在上海纳关税后,在汉口以下、镇江以上沿江城市起下货物,不用纳税。③ 由于遭到中国地方官反对,同治元年(1862),赫德又拟定了《长江通商统共章程》,从同治二年(1863)1月1日起实行,在上海、镇江、九江、汉口征税。④ 这一章程实行了35年。同治十五年(1876)9月13日,英国借口同治十三年(1874)马嘉理在云南被杀事件,强迫与清政府签订不平等的中英《烟台条约》,该条约除增辟浙

---

① [美]丹涅特:《美国人在东亚》,第270页,转引自聂宝璋编《中国近代航运史资料》第1辑上册,上海人民出版社1983年版,第93页。
② 王铁崖编:《中外旧约章汇编》第1册,生活·读书·新知三联书店1957年版,第97页。
③ [英]莱特:《中国关税沿革史》,商务印书馆1964年版,第202页。
④ 《总税务司通札》第1辑(1861—1875),第145页。

江温州、广东北海为通商口岸外,还增辟湖北宜昌、安徽芜湖为通商口岸,大通、安庆、湖口、武穴、陆溪口、沙市为外国轮船停靠地。[1] 光绪二十一年(1895)《中日马关条约》增辟沙市、重庆、苏州、杭州为通商口岸。[2] 光绪二十八年(1902),清政府大臣吕海寰、盛宣怀与英使马凯在上海议定《中英续议通商行船条约》,第12条规定,除广东惠州及江门开放为通商口岸外,还增辟安徽安庆、湖南长沙、四川万县为通商口岸。[3] 美、日也强迫清政府于光绪二十九年(1903)10月8日签订《中美通商行船续约》《中日通商行船续约》,上述三个不平等条约,迫使清政府增开包括安庆在内的商埠达38处之多。到宣统三年(1911)辛亥革命前,帝国主义在中国的通商口岸多达82处。[4] 这样,长江流域开放的条约口岸,有上海、宁波、杭州、苏州、镇江、南京、芜湖、安庆、九江、汉口、宜昌、沙市、长沙、重庆、万县15个城市,还有一些轮船停泊码头。晚清中国对外贸易基本上是在西方列强强迫清政府制定的条约体系内进行的,帝国主义势力由此深入长江流域广大地区。

二 "自开口岸"拓展了长江流域贸易市场

条约口岸以通商贸易形式,连接中外,近代中国人对条约口岸的认识,经历了敌视到"利害参半"乃至"利大于弊"的变化。条约口岸设立后,人们开阔了眼界,对西方"商战"有了认识,认识到"商战"的重要性。19世纪70年代郑观应提出"商战"思想,以与西方资本主义进行竞争。"商战",为近代东西之争,"各国今日所持政策,莫不先争商业界之战胜,以为立国之第一要义"。[5] 中国历来重农轻商,商业不发达,是中国文化之价值观造成的。20世纪初,就有人认识到这一传统政策的危害,"往者,中国之宗教家、政治家,皆以言利为诟病,凡与商界者,

---

[1] 王铁崖编:《中外旧约章汇编》第1册,生活·读书·新知三联书店1957年版,第439页。
[2] 王方中:《中国近代经济史稿》,北京出版社1982年版,第323页。
[3] 王铁崖:《中外旧约章汇编》第2册,生活·读书·新知三联书店1957年版,第108页。
[4] 安庆政协文史委等编:《安庆文史资料·工商经济史料专辑(一)》(总第13辑),安庆市彩色印刷厂1986年印,第4页。
[5] 《论中国宜保护商务》,《东方杂志》第9期,光绪三十年九月二十五日,第87页。

谓之末业，鲜不贱而抑之。呜呼，此实吾国民生憔悴、国力萎敝之一大原因也"。① 人们呼吁对外进行"商战"，提出设立非条约口岸，即自开口岸。这也为自开口岸设立奠定了思想和舆论基础。甲午战争后，中国面临亡国灭种的危机，救亡图存的维新运动兴起，光绪二十四年（1898）戊戌变法时这种"商战"思想被采纳，清政府也开始认识到商业的重要性，设立商部，自开一些口岸。条约口岸制度是外力逼迫下形成的，但是由于制度示范和扩散效应逐渐体现，又推动着制度的发展。② 到了 19 世纪末 20 世纪初，中国口岸开埠制度出现了"自开"和"约开中的自开"的转变。最早设立的自开口岸是秦皇岛、岳州和三都澳，其中岳州就属于长江流域。这种新型口岸，开放迟，但是发展快。清末全国有 36 个自开商埠，到 1924 年更增到 52 个。其数量几乎与鸦片战争后所开条约口岸相当③。自开商埠，为非条约口岸，晚清分布中国多个省份，长江流域也分布一些自开商埠，如湖南有岳阳（1898）、湘潭（1905）、常德（1906），湖北有武昌（1900），江苏有吴淞（1898）、海州（今连云港，1905）、浦口（1900）、无锡（1906）。其中，湘潭、常德、武昌未正式开埠。④ 自开口岸成为对外开放通商的重要形式。这样，长江流域市场被完全打开。

三 口岸开放对长江流域经济格局影响

前近代长江流域经济是封闭型的封建落后小农经济，长三角地区是经济重心所在，长江中上游经济也有较大发展，农业经济是主要经济，城市工商业也有一定发展，但是处于次要地位，长江流域上下游之间形成了商品贸易，对外贸易极少。口岸开放后，洋货大量倾销，直接冲击了农村手工业和封建自然经济，也使口岸城市手工业遭到破坏，近代工业产生，长江流域口岸城市发展成为区域中心城市，在长江流域形成城

---

① 《论中国宜保护商务》，《东方杂志》第 9 期，光绪三十年九月二十五日，第 87 页。

② 李玉：《从被动到"被动中的主动"：晚清开埠制度的变迁》，《江苏社会科学》2011 年第 3 期。

③ 杨天宏：《口岸开放与社会变革——近代中国自开商埠研究》，中华书局 2002 年版，第 1 页。

④ 严中平等编：《中国近代经济史统计资料选辑》，科学出版社 1955 年版，第 41—48 页。

市群，或城市带。特别是上海发展为国家中心城市，武汉也成为华中中心城市。土货也大量在国内外流通，不断向城市聚集，鸦片、茶叶、桑蚕业、棉花、粮食等商品生产发展。洋货和土货贸易促进了城市商业繁荣，城市经济获得发展，经济重心开始由农村经济向城市经济转移。长江流域乡村经济和城市经济格局变化，也带动长江贸易格局变化。

  内向型贸易变为外向型贸易。鸦片战争前，中外贸易在唐代以前就存在了，在沿海出现了海商聚集都会，唐朝在这些城镇设立市舶官，向海商征税，宋、元、明三代沿袭这一制度。不过，宋以前近海都会，著名的很少。宋代设市舶司及市舶务的地方先后不一，曾设司或务的城镇，有广州、泉州、温州、澉浦（今海盐）、明州（今宁波）、杭州、秀州之青龙镇（今江苏青浦）、秀州之华亭县（今江苏松江）、秀州之上海、江阴、密州之板桥镇。元代设市舶司的城镇有 7 个，即广州、泉州、温州、澉浦（今海盐）、庆元（今宁波）、杭州、上海。明代则只有广州、泉州、宁波和太仓，设有市舶司。以上各地，均为当时海商聚市场。[①] 沿海开放是较广的，但是到明代就开始收缩了，市场也收缩了。清朝对外贸易基本继承明代办法，为了防范汉人反抗、稳固政权，在最初几十年里，曾经下令"片板不准下海"，严格禁止中外贸易。这期间，只有少数山西、陕西、徽州、浙江等地商人冒险到日本贸易，而与西方海上贸易基本中断。康熙二十二年（1683）平定台湾后，次年宣布海禁开放，允许广州、漳州、宁波、云台山 4 个口岸对外通商，并制定相应的"防夷"措施。同时，在澳门、漳州、宁波、云台山设立榷关，由海关监督管理。[②] 中外贸易相对自由。当时中外贸易重心在浙江、福建、广东，长江流域还没有正式开放。乾隆二十二年（1757）乾隆皇帝发布上谕，规定外商只能在广州贸易，不准再赴宁波交易，[③] 将通商口岸由 4 个减少为广州 1 个。这意味着清朝对外政策，发生重大转变，由开放海禁向"闭关锁国"转变。鸦片战争前，中国商品市场主要是一种内向型市场，商品主要在国

---

  ① 李剑农：《中国古代经济史稿》，武汉大学出版社 2005 年版，第 126 页。
  ② 杨天宏：《口岸开放与社会变革——近代中国自开商埠研究》，中华书局 2002 年版，第 3 页。
  ③ 王先谦：《东华续录》卷 46，乾隆朝。

内市场交换，贸易主要是国内贸易。传统长江流域贸易，基本上是封闭性国内贸易，商品主要利用长江及内河，进行水路贸易，甚至通过运河远销北方。

条约口岸是通过不平等条约强迫设立的，侵害了中国主权，使贸易也由内向封闭型贸易向外向开放型贸易转化，从以前国内贸易一元结构变为国内贸易与外洋贸易二元结构。近代长江贸易，则变为开放性贸易，实现中外经济交流和国内经济交流。

优势差异改变。传统长江贸易，为农业文明时代商品贸易，长江流域技术、经济和市场势差不明显，是手工和半手工的差异，粮食、布匹、竹木、茶叶、盐、瓷器等在长江流域互换，商品经济缓慢发展，封建农业社会性质没有改变。农业社会内部政策、技术和分工优势，驱动各地经济往来，构建城乡经济关系。但是，近代西方资本主义入侵，改变了这种优势差异，由农业社会内部优势差异，变为西方资本主义工业社会优势与中国封建农业社会劣势差异。西方列强"兵战"之后，进行"商战"，凭借资本主义工业社会技术和产业优势、交通优势、不平等条约带来的制度优势，对处于劣势的中国进行经济掠夺。西方列强通过这些优势，侵入长江流域，输入洋货，掠夺土货，进行经济侵略，使长江贸易成为半殖民地半封建社会贸易。

四 长江贸易新格局对芜湖与腹地经济关系影响

近代口岸贸易，不仅有土货贸易，而且有洋货贸易。长江流域商品贸易，出口国外是一部分，更主要的是国内贸易，口岸也为国内贸易提供了更多的条件。1871—1895 年，包括长江流域主要大中城市在内的华中地区，进口贸易超过华南、华北、东北 3 大地区总和，占全国总值的 65.6%；出口贸易占全国的 52.9%。[①] 在前近代，皖江地区虽然与芜湖关系密切，但是，由于当时皖江地区经济主要属于封建自然经济，工商业比较落后，与芜湖经济往来还不十分密切。近代口岸城市获得辐射优势，长江流域口岸城市与腹地经济关系愈益密切，安徽纳入口岸城市辐射范围，芜湖也日渐重要。

---

① 严中平等编：《中国近代经济史统计资料选辑》，科学出版社 1955 年版，第 67—68 页。

第一阶段为道光二十年（1840）鸦片战争爆发至光绪二年（1876）芜湖开埠前，安徽虽然没有口岸开放，但是开始受到口岸市场经济的影响，与镇江、九江、宁波、杭州、上海等口岸发生联系。宁波和上海在道光二十二年（1842）《南京条约》规定为通商口岸，徽州出产的绿茶约有半数由屯溪经新安江经杭州运往宁波出口，这种情况一直到光绪二十二年（1896）杭州开为通商口岸为止。由宁波进口的洋货，如少数棉货（洋布）、五金（铝块、铁条）以及数量颇大的糖、火柴、煤油、玻璃等杂货，以徽州为主要内地销售市场之一。上海开埠后，进口洋货以糖、煤油、火柴等为主，主要行销市场是徽州府，其次为宁国府。[①] 九江于同治元年（1862）开埠，徽州所产茶叶除由宁波出口外，另外大约有半数在早期由九江转汉口销往国外。茶叶之外，徽州府县的各种手工业产品、竹木之属，也多从宁波、九江出口。皖江流域市场主要受上海、镇江和九江等口岸的影响，特别是上海和镇江是安徽早期从事内地进口贸易的主要口岸。镇江是由咸丰八年（1858）《天津条约》规定开放的通商口岸，于咸丰十一年（1861）开为通商口岸，在芜湖开放为口岸之前，皖北的米、麦以及高粱、豆类等杂粮多由镇江出口，由镇江进口之货行销皖江流域和淮河流域的安庆、宁国、池州、太平、庐州、凤阳、颍州等府，以及滁、和、泗、六安等州，尤其以庐、颍、滁、泗、六安等地为主，进口货物以棉为大宗，还有火柴、煤油、糖等杂货，安庆、宁国、池州等府从镇江进口的货物，以煤油为大宗，糖、火柴、棉货数量较少。[②] 九江开埠后，其内地贸易圈范围，在安徽地区除包括徽州府以外，还有安庆府。安庆府的土产，如宿松的烟草，怀宁、潜山的竹席，多销往九江，由九江输入各种棉毛货品、杂货、五金等，其中尤以原色布、英国标布、糖、铝块、煤油等为数较多。这些输往安徽的货品，在开港之初，约仅占九江内地贸易货物的 10% 左右，到了民国时期，比例越来越高，常占 30%—40%，最高甚至接近 80%。[③] 可见安庆、徽州二府腹地市场

---

① 参见历年海关报告（Chinese Maritime Customs Annual Report）宁波、上海部份内地贸易（Transit Trade）附表。

② 参见历年海关报告（Chinese Maritime Customs Annual Report）镇江部分内地贸易附表。

③ 谢国兴：《中国现代化的区域研究：安徽省（1860—1937）》，台北："中研院"近代史研究所 1991 年版，第 459—460 页。

对九江关的重要性。这一时期的特点：一是安徽市场已经发生变化，开始对外交流，但是，还刚刚起步，水平较低，也没有形成较大范围的有联系的市场系统；二是安徽输出的物品为农副产品，以茶叶为主，输入的洋货是工业品，安徽开始纳入资本主义市场；三是因为输出产品以茶叶为主，开放的口岸主要分布在安徽的中南部，新安江流域和皖江流域市场繁荣一些，特别是新安江流域市场尤其活跃，淮河流域相对弱些。芜湖通过上海等口岸输入洋货和输出土货，影响腹地。

第二阶段为，芜湖开埠后，安徽受到芜湖辐射，还受到九江、镇江、宁波、杭州、南京、上海等口岸的辐射。[①] 芜湖口岸形成后，洋货以其技术优势倾销内地，土货由腹地向芜湖集散，洋货和土货贸易交互作用，芜湖与皖江地区经济联系更加紧密。并且芜湖可以与其他口岸之间实现优势互补，实现了芜湖中心城市的成长。其中，在长江流域口岸城市中，芜湖与上海关系更加密切。五口通商后，"中国对外贸易的中心迅速地由广州转向上海"，[②] 长江流域货物向上海集中，然后销往海外，上海取代广州成为中国最重要的通商口岸，贸易重心发生了改变。如湖州丝产区，离上海不远，以前丝出口商路，是经过江西至广州出口，经由浙江北新关、江西赣关、广东太平关征税（常关税），五口通商后，改由上海口岸出口，由上海江海关征税。"丝茶是当时出口主要的国际商品，随着丝茶出口转上海，许多广州商人也跟着从广州集中到上海来了。"[③] 长江流域货物在向上海集中的过程中，长江贸易带动了处于交通要道的芜湖城市工商业发展。

口岸开放，长江流域经济被纳入世界资本主义经济体系，带有半殖民地性质，对芜湖说，却产生了新的经济优势和政治优势。长江流域国内和外洋贸易繁荣，长江上帆船和轮船往来不绝，也带动了芜湖经济繁荣。

---

① 谢国兴：《中国现代化的区域研究：安徽省（1860—1937）》，台北："中研院"近代史研究所1991年版，第458页。

② 陈诗启：《传统城市的近代命运·中国近代海关史》，人民出版社2002年版，第29页。

③ 陈诗启：《中国近代海关史》，人民出版社2002年版，第29页。

第二节　口岸开放与芜湖城市优势增长

安徽近代商埠有芜湖、安庆和蚌埠，大通为轮船停泊码头，其中蚌埠是 1924 年 9 月 1 日由安徽督军马联甲筹备的自开商埠，①属于淮河流域口岸，不在皖江地区。光绪二年（1876）中英《烟台条约》辟芜湖为通商口岸，大通、安庆为轮船停泊码头。光绪二十八年（1902）中英《续议通商行船条约》辟安庆为通商口岸。似乎安徽有三个开放门户，芜湖、安庆为通商口岸，大通为轮船停泊码头。但是，晚清真正开埠的只有芜湖。《皖政辑要》对芜湖、安庆、大通有清楚的定位，"皖省交通之埠三：有已设关开埠者一，芜湖是也。有初允停泊上下客货，旋允开埠而讫未开者一，安庆是也。有但允停泊上下客货者一，大通是也"。②

一　芜湖是安徽真正开埠的条约口岸

西方列强通过"兵战"强迫中国新开口岸，是想开辟更多中心城市，扩大洋货和土货市场，"西商每至一处，必定租界，构屋宇，创衙署，立官吏，驻兵舶"，③把商品贸易触角深入中国广大内地。这些口岸许多成长为区域中心城市，为贸易中心。19 世纪 70 年代，王韬认为，兴旺贸易不在增埠，1876 年《烟台条约》增开的粤东北海、浙江温州、安徽芜湖、湖北宜昌，从英商来说，没有必要，如"芜湖则近于九江，宜昌则近于汉口，彼处华商岂不能贩运洋货捆载而往欤？其地虽产丝茶，而西商已时遣华人入内采办，洋货则载以往，华货则售以来，实与开埠无异，恐开埠后，获利未必其遽饶也"。④他是从英商角度来说的，但是英国人并不这么看，他们把扩大贸易作为获得在华更多利益的途径。

西方列强侵入长江流域以后，很快觊觎安徽沿江各埠。咸丰八年（1858）6 月《天津条约》签订后，美、英两国就着手入侵安徽。美国旗

---

① 严中平等编：《中国近代经济史统计资料选辑》，科学出版社 1955 年版，第 48 页。
② （清）冯煦主修，陈师礼总纂：《皖政辑要》卷 1《商约·交涉科》，黄山书社 2005 年版，第 1 页。
③ 王韬：《弢园文录外编》，中州古籍出版社 1998 年版，第 158 页。
④ 王韬：《弢园文录外编》，中州古籍出版社 1998 年版，第 159 页。

昌轮船公司已经开始在芜湖、大通、安庆等地从事运输活动。同治元年（1862），英国公使会见恭亲王，为了便利外商从最接近产区装运茶叶，提出外轮只要持有汉口或九江海关所发表照，到芜湖、安庆、大通装运茶叶。当时，总税务司英人赫德也向曾国藩提出了如此要求，企图把芜湖、安庆、大通等地作为贸易地点，因曾国藩担心此举会影响到清军军饷的厘金征收，未能应允。

资本主义列强在选择条约口岸的时候，并不是随意的，而是要充分考虑口岸城市的地位和潜在价值，即本身具备的辐射条件。具有近代区域中心城市潜质的城市是通商口岸设立依据，这些城市一般分布于沿海和沿江地区，有的已经是传统区域中心城市，有的是发展潜力很大的城市。如沿海地区口岸，广州、厦门、福州、宁波、上海、杭州、苏州、烟台、天津、营口等城市，大多数在当时已经是有影响的区域中心城市，列强很重视，想进行控制；在长江沿线，南京、镇江、九江、汉口、芜湖、沙市、宜昌、重庆等城市也是外国人进行自由贸易的理想城市。①

同时，东南沿海、沿江城市所在区域是当时中国经济富庶地区，占领这些地方不仅具有经济意义，还有战略价值。早在第一次鸦片战争前，英国人利洛就提出占领中国的方略，"要沿扬子江攻入中国的心脏地带——江苏、安徽，甚至河南，占领南京，控制吴淞江和最重要的大运河，再占领苏州的财富，开采那里的铁和煤，并占领乍浦和上海，控制住全国主要的航道，他们就可以掌握中国工业的主要部门……这样，北京就自然成为他们的囊中之物了"。② 也就是说，占领中国富庶的江苏、安徽等地区，就可以控制中国经济命脉，进而降服北京清政府。因此，英国极力想把势力渗透到长江流域。英国虽然通过咸丰（1858）《天津条约》获得在上海、镇江、九江、汉口的通商特权，通过上海、江苏，上达湖北、江西，但是由于处于承上启下的安徽没有一个通商口岸，其势力难以入侵到安徽。同治八年（1869）英国曾要求辟芜湖为通商口岸，

---

① 杨天宏：《口岸开放与社会变革——近代中国自开商埠研究》，中华书局 2002 年版，第 124 页。

② [英] 利洛：《英军在华作战末期纪事——扬子江战役及南京条约》，见张学恕《中国长江下游经济发展史》，东南大学出版社 1990 年版，第 174 页。

但未能如愿。① 同治十三年（1874），英国以发生在云南的马嘉理事件为借口，强迫清政府在山东烟台与其会谈，增订新的不平等条约，到光绪二年（1876）终于签订《烟台条约》，英国入侵安徽的企图才实现。条约签订后，列强通过芜湖、大通、安庆，控制皖江地区乃至安徽经济。

分析中英《烟台条约》这一不平等条约，可以看出英国签订条约的精心考虑。《烟台条约》重点是开放长江流域城市，宜昌和芜湖为长江中游下游城市。宜昌，位于长江上中游分界处、湖北省西南部，为长江中游通商口岸汉口以上又一通商口岸，后来发展为仅次于武汉的湖北第二大中心城市。芜湖为九江和南京、镇江之间的城市，辟为口岸，后来发展为皖江地区乃至安徽近代区域中心城市。英国因其势力范围主要在长江流域，看中了宜昌和芜湖具有近代区域中心城市的潜质，这是选中这两个城市为通商口岸的重要原因。至于长江上游四川重庆府，其城市区位价值，英国人也看到，对之垂涎欲滴，很想把贸易延伸到四川，只是当时轮船不能上行到重庆，还不具备作为口岸城市的条件，所以《烟台条约》条款第三端之一又规定，等将来轮船可以通到重庆，再辟为通商口岸。此条约为重庆开放奠定了基础。从近代长江流域开放的上海、镇江、南京、芜湖、九江、汉口、宜昌、沙市、重庆等口岸城市分布来看，列强选中这些城市，都是经过考察，深知这些城市具有近代区域中心城市潜质，事实上这些城市也成为大小不等的近代区域中心城市。口岸设立的依据，不是列强一时兴起要求设立的，是这个口岸城市本来就是一个地区重要城市，具有成为中心城市的潜质，具有特殊的优势。

首先，英国看重芜湖位置优势。芜湖具有优越的地理位置，地处长江中下游要冲，南通青弋江、水阳江，北通裕溪河、巢湖，溯江可通九江、武穴、汉口等地，下通南京、镇江、上海等地，芜湖港水深面阔，是优良的货物集散中转运输港。得天独厚的地理条件使芜湖成为理想的通商口岸。

其次，英国驻华公使看到芜湖是一个著名的商业和手工业城市。一般非省会城镇偏重于经济。一些城市被辟为条约口岸，是由于其经济尤

---

① 王铁崖编：《中外旧约章汇编》第 2 册，生活·读书·新知三联书店 1959 年版，第 310 页。

其是商贸潜力巨大。明清时期芜湖已是长江流域一个工商业中心，工商业繁荣。

最后，英国看重芜湖区位优势。长江流域是列强扩张侵略势力的重点地区，《烟台条约》重点也是英国迫使中国进一步开放长江流域，因为这一地区是中国经济富庶地区。芜湖所处的安徽地处华东腹地，位于长江下游地区，自然条件优越，"据长江之中，左苏右赣，首鄂尾宁，雄富虽亚于汉、沪，而游历之客轮舰之往来，上至赣、鄂以上，下至宁、苏以下，道必经于是"。① 皖江流域盛产稻米等，皖西山区和皖南山区富产茶叶、木材等，安徽每年有大量桐油、生漆、麻、蚕丝以及手工业品输出，这些土货通过水运输送沿江城市集散。尤其是皖江地区，交通方便，盛产粮食、茶叶、棉花、油菜籽、鸡鸭毛、药材等农副产品及矿产品等，早为西方列强所觊觎。

《烟台条约》辟沿江的安徽大通、安庆，江西湖口，湖广武穴、陆溪口、沙市，为"寄航港"，没有辟为通商口岸，英国人是看到这些城镇不具有近代区域中心城市的潜质，事实上，后来这些城镇也没有发展为近代区域中心城市。但是，英国人也看到了这些城镇的优势，可以把这些城镇作为那些通商口岸城市的辅助城镇。这样以通商口岸为中心，以"寄航港"为辅助，长江流域贸易可以形成网络，相互勾连起来。这是《烟台条约》长江流域开放布点的价值。大通为铜陵附近小镇，安庆偏于安徽西南城市，地理、区位、交通等方面，优势均比不上芜湖。且上有九江影响，下有芜湖影响，拓展空间受限，腹地边缘地区贸易多直接与九江和芜湖贸易。② 即使光绪二十七年（1901）中英《续议通商行船条约》辟安庆为"允开埠"的通商口岸，但是最终没有开埠。

芜湖之所以被辟为口岸城市，就是因为英国看中了芜湖有可以成为近代区域中心城市的潜质，城市优势在皖江地区很突出。芜湖具有地理位置、交通、区位、资源和产业等优势，辟为安徽口岸，最为理想，打开了芜湖门户，也就打开了安徽门户。

---

① （清）冯煦主修，陈师礼总纂：《皖政辑要》，黄山书社2005年版，第1页。
② 朱庆葆：《清末民初安庆城市近代化研究》，安徽教育出版社2001年版，第29页。

二 列强控制口岸

《烟台条约》签订后,光绪三年(1877)4月1日,芜湖海关正式开放。从此,安徽大门正式被打开,西方资本主义势力直接侵入安徽,英国和其他资本主义国家的商人蜂拥而至。英、日、美、法等帝国主义运用政治、经济、文化、宗教等各种手段,侵入芜湖,进而渗透到皖江地区。

设立海关。中国海关,始于宋代设立的"市舶司"。明代因实行"海禁",撤销"市舶司"。清康熙二十二年(1683)解除"海禁",次年设立粤海关、闽海关、浙海关、江海关4关,由当地兵备道官员兼任海关监督。乾隆二十二年(1757)实行"闭关"政策,只留广州对外通商。道光二十年(1840)第一次鸦片战争时,英国强迫清政府签订不平等的《南京条约》,实行5口通商,国门被迫打开。不过,清政府仍然掌握着海关行政管理权。咸丰三年(1853)刘丽川领导上海小刀会捣毁江海关,英、美、法借机染指江海关,咸丰四年(1854)7月12日设立江海关税务管理委员会,由英国威妥玛、美国贾流意、法国史亚宝组成。自此,中国海关始用洋员,海关行政管理权逐步落入洋人手中。咸丰八年(1858)11月8日中英签订《通商章程善后条约·海关税则》,确定"值百抽五"低税率,"各口画一办理"一句被列强解释为"外国人"支配上海海关的办法,必须推广到其他各通商口岸,聘请洋人帮办税务。咸丰九年(1859)洋人帮办的粤海关成立,随后,淡水、汕头、闽海(福州)、厦门、浙海(宁波)、镇江、九江、江汉(汉口)、东海(烟台)、津海(天津)、山海(营口)、打狗(旗后)等海关陆续由洋人帮办。到同治三年(1864),已开放的14个通商口岸都已建立了这种殖民地性质的海关制度。中国逐步失去关税自主权。从此,帝国主义者便得以在我国内地大量倾销商品。清政府腐败无能,"不习洋务",由总理各国事务衙门邀请英人帮办税务,海关税务司、帮办、书记等高级职员均用外国人。咸丰元年(1851),芜湖关毁于战火,停止征税。咸丰三年(1853),太平军攻占芜湖,设立"龙江关",执行独立自主的海关政策,对所有治江下行外国籍贸易船只征税,发给通行证下行。[①] 太平军撤出芜湖后,

---

① 《洪仁达通知外商纳税令》,见[英]迈克尔《太平天国革命》卷3。

"龙江关"自行消亡。① 光绪二年（1876）9月《烟台条约》签订后，芜湖辟为通商口岸后，设立海关，芜湖海关定为三等海关，专征轮船进出口货物税，由外籍税务司管理关务。"光绪三年二月十八日（1877年4月1日）开关通商，关设于安徽省芜湖县西门外江岸，距县治六里，监督公署驻芜湖西门外内河南岸，税务司驻本关，订立试办章程十八款"。② 历任税务司皆为外籍洋员，并掌管海关人员的招募、调遣、晋升和撤换。德国籍吴德禄为首任税务司。芜湖海关为旧中国40多处海关之一，虽名义上由芜湖海关道监督管辖，但实际上由英国人赫德控制的外籍总税务司负责，大权完全操纵在洋员手中，连皖南道台遇事也要"听取其意见而行动"。③ 芜湖海关税务司署，隶属总税务司署，负责人为外籍税务司。芜湖新关（即芜湖海关）因为是控制在外国侵略者手中，又称芜湖洋关。④ 芜湖开埠后，芜湖海关设在青弋江和长江交汇处中江塔附近，在芜湖范罗山磨盘山建造海关税务司署。税务司署，1912年11月始建，1919年完工，计3所外国式楼房，包括税务司住室、副税务司住室、洋员各等帮办住室，四周种树，中间有1球场。总税务司以密函、电、指令掌控芜湖海关，海关内部则通过密报等制度管理关员。税务司，为芜湖海关行政负责人，负责处理关务，控制海关的人事权，直接掌握海关人员的招募、调遣、晋升和撤换。光绪三年（1877）至1935年，历任税务司、代理税务司28人，均由外籍洋人担任，只是1932年2月1日至4月19日和1933年9月25日至1934年4月23日，华人二次以临时负责帮办身份代理芜湖海关负责官员，月薪350—1000两不等。⑤ 为了牢牢控制芜湖海关，英语被定为海关通用语言。芜湖海关的一些附设机构，如芜湖口理船厅等管理部门，其主要领导职务也全部任命外国人担任。⑥ 海关设立内班和外班，内班为行政管理和征税部门，由税务司、副税务司、各

---

① 芜湖市地方志办公室编：《国史中的芜湖》，黄山书社2012年版，第517页。
② 黄序鹓：《海关通志》，共和印刷局1917年版，第104—105页。
③ 马士：《中华帝国国际关系史》卷3，第390页。转引自中共安徽省党史工作委员会编《安徽现代革命史资料长编》第1卷，安徽人民出版社1986年版，第16页。
④ 鲍亦骐编：《芜湖港史》，武汉出版社1989年版，第31页。
⑤ 芜湖市地方志编纂委员会编：《芜湖市志》下册，社会科学文献出版社1995年版，第821页。
⑥ 马茂棠：《安徽航运史》，安徽人民出版社1991年版，第178页。

等帮办、供事、文案、税务员等组成。分设秘书课、总务课、会计课、统计课，办理文秘、征收关税船钞、统计报告、财务会计和总务事宜。由洋员内班的帮办担任各课课长，各课课长负责日常关务。课以下分设大写台、验单台、进口台、出口台、内地单台和结关台。内班官员可随时调任外班关员，外班官员则需经过考试方可充任内班关员。光绪三年（1877）开关时，内班人员有税务司1人（洋员）、帮办4人（洋员）、医员1人（洋员）、英文供事10人、文案2人（华员）、书办8人（华员）。① 外班，由监察课和验查课2个部门组成，负责监督管理船舶、货物行李物品和旅客，查缉走私，管驾关艇，兼理港务与航政，人员包括监察长、监察员、稽查员、验估员和验货员。光绪三年（1877）开关时，外班人员有超等总巡兼理船厅1人（洋员）、三等总巡1人（洋员）、验货员5人（洋员）、铃子手（稽查员）10人（洋员），为外班洋员。秤手10名，巡丁10名，水手21名，听差门丁等项共13名，望楼及洋药栈杂役、更夫、木匠等项共14名，为外班华人。② 芜湖海关原定在陶家沟南建设，紧接租界，离常关5里。因租界尚未开办，关署亦未建造，暂租江口驿前铺洋房作为关署，距常关半里许。③ 民国元年（1912）7月，芜湖县政府、安徽首任都督柏文蔚、海关监督李振标和潘赞化、芜湖徽州同乡会会长鲍庚等商定批准在租界沿江陶家沟南（后来8号码头附近）建新海关，占地50亩，1919年新海关大楼建成，7月14日海关迁入办公。海关有趸船，以查验船舶及进出口货物；有皖江号轮，用于管理航政、巡江、缉私；有皖电号艇，用作海关交通艇。自光绪二年（1876）《烟台条约》到宣统元年（1909）12月，开办了芜湖等30关，前后共设海关35总关及万县分关。其间，光绪二十年（1894）甲午战争爆发，日本侵占台湾，光绪二十二年（1896）淡水、打狗、台南3关相继被迫关闭。1931年远津海关（后山海关）秦皇岛分关升为总关。光绪二十七年（1901）7月24日，总理衙门改称"外务部"，管辖海关。光绪三十二年

---

① 芜湖市地方志编纂委员会编：《芜湖市志》下册，社会科学文献出版社1995年版，第821页。
② （清）冯煦主修，陈师礼总纂：《皖政辑要》，黄山书社2005年版，第330—331页。
③ （清）冯煦主修，陈师礼总纂：《皖政辑要》，黄山书社2005年版，第328页。

(1906)5月14日，清廷设立税务处，节制海关华洋人员，这表明海关干涉中国外交事务的结束。英国人赫德等长期把持旧中国海关，操控彼时的中国内政外交。1927年，国民政府财政部设立关税处，10月改为关务署。1928年11月24日，海关总税务司署迁至南京，归关务署管辖，在上海设立办事处。1929年1月8日，江海关税务司梅乐和被正式任命为总税务司。近代中国海关是以外籍税务司为核心的。监管常关的道台，为海关监督，又称海关道。刘传缜为首任芜湖海关道。芜湖海关监督由安徽巡抚指挥管辖，又根据海关监督推荐，录用常关中高级官员，行使准领事官职权。海关监督署，隶属清政府。芜湖海关监督署设于芜湖知县驻地西南将军港。芜湖海关，辛亥革命前受芜湖海关道节制；辛亥革命后受芜湖海关监督节制。海关监督作为海关名义上的最高负责人，还管理华商民船征税事务。海关推行外籍税务司制度后，各口设立税务司署，即各口海关，征收轮船贸易的"夷税"。各口税务司逐渐夺取了海关监督权力，架空了海关监督，税务司署也就取代海关监督衙门，成为海关的主要官署。① 芜湖关监督的职权有限，形同虚设。芜湖海关税务司只对总税务司负责，连皖南道台遇事也要听取其意见。不仅如此，清政府还以海关税和常关税用于偿还外债和根据不平等条约付给外国赔款。如在光绪二十一年（1895）分担偿还俄法借款18.5万两，光绪十六年（1890）分担偿还英德借款银29万两，光绪二十二年（1896）又分担偿还俄法借款银2万两，英德借款银4万两。② 光绪二十七年（1901）9月《辛丑条约》签订后，以海关和常关税抵质"庚子赔款"。将芜湖50里以内的常关改归新关管理。作为庚子赔款，帝国主义直接掠夺常关本口及裕溪、东河、鲁港三口，每年不下16万两。从此，芜湖港50里以内的关税（包括海关和常关）都为外国侵略者所控制。③ 1937年"七·七"事变后，27个总关3个分关相继沦陷关闭。1938年1月17日，因日军占领芜湖，芜湖海关关闭，人员南撤。日本侵华期间，上海沦陷，日军强占

---

① 陈诗启：《中国近代海关史》，人民出版社2002年版，第142页。
② 中国近代经济史资料丛刊编委会编：《中国海关与英德续借款》，中华书局1983年版，第45—49页。
③ 鲍亦骐编：《芜湖港史》，武汉出版社1989年版，第32页。

海关税务司署上海办事处，成立汪伪总税务署，先后设立秦皇岛、龙口、威海卫、津海（北平分关）、江海、东海、胶海、厦门、潮海、粤海、琼海等关，另有蚌埠、江汉、安庆、苏州、杭州5个转口税局及海关转口税征所，南京总所和海关转口税宁波征收所。1943年蚌埠、安庆2局裁撤。1946年6月，芜湖海关正式裁撤，由南京海关兼管芜湖进出口贸易。①

设立芜湖领事馆。自道光二十三年（1843）英国向中国派驻领事后，美、法、德、俄、日等十余国相继在中国派驻领事。光绪三年（1877），根据《烟台条约》，英国向芜湖派驻领事，在芜湖范罗山设立英国领事署，"由英国领事官建筑新式楼房一座，四围绕以垣墙，以为领事官办公之地"。② 第一次世界大战后，英领事馆撤销，业务由驻宁领事馆代办。③ 同治十一年（1872）年，日本在上海设领事馆，同治十二年（1873）年该馆升为总领事馆，管辖江苏、安徽、浙江3省。甲午战后，日本在中国口岸城市大量派驻领事，设立领事馆，到光绪三十三年（1907）安徽改由南京领事馆管辖，上海设领事馆只管辖江苏省和浙江省。由于日本人在芜湖经营的洋行和人数增加，日本人与芜湖当地人矛盾也日益增多，1921年6月25日，"安徽芜湖地方，英美皆设有领事，日本则由南京日领兼管。近日政府以芜埠日商，一遇交涉发生，处理颇感不便，特令驻京日使向外交部要求在芜湖设置领事署，业得我国允许"。④ 1922年1月14日日本正式在芜湖青弋江南设立领事馆，管辖安徽全省，直到1945年日本战败投降。到抗日战争前，日本在芜湖领事先后有田中作（1923）、林忠作（1924）、藤村俊房（1925）、村田龟八（1927）、柴崎白尾（1929）、丰岛中（1930）、柴崎白尾（1933）、吉竹贞治（1934）、冈部计二（1936）。芜湖领事官由日本驻华公使或外务大臣节制。⑤ 按照1896

---

① 芜湖市地方志编纂委员会编：《芜湖市志》下册，社会科学文献出版社1995年版，第819页。

② 余谊密修，鲍寔纂：《（民国）芜湖县志》卷11《建置志》，黄山书社2008年版，第71页。

③ 王持华：《芜湖学生运动纪略》，《安徽文史资料选辑》第2辑，安徽人民出版社1983年版，第69页。

④ 《中国大事记》，《东方杂志》卷18第14号，1921年7月25日。

⑤ 参见曹大臣《日本驻芜湖领事馆的历史考察（1922—1945）》，《民国档案》2012年第3期。

年中日约章规定，日本在华享有片面独惠的领事裁判权，因此，芜湖领事馆享有司法权，对于在芜日人案件，芜湖当地人状告日人的中日民商事案件等，有审判权；重罪刑事案件，则经领事馆初审，转交长崎地方裁判所审理。芜湖领事馆的职责，主要是维护条约特权，保护在芜日商非法利益，搜集安徽地方情报。

设立洋行。洋行是西方资本主义在华设立的贸易商行或代理行号。据《中国旧海关史料》统计，列强在华洋行数及从业人员不断增加，如光绪二十一（1895）有17个国家和地区在华设立603家洋行，从业人员10855人；光绪二十三年（1897）有16个国家和地区在华设立636家洋行，从业人员11667人。洋行数量和从业人员数量都巨大。芜湖开埠后，英、美、日等帝国主义国家在芜湖取得政治、经济特权，纷纷设立洋行，并把洋行设置从芜湖推广到安徽各地，到19世纪末20世纪初达27家，其中英商11家，美商3家，日商12家，葡萄牙商1家。① 英国，有太古洋行（长江大轮航运）、怡和洋行（长江大轮航运）、亚细亚洋行（煤油、洋烛）、德士古洋行（煤油、洋烛）、英美烟草公司（香烟）、永泰和烟行（经营英美烟草公司香烟）、卜内门洋行（化学原料，如碱粉、肥田粉、肥皂等）、和记洋行（收买鸡蛋）、祥泰洋行（洋松木材）、保慎水火保险公司、百立泰保险公司等企业。美国，有美孚洋行（经营煤油，弋矶山建有油池2座，每座可容5000吨，年销煤油12000吨）、慎昌保险公司、花旗合群保险公司等企业。日俄战争后，日本人始至芜湖经商，设立洋行，有前田一二洋行（经营百货纱布）、盐冈洋行（经营百货、仁丹等）、日胜纱号（经营棉纱、布匹）、丸三药房（经营药品）、日清公司（即轮船公司经营航运）、泰昌小轮局（往来巢县、合肥客货运输）、李生昌小轮局（往来南京、安庆、南陵、宁国等地客货运输）、新田旅馆、东明旅馆（实际是妓院、咖啡馆）、博仁堂镶牙局、大阪趸船（经营小轮运输）、三菱公司（购运铁矿石）等企业。葡萄牙，有班达洋行（收购鸡蛋、生牛等）。② 上

---

① 马茂棠：《安徽航运史》，安徽人民出版社1991年版，第200页。
② 中共安徽省党史工作委员会编：《安徽现代革命史资料长编》第1卷，安徽人民出版社1986年版，第20页。

述 27 家洋行、公司和商店，几乎控制了芜湖整个市场，还在安徽各县和乡镇都设有经销处、代销商号，当时市场上除英、美的煤油、香烟外，大街小巷的商店、摊贩，无一不经售洋货。第一次世界大战期间，日本帝国主义趁机向中国扩张，特别是 1915 年袁世凯同日本签订"二十一条"卖国条约后，给日本提供了经济侵略更有利的条件。五四运动前后，日本在芜湖的势力已超过英、美等国。"盐冈""前田一二"等日商洋行，都是规模最大的商行，它们运销货物，控制芜湖市场。

设立公共租界。"租界"一词，光绪二年（1876）中英《烟台条约》首次正式使用，此前称为"居留地"，此后改称"租界"。① 芜湖开埠后，光绪四年（1878）英国驻芜湖领事达文波与芜湖关监督刘景祺协定芜湖西门外通商租界 119 亩。② 但是英国人并不满意，芜湖公共租界设立经历了曲折过程，经过光绪二年（1876）至光绪三十（1904）近 30 年中英交涉，光绪三十（1904）年英国派柯伟韪良强迫芜湖关道签订各国在芜湖的《公共租界章程》10 条，在芜湖租界划分谈成，光绪三十一（1905）举行仪式，租界正式设立，在陶家沟北，弋矶山南，719 亩 4 分 4 厘 8 毫 1 丝 4 忽。光绪三十（1904），芜关道童德璋、英领事柯韪良议定《公共租界章程》10 条。③ 租界设有鸿安、瑞记、太古、怡和等洋行，是资本主义列强对芜湖腹地倾销洋货、掠夺土货的基地。后来英、日等国商人开设的洋行、商店延及全市，经销洋货等。民国元年芜湖海关贸易报告说，"近年来，本埠之租界，经整理之结果，在长江各埠中，已可谓首屈一指（不似镇江码头之紊乱也），若兴筑完成，贸易展开时，实为居住最适之处也"。④ 芜湖在近代是通商巨埠，地位重要，也比较特殊，芜湖租界实为各国公共通商租界。

设立教堂、学校和医院等，进行文化侵略。从 19 世纪 70 年代起，西

---

① 刘金声、曹洪涛：《中国近现代城市的发展》，中国城市出版社 1998 年版，第 155 页注。
② 安徽省通志馆编：《民国安徽通志稿·刘复考》，1934 年铅印本；胡绳：《帝国主义与中国政治》，人民出版社 1978 年版，第 57 页。
③ 余谊密修，鲍寔纂：《（民国）芜湖县志》卷 5《地理志》，黄山书社 2008 年版，第 27 页。
④ 沈世培校注：《〈芜湖关华洋贸易情形论略〉校注》，安徽师范大学出版社 2015 年版，第 204—205 页。

方宗教纷纷涌入芜湖，美、英、法等国传教士纷纷来芜湖布道。至民国时期，芜湖宗教已形成佛教、基督教、天主教、伊斯兰教、道教五教并存的局面，各教派都有自己的活动场所，组织形式也比较完备，尤以佛教、基督教、天主教为最甚。自19世纪70年代末天主教传入芜湖，芜湖天主教一直属于江南教区。光绪二十一年（1895）8月成立芜湖总铎区后，教徒甚众，至1914年教友已达1100人，在市区设有3个分堂和学校、医院等机构。芜湖成为安徽省天主教的重要基地。1921年4月26日，江南教区划分为江苏、安徽两个代牧区，安徽代牧区座堂就设在芜湖，第一任代牧胡其昭（西班牙籍）主教，住在芜湖，统辖全省3道（芜湖、安庆、蚌埠）教务。1929年以后，安庆、蚌埠两教区从芜湖代牧区分离出去，为安庆代牧区、蚌埠代牧区。芜湖天主教以江边吉和街洋码头总堂为基础而逐渐发展，包括老火车站对面的太古码头、主教公署、北堂天主堂、河南天主堂4个部分，另有大官山上的一座二层铁皮楼房作为传教士们避暑歇夏之用。圣母院始建于1926年，由天主教会创办，为修女学习、布道的修道院，还曾开办女内思学校和仁慈孤儿院等。芜湖是安徽省基督教创办最早，派别、信徒最多的地方，有中华圣公会、卫理公会、宣道会、来复会、青年会、基督会、内地会、公信会、聚会处、耶稣家庭、圣洁教会11个教派，其中有9个宗派是由英美派来的传教士到芜湖建立的，它们都有各自的国外联系，也各有国内的势力范围，各立门户，分头传教，扩张本派势力。英美传教士来到芜湖，强占了几处山头作为居住和传教的地方，如圣公会占据狮子山和周家山，卫理公会占据弋矶山和青山，内地会占据小官山，宣道会占据大官山，来复会和基督会占据凤凰山和范罗山，青年会、公信会、基督教聚会处、耶稣家庭、圣洁教会因后来没有占据到山头。这些传教士来芜湖，或是以传教为名，攫取权益；或秘密为其政府刺探芜湖及皖南各地政治、经济情报；或强占土地，欺压人民，进行奴化教育，为帝国主义殖民政策服务，因而引起芜湖人民痛恨和反抗，造成光绪十七年（1891）芜湖教案和1925年芜湖教会学校学潮。① 芜湖开埠以后，西方宗教纷至沓来，为了便于广泛传教，各教会在芜湖兴办了许多学校、医院、诊所，基督教尤以

---

① 方兆本主编：《安徽文史资料全书·芜湖卷》，安徽人民出版社2007年版，第768—769页。

圣公会最为活跃。基督教圣公会起源于英国，19世纪70年代末美国基督教圣公会差会派传教士来芜湖，光绪十六年（1890）前后在芜湖成立中华圣公会皖赣教区，下设圣雅各教堂、圣爱女修道院、圣爱堂等分支机构，主教办公楼设在狮子山上。芜湖教会学校较多，至20世纪20年代，天主教、基督教设立4所教会中学，即基督教办的凤凰山萃文中学，中华圣公会办的石桥港圣雅各初中（又称圣公会学校）、狮子山圣雅各中学，福音堂美以美会育才中学，其中以萃文中学和圣雅各中学规模最大。小学有内思小学、周家山女学、后家港励德小学、青山女学、来复会小学等。① 教会侵入芜湖后，霸占田产，建设教堂。如临江的鹤儿山，1914年租与芜湖天主教堂。② 同时列强在芜湖还设立医院，在大马路（今中山路）有日本的博仁堂，在留春园有美国的留春园诊所，在弋矶山有美国的弋矶山医院。

三 口岸开放增加了芜湖城市发展优势

光绪二年（1876）前，安徽由于地处内地，基本上处于半封闭状态，还没有与西方列强发生直接联系，土货如茶叶、丝等多输入邻省，再转趋外洋。安徽省距扬子江口不过200英里路程，然而交通上凡北部淮河流域及西部货物多运向江苏、山东方面，南部的茶则大都由杭州、江西出口。"与外国发生直接关系之始，厥为芜湖之开放。"③ 芜湖开放，比上海迟30余年，比汉口、镇江、九江设关也迟将近20年，但是，芜湖开埠后，很快成为与九江、镇江并列的"长江巨埠"。④ 其原因，首先芜湖具有区域中心城市潜质，开埠后继续发挥原有优势；其次，口岸开放从制度上对芜湖城市发展及其与皖江地区经济关系构建，产生了新的经济优势和政治优势。

---

① 芜湖市政协文史委员会等编：《芜湖通史·古近代部分》，安徽人民出版社2011年版，第401—402页。
② 余谊密修，鲍寔纂：《（民国）芜湖县志》卷3《地理志》，黄山书社2008年版，第9页。
③ 日本东亚同文会：《安徽省志》，见王鹤鸣、施立业编《安徽近代经济轨迹》，安徽人民出版社1991年版，第270页。
④ （清）冯煦主修，陈师礼总纂：《皖政辑要》，黄山书社2005年版，第2页。

"条约口岸"影响有正反方面的，既有反面影响，也有积极意义。如19世纪中叶，如加尔各答、孟买、马德加斯、喀拉蚩、科隆坡等地聚集了大量"西化"精英，输入西方先进知识，促进了南亚现代化。在东南亚口岸，同样如此。在锡兰、缅甸、泰国、越南、印尼及菲律宾通商口岸，也同样如此。[①] 在中国通商口岸，同样聚集一批精英，对中国近代化是有利的。同时，西方经济、技术、政治、管理、思想等通过口岸影响着中国社会。西方资本主义逼迫中国开放大量通商口岸，随后中国政府也自行开放了一些口岸，"不论是根据不平等条约被迫开放还是自行开放，这些商埠地区就成为传统中国接触外部世界和西方文明的前沿地带，成为中国现代商业、工业、金融业、运输业以及文化事业的中心，对推动中国经济和社会的现代化和半现代化发挥了带头作用"。[②] 近代资本主义入侵，也促使中国经济、社会发生巨大变化。特别是口岸开放，对中心城市发展，也构成了某种先行优势，对其腹地产生深远影响，对城市本身也产生巨大影响。芜湖开埠，是列强对安徽的一种入侵，同时也增加了城市辐射优势，使城乡经济互动关系日益密切。

第三节　列强控制海关、常关对城市与腹地经济关系构建的影响

鸦片战争后，通商口岸设立海关，海关是对进出国境的货物收关税的机关，在旧中国，海关为帝国主义所控制。安徽于光绪三年（1877）在芜湖正式设立海关。为区别于海关，称原有税关为"常关"，又称为"内关""旧关""老关""大关""钞关""工关""户关"，海关则称为"新关""洋关"。[③] 常关分"五十里内常关""五十里外常关""内地常关"和"沿边常关"4种。光绪二十七年（1901），签订"辛丑条约"后，50里内常关的收入被帝国主义指定为支付庚子赔款之用，于是距通

---

① 墨菲：《通商口岸与中国现代化：走错了哪一步？》，转引自罗荣渠等主编《中国现代化历程的探索》，北京大学出版社1992年版，第98—103页。

② 罗荣渠：《现代化新论——世界与中国的现代化进程》，北京大学出版社1993年版，第300页。

③ （清）冯煦主修，陈师礼总纂：《皖政辑要》，黄山书社2005年版，第330页。

商口岸 50 里内的常关,属海关税务司管理,50 里外常关仍由中国官吏管理。① 近代中国有海关、常关、厘卡 3 个征税系统,芜湖也同样如此,而海关和常关逐步被帝国主义控制。芜湖关从明代设立后,经历了一些变迁,到近代变化最大。明清芜湖关本来是芜湖第一征税机构,但是在芜湖海关设立后,逐渐被帝国主义控制,成为半殖民地性质的税关,为海关的附庸,降为次要地位,反映了中国关税权益被帝国主义攫取。海关和常关对芜湖城乡经济关系构建都产生了巨大影响。

一 芜湖海关对芜湖与皖江地区城乡经济关系构建的作用

芜湖海关,主要任务是征收中外商船装运的进出口货物税款,即征收出入国境的货物税。鸦片战争前,海关税则由清政府确定。鸦片战争后,列强强制制定关税,片面协定关税,中国关税主权逐渐丧失,道光二十三年(1843)中英《五口通商章程:海关税则》是中国第一个协定税则,分为出口税则和进口税则 2 大部分。美、法又相继强迫减税。这样,中国成为关税税率在全世界最低的国家之一,中国低关税税率,不仅使中国财富被列强掠夺,而且不能保护不具有优势的中国产业,洋货大量涌入,在洋货的竞争下,手工业遭到破坏,大量农副产品收购外运。近代芜湖海关所征收的税种有进口正税、出口正税、子口税(内包运入内地半税、运出内地半税)、复进口半税、船钞(吨税)和洋药税厘以及光绪二十七年(1901)后由海关管辖的常关税等项。其中占主要成分的是出口税和鸦片税。

光绪二十八年(1902),根据不平等条约,第二次修订《进口税则》。1919 年,第三次修改《进口税则》。芜湖海关通用英语,除征税外,还兼管港口、航政、代办邮政、气象等业务,会同中国地方官员缉拿租界内犯人。1922 年第四次修改《进口税则》,中国关税自主权才得到一定程度恢复。到 1927 年 9 月 1 日,南京国民政府实行《固定进口关税暂行条例》,宣布关税自主。1928 年 12 月 7 日,南京国民政府颁布《海关进口税则》,并于 1929 年 2 月 1 日施行。②

---

① 王鹤鸣、施立业:《安徽近代经济轨迹》,安徽人民出版社 1991 年版,第 521 页。
② 芜湖市地方志编纂委员会编:《芜湖市志》下册,社会科学文献出版社 1995 年版,第 819 页。

关税特权，享受低进出口正税待遇。芜湖海关的税收项目与其他通商口岸一样，主要有下列 5 项：一为进口税，凡进口洋货均需纳 5% 的进口税，如转销内地，则另纳 2.5% 的子口税，即可免课内地一切厘金及常关税；二为出口税，土货出口运销外洋者，照交 5% 的出口税，如系在国内行销则另加征 2.5% 的复进口税；三为船钞，凡 150 吨以上之船每吨课银 4 钱，150 吨以下者每吨课银 1 钱；四为洋药（鸦片）税，进口税为每担银 30 两，若输往内地，另纳 80 两的厘金税；五为 50 里内常关税，光绪二十七年（1901）《辛丑条约》规定，凡离海关 50 里内的常关归海关管理，其税收亦为海关税收一部分。① 进口货物以鸦片、棉花、棉纱、煤油、火柴为大宗；出口主要为土特产和原材料。帝国主义列强根据不平等条约控制了海关，在贸易方面取得一系列特权。洋货进入中国交 5% 关税和 2.5% 子口税后，便可"遍运天下"，畅行无阻。资本主义列强扩大海关权力，取得海关低税权，政策上获得了贸易优势地位，洋货得以低价倾销广大城乡地区，土货得以低价运销海外，加强了外国资本主义对中国经济的掠夺。芜湖开关后，安徽完全失去了贸易的独立性质。芜湖海关开关初，芜湖口岸仍仅从事转口贸易，但 1 个多月后，开始发展为直接对外贸易。芜湖海关开关的意义是，芜湖贸易由转口贸易变为直接对外贸易，也就是安徽本来是封闭的经济体系，芜湖口岸打开了安徽开放的窗口，把安徽经济与世界经济联系起来，安徽市场与世界市场联系起来。芜湖不仅与安徽腹地构成经济关系，还与世界构成经济关系，经济联系范围扩大。洋货如鸦片、棉纺织品、毛织品、煤油、火柴、肥皂、糖等可以直接输入芜湖，再转销安徽，安徽的土货如米、生丝、丝织品、茶叶、纸张、羽毛、鸡蛋、菜籽、中药材、矿产品等可以出口到国外。海关设立，我们可以从两个方面看：一方面海关设立，无疑侵犯了中国主权，外国侵略者侵占了海关的行政权力和主要利益，榨取了中国人民的血汗。芜湖海关，光绪三年（1877）征收 61548 关平两进口税，14771.656 关平两出口税；光绪八年（1882）征税 95187 关平两。光绪二十一年（1895）和光绪二十二年（1896），芜湖海关利用"洋税""洋药"税厘，分担偿还英、法、德、俄借款，分别为 2 万两和 4 万两。光

---

① 王鹤鸣、施立业：《安徽近代经济轨迹》，安徽人民出版社 1991 年版，第 323 页。

绪十二年（1886）至宣统元年（1909）间，关税收入，最低的光绪十二年（1886）为252256两，最高的光绪三十一年（1905）为1144216两，有5年超过80万两，11年超过50万两，尚有4年缺记载。① 当然，实际数字远超这些记载，税务司害怕激起中国人民愤怒，不敢公布真实准确的税银数字。据最低测算，每年芜湖海关和常关税银至少不低于120万两。宣统三年（1911）芜湖海关征收关税434822关平两。② 芜湖海关征税增加，表明芜湖进出口贸易增长，安徽对外开放扩大，与世界经济和市场联系加强。另一方面，芜湖海关和芜湖口理船厅等管理部门的设立以及关务、关税、贸易、港口等方面管理章程，如果从航政、航运管理的角度来看，它加强了安徽近代航运业管理，使芜湖获得皖江其他城市所没有的管理权，无疑增加了城市发展的优势。

芜湖海关设立后，进出口芜湖的洋货和土货都要纳税，迫使皖江地区商品向芜湖集中。芜湖海关设立后，两江总督、安徽巡抚多次与英国驻华公使函电磋商，最后制定了《芜湖海关试办章程》共18条。③ 海关征税范围广，制定了《芜湖海关进口税则》，包括油脂矾磺类、香料椒茶类、药材类、杂货类、腌腊海味类、颜料胶漆纸扎类、器皿箱盒类、竹床藤椰类、镜钟表玩类、衣帽靴鞋类、布匹花幔类、绸缎丝绒类、毡绒毯席类、糖酒果食物类、钢铁锡铅类、珍珠宝石类、缨皮牙角羽毛类。④ 由长江流域包括皖江地区向芜湖出口的土货，必须到芜湖海关纳税，进口的洋货到芜湖，也要向海关纳税。

以征收鸦片税厘为例，鸦片进入通商口岸由海关统一征收进口税和厘金。第二次鸦片战争期间，为了对《天津条约》进行补充，咸丰八年

---

① 沈世培校注：《〈芜湖关华洋贸易情形论略〉校注》，安徽师范大学出版社2015年版，第60—191页。

② 芜湖市地方志编纂委员会编：《芜湖市志》下册，社会科学文献出版社1995年版，第819页。

③ 光绪二十五年（1899）4月1日，清政府与各国签订《修改长江通商章程》，废除了原《长江通商统共章程》，签订了《重定长江通商各关通行章程》，废除了原长江各通商口岸所订各类专章，包括《芜湖海关试办章程》。不过，《重定长江通商各关通行章程》承袭了《芜湖海关试办章程》，内容基本未作修改。

④ 余谊密修，鲍寔纂：《（民国）芜湖县志》卷24《赋税志》，黄山书社2008年版，第182—204页。

（1858）中英在上海签订《通商章程善后条约》，共 10 款，并附有《海关税则》，除规定海关聘用英人帮办税务、海关对进出口货物"值百抽五"征税和纳子口税 2.5% 外，把鸦片改称"洋药"，允许鸦片贸易，"洋药准其进口，议定每百斤纳税银三十两"。① 从此，中国海关自主权丧失，鸦片贸易合法化了。光绪二年（1876）签订中英《烟台条约》，对鸦片征税作了新的规定，"英商于贩运洋药入口时，由新关派人稽查，封存栈房或趸船，俟售卖时，洋商照例完税；并令买客一并在新关输纳厘税，以免偷漏。其应抽厘税若干，由各省察勘情形酌办"。② 据此规定，鸦片进入通商口岸由海关统一征收进口税和厘金。原来鸦片进口税由海关征收，鸦片厘金则由厘金局征收，但是《烟台条约》则把鸦片进口税和厘金合并，由海关征收，叫"洋药税厘并征"。③ 光绪十一年（1885）《烟台条约续增专条》规定，洋药税厘每百斤箱纳税银 110 两。④ 芜湖也是实行"洋药税厘并征"，光绪八年（1882）芜湖海关征收税钞，"如鸦片及其他所有洋货运至此地，皆于上海纳税"。⑤ 完纳鸦片税手续：先通过上海海关缴纳烟税，再送至厘金局查验后，每担征银 17 两 4 钱，然后加印贴条，作为已经纳税证明，于是运入货栈。如在芜湖收买，也不须再完厘金。如欲运至内地，商人先将数量呈明厘金局，得其允许，始能改包。白皮土常定为 18 两 2 钱重 1 包，因为证明已缴纳一次厘金，所以每包在离开芜湖本埠前，厘金局再贴封条，通过内地关卡，每包须另纳钱 180 文。⑥ 厘金征收影响了芜湖贸易。首先，厘金征收迫使鸦片销往皖江地区，并不能销得很远。鸦片进口到芜湖，主要是对芜湖腹地销售，虽然"洋药

---

① 王铁崖编：《中外旧约章汇编》第 1 册，生活·读书·新知三联书店 1957 年版，第 117 页。
② 王铁崖编：《中外旧约章汇编》第 1 册，生活·读书·新知三联书店 1957 年版，第 349 页。
③ 陈诗启：《中国近代海关史》，人民出版社 2002 年版，第 183—184 页。
④ 王铁崖编：《中外旧约章汇编》第 1 册，生活·读书·新知三联书店 1957 年版，第 471—472 页。
⑤ 沈世培校注：《〈芜湖关华洋贸易情形论略〉校注》，安徽师范大学出版社 2015 年版，第 45 页。
⑥ 沈世培校注：《〈芜湖关华洋贸易情形论略〉校注》，安徽师范大学出版社 2015 年版，第 47 页。

税厘并征",但是这些鸦片需要在腹地交通要道的厘金关卡,每包另纳180文钱。当时在芜湖周围布满厘金关卡,这就制约了鸦片销往腹地的商路和范围。其次,厘金征税优惠条件停止,引起避税风波,走私一度增加了芜湖鸦片进口量。如光绪十一年(1885)前5个月中,鸦片大量进口,后因厘金局将以前烟土纳税优惠条件停止,鸦片进口随即减少。商人据法力争,在调解失败后,他们设法使大批烟土在此年前数月中逃避厘金,于是芜湖烟土进口,极为踊跃。从前皖江地区有几个县在其他口岸市场购买鸦片,此时觉得在芜购买比较合算。如此行动,自然引起冲突,并有人被捕。风潮平息后,"商人运烟经本埠者,较他埠不复便宜,烟土之进口遂恢复常态矣"。① 光绪十二年(1886)初,厘金局包给他人代收税钞,由他们每月完纳,这样,偷漏大减,厘金收入增加,鸦片贸易也发生了极大变动。后来代收税人停职后,厘金局又按照规章和手续征收税钞。② 再次,厘金征税较低时,有利于芜湖洋药贸易。各处厘金税钞均相同,不存在由此路运送鸦片多得便宜的情况,但是芜湖厘金局有时征税比镇江低,并曾有一次大批烟土逃去厘金,芜湖洋药贸易繁荣,所以当时洋药商人在芜湖购买烟土极多,行销于庐州府及江北一带。③ 最后,鸦片新章实行后,征税提高,又冲击了芜湖鸦片贸易。光绪十三年(1887)正月鸦片新章实行后,芜湖进口鸦片减少1399担,经过芜湖海关的鸦片,比光绪十二年(1886)少24%。这是因为专作私运鸦片的数百人,均离开芜湖,这种私运者,都有武器,如须运烟时,其中若干人,可以立即集合;另外,鸦片进口量低落,又因长江北岸以前在芜湖购买烟土,"现则径从上海,或绕道镇江,芜湖为分配鸦片之中心,不复如前之广大矣"。④

又如茶叶纳税,如《芜湖海关试办章程》第8条,规定了茶叶纳税办法,"凡各商装运茶叶至芜湖出口者,饬令该商照章完纳出口正税,取

---

① 沈世培校注:《〈芜湖关华洋贸易情形论略〉校注》,安徽师范大学出版社2015年版,第56页。
② 沈世培校注:《〈芜湖关华洋贸易情形论略〉校注》,安徽师范大学出版社2015年版,第60—61页。
③ 沈世培校注:《〈芜湖关华洋贸易情形论略〉校注》,安徽师范大学出版社2015年版,第66页。
④ 沈世培校注:《〈芜湖关华洋贸易情形论略〉校注》,安徽师范大学出版社2015年版,第66—67页。

号收缴，关发给准单，方准装入船。惟查茶叶一项，多系由芜湖运往上海转运外国之物，所有应完复进口半税，该商照章呈具保单，即可免其完纳，以省纸笔纷争"。这就迫使茶叶向芜湖集中，然后运到上海出口。近代通商口岸海关设立，是资本主义列强控制和掠夺中国经济的手段。但是，从城市来说，这增强了城市辐射优势，又密切了城乡关系。芜湖海关设立，使芜湖得以控制皖江地区进出贸易，无疑增强了芜湖城市辐射能力优势。

二 芜湖常关逐渐被帝国主义控制

咸丰初芜、凤两关因兵燹停废，光绪二年（1876），复开芜湖、凤阳关，复设芜湖工关、钞关，"于六月初一日起征，仍以芜湖大江口为户、工大关"。① 芜湖关由徽宁池太广兵备道兼任关务。当时芜湖一带水上运输、贸易均由常关管理，当时轮运业尚未兴起，所以，管理对象主要为帆船贸易。芜湖海关设立后，为与海关相区别，工关、户关统称为"常关"，征收过往各水陆关口货物税。晚清时期，长江中下游地区，由于战争破坏，大量洋货输入，手工业遭到排挤，芜湖关税收锐减。海关设立，逐渐挤占了户关的税源。厘卡设立，对芜湖关冲击更大，对芜湖关已征的商品要征税，免征的商品也要征税。这样，商人负担加重，裹足不前，造成芜湖关征税减少。光绪八年（1882），定芜湖关税额为银13.6万余两。② 按规定，在口岸的厘卡应该取消，但是由于地方势力阻挠，没有撤销。芜湖关，凡征竹木货税，每正银1两，随征铜价银1钱，水脚银1钱6分。自复设起，以3个月为一季，12个月为一届。每届额定正税及铜价、水脚银，户关156919两7分5厘，工关70146两1钱5分5厘；额定盈余银，户关73000两，工关47000两，共计347065两2钱3分。这一征税数额，"自兵燹以前额征之数，至今仍旧。自茶厘另收，已少茶税一项，添设洋关之后，完洋税者，常关盖不重征，故税收日绌"。③ 厘金和海关洋税征收，挤压了芜湖关征税。光绪三年（1877）芜湖海关在设

---

① （清）冯煦主修，陈师礼总纂：《皖政辑要》，黄山书社2005年版，第327页。
② 芜湖市地方志办公室编：《国史中的芜湖》，黄山书社2012年版，第518页。
③ （清）冯煦主修，陈师礼总纂：《皖政辑要》，黄山书社2005年版，第329—330页。

立初期，只管理芜湖港区的轮船贸易，负责海关事务和税收，其管辖区域，"长江自下江之南京至上江之安庆，为芜湖新关之境。本口所发船牌之小轮船，限定上至安庆，下至南京，北至庐州府，南至太平府"。①

光绪二十七年（1901）签订《辛丑条约》，"以常关抵质借款"，② 规定50里内常关由海关兼管，扩大了海关权力。"其兼收户、工两税之东河口（坐落芜湖县城东。内河专收宁国府属出口各货，税课以五钱为度，过五钱者押赴大关完纳）、裕溪口（坐落江北和州境，通庐、凤，外达大江）及防守之下关、南关、北关、内河（均大关附近）、澛港（芜湖县境）、西江（无为州境，在大关对岸）、裕工（和州境）、大信（当涂县境）等口，以在芜湖五十里以内，于二十七年（1901）十月改归海关税务司兼理。此外，分口若金柱（当涂县境内，通徽、宁，外达大江，专收出口货物户税）、若清弋（内通徽、宁等处）、若新庄（内通宁国府属，二口均在宣城县境，均收竹木货物工税，并抽船单）、若泥汊（无为州境内，通庐、亳等处，户、工兼收）、珊港（在泥汊下二十里，亦无为州境，系防守口岸，例不收税，遇有应征货物，押赴泥汊完纳），仍归关道专办"。③ 芜湖海关从1902年1月1日起，变成了列强掠夺的工具。芜湖海关从此由只管轮船贸易扩大到同时管理帆船贸易，不仅垄断了港口进出口贸易税收，还控制了芜湖港务管理权。

芜湖常关土货征税，包括油蜡矾矿类、香料椒茶类、药材类、杂货类、腌腊海味类、颜料胶纸类、器具类、竹木藤类、烟酒酱醋类、衣帽伞扇类、布匹花带类、丝绸绒绣类、箩篓席簟类、糖果食物类、铜铁钢锡类、煤炭灰石类、皮毛骨角类、米粮面粉类、生物类、簰把则例。④ 20世纪初，芜湖常关税收减少，成为趋势。《皖政辑要》载，第30届即光绪三十年（1904）八月初一日起至光绪三十一年（1905）七月底止，户、工共收正税及铜价、水脚银165464两1分，又收工关解饭银22046两7钱3分5厘，共计187510两7钱4分5厘；第31届即光绪自三十一年

---

① 马茂棠：《安徽航运史》，安徽人民出版社1991年版，第199页。
② 余谊密修，鲍寔纂：《（民国）芜湖县志》卷24《赋税志》，黄山书社2008年版，第165页。
③ （清）冯煦主修，陈师礼总纂：《皖政辑要》，黄山书社2005年版，第327页。
④ 《芜湖常关土货税则（附手续）》，安徽师范大学图书馆藏。

（1905）八月初一日起至光绪三十二年（1906）六月底止，户、工共收银141233两8钱7分，又收工关解饭银18988两9钱7分8厘，共计160222两8钱4分8厘。① 此届比第30届少收27287两8钱9分7厘。《（民国）芜湖县志》载，清末芜湖关每年平均征银，设在大江口的芜湖关本口130000余两，裕溪口分关20000两左右，泥汊口分关4600余两，新庄口分关6700余两，清弋口分关9100余两，金柱口分关1000余两，东河防守口6600余两，澛港防守口征收工、户税1两以内税项，多则押赴大江口大关完纳，征税更少。除澛港防守口没有具体数字外，本关、分关和防守口征税，合计178000两。② 这一数字不及道光朝平均每年363363两（其中工关106706两，户关256657两）的一半。据芜湖海关报告载，1905年芜湖常关征税钞，为库平银177834两。③ 这一数字与《（民国）芜湖县志》记载数字基本一致。光绪三十四年（1908），芜湖常关征税共计库平银185078两。④ "芜湖关自光绪三十四年七月初一日起至十二月底止，共征户税银三万七千七百四十五两六钱九分，工税银三万九千九十三两五钱一分，内计税司代征各口共征税银七万五百六十四两七钱一分，关道自征四小口共征税银六千二百七十四两四钱九分，计共征户工税银七万六千八百三十九两二钱，较之三十三届首二两季短征银四千余两，实因年来大江南北，年岁歉收，以致税数短绌"。⑤

民国元年（1912）芜湖常关由国民政府财政部直辖。自光绪二十七年（1901）签订《辛丑条约》规定50里内常关由海关兼管后，1913年7月16日起，芜湖海关税务司接管芜湖常关及50里内常关各口，裕溪口分关、东河防守口、澛港防守口，在50里内，划归税务司兼管。从1913年7月16日至1931年5月31日，常关由芜湖海关税务司兼管，常关税务

---

① （清）冯煦主修，陈师礼总纂：《皖政辑要》，黄山书社2005年版，第330页。
② 余谊密修，鲍寔纂：《（民国）芜湖县志》卷24《赋税志》，黄山书社2008年版，第165—167页。
③ 沈世培校注：《〈芜湖关华洋贸易情形论略〉校注》，安徽师范大学出版社2015年版，第166页。
④ 中国第二历史档案馆编：《中国旧海关史料（1859—1948）》，京华出版社2001年版，第48册，第287页。
⑤ 《度支部奏芜湖关征收常税短征银两请照例赔缴等折》，《政治官报·折奏类二》，1910年5月27日，第961号，第13页。

司由芜湖海关委派官员担任，常关税由海关管理。芜湖贸易量大，常关税收入较多，另设副税务司为主任，兼理常关关务。① 芜湖海关管理权力扩大，除了海关事务还正式接管了芜湖常关各口，管理权力扩大到帆船贸易。同年设于安徽蚌埠的凤阳关（蚌埠常关）也归芜湖海关管辖，凤阳关税务司先后由总税务司委派的中国人何智辉、卢槟、李延元代理，芜湖海关兼并了凤阳常关，芜湖城乡经济联系扩大到皖北地区。1914年，海关监督公署设立，名为监督海关，实则代替芜湖关道，主管常关关务。芜湖道尹不再兼管关务，关道分治。1915年5月17日，"安徽芜湖常关改订新税律，定五月一日实行。各商号以新旧税率相悬过远，殊多窒碍，由商会函请展期未允，遂于本日相约罢市。旋由芜湖道尹出场劝导，遂于二十日开市"。② 到1923年，芜湖关在芜湖西门外临江，分关10处，分卡3处。③ 海关监管常关后，距海关50里外的常关分关和卡口，包括泥汊口分关、新庄口分关、青弋江分关、金柱口分关，仍由海关监督管辖。④ 1929年5月15日，芜湖海关监督将芜湖常关交由芜湖海关税务司接管，海关税务司管理常关关务，委派常关税务司。海关50里以内的常关税收，用来偿还外债和庚子赔款，如芜湖常关和海关分别偿还1895年俄法借款18.5万两和2万两，分别偿还英德借款29万两和4万两。⑤ 1877—1938年，芜湖海关隶属关系，芜湖海关税务司在海关总署总税务司领导下，下辖总务课、秘书课、会计课、统计课、检查课、监查课、裕溪口分关、芜湖常关（1913—1931）、凤阳关（1930—1931）。⑥ 1931年国民政府实行"裁厘加税"制度，裁撤厘金，加增统税，常关与厘金一并撤销。芜湖榷关存在了近500年，至此，成为历史陈迹。

---

① 芜湖市地方志编纂委员会编：《芜湖市志》下册，社会科学文献出版社1995年版，第821页。
② 《中国大事记》，《东方杂志》第12卷第6号，1915年6月10日。
③ 《中国大事记》，《东方杂志》第20卷第15号，1923年8月10日。
④ 芜湖市地方志编纂委员会编：《芜湖市志》下册，社会科学文献出版社1995年版，第822页。
⑤ 芜湖市地方志编纂委员会编：《芜湖市志》下册，社会科学文献出版社1995年版，第819—822页。
⑥ 芜湖市地方志编纂委员会编：《芜湖市志》下册，社会科学文献出版社1995年版，第823页。

三 海关控制常关的影响

常关归海关管辖，沦为帝国主义掠夺中国经济的工具，也使帝国主义势力渗透到皖江地区，迫使皖江地区商品贸易受到芜湖海关的控制，也迫使皖江地区与芜湖产生经济关系。芜湖海关接管芜湖常关后，控制了税收，加紧了征税。中国海关遂分为两大征税部门：一为常关，由各地方官或海关监督管理，征收华商民船贸易税；二为海关，由外籍税务司管理，征收对外贸易关税。1913年关税征收关平银218925两，"其增收之多，为历届之巨擘。常关计簿之贸易，实为衰落，其税收畅旺，并非因贸易兴盛之故，全赖新关自七月起管理得法"。① 1914年，常关税增加至429762两，"溢数极巨。去年常关归海关兼管，不足半年。度本年既全年由海关兼管，办法具征，功效逐渐加紧"②。1915年芜湖常关改订新税律，定5月1日实行。各商号以新旧税率相差过远，殊多窒碍，由商会函请延期未允，遂于5月17日相约罢市。旋由芜湖道尹出场劝导，遂于20日开市。③ 1916年常关征税740447两，为芜湖海关税务司接管常关及改定常关税则以后，收款最高之数。1917年，关平银686430两，略有减少。④ 芜湖常关所征税课，1912年至1921年平均年达654000两，1922年至1931年，增为778000两，计多20%，其中以1930年为最旺，共征180万两，是以前所没有的。1931年，前5个月子口税收入尚不满50万两，到6月1日，"即奉令裁撤矣"。⑤

海关获得皖江地区航运和征税权。海关由外籍税务司控制，带有殖民主义色彩，外籍税务司不局限于管理中国海关，还兼管全国海关所在

---

① 中国第二历史档案馆编：《中国旧海关史料（1859—1948）》，京华出版社2001年版，第62册，第680页。
② 中国第二历史档案馆编：《中国旧海关史料（1859—1948）》，京华出版社2001年版，第65册，第599页。
③ 《东方杂志》卷12第6号，1915年6月10日。
④ 中国第二历史档案馆编：《中国旧海关史料（1859—1948）》，京华出版社2001年版，第77册，第727页。
⑤ 《民国十一年至二十年：最近十年各埠海关报告》上卷《华北及长江各埠》，海关总税务司署统计科译印。见中国第二历史档案馆编《中国旧海关史料（1859—1948）》，京华出版社2001年版，第158册，第111页。

地 50 里以内的常关,兼办航政、港务、灯塔、治港治河、浮标、引水、气象、检疫,代办国际展览,代订国际协议,办理赔款、邮政及外债,代为整理国内公债,发放军警薪饷及外交使领馆经费,1929 年还建立"海陆缉私武装舰队",以巡防国境等。① 芜湖海关管辖范围,也不局限于芜湖城,还在裕溪口、无为的泥汊口、宣城县的新庄口和西河镇分别设立分关,海关势力延伸到皖江地区,并管辖航运。海关在管理航务方面的主要工作有:(1)对华商购买轮船的管理。江海关于同治二年(1863)颁布的华裔购造船只章程共有 24 条。主要内容为:凡华商购买夹板船者,须由买主将姓名、籍贯报关至税务司挂号,然后准其立据,将船契画押,即发给华商收领,其原有之外国船牌,乃由领事查销。但既已领得船契之后,应赴关挂号,报明该船之长宽尺寸、吨数、式样,领取船牌,并缴纳牌费银 300 两。咸丰五年(1855),清廷又重新颁布华商购造小轮,请领牌照并拖带渡船的章程,并规定"置船行船章程,咸由税关主理其事"。(2)对往来商船的登记及检查。对来往于长江从事运输的轮船,由海关发给行驶专照。在支流内港行驶的商船,也须在海关登记注册,由海关发给注册凭单,注明船名、业主和船主姓名、国籍、创造船厂、船体、船身、船桅、烟筒颜色、各部(水手、机师)船员名单等。初次注册定单,须缴纳关平银 10 两,每年换单 1 次,纳费 2 两。如有改售,须开单请理船厅发给号数,报税司存案。小轮拖带船只,由关发给拖船专照。小轮及拖船均按关章丈量,限制载客人数,给予执照,违者处罚。(3)对华商制造轮船的管理。凡华商制造的大小轮船一律由海关测量吨数,每年核定检验一次,纳检验费若干银两。检验情况造表报告理船厅备案。但是洋商船可以自行测量,不受核定。(4)征收船钞。海关对注册轮船按吨数完纳钞课。150 吨以上船按每吨纳钞银 4 钱计,150 吨以下船按每吨纳钞银 1 钱计,以 4 个月为期,期满后无论船在何口岸均应另纳船钞。(5)创置港路标志。航标分浮椿、号船、塔表、望楼。据光绪三十年(1904)《皖政辑要》记载,安徽沿江灯标共有 21 处,② 见

---

① 中国第二历史档案馆编:《中国旧海关史料(1859—1948)》第 1 册,京华出版社 2001 年版。

② 马茂棠:《安徽航运史》,安徽人民出版社 1991 年版,第 199—200 页。

表2－1。芜湖海关还控制了芜湖港务的管理权。当时芜湖港口行政事务均有海关附属的芜湖口理船厅办理。理船厅的职司范围为："指定泊所、建筑码头驳岸、稽查出入船只、勘量船舶吨位、检查浮标、指示航路、管理火药及爆裂物储藏所、防疫所、守望台、水巡等项事务。"① 芜湖口理船厅为加强港口管理，制定了《芜湖口理船厅章程》和《芜湖口趸船章程》。此外，芜湖海关还对芜湖港历年的贸易情况和船舶进出口情况都进行了详细统计。芜湖海关在航运管理方面所做的工作，对安徽近代水运发展起到了积极作用，从管理技术上看无疑是一种历史的进步。但由于芜湖海关的管理大权实际掌握在外国人手中，这种进步又是以安徽的资源被掠夺、民族被欺辱为代价的。②

表2－1　　　　　　芜湖海关管辖皖省沿江灯塔浮桩

州县名	处所	灯数	洋关编号
六合（属于江宁属，由芜关管理）	老盐圩北岸	1	第69号
和州	乌江镇河中	1	第70号
当涂县	尚宝洲岸西岸	1	第71号
当涂县	尚宝洲南角新城埠	1	第72号
芜湖县	广福矶（江右岸）	1（灯距四合山上游约10里）	第73号
无为州	陈福厂地方山西嘴处	1	第74号
繁昌县	九维洲（江南，江右岸）	1	第75号
无为州	东宁洲（水道下角处）	1	第76号
无为州	东宁洲（水道上角之左）	1	第77号
无为州	土桥相近港口家洲处	1	第78号
桐城县	长沙洲（江北）	1	第79号
桐城县	长沙洲（在南水道上角）	1	第80号
贵池县	太子矶上	1	第81号
怀宁县	拦江矶北岸	1	第82号

---

① 《交通年鉴·总务篇》第2章，转引自马茂棠《安徽航运史》，安徽人民出版社1991年版，第200页。

② 马茂棠：《安徽航运史》，安徽人民出版社1991年版，第200页。

续表

州县名	处所	灯数	洋关编号
怀宁县	拦江矶大王庙（左岸）	1	第83号
怀宁县	八百吊（右岸）	1	第84号
怀宁县	铁钉洲上角	1	第85号
怀宁县	铁钉洲（直径水道上角）	1	第86号
东流县	莲花洲（角东流对岸）	1	第87号
东流县	莲花洲（水道沙滩上角）	1	第88号
宿松县	金刚窭北岸	1	第89号
宿松县	金刚窭（船行正路东北）	1	第90号

资料来源：根据（清）冯煦主修，陈师礼总纂《皖政辑要》（黄山书社2005年版，第7页）编制。

芜湖海关设立后，在皖省沿江设立灯塔浮桩，"灯塔界限，自江宁省城起至安庆省城止，统归芜关管辖"①。芜湖海关控制了皖江航运，也就控制了皖江贸易。芜湖海关管辖范围，下自南京，上到安庆，"长江自下江之南京至上江之安庆，向为芜湖新关之境"②。芜湖海关管辖范围为整个皖江地区，辐射范围包括安庆、大通、马鞍山等城镇。近代芜湖海关管辖的区域范围主要是皖江地区，东起芜湖县治，西至安庆，南至荻港，北至马鞍山。荻港为皖江矿石出口主要港口，船舶和货物征税及验放手续，由芜湖海关税务司署派人常驻荻港办理。中英《烟台条约》规定大通、安庆为上下货停泊港口，光绪二十八年（1902）安庆虽然定为通商口岸，但是规定，外国轮船只有获得芜湖海关发的内河专照，才能到安庆通商。马鞍山产铁矿石，铁矿外运船只征税和验放，由芜湖海关派员至马鞍山办理。按《芜湖海关章程》规定，外国商船到芜湖，只准在芜湖西门外青弋江北岸从陶家沟以北到弋矶山以南沿江1里路之内，停船上下货物，由海关监管区域之外装卸、查验货物。

通过控制常关延伸海关管辖范围。常关归海关管辖，清末芜湖关下5个分关、2个防守口、12个分卡，都逐渐被海关控制。海关逐渐控制了

---

① （清）冯煦主修，陈师礼总纂：《皖政辑要》，黄山书社2005年版，第7页。
② （清）冯煦主修，陈师礼总纂：《皖政辑要》，黄山书社2005年版，第909页。

常关，征税范围从皖南扩大到淮河流域，使芜湖辐射腹地范围加大。

芜湖关及 5 个分关分布：

芜湖关：在芜湖西门外大江口，厂房 1 所，主要负责大江征税，征收户关、工关 2 关税。光绪末年，本口平均岁征银 13 万余两。1914—1917 年，本口及 50 里内关卡平均每年共收关平银 50 万多两。以川楚药材、湖广煤铁、木材、江西纸张、磁器、豆布、木植、米粮，本省米麦、杂粮、烟口十、丝、茶、棉、麻、竹木、皮毛、油蜡为大宗，其余百货均有。① 洋货销往皖江地区，有时经过常关纳税。

裕溪口分关：设在离裕溪口 30 里的含山县雍家镇北岸，负责裕溪河往来船只货物征税，"通庐、凤，外达大江"。② 1913 年归并海关税务司兼管。③ 原有裕溪、裕工二口，裕溪征户税，裕工征工税，嗣以米麦柴炭托裕溪代收，遂沿为例。裕工但收船税，嗣后归并裕溪一口征收。货物以巢湖输出的合肥米、豆、杂粮、香油、瓜子，和州的花生、棉花、土布，六安的茶、麻，皖北的牛皮、杂毛等为大宗。进口之货，分赴皖北各处销售的以洋货、纸张、油糖、布匹为大宗。前清额设委员经制书签若干人，光绪末年，每年征数在 2 万两左右。1913 年，归并海关税务司兼管。④

泥汊口分关：明代中期就设有无为泥汊分关，隶属于芜湖关。清承明制，民国前期又沿清制，其间除因太平天国运动停废一段时间外，直至 1931 年裁撤，前后存在 400 年之久。泥汊分关原设在无为州南境沿江，后因筑坝，河道不通，移到距泥汊 20 余里的马口，户税、工税兼收。⑤ 泥汊河往来船只货物，"通庐、亳等处"⑥，均要征税，并在珊港分设堵卡。民国元年（1912）又在原泥汊口增设堵卡。由泥汊口分关进出的货物，出境以无为和庐州米麦杂粮、明矾、蔬果为大宗，入境以布匹、油、

---

① 余谊密修，鲍寔纂：《（民国）芜湖县志》卷 24《赋税志》，黄山书社 2008 年版，第 165 页。
② （清）冯煦主修，陈师礼总纂：《皖政辑要》，黄山书社 2005 年版，第 327 页。
③ 《安徽省政务志·外事篇》（1949 年前部分，初稿），1987 年 6 月 1 日，第 75 页。
④ 余谊密修，鲍寔纂：《（民国）芜湖县志》卷 24《赋税志》，黄山书社 2008 年版，第 165—166 页。
⑤ 无为县地方志编纂委员会编：《无为县志》，社会科学文献出版社 1993 年版，第 297 页。
⑥ （清）冯煦主修，陈师礼总纂：《皖政辑要》，黄山书社 2005 年版，第 327 页。

糖为大宗。① 清末泥汊口分关税银平均每年约 4600 两。因为不在海关 50 里内范围，该分关仍由芜湖海关监督管辖，委派监收。②

新庄口分关：在宣城县新河庄镇南岸，原为工关，后来不分工、户，征收水阳江往来船只货物税，内通宁国府属。③ 清末，由于不在海关 50 里内，仍由芜湖海关监督管辖，派委监收，平均每年征银 6700 余两。"出口货物以徽宁各属之茶叶、丝茧、竹木、米稻杂粮、竹器为大宗。进口京广洋货、布匹，分销徽、宁各属者均取道于此。④"

清弋口分关：原设在宣城县清弋江镇，后因竹木排把在清弋江镇下游停泊，距关 10 余里，检查不方便，就迁至西河镇，属于工关，征收清弋江往来船只税。清末，每年平均征银 9100 余两，因不在海关 50 里内，仍由芜湖海关监督节制。⑤

金柱口分关：到近代仍然设在当涂县金柱江口，属于户关，征收姑溪河往来货物税，"通徽、宁，外达大江，专收出口货物户税"。⑥ 冬季水涸，内河船只均从此口出入，又在大信分设堵卡。清末，平均每年征税仅 1000 多两。民国时，不分工、户征税，与新庄口、清弋口相当。因不在海关 50 里内，民国时仍归芜湖海关监督管辖。出口以米麦为大宗，他如鱼果零星土产甚多。进口之京广洋货、油糖、纸张、布匹，运往高淳、溧水、当涂的货物均取道于此。⑦

以上 5 口分关，从 1914—1917 年，平均每年共收关平银 12 万多两。⑧

---

① 无为县地方志编纂委员会编：《无为县志》，社会科学文献出版社 1993 年版，第 297 页。
② 余谊密修，鲍寔纂：《（民国）芜湖县志》卷 24 《赋税志》，黄山书社 2008 年版，第 166 页。
③ （清）冯煦主修，陈师礼总纂：《皖政辑要》，黄山书社 2005 年版，第 327 页。
④ 余谊密修，鲍寔纂：《（民国）芜湖县志》卷 24 《赋税志》，黄山书社 2008 年版，第 166 页。
⑤ 余谊密修，鲍寔纂：《（民国）芜湖县志》卷 24 《赋税志》，黄山书社 2008 年版，第 166 页。
⑥ （清）冯煦主修，陈师礼总纂：《皖政辑要》，黄山书社 2005 年版，第 327 页。
⑦ 余谊密修，鲍寔纂：《（民国）芜湖县志》卷 24 《赋税志》，黄山书社 2008 年版，第 166 页。
⑧ 余谊密修，鲍寔纂：《（民国）芜湖县志》卷 24 《赋税志》，黄山书社 2008 年版，第 167 页。

防守口 2 处：

东河防守口：设在芜湖县东濮家店镇北岸，征收荆山河往来货物税银，"内河专收宁国府属出口各货，税课以五钱为度，过五钱者押赴大关完纳"。① 清末，平均岁收税银 3600 余两。自 1913 年，因在 50 里内，划归税务司兼管。"自改新章，清新两口不分工户，一律征收本口，亦得征收清新下游之米麦杂粮、油、酒、菜籽等税，其余出江货船，概归本口验补。"②

澛港防守口：在芜湖县南乡澛港镇北岸，征收漳河往来船只货物税，征收工、户 1 两以内税项，多则押赴大关缴纳。凡南陵之米麦、菜籽、杂粮、油豆，繁昌之竹木柴炭、土煤、蔬果均得照税则征完。进口之京广洋货、布匹、洋油等货完过海常关，往销南陵、繁昌者，概由本口查验。③ 1913 年，以在 50 里内，划为税务司节制。

12 个分卡：内河口，在芜湖县西门外；南关口，在芜湖县南门外陆路；北关口，芜湖县北门外陆路；下关口，芜湖县西门陆路；西江口，芜湖县西门外对江无为州境；南卡，芜湖县南门外临青弋江；北卡，在芜湖县西门外临江；东河口，芜湖县南门外；澛港口，芜湖县南门外上游大王庙；裕溪口，在江北和县；大信，在当涂县境；桐城关，在江北含山县。

帝国主义通过常关，控制着皖江地区税收，也使芜湖与皖江地区经济关系紧密起来。芜湖常关制定了《芜湖常关土货税则》，征税范围广泛，包括油脂矾磺类、香料椒茶类、药材类、杂货类、腌腊海味类、颜料胶纸类、器具类、竹床藤棕类、烟酒酱醋类、衣帽伞扇类、布匹花带类、丝绸绒绣类、箩篓席簟类、糖果食物类、铜铁钢锡类、煤炭灰石类、皮毛骨角类、米粮面粉类、生物类。又制定了《簰把则例》《征收船税则例》。④ 户关抽税，分为衣物、用物、食物、杂货 4 类，开列物名，详载

---

① （清）冯煦主修，陈师礼总纂：《皖政辑要》，黄山书社 2005 年版，第 327 页。
② 余谊密修，鲍寔纂：《（民国）芜湖县志》卷 24《赋税志》，黄山书社 2008 年版，第 167 页。
③ 余谊密修，鲍寔纂：《（民国）芜湖县志》卷 24《赋税志》，黄山书社 2008 年版，第 167 页。
④ 《芜湖常关土货税则（附手续）》，安徽师范大学图书馆古籍部藏。又见余谊密修，鲍寔纂《（民国）芜湖县志》卷 24《赋税志》，黄山书社 2008 年版，第 168—182 页。

银数；工关抽税，首重木竹，分别整零簰把，按根抽税。① 芜湖常关名义上为芜湖海关管理，实际上仅有长江木材（木簰）贸易通过常关。"常关归并新关，徒有管理之名，本关所呈常关税数册簿，均据其所报者核计之。常关税款最属紧要者乃木簰而已"。② 如光绪二十八年（1902）所征税钞为库平银 167846 两，其中最大部分为木材税。光绪三十二年（1906）计木簰 103 只经过常关，纳税库平银 39890 两。上述木排中，32 只于本埠拆开，一部分为当地购去，余复编成小排，送往内地。又有 76 只，航往南京，一只为御用木材，运往北京。③ 光绪三十四年（1908）常关征税库平银 185078 两，也主要是木材税。④ 另外，一些进口洋货也通过常关销往内地，如 1915 年洋货由民船经过常关，前往内地，估值增至 133 万两。⑤ 如芜湖关（常关）征收木簰税厘，就迫使大量木材在芜湖集散，或在芜湖卸货售卖，或转销长江下游地区，或转销皖江地区。如光绪三十一年（1905）有 123 只木簰在芜湖关纳税，其中 83 只至长江下游的南京，31 只在芜湖撤卸，6 只至庐州府，3 只至内地。⑥ 海关权限扩大，表明帝国主义对皖江地区经济控制和剥削加大，也使芜湖城市具有畸形的行政优势，强化了芜湖的辐射能力。

第四节 制度和政策调整与芜湖城市优势增长

近代芜湖繁荣，除开埠外，还有与清政府行政制度、厘金制度和米市迁芜政策调整有关。行政管辖，可以拉近城市与腹地关系。中国近代

---

① （清）冯煦主修，陈师礼总纂：《皖政辑要》，黄山书社 2005 年版，第 327—328 页。

② 中国第二历史档案馆编：《中国旧海关史料（1859—1948）》，京华出版社 2001 年版，第 48 册，第 287 页。

③ 沈世培校注：《〈芜湖关华洋贸易情形论略〉校注》，安徽师范大学出版社 2015 年版，第 175 页。

④ 中国第二历史档案馆编：《中国旧海关史料（1859—1948）》，京华出版社 2001 年版，第 48 册，第 287 页。

⑤ 中国第二历史档案馆编：《中国旧海关史料（1859—1948）》，京华出版社 2001 年版，第 69 册，第 650 页。

⑥ 沈世培校注：《〈芜湖关华洋贸易情形论略〉校注》，安徽师范大学出版社 2015 年版，第 166 页。

商税一个重要变化是厘金税的征收。学界研究厘金多从财政税收角度研究，认为其增加了商业负担，阻碍了商业流通，不利于民族商业的发展。但是，就城市发展及城乡经济关系构建来说，厘金征收有重要作用。

一 芜湖道设置及其管辖区域变化

秦以来，道为地方的一级行政区域单位。秦代在少数民族地区设道，相当于县一级行政单位。唐太宗分设天下关内、河东、河南、河北、山南、淮南、江南、岭南、剑南、陇右10道。宋初曾经设道，后取消。元代设23个道。明代在省与府之间设有多种道，它不是一级行政区域。清代在省下设立分、巡道，芜湖道为其中之一。道管辖区内府、州、县、厅，道员正四品，由临时性差遣变为实官。清初在芜湖设立池太道，领池州府和太平府。康熙元年（1662）改设安池太道，管辖池州府、太平府、安庆府及滁、和2个直隶州，道改治于池州府（今池州市区）。康熙六年（1667），还治芜湖县。康熙九年（1670）增置徽宁道（治徽州府，领徽州、宁国2个府和广德州）和庐凤道（治凤阳府，领庐州、凤阳府）。此时，安徽有3个道。康熙二十一年（1682）裁安池太、徽宁道，仅剩庐凤道。雍正十一年（1733），设安徽宁池太广道，治安庆府，领安庆府及皖南所属徽州、宁国、池州、太平4个府及广德直隶州。雍正十二年（1734），迁道治于芜湖县（今芜湖市区）。雍正十三年（1735），庐凤道改为庐凤颖道，与安徽宁池太广道，形成一南一北二道。咸丰五年（1855），安庆府改属庐凤颖道，安徽宁池太广道改名徽宁池太广道，迁治于宁国府（今宣城市区），咸丰十年（1860）再迁徽州府祁门县（今祁门县城祁山镇），与庐凤颖道，以长江为界，分辖江北、江南皖属之府、州、县。从同治四年（1865）至光绪末年，在安徽境内设3个道：庐滁和道，治安庆府，领安庆、庐州2个府和滁、和2个直隶州所属州、县；凤颖六泗道，治凤阳府，领凤阳、颖州2个府及六安、泗州2个直隶州所属之州、县；徽宁池太广道，迁治芜湖，仍然领徽州、宁国、池州、太平4个府和广德直隶州所属县。光绪三十四年（1908年），撤销此3个道，改设皖北、皖南2个道，直至辛亥革命革命军起，安徽各地很快被光复。两道均属分巡兵备道兼关务。皖北道，治凤阳府，领凤阳、庐州、颖州3个府及滁、和、六安、泗4个直隶州及属州、县；皖南道，治芜湖县，领安庆、徽州、宁国、池州、太平5个府和广德直隶州及属县。以上所述治所设在芜湖的池太道、安池太道、安徽宁池太广道、徽宁池太广道，又称芜湖道。① 徽宁池太广道，"所驻之芜湖，华洋互市，交涉事繁，实徽宁池太广道"。②

芜湖道设立，改变了芜湖行政格局。在道署从安庆移驻芜湖以前，按照地方行政体制省、道、府、县四级，芜湖属于太平府管辖，是通过太平府与上级道发生联系。道驻芜湖后，道、县同城，县与道联系紧密度超过与太平府的联系。特别是近代海关设立后，道台兼领关务，芜湖道对芜湖关负有特别监管之责，芜湖县凡遇重大事情必就近请示道员，县与府的行政关系实际上已不及县与道的关系来得密切，驻在芜湖县城内的芜湖道实质上成了芜湖知县的顶头上司。鸦片战争后，芜湖道台职责主要是监督地方行政，维持地方治安，兼理海关，办理地方外交。③

民国元年（1912），废道府制，县直隶省都督，嗣隶省民政长，复改巡按使，后为省长。④ 1913年全国裁撤府、州、厅，在省下设97道，以道统县。其中安徽省会仍在安庆，全省取消府，分设淮泗道（道尹驻凤阳）、芜湖道（道尹驻芜湖）、安庆道（道尹驻安庆）3道。1914年10月29日安徽省安庆道驻怀宁县，芜湖道驻芜湖县，淮泗道驻凤阳县。⑤ 1914年设芜湖道尹，沿清季制，辖皖南23县，安徽县缺制，定甲、乙、丙、丁、戊5等，因芜湖为道治首邑及通商口岸，特列甲等。⑥ 1928年，废除

---

① 芜湖市文化研究与弘扬工作领导组编：《芜湖市文化研究论文汇编》第二辑，安徽师范大学出版社2020年，第263—267页。
② （清）冯煦主修，陈师礼总纂：《皖政辑要·吏科》卷7《官制》，黄山书社2005年版，第66页。
③ 芜湖市文化研究与弘扬工作领导组编：《芜湖市文化研究论文汇编》第二辑，安徽师范大学出版社2020年，第275页。
④ 余谊密修，鲍寔纂：《（民国）芜湖县志》卷2《地理志》，黄山书社2008年版，第7页。
⑤ 见《东方杂志》卷11第2号，1914年8月1日。
⑥ 李絜非：《芜湖风土志》，《学风》第3卷第4期，1933年5月15日，第71页。

道一级行政区域，以省统县（市）。①1932年设行政督察区，区设专员公署，下辖数县。安徽析行政8区，芜湖列第二区，行政专员驻此。②1936年，共有10个行政督察区，其中属于皖江地区的，第一区专署驻太湖，第二区专署驻芜湖，第五区专署驻滁县，第八区专署驻贵池，第九区专署驻宣城。③

自明清以来，芜湖仍然是县制单位，但是芜湖道和行政督察区行政建制地位很高，也是芜湖政治优势，对芜湖发展是有利的。芜湖道所辖范围虽然有变动，但是主要在皖江地区和徽州地区，这些地区是芜湖辐射地区，也是经济主要辐射地区，属于腹地。这也反映了芜湖已经是皖江地区和徽州地区一个重要政治中心，政治影响广泛，这也有利于芜湖与腹地经济关系构建。

二 厘金制度对城市与腹地经济关系构建的影响

太平天国运动时期，安徽芜湖关和凤阳关因遭兵燹毁坏，被迫停征。清咸丰三年（1853）"厘金"作为一种商税开征后，因咸丰初芜、凤两关停废，安徽设立盐、茶、牙厘各局征收商税，以抵补常关征税损失。咸丰十一年（1861）十月，两江总督曾国藩在省会安庆设立厘金总局，专派司道大员管理，在各州县水陆交汇处设卡征税。同治初，安徽江面肃清，在芜湖、寿州2处分设总局，有"南芜北凤"两关遗意，均派道员驻局以为各卡纲领。④安庆省城厘务总局管理沿江一带分局；芜湖厘务总局管理皖南一带分局；寿州厘务总局管理皖北一带分局。同治四年（1865），全省有143处关卡，后逐渐裁并，至光绪三十三年（1907），计32卡。各卡收厘以值百抽二为率。⑤光绪元年（1875）奉文复设两关，议准额税银两。光绪二年（1876）6月1日复设芜湖关和凤阳关，在两关所在地芜湖和凤阳的厘卡裁撤，由两关派人征收，两城以外的厘卡及总

---

① 浦善新：《中国行政区划概论》，知识出版社1995年版，第281页。
② 李絜非：《芜湖风土志》，《学风》第3卷第4期，1933年5月15日，第71页。
③ 李天敏：《安徽历代政区治地通释》，安徽省文化厅1986年印，第168—170页。
④ 余谊密修，鲍寔纂：《（民国）芜湖县志》卷24《赋税志》，黄山书社2008年版，第164页；（清）冯煦主修，陈师礼总纂：《皖政辑要》，黄山书社2005年版，第339页。
⑤ 王鹤鸣、施立业：《安徽近代经济轨迹》，安徽人民出版社1991年版，第521页。

局仍然保留。光绪二十一年（1895），芜湖总局被裁撤，归并省局，而北局仍保留。① 光绪三十四年（1908）二月，又撤局，原全省厘务由分中、南、北3局管理，改归省局管理。总局，设藩司衙门，由藩司管理，另设会办、提调、文案、银库、管票、核对等员。② 到民国初，"设关裁厘虽有奏案，迄未实行，不过厘局收入归外征，外销不报解户部耳。光绪之季，国库空虚，厘局征收又为正项，并加征海军费，视前为重，至今未能裁撤，惟关厘不并设一处耳"。③

厘金税率原规定为1%，以后逐步提高，达到2%。货物在运销途中，逢卡抽厘，税率甚至达8%，额外征收更多。1914年，修正水陆行厘、落地厘税率，厘金税率改按货值2%至2.5%征收。④ 不过，日用物品多半从轻，奢侈物品仍沿袭旧率。厘金征税范围广泛，主要有行商、坐贾、盐厘、茶厘、烟酒加税、土药额税、瓷器统捐、牙税、米捐等税项。厘金主要有2种：一为"行厘"，是征行商的通过税；二为"坐厘"，向坐商征税。⑤ 行商遇卡纳行厘，坐贾纳落地税，按货价每两抽银2分。⑥ 商品共分18大类，1192个品种，税率不同，少数从价计征，税率均为2%，多数从量计征，税率为2%。⑦

厘卡设立迫使皖江地区货物流向芜湖。太平天国运动时期，随营设卡，抽厘助饷，厘卡裁设也不固定。厘金税设立后，芜湖与皖江地区及安徽其他地区的厘卡很多。在各项厘金中，土药额税和米捐对芜湖城市发展及城乡关系构筑影响最大。土药额税就是对中国种植的鸦片（土药）征收的厘金。米捐主要是在芜湖征收的米厘金。同治四年（1865），全省农民运动被肃清后，还有厘卡143处。光绪九年（1883），从芜湖出发，

---

① 余谊密修，鲍寔纂：《（民国）芜湖县志》卷24《赋税志》，黄山书社2008年版，第164页；（清）冯煦主修，陈师礼总纂：《皖政辑要》，黄山书社2005年版，第339页。

② （清）冯煦主修，陈师礼总纂：《皖政辑要》，黄山书社2005年版，第339页。

③ 余谊密修，鲍寔纂：《（民国）芜湖县志》卷24《赋税志》，黄山书社2008年版，第164—165页。

④ 芜湖市地方志编纂委员会编：《芜湖市志》下册，社会科学文献出版社1995年版，第875页。

⑤ 无为县地方志编纂委员会编：《无为县志》，社会科学文献出版社1993年版，第297页。

⑥ （清）冯煦主修，陈师礼总纂：《皖政辑要》，黄山书社2005年版，第344—349页。

⑦ 无为县地方志编纂委员会编：《无为县志》，社会科学文献出版社1993年版，第297页。

至大通有 3 个关卡，至安庆有 5 个关卡，至庐州府有 6 个关卡，至凤阳府有 6 个关卡，至宁国府有 3 个关卡，至徽州府有 3 个关卡，至和州有 3 个关卡，至广德州有 6 个关卡。① 据光绪三十年（1904）前后统计，盐河、华阳、运漕、大通、枞阳、罗昌河、荻港、石牌、中梅河、和州、凤凰颈、巢县、屯溪、湾沚、定埠、街口、太白、倒湖、东门渡、马头、乌溪、六安、三河尖、五河、迎河集、霍山、两河口、颖上、三里湾、界首集、合肥、定远等 32 卡统计共征收厘金为 971245976 文，较旧额 900859045 文，增收 70386931 文。厘金有坐贾、盐厘、茶厘、烟酒加税、土药额税、瓷器统捐、牙税等名目。② 光绪三十三年（1907），经办理司道裁撤，归并为"南芜北凤"两个常关，全省共计 32 卡。其中长江一带，有盐河、华阳、运漕、大通 4 个正卡；枞阳、罗昌河、荻港、石牌、中梅河、和州、凤凰颈、巢县 8 个分卡。皖南一带有屯溪、湾沚、定埠 3 个正卡；街口、太白、倒湖、东门渡、马头、乌溪 6 个分卡。皖北一带有六安、三河尖、五河 3 个正卡，迎河集、霍山、两河口、颖上、三里湾、界首集、合肥、定远 8 个分卡。③ 如晚清，在裕溪河、西河一线设立裕溪口、含山运漕、无为城河口、无为凤凰颈、庐江青岭 5 道厘金关，深入乡村腹地。④ 仅无为县就有无城、凤凰颈、汤沟 3 道厘金关。⑤

厘金卡设立，迫使货物流向芜湖，促使芜湖城市发展，城乡关系构筑起来。但是，厘金征税过重，使商业负担加重，反而又促使商船不敢来芜湖。如三埠管厘卡，在芜湖县南乡三埠管马家坝，同治间设，抽收南陵、繁昌各镇出进口货物厘金。方村厘卡，在芜湖县东南方村镇，同治年设，属于湾沚总卡。三里埂分卡，属于乌溪。施家渡厘卡，光绪末年增设，属于湾沚和三埠管所共设，以防商人绕越避税。为了进一步控制皖江地区商业贸易，又 1914 年增设大江口、南卡、定埠、和尚港、

---

① 沈世培校注：《〈芜湖关华洋贸易情形论略〉校注》，安徽师范大学出版社 2015 年版，第 47 页。
② 王鹤鸣、施立业：《安徽近代经济轨迹》，安徽人民出版社 1991 年版，第 522 页。
③ （清）冯煦主修，陈师礼纂：《皖政辑要》，黄山书社 2005 年版，第 339—340 页。
④ 巢湖文化研究会编：《巢湖文化全书·历史文化卷》（一），安徽省皖中印务有限公司 2011 年印，第 222 页。
⑤ 无为县地方志编纂委员会编：《无为县志》，社会科学文献出版社 1993 年版，第 247 页。

石跋河 5 卡，"名为掣验补抽，实则浮抈留难，需索无所不至。其大江口、南卡二处，尤足将芜埠封锁，货船绕越，视为畏途。市面萧条，群情惶恐，各项关税亦大受影响。附近数里之澛港、濮家店二镇，尤受损失"。全埠绅商联合上海同乡李经羲、陈惟彦、余诚格等，本埠商业维持会翟凤翔、陆如珩、濮大波等，呼吁政府，痛陈利弊，1917 年行厘关卡被奉令裁撤，商业才渐渐恢复。① 同时，厘金也改变贸易商路和方向。如光绪十五年（1889），芜湖丝及丝织品出口 192 担，光绪十六年（1890）增至 698 担，"其所以增加者，盖因自本埠至汉口之一段今年丝之内地厘金增加，遂驱使此种贸易舍民船而用江轮"。② 民船经过的厘卡多于轮船，所以改为轮船，可以减少厘金征税。

厘金征收对近代芜湖城市成长及其与腹地经济关系构建有重要意义，增加了城市发展的优势。因为设关卡征税，可以改变商路，迫使行商按照一定商路运销货物，向芜湖集散。

三 芜湖优势与米市成立

清嘉庆和道光时期，芜湖已有 20 余家砻坊和小市行，③ 代客舂米，为近郊农民来芜湖卖余粮做介销。当时芜湖米市主要是为了满足芜湖市民食米消费，市场规模狭小，芜湖城市对皖江地区稻米还不具备吸附能力，也不具备对沿海沿江的辐射能力。

咸丰八年（1858）《天津条约》辟镇江为通商口岸，镇江商业发展迅速，镇江七浩口米市也成为长江下游地区著名米市，当时苏皖米粮集散中心，安徽出产的粮食，以此为集散地。但是芜湖在开埠后，逐渐取代镇江，成为著名米市，为皖江地区米粮集散地，与长沙、九江、无锡 3 个米市，并称全国四大米市，并"芜湖乃成为长江流域最大米谷市场"④。

关于镇江七浩口米市迁芜的年份，咸丰九年（1859）芜湖市工商业

---

① 余谊密修，鲍寔纂：《(民国) 芜湖县志》卷25《赋税志》，黄山书社2008 年版，第207 页。
② 沈世培校注：《〈芜湖关华洋贸易情形论略〉校注》，安徽师范大学出版社2015 年版，第82—83 页。
③ 芜湖市地方志编纂委员会编：《芜湖市志》下册，社会科学文献出版社1995 年版，第785—786 页。
④ 王维德：《芜湖米市概况》，《工商半月刊》1934 年第6 卷第3 号，第52 页。

联合会史料小组对芜湖米市进行调查，根据《江广米行重建会所纪念碑》记载，以及其他旁证，都表明是在光绪八年（1882）。1948 年所建芜湖《江广米行重建会所纪念碑》载，"逊清光绪八年，李文忠公（李鸿章谥号文忠）请准将粮食市场，由镇江七浩口移植此地"。镇江米市迁到芜湖时间应该是光绪八年（1882），并是李鸿章奏准迁来的。芜湖市工商业联合会史料小组对芜湖米市进行调查，访问了镇江米市迁到芜湖时即来芜的第一人广帮初期代表人士汤善福（1928 年去世）夫人，按照汤夫人所说"汤是 19 岁到芜的，到今年（1959）95 岁"推算，也是光绪八年（1882）。还访问了米粮业的旧人员，也主要这样说。① 马永欣采纳了《江广米行重建会所纪念碑》记载，认为 1877 年李鸿章奏准清廷发布将七浩口米市迁移芜湖的命令，"判定米市迁芜为光绪八年（1882 年）较有根据"。② 台湾学者谢国兴采纳马永欣观点，认为"在 1877 年芜湖开埠以前，皖省米粮多由镇江出口，或帆运东下江、浙沿江及运河各埠。采购皖米之米商、米行原设于镇江，芜湖开放通商之后，因地理位置优越，加上李鸿章、张荫桓（时任芜关监督）等人之影响力，米市渐由镇江转移至芜湖，1882 年似为米行迁往芜湖的关键年代"。③ 芜湖米市由来，有客观原因，即自身条件，也有主观原因，即近代政策和制度因素。

客观原因：（1）水运便利。芜湖位居安徽长江之口，南有青弋江、水阳江、清水河在此汇集入江，北有裕溪河联结巢湖，扼皖中、皖南及沿大江各县水上交通的枢纽，天然为安徽中部货物出口必经之要港。铁路未通时，米粮集散主要依靠水运，芜湖通江达海，域内水网纵横，米粮运输极为便利。（2）米粮充裕，销路畅通。芜湖腹地覆盖安徽主要的产米区域，如皖中巢湖周围、长江沿岸以及皖南青弋江、水阳江流域。根据 1933 年 12 月安徽省民政厅编的《安徽民政季刊》载，"安徽米产总额（年产）共为 44162386 石，除本省消费 36423785 石外，剩余 7738601

---

① 芜湖市工商业联合会史料小组：《芜湖市米市的发生发展和改造的经过的概况（初稿）》，1959 年 9 月，芜湖市档案馆藏，编号：DFWX4.1.1，第 5 页。

② 马永欣：《芜湖米市春秋》，安徽省政协文史资料委员会编：《工商史迹》，安徽人民出版社 1987 年版，第 103 页。

③ 谢国兴：《中国现代化的区域研究：安徽省（1860—1937）》，台北："中研院"近代史研究所 1991 年版，第 430 页。

石。其剩余输出县份，计有太湖、潜山、芜湖、当涂、南陵、无为、巢县、宣城等28县"。其数字不一定准确，但是与芜湖每年出口米粮约四五百万石相比，相差不甚远（有一部分米不在芜湖集中）。而后来因各帮粮商在芜大批采购，川鄂湘赣等省的余米，有时也用帆船运到芜湖销售。这说明芜湖米源很充裕。其销路遍及粤、闽、江、鲁、冀等省，不愁粮食积压。①"芜湖之地位，既在安徽产米之区域中心，因此芜湖市场，乃成为米谷交易之中心市场。"②

芜湖开埠后，殖民制度迫使稻米向芜湖集中。镇江比芜湖早通商轮，且设有海关，而当对米粮出口，必须利用海轮装载，同时还要经过海关检查征税，才可启运。因此，粮商都聚集该地，镇江七浩口米市便是这样兴旺起来的。③英国强迫中国签订《烟台条约》，目的就是向芜湖腹地主要是皖江地区倾销洋货，掠夺土货。光绪三年（1877）设海关，就是为了征收进出口货物进出口税，然后放行，使得进口的洋货倾销芜湖及其腹地，芜湖及其腹地农产品和矿产品经过芜湖海关征税再外运销售，这就为芜湖商业繁荣创造了条件。大米出口为芜湖土货出口主要物资，海关征收轮运出口的米税。在芜湖海关征收的土货出口税中，占主要成分的是出口税和鸦片税。出口税主要是芜湖海关征收的皖江地区土货税，米税在芜湖海关征税中占重要地位。这样皖省出产的米粮，就没有再冒长途航程的风险，远运镇江销售的必要了。

封建政府的政策推动。镇江米市迁到芜有两种不同说法。一是芜湖开埠后，李鸿章因为其家族及亲朋故旧多在芜湖有产业，又在安徽有大量土地，每年有大量稻米需要销售，奏请清廷把镇江米市迁到芜湖。二是在芜湖任徽宁池太广皖南兵道道台兼芜湖海关监督的广东人张荫桓在李鸿章的指使下，利用同乡关系，赴镇江劝广帮粮商先迁芜，许以种种利益，因而造成米市迁芜局面。据说当时条件：发给广帮粮商营业执照；不许华南华北的座商来芜采购粮食，必须由有执照的粮商代办，不

---

① 芜湖市工商业联合会史料小组：《芜湖市米市的发生发展和改造的经过的概况（初稿）》，1959年9月，芜湖市档案馆藏，编号：DFWX4.1.1，第4页。
② 王维德：《芜湖米市概况》，《工商半月刊》1934年第6卷第3号，第52页。
③ 芜湖市工商业联合会史料小组：《芜湖市米市的发生发展和改造的经过的概况（初稿）》，1959年9月，芜湖市档案馆藏，编号：DFWX4.1.1，第2页。

能直接采购；所有一切打包等费用都由卖方支付，同时帝国主义的商轮，也以由芜运米赴沪仍照镇江至沪的运费计算，不另加价为食饵。所以广帮粮商就首先迁芜，以为他帮倡导。这两说未知孰是，但有一点是共同的，就是镇江米市迁芜，李鸿章会予以有力的策动，这应该是可以肯定的。① 这样，广州和潮州粮商首先迁至芜湖，烟台和宁波粮商也相继迁至芜湖，各地商人陆续迁芜，设立米号，贩运稻米。光绪八年（1882）镇江七浩口米市正式迁芜，芜湖米市正式开张。粮商迁芜，带来了市场和资金，有利于芜湖米市繁荣。

米捐征收的政策优势。米捐征收对芜湖米市成长是一种政策优势，是芜湖米市形成的重要原因。《烟台条约》签订后，以李鸿章为代表的安徽封建官僚为了加强地方势力，在芜湖设立米捐局和关卡，对芜湖米业加以扶持和管理，使芜湖成为全国四大米市之一。② 晚清实行厘金制度，对百货征收厘金，稻米也不例外。厘金制设立，有利于厘卡所在地的商业发展，米捐属于厘金，征收米捐，也同样有利于米粮集散。

芜湖米市形成是渐进过程。光绪八年（1882）镇江七浩口米市正式迁芜，不代表芜湖米市稳定，有时稻米还到镇江集散，"以前米市尝集于镇江，及江苏岁荒，复移于芜湖，安徽荒则又移于镇江"。③ 镇江米市迁到芜湖后，起初皖江地区临近芜湖各县米粮，尚有部分不经芜湖，而径运江浙销售。光绪二十年（1894）8月至光绪二十一年（1895）10月，因甲午战争，芜湖海关实施米禁，皖江大米一时"以镇江为宣泄之口"，运销镇江米量激增，致使1895年镇江出口米580余万担，芜湖仅81余万担。④

芜湖米市进一步发展，是在设立米捐局后。芜湖米市真正固定不移的是光绪二十四年（1898）抽收米厘以后，"芜湖之抽收米厘，始于清光绪二十四年（1898），自此以后，芜湖始成为安徽固定之米市"。⑤ 晚清对

---

① 芜湖市工商业联合会史料小组：《芜湖市米市的发生发展和改造的经过的概况（初稿）》，1959年9月，芜湖市档案馆藏，编号：DFWX4.1.1，第2页。
② 张孝康、包先进：《芜湖港口及航运业的历史沿革》，《安徽文史资料选辑》第14辑，巢湖印刷厂1983年印，第66页。
③ 王维德：《芜湖米市概况》，《工商半月刊》1934年第6卷第3号，第52页。
④ 安徽省政协文史资料委员会编：《工商史迹》，安徽人民出版社1987年版，第168页。
⑤ 王维德：《芜湖米市概况》，《工商半月刊》1934年第6卷第3号，第52页。

米贸易也征收厘金，称为"米厘"，杂粮归入百货征收厘金。同治元年（1862），两江总督曾国藩上奏，裁撤了安徽米厘，而杂粮仍照百货征收厘金，没有免厘。免征米厘，减轻了米贸易成本，有利于米市贸易。不过，芜湖开埠以后，特别是光绪八年（1882）镇江米市迁到芜湖后，"起初临近各县米粮，尚有部分径运江浙销售，不由芜湖经过"，① 如江北庐州府米运往镇江销售，不经过芜湖，影响了芜湖米市发展。为了收取米厘的方便和需要，光绪二十四年（1898）安徽省在芜湖设立米捐局，规定本省过往米船出境，必须运至芜湖纳税才准运行。这样各县米粮必须运至芜湖集中，"停本埠候验"，② 有利于米市形成和发展，芜湖米市才稳定下来。"光绪廿四年（1898）皖省在芜设米捐局，始成固定米市。"③ 皖省以产米为大宗，芜湖设立米捐局。米捐，作为米厘金，主要抽收军饷、偿款。"且在光绪二十八年（1902），两江制台，复在江苏境内设米厘局，欲在大胜关、私盐沟、荷花池诸地，设卡抽收由皖出口之米厘，皖省绅商极端反对，乃经两省官商订定，江苏永不设米市，而芜湖除仍有米厘局外，复设江苏米厘局焉。于是皖米经过江苏出口，可以通行无阻，而芜湖乃成为长江流域最大米谷市场矣"。④ 朱孔甫也认为，江苏米厘局设立后，"芜市米出口每石有江苏捐银七分，安徽捐银一钱一分七厘二毫之两重米厘，由是皖省出口之米，始通行无阻，芜湖成为长江流域之最大米谷市场矣"。⑤ 后来由于米厘关卡过多，造成米商重复纳税，米商就避开芜湖，把米粮运到江浙销售。米捐征收迫使米粮向芜湖集中。但是，1930年后，苏、皖2省米捐局被裁撤后，各县米粮复自由运销，又影响了芜湖米市发展。⑥

---

① 芜湖市粮油食品局：《芜湖市志·粮食志》（评审稿），芜湖市地方志办公室1988年印，第10页。

② 《民国十一年至二十年：最近十年各埠海关报告》上卷《华北及长江各埠》，海关总税务司署统计科译印。见中国第二历史档案馆编《中国旧海关史料（1859—1948）》，京华出版社2001年版，第158册，第753页。

③ 朱孔甫：《安徽米业调查》（1935年3月至7月调查），《社会经济月报》1937年第4卷第3期，第6页。

④ 王维德：《芜湖米市概况》，《工商半月刊》1934年第6卷第3号，第52页。

⑤ 朱孔甫：《安徽米业调查》（1935年3月至7月调查），《社会经济月报》1937年第4卷第3期，第6页。

⑥ 芜湖市粮油食品局编：《芜湖市志·粮食志》（评审稿），芜湖市地方志办公室1988年印，第10页。

也就是说，1882年镇江七浩口米市迁到芜湖，米市还不算真正成立，米厘局设立后，稻米必须经过芜湖征税后才能转销他地，"芜湖至此始成为长江下游之固定米市"。① "皖省在米厘局未撤以前，所有剩余米粮，大致皆聚散芜湖，然后始运出口。自厘捐局裁撤以来，米市涣散，米商视各地米价高低而趋，芜湖市价高，则集芜而出售，否则直驱下游各埠，不受任何限制，因之米粮之经芜湖出口者，较前已衰颓多矣"。② 因此，芜湖米市是特殊历史条件下的产物，是近代芜湖优势成长的结果，比镇江七浩口米市的条件更优越。至20世纪30年代，在农业危机、国民政府"裁厘改统"等一系列因素的作用下，潜藏在芜湖米市内部的危机终于爆发，芜湖米市不可避免地衰落了。

小　结

芜湖地处长江中下游要冲，有得天独厚的地理条件。近代口岸开放，使城市优势，包括制度优势、能力优势、技术和产业优势等增长，加强了口岸城市的辐射能力。芜湖辟为通商口岸，打开了安徽开放的大门。口岸开放带来了制度优势，资本主义列强在芜湖设立领事署、海关、租界、洋行、教堂、学校和医院等，进行政治、经济、文化侵略和控制，享有低关税特权，在享有制度优势下，将其技术和产业优势，渗透到中国内地，向内地输入资本，倾销洋货，掠夺土货。资本主义和殖民主义制度使芜湖发展迅速，并出现畸形繁荣。口岸开放，使长江流域经济和贸易格局都发生了质变。同时，清政府在芜湖征收厘金，迫使皖江地区货物流向芜湖，特别是设立米捐局，迫使皖江地区米粮向芜湖集散，这是芜湖米市繁荣的重要原因。近代口岸制度城市优势增长，使近代城市发展及其与腹地经济关系构建发生了质变。

---

① 社会经济调查所编：《芜湖米市调查》，《粮食调查丛刊》第4号，社会经济调查所印行，民国24年（1935），第1页。
② 社会经济调查所编：《芜湖米市调查》，《粮食调查丛刊》第4号，社会经济调查所印行，民国24年（1935），第61页。

第三章

近代口岸城市辐射能力优势增长

传统城市城乡经济互动主要依托水运系统，陆路交通为辅，交通工具以帆船和排筏，运输能力有限，所以城市辐射能力有限，城乡经济关系构建的腹地范围有限。由于商品经济发展不足，城乡之间货物流通、人员往来、信息流通、资金交流也很有限。但是，近代口岸城市具有比一般城市对腹地乡村社会更强的辐射能力，资本主义入侵给口岸城市带来了先进的交通手段，轮运、公路、铁路相继出现，电报、电话、邮政代替了铺递、驿递，在城乡互动下城市能力优势在增长，有利于口岸城市与腹地经济联系加强。

第一节 航运业发展

在近代交通业中，航运业发展最为显著，对近代经济影响最大。在海关贸易报告中，专门列出"贸易船只"一栏，叙述进出口岸城市的贸易船只包括帆船和轮船情况，既反映了口岸城市经济发展状况，也反映了口岸城市之间经济往来。没有这些贸易船只往来，口岸城市经济就无法发展，口岸城市与腹地经济关系就难以构建起来。因为近代长江流域是中国经济发展繁荣的区域，其交通以水运为主，轮船等新式交通使物流、人流、资金流等更加便捷、顺畅，延伸了城市经济圈范围。同时陆路公路和铁路交通也发展显著，不过，还处于初始阶段，交通仍然以水运为主。历史上芜湖之所以能从小镇成长为明清时期长江流域经济中心之一，以及安徽地区重要手工业、商业城市，其对长江水运包括皖江地区水运系统优势的发挥是重要原因。

一　民船业兴盛

木帆船，又称"民船"，是最早在长江和内河运载客货的船只。到宋代，芜湖商业发展，商品集散，盐粮贸易，船只往来江河，泊于青弋江距长江交汇点2千米处。①明清时期，芜湖商业繁荣，也带动航运业发展，当时青弋江内樯桅林立，帆船云集，码头也逐渐向长江口扩展。

近代芜湖工商业发展，也带动木帆船运输业的繁荣。近代皖江地区运输主要是水运，芜湖米市发展，大量稻米运输，需要足够的船只，也需要船工，民间运输业兴起。由于芜湖商贸发达，又是长江下游重要的米市，芜湖港不仅是安徽最大的轮船进出港，也是安徽最大的木帆船集散港。这些木帆船，从1户1船，发展为多户合伙经营，雇工从事航运。木帆船凭借人力和风力驱动运输，虽有船体不坚固、航速慢、载量小等弱点，但小批量运输，机动灵活，可以深入内河较浅的河段，是轮运不能取代的。民国时期，一些船户，寄居芜湖港，或落籍芜湖，形成民船、划船、驳船3大封建船帮，封建把头利用"同业公会""船行"等组织，垄断航运。当时，芜湖一带江河两岸，樯帆林立，每年往来皖省境内及苏、鄂、湘、赣等省各类木帆船有20余种，达20余万艘次。到20世纪初，"芜湖当长江上下游之冲，上溯汉口，下达申（上海）江（镇江），湖港纷歧，帆樯如织"。②民国时期，停泊于芜湖陶沟、龙船巷及金马门等港湾的船只，驳船帮有170艘，民船帮有140艘，划船帮船数不详（载重5吨以下小船）。③

芜湖是沿江著名的农副产品集散地，皖南山区、弋江平原、巢湖地区每年有大量的农副产品、土特产品由民船集中到芜湖，再由芜湖转运到外地。同时，从上海、汉口由轮船运至芜湖的货物，又由民船运往内

---

① 张孝康、包先进：《芜湖港口及航运业的历史沿革》，《安徽文史资料选辑》第14辑，巢湖印刷厂1983年印，第65页。

② （清）冯煦主修，陈师礼纂：《皖政辑要》卷100《商船公会》，黄山书社2005年版，第914页。

③ 芜湖市地方志编纂委员会编：《芜湖市志》下册，社会科学文献出版社1995年版，第565页。

河沿岸各地。在芜湖港口，停泊民船的水域一般在市区北面的淘沟及南面的青弋江入口处。平时，每天停泊于芜湖的民船约有600只以上。民船云集最多的是秋季大米收获季节。据芜湖海关贸易局统计册记载，1916年至1925年，芜湖海关每年出入口的民船约在22万只（见表3-1）。①据芜湖关1931年统计，当时共有民船58338只，就省区划分，有湖南、湖北、江西、江苏、安徽5省民船；就安徽县治划分，皖中有无为、和县、合肥、含山、舒城、庐江、巢县7属及桐城、望江、潜山、太湖、怀宁、宿松6县各帮，皖南有宁国、太平各帮。②

表3-1　　　芜湖海关每年民船出入口数量（1916—1925）　　（单位：只）

省市 \ 年份	1916	1917	1918	1919	1920	1921	1922	1923	1924	1925
湖南	141	1362	1146	1607	1669	2022	1604	1673	1581	1419
湖北	1655	1686	1779	2386	3016	3800	2904	3072	1927	1861
江西	4105	3717	4673	5527	7296	6880	4975	7023	4525	3881
江苏	44449	58127	41814	31778	42286	62515	54391	52311	47878	40810
安庆	6544	5341	5814	8216	9269	7342	7031	7123	5454	5747
池州	19328	23248	14958	16821	15875	14243	14590	12093	11709	12166
和州	8925	8241	9206	10676	11089	10643	11010	10671	10699	10884
庐州	44832	46140	54594	59023	53191	58094	50626	56675	55546	64446
宁国	57960	57840	61255	67208	54299	63107	52044	49326	59548	62817
太平	17983	17121	19942	25070	25841	28347	21259	19895	19646	21414
共计	206830	222823	221481	228312	22383	246993	220434	219762	218513	225445

资料来源：马茂棠：《安徽航运史》，安徽人民出版社1991年版，第218页。

20世纪30年代，芜湖常关来往民船合计，来船总数103301只，内空船数44083只；去船总数103529只，内空船数57956只。③

---

① 马茂棠：《安徽航运史》，安徽人民出版社1991年版，第217页。
② 芜湖市工商业联合会史料小组：《芜湖市米市的发生发展和改造的经过的概况（初稿）》，1959年9月，芜湖市档案馆藏，编号：DFWX4.1.1，第20页。
③ 龚光明、曹觉生：《安徽各大市镇之工商现状》，《安徽建设月刊》第2卷第2号，第24页。

二 资本主义列强轮船业强势介入

轮船输入,"以清道光十五年(1835)英邮渣甸号为始"①。鸦片战争后,沿海和沿江口岸陆续建立,资本主义列强通过一系列不平等条约,在上海、天津、汉口、大连等地设立轮船公司,经营沿海、长江等水运的航运业,对中国大肆进行经济掠夺。从19世纪60年代起,英美以香港、上海为中心开辟向北航线,英美有4家洋行轮船航行在上海—烟台—天津航线。咸丰十一年(1861)至宣统三年(1911),英、美、法、俄、德、日、葡等国商人在中国设立125家轮船公司,大小轮船有数百艘。②

长江水道是资本主义列强对长江流域进行经济掠夺的重要通道,五口通商后,就有轮船深入长江航行。自咸丰八年(1858)《天津条约》签订后,外国轮船可以正式进入长江口岸。咸丰十一年(1861)美商琼记洋行"火箭号"轮船第一次航行至汉口,接着,在上海的20多家洋行轮船驶入长江,首先是美商旗昌轮船公司垄断长江中下游航运,其次是英商怡和、太古轮船公司。③咸丰十一年(1861)至1938年,在中国设立的主要外国轮船公司44家,其中25家设在上海。④咸丰十一年(1861)至宣统三年(1911),英、美等国在中国创办轮船公司主要有24家,其中有12家航行于长江,占沿海和内河航线的一半。⑤当时比较有影响的就是申汉线的客货轮航运。⑥申汉线,即沪汉线,外国轮船在上海至武汉间运输,使上海和武汉城市有了近代交通优势,运输能力提高,对上海和武汉城市中心城市成长非常重要,也带动了长江贸易,把长江中下游经济纳入资本主义市场经济体系。随着沿江口岸的设立,外国轮船公司也纷纷在口岸城市设立公司,建设码头和趸船,经营轮船业。光绪年间,

---

① 中国第二历史档案馆编:《中华民国史档案资料汇编》五辑二编《财政经济》(10),江苏古籍出版社1991年版,第151页。
② 严中平:《中国近代经济史统计资料选辑》,科学出版社1955年版,第239—241页。
③ 隗瀛涛:《中国近代不同类型城市综合研究》,四川大学出版社1998年版,第698页。
④ 严中平:《中国近代经济史统计资料选辑》,科学出版社1955年版,第239—243页。
⑤ 严中平:《中国近代经济史统计资料选辑》,科学出版社1955年版,第178—179页。
⑥ 陶应明:《利济公司与"三公司"竞始末》,《安徽文史资料全书·铜陵县卷》,安徽人民出版社2006年版,第336页。

长江流域主要划为英、日势力侵略范围，英、日等列强在沿江一带重要城镇建立通商口岸，创办轮船公司，开辟港埠，修建码头、仓库等，利用水运方便，用轮船运入洋货，运出土货，掠夺长江流域经济，于是产生了帝国主义轮船航运事业。

同治十年（1871），芜湖始有轮船客运，美商旗昌轮船公司通航的申汉线客轮在芜湖上下旅客。① 光绪二年（1876）《烟台条约》辟芜湖为通商口岸及安庆、大通为外轮"暂停口岸"后，一时间，挂有各国旗号的洋船纷纷涌入皖江，"长江各公司均用趸船寄居江中，以上下水轮船停泊"。② 先后共有英、美、日、德、意、俄及挪威等10多个国家的船只专程或途经皖江从事考察和经贸活动。外国航业纷纷在皖设立机构，建置趸船、码头。光绪三年（1877）芜湖海关设立后不久，英商太古航业公司和英商怡和轮船公司就开始在芜湖、大通、安庆港设置办事机构和营业地点，正式开展航运经营活动。19世纪末，日商日清汽船株式会社、商船会社以及英商亚细亚石油公司等外国企业也纷纷来皖设立航运机构，开展运输业务。

英商太古轮船公司，又称太古航业公司，是最先来皖设置航运机构的轮船公司，由英国太古洋行经营。同治六年（1867）太古洋行于上海成立太古航业公司，主要从事中英间商贸业务。同治十一年（1872）英国在伦敦成立中国航行公司，将在中国的航运业务委托给上海太古洋行代理。同治十二年（1873）太古航业公司开始以"潘阳"（189吨）、"大通"（1882吨）、"安庆"（1719吨）3艘轮船经营沪申航线长江运输。从"大通""安庆"2艘船的命名来看，太古航业公司从一开始就关注皖江地区，但因当时安徽尚未有通商口岸，一时还不便介入。芜湖开埠后，太古航业公司轮船首先开入了皖江各埠。光绪三年（1877）英商太古航业公司首先在芜湖设立机构，建栈通航，是最早进入芜湖、对芜湖影响最大、经营时间最长的外国轮船公司。自此，外国轮船公司相继来芜通

---

① 芜湖市地方志编纂委员会编：《芜湖市志》下册，社会科学文献出版社1995年版，第505—506页。

② 余谊密修，鲍寔纂：《（民国）芜湖县志》卷29《政事志》，黄山书社2008年版，第222页。

航。光绪十七年（1891）太古航业公司开始在芜湖定期航行，并相在芜湖购置滩地，建筑码头，但因当时芜湖租界尚未划定，与业主产生争执，未能得逞。光绪三十一年（1905）芜湖租界正式开办，太古航业公司立即在芜湖公共租界内购置滩地，建造码头1座，由木栈桥连接岸边。① 光绪三十二年（1906）太古航业公司又以2.1万两银元购置了李鸿章在芜湖的地产85亩。光绪三十三年（1907）在租界内建造货栈4座，总容量7500吨。光绪三十四年（1908），又在租界内建造钢质栈桥式码头1座。1912年，又设置"北京号"囤船1艘，与栈桥配套使用。太古航业公司在芜湖的运输能力就不寻常。

英商怡和洋行，光绪七年（1881）后紧随太古航业公司之后也在芜设立机构。② 19世纪70年代末，怡和轮船公司"之和"（1331吨）、"瑞和"（1931吨）、"吉和"（2200吨）3艘轮船航行长江，并开始在芜湖、大通、安庆停泊，上下客货。怡和轮船公司光绪十二年（1886）在芜湖设置趸船1艘，光绪三十三年（1907）开始在芜湖购置沿江滩地，建筑码头、货栈。③

当时英商船只来芜的数量和次数尚有限，仅在青弋江和长江交汇处的关门洲外江心抛锚设趸船，便于上下水轮船停泊。太古、怡和这些机构均设在青弋江和长江交汇口，即现迎江街一带，今迎江街一带江边，因当时是外国航运机构所在地和供外商轮船上下客货的专用地带，人称"洋码头"。④ 其后，美商旗昌洋行、德商亨宝洋行也相继在芜设立航运机构和趸船。⑤ 后来芜湖租界、码头逐渐修筑，长江各公司轮船可以迁移到租界靠岸起运，如太古公司迁至租界。

---

① 鲍亦骐编：《芜湖港史》，武汉出版社2010年版，第35页。
② 张孝康、包先进：《芜湖港口及航运业的历史沿革》，《安徽文史资料选辑》第14辑，巢湖印刷厂1983年印，第66页。
③ 马茂棠：《安徽航运史》，安徽人民出版社1991年版，第180—181页。
④ 马茂棠：《安徽航运史》，安徽人民出版社1991年版，第183页。
⑤ 张孝康、包先进：《芜湖港口及航运业的历史沿革》，《安徽文史资料选辑》第14辑，巢湖印刷厂1983年印，第66页。

表3-2　　各国船只在芜湖进出口运货价值量及比例（1880）

国别	价值（关平银两）	比例（%）
中国	3927299	97.55
英国	71612	1.78
德国	18036	0.44
美国	8802	0.22
荷兰国	325	0.01

资料来源：根据《清光绪六年芜湖口岸贸易情形论略（1880）》编制。

表3-2反映了各国船只在芜湖进出口运货价值量，以中国船只运货量最大，其次是英国、德国、美国、荷兰。但是，不是所有年份均是如此，更多年份是中国船只在运输中地位有限。如光绪十八年（1892）芜湖海关进出贸易船只总次数为3202次，总吨数为2639223吨。所雇船只为672只，其中英国船92只，占总吨数的69.15%，所载货物占贸易总值的65.68%；德国船16只，占总吨数的1.09%，占贸易全值的4.37%；挪威船2只，占总吨数的0.38%；奥国船2只，占总吨数的5.72%，占贸易全值的1.78%；中国船560只，占总吨数的23.66%，占贸易全值的28.17%。① 中国船只虽然最多，但是占总吨数百分比和占贸易全值百分比并不大。

表3-3　　　　　芜湖雇用进出口各国船只比例

国别	1878		1880		1881	
	总行程比例（%）	吨数比例（%）	总行程比例（%）	吨数比例（%）	总行程比例（%）	吨数比例（%）
英国	48.85	52.12	63.44	58.15	62.79	58.31
中国	46.53	46.61	35.21	41.51	36.01	41.47
美国	3.54	1.14	0.47	0.12	0.60	0.10
德国	0.46	0.07	0.49	0.20	0.12	0.02
西班牙	0.62	0.06			0.48	0.10
荷兰			0.12	0.02		

资料来源：根据沈世培校注《〈芜湖关华洋贸易情形论略〉校注》（安徽师范大学出版社2015年版）统计资料编制。

---

① 沈世培校注：《〈芜湖关华洋贸易情形论略〉校注》，安徽师范大学出版社2015年版，第98页。

表 3-3 中，中国船只总行程占比和吨数占比还不大，反映晚清时期外国船只左右了芜湖贸易运输，中国船只还不能占据主导地位。口岸贸易繁荣，促进了长江航运发展，并吸引外国轮船进入长江航运，也吸引小轮船航运于皖江地区内河。交通船只对芜湖贸易影响极大，外国船只为主，较为先进，而中国船只数量大，但是容量较小，并落后。

光绪二十一年（1895）《马关条约》签订后，日本在内河有航行权，在芜湖也开始有日船停靠，停靠的轮船有在长江航行的上、下航日清汽船，戴生昌小汽船及不定期来航的大型日本轮船等。① 光绪二十四年（1898）日商大阪商船株式会社船只开始进入长江，先是"元龙川""大弗川"2艘轮船，后是"大贞"（2712吨）、"大利"（2247吨）、"大享"（2243吨）3艘轮船，航行申汉线。按照日本政府命令，大阪商船株式会社把长江沿岸各港分为寄航港和停船港两类，其中芜湖为寄航港，安庆、大通为停船港。② 大阪商船会社于19世纪末在芜湖设代理店，光绪二十六年（1900）在芜湖设新置大轮船1艘，当时，"大阪商船株式会社新置一大轮船，其设置精美，可为长江诸轮船之冠"。③ 后大阪商船会社又在芜湖港设置"享安"库船1艘，361载重吨位，以供货物装卸之用。日商日清汽船株式会社成立于光绪三十三年（1907），是由大阪商船株式会社、日本航船株式会社等4个公司合并组成的。日清汽船株式会社在芜湖关门洲外江中设有"大阪""菱边"2只大趸船，供接泊客货轮之用。美孚洋行和英商亚细亚石油公司等，也在安徽建有办事机构，并置有趸船、码头。④ 日清除九一八事变后的1932年略有亏赔外，数十年来，年年盈余。每年日清在华攫取了数十万乃至数百万元的利润。⑤

《马关条约》签订后，帝国主义在输出商品的同时，还通过资本输出控制中国经济命脉。外国轮船自由航行大江，小型轮船还通行大江两侧的内河。咸丰八年（1858）《天津条约》签订后，帝国主义控制了中国海

---

① 曹大臣：《日本驻芜湖领事馆的历史考察（1922—1945）》，《民国档案》2012年第3期。
② 马茂棠：《安徽航运史》，安徽人民出版社1991年版，第181页。
③ 沈世培校注：《〈芜湖关华洋贸易情形论略〉校注》，安徽师范大学出版社2015年版，第343页。
④ 马茂棠：《安徽航运史》，安徽人民出版社1991年版，第181—181页。
⑤ 严中平等编：《中国近代经济史统计资料选辑》，科学出版社1955年版，第238页。

关，1898 年又以关税作为外债担保，使外国轮船入港无须交税，而中国轮船入港却要交税给海关。在芜湖港，外国轮船不但在船只数和吨位上占压倒优势，连航运业的一切章程、运价也均由英商主持订定。芜湖港的半殖民地特点更为显著。① 第一次世界大战之前，进出安徽沿江各港的外国轮船总吨位比重始终高于华商轮船的比重。据芜湖港统计，光绪五年（1879）至 1914 年在芜湖港进出口贸易船只中，仅英国轮船的吨位数就占总数的 50% 至 70%（见表 3 - 4）。②

表 3 - 4　　　　　　近代芜湖海关进出船只数和吨数

年份	进出船只数	重量（吨）	年份	进出船只数	重量（吨）
1878	1298	1180632	1895	2717	2446958
1880	1630	1450063	1896	2904	2844403
1881	1669	1524351	1898	2600	2907370
1882	1716	1498518	1903	1894	2347904
1884	781	773093	1904	1975	2542106
1885	678	700165	1905	2249	3066206
1886	2174	1832739	1906	4256	6160712
1887		1782647	1907	3821	
1890	3179	2017112	1914		6560000
1891	2985	2230636	1915		7070000
1892	3202	2639223	1916		7030000
1893	2907	2645528	1917		7320000
1894	2737	2645567	1918		7380000

资料来源：根据中国第二历史档案馆编《中国旧海关史料（1859—1948）》（京华出版社 2007 年版）、沈世培校注《〈芜湖关华洋贸易情形论略〉校注》（安徽师范大学出版社 2015 年版）资料编制。

到 20 世纪初，这种情况仍然没有改变。如各国船只进口货物吨数占进口总吨数，光绪二十六年（1900），英国 64%，中国 19%，德国 11%，

---

① 张孝康、包先进：《芜湖港口及航运业的历史沿革》，《安徽文史资料选辑》第 14 辑，巢湖印刷厂 1983 年印，第 68 页。
② 马茂棠：《安徽航运史》，安徽人民出版社 1991 年版，第 182 页。

日本6%；光绪二十七年（1901），英国52%，德国21%，中国18%，日本9%；光绪二十八年（1902），进口总吨数为2304979吨，英国50%，德国19%，中国17%，日本13%，挪威及荷兰1%。① 中国在其中所占比例不大，主要是外国船只占主导地位。光绪二十六年（1900），日本和德国旗号的船只进口次数和吨重增加迅速，日本夏关、大阪株式会社新制的大轮，制作精美，为长江航运之冠，初秋又添置1只轮船。德国麦其尔轮船公司有江轮3只，在10月间按期航行。②

列强还在皖江地区其他城市设立轮船公司，如太古轮船局除在芜湖设立公司外，还于光绪三十年（1904）在安庆设立安庆太古轮船局，在安庆小南门外买基地数亩，作为建设趸船地方。③ 同时，列强把航运控制权还延伸到皖北淮河流域，1914年1月30日美国与北洋军阀政府签订借款4000万元条约，为开淮河水利工程，并由美国人负责治理，借款年利5分，以淮河流域地税和大运河通行税为担保。④

第一次世界大战期间，外国轮船在芜湖港进出口量明显减少，1916年1044只，1917年1154只，1918年1304只。⑤ 进出芜湖的英国轮船，1916年364只，1917年192只，1918年224只，以后呈现减少趋势，到1925年只有30只。其中，德国撤出长江的轮船最多。20世纪初，德国在安徽的贸易船只增到5艘大轮，定期航行于汉申线，在芜湖港贸易船只吨位逐渐超过日商和华商船只，仅次于英船，居第2位。第一次世界大战爆发后，英国购买了德国船只，使芜湖港没有德国轮船。第一次世界大战期间，英国船只在华总数虽然略有减少，但长江航线江轮不宜出海，未被征调，却有增加趋势。战时英国在长江净增10艘轮船，共计8481吨。其中怡和公司有联和、瑞和、隆和、吉和、德和、江和6艘轮船在长江参加营运。太古公司有6艘轮船，定期航行于申汉线，每周三、周

---

① 沈世培校注：《〈芜湖关华洋贸易情形论略〉校注》，安徽师范大学出版社2015年版，第150—151页。
② 芜湖市政协文史委员会等编：《芜湖通史·古近代部分》，安徽人民出版社2011年版，第217页。
③ 《实业·各省商业汇志》，《东方杂志》第5期，光绪三十年五月二十五日，第81页。
④ 安徽省通志馆编：《民国安徽通志稿·外交考》，民国23年（1934）铅印本。
⑤ 曹大臣：《日本驻芜湖领事馆的历史考察（1922—1945）》，《民国档案》2012年第3期。

六从上海开出,途中停靠芜湖港。1912年,太古公司还在芜湖设"北京号"轮船一只,与栈桥码头配套使用。虽然第一次世界大战期间,在长江英轮并未减少,但在芜湖港却不如以前。民国初,在芜湖港进出的英国船只数已锐减了半数以上。①

表3-5　　外船占芜湖港进出口轮船总数占比（1916—1925）

年份	1916	1917	1918	1919	1920	1921	1922	1923	1924	1925
占比（%）	27.6	35	71	77.7	68.9	73.3	82.8	85.7	87	85

资料来源：根据芜湖海关贸易统计册"第三款民国5年至14年按内港行轮章程入口之船只按年各数"一表改制。

从表3-5可见,1916年进出芜湖港的外国船只吨位数为49432吨,占当年芜湖港进出轮船总吨位的27.6%,1917进出芜湖港的外国船只吨位数为45296吨,占总数的35%,到1918年上升到71%,1922年上升到80%以上。

第一次世界大战后,外国轮船在芜湖港进出量逐渐增长并重新居于主导地位。大战期间,日本乘西方无暇顾及在中国航业之机,在长江大肆发展航运业。战后日轮在芜湖的年均进港数均保持在1200只以上,②其中日清汽船会社有7艘轮船航行长江沪汉线,23764吨,加上英国船只吨位,共计58980吨,占长江下游轮船总吨位的56%。1917年,进出芜湖港的日本轮船为466只,1918年增至1150只,1919年又增至1568只。1923年以后,日轮在芜湖港进出吨位一直在40万吨以上,占芜湖轮船总进出口量的比重高达80%左右。③芜湖江面常有英、日兵舰游弋,水兵亦常登岸,但非常驻性质。轮船码头,太古、怡和各1;货栈,太古、怡和各1。日本的日清轮船公司,英国的怡和轮船公司和太古轮船公司,在陶沟附近一带,运输客货。④外国航业在安徽的航运势力从芜湖的码头船设

---

①　马茂棠:《安徽航运史》,安徽人民出版社1991年版,第206页。
②　马茂棠:《安徽航运史》,安徽人民出版社1991年版,第182页。
③　马茂棠:《安徽航运史》,安徽人民出版社1991年版,第207页。
④　王持华:《芜湖学生运动纪略》,《安徽文史资料选辑》第2辑,安徽人民出版社1983年版,第69页。

置情况也可以略见一斑。1932 年《交通年鉴》载，1929 年芜湖港码头船总数为 15 只，其中，外籍船为 8 只；1930 年总计 17 只，外籍船 10 只；1931 年总计 15 只，外籍船占 9 只；1932 年和 1933 年总计都为 19 只，外籍船占 10 只。外商的码头船始终高于华商船只。

列强还在芜湖设立小轮公司，深入皖江地区内河运货载客，进行垄断经营。光绪二十四年（1898）英商新顺昌洋行来芜湖开设商办芜湖立生祥记小轮公司，购船行驶庐州、太平等府。1923 年 10 月，戴生昌小轮载客驶往合肥，船员与要求乘船的中江旅馆数人发生冲突，导致 2 名查票员受伤。芜湖领事田中认为此事妨碍日商经营，向交涉员抗议，并要求严惩中江旅馆旅客。芜湖旅馆业协会只得在《工商日报》上登报谢罪，并派人到戴生昌赔礼，保证以后此类事件不再发生，案件才算了结。①

三　民族轮运业

西方资本主义列强对中国的侵略，使中国人认识到"坚船利炮"的重要性，外轮在内河的经济侵略，也刺激了民族航运业的兴起。

皖江地区民族轮运业始于洋务运动。两次鸦片战争使清政府见识了坚船利炮的厉害，而太平天国运动兴起，更使清政府认识到强大军事的重要性，于是产生了向西方学习的洋务派，从 19 世纪 60 年代到 90 年代，兴起了洋务运动，主张从西方引进枪炮、轮船、机器和科学技术。洋务运动也影响了皖江航运。在太平天国运动时期，为了攻克安庆，曾国藩在看到太平军水师的强大时，主张水陆师驰援安徽，还"须购买夷炮广炮千尊"。② 于是，清政府不仅购买了大量洋枪洋炮，还租用了在上海的美国两艘"土只坡"和"可敷号"轮船调到曾国藩军队驻扎的东流，供曾军使用。攻克安庆后，清军又将轮船营驻扎在安庆西门江边，以作防卫。同治元年（1862）初，曾国藩又购买了一艘英国轮船"威林密号"，航行于安庆与上海之间。同治元年（1862）3 月清政府又租用 7 艘英国轮

---

① 《戴生昌汽船暴行事件交涉始末》（1923 年 12 月 27 日），《外务省警察史·支那之部（中支）：在芜湖领事馆》第 48 卷，第 280—281 页。转引自曹大臣《日本驻芜湖领事馆的历史考察（1922—1945）》，《民国档案》2012 年第 3 期。

② 《曾文正公奏议补编》卷 1。

船,将在安庆的 7000 名清兵运送到上海。洋务派不仅主张购买西方枪炮和轮船,还主张自己制造枪炮和轮船。为了更快镇压太平天国运动,壮大清军势力,同治元年(1862)曾国藩在安庆设立中国第一家军工厂"安庆内军械所",尝试制造我国第一艘木壳蒸汽轮船"黄鹄号"。内军械所在安庆生产 3 年,同治三年(1864)湘军攻克南京后,迁到南京。同治五年(1866)放大的船制成,并正式下水,取名"黄鹄号",航行于长江和运河。①

19 世纪 60 年代,洋务运动主要兴办军事工业,70 年代还兴办了民用工业。在"与各国通商,宜以商战"的思想指导下,同治六年(1867)至同治七年(1868)间又以官督商办的形式建立民用企业。中国轮船招商局就是洋务派为了与外国轮船公司争利的情况下设立的。同治十一年(1872),李鸿章奏准清廷拨款,在上海创办官僚资本性质的中国轮船招商局,经营长江和东南亚的航运。轮船招商局原为官督商办企业,清末改为商办。这是中国第一家近代轮船航运企业。② 光绪三年(1877)中国轮船招商局以 222 万两价格购买了美旗昌轮船公司的船只,一举成为在沿海、长江贸易中能与太古、怡和、日清"四分天下"的大轮船公司。在四大公司中,招商局光绪二十九年(1903)—1936 年在长江航运中所配吨位最多时占 27%(1903),最少时为 16.2%(1911),1927—1936 年所载货量最多时占 16.9%(1936),最少时仅 2.1%(1927)。③

同治十二年(1873)中国轮船招商局在芜湖设行栈,其申汉线班轮在此上下客货。④ 光绪二年(1876),中国轮船招商局在芜湖设立轮运局,这是芜湖最早的航运机构,当时只有船 1 艘,吨位为 619 吨。⑤ 光绪三年(1877)以后,招商局购买了美国旗昌洋行在长江的所有船只和港口设备,也包括设在芜湖的趸船和货栈等。光绪三年(1877),招商局在芜湖

---

① 马茂棠:《安徽航运史》,安徽人民出版社 1991 年版,第 185—187 页。
② 许涤新、吴承明编:《中国资本主义发展史》第 2 卷(下册),人民出版社 2005 年版,第 842 页。
③ 严中平:《中国近代经济史统计资料选辑》,科学出版社 1955 年版,第 248—251 页。
④ 芜湖市地方志编纂委员会编:《芜湖市志》下册,社会科学文献出版社 1995 年版,第 566 页。
⑤ 《工商报》1947 年 12 月 16 日。

购入张顺兴等座落于驿前铺的基地 7 块，建货栈 3 座。光绪四年（1878），又添置鸡窝街（现吉和街）基地 6 块，在青弋江口关门洲外设趸船 1 只，供招商局上下水班轮停靠，上下旅客和货物，用小划子接送。光绪五年（1879）至光绪八年（1882），招商局在芜湖港又陆续添置基地 8 块；光绪十年（1884）化费银 4900 余两建栈房 1 座，并又添置基地。光绪二十五年（1899），又添造栈房数处。① 不过，招商局虽然后来变为官督商办，但是由于封建衙门的经营作风，贪污成风，加之船舶设备陈旧落后，一直经营不善。因此在帝国主义势力排挤下，招商局在芜机构规模甚小，仅以临时码头与趸船应付业务。② 招商局在皖江各港开业时间较早，但航运业务发展缓慢。19 世纪末，招商局每周在芜湖上下班轮只停靠 1 次。至 20 世纪 20 年代以后，招商局航运业务才有较大发展，在芜湖开始大规模扩建港口。③ 光绪九年（1883）招商局开始在安庆设置 800 吨报废海轮 1 艘，名为"海珊号"，作为趸船。这是安庆最早出现的趸船。光绪九年（1883）始招商局的轮船始途经铜陵、大通和悦洲外搭载客货，初以木船接送，后于光绪三十四年（1908），在和悦洲外江边置趸船 1 艘，名为"功德趸船"。④ 招商局在芜湖也从事米粮运输。

继外轮公司和招商局之后，中国私人资本经营的轮船公司开始出现。光绪十六年（1890）上海出现鸿安轮船公司，其船只在长江航行。1919 年 1 月，由虞和德等集资将公司英商股本悉数购回，组成完全华股商轮有限公司，定名为"鸿安商轮公司"，于是年 6 月呈交通部注册，资本为 45 万元，每股 150 元，计 3000 股，总公司设上海，分公司于长江各埠，上达重庆。在芜湖设有分公司。⑤ 甲午战争前，华商仅创办了 3 家轮船公司，其中有 2 家在上海。到 20 世纪，商办轮船公司逐渐增多。1901—

---

① 马茂棠：《安徽航运史》，安徽人民出版社 1991 年版，第 187—188 页。
② 张孝康、包先进：《芜湖港口及航运业的历史沿革》，《安徽文史资料选辑》第 14 辑，巢湖印刷厂 1983 年版，第 67 页。
③ 马茂棠：《安徽航运史》，安徽人民出版社 1991 年版，第 187—188 页。
④ 马茂棠：《安徽航运史》，安徽人民出版社 1991 年版，第 188 页。
⑤ 《交通史航政编》第 1 册，第 397 页。见中共安徽省党史工作委员会编《安徽现代革命史资料长编》第 1 卷，安徽人民出版社 1986 年版，第 68 页。

1913年，有35家规模较大的轮船公司，设立时资本总额1160万元，平均每家35万元。其中长江流域主要城市中，上海6家，南通、杭州各2家，宁波、九江、无锡、沙市、宜昌、长沙、重庆各1家。长江沿岸城市17家，占了一半以上。1921年有106家民族轮船公司，轮船366艘，总吨位370211吨，其中在长江航行的有80艘，总吨位77371吨。这106家轮船公司有39家总部设在上海。①

轮船运输业兴起的同时，地方民营小轮业也兴起。轮船运输业冲击了传统帆船业，轮船快捷、安全，与帆船相比竞争力强，商人纷纷将商品交由轮船运输。19世纪60年代以后，安徽地方商人就想购买轮船，从事地方航运，但是清政府以小轮行驶内河妨碍民生为由，加以限制。到光绪二十四年（1898）戊戌变法以后，清政府开始解除华商行驶轮船的禁令，长江沿江民营轮运业很快兴起，一些在上海、南京的轮船公司到芜湖、大通、安庆等港设立了分公司，注册有轮船，设置趸船，完全由安徽商人建立的小轮公司开始在皖江流域航行，后则航行于淮河流域。②

不过，芜湖民族轮船业是小轮业。光绪二十四年（1898）英商新顺昌洋行在芜湖设立的芜湖立生祥记小轮公司，开始时租用洋商小轮3艘，挂英商旗号，航行于芜湖与庐州一带。该公司是安徽第一家地方民营小轮公司。该公司于光绪三十一年（1905）取名为华商森记小轮公司，光绪三十三年（1907）自有小轮4艘，一年以后又增至8艘。从此，江河轮运日趋繁荣，芜湖小轮航业日渐推广，陆续由华商创办小轮公司，如顺丰、源丰、芜庐航路公司等。③此外，一些设在外省的华商轮船公司也在安徽设有分公司或营业点，如泰昌升记、庆东生、江安、江昌、鑫森记等。④

"三公司"是皖江地区兴起的小轮公司，是在芜湖创办的。由于申汉线外国客货轮航运业对传统帆船业的冲击，皖江民族资本家开始筹措资金开办短途客货轮船航运事业，相继在芜湖、大通、安庆一线开设各种

---

① 樊百川：《中国轮船航运业的兴起》，四川人民出版社1985年版，第637—643页。
② 马茂棠：《安徽航运史》，安徽人民出版社1991年版，第188—189页。
③ 马茂棠：《安徽航运史》，安徽人民出版社1991年版，第189页。
④ 马茂棠：《安徽航运史》，安徽人民出版社1991年版，第190页。

名号的小轮公司。最先在芜湖出现的是光绪二十年（1894）资本家张某独资在上海创建的泰昌小轮公司。光绪二十七年（1901）5月该公司始开芜湖航线，并以泰昌庆记名义在芜设立联号，不久，开通芜湖至安庆航线。泰昌小轮公司在皖业务量较大。光绪三十一年（1905），泰昌在芜湖又先后增设至庐州、南陵、宁国诸航线。光绪三十四年（1908），泰昌在芜湖港注册的小轮共达11艘。① 接着大通的金学海与他人合股光绪二十八年（1902）2月创建了芜湖源丰小轮公司，主要从事芜皖区间客货运输，开始有小轮2艘，宣统三年（1911）前后，连购带租，增至5—6艘。这些船分别开芜湖至庐州、宁国、大通、安庆等航线。② 两家公司在芜湖当时叫"洋码头"的处所合伙租赁了一幢平房，一分为二，右边是源丰公司，左边是泰昌公司。这两家公司不仅经营芜湖至安庆客货业务，而且也经营巢湖内河水运业务。不久，芜湖又出现了大安小轮公司，这个公司只经营巢湖内河航运，长江上业务几乎没有。于是这3家小轮公司被合称为"三公司"，又因起步较早，又被称为"老班"。它们出于利益需要，曾一度联合经营，由源丰公司老板金学海为总经理。这个联合公司在芜湖至安庆线上设立了不少码头，主要停靠港有㵲港、旧县（即老繁昌县）、荻港、刘家渡、土桥、大通、梅龙（即今梅埂）、桂家坝、贵池、大砥矶、枞阳等。当时各港的设备都很简陋。由于这段江运业务及巢湖内河业务均被他们垄断，所以每年获利很是可观，给其他零星木帆船的航运事业以很大的冲击，许多小业主长年生意萧条，濒临失业。③

民国初，李鸿章之子李经方在芜湖又创办了利济小轮公司，新造的"芜安""芜通""新陛龙""绩利浦"等数艘快轮相继下水，和"三公司"相比，条件更加优越，新建的轮舱座位宽敞、舒适，时速较快，沿途各站基本都建立了专门码头，设备新颖，上下方便。利济小轮公司和

---

① 马茂棠：《安徽航运史》，安徽人民出版社1991年版，第189页。
② 关于源丰小轮公司成立时间，有不同说法：马茂棠《安徽航运史》（安徽人民出版社1991年版，第189页）载，源丰小轮公司成立于1906年；张孝康、包先进《芜湖港口及航运业的历史沿革》（《安徽文史资料选辑》第14辑，巢湖印刷厂1983年版，第68页）载，1908年在芜湖创办源丰轮船总局；（清）冯煦主修《皖政辑要》卷100《商船公会》（黄山书社2005年版，第914页）载，源丰小轮公司成立于1902年。本书从后者。
③ 陶应明：《利济公司与"三公司"竞始末》，《安徽文史资料全书·铜陵县卷》，安徽人民出版社2006年版，第336—337页。

"三公司"竞争，打价格战，最后双方商定每星期利济 1 家出航 3 天，"三公司"合伙出航 4 天，竞争也就暂时宣告结束。①

成立于光绪二十六年（1900）的芜湖顺丰小轮公司，开始租用英商轮船，挂英商旗号，其船航行于芜湖至南京、安庆及巢湖航线。芜湖航路公司于光绪三十三年（1907）成立，次年改名商务轮船公司，购外轮 3 艘，专航庐州线。②

光绪二十四年（1898），芜湖民营小轮业虽然开始起步，但由于当时外国航运业对安徽航运市场的控制，加上封建官府对民营企业的重税敲榨，自诞生之日起就受到双重挤压。为了逃避官府的重税，安徽民营小轮公司在开业之初，很少有不挂外商旗号的。这种现象的出现正因为当时海关对华轮的征税远比外轮更为繁重。另外，安徽民营小轮业在发展初期，由于受到种种条件的限制，公司大多是只有一两艘小轮的小型企业，资金也十分有限，在航运业之间激烈的竞争中，自然敌不过实力雄厚的外国航业和大权在握的官办航业。不少民营公司经受不起跌价竞争的打击，经营时间不长便宣告倒闭。从光绪二十四年（1898）到第一次世界大战（1914）前夕，芜湖出现 12 家小轮公司，但是维持较长、影响较大的只有四、五家。据芜湖海关统计，宣统二年（1910）在芜湖海关注册的小轮共有 23 只，但都只跑长江或支流的短途航线，其运输量和营运收入与在皖的外国航业轮船实在难以匹敌。③

近代轮船兴起，水运能力增强，除长江轮船贸易外，小轮贸易逐渐繁荣。安徽长江流域小轮船，从清末创办以来，发展较快，到民国时期，逐年扩展，共有 7 家公司：泰昌公司，有船 8 只；利济公司，有船 6 只；洽商公司，有船 9 只；永济公司，有船 6 只；福记公司，有船 4 只；大安公司，有船 2 只；隆兴公司，有船 2 只。其他如英美利民、大昌、协和、美孚、宝丰中公司、公泰、近海、亚细亚、三民、泰丰，各公司有船 1 只。小轮运输该公司货物，其航线为芜湖至庐州、芜湖至南京、芜湖至

---

① 陶应明：《利济公司与"三公司"竞始末》，《安徽文史资料全书·铜陵县卷》，安徽人民出版社 2006 年版，第 336—337 页。
② 马茂棠：《安徽航运史》，安徽人民出版社 1991 年版，第 189 页。
③ 马茂棠：《安徽航运史》，安徽人民出版社 1991 年版，第 189 页。

南陵、芜湖至安庆、芜湖至宣城、芜湖至无为、安庆至九江。①

相比较，安徽其他地方小轮发展落后于芜湖。光绪二十八年（1902）以后，安庆也曾出现过三四家小轮公司，如广济轮船公司、新安和记轮船公司等。广济有"怀宁""桐城号"浅水小轮2艘。新安和记有"元发号"浅水小轮1艘。这些小轮公司都因规模较小，影响不大，远逊芜湖。淮河出现小轮企业更迟，光绪三十三年（1907）蚌埠成立利淮河工小轮有限公司，为淮河第一家小轮公司，航行于正阳关至江苏清江镇航线。②

第一次世界大战爆发后，安徽民族轮运业发展迅速。中国轮船招商局在皖江经营轮运业时间较早，在芜湖也建有码头栈房，设立分局。光绪九年（1883），芜湖局产为2万两（银）；光绪十九年（1893）第20届帐略记载，芜局资产仍为2万两（银）。③其自光绪四年（1878）始在芜湖置地、设趸船，光绪九年（1883）在安庆始设"海珊号"趸船。直到第一次世界大战前夕，招商局在皖码头建设和轮运业务发展缓慢。1914年以后，长江的外国轮船锐减，招商局航运业务乘隙发展。1917年，招商局芜湖分局开始填滩建码头，后因军阀战乱，工程停顿。1917年招商局安庆分局成立，并动工建造了安庆第一座行阶坡道码头。一直到20世纪20年代，招商局在安徽航运事业发展迅速。1925年开始用银6万余两在芜湖续建港口工程，经过1年多，建成芜湖也是安徽第一座近代栈桥式码头，配备0.2万吨级趸船1艘，后方建有2层钢筋水泥仓库1座。1922年招商局将原有的1艘旧趸船更换成钢质新趸船，趸船上建有2层楼，并配有小趸船2只，码头还建有栈房和仓库。1930年安庆招商分局添造新趸船1艘，并动工续建囤船口木栅门和售票房，成为安庆最大的航业机构。④"小轮自光绪二十四年（1898）商人创设公司，先行江北巢湖、合肥，次行南京、安庆。今则宁国、南陵内河一带无不通行，共有

---

① 安徽通志馆纂修：《民国安徽通志稿·交通考·航运》，民国23年铅印本。见戴鞍钢、黄苇主编《中国地方志经济资料汇编》，汉语大词典出版社1999年版，第862页。
② 马茂棠：《安徽航运史》，安徽人民出版社1991年版，第189页。
③ 中国第二历史档案馆：《招商局历年帐略》，见中共安徽省党史工作委员会编：《安徽现代革命史资料长编》第1卷，安徽人民出版社1986年版，第68页。
④ 马茂棠：《安徽航运史》，安徽人民出版社1991年版，第208—209页。

小轮二十余艘。惟冬令水涸则多半停业耳"。①

　　第一次世界大战期间，发展较快的还有三北轮埠公司和芜湖泰昌轮船公司。三北轮埠公司于1915年由浙江镇海人虞洽卿创办于上海。1919年三北公司在芜湖设立了分公司，购买了大块码头基地，并购买了英商鸿安商轮公司在芜湖的码头、趸船和仓库。1919年，安庆三北分公司成立，在小南门外江边置"大安号"趸船1艘，后又购置地皮，建筑简易石阶码头1座。三北轮埠公司在安徽很快成为仅次于招商局的大型航业机构。泰昌轮船公司于1894年创办于上海，1902年始在芜湖设立"泰昌庆记"商号。泰昌以芜湖为中心发展航运业务。② 光绪三十年（1904）在芜湖创办泰昌轮船局。③ 1913年又将泰昌轮船公司注册总号移至芜湖，正式成为芜湖港的轮船企业。自1914年起，泰昌轮船公司连年增加新轮，增辟航线，到1921年，小轮只数从1913年的14只发展到30只，总吨位达850吨，成为安徽民族资本中最大的小轮企业。泰昌的经营，不仅在省内干线和内河支流，甚至发展到申汉间的干线运输。④ 三北船运分公司，也从芜湖外运米粮。

　　第一次世界大战以后，安徽地方民营小轮公司陆续出现了许多家。仅芜湖一地就有泰丰、源丰、源兴、普安、新安合记、江皖、协济等11家小轮公司出现，总计小轮数有20余艘。这些小轮公司规模较小，船的吨位也有限，最大也不过50吨左右。安徽淮河流域的小轮公司，除了1907年成立的"利淮河工小轮有限公司"，尚出现"五临便商小轮公司"，总局设于临淮关，在五河设有分局。⑤ 经过近20年的发展，到1933年，安徽全省江淮各口岸小轮总数已达53只。其中长江的芜湖区域为26只，安庆区域为7只，淮河的蚌埠区域为17只，临淮关区域为3只。⑥

---

　　① 余谊密修，鲍寔纂：《（民国）芜湖县志》卷29《政事志》，黄山书社2008年版，第222页。
　　② 马茂棠：《安徽航运史》，安徽人民出版社1991年版，第209页。
　　③ 张孝康、包先进：《芜湖港口及航运业的历史沿革》，《安徽文史资料选辑》第14辑，巢湖印刷厂1983年印，第68页。
　　④ 马茂棠：《安徽航运史》，安徽人民出版社1991年版，第209页。
　　⑤ 马茂棠：《安徽航运史》，安徽人民出版社1991年版，第209页。
　　⑥ 马茂棠：《安徽航运史》，安徽人民出版社1991年版，第210页。

到抗战前,芜湖民族小轮运输业基本上被泰昌、利济、源丰、大安等规模大的公司所控制。① 到 1937 年,芜湖轮运业繁荣,有 29 家,63 艘船舶(包括轮船和小轮)。到芜湖沦陷期间,有 9 家轮运机构先后设立。②

1922 年至 1931 年,芜湖航运业发展迅速,出入船只平均每年共有 5991 艘,合计 9159000 吨,比上个 10 年期平均数字增加 1100 艘,合计 1777000 吨,其中英轮占 45%,高居首位,日轮 28%,位列第二;华轮 26%,居第三;其余 1% 为各国轮船。本期内,远洋轮船业极盛,平均年达 672000 吨,比上个 10 年期 410000 吨,激增 64%,主要是因为运往日本的铁砂和进口煤油增加。1925 年有航海电船,开始驶进本埠,计该年进口共有 6 艘,合计 22206 吨,到 1929 年增为 48 艘,达 93216 吨,多为装运煤油而来。往来江轮,平均每年 8330000 吨,也比上期激增 1454000 吨,共计增加 21%。航江电船,以 1931 年为最多,共 130000 吨,该项电船在 1929 年为煤油公司所有,后有华籍电船 6 艘加入航行,统计进出本埠船只总数,以 1928 年为最多,共计 1434000 吨,1927 年仅为 5042000 吨。本期内,进出船只共计 4378 艘,平均年达 460000 吨,其中以日轮居首位,占 76%;华轮次之,占 19%;英轮更次之,仅有 1%;其余各国轮船共占不到 4%。至于往来电艇,1927 年仅有 30 艘,而小轮则为电艇 7 倍。华籍小轮,多载旅客,且自 1925 年起,往来芜湖与南京,与京沪铁路衔接,行旅方便。小轮吨位数以 1931 年为最高,达 144000 吨。报经常关的民船,平均每年有 194000 吨,而以 1925 年为最多,计达 225445 吨,1929 年最少,仅有 104100 吨。新造趸船 3 艘运抵本埠,代替旧的。③ 从轮船运输,可以看出物流情况。

---

① 马茂棠:《安徽航运史》,安徽人民出版社 1991 年版,第 217 页。
② 芜湖市地方志编纂委员会编:《芜湖市志》下册,社会科学文献出版社 1995 年版,第 566 页。
③《民国十一年至二十年:最近十年各埠海关报告》上卷《华北及长江各埠》,海关总税务司署统计科译印,中国第二历史档案馆编:《中国旧海关史料(1859—1948)》,京华出版社 2001 年版,第 158 册,第 754 页。

表 3-6　　　　　　　　芜湖海关船舶出入统计

	入港		出港	
汽船	281 只	3498878 吨	2079 只	3495940 吨
民船	112 只	17831 吨	124 只	17831 吨
内河汽船	3052 只	89482 吨	3052 只	89482 吨

资料来源：龚光明、曹觉生：《安徽各大市镇之工商现状》，《安徽建设月刊》第 2 卷第 2 号，第 23—24 页。

表 3-6 中，芜湖每年进出船只数和载重量是有变化的，并有增长的趋势，也是芜湖贸易的晴雨计。特别是米市兴衰，直接就反映在进出船只情况上。到民国时期，进出船只载重量达到 600 多万至 700 多万吨，超过历史时期，反映了当时芜湖贸易的进步。

四　港口码头建设

清代中叶，随着商船往来，货物运量的增加，芜湖港口已经开始一些初步建设。芜湖开埠后，随着芜湖海关建立，商贸繁荣，芜湖港建设加快。由于轮运业的兴起，对港口建设产生新的要求，芜湖港口原来那些利用自然岸坡的天然码头逐渐变为人工建筑和改造的码头，港口布局发生了变化，港口吞吐力大为提高。然而，由于近代中国为半殖民地半封建社会，近代芜湖港一直被外国人控制，其发展必然是畸形的，留下了被奴役和殖民的印迹。芜湖港成为近代航运码头，是在 19 世纪 40 年代以后，并且一开始就具有半殖民地半封建社会性质的特征。近代芜湖港口发展，不仅体现在青弋江沿岸渡口发展，更主要体现在江岸路港区发展，还体现在裕溪口港区和二坝港区的发展。

芜湖港：东吴黄武二年（223）芜湖县治从鸠兹迁至鸡毛山时，港口也迁到青弋江沿岸，为芜湖港第一次迁移。清代青弋江沿岸渡口始有人工建造的石砌台阶码头。19 世纪 50 年代，港口码头重心从青弋江沿岸又向长江沿岸转移，到 70 年代轮运业兴起，出现了栈桥连接趸船的浮式码头，为第二次迁移。近代因战乱和帝国主义入侵，港口码头建设缓慢，直至 1949 年前夕，仅有码头 13 座，趸船 9 艘，年吞吐量 55.1

万吨。①

青弋江港区码头：自青弋江河南渡至长江口，长约8000米。随着工商业发展，水运兴盛，帆樯林立，清代青弋江沿岸在管驿巷、寺码头、徽州会馆、湖南会馆、宁渊观等处出现了台阶式石砌码头。19世纪70年轮运兴起，光绪二十四年（1898）客轮通航芜湖至湾沚、宣城一线，青弋江北岸金马门码头设有1艘木质趸船，民国年间仍然沿用。②青弋江港区码头为芜湖与皖南城乡经济联系提供了水运平台。

江岸港区：位于由青弋江出口至弋矶山长约2500米的江岸，此段江宽水稳，岸线平直，港口码头是近代发展起来的，从属于长江贸易，并与公共租界相联系。江岸港区建设，为洋货输入芜湖再转销皖江地区、皖江地区土货运销芜湖创造了条件。18世纪前，陶沟至弋矶山江岸，为天然岸坡，舟船、排簰在此停靠；到19世纪初，在江岸的龙船巷、接官厅、陶沟、吉和街（旧称"鸡窝街"）等处开始建有供木帆船停靠的石阶码头。在帆船和排筏为水运工具的时代，这样的码头是可以使用的，但是到近代轮船业兴起，就不行了。同治十年（1871）由于江岸无码头，美商旗昌轮船公司客轮只能停在江心，用小划船接送旅客上下。同治十二年（1873）7月，轮船招商局在此设行栈，芜湖开始有港航机构。③芜湖开埠后，光绪三年（1877）英商太古轮船公司来芜设栈，西方资本主义开始侵入芜湖，从事航运活动。不过，芜湖有近代港口码头建设是从光绪四年（1878）开始的，当时轮船招商局为了轮船停靠，在江岸路关门洲外设1艘趸船。光绪十二年（1886）英商协和轮船公司在江岸设1艘趸船。列强轮船公司入侵，冲击了民族航运业。为了与英商争夺航运之利，光绪二十四年（1898）芜湖道袁昶支持华商创办小轮公司，建设港口码头，民营轮运业兴起。光绪三十一年（1905）经芜湖道童清璋和英国驻芜领事柯伟良商定，将陶沟至弋矶山江岸划为外国通商租界，将

---

① 芜湖市地方志编纂委员会编：《芜湖市志》下册，社会科学文献出版社1995年版，第503页。

② 芜湖市地方志编纂委员会编：《芜湖市志》下册，社会科学文献出版社1995年版，第505页。

③ 芜湖市地方志编纂委员会编：《芜湖市志》下册，社会科学文献出版社1995年版，第505页。此处把"旗昌"误写成"祈昌"。

原舟船、簰筏停靠点强行迁到青弋江南外滩芦花塘，并勒碑规定，以后木排到关，不准停泊租界，只准停泊新滩。自此，英、日、德、美轮船公司纷集芜湖，占港口，修码头，排挤民族航运业。直到1926年，招商局芜湖办事处花费银6万余两，才建成栈桥码头，设立1艘"新安"趸船。民国时期，中外航运公司频繁变动，码头、趸船也兴废不定。至1933年，江岸路港区，计有19座码头，19艘趸船，其中，外国轮船公司6家，有码头10座，趸船10艘，占总数53%；民族轮船公司（局）8家，有码头9座，趸船9艘，占总数47%。① 中外航运业竞争，不仅为洋货入侵提供条件，而且中国商业也在竞争中发展。1937年12月10日芜湖沦陷后，日军先后设东亚海运株式会社芜湖支店等8家航运机构，垄断芜湖航运。

裕溪口港区：裕溪口，为裕溪河出口，在芜湖长江段北岸，古称"濡须口"。其在三国时为东吴孙权为抗御曹操南侵而建的水军泊船港，还没有经济地位。其经济价值显现是到近代芜湖轮运业兴起以后。1898年，立生祥记小轮公司从事芜湖至巢县、合肥客运，在裕溪口修建供旅客上下的石台阶码头。1936年，淮南铁路通车，北连淮南煤矿，南接裕溪口，淮南煤矿公司在裕溪口修建木质跳桥码头，时称"淮南码头"，以便旅客上下、煤炭装船。②

民国时期，裕溪口港处于淮南铁路、裕溪河、长江交汇处，芜宁和芜巢线客运航班在此停靠上下客，在北岸裕溪口和南岸火车西站间设有芜裕接车（火车）旅客渡运，使旅客可以在芜湖与南京、巢县、合肥一带往来。淮南铁路运煤到裕溪口转运，也增强了芜湖经济吸附能力。③ 这种城市港口优势，也被日本人看中。抗战时期，日军在此修建1座煤运码头，作为掠夺淮南煤矿煤炭的输出港口，日军投降前又炸了此码头。④

---

① 芜湖市地方志编纂委员会编：《芜湖市志》下册，社会科学文献出版社1995年版，第505—506页。
② 芜湖市地方志编纂委员会编：《芜湖市志》下册，社会科学文献出版社1995年版，第508页。
③ 芜湖市地方志编纂委员会编：《芜湖市志》下册，社会科学文献出版社1995年版，第515页。
④ 芜湖市地方志编纂委员会编：《芜湖市志》下册，社会科学文献出版社1995年版，第508页。

二坝港区：在芜湖长江段北岸二坝镇江岸，是近代产生的新码头。1934年安徽省公路局为了方便轮渡旅客上下，在此修建了1座土石码头，有"鸿泰""春安"轮船2艘，在南岸龙船巷口和北岸中路之间轮渡旅客。抗战期间，日军占领芜湖，在此增设跳船。[①]

中外轮船公司都在芜湖设立码头，共有18个码头（见表3-7）。

表3-7　　　　　　芜湖口岸码头统计（1933）

企业名	建设时间	码头数
利济轮船公司		2（浮码头）
协和、泰丰轮船公司		1（浮码头）
太昌、太安、源丰轮船公司		1（浮码头）
招商局芜湖分局	1878、1926	2（其中囤船码头1，浮码头1）
鸿安轮船公司	1918	3（其中囤船码头2，浮码头1）
日商日清公司	1907	1（囤船码头）
英商怡和轮船公司	1886、1907	2（其中囤船码头1，浮码头1）
英商太古轮船公司	1908	2（其中囤船码头1，浮码头1）
日商近海邮传会社		3（浮码头）
美商美孚火油公司	1908	1（浮码头）
英商亚细亚火油公司	1908	1（浮码头）

资料来源：根据芜湖市地方志编纂委员会编《芜湖市志》下册（社会科学文献出版社1995年版，第508页）编制。

第二节　近代陆路交通

古代芜湖运输主要是水运，陆路交通路线主要为"官道"（又称"官马大路"）、"大路"及通往乡镇的"小路"。近代，陆路交通变革，主要是公路和铁路交通出现，才改善了芜湖陆路交通状况，增强了芜湖城市辐射和吸附能力，使芜湖与腹地城乡人流、物流加强了。

[①] 参见芜湖市地方志编纂委员会编《芜湖市志》下册，社会科学文献出版社1995年版，第509、515页。

一　公路

公路一般在古道即官修驿道和民修商路基础上修建，也有新线路。①芜湖到20世纪20年代才有公路。皖江地区第一条官修公路是1922年4月沿安庆古驿道修建的怀宁—集贤关公路，1929年安庆东门修建汽车站，客车营运安庆—高河段，此为安徽省汽车运输业开端。② 20世纪30年代初，南京国民政府成立苏浙皖赣鄂豫湘等7省公路委员会，修建省际公路，连接安庆的公路有省屯路（安庆—屯溪）、归祁干线、京川干线、安合干线（安庆—合肥），到抗日战争前，形成以安庆为中心的省内公路交通网。③ 1932年，皖省当局为了行军及交通方便，计划修筑4大干路，以便通行汽车：一为六合线（六安—合肥），当年10月竣工通车，二为京芜线（芜湖—南京），1932年修筑，1933年竣工，其余长兴至宣城、歙县至昱岭2路，开始兴工。④ 民国时期，人们就认识到扩大市场必须依赖交通，而公路是交通的唯一利器，但是，安徽省公路，截至1932年，所筑公路仅土基773千米，桥梁多属便桥，涵洞亦有未备。⑤ 连接芜湖的公路不多。

芜屯路：1926年，商营宣芜广长途汽车股份有限公司，以铁路为路基，建成芜湖至湾沚公路34千米，当年2月通车。1934年，安徽省公路局改线新建，翌年1月1日全线通车。芜屯路，自芜湖起，经湾沚、宣城、宁国、绩溪、歙县，至休宁县屯溪，全长273千米。当时安徽省建设厅为了推动皖南经济发展，曾在芜湖举办芜屯路沿线物品展览会5天。此路在抗战开始被南京国民政府指令驻军破毁，到1939年芜湖至湾沚段由日军修复通车，抗战结束后全线才修复通车。⑥

京芜公路：全线分东西两段，皖省建西段芜湖至慈湖54千米，东段

---

① 沈世培：《文明的撞击与困惑：近代江淮地区经济和社会变迁研究》，安徽人民出版社2006年版，第280页。
② 安庆市地方志编纂委员会：《安庆之最》，黄山书社1999年版，第37页。
③ 安庆地区地方志编纂委员会：《安庆地区志·交通》，黄山书社1995年版。
④ 《民国二十一年海关中外贸易报告》，第29—30页，*Trade of China*, Volume 1, 1932。
⑤ 《安徽政务月刊》第6期，1935年4月，第18页。
⑥ 芜湖市地方志编纂委员会编：《芜湖市志》下册，社会科学文献出版社1995年版，第535页。

江苏省承建。1929年安徽省建设厅设立京芜公路西段施工事务所，在清代芜湖县驿至当涂县驿古驿道基础上，先修芜湖至当涂段30千米，次年建成通车。1932年续修当涂至慈湖段24千米。此路在抗战爆发后，被国民政府指令驻军毁坏，1939年被日军修复通车。京芜公路，后称芜宁公路，自芜湖起，经当涂、采石、马鞍山、慈湖，至南京中华门，全长96千米。①

合裕公路：1928年冬至翌年6月10日，修成合肥至巢县段公路，称"合巢公路"；1946年安徽省公路局修成巢县至裕溪口段公路，称"巢裕公路"。时称合肥至裕溪口段公路为"合裕公路"，1949年后改称"芜合公路"，自芜湖至合肥全长133千米。② 这样，芜湖与巢湖、合肥陆路交通加强，经济联系也加强了。

芜繁公路：1936年动工，后因抗战爆发工程中断；1938年日军修建芜湖至繁昌简易公路；1948年修复芜湖至南陵段，时称"芜繁公路"。③

二 铁路

我国铁路建设，自光绪二年（1876）英人倡筑淞沪铁路开始。④ 20世纪以来，铁路运输兴起，到40年代，全国先后兴建了沪宁、沪杭、津浦、粤汉等铁路干线26条。⑤ 安徽也处于铁路网络之中。皖省"控扼中流，上通武汉，下达宁沪"，"该省以上下冲要之区，商务辐辏之地，诚能及早擘画，洵属有裨路权"。⑥ 安徽铁路修建已经迫在眉睫。皖省铁路始于光绪三十一年（1905）皖绅吕佩芬等呈请商部（后改农工商部），奏

---

① 芜湖市地方志编纂委员会编：《芜湖市志》下册，社会科学文献出版社1995年版，第535页。
② 芜湖市地方志编纂委员会编：《芜湖市志》下册，社会科学文献出版社1995年版，第536页。
③ 芜湖市地方志编纂委员会编：《芜湖市志》下册，社会科学文献出版社1995年版，第536页。
④ 中国第二历史档案馆编：《中华民国史档案资料汇编》五辑二编《财政经济》（10），江苏古籍出版社1991年版，第143页。
⑤ 隗瀛涛：《中国近代不同类型城市综合研究》，四川大学出版社1998年版，第421页。
⑥ 《开办各项奏折公牍》，见（清）冯煦主修，陈师礼纂《皖政辑要》，黄山书社2005年版，第855页。

请四品京堂李经方经办安徽铁路，总办招股、勘路、购地、兴工各事宜。原奏路线先修芜湖至江宁铁路。此外，分为江北和江南2线，江北路线以芜湖对江的裕溪口为起点，经合肥、含山、庐州、凤阳、蒙城、亳州，与芦汉路相接，计程500余里；江南路线由芜湖经宣城、旌德、徽州至江西景德镇，计程700余里。又由宣城、广德至浙江泗安，计200余里。建成后的全省铁路，长约1400余里，约需2000万两路本，以芜湖为中心。筹款方法，以川赣两省谷捐、盐价为例，以芜湖出口之米、徽州洋销之茶及长江运售之木三者为大宗。光绪三十一年（1905）七月二十八日，安徽巡抚诚勋会同两江总督周馥上奏就地筹款。八月准商部咨准军机处片奏，刊发总办安徽铁路关防。九月十五日呈报启用集议路线，先造芜湖至广德南干一线，约300余里，招募股银400万两。经商部核准，十一月一日，在芜湖设立全省铁路办事处，办理招股事宜。路捐彩票在上海设总批发行。又经总办铁路李经方及总理矿务蒯光典以路、矿筹款奏明，开办米捐，每石抽银5分。经江督周馥、巡抚恩铭核准，于光绪三十二年（1906）闰四月十五日起收。不久因李经方出使英国，邮传部会同农工商部奏，以前任广西巡抚李经羲接充该路总办兼理全省矿务，又因病辞职。光绪三十四年绅商吕佩芬等，推举前署直隶按察使周学熙接办，因农工商部奏调他办理自来水厂及纺纱厂，南北相距，不能遥制，经皖绅李经畬等呈请，以前署江西按察使周学铭接充。1908年秋，经皖绅赵曾重等禀请，在省设立全省路矿公会，推举洪恩亮为会长。① 至于公举候补四品京堂李经方为总办兴修铁路各事宜，因"查该京堂系载大学士李鸿章之子，才具精敏，乡望素孚"②。李经方制订《铁路章程十条》，将该公司定名"商办安徽全省铁路有限公司"，公司股票每股收票本规元银10两，公司先拟造芜湖至广德州通浙之路，先行招股400万两，刊印股票40万张。③ 芜广线属于皖赣铁路一部分。就皖赣铁路一线，光绪三十一年（1905）九月，由于芜湖至宣城、广德、浙江一线商贸繁荣，决定

---

① （清）冯煦主修，陈师礼纂：《皖政辑要》，黄山书社2005年版，第853—854页。
② 《开办各项奏折公牍》，见（清）冯煦主修，陈师礼纂《皖政辑要》，黄山书社2005年版，第855页。
③ 《李京卿原订铁路章程十条》，见（清）冯煦主修，陈师礼纂《皖政辑要》，黄山书社2005年版，第857页。

改变线路，先建芜湖至广德 160 千米的"芜广线"，与浙江泗安相连。经商部核准，十一月初一日，在芜湖陶沟以北征地 50 亩，设立商办安徽全省铁路有限公司芜湖铁路办事处，办理招股事宜。① 计划招募股银 400 万两，光绪三十二年（1906）筹得米盐丝茶等捐 200 万两库平银。从光绪三十二年（1906）动工至宣统三年（1911）竣工，历时 5 年，耗银 200 余万两，仅完成芜湖至湾沚的路基桥涵 32 千米和铺轨 6 千米修建，终因粮商反对米捐，资金枯竭，工程中断。②

津浦铁路，为英、德两国 1909 年 1 月参与修筑天津至浦口的铁路，1912 年 11 月竣工。津浦铁路穿过安徽南北，使皖江地区与南京、上海等华东地区及华北地区联系起来。

皖赣铁路，筹建于晚清，历经民国，至新中国成立后建成，历时 80 年。1912 年 6 月，芜广铁路收归国有。1913 年 3 月，筹建穿越苏、皖、赣、湘 4 省的宁湘铁路，自南京，途径当涂、芜湖、宣城、宁国、绩溪、屯溪、祁门、休宁，进入江西景德镇、南昌至萍乡，连接湖南萍湘铁路，将芜广线纳入宁湘线建设计划。1914 年，在南京设立总局，在芜湖设立办事处，同时撤销安徽省铁路公司。由于芜湖绅商反对更改路线，加上第一次世界大战爆发，宁湘铁路建设没有开办。直至 1936 年，南京国民政府铁道部设立京皖赣铁路建设工程局，修筑京赣铁路，利用原有江南铁路线路，续修孙家埠至贵溪段，皖、赣 2 段也先后动工。1937 年 11 月，基本完成全线路基、桥函及皖境铺轨至歙县和赣境部分铺轨的修建。1938 年夏，因抗日战争，民国政府令驻军拆毁京赣铁路路轨。③ 这条铁路到新中国成立后才全面修建，到 1985 年正式通车运营。

京芜铁路，1932 年国民政府建设委员会委员长张静江设立商办中国铁路公司（后改称"商办芜乍轻便铁路公司"），修建芜乍铁路，此线由芜湖至浙江乍浦，全长 300 千米，原为孙中山建设东方大港实业计划的一

---

① 芜湖市地方志编纂委员会编：《芜湖市志》下册，社会科学文献出版社 1995 年版，第 854 页。

② 芜湖市地方志编纂委员会编：《芜湖市志》下册，社会科学文献出版社 1995 年版，第 526 页。

③ 余谊密修，鲍寔纂：《（民国）芜湖县志》卷 29《政事志》，黄山书社 2008 年版，第 222 页。

部分。后铁道部决定改建京粤干线，由南京起，经芜湖、孙家埠、贵溪、南昌、永安、龙岩达粤境。1933年，商办中国铁路公司改为商办江南铁路股份有限公司（简称"江南铁路公司"），兴建芜湖至宣城孙家埠段86千米，次年建成通车。南京至芜湖段铁路，时称江南铁路"京芜段"，于1934年动工，1935年正式运营，有机车11台，货车240辆，客车11辆。这样，1935年5月，江南铁路的南京中华门—芜湖—孙家埠段通车。同年8月，江南铁路公司和京沪局合作修建中华门至尧化门22千米铁路，在光华门连接京沪线。这样，芜湖就可以直通上海。抗战时期，京芜铁路被日本华中铁道株式会社侵占。1949年后，京芜铁路改称"宁芜铁路"，全长113.3千米，从南京中华门起，途径慈湖、马鞍山、采石、当涂、湾里、化鱼山，至芜湖站（老芜湖站）。①

淮南铁路，为国民政府建设委员会投资，由所属淮南煤矿公司兴建。1933年12月，成立淮南铁路工程处，次年3月动工，1936年1月1日建成通车，由国民政府建设委员会管辖，从淮南田家庵起，途经水家湖、合肥、巢县，至芜湖对岸裕溪口，全程214.7千米。②

随着1935年京芜、淮南铁路相继建成通车，兴建长江南岸淮南码头和北岸裕溪口淮南煤炭公司码头，旅客以木船渡运过江；又于1934年在陶沟北部建成火车站，时称"芜湖江边站"，是芜湖办理铁路客货运输业务之始；1948年更名为"芜湖站"。③

不过，铁路交通比不上轮船运输业。1930年陈泽荣在中国建设协会所主办《中国建设》上发表《水利与民生》一文讲道，"我国铁路寥寥，陆行维艰。所可恃者，惟全国河道交错，可通民航而已。近日科学昌明，轮船发达，行旅称便，航业宜有一日千里之势"。④

除了公路和铁路建设，1934年安徽省还在京芜路（今宁芜路）湾里

---

① 芜湖市地方志编纂委员会编：《芜湖市志》下册，社会科学文献出版社1995年版，第524页。
② 芜湖市地方志编纂委员会编：《芜湖市志》下册，社会科学文献出版社1995年版，第525页。
③ 芜湖市地方志编纂委员会编：《芜湖市志》下册，社会科学文献出版社1995年版，第530页。
④ 陈泽荣：《水利与民生》，《中国建设》第2卷，1930年，第71—72页。

修建芜湖飞机场，可以升降着陆轻型螺旋战斗机。抗战时，日军强迫中国劳工修整机场，作为轰炸别的地区的"中转站"。① 航空主要为军事服务，不具备经济意义，不过，芜湖有了飞机场，说明芜湖地理位置重要。

第三节 水陆交通对城市与腹地经济关系构建的影响

近代随着公路、铁路、航空等先进交通手段相继出现，城市能力优势在增长，有利于口岸城市与腹地之间的物流、人流、信息流、资金流的加强，使城市与腹地经济关系构建更加有利。安徽开放后，轮船、汽车、火车等近代交通引入安徽，资本主义列强企图通过新式交通控制安徽，掠夺安徽经济，但是客观上促进了城市与腹地经济关系构建，促进了城市与腹地社会转型。近代洋货和米市贸易主要是建立在民船和轮船运输基础上的，陆路运输业日渐重要。

一 民船运输以皖江地区为主

在水运交通为主、陆路交通为辅的前近代，芜湖正是依靠四通八达的水路运输，与长江流域城乡建立了经济关系，也与皖江地区建立了越来越密切的经济关系。不过，芜湖开埠前，传统水运贸易主要是长江贸易和皖江地区水运贸易，以民船为运输工具，民船运输能力弱，运输量有限，且只能在内河航行，不能远伸到沿海和外洋，进行海洋贸易。有限的运输能力，制约了城市辐射范围，贸易只能在有限的区域范围进行，城乡经济联系范围就受到了局限，芜湖腹地范围主要是皖江地区。近代芜湖商业发展，特别是米市发展，带动了民船业发展。近代芜湖民船运输，以皖江地区为主，省外运输为次。

芜湖港进出的民船种类有，来自怀宁的白沙船，来自桐城县的漕船、黄梢船、五舱船、板船、斗船，来自铜陵的铜陵船，来自无为的无为船，从合肥来的摆船、江船、划子，来自泾县和太平县的宜船，来自宿松县及

---

① 芜湖市地方志编纂委员会编：《芜湖市志》下册，社会科学文献出版社1995年版，第548页。

九江的巴斗船，来自南京的楼船，来自江西的盐船，来自湖北黄冈地区的渔船，来自湖北汉川的楼船、牙梢船，来自湖南的沙窝船、吊头船、辰船。[①] 1931 年芜湖海关统计，进出芜湖各类民船有 58338 只，分别来自皖、鄂、湘、赣、苏等地。就安徽省而言，有无为、和县、合肥、含山、舒城、庐江、巢县、桐城、望江、潜山、太湖、怀宁、宿松、宁国、太平等各帮。[②] 船只种类繁多，主要有乌江子、鸭梢子、舢板、摆江、斗子、丫梢、五舱、黄梢、巴斗、大渡、板船、槽子、划子及白石舟等十余种。船只载重，大船千石，小船 200 石，一般能载五六百石。这些民船以集运粮食为主，将各地粮食运于芜湖米市，回程装带日用杂货。一些船运往来于苏、赣、皖，在长江跑长途运输，以补轮运之不足。[③] 船民以运费为生，巨大的运输从业人员和船只数量，反映了长江航运业因芜湖米市而繁荣（见表 3-8）。

表 3-8　　　　　芜湖常关民船来往统计（20 世纪 30 年代）

来船		去船		来船		去船	
来自湖南	282 只	去湖南	759 只	来自安庆	2804 只	去安庆	3740 只
来自湖北	825 只	去湖北	830 只	来自庐州	23208 只	去庐州	21624 只
来自江西	2635 只	去江西	1470 只	来自和州	4163 只	去和州	4760 只
来自江苏	20963 只	去江苏	24487 只	来自宁国	2712 只	去宁国	30849 只
来自池州	9998 只	去池州	9330 只	来自太平	11213 只	去太平	6680 只

资料来源：龚光明、曹觉生：《安徽各大市镇之工商现状》，《安徽建设月刊》第 2 卷第 2 号，第 24 页。

运米船很繁忙，如合肥每天运米到芜湖的民船有数十只，运来米、麦、菜籽等农产品，带回各种洋货，转销合肥和皖西地区。芜湖江面上民船和轮船往来穿梭，航运业一片繁忙。

芜湖到合肥的水路有 2 条：一条是由裕溪口进入三汊河，经巢县通过巢湖到施口，沿店埠河通航经汊汊口进入泥河到达合肥。另一条是不经裕溪口，而从芜湖对岸到无为县的雍家河进入前面的水路。芜合航线

---

① 马茂棠：《安徽航运史》，安徽人民出版社 1991 年版，第 218—210 页。
② 马永欣：《芜湖米市春秋》，《工商史迹》，安徽人民出版社 1987 年版，第 114 页。
③ 马茂棠：《安徽航运史》，安徽人民出版社 1991 年版，第 228 页。

的城镇有：裕溪口，可通过大型民船16只，平时停泊的民船约40只；三汊河镇，有旧河闸一道，可停泊民船59只，河闸可通过7只民船；运漕镇，可停泊民船23只，另有较多的竹筏；巢县，可停泊民船10余只；忠庙，可停泊民船11只。在芜湖—合肥航线上的民船，其货船以摇船、江船、划子最多。装载量最大的为摇船，可装600—700担货物，一艘船装400—500担较多。所装运货物以合肥附近及巢湖沿岸庐州米和三汊河米等为大宗，以及其他的农副产品运往芜湖，又从芜湖将杂货、石油等运往内地。旅客的运输主要依靠小轮船，依靠民船的较少。①

芜湖经青弋江到上游200华里的泾县之间可通民船，从泾县到太平之间的240华里在涨水期可通民船。航行于泾县、芜湖两地的民船，以船载100担左右为多。主要运往芜湖的物品是宣纸、木炭、竹木、茶叶等，运往泾县的是砂、糖、酒、煤油、肥皂、香烟等。来往船只数量不多，在泾县停泊的民船一般为20只。从太平乡下游航行的民船可装货30—40担，运往太平的主要物品是黄豆、米、盐、芝麻等，运往泾县的多为茶叶。②

芜湖到南陵的水路主要是通过漳港河。从芜湖沿长江上游约4千米处是漕港河入江口。漳港河可航行民船及小轮船，平时航行的船只约在150只。从南陵外运的主要货物是稻米。③

二 轮船运输超越了皖江地区范围

芜湖海关贸易报告中"贸易船只"栏目，叙述了每年芜湖海关贸易船只进出情况，这些数据反映了芜湖贸易情况，特别是米市贸易情况。

货运方面，传统的长江贸易继续进行，特别是盐粮是重要内容。轮船运输促进了芜湖输入和输出贸易，加强芜湖与皖江地区、沿江其他口岸城市、沿海、外洋之间商品流通。芜湖开埠后，中外船只往来芜湖，把芜湖与长江中下游地区口岸联系起来，主要有我国控制的位于上海的中国招商局和中国航行公司轮船，还有英国、德国、美国、西班牙、荷兰等国船只。英、日等资本主义列强在芜湖经营轮船业，垄断江、海贸

---

① 马茂棠：《安徽航运史》，安徽人民出版社1991年版，第220页。
② 马茂棠：《安徽航运史》，安徽人民出版社1991年版，第220—221页。
③ 马茂棠：《安徽航运史》，安徽人民出版社1991年版，第221页。

易,并在芜湖经营小轮公司,通过内河深入皖江地区,运货载客,进行垄断经营。列强侵华的本质就是掠夺,外商加紧对航运市场的控制和经济掠夺。19世纪90年代初,太古航业公司开始定期停靠大通和安庆两港。由于大通、安庆为"暂停口岸",按章程规定"不允外商以靠泊船只及取货上岸主权",外轮到大通、安庆只能停泊外江,上下客货必须由小划船过渡。90年代初太古航业公司为便于上下客货业务,在大通和悦洲下段(即洲尾内侧)建造"洋棚"(即栈房)1幢。"洋棚"为楼房,顶有瞭望台,上可悬旗挂灯;在驳岸配有"洋划子"2只,为停泊外江大轮接运客货。光绪二十年(1894)"洋棚"被焚后又在原地重建,5进房屋1幢,新配"大洋划"2只,每只可载20吨,"小洋划"1只,可载重10吨,另配备水手、杂工20余人。太古航业公司在安庆也建有码头、"洋棚",有水划2只,在码头悬挂太古航业公司招牌,还雇用中国职员为其代办业务。① 用轮船运货,可以运到沿海、外洋等更远的地方。如芜湖米粮不仅在长江中下游城市销售,还销往沿海城市,乃至海外,外销市场需求量增加,皖江地区米的供应量也随之增加。芜湖县米业,"通商以后,轮运出口,如是有广、潮、烟、宁等帮贩运广东、汕头、烟台、宁波等处销售"。② 来自湘赣等省及皖将地区米粮,经过芜湖砻坊或机器粮食加工厂加工销售,或换轮船转运南京、南通、上海、宁波、厦门、汕头、广州、青岛、烟台、威海卫、天津等地。运输米粮,如美商旗昌、英商怡和、太古,日商日清等轮船公司或商行,均在芜湖设立航运机构和趸船,这些公司的20多艘船每年运走100万石至400万石的米粮。轮船由于具有航速快、载量大等优点,宜于在长江和大海运输,所以客商多用轮运;内河运输,用木船中转集散,形成轮船和木船相结合的运输方式。民国时期,山西、淮南煤炭由铁路运至裕溪口,再装船转水运,销往黄石、九江、南通、上海等地。同时,安徽省内外茧丝、茶叶、羽毛、木材等,多在芜湖集中,装船外运。③ 外商还有一种铁壳轮,专门从

---

① 马茂棠:《安徽航运史》,安徽人民出版社1991年版,第180页。
② 余谊密修,鲍寔纂:《(民国)芜湖县志》卷35《实业志》,黄山书社2008年版,第245页。
③ 芜湖市地方志编纂委员会编:《芜湖市志》下册,社会科学文献出版社1995年版,第521页。

事货运,每艘船可装米3万包至4万包,可由芜湖港载货直接入海出口,不须经上海转载,因免去转载环节,运费可以相对便宜,使中国商船难以竞争。① 光绪三十三年(1907),在长江轮船贸易中,外国贸易船只是主要的,中国贸易船只仅占18%。宣统时期,长江航运上至重庆,下至上海,几乎全由英、日、德、法、美等国轮船所控制。中国仅有小轮载客,来往于安庆、庐州、无为、南陵、宁国、南京之间。② 光绪二十七年(1901)英商怡和轮船公司开始在大通、安庆定期停靠,在这两个港口,轮船所用"洋棚"和"洋划"均借用太古航业公司所置。1899年10月,大阪商船会社将大通、安庆作为其上下货物的特别港区之一,开始定期停靠大通、安庆港。在大通和悦州,大阪商船会社建有砖瓦结构"洋棚"候船室1座,并备"洋划"1只。大阪商船会社在安庆也设"洋棚"1处。③ 近代航运业把长江贸易、沿海贸易和外洋贸易联系起来,远超传统贸易范围。

从光绪二十七年(1901)至1934年,安徽形成了数个小轮业中心地,在长江流域为芜湖、安庆,在淮河流域为正阳关及临淮关,而长江流域小轮船,以芜湖为起点。④ 芜湖小轮主要航运皖江地区(见表3-9)。

表3-9　　　　　　芜湖小轮一览表(1933)

公司或轮局名称	船名	船身质料	机器种类	制造年月	航线	总吨数(吨)	登记吨数(人)	载客数量(人)
泰昌	新升隆	柚木壳	蒸汽机	1920.4	芜湖—南京	334	96	325
	升隆	同上	同上	1927.7	芜湖—安庆	86	34	294
	元并	同上	同上	1923.8	合肥—宣城	45	19	88
	升安	同上	同上	1904	芜湖—合肥	47	20	158
	新广利	同上	同上	1919	芜湖—南京	54	27	95
	升大	同上	同上	1929	芜湖—安庆	—	46	340
	新升利	同上	同上	1917	合肥—南陵	—	—	90
	新南陵	铁壳	同上	1916	东坝—高富	—	—	67

① 马茂棠:《安徽航运史》,安徽人民出版社1991年版,第183页。
② 王鹤鸣:《安徽近代经济探讨:1840—1949》,中国展望出版社1987年版,第165页。
③ 马茂棠:《安徽航运史》,安徽人民出版社1991年版,第180—181页。
④ 安徽省通志馆编:《民国安徽通志稿·交通考·航运》,民国23年(1934)铅印本。

续表

公司或轮局名称	船名	船身质料	机器种类	制造年月	航线	总吨数（吨）	登记吨数（人）	载客数量（人）
利济	芜通	铁壳	同上	1924.12	芜湖—安庆	99	53	432
	芜安	铁壳	汽油机	1924.12	芜湖—安庆	76	46	323
	丰乐河	同上	蒸汽机	1917.8	芜湖—合肥	47	18	133
	大蜀	同上	同上	1924	芜湖—合肥	39	16	130
	宣城	同上	同上	1919	芜湖—合肥	19	8	78
	筝笛浦	同上	汽油机	1918.10	合肥—安庆	46	24	153
	濡须坞	铁壳	蒸汽机	1919	芜湖—合肥	—	9	43
源丰	新升和	柚木壳	同上	1928.2	芜湖—安庆	47	38	261
	容利	同上	同上	1917.2	合肥—宣城	36	14	70
大安	新宁安	同上	同上	1929.5	芜湖—南京	205	—	340
	荣昌	同上	同上	1929.5	芜湖—合肥	56	24	164
泰丰	无宁	同上	同上	1927.10	芜湖—南京	151	66	303
协和	恒孚	同上	同上	1913	芜湖—南京	100	78	212
益隆	快顺	同上	同上	1923	芜湖—无为	—	—	48
裕商	德昌	木壳	同上	—	芜湖—无为			45
瑞丰泰	新同兴	同上	同上	—	芜湖—三河			112
	源大	同上	同上		芜湖—合肥			
	快安	柚木壳	同上		芜湖—合肥			

资料来源：根据1933年《安徽概况统计》、马茂棠《安徽航运史》（安徽人民出版社1991年版，第210—211页）编制。

客运方面，历史上，皖江地区货运和客运主要靠排筏和木帆船，到近代轮船运输业兴起，增强了客运能力，加强了芜湖城市辐射能力。客运反映了芜湖与周边地区人员往来情况。因为近代交通主要是水运，轮船客运尤为突出。芜湖有轮船客运始于同治十年（1871），当时每周有3个航班。同治十二年（1873）7月，轮船招商局首航申汉线的"永宁"号轮船，经芜湖行栈搭载旅客。光绪二十四年（1898），商办芜湖立生祥小轮公司首开芜湖至巢县、庐州客运航线，沿途售票处有9个。[①] 这是地

[①] 芜湖市地方志编纂委员会编：《芜湖市志》下册，社会科学文献出版社1995年版，第517页。

方轮船客运之始。此后，芜湖轮运业逐步兴起，航线沿长江、内河逐步延伸。如宣统元年（1909），轮船招商局首次开通芜湖到无为的隔日班客轮线，船为"芝云"号蒸汽机轮船，沿途停靠裕溪口、雍家镇、三汊河、运漕、黄雒和仓头。① 至宣统三年（1911），有16条轮船客运航线以芜湖为起迄点，1691千米，另有4条轮运航线起迄点不在芜湖，392千米。溯江而上，直达九江，下抵南京；循青弋江往南，可达宣城、郎溪、宁国，循裕溪河往北，可通巢县、合肥。木帆船客运逐步被轮船客运取代。民国时期，芜湖先后增辟10条江、河轮船客运航线，648千米。1934年以芜湖为起点的客运航线有26条，2339千米；另有18条客运航线起迄点不在芜湖，1359千米。②

表3-10　　　　　　　　芜湖轮船客运航线统计（1934）

航线	航程（千米）	始航时间
芜湖—裕溪口	15	1898年
芜湖—庐州府	180	1898年
芜湖—巢县	90	1898年
芜湖—大通	114	1900年
芜湖—安庆	204	1900年
芜湖—宁国府	100	1902年
芜湖—宣城	75	1904年
芜湖—张家湾	23	1905年
芜湖—无为	87	1905年
芜湖—西河	65	1906年
芜湖—东坝	60	1908年
芜湖—南陵	74	1908年
芜湖—郎溪	100	1908年
芜湖—太平府	40	1908年
芜湖—荻港	49	1916年

① 无为县地方志编纂委员会编：《无为县志》，社会科学文献出版社1993年版，第6页。
② 芜湖市地方志编纂委员会编：《芜湖市志》下册，社会科学文献出版社1995年版，第517页。

续表

航线	航程（千米）	始航时间
芜湖—和州	56	1919 年
芜湖—全椒	60	1919 年
芜湖—三河	165	1919 年
芜湖—中路	3	1934 年
芜湖—横山桥	30	
芜湖—汤沟	20	
芜湖—繁昌	43	
芜湖—湾沚	39	
芜湖—南京	96	1900 年
芜湖—九江	368	1905 年
芜湖—镇江	183	1919 年
合计26条	2339	

资料来源：根据芜湖市地方志编纂委员会编《芜湖市志·交通》下册（社会科学文献出版社1995年版，第518页）编制。

从表3-10可以看出，20世纪30年代芜湖小轮客运更加繁盛。芜湖轮船不仅在长江运行，还深入内河。其运行范围主要是皖江地区，南方最远到达郎溪，北方最远到达庐州府；沿江航线，不仅在皖江沿线的安庆、大通航行，还西至九江，东至镇江、南京，与口岸城市联系。这样构成了航运客运辐射网络，重心是在皖江地区。受到芜湖影响，皖江地区其他城市也设立小轮公司，与芜湖建立航运关系，如1935年，无为县成立"无为商会船局"，经营无为至芜湖航线。① 1922年至1931年，芜湖小轮航运业发展迅速，运输地点增加，"内地商业，赖以发展"。②

近代口岸开放以后，轮船业兴起，使口岸城市水路运输能力增强，并延伸了原来水运系统范围，贸易范围进一步扩大，可以从长江流域扩大到海外，城乡经济关系构筑的范围也扩大了。

① 无为县地方志编纂委员会编：《无为县志》，社会科学文献出版社1993年版，第247页。
② 《民国十一年至二十年：最近十年各埠海关报告》上卷《华北及长江各埠》，海关总税务司署统计科译印，见中国第二历史档案馆编《中国旧海关史料（1859—1948）》，京华出版社2007年版，第158册，第754页。

三　陆路交通延伸了城市腹地范围

历史上，水运是主要的商路，城乡经济联系是沿着水运线路展开的，突破水运系统，城市与腹地经济关系就难以延伸扩展。同时历史上陆路交通，延伸的范围也很小。清代芜湖县有北至当涂县驿和南至南陵县驿2条驿道，以鹅卵石或青石板铺设驿道，供行人、车马通行。清代有"长江驿道"，西自成都，经万县、宜昌、汉口，至安庆渡江，经大通、芜湖，东至南京，芜湖至南京主道即为"长江驿道"，明万历年间即修芜湖至铜井段70余千米石头驿道。① 因此，陆路道路延伸范围不大，北到当涂县，南到南陵县，远到南京，经济关系构筑也有限。到近代，公路和铁路交通出现，延伸了陆路交通范围，延伸了城市与腹地经济关系的地域范围。这是对传统城市与腹地经济关系的重大突破。

公路在近代商品贸易中越来越重要，它可以突破水路交通的局限，把不同的区域联系起来。民国时期，人们就认识到公路的重要性，认为商品生产，"必须有广大的市场才能销纳，而广大的市场，又必赖有便捷的交通，才能取得。公路便是交通的唯一利器"。② 芜屯路，自1926年芜屯路始有汽车运输，这样把芜湖与皖南地区包括徽州地区联系起来，芜湖经济辐射和吸附能力增强，促使芜湖与皖南地区经济联系加强。京芜公路使芜湖与当涂、南京经济联系就更加紧密了。合裕公路使芜湖与巢湖、合肥陆路交通加强，经济联系也加强了。芜繁公路加强了芜湖与繁昌经济联系。1937年芜湖私营的福特卡车开始在芜湖与南陵县往返运营，③ 有利于芜湖与南陵经济往来。

安徽铁路建设在清末没有什么进展，到民国时期，才有起色。近代通过安徽的铁路，有津浦铁路、皖赣线、宁芜线、淮南线铁路，其中连接芜湖的铁路，有皖赣线、宁芜线、淮南线铁路。民国元年（1912）芜湖海关贸易报告评价了铁路、水路交通对安徽贸易商路的影响，认为清

---

① 芜湖市地方志编纂委员会编:《芜湖市志》下册，社会科学文献出版社1995年版，第533—534页。
② 《安徽政务月刊》第6期，第18页。
③ 南陵县地方志编纂委员会编:《南陵县志》，黄山书社1994年版，第238页。

末成立安徽铁路公司，准备修芜湖至广德铁路，但是没有完成，影响了出口贸易：

> 若此路线完成，则本埠之出口贸易，将大为之展开，从宁国府附近，可运出矿产，又从广德州之四乡，可运出茶叶（茶叶亦一项重要贸易，闻现取道镇江，搬运甚为困难），即祁门茶，亦或可由此运出也。再由此路分设支线于各矿区，则徽州丰富之铜矿及徽州、绩溪县等处之锑矿、金矿、银矿，均可于支线运出，而宁国府、徽州、建德煤带及宁国府、大通煤带之佳煤，亦均可从事发掘矣。将来此优质之煤，既可屯积以备出口，又可用以发展本地之工业也（如芜湖、大通间江旁之铁矿等）。倘再将江道略加以疏浚，俾海轮可直达于此，则芜湖之贸易，必较汉口犹有过之，其进而为工业之商埠，实非难事。但欲芜湖之发达，亦非一铁路之所能为功，更须延长此铁路于长江北岸，向东北行，经过庐州（其附近有矿产，可供开采也）、凤阳及他处，而与津浦路衔接。此时若与芜湖相对之安庆，其情形仍旧。现在之长江之深度无改，则芜湖不特对国际及国内之贸易，将继续开展，而工业上亦有特殊之发展也。然欲发展铁路，一则需要金钱，二则需信用。现从何处收集巨资，更有何法可挽回信用，此实为初步之难题也。当草拟报告时，又有英、比联合借款于芜宁路（即芜湖至宁国府）之传说，若有适宜之组织及稽核，则前途必可乐观，或创始于此，他处将竞相仿效也。至于至南京之线，因有水道与之竞争，恐发展较难也。①

津浦铁路，连接津、沪，通车后，皖北出产各货，以前由芜湖出口的，多改由津浦铁路，运往南京。② 如 1915 年，皖北所产豆类，由津浦铁路运到芜湖再运到南京。这就延伸了芜湖贸易圈范围，并且陆路运输

---

① 沈世培校注：《〈芜湖关华洋贸易情形论略〉校注》，安徽师范大学出版社 2015 年版，第 204 页。

② 中国第二历史档案馆编：《中国旧海关史料（1859—1948）》，京华出版社 2007 年版，第 73 册，第 666 页。

改变了一向水路运输的传统,增强了运输能力。芜湖邻近区域大批活鸭运至芜湖宰杀去毛,然后干腌出口,多数活鸭由民船销给南京和记洋行。鲜蛋出口,1913 年 321 万个,1914 年 1414 万个,1915 年减至 607700 个,因商家改变销售方法,即用民船运到南京,再由火车运到上海,这样可以节省运费、关税和破碎损失。出口米数加至 293679 担,也大半用民船运至浦口,再由火车转运,以供津浦铁路沿线军队需要,少数为皖北春间赈济之用。① 又如 1916 年,菜籽、小麦出口减少,出口菜籽 40821 担,出口小麦 3624 担,而 1914 年出口菜籽 290248 担,出口小麦 23290 担;1915 年,出口菜籽 139542 担,出口小麦 7919 担。此二物出口减少的原因之一,是由津浦铁路运往南京,不运到芜湖了。②

淮南铁路,起自皖北田家庵,终至长江北岸裕溪口,全长 215 千米,1936 年 1 月 20 日正式通车,5 月裕溪口车站附近长江沿岸停泊一艘巨型钢制趸船,2 艘较小趸船,这样,淮南煤矿所产煤炭由火车运到裕溪口由轮船转运就方便了。沿江沿海各埠,均为其推销市场。③ 淮南铁路,虽然主要为淮南煤矿运输煤炭而建,但是它也沟通了芜湖与皖江以北地区的经济联系。

皖赣铁路,近代并没有完成,也没有发挥作用,对芜湖城市经济辐射和吸附作用不大。但是,中国人认识到自办铁路的意义,"鸠集巨资,极力展拓,利不外溢,成此大工,实皖省富强之基,莫大之利益也"。④ 到 20 世纪 30 年代人们认为铁道事业是 19 世纪世界文明的枢纽,"百年来各国实业突飞的进步,都是建筑铁道的结果"。⑤

京芜铁路,使芜湖向东与南京、上海加强了经济联系,向南与宣城等皖南地区加强了经济联系。火车运行,加强了芜湖与南京、上海联系,也加强了皖江南北的联系。客运方面,1935 年江南铁路通车后,对开一

---

① 中国第二历史档案馆编:《中国旧海关史料(1859—1948)》,京华出版社 2007 年版,第 69 册,第 652—653 页。
② 中国第二历史档案馆编:《中国旧海关史料(1859—1948)》,京华出版社 2007 年版,第 73 册,第 666 页。
③ 《华洋贸易报告·芜湖》,1936 年,大英图书馆藏,第 61 页。
④ (清)冯煦主修,陈师礼纂:《皖政辑要》,黄山书社 2005 年版,第 855 页。
⑤ 章机:《铁道建筑之世界观》,《安徽半月刊》1931 年第 2 期。

对混合列车，方便客货运输。乡村旅客可以免费携带1挑货物，购3等、4等票乘车；1936年2月，商办江南铁路公司为了增加客运量，在宣城成立"农业改良所"以推广良种，开专列运送沿线农民来宣城参观农业展览，加强了城乡联系。1936年11月芜湖至南京中山陵旅游专车开通，当日往返，车抵南京后，汽车免费接送旅客，火车全程客票2元5角，增进了芜湖与南京人员往来。① 货运方面，民国时期，货运车辆有10吨、16吨的高梆车，20吨的低梆车、铁梆车及40吨的铁棚车，淮南铁路主要运进煤炭，京芜铁路主要运进五金、百货、杂货等；芜湖至宣城孙家埠段铁路主要运进粮食、宣纸等；从芜湖运出的主要为土货，如粮食、家禽、蔬菜、宣纸等。②

近代铁路建设，延伸了芜湖城市辐射和吸附范围，也改变了原来水运系统，改变了皖江地区贸易体系，增加了城市与腹地之间人流量和物流量。

第四节　近代邮电事业发展

传统通信手段是铺递和驿站。近代邮电通信事业产生，出现了邮政、电报、电话。"交通为百业之命脉，电信又为交通之交通。"③

一　邮政

邮政为"交通机关"。④ 在没有邮政设备之前，中国通信方法有驿站、民局两种。驿站为官立的通信机关，专门递送官署公文。民局是民间组织的通信机关，发源于浙江绍兴、宁波一带。⑤ 近代邮政事业是洋务派倡

---

① 芜湖市地方志编纂委员会编：《芜湖市志》下册，社会科学文献出版社1995年版，第531页。
② 芜湖市地方志编纂委员会编：《芜湖市志》下册，社会科学文献出版社1995年版，第533页。
③ 中国第二历史档案馆编：《中华民国史档案资料汇编》5辑2编《财政经济》（5），江苏古籍出版社1991年版，第225页。
④ 芜湖市地方志编纂委员会编：《芜湖市志》下册，社会科学文献出版社1995年版，第852页。
⑤ 陈世萌：《中国近年邮政事业概况》，《东方杂志》第31卷16号，第79页。

办的。光绪二十二年（1896），张之洞奏请皇帝批准开设"大清邮政"。我国邮政，于清光绪二十二年（1896）正式开办，① 始于光绪二十二年（1896）海关邮政。② 最初15年没有什么显著成绩，到宣统三年（1911）才完善机构，至1913年才正式加入万国邮局联合会，中外邮政才告完备，"邮局寄递信件，遂逐年增加"。③

安徽邮政是在原来驿站、民信局基础上发展起来的。芜湖有邮政通信事业比较早。汉武帝元封二年（前109），始建芜湖县驿道，称"驿路"，设驿站，供驿马、专车通行。④ 康熙《芜湖县志》载，南宋淳祐二年（1242），芜湖就有通信组织"二驿六铺"，专为官府衙门传递书信。⑤ 清代芜湖县境铺递，有县前、米塘、高冈、阳塘、赭山、陶阳6铺（即驿站）。铺司铺兵共25名。县前铺西15里至繁昌县迁峨铺，南5里至朱塘铺，20里至高冈铺，10里至阳塘铺，10里至繁昌县佘家铺，北5里至赭山铺，15里至陶阳铺，15里至当涂县大盛铺。⑥ 清代芜湖县驿，有驿道2条：向北驿道至当涂县驿，60华里；向南驿道至南陵县驿，100华里。⑦ 芜湖铺递交通，延伸到繁昌、当涂，范围不大。芜湖驿站有水陆2种，陆路驿站有芜湖县县驿，北至当涂县驿60里，南至南陵县驿100里；水路驿站有澛港水驿，原设红船5只，水舵手25名，水夫头45名，后裁减水夫头25名。光绪时期，因邮政发达，驿站逐渐裁撤。⑧ 驿站联系的范围也是有限的。到了光绪二年（1876），为民间递送信函和商包的"信

---

① 中国第二历史档案馆编：《中华民国史档案资料汇编》五辑二编《财政经济》（10），江苏古籍出版社1991年版，第1168页。

② 中国第二历史档案馆编：《中华民国史档案史资料汇编》五辑二编《财政经济》（10），江苏古籍出版社1991年版，第168页。

③ 《大公报》，民国11年（1922）9月5日。

④ 芜湖市地方志编纂委员会编：《芜湖市志》下册，社会科学文献出版社1995年版，第535页。

⑤ 芜湖市地方志编纂委员会编：《芜湖市志》下册，社会科学文献出版社1995年版，第581页。

⑥ 余谊密修，鲍寔纂：《（民国）芜湖县志》卷29《政事志》，黄山书社2008年版，第221页。

⑦ 芜湖市地方志编纂委员会编：《芜湖市志》下册，社会科学文献出版社1995年版，第535页。

⑧ 余谊密修，鲍寔纂：《（民国）芜湖县志》卷29《政事志》，黄山书社2008年版，第221页。

局"已具规模,远达沪、汉。① 这表明芜湖与皖江地区经济联系扩大,芜湖与近代长江贸易已经联系在一起。"惟是时民办信局甚多,人民不谙邮章,所有寄件大半仍由信局汇交邮局,嗣后渐次推广,信局遂就销灭。"②

近代中国邮政受到帝国主义控制,英国人赫德等长期把持旧中国海关,操控中国内政外交,自同治六年(1867)至宣统三年(1911),攫取中国邮政权,把邮政纳于海关管理之下。同治五年(1866)北京、上海、镇江海关分别设立邮政办事处,光绪二十二年(1896),经总理各国事务衙门奏准,设立大清邮政机构,为官办邮政,归总税务司管理,海关兼办邮政,开办"新式"邮局,晚清邮政权完全落入帝国主义手中。光绪三十二年(1906),清政府设立邮政部,但赫德等人为了维护英国特权,时延至宣统三年(1911)才正式移交邮政权,不过,邮政部任法国人为邮政总办,仍然沿用旧海关的邮政行政管理和人事制度,邮局权依然掌握在洋人手中,直至1927年中国才收回邮政权。光绪二十二年(1896)大清邮政机构设立后,废驿铺,改设邮政,民信局从属于邮局,须向邮局挂号领取执照,将信件打包后交与邮局寄送,辛亥革命后停办。从光绪二十二年(1896)大清邮政建立至1914年邮区划分,以通商口岸划分邮界,皖省邮局分属南京、芜湖、大通三个邮政总局。晚清皖省共设芜湖、大通2个邮政总局。芜湖设立邮政局,代替原来民信局,邮件可以通过邮局寄发。芜湖以海关税务司兼管,大通以下各城镇分局隶之。大通以盐厘副税务司兼管,大通以上各城镇分局隶之。③ 芜湖邮政总局列为全国35个邮界之一,辖江苏、安徽2省7府和3州共计32个分支局所,为安徽省近代邮政之始。芜湖邮政总局设于芜湖海关,支局设于长街徽州会馆。④ 后来支局发展为二马路(现新芜路)、鱼市街、长街3个支局。1912年,改大清邮政为中华邮政,列芜湖为一等邮局。1919年又于中山

---

① 芜湖市地方志编纂委员会编:《芜湖市志》下册,社会科学文献出版社1995年版,第581页。

② 余谊密修,鲍寔纂:《(民国)芜湖县志》卷29《政事志》,黄山书社2008年版,第222页。

③ (清)冯煦主修,陈师礼纂:《皖政辑要》卷92《邮政》,黄山书社2005年版,第852页。

④ 余谊密修,鲍寔纂:《(民国)芜湖县志》卷29《政事志》,黄山书社2008年版,第222页。

路设立邮政储金局及邮局。1926年又增设了北平路支局（在今北京路）、澛港、卜家店、方村、施家渡、清水河、石硊镇6个乡村代办所，以及临江路、花津桥邮亭。到1930年6月，在芜湖，有河南街、北市街、泗关街、吉和街、中长街、中二街和弋矶山7个城市代办所，有荻港、澛港、清水河、卜家店、黄池、雁翅陡门、乌溪、沈家巷、查家湾、裕溪口、石硊、方村、雍家镇13个乡村代办所。1937年12月芜湖邮局在日机轰炸中被焚后，撤至雍家镇，到1938年1月5日由江苏省邮局暂时管辖。①

邮政业务有函件收寄业务、包件收寄业务、汇兑业务、报刊发行业务等。芜湖邮局邮件转运业务在大清邮政时期就开始了，邮件有旱班邮路和水路转运，主要由水路转运，由芜湖招商局、怡和、太古轮船公司转运至上海、汉口等地。

到光绪三十二年（1906），邮政工作已逐渐开展，所处理邮件每年都有增加，表明一般人对于邮政制度有较高的信任。小资本商人，尤可利用其传递丝、毛、棉等织品包裹。所以在芜湖本区及其他邮区，常收到其地绅商人士请设立邮政局的呈文。② 史载，"本省邮政一端，互见发达，信件则日逐加增，往来不歇。其寄递之妥速与汇兑之交通办法周详，洵堪依托极为商民所信悦，至于征收包裹资费以及代寄包裹之新章，更觉利益于小贸店家，因包裹系丝绒棉布之类。观本省邮务繁兴，业已达乎四境，而由各乡镇绅士或商贾禀请开办邮政者，比比皆然，尚有各城市经地方官代为请设邮局者。诚哉，国家邮政盛举便益于人之深，已可概见"。③ 宣统元年（1909）1月，芜湖邮件由大清邮政总局配备的邮船运至上海、汉口等地。1929年7月21日，中华邮政开辟上海至汉口航空邮路，途经芜湖，芜湖邮件被带运至上海、南京和汉口3处。芜湖与上海、南京、汉口建立通信、经济联系，主要受到上海和汉口覆盖。1933年6

---

① 芜湖市地方志编纂委员会编：《芜湖市志》下册，社会科学文献出版社1995年版，第581—584页。

② 沈世培校注：《〈芜湖关华洋贸易情形论略〉校注》，安徽师范大学出版社2015年版，第175页。

③ 中国第二历史档案馆编：《中国旧海关史料（1859—1948）》，京华出版社2007年版，第44册，第269页。

月,芜宁公路通车后,芜湖一等邮局设委办邮路一条,加强了芜湖与南京的联系。1935年,淮裕铁路和江南铁路(宁芜线)通车。① 抗日战争时期,芜湖邮运工作处于停滞状态。芜湖利用铁路通运邮,进一步扩大了芜湖对外联系的范围。

二 电报

近代安徽电信包括电报和电话两大类,是一种新兴的通信事业。1883年,左宗棠主持架设的电报干线"长江线",由镇江经南京、采石、芜湖、大通、殷家汇等地至汉口,芜湖出现了官督商办的有线电报通信,开始了芜湖电报通信历史,开设的二等电报局为皖省最早电报局之一。② 采石、芜湖、大通、殷家汇等地均为皖江沿线城镇,有了电报通信,不仅加强了皖江沿线联系,而且加强了与江苏、湖北的联系。芜湖电报局开办线路,划分3区:上游至大浪冲215里,下游至南庙150里,宁国线至湾沚60里。③ 光绪十年(1884),皖省自办南北电报支线,向南支线经芜湖、宣城至屯溪,把芜湖与皖南联系起来。晚清只有电报,到民国时期,安徽电报和电话均有发展。皖省境内有线电报通讯起初为单报线,报机以莫尔单工机为主,20世纪20年代开始使用韦斯登快机。1920年,全省有电报局45个,其中支局34个,一等局1个,二等局2个,三等局1个,四等局7个。1934全省设立电台25处,即安庆、合肥、蚌埠、宣城、和县、庐江、怀远、阜阳、太和、郎溪、当涂、涡阳、无为、歙县、六安、凤台、南陵、广德、宿县、贵池、颍上、天长、全椒等,形成以省会安庆为中心的全省无线电报通信网。④ 芜湖电报局,至1921年已可直接与镇江、南京、采石、当涂、宣城、屯溪、荻港、大通、殷家汇、安庆、九江等地通报;1927年又添置1部韦斯登式单工快机,可与京沪

---

① 芜湖市地方志编纂委员会编:《芜湖市志》下册,社会科学文献出版社1995年版,第595页。

② 芜湖市地方志编纂委员会编:《芜湖市志》下册,社会科学文献出版社1995年版,第581页。

③ 余谊密修,鲍寔纂:《(民国)芜湖县志》卷29《政事志》,黄山书社2008年版,第221页。

④ 沈世培:《文明的撞击与困惑:近代江淮地区经济和社会变迁研究》,安徽人民出版社2006年版,第301页。

同线直达做报；1928 年增设短波无线电台，有了无线通信。1929 年南京国民政府建设委员会在北平路 13 道门 14 号（在今北京路）设立商用电台，与上海、南京、汉口通报。1934 年芜湖电报局迁入该处，与商用电台合并，增设了莫氏双工机 1 部，直达上海。1935 年、1936 年又陆续加装了至安庆、屯溪 2 路的快机。至此，芜湖电报通信已初具规模。[①] 不过，"安徽有电线报，通达之处，不过四十余地，县台之未设电局者，几愈十数，消息传达，迟滞非常"光绪十年（1884）[②]。

三　电话

电话是近代通信手段，不仅一般信息可以相通，经济信息也是重要内容，可以加强芜湖城内经济联系，提高城市近代化水平。1915 年芜湖警厅在军警官署安装电话，以便消息联系。1918 年，芜湖本地商人集资于二街赁屋创办了芜湖电话公司，为芜湖城内电话之始。"自是商家住户遂能普及，现装户达二百五六十家。"[③] 该公司于 1920 年收归交通部，在中二街设立了芜湖电话局。经过发展，到 1927 年，城内电话容量可达 700 门，实装 500 多户。至 1929 年，芜湖电话局有局、所 2 处，职工 63 名，实装 512 户。[④] 1929 年，南京国民政府在芜湖设立无线电台。民国时期，皖江地区以省会安庆为中心，形成长途电话网络。光绪三十四年（1908）安庆市内始有电话，为磁石式手摇电话机，1913 年换为 50 门磁石式交换机 1 部，1930 年把磁石式扩为 100 号，将单线传输改为双线传输。1931 年，安庆计有 50 门、100 门磁石交换机各 3 部，新式电话机 31 部，旧式电话机 99 部。1929 年安徽省建设厅筹建全省长途电话线路，架设安庆—合肥—蚌埠、安庆—潜山—太湖、合肥—巢县、南京—芜湖 4 条长途干线。[⑤]

[①] 芜湖市地方志编纂委员会编：《芜湖市志》下册，社会科学文献出版社 1995 年版，第 605 页。

[②] 李保发：《一年来安徽建设之概况》，《安徽建设》第 12 号，1929 年 12 月。

[③] 余谊密修，鲍寔纂：《（民国）芜湖县志》卷 29《政事志》，黄山书社 2008 年版，第 223 页。

[④] 芜湖市地方志编纂委员会编：《芜湖市志》下册，社会科学文献出版社 1995 年版，第 600 页。

[⑤] 安庆地区地方志编纂委员会：《安庆地区志·邮电》，黄山书社 1995 年版。

四　近代邮电事业延伸了芜湖经济联系范围

芜湖邮政对皖江地区城乡联系日益紧密，甚至深入乡村，加强了芜湖与皖江地区的信息往来和货物交流。

表3-11　第11届芜湖海关申报芜湖、大通邮政总局分管范围（1907）

总局、分局	管理人员	城镇分设
芜湖总局	芜湖海关税务司兼管，并管界内各项分局及内地代办铺商	太平府、湾沚、南陵县、泾县、高淳县、建平县、广德州、和州、巢县、运漕、无为州、含山、荻港、柘皋、水阳、丹阳、繁昌县、马头、黄池、护驾墩
庐州分局	由芜湖总局派遣并管代办各铺商	定远县、三河、舒城县、梁园、店埠、桃溪
宁国分局		河沥溪、孙家埠、水东、毕家桥
寿州分局		正阳关、颍州府、太和县、霍邱县、三河尖
六安分局		霍山县
大通总局	大通盐厘副税务司兼管并管界内各项分局及内地代办各铺商由大通总局派遣并管代办各铺商	铜陵县、青阳县、陵阳镇、太平县、池州府、汤家沟、石埭县
安庆分局		枞阳、桐城县、庐江县、潜山县、太湖县、望江县、东流县、建德县、华阳镇、石牌镇、殷家汇、孔城镇
屯溪分局		黟县、休宁县、祁门县、万安
徽州分局		绩溪县、岩寺、深渡、富竭

资料来源：根据（清）冯煦主修陈师礼纂《皖政辑要》卷92《邮政》（黄山书社2005年版，第852—853页）整理。

从表3-11可以看出，芜湖邮政总局管辖辐射到皖江地区大部分区域。以无为县为例，1902年芜湖邮政局在无为州设有邮政分局。此后在无为县城分别设立邮政代办所等，如1911年有无城鹅市街邮政代办所，1922年有无城西大街潘公馆无为二等邮局，1927年有无城草市街私营代办所。1934年无城西大街王公馆还设有无线电台,1935年有农村电话。①邮政还深入农村,如1937年至1938年开设无为—刘家渡逐日步班,襄安—严桥逐日步班。芜湖邮政不仅向无为辐射,而且还吸附无为县邮件,1937年开设无为—芜湖、刘家渡—芜湖委办轮船邮路,就是把邮件等从无为输入芜湖。②这样就密切了芜湖与无为的城乡经济关系。

电报通信范围扩大,"历年营业以商务为标准"③,以商业事务为多,通过信息往来,加强了芜湖与皖江地区、徽州地区及长江沿线等地经济联系。只是到1937年12月9日,日军轰炸芜湖,才迫使电报通信工作中断。

长途电话,1929年有安庆—合肥—蚌埠、安庆—潜山—太湖、合肥—巢县、南京—芜湖4条长途干线。④长途电话则使芜湖与皖江地区及长江沿岸城市联系。1933年,芜湖有长途电话,可与采石、慈湖、南京3地通话。⑤至1938年,芜湖长途电话进一步发展,可直接与上海、南京、九江、汉口等地通话。⑥

邮电事业的发展,是皖江地区近代化的一个重要表现,它改变了以前落后的驿铺和民信局传信运货的方式,利用轮船、汽车、火车等新式交通工具,提高了邮运速度,利用电报、电话,使通讯速度加快,不仅使芜湖与腹地交往方式发生了变化,使物流和信息流加大,而且有利于城市与腹地经济关系的构建。

小　结

近代口岸开放以后,交通发生了革命性变化。"五口"通商后,西方

---

① 无为县地方志编纂委员会编:《无为县志》,社会科学文献出版社1993年版,第250页。
② 无为县地方志编纂委员会编:《无为县志》,社会科学文献出版社1993年版,第251页。
③ 余谊密修,鲍寔纂:《(民国)芜湖县志》卷29《政事志》,黄山书社2008年版,第221页。
④ 安庆地区地方志编纂委员会:《安庆地区志·邮电》,黄山书社1995年版。
⑤ 芜湖市地方志编纂委员会编:《芜湖市志》下册,社会科学文献出版社1995年版,第602页。
⑥ 芜湖市地方志编纂委员会编:《芜湖市志》下册,社会科学文献出版社1995年版,第581页。

轮船先是侵入沿海，然后随着内陆口岸开放，又侵入内河，以口岸城市为依托，穿行于中国江河，从事贸易和客运。轮船是西方资本主义列强征服世界和拓展世界市场的工具，是先进的机动船只，比传统木帆船有巨大优势。近代芜湖，由于工商业发展，米市繁荣，无论民船业，还是中外轮船业都发展迅速，尤其近代轮船业兴起，不仅增强了货运和客运能力，还延伸了运输范围，很多货物可以运到外国。近代陆路交通变革，主要是公路和铁路交通出现，才改善了芜湖陆路交通状况，使芜湖与腹地之间人流、物流加强了。近代邮政、电报、电话产生，使芜湖与腹地信息可以相通，加强芜湖城乡经济联系。近代交通使口岸城市比一般城市具有对腹地乡村社会更强的辐射能力，加强了口岸城市与腹地之间的物流、人流、信息流，使城市与腹地经济关系构建更加有利。如近代芜湖成为全国四大米市之一，近代交通改善是重要原因，芜湖米市贸易面扩大，与交通近代化关系密切。城市辐射能力优势增长，是区域中心城市形成的重要条件。

第四章

近代口岸城市技术和产业优势增长下洋货销售市场范围扩大

资本主义列强强迫中国开放口岸，建立口岸制度，增强了口岸城市辐射能力，增长了制度优势和能力优势，就是要力图开辟和扩大中国市场，把中国纳入世界资本主义市场体系，对中国进行经济侵略。甲午战争前，其经济侵略形态主要以商品贸易为主，把以鸦片及大量工业品为主的洋货倾销到中国内地，又从内地掠夺农副产品及矿产品。甲午战争以后，其经济侵略形态是商品贸易和资本输入并重。因为近代芜湖外国资本和民族资本发展有限，芜湖对腹地经济辐射主要体现在运入内地洋货贸易上。在"商战"中，洋货为什么能够畅销呢？马克思说："机器产品的便宜与交通运输业的变革是夺取国外市场的武器。"① 在市场中，交易的工业品主要是洋货，而洋货的技术和产业优势，是其取胜的关键，并且口岸城市交通运输优势扩大了其销售。近代西方重商主义，就是利用这种优势作为国家致富战略的。如李斯特主义经济学，包括在英国、美国和德国分别指导其成功崛起的重商主义、美国学派和李斯特经济学，其精髓就是一国的内政外交战略及其政策制定都必须遵循"出口工业制成品并进口原材料"的国家致富原则。② 无论商品贸易，还是资本输入，都体现了资本主义技术和产业优势，这种优势主要是移植到口岸城市，增长了口岸城市优势，通过口岸城市再渗透到广大腹地城乡社会，增强

---

① 《马克思恩格斯全集》第 23 卷，人民出版社 1972 年版，第 494 页。
② 贾根良：《甲午战争败于晚清领导集团的发展战略观——贾根良教授访谈录》，《管理学刊》2015 年第 2 期。

了口岸城市经济辐射能力。

第一节　口岸洋货贸易结构和洋货输入量

近代口岸开放以后，口岸贸易结构为洋货贸易和土货贸易二元结构。洋货贸易是口岸贸易的重要组成部分，其组成比较复杂。

一　口岸洋货输入量

光绪三年（1877）4月1日芜湖海关开放，洋货输入量逐渐增多。4月21日，轮船输入6捆棉布，征税9.867海关两；5月征税547.735海关两。该年洋货进口总净值达893408海关两。① 据芜湖海关统计，口岸洋货输入量，光绪三年（1877）893408两，光绪四年（1878）增至1925075两，光绪十一年（1885）增至2660787两。从光绪十二年（1886）到光绪二十六年（1900），从3764837两增至8329651两，增幅达2倍多，为增长较快时期。鸦片和棉织品占多数，如光绪十四年（1888）芜湖输入洋货贸易中，鸦片占61%强，棉织品15%，毛织品占3%。② 从光绪二十七年（1901）到宣统二年（1910），输入洋货值从7729651两到8722940两不等，其间有波动，增幅不大，但是数量仍然是较大的。宣统三年（1911），没有查到具体数字，但是，从芜湖海关贸易报告中，可以看出洋货输入总净值超过历年，"洋货径运进口净值之盛，亦往昔所无，诚意外事也"。③ 1912年输入洋货值9498935两，达到历史最高水平，"占从来之最多数，其原因有二：一货值之增高，如洋药、棉纱等类；二货额之增广，如棉纱与他类洋货"。"比年舶来品销路非常畅旺"。④ 从1912年到1919年，从9498935两增至10278357两，其间有波

---

① 方前移编译：《芜湖海关十年报告编译》，安徽师范大学出版社2019年版，第227页。
② 沈世培校注：《〈芜湖关华洋贸易情形论略〉校注》，安徽师范大学出版社2015年版，第72页。
③ 中国第二历史档案馆编：《中国旧海关史料（1859—1948）》，京华出版社2001年版，第57册，第301页。
④ 中国第二历史档案馆编：《中国旧海关史料（1859—1948）》，京华出版社2001年版，第60册，第304页。

动,但是突破了 1 千万两,是以前所没有的。① 大量涌进芜湖市场的洋货,仅肥皂一项,1887 年销售量就比上一年增加 30%,而进口量比 1877 年增加 860 倍。② 口岸洋货输入总净值历年是有变化的,从总量变化也可以看出芜湖洋货输入情况。芜湖洋货输入总净值总体上呈现上升趋势(见表 4-1)。

表 4-1　　　　　芜湖海关洋货输入量（1877—1919）　　（单位：关平银两）

年份	洋货进口总净值	年份	洋货进口总净值
1877	893408	1900	8329651
1878	1925075	1901	7729651
1879	2323857	1902	4735017
1880	2374575	1903	8384238
1881	2376324	1904	7207923
1882	1816695	1905	6883830
1883	1965055	1906	7124849
1884	2088152	1907	8722940
1885	2660787	1908	8381243
1886	3764837	1909	6881243
1889	2693183	1910	7881243
1890	2922253	1912	9498935
1891	2134282	1913	7437630
1892	3933092	1914	8262717
1893	3544984	1915	6890000
1894	3416889	1916	8120000
1895	3733303	1917	7140638
1896	4255747	1918	9759465
1899	6889366	1919	10278357

资料来源:中国第二历史档案馆编:《中国旧海关史料（1859—1948）》,京华出版社 2001 年版;沈世培校注:《〈芜湖关华洋贸易情形论略〉校注》,安徽师范大学出版社 2015 年版;部分数据来自芜湖市地方志办公室编《芜湖对外关系史》（黄山书社 2014 年版）第 67、68 页表。

---

① 沈世培校注:《〈芜湖关华洋贸易情形论略〉校注》,安徽师范大学出版社 2015 年版,第 539 页。中国第二历史档案馆编:《中国旧海关史料（1859—1948）》,京华出版社 2001 年版,第 85 册,第 629 页。

② 姚贤镐编:《中国近代对外贸易史资料》,中华书局 1962 年版,第 1 册,第 137 页。转引自张孝康、包先进《芜湖港口及航运业的历史沿革》,《安徽文史资料选辑》第 14 辑,巢湖印刷厂 1983 年印,第 67 页。

二 口岸输入洋货结构

芜湖开埠后,进口洋货主要是鸦片和工业产品,主要有鸦片、棉纱、棉布、洋油、洋烟、洋火、洋糖、麻袋、钮扣、纸张、肥皂、玻璃器皿、洋伞、铁皮、洋钉、洋针、染料等日用杂货,品种繁多。据1919年《芜湖海关进口税则》载,通过海关涌入芜湖市场,远销皖南、皖北内地的货物,有17类489种:油蜡矾磺33种、香料椒茶10种、药材39种、杂货46种、腌腊海味25种、颜料胶漆纸札38种、器皿箱盆16种、竹木藤柳21种、镜钟表玩4种、衣帽靴鞋5种、布匹花幔44种、绸缎丝绒30种、毡绒毯席7种、糖酒果烟食物75种、钢铁锡铝材料和成品57种、珍珠宝石玻璃花石12种、缨皮牙骨羽毛27种,其中相当一部分系洋货。① 抗战前,粮食也进口,以米为主,还有小麦、面粉及其他粮食。② 据芜湖海关统计,近代芜湖输入洋货有鸦片、棉货类、绒货类、五金类、杂货类,每年进口的5大类商品有数百种。晚清和民国时期对外贸易是不同的,晚清输入洋货多为工业品,并主要为轻工业品。甲午战争后,随着民族工业发展,芜湖也出现了民族工业,也引进了一些外国机器设备,如电灯厂进口德国发电设备,益新面粉公司进口英国钢磨,裕中纱厂进口英国纺织机器等。进口西方机器促进了芜湖近代工业的发展,不过,在洋货贸易中,进口机器数量还不多。随着国货增加,洋货输入结构有变化。如1926年,"进口贸易颇为活动,电气材料及零件之进口,则见重要,足为该省发达之兆,布匹、煤油、纸烟、白糖、车白糖之进口,亦颇活动,而中国之机制洋式货物,尤为受人欢迎"。③

---

① 中共安徽省党史工作委员会编:《安徽现代革命史资料长编》第1卷,安徽人民出版社1986年版,第18—19页。其中,还包括一部分外商利用安徽农副产品加工成品返销的手工业品。

② 中国第二历史档案馆编:《中华民国史档案资料汇编》第5辑第2编《财政经济》(8),江苏古籍出版社1991年版,第586页。

③ 《税务司呈拟1926年中国各海关口岸华洋贸易报告书》(1927年4月30日),中国第二历史档案馆编:《中华民国史档案资料汇编》3辑《农商(2)》,江苏古籍出版社1991年版,第1354页。

三 各类洋货输入情况

近代芜湖输入洋货有鸦片、棉货类、绒货类、五金类、杂货类，品种繁多，输入量也不同。

鸦片（洋药），原为禁品，第二次鸦片战争后，中国政府被迫准许外商在通商口岸销售。近代鸦片分为从外国进口的鸦片，为了遮人耳目，称为"洋药"；中国自产鸦片，称为"土药"。洋药进口，自嘉庆末年到晚清，每年有增无减。鸦片战争后，鸦片贸易是洋货输入中国的第一大贸易。鸦片通过口岸城市，销往中国广大城乡社会。在外商倾销洋货中，对安徽人造成最大危害和给外商带来最多利润的是鸦片。芜湖开埠前，皖江地区洋药通过上海、汉口、九江等口岸涌入。在芜湖开埠前，没有准确数字来描述芜湖及皖江地区鸦片贸易，但是芜湖开埠后，通过芜湖海关贸易数字，可以看出芜湖及皖江地区鸦片贸易的大致情况。学界对近代芜湖海关鸦片贸易也有研究，[1] 梳理了芜湖海关鸦片输入特点、情况及其对近代安徽社会经济影响。芜湖开埠后，进口大量洋药，光绪三年（1877）芜湖进口了1161.49担外国鸦片，其中1157.09担是白皮土，2.4担是公班土，2担是波斯土。[2] 光绪三年（1877）至1912年，在芜湖进口洋货中，鸦片可列为进口货中第一位。[3] 但是，我们有必要进一步弄清其不同时期贸易情况及特点。表4-2是芜湖海关报告中关于鸦片进口的大致数据，虽然不完整，但是也反映了鸦片进口情况，光绪三年（1877）到光绪十一年（1885）为上升期，光绪十三年（1887）至光绪二十二年（1896）为波动时期，光绪二十三年（1897）至1912年为衰颓时期。但是民国时期，仍然有鸦片进口，芜湖鸦片进口也仍然存在。

---

[1] 郝秀清：《近代芜湖海关的鸦片贸易》，《安徽史学》1990年第1期。
[2] 方前移编译：《芜湖海关十年报告编译》，安徽师范大学出版社2019年版，第227页。
[3] 沈世培校注：《〈芜湖关华洋贸易情形论略〉校注》，安徽师范大学出版社2015年版，第1页。

表 4-2　　晚清芜湖海关鸦片进口数量及地位（1877—1912）

年份	净值（关平银两）	占进口洋货比率（%）	数量（担）	每月数量（箱）
1877	603720	71.6	1161.49	
1878	1340532	69.34	2380.90	200
1879	1560000	69.1	3141	
1880	1762535	74.23	3430.80	286
1881	1758007	73.98	3519.6	
1882	988050	54.4	2825.61	
1883	1193922	70.1	3516	
1884	1464000	70.1	3660.38	
1885	2426500	90.9	4853	
1886	2914500	77.4	5847	
1887	2006327	67	4447	
1888	1636762	61	3402	
1889	1256997	46.6	2499	
1890	1189984	40.77	2567	
1891	1217424	36	2608	
1892	1189408	30.2	2620.42	
1893	1241805	35.03	2543	
1894	1388415	40.64	2893	
1895	1477134	39.57	2524	
1896	1329920	32	2105	
1897			1551	
1898			1693	
1899	2151400	31.2	3192	
1900	1807466	21.7	2453	
1901	1387723	15.9	1980	
1902		1063975	1325	
1903	1721432	20.5	2265	

第四章　近代口岸城市技术和产业优势增长下洋货销售市场范围扩大

续表

年份	净值（关平银两）	占进口洋货比率（%）	数量（担）	每月数量（箱）
1904	1700000	23.6	2200	
1905	1176000	17.1	1470	
1906	1152060	16.2		
1907	1893060	27.7	2427	
1908	1913840	22.8	2042	
1909	1444524	20.9	1658	
1910	2456500	31.2	1451	
1911	3033124		1226	
1912	2809607	29.5	1189	

资料来源：中国第二历史档案馆编：《中国旧海关史料（1859—1948）》，京华出版社2001年版，第36册；沈世培校注：《〈芜湖关华洋贸易情形论略〉校注》，安徽师范大学出版社2015年版。

棉货类，包括洋纱、洋布，为棉纺织品。在中国近代洋货进口贸易中，棉货进口最多的是棉制品，棉纱占进口棉制品的比例最高。光绪三十四年（1908）—宣统三年（1911）输入中国棉纱价值，光绪三十四年（1908）为4500万两，宣统元年（1909）为6100万两，宣统二年（1910）为6100万两，宣统三年（1911）为4970万两。各种棉制品输入总值：光绪三十四年（1908）为8000万两，宣统元年（1909）为12590万两，宣统二年（1910）为12530万两，宣统三年（1911）为14000万两（此项总值包括棉纱进口在内）。① 这些棉货主要是通过各个通商口岸输入到中国各地的。棉货类是进口芜湖的重要洋货，仅次于鸦片进口量，并呈现逐渐增加的趋势。棉纺织品主要来自英、美两国。棉纱，又称为"洋纱"，芜湖开埠后，洋纱进口量不断上升。芜湖开埠后，除洋药和洋布为大宗进口洋货外，在其他各类洋货中，洋纱输入量最大。自19世纪40年代"五口"通商后，洋纱大量输入东南沿海各省，但是由于中国自

---

① 《捷报》1912年12月21日，第801—802页，转引自汪敬虞编《中国近代工业史资料》第2辑，下册，第1161页。

然经济抵制,曾出现过 10 年滞销的情况。不过,到芜湖开埠以后,洋纱在安徽十分畅销。光绪三年(1877)至光绪十七年(1891),芜湖海关运进洋纱数量不多。光绪十八年(1892)至 1919 年,芜湖海关运进洋纱不断增加。光绪十八年(1892),棉纱急剧增加,仅印度棉纱一项增至 30772 担。① 价廉物美,是洋纱畅销的原因,是芜湖进口洋纱激增的重要原因。第一次世界大战后,西方洋纱重返芜湖,挤压了国产机纺棉纱进口,使国产机纺棉纱进口大幅度减少。进口棉布,是外国机织棉布,又称"洋布",是英美等国家进口芜湖的重要洋货,并呈现逐渐增加趋势。在同治七年(1868)以前,英国生产的洋布独占了中国市场,其后是美国,光绪二十六年(1900)以后日本洋布进入中国市场。② 由于洋布为机制产品,价廉物美,19 世纪后期洋布逐渐占领中国城乡市场。芜湖开埠后,洋布大量运进芜湖,再转销皖江地区,洋布运进值在运进洋货中占有重要地位,仅次于鸦片,位居第二。运进芜湖的洋布,品种有本色市布、素白市布、标布、美国粗斜纹布、美国细斜纹布、美国粗布、英国粗斜纹布、英国细斜纹布、斜纹布、丝绒、手帕等。其中,以灰市布及标布为大宗。③

表 4-3　　芜湖海关进口棉织品(洋布)数量(1877—1931)

年份	净值(关平银两)	占进口洋货价值比率(%)	数量(匹)	年份	数量(匹)
1877			66505	1905	387980
1878	227347	11.83	108293	1907	445768
1879	197215	8.49		1909	303519
1880	207779	8.75		1911	260036
1881	229086	9.64		1913	385711

---

① 中国第二历史档案馆编:《中国旧海关史料(1859—1948)》,京华出版社 2001 年版,第 19 册,第 129 页。
② [日]斯波义信:《中国都市史》,北京大学出版社 2013 年版,第 164 页。
③ 沈世培校注:《〈芜湖关华洋贸易情形论略〉校注》,安徽师范大学出版社 2015 年版,第 2 页。

第四章　近代口岸城市技术和产业优势增长下洋货销售市场范围扩大

续表

年份	净值（关平银两）	占进口洋货价值比率（%）	数量（匹）	年份	数量（匹）
1882	209466			1915	369450
1888		15	233794	1917	241810
1889	589537.759	21.89	311603	1919	232165
1890	699587.368	23.94	351597	1921	212473
1891	661627.42	31	361147	1923	250034
1892	1408941	35.82	430732	1925	245651
1893	910843	25.69	367501	1927	117930
1894	669731	19.60	242259	1928	148652
1895	928520	24.87	288996	1929	173059
1896	1011313	23.76	400915	1930	152938
1897	874230	23.63	378046	1931	94409
1898	720219	18.40	308811		
1899	1346738	19.39	514683		
1900	2422000	20.24	368671		
1901	1246117	21.30	373916		
1903	2386435				

资料来源：主要来自沈世培校注《〈芜湖关华洋贸易情形论略〉校注》（安徽师范大学出版社2015年版），其中1897年、1898年来自中国第二历史档案馆编《中国旧海关史料（1859—1948）》（京华出版社2001年版）；部分数据来自谢国兴《中国现代化的区域研究：安徽省》第4章（台北："中研院"近代史研究所1991年版）、芜湖市地方志办公室编《芜湖对外关系史》（黄山书社2014年版）第72—73页表。

表4-3中，棉布进口历年有变化。光绪三年（1877）至光绪十八年（1892）棉布进口处于上升阶段，从光绪十九年（1893）到宣统元年（1909）是波动期，宣统三年（1911），"各种棉货减少甚巨"，[1]第一次世界大战爆发后，中国民族工业发展迅速，特别是棉纺织业发展较快，国产纺织品输入增加，替代品增加。从宣统三年（1911）后，

---

[1] 沈世培校注：《〈芜湖关华洋贸易情形论略〉校注》，安徽师范大学出版社2015年版，第199页。

洋布进口呈现下降趋势，说明产业链的低端发生变化，中国也开始生产棉织品。

绒货类，为毛织品。芜湖开关后，进口芜湖的毛织品为英国羽毛布、大企呢哆啰呢、哔叽、杂色呢、小呢等。毛织品，在海关报告中，记载的数据不完整。从记载零星数据来看，毛织品在洋货进口总量中比例并不大，各年都有变化，是不断增长的。如光绪十五年（1889）是进口增加显著的一年，"绒毛布类，查此货在芜湖生意虽不甚大，然近年亦较盛于往年"。[①]

金属类，芜湖开关后，大量金属产品输入芜湖，是进口重要内容，但是，在芜湖海关贸易报告中记载不完整。光绪四年（1878）金属类增加巨大，共计为关平银19228两，约占进口洋货1%。铁支取作剪子、刀、斧、钉等材料之用者，共有4372担20斤，光绪三年（1877）仅为399担25斤；铁丝、铅块、锡块进口很少，但是比光绪三年（1877）增加很多。[②] 光绪五年（1879）芜湖全年金属贸易，有大量铁支、锡块与钢进口。[③] 光绪四年（1878）—宣统元年（1909），金属进口占进口洋货总额比例不大，在0.9%至3%，并有减少的趋势。

杂货类，在芜湖海关贸易册中，洋货除洋药、洋布、洋纱等大宗商品外，"杂色货物难于分类者，均列于杂货项下"。[④] 从芜湖海关贸易记载有限的资料来看，进口芜湖的杂货主要为煤油、火柴、赤糖、白糖、粗芭蕉叶扇、芭蕉扇、米袋、檀香、玻璃、洋肥皂、窗玻璃及其他各种货物，数量较大，占进口洋货全额百分比高达30%以上，是洋货进口的重要部分。各种杂货，是百姓日用生活品，主要是轻工业品，重工业品和机械设备较少。杂货品种众多，很受欢迎，进口占洋货比例大，增长较快。到20世纪二三十年代，进口货物以煤油与糖品为大宗。煤油与糖品

---

① 中国第二历史档案馆编：《中国旧海关史料（1859—1948）》，京华出版社2001年版，第15册，第123页。

② 沈世培校注：《〈芜湖关华洋贸易情形论略〉校注》，安徽师范大学出版社2015年版，第3页。

③ 沈世培校注：《〈芜湖关华洋贸易情形论略〉校注》，安徽师范大学出版社2015年版，第13页。

④ 沈世培校注：《〈芜湖关华洋贸易情形论略〉校注》，安徽师范大学出版社2015年版，第62页。

进口,以 1926 年为最多,计煤油 1000 万美加伦,糖品也达 325000 担。①表 4-4 中芜湖关进口货物,有洋货,有土货。

表 4-4　　　　　　芜湖关进口货物统计（1934）

品名	1934 年值金单位	1934 年值金单位
总计	983833	1197900
漂白或染色棉布	945	349
印花棉布		164
杂类棉布		4
棉花、棉纱、棉线	1	1
其他棉制品	2229	576
亚麻、苎麻、火麻、檾及其制品	1145	852
毛及其制品	759	194
丝（人造丝在内）及其制品	248	1127
金属及矿砂	35216	225235
机器及工具	1082	1175
车辆、船艇		61283
杂类金属制品	1316	738
鱼介、海产品	872	75
荤食、罐头食物、日用杂货	209	64
杂粮及粮粉		5
果品、子仁、菜蔬	145	64
药材及香料	140	61
糖	524912	546553
酒、啤酒、烧酒、饮水等	527	833
烟草	1245	980
化学产品及制药	15437	9212
染料、颜料、油漆、凡立水	909	1374
烛皂、油脂、蜡胶、松香	364328	140611

---

①《民国十一年至二十年：最近十年各埠海关报告》上卷《华北及长江各埠（附最近百年中国对外贸易史）》,海关总税务司署统计科译印。见中国第二历史档案馆编《中国旧海关史料（1859—1948）》,京华出版社 2001 年版,第 158 册,第 109 页。

续表

品名	1934 年值金单位	1934 年值金单位
书籍、地图、纸及木造纸品	9640	14755
生皮、熟皮及其动物产品	40	23
木材	9	162063
木、竹、藤、棕、草及其制品	4064	5616
煤、燃料、沥青、煤膏	14969	20197
磁器、搪磁器、玻璃等	28	75
石料、砂土及其制品	48	132
杂货	3970	3504

注：1934 年度按照上海平均市价核算每一海关金单位折合国币 1967 元，983833 金单位 = 1935199.511 元，1197900 金单位 = 2356269.30 元。

资料来源：安徽省统计年鉴委员会编著：《安徽省统计年鉴表》，1934 年，第 331 页。

第二节　列强向腹地倾销洋货方式

芜湖开放为口岸，洋货大量进口到芜湖，但是芜湖不是洋货的终极市场，资本主义列强是要把洋货由此推销到芜湖的广大腹地城乡地区。芜湖开埠后，列强在芜湖设海关和租界，一些外国商人和"冒险家"来芜湖开设洋行，以芜湖为据点，经营进出口业务。洋行，是西方资本主义列强对中国倾销其剩余工业产品、掠夺原料的经济掠夺主要执行机构。他们主要向皖江地区推销洋货，进行经济渗透。

一　买办制经营方式

芜湖开埠后，洋行设立，经销洋货。但是，初期外商对安徽不熟悉，骤然深入内地，担心有安全问题；在皖江地区机构建设不健全，不便把洋货直接销往皖江地区；外商在芜湖人手有限，大量洋货仅靠外商经销是不可能的，因此外商推销洋货，主要实行买办制，以华商为代理商，替外商推销洋货。外商到芜湖后，以资本较厚的华商为代理商，主要经营"五洋"、杂货业，并零售煤油、蜡烛等商品。资本主义列强在安徽各县通过地方买办，用赊销等方法倾销洋货。

以煤油销售为例。"五口"通商后,美俄等国石油由口岸销往中国内地,光绪七年(1881)至光绪九年(1883),进口煤油176513915升,① 美国、俄国、英国石油分别于光绪十三年(1887)、光绪十五年(1889)、光绪二十六年(1900)输入中国,美、英、俄成为中国石油市场"三主力"。② 晚清芜湖煤油主要来自美国和俄国。宣统元年(1909)美孚石油公司最先在芜湖太古路圣雅各大教堂东侧设立经营机构,一班人员,两块牌子,即"美孚煤油公司"和"美孚洋行"。③ 英商亚细亚石油公司也开始向芜湖输入煤油,第一次世界大战中开始崛起,与美商石油公司竞争。1920年英商南京亚细亚石油公司在芜湖铁山设立办事处。1930年设在上海的美商中国德士古华东区公司在芜湖设立美商德士古洋行办事处。"三外商"在芜湖经营设施:美孚有2幢仓库,1座码头,4个油池,可容1100吨煤油;抗战时期,1个仓库被毁,油池被日军拆走。德士古有1幢仓库,1座码头。亚细亚有5座仓库,4个油池,可容1000吨煤油,抗战时期,油池也被日军拆走。④ 1929年原安徽省主席许世英,集股创立中国光华火油公司,派孙馥题至芜湖设立分公司"光耀火油公司",销售苏联"油遍地"公司的红星牌煤油。由于"三外商"竞争和排挤,1934年中国光华火油公司关闭,光耀火油公司也随之停办。⑤ 美孚煤油公司、美商德士古洋行、英商亚细亚石油公司"三外商"在安徽形成了石油垄断格局,控制了安徽石油市场。

"三外商"把煤油销售触角延伸到安徽各地。先是买办制经营,由华商为代理商,经销煤油。"三外商"在芜湖有代理商,如美孚的买办有叶佑甫、徐汉卿、汪芝生、魏炳成等。⑥ 在皖江地区及安徽其他地方也设立代理商。如光绪二十五年(1899),美孚石油公司拉拢华商周海峰充当股

---

① 严中平等编:《中国近代经济史统计资料选辑》"表16 各年十二项主要进口货物统计",科学出版社1955年版,第74页。
② 韦镜权:《英美俄之石油战与我国之国计民生》,《东方杂志》第31卷第14号,第132页。
③ 芜湖市地方志编纂委员会编:《芜湖市志》,社会科学文献出版社1995年版,第668页。
④ 芜湖市地方志编纂委员会编:《芜湖市志》,社会科学文献出版社1995年版,第668页。
⑤ 芜湖市地方志编纂委员会编:《芜湖市志》,社会科学文献出版社1995年版,第669页。
⑥ 沈世培:《近代"三外商"在安徽的石油垄断经营及其对社会经济的影响》,《中国社会经济史研究》2007年第3期。

东，在全椒县城设立元浮公司，由周海峰为经理，充当其代理人，由华商经销洋烟、洋火、洋油、洋烛和洋糖"五洋"商品，以经销洋油为主。① 光绪三十二年（1906）美商美孚洋行和英商亚细亚公司在安庆设立洋油代理处。② 1921年美商德士古煤油公司在怀宁县石牌镇由盛天长代理经销煤油；美英煤油公司在桐城等县又设有多处经销点。1931年安庆"万利"商号专卖"美孚""德士古"煤油、汽油和机油；张以亭原来做京广业务，后来转做"亚细亚"煤油经销。③ 在芜湖口岸所及各城镇，代理商设有经销商号，销售煤油。"三外商"对经销商号，开始采用"觅保提货"办法，即由担保人作保，提取洋货销售；后来改为经销商号采用"不动产抵押提货"或"缴纳保证金提货"办法，即经销商号以不动产抵押提货，或缴纳保证金提货，定期结算付款。如晚清合肥有十余家代销、经销商号，由芜湖外商提供煤油。代销商号要分月或按季提货，就必须向外商在芜湖分理机构递交财产抵押契约或担保证书。④ 各地销售方式也不尽相同，如民国初年，合肥商号经销煤油，除采用代理、代销方式外，还采用现购、订购、函购、赊购等方式提货。⑤ 这些商号，由华商经营，善于做商业广告，通过赠送煤油灯具、广告宣传等方法，打开煤油销路。为消除人们对煤油"易燃易导致火灾"恐惧，合肥经销商号常教民众如何点灯。⑥ 经销商号还雇佣小工，挑着煤油，走街串巷叫卖。安庆为省城，民国时期，英、日、德、美等国洋货充斥市场，英、美"三外商"在安庆设立代办处、代理商，倾销洋货。⑦

纽约美孚煤油公司驻华代表亚当给芜湖海关所作报告，陈述了民国元年（1912）芜湖煤油贸易情况。芜湖每年可售出煤油520万美加仑，在芜湖城主要由本埠商人销售，公司地址离芜湖城很远，就在城乡设立星罗棋布的代售所，雇用小贩，沿街兜售。以前多用旧式木箱或铁箱装

---

① 全椒县地方志编纂委员会编：《全椒县志·商业》，黄山书社1988年版。
② 安庆地区地方志编纂委员会编：《安庆地区志·商业》，黄山书社1995年版，第797页。
③ 安庆地区地方志编纂委员会编：《安庆地区志》，黄山书社1995年版，第797页。
④ 合肥市地方志编纂委员会编：《合肥市志》，安徽人民出版社1999年版，第1246—1247页。
⑤ 合肥市地方志编纂委员会编：《合肥市志》，安徽人民出版社1999年版，第1247页。
⑥ 合肥市地方志编纂委员会编：《合肥市志》，安徽人民出版社1999年版，第1248页。
⑦ 怀宁县地方志编纂委员会编：《怀宁县志》，黄山书社1996年版，第525页。

运煤油,后来改为钢鼓,因钢鼓经久耐用,可运回再用。煤油进口以后很畅销,因"居民为煤油发光力强而采用",而且"芜湖之油价,较沿江他埠为低"。由于煤油畅销,此年有 1 艘载煤油轮船,准备运往汉口,因为吃水太深,就直接进口到芜湖。民国元年(1912)芜湖煤油贸易,在芜湖销售的有 2613990 加仑,内地代售的有 1128315 加仑,共计 3742305 加仑。①

采用买办制推销洋货方式,安徽普遍存在,从皖江流域发展到淮河流域和新安江流域。如 1916 年,美孚在蚌埠二马路设"两洋"(洋油、洋火)营业处。1929 年德士古煤油公司在蚌埠设立油池,由代理商经营。至 1936 年,代销石油商号有浦蚌、仁裕、源通、泰升、裕记、光华、亚洲等。② 1913 年,南京买办商人张亚东来阜阳开设煤油、蜡烛分销店,推销英国亚细亚煤油、洋烛,年销煤油 60 多万斤,洋烛 500 箱。阜阳商人徐汇川到上海,与英美烟草公司联系,在阜阳开设大昌公司,年销香烟20000 多箱、煤油 30000 桶、糖 1000 多包、洋靛 1500 桶。1915 年,英国在阜阳西关设立和记蛋品公司,每年收购鸡蛋 160 多万斤,芝麻、黄豆 1300 多万斤。1917 年,英国买办刘子臣(镇江人)在阜阳北关买地皮 15亩,建房 100 余间,开办大同蛋厂。到 1920 年,不到 4 年时间就获利二三百万元。1914 年,英美烟草公司的香烟运到蒙城时,因民众忌恨洋人,不愿购买,他们就通过买办,雇人抬着香烟,鼓号奏乐上街宣传,并将烟散发给观众,以此手段蒙蔽民众。③ 清末,洋烟进口到芜湖后,为推销洋烟,洋商在重要商业街、交通要道大做广告,组织乐队沿街表演,吹打宣传,散发卡片画片,还搞有奖销售等。④

二 经理制经营方式

随着列强对安徽侵略的深入,芜湖公共通商租界的建立,洋行的广

---

① 沈世培校注:《〈芜湖关华洋贸易情形论略〉校注》,安徽师范大学出版社 2015 年版,第 207—208 页。
② 蚌埠市地方志编纂委员会编:《蚌埠市志》,方志出版社 1995 年版,第 445 页。
③ 桐城、嘉山、阜阳等县党史资料。转引自中共安徽省党史工作委员会编《安徽现代革命史资料长编》第 1 卷,安徽人民出版社 1986 年版,第 20 页。
④ 芜湖市地方志办公室编:《芜湖对外关系史》,黄山书社 2014 年版,第 75 页。

泛设立，从民国初年至抗战爆发以前，列强在安徽推销洋货的经营方式也发生了变化，从华商代理的买办制，过渡到外商直接经营的经理制，在安徽各地直接设立经销点，不过，外商主要在芜湖、安庆和蚌埠等地直接经营，实行经理制经营方式，在安徽其他地方仍然实行买办制经营方式，由代理商经销，结合当地商号和小贩经销，不是由外商经营。安徽各地有很多经销商号，如美孚石油公司有芜湖永和，运漕镇德孚，柘皋镇兴源，襄安镇中孚，汤家沟镇振工社，三河镇徐兴元，合肥德孚，安庆万利和同孚，石牌镇华孚，枞阳镇永字，青弋江镇协成，当涂德孚，南陵高祥记，荻港镇信孚，大通镇沅和，郎溪汪裕泰，泾县公和，宣城明孚等。德士古石油公司在芜湖设有"和孚"商号，在安徽设有24个分销点。亚细亚煤油公司有芜湖玉兴昌，荻港鑫记，贵池许复和，宣城德和，运漕福裕隆，舒城同泰，全椒立华，泾县勤裕，枞阳镕记，三河同太和、厚昌，安庆新福记，六安慎泰，柘皋大兴福记，巢县、合肥、大通、安庆、南陵、襄安、当涂的福记。① 桐城县除城内有美孚、德士古等洋行总栈外，在枞阳、孔城、汤家沟等镇均设有分栈。和县及运漕镇各设有美孚、德士古、亚细亚等洋行的经销处。民国时期煤油也在淮河流域畅销。凤阳除县城外，还在临淮关设立美孚洋行，在门台子开办烤烟厂，在刘府、武店等镇设立烟叶收购站。在嘉山县设有英、美的亚细亚、美孚、德士古、光华煤油经销处和颐中、英美烟草公司经销处等。1914年德国商人在蚌埠火车站和华盛街各建有一个堆栈，专门收购鸡蛋和芝麻。1916年美孚洋行在蚌埠设立上海储蓄银行和票庄，建造煤油池，设立美孚洋行经销处。② 同年美英商人还在蚌埠设立亚细亚和德士古石油公司及英美烟草公司等，向皖北、豫东、苏北各地倾销"五洋"杂货，同时购进农副产品，由洋行转手出口。③ 经理制下销售方式，先是采用"觅保提货"办法，后改用"押金提货"办法，如美孚用这种销售方式在安

---

① 安徽省地方志编纂委员会：《安徽省志·对外经济贸易志》，方志出版社1998年版，第44页。
② 桐城、嘉山、阜阳等县党史资料。转引自中共安徽省党史工作委员会编《安徽现代革命史资料长编》第1卷，安徽人民出版社1986年版，第20页。
③ 安徽省地方志编纂委员会编：《安徽省志·对外经济贸易志》，方志出版社1998年版，第42页。

徽建立了销售网，一直持续到抗战前。

当时洋货运抵芜湖后，除本埠消费外，沿着长江和内河航道分别销往安庆、池州、六安、合肥以及皖南各县，在县城和集镇网罗推销商号，从事批零兼营，其零售商多为"五洋"杂货各业业务，还有更多的肩挑小贩经营。这样，洋货深入广大腹地城乡地区。

三 洋货贸易与传教相互作用：教会势力对安徽乡村的渗透

西方资本主义实行"兵战"，然后实行"商战"，以掠夺中国利益。西方资本主义又在文化上进行侵略，通过传教、办学校、办医院、办报纸和吸引留学生等手段，实行奴化教育，进行"文化战"。"商战"和"文化战"交互作用，即通过"文化战"改变民众对西方资本主义的看法，使民众产生崇洋媚外心态，这样，有利于列强推销洋货，掠夺土货，加强对中国的经济掠夺。西方宗教随着西方资本主义侵入中国也开始渗透到中国广大城乡，以传播基督教道德和精神为手段，传播宗教思想，实行"宗教战"，作为"文化战"的重要组成部分，欺骗和愚弄中国人民，摧毁中国人民的爱国心和革命性，达到更好地"商战"，掠夺中国、控制中国、征服中国的目的。美国教士狄考文说："传播基督教的工作，很适当地被比作军队的工作。军队的目的，不单是尽量杀伤和擒获敌人，乃在征服全部敌人……基督教的工作目标也是一样，它不单在尽量招收个别信徒，乃在征服整个中国，使之服从基督。"①

在安徽，西方宗教在芜湖开埠前就传到安徽了。安徽设立教堂，以五河县为最早，"中国允许西人租地建堂，实始咸丰庚申之约"。② 近代安徽教会势力主要为天主教和基督教两大势力。首先是天主教侵入安徽。道光二十年（1840）罗马教廷宣布恢复明末清初划设的江南教区，并由耶稣会负责传教事务。这一时期主要是法国和意大利耶稣会教士来华传教，在上海徐家汇设有总部。江南教区包括上海、江苏和安徽。耶稣会通过3条线路进入安徽：一是以皖北的老传教据点五河为跳板，逐渐向

---

① 《在华新教传教士1877年大会记录》，第173页，转引自中共安徽省党史工作委员会编《安徽现代革命史资料长编》，安徽人民出版社1986年版，第1卷，第21页。

② （清）冯煦主修，陈师礼总纂：《皖政辑要》，黄山书社2005年版，第28页。

凤阳、泗县以及皖北其他地区扩张；二是以省城安庆为枢纽，连结长江对岸的池州以及皖西山区的六安、霍山等地；三是从徽州东门镇、宣城水东镇等早先建立教堂的地方开始，逐步向宁国、建平、广德、太平、芜湖等地发展。其次基督教新教"内地会"侵入安徽。该会为一个跨新教各种教派的传教组织，由英国人戴德生于咸丰六年（1856）在伦敦成立，其目的是向中国"以最快的速度传播福音"，它首先从事传教活动的重要地区为苏、皖、浙、赣4省。另外，有少量法国遣使会和方济各会神父在皖西北边境和皖南西部边境活动。接着，美国的美以美会、圣公会等也进入安徽。[①] 外国传教士在安徽建教堂，占土地，自由传教。据《皖政辑要》载，到光绪三十四年（1908），安徽各地建立的大小教堂达500所（见表4-5）。

表4-5　　　　　　　　　安徽各地教堂数（1908）

府、州名	所属州县教堂数（所）	总计
安庆府	怀宁县10，桐城县4，潜山2，太湖18，宿松县13，望江县3	50
庐州府	合肥县10，庐江县，舒城县6，无为州3，巢县6	25
六安州	六安州14，英山县4，霍山县11	29
和州	和州8，含山6	14
滁州	滁州5，来安县5，全椒县1	11
池州府	贵池县10，青阳县9，铜陵县7，石埭县2，建德县19，东流8	55
太平府	当涂县5，繁昌11，芜湖县23（其中医院1所）	38
宁国府	宣城县37，宁国县16，泾县4，太平县，旌德县，南陵县4	61
广德州	广德州19，建平县10	29
徽州府	歙县3，休宁县5，婺源县2，祁门县，黟县，绩溪县2	12
凤阳府	凤阳县4，怀远县4，定远县，寿县2，凤台县7，宿州19，灵璧县	36
颍州府	阜阳县3，颍上县1，霍邱县2，亳州3，涡阳县14，太和县5，蒙城县4	32
泗州	泗州1，盱眙县，天长县3，五河县9	13

资料来源：（清）冯煦主修，陈师礼纂：《皖政辑要》卷6《交涉科·教堂》，黄山书社2005年版，第29—61页。

注：表中未标教堂文字的县，表明该县没有教堂。

[①] 中共安徽省党史工作委员会编：《安徽现代革命史资料长编》第1卷，安徽人民出版社1986年版，第22页。

属于皖江地区的安庆府、庐州府、池州府、太平府、宁国府、六安州、滁州、广德州等教堂数达312所，徽州府才12所，皖北淮河地区的凤阳府、颖州府和泗州81所，总计405所。皖江地区教堂最多，如晚清时期，"皖南自兵燹后，遗黎十不存一，垦荒者多外籍，客与土不和，客与客又不和，因不和而树党，故人稀土旷而教堂独多"。①

随着教堂在安徽各地的建立，西方资本主义打着教会"慈善"旗号，通过办学校、医院、育婴堂等，对内地进行文化渗透。20世纪初，安徽教会学校已有：男子小学116所，女子小学79所，其中芜湖有圣雅阁、萃文、育才3个中学，安庆有圣保罗、崇文中学、女子模范学校，怀远有含美中学，合肥有三育男女中学各1所，滁州有基督中学和晓明中学各1所。英、美、法、西班牙等国在芜湖、安庆、合肥、宿县、滁县等地办有教会医院、育婴堂。各地还有各种名目的教会组织：如英国的圣公会，法国的内地会、来复会、圣母院，美国的美以美会、宣道会、耶稣家庭、青年会、福音堂、女子服务社等。从光绪十六年（1890）起，各国先后来合肥的男女传教士和办慈善事业的外国人达42人。②

西方教会在传教过程中，由于东西方文化冲突、教徒与民众冲突、教会对安徽土地侵占引起纠纷等，又产生了许多教案，反映了宗教与乡村社会的矛盾。从19世纪中叶，有大批西方传教士到安徽传教，到20世纪初，安徽大多数县都有教堂。帝国主义"以外籍教士为护符，每多藉端滋事，鱼肉乡里，于是民教争衅踵趾相接矣"。③ 自许多华人传习西教，于是教案产生。安徽教案以光绪二年（1876）皖南白莲教混入天主教一案为最大，其余教案涉及赣、鄂，皆以教案始，以教案终。教案类别有三：第一，经外国公使领事照会外务部，本省督抚定拟奏结之案；第二，由督抚饬本管道府会同总主教议结之案；第三，州县判结之案。早在1872年5月18日，就发生了铜陵县大通镇挤坏教堂板壁床桌等物教案。④

---

① （清）冯煦主修，陈师礼纂：《皖政辑要》，黄山书社2005年版，第23页。
② 安徽省宗教事务委员会编：《安徽天主教传教史》，第39页。转引自中共安徽省党史工作委员会编《安徽现代革命史资料长编》第1卷，安徽人民出版社1986年版，第24页。
③ 安徽省通志馆编：《民国安徽通志稿·外交考》，1934年，铅印本。
④ （清）冯煦主修，陈师礼纂：《皖政辑要》，黄山书社2005年版，第22页。

同治八年（1869）发生了安庆府城发生文武童生反教案。① 《皖政辑要》记载了安徽教案情况，除了铜陵县大通镇挤坏教堂板壁床桌等物教案，还有光绪二年（1876）5月建平县欧村教堂被毁延及宣城、宁国、广德等处教堂均被打毁教案。② 其中建平县教士买田为教堂产业一案，是要求教会买田只能建造教堂，并由官府确认。③ 教会势力力图对安徽社会渗透，达到政治、经济、文化侵略目的，但是也产生了冲突，引发教案。

第三节　运入内地洋货子口贸易

西方列强打开芜湖口岸后，通过强迫降低关税，实行"值百抽五"和子口半税，倾销洋货，掠夺土货。芜湖开埠后，列强不仅看中芜湖市场，更看中芜湖的广大腹地，利用有利政策优势，把洋货推销到腹地，并购进大量土货。

子口，是通商口岸正口的对称，指的是内地常关、厘卡。子口税，是海关征收的国内税，属于内地过境税。子口税由于是取代内地过境税，又称"抵代税"。子口贸易，就是领取子口凭单在中国内地进行商品销售的贸易，在芜湖海关贸易报告中一般称为"内地子口贸易"。新的贸易制度带来了芜湖洋货和土货贸易格局的变化，扩大了洋货和土货贸易空间，"也奠定了以洋货转运集散和土货汇集转运出口为主要功能的区域性商业中心地位"④。子口税在芜湖海关贸易报告中又称为"内地税"。"内地"指的主要是皖江地区，还延伸到安徽徽州等其他地区及江苏、江西、河南等省份。内地子口贸易包括：一是运入内地洋货子口贸易，把进口到芜湖的洋货，领取子口凭单销售到皖江地区等腹地，构成了芜湖与皖江地区等腹地洋货贸易关系。洋货销售到皖江地区等腹地，产生巨大影响。二是运出土货子口贸易，是腹地土货子口贸易。本节主要探讨运入内地

---

① 《清季教案史料》第30页，"安庆莫汪教士寓所被抢案"，故宫博物院1937年印。转引自中共安徽省党史工作委员会编《安徽现代革命史资料长编》第1卷，安徽人民出版社1986年版，第49页。
② （清）冯煦主修，陈师礼纂：《皖政辑要》，黄山书社2005年版，第22—28页。
③ （清）冯煦主修，陈师礼纂：《皖政辑要》，黄山书社2005年版，第25—26页。
④ 马长伟等：《晚清芜湖子口贸易》，《安徽师范大学学报》2009年第6期。

洋货子口贸易。

一　芜湖开埠前子口半税制度已使洋货运销安徽

帝国主义列强根据不平等条约，首先是"协定关税"，规定了"值百抽五"关税率，当年马克思称为世界上最低的关税。根据道光二十三年（1843）中英《进出口应完税则协议及通商章程》，进口货只征5%进口税。这个"值百抽五"税率是英国1858年签订《天津条约》时强迫清政府接受的，"完进出口货各货税，彼时欲综算税饷多寡，均以价值为率，每价百两征税五两"。① 自此，"值百抽五"税率就成为硬性规定。征收关税是国家主权的体现，理应不受外国干涉。但是，鸦片战争后，西方列强要向中国推销洋货和从中国收买土货，不满足于五口通商，在逼迫中国进一步开放口岸以外，还逐步逼迫中国协定关税，降低关税，"值百抽五"，使中国丧失了关税自主权。英国资产阶级还不满足，指责中国内地的常关和厘金税收妨碍他们的商品进口，要求进一步降低关税，他们要求"进入（中国的）初级市场，去除旨在限制我国货物在内地的自由流通以及土产从内地流到海口的一切财政上的借口"。② 其次是"协定内地税"。第二次鸦片战争时期，咸丰八年（1858）中英《天津条约》和《通商章程善后条约：海关税则》，第一次修改《进口税则》，规定子口半税征收办法，"所征若干，综合货价为率，每百两证银二两五钱"，③ 规定进口洋货或出口土货，只要在起运口岸或到达口岸缴纳子口半税即2.5%子口税后，即可任意销售或转运，"无论远近，概不重征"。2.5%税取代内地子口征税，所以叫"子口税"。在咸丰八年（1858）中美、中法《天津条约》及附约中，也规定了洋商子口税特权。这样，形成了子口半税制度。列强控制海关后，强行子口半税制度，洋物运往内地征子口税，不再征收常关税和厘金税等过境税。洋货交5%关税和2.5%子口税后，

---

① 王铁崖编：《中外旧约章汇编》第1册，生活·读书·新知三联书店1957年版，第99页。

② 严中平：《英国资产阶级纺织利益集团与两次鸦片战争史料》。转见中共安徽省党史工作委员会编《安徽现代革命史资料长编》第1卷，安徽人民出版社1986年版，第16页。

③ 王铁崖编：《中外旧约章汇编》第1册，生活·读书·新知三联书店1957年版，第100页。

便可畅行无阻，而华商进出口货物必须"逢关抽税，遇卡抽厘"，处在层层关卡苛征之下。另外，还规定了有些洋货，如白银、外国服饰、蜡烛、家用杂物、利器、米、面等外国人的日用品为免税商品。由于外国侵略者享受上述特权，芜湖海关同国内其他海关一样，完全丧失了保护省内工、农、商业发展的作用，成了资本主义列强在安徽进行经济侵略的工具。① 咸丰十一年（1861）9月27日《总理衙门咨南洋大臣》指出："洋商入内地卖洋货应有子口税，其子口税应在海关所设总卡征收，凡洋商运洋货到卡应令先缴子口税，即正税一半，完清后发给税单，方准过卡，过卡后无论运往何处免其重征。""洋商入内地买土货应有子口税，其买定土货后，应在首经之第一子口开单呈明，发给运照，洋商交路上各子口查验盖戳放行，至最后子口报完子口税方许过卡下船，此系按照条约办理。"② 也就是洋商只要一次缴纳进出口税5%，再缴纳2.5%子口税，总计缴纳7.5%关税，在可以在中国各地推销洋货和收购土货，不再纳其他税。③

据《天津条约》规定，子口税有2种：一种是运入内地洋货子口税，税率是从价征课2.5%。凡洋商运洋货从通商口岸入内地，经进口地海关查验，确系原货，一次完纳进口税和子口税后，随由海关发给进口税单，称为"运入内地洋货税单"（Transit Pass Inwards），该货便得放行。此后经过各关卡时，应将税单呈验，由关卡查核单货相符，即盖戳放行；无论远近，一律免征税厘。另一种是洋商运土货往海口的子口税，享有此种子口税特权的土货，必须是运出国外的；如非运出国外，即不能享受这种货物的子口税，仍是从价课征2.5%。洋商往内地购买土货，须先向本国领事申请，由领事向海关监督处领取"购买土货报单"（Transit Pass Mamoraldum）。该报单由3联组成，通称"三联单"。洋商在内地购买土货之后，由送货人填写应填各项。在经过第一子口时，将三联单一并呈交。该子口将第一联盖印加封，由驿递送出口海关查明；第二联盖印加

---

① 王鹤鸣、施立业编：《安徽近代经济轨迹》，安徽人民出版社1991年版，第262页。
② 许同莘、汪毅：《通商约章类纂》（卷八），近代中国史料丛刊续辑，第463种，台北：文海出版社1984年版，第995—996页。
③ 陈诗启：《中国近代海关史》，人民出版社1993年版，第215页。

封，送海关监督按月呈报总理衙门备查，第三联留存第一子口，照单填发该货运照（Conveyance Celtifcate）。运照货物不许在中途贩卖。货物运抵最靠近指定装船口岸的子口时，商人须开其货名、件数、重量等清单报关，经海关发给过卡准单，随将货物送交海关码头验货，缴纳子口税，方准该货起运上栈。待装船出口时，再完纳出口税。三联单的有效限期，各关不一，有 1 年、半年、3 个月，也有 13 个月不等。①

《天津条约》签订后，子口贸易发展缓慢。子口税在实施中有很多弊端：一是由于子口税制度实行初期，只有洋商有子口税特权，而华商无此特权，洋商向内地推销洋货和从内地购买土货还是有限的。二是由于子口税影响了各地厘金的征收，有的地方对子口税进行了一定抵制。三是进口子口税方面，子口税只有外商才得享受，华商货物则须"逢关纳税，过卡抽厘"，对华商不公平。并且洋商怕到内地不安全，多把洋货内销交由华商经营，洋商以自己名义领取子口凭单，再以高价卖给华商贩运洋货。这样，洋商既可避免自运风险，又可获利；华商持有子口税单，就可以减免常关税、厘金的缴纳。

为了扩大向内地推销洋货贸易，列强要求扩大子口税贸易范围，在《天津条约》基础上，在光绪二年（1876）中英《烟台条约》条款第三端之一规定，所有现在通商各口岸，"准以各口租界作为免收洋货厘金之处"；② 第三端第四款规定，凡运洋货入内地的子口税单，"不分华、洋商人均可请领，并无参差"。③ 正式规定华商也可以领取子口凭单运销洋货，光绪五年（1879）实行了这个规定。出口子口税方面，也出现了洋商出售三联单给华商的情况。光绪二十二年（1896），总理衙门根据总税务司申报，奏请洋商和华商都可以领取三联单。"洋货享受子口税不再受货主是否是洋人的限制，这使得洋货在中国内地的贸易范围得以迅速扩大"。④

近代皖江地区厘金关卡林立，不利于商品贸易往来。子口税就是为

---

① 陈诗启：《中国近代海关史》，人民出版社 2002 年版，第 172—173 页。
② 《约章分类辑要·烟台会议条款》，沈云龙主编《近代中国史料丛刊》3 编第 12 辑，台北：文海出版社 1987 年版，第 999 页。
③ 王铁崖编：《中外旧约章汇编》第 1 册，生活·读书·新知三联书店 1957 年版，第 349 页。
④ 马长伟等：《晚清芜湖子口贸易》，《安徽师范大学学报》2009 年第 6 期。

了避开这些关卡，降低征税而设的，一次性征收 2.5% 的税，低于各关卡征收的税额。芜湖开埠后，洋货输入芜湖，再领有子口凭单，缴纳比较低的子口税，就可以销往皖江地区及安徽其他地区。洋货取得子口税特殊政策，享有与土货不同的免除厘金的优惠政策，本身就不平等，可以降低流通成本，具有贸易流通优势，是土货不能比的，外国商品享有的政策优势，也是洋货畅销的原因之一。并且洋货不仅可以在通商口岸销售，还进一步扩大市场范围，可以到口岸以外的地方销售。这样，大量洋货就通过子口半税单，深入中国广大内地，而且价格自然会比土货更便宜。正是子口贸易的开展，使得在芜湖开埠前，洋货就通过长江沿岸其他口岸城市运销到安徽地区，如同治八年（1869）海关报告载，由于土糖要纳 31% 的税课，而运入内地的洋糖价格低于土糖。因此，"糖和市布这两种内地贸易的前驱，在子口税保障之下，几乎已经深入安徽及邻省的每一角落"。① 在芜湖未开放以前，安徽有若干区域，均从镇江收买货物。② 正是由于子口贸易，洋货能够运销安徽，并且安徽一些区域受到镇江口岸贸易辐射。芜湖开埠后，芜湖成为贸易中心，安徽一些区域主要是皖江地区开始受到芜湖贸易辐射，洋货通过子口贸易进一步深入安徽各地。

二 运入内地洋货子口贸易量

芜湖开埠后，洋货大量涌入芜湖，一部分在芜湖销售，另一部分销往内地。从芜湖海关统计资料，可以大致看出运入内地洋货子口贸易量。

历年芜湖海关贸易报告进行统计的资料，虽然不完整，但是大体上可以反映芜湖子口贸易情况。随着芜湖洋货进口贸易增加，运入内地洋货子口贸易也在发展，只是各年不同，呈现波动发展的态势，可以分为 4 个阶段：

第一阶段是芜湖开埠到 19 世纪 80 年代，从 18 余万两到 60 余万两不等。开埠初，芜湖海关发出输入子口凭单之数及此部分贸易之值，逐年

---

① 姚贤镐编：《中国近代对外贸易史资料》第 2 册，中华书局 1962 年版，第 825 页。
② 沈世培校注：《〈芜湖关华洋贸易情形论略〉校注》，安徽师范大学出版社 2015 年版，第 84 页。

增加。① 由于江轮载货量大，运销内地进行子口贸易量也在增大。如光绪二十六年（1900）仍然如此，这一年，运入洋货子口贸易，"早在秋初，内河及汉港之水即甚低浅，此实为子口贸易之一大障碍，而使之不能达到与进口洋货为一正当比例之值也"。虽然如此，光绪二十六年（1900）子口贸易总值，除光绪二十五年（1899）外，"较已往任何年为多"。②

第二阶段是 19 世纪 90 年代，从 98 余万两到 230 余万两不等。光绪十七年（1891）运入内地洋货子口贸易值为关平银 980264 两，比最高纪录的 1890 年多 45%，约占进口洋货（鸦片除外）64%。在运销内地子口贸易中，糖、棉织品、煤油、金属等重要商品都增加很多，"其不甚重要之货物，亦皆有增加，其增加之原因虽有种种，而本埠与重要消费区域金融、流通之敏捷，亦其要素也"。③ 金融、流通是芜湖与皖江地区和其他地区经济关系密切的重要条件。光绪十八年（1892）增加到 1415906 两，但是光绪十九年（1893）1134322 两、光绪二十年（1894）931118 两、光绪二十一年（1895）981889 两，有所减少；光绪二十二年（1896）增至 1394653 两，"可知内地市场已较去年繁盛矣"。④ 经历了光绪二十三年（1897）和光绪二十四年（1898）无加增后，到光绪二十五年（1899）领有凭单运往内地货物量，较以往任何年份都多，其总值达关平银 2309196 两。⑤ 这在 19 世纪 90 年代达到高峰。19 世纪 90 年代，运入内地洋货子口贸易凭单数，从最低的光绪二十一年（1895）1923 张到最高的光绪二十二年（1896）2617 张不等。

第三阶段是光绪二十七年（1901）至宣统三年（1911），从 195 余万

---

① 沈世培校注：《〈芜湖关华洋贸易情形论略〉校注》，安徽师范大学出版社 2015 年版，第 58 页。

② 沈世培校注：《〈芜湖关华洋贸易情形论略〉校注》，安徽师范大学出版社 2015 年版，第 137—138 页。

③ 沈世培校注：《〈芜湖关华洋贸易情形论略〉校注》，安徽师范大学出版社 2015 年版，第 91—92 页。

④ 沈世培校注：《〈芜湖关华洋贸易情形论略〉校注》，安徽师范大学出版社 2015 年版，第 126 页。

⑤ 沈世培校注：《〈芜湖关华洋贸易情形论略〉校注》，安徽师范大学出版社 2015 年版，第 131—132 页。

两到 321 余万两不等。光绪二十七年（1901）运入洋货子口贸易值虽然没有记载，但是芜湖海关贸易报告说，超过光绪二十六年（1900）很多，除光绪二十五年（1899）外，此为最高记录。① 而光绪二十八年（1902）2334436 两，超过往年数很多。② 光绪二十九年（1903）运入子口贸易值为关平银 3023498 两，比以前最高记录的光绪二十五年（1899）之值，多关平银 70 万两。③ 光绪三十年（1904）以后有记载的年份的运入子口贸易值有所减少。但是，光绪三十二年（1906）以后运入洋货子口贸易发生变化，贸易量大增，因为大通设有趸船，洋货子口贸易多用江轮运到大通和安庆。光绪三十二年（1906）运往内地洋货值增至关平银 2403754 两，比光绪三十一年（1905）约增 23%。④ 光绪三十三年（1907）3212062 两，超过往年之记录，"盖因商人前以民船运至大通及安庆之货物，均经过常关，现则于本关领取凭单，而以江轮运载矣"。⑤ 江轮运输，可以省去常关征税，所以子口贸易增加。光绪三十四年（1908）、宣统元年（1909）有所减少，宣统二年（1910）有所增加，但是宣统三年（1911），因为洪水高涨，致运输发生困难，又受革命影响，"贸易之情形甚劣"。⑥ 这一时期，运入内地洋货子口贸易凭单数从最低的光绪二十七年（1901）2301 张到最高的光绪三十四年（1908）4253 张不等。

第四阶段，1912 年至 1920 年，为运入内地洋货子口贸易最为繁荣时期。民国元年（1912）运入内地洋货子口贸易量 3824000 两，到 1919 年增加到 6664963 两，增长超 70%。1913 年入内地子口税加增，

---

① 沈世培校注：《〈芜湖关华洋贸易情形论略〉校注》，安徽师范大学出版社 2015 年版，第 143—144 页。
② 沈世培校注：《〈芜湖关华洋贸易情形论略〉校注》，安徽师范大学出版社 2015 年版，第 150 页。
③ 沈世培校注：《〈芜湖关华洋贸易情形论略〉校注》，安徽师范大学出版社 2015 年版，第 156—157 页。
④ 沈世培校注：《〈芜湖关华洋贸易情形论略〉校注》，安徽师范大学出版社 2015 年版，第 173 页。
⑤ 沈世培校注：《〈芜湖关华洋贸易情形论略〉校注》，安徽师范大学出版社 2015 年版，第 178—179 页。
⑥ 沈世培校注：《〈芜湖关华洋贸易情形论略〉校注》，安徽师范大学出版社 2015 年版，第 200 页。

自光绪三十三年（1907）以后，"以本年首屈一指"。① 洋货运入内地，"其数仍然逐渐加增，系以棉布类、煤油及糖较多。所有机器厂仿照之土货，领有运单运入内地亦如是，多系棉布类、土洋烛、纸张等物"。② 到1919年，芜湖海关税钞和运入内地洋货子口贸易量，是"芜湖开作通商口岸以来，此为最旺"。③ 这一时期，运入内地洋货子口贸易凭单数从最低的民国元年（1912）6588张到最高的1919年11509张不等，为历史最高值。水路交通便利，也有利于子口贸易，如1918年，领有子口单运入内地洋货，值关平银580万两，上一年499万两，"一冬行船便利，实为加增货物之主因，内地各河，每年水浅时期，向难行船，而本年则往来无阻焉"。④

第五阶段，1922年至1931年，是下降时期。此时期，芜湖海关税课颇有起色，子口税则徘徊于8万至14万两，而以1926年最高，达到14万两。⑤ 如果把子口税按照2.5%换算为洋货值，则1922年至1931年输入内地的洋货值在320万两至560万两，这比前10年期有所减少。至于运入内地洋货子口贸易凭单数则缺乏统计资料。

从以上分析可以看出，运入洋货子口贸易量和子口贸易凭单数在晚清和民国时期增加很快，均呈上升趋势，运入洋货子口贸易量从最低的光绪八年（1882）182718两，增加到1919年的6664963两，增加了约36倍；子口贸易凭单数从开埠初期503张，上升到1919年的11509张，40多年增加了约22倍，上升也是比较快的。

---

① 中国第二历史档案馆编：《中国旧海关史料（1859—1948）》，京华出版社2001年版，第62册，第680页。

② 中国第二历史档案馆编：《中国旧海关史料（1859—1948）》，京华出版社2001年版，第62册，第682页。

③ 中国第二历史档案馆编：《中国旧海关史料（1859—1948）》，京华出版社2001年版，第85册，第629页。

④ 中国第二历史档案馆编：《中国旧海关史料（1859—1948）》，京华出版社2001年版，第81册，第690页。

⑤ 《民国十一年至二十年：最近十年各埠海关报告》上卷《华北及长江各埠》，海关总税务司署统计科译印。见中国第二历史档案馆编《中国旧海关史料（1859—1948）》，京华出版社2001年版，第158册，第755页。

三 运入洋货子口贸易商品分析

运入洋货子口贸易货物主要是鸦片、糖、棉织品、煤油、金属及其他杂货，这些是内地百姓普遍需要的物品。

鸦片为西方列强掠夺中国财富的特殊商品，也是进口到芜湖长期处于第一位的商品。在芜湖海关的子口贸易统计中并没有具体记载。光绪三年（1877）9月英国鸦片贩子即在芜湖设立专门贩卖鸦片的洋行。芜湖也成为洋药集散地。但是，这一特殊商品主要销售到皖江地区及安徽其他地区乃至外省，是一种特殊的子口贸易商品，采取特殊征税的子口贸易形式。鸦片贸易实行税厘并征政策，并不缴纳子口税，但却成为子口贸易主要组成部分。光绪十一年（1885）《烟台条约续增专条》十条，双方议定洋药每箱税银共征110两，并在进口时输纳，由海关给予凭证，运往内地，无须再完税项，当与土药值相较均符，以照平允。① 也就是鸦片进口只要缴纳进口税和厘金就可以运销内地，不需要缴纳子口税，也不需要逢卡纳厘。即芜湖海关征收鸦片税钞及厘金。②

由于鸦片进口数量巨大，鸦片贸易在《芜湖关贸易情形论略》中有时专门列出，没有列入"洋货贸易"之中，也没有列在"子口贸易"中，但是其销售也发放子口凭单，而且数量巨大，也属于子口贸易，称为鸦片子口贸易，包括洋药运入子口贸易和土药运出子口贸易。完纳鸦片税之手续，先通过上海海关缴纳烟税，再送至厘金局查验后，每担征银17两4钱，然后加印贴条，以资证明，于是运入货栈。如在芜湖收买，亦不须再完厘金。如欲运至内地，商人先将数量呈明厘金局，得其允许，始能改成方圆包。白皮土常定为18两2钱重1包，因证明已缴纳1次厘金，所以每包在离开本埠前，厘金局再贴封条，通过内地关卡，每包须另纳钱180文。③

---

① 《清季外交史料·曾纪泽奏折附条约》卷61，光绪十一年九月十日。
② 沈世培校注：《〈芜湖关华洋贸易情形论略〉校注》，安徽师范大学出版社2015年版，第141页。
③ 沈世培校注：《〈芜湖关华洋贸易情形论略〉校注》，安徽师范大学出版社2015年版，第47页。

表4-6 芜湖海关运入内地鸦片（洋药）子口贸易统计（1889—1895）

年份	洋药进口数（担）	方圆包数（包）	子口凭证数（张）
1889	2499	141197	24715
1890	2081	135395	22774
1891	2608	130047	22063
1892	2631.42	131361	22258
1893	2529.05	133595	26981
1894	2779	147848	37059
1895	2476	130686	25666

资料来源：根据沈世培《〈芜湖关华洋贸易情形论略〉校注》（安徽师范大学出版社2015年版）和中国第二历史档案馆编《中国旧海关史料（1859—1948）》（京华出版社2001年版）统计资料编制。

表4-6虽然不是近代所有统计数据，但是也反映了晚清芜湖鸦片（洋药）运入子口贸易大致情况。其他年份，由于没有统计数据，不好总结。从这个表中，也可以看出洋药运入子口贸易中洋药进口、方圆包和子口凭证数量是比较大的。

在运入洋货子口贸易中，除鸦片外，糖、棉织品、煤油、金属等洋货子口贸易排在前4位，它们是销往皖江地区及安徽其他地区乃至外省等内地的主要商品，只不过各年有变化，杂货也在增加。

棉纺织品，在运入洋货子口贸易中种类较多，有原色布、印度棉纱、棉织品、标布、英国斜纹布、英国市布、白粗布。其运销有变化，原色布从光绪十七年（1891）48089匹降到光绪二十年（1894）48089匹；印度棉纱运销有波动，光绪十六年（1890）243担，到光绪十七年（1891）猛增到8702担，到光绪十九年（1893）达到9339担，是光绪十六年（1890）的38.4倍，光绪二十五年（1899）"棉纱之增加特巨"，反映了内地对印度棉纱需求量激增。棉织品，从光绪十六年（1890）84311匹增加到光绪十七年（1891）96475匹，光绪二十四年（1898）72690匹增加到光绪二十五年（1899）131008匹，① 增长幅度较大，不过，到光绪二

---

① 沈世培校注：《〈芜湖关华洋贸易情形论略〉校注》，安徽师范大学出版社2015年版，第131—132页。

十六年（1900）降为66816匹。① 标布，又称小原布，其运销量从光绪十七年（1891）到光绪二十年（1894）处于上升阶段，从光绪十七年（1891）4873匹增加到光绪二十年（1894）6210匹，不过，光绪二十一年（1895）降为4000余匹。英国斜纹布呈减少趋势，从光绪十七年（1891）5090匹降到光绪二十年（1894）1365匹，光绪二十一年（1895）又缓慢增加到1680匹，幅度不大。英国市布也呈减少趋势，从光绪十七年（1891）23518匹减少到光绪二十年（1894）5260匹。白粗布，又称白色布，也呈减少趋势，从光绪十七年（1891）5142匹减少到光绪二十年（1894）780匹，光绪二十一年（1895）又缓慢增加到1300匹，幅度也不大。光绪二十二年（1896），棉织品及毛织品涨落甚巨，如原色布、白粗布、印花布、标布、英美斜纹布、英国市布、手帕、面巾、粉类之棉货，各种棉纱、哔叽皆有增加，而棉剪绒独形低落。② 总的来说，这一时期，糖和棉纺织品运销量比以前增加了，但是糖和棉织品有增加，总的有下降趋势，只是棉纱增加明显。毛织品，也属于纺织品，不过记载不多，从光绪十六年（1890）9821关平银两增加到光绪十七年（1891）13656关平银两，增加幅度较大。

糖，多为广州和汕头土产，先运至香港，冒充洋货，用轮船载运绕道上海，进口到芜湖，作为洋糖，以得到子口贸易的低税优惠。由于受到内地百姓的欢迎，每年子口贸易都缺不了糖。如光绪六年（1880）芜湖进口糖值关平银164352两，其中进口赤糖13373担27斤，白糖17609担48斤，除去475担17斤外，"全领有子口凭单运入内地"。③ 进口的糖约98.5%都运销内地。光绪十八年（1892）子口贸易中，洋糖（赤糖及白糖）进口总量为83080担，领有子口凭单运往内地的糖有80847担，约占进口全数97.3%以上。④ 光绪二十一年（1895），赤、白两糖进口量有

---

① 沈世培校注：《〈芜湖关华洋贸易情形论略〉校注》，安徽师范大学出版社2015年版，第138页。

② 沈世培校注：《〈芜湖关华洋贸易情形论略〉校注》，安徽师范大学出版社2015年版，第126页。

③ 沈世培校注：《〈芜湖关华洋贸易情形论略〉校注》，安徽师范大学出版社2015年版，第19页。

④ 沈世培校注：《〈芜湖关华洋贸易情形论略〉校注》，安徽师范大学出版社2015年版，第97—98页。

86966 担，计除去 4000 担外，余悉运入内地。① 糖贸易在增加，如光绪二十八年（1902）赤糖 52305 担，比光绪二十七年（1901）约增 6000 担，白糖（火车糖）约少 5000 担，但两年中之糖值，相差仅关平银 1000 两。②

煤油，是洋货中比较受欢迎的商品，光绪九年（1883）运销内地的煤油子口贸易显著增加，运销内地的煤油不下 39680 加仑，"杂货中，煤油一项增加特多，将来大有希望"。③ 而光绪十年（1884），煤油运往内地数量是光绪九年（1883）2 倍以上。④ 光绪十一年（1885）发出凭单 2057 张，所照之货，值关平银 277037 两，比往年增加，其增加之主因，为煤油输入内地。⑤ 进口煤油需求量比较大，其中俄国煤油运销有增加的趋势。光绪二十二年（1896），各种杂货均有增加，其中扇子、火柴、各等糖及各种煤油增加显著。

金属，主要是铁片、铁板、铁丝、铁器、铁支、铅、铜、铁、锡类等，大量领有子口凭单销往内地。如光绪十六年（1890）进口金属为关平银 21977 两以上，光绪十七年（1891）增长为关平银 24622 两，均领有凭单运入内地。⑥ 光绪十八年（1892），金属铁支比光绪十七年（1891）约增 500 担，旧铁比光绪十七年（1891）约增 337 担。⑦ 光绪十九年（1893），铁片和铁板运往内地有 854 担。⑧ 光绪二十一年（1895），

---

① 沈世培校注：《〈芜湖关华洋贸易情形论略〉校注》，安徽师范大学出版社 2015 年版，第 116—117 页。
② 沈世培校注：《〈芜湖关华洋贸易情形论略〉校注》，安徽师范大学出版社 2015 年版，第 150 页。
③ 沈世培校注：《〈芜湖关华洋贸易情形论略〉校注》，安徽师范大学出版社 2015 年版，第 49—50 页。
④ 沈世培校注：《〈芜湖关华洋贸易情形论略〉校注》，安徽师范大学出版社 2015 年版，第 53 页。
⑤ 沈世培校注：《〈芜湖关华洋贸易情形论略〉校注》，安徽师范大学出版社 2015 年版，第 58 页。
⑥ 沈世培校注：《〈芜湖关华洋贸易情形论略〉校注》，安徽师范大学出版社 2015 年版，第 91 页。
⑦ 沈世培校注：《〈芜湖关华洋贸易情形论略〉校注》，安徽师范大学出版社 2015 年版，第 98 页。
⑧ 沈世培校注：《〈芜湖关华洋贸易情形论略〉校注》，安徽师范大学出版社 2015 年版，第 105—106 页。

金属除锡板外，均有增加。光绪二十二年（1896），金属购买量比光绪二十一年（1895）多，并且钢板初次进口，计有3065担，值关平银7204两。①

在运入洋货子口贸易中，除了以上糖、棉织品、煤油、金属等洋货，还有大量杂货，如檀香、桂圆、芭蕉叶扇、海菜、火柴、鲨鱼翅、黑海参、肥皂、纸张等。

表4-7　芜湖海关运销内地糖和棉织品子口贸易（1890—1895）

年份	糖（担）	棉纺织品						
		原色布（匹）	印度棉纱（担）	棉织品（匹）	标布（匹）	英国斜纹布（匹）	英国市布（匹）	白粗布（匹）
1890	74749		243	84311				
1891	84154	48089	8702	96475	4873	5090	23518	5142
1892	80847	47114	26393		5610	4275	24397	4595
1893	89218	45450	9339		5281	2340	10249	2458
1894	80389	23225	4599		6210	1365	5260	780
1895	82890	31002	6415		4000	1680		1300

资料来源：根据中国第二历史档案馆编《中国旧海关史料（1859—1948）》第23册（京华出版社2001年版）和沈世培校注《〈芜湖关华洋贸易情形论略〉校注》（安徽师范大学出版社2015年版）整理编制。

表4-7中运销内地糖和棉织品子口贸易，各个品种情况不同，也反映了内地对糖和棉织品需求不同。表中，糖包括赤糖、白糖，从光绪十六年（1890）到光绪二十一年（1895），运销内地进行子口贸易的，从最低的光绪十六年（1890）74749担，发展到19世纪90年代一般在8万多担，最高的是光绪十九年（1893）89218担，超过以往数字。

糖、棉织品、煤油、金属等洋货在运入洋货子口贸易中比重，是有变化的。19世纪末，糖比例最大，棉织品其次，再次是煤油。20世纪初，煤油等杂货销量增加迅速，在子口贸易中地位上升，在芜湖海关贸

---

① 沈世培校注：《〈芜湖关华洋贸易情形论略〉校注》，安徽师范大学出版社2015年版，第126页。

易报告中,行文顺序也随之变化,变成棉织品、煤油、糖、火柴、金属等。随着贸易发展,有些商品地位发生变化,如火柴也是重要商品,棉织品、棉纱、煤油、火柴、糖等成为主要子口贸易货物。

第四节 洋货销售市场范围

由芜湖销往内地的洋货有两部分:一部分是运入内地子口贸易洋货,另一部分是运入内地非子口贸易洋货,销售情况有所不同。芜湖经济辐射,可以从洋货销售市场范围考察。

一 运入内地洋货子口贸易和非子口贸易

运入内地子口贸易洋货,是在芜湖海关领有子口贸易凭单、缴纳子口税然后行销内地的洋货。运入内地非子口贸易洋货,是没有在芜湖海关领有子口贸易凭单,而是直接运到内地销售的洋货,其缴纳常关税和厘金税。运入内地子口贸易洋货和非子口贸易洋货在进口洋货中比例,各有不同。由芜湖运入内地洋货子口贸易只是洋货销售到内地的一部分,芜湖海关贸易中虽然没有完全写出比例,但是从有记载的年份比例来看,最低的是1882年的10%,最高的是1891年的64%,多数是在50%以下。

运入内地洋货子口贸易量大小,影响着芜湖进口洋货贸易量,"内地贸易之大小,观进口贸易之盛衰即可推知"。[①] 一般来说,运入洋货子口贸易量越大,内地需求越旺盛,则芜湖进口洋货贸易量也就越大;反之,运入洋货子口贸易量小,则芜湖进口洋货贸易量也小,运入洋货子口贸易量与芜湖进口洋货贸易量成正比。如光绪二十三年(1897),内地税则进口洋货少于上年,洋货分运入内地亦较上年稍减。[②] 光绪二十五年(1899)领有凭单运往内地货物量超过往年,其总值为关平银2309196

[①] 沈世培校注:《〈芜湖关华洋贸易情形论略〉校注》,安徽师范大学出版社2015年版,第131页。

[②] 中国第二历史档案馆编:《中国旧海关史料(1859—1948)》,京华出版社2001年版,第26册,第154页。

两，光绪二十四年（1898）为关平银 1405048 两。棉纱增加特巨，棉织品由光绪二十四年（1898）72690 匹增至光绪二十五年（1899）131008 匹。"表上其他主要货物之增加，亦与进口之增加成正比例"。①

各年运入洋货子口贸易量占进口洋货比例变动较大，也不是固定的。光绪四年（1878）为 35.3%，光绪五年（1879）升为 50.41%，光绪六年（1880）又升为 45.6%，光绪七年（1881）降为 34.64%，光绪八年（1882）再降为 10%，光绪十七年（1891）上升到 64%，光绪三十一年（1905）降为 28%。各种运入内地洋货子口贸易洋货所占比例也不同。如洋药所占比例较大，光绪十八年（1892）洋药进口量为 2620 担 42 斤，几乎全为白皮土，此外还有公班土 2 箱，波斯土 2 箱，土膏 2 斤。此年计有方圆包 131361 个，重 2631 担 42 斤，加贴封条，发出子口凭单 22258 张。② 进口洋药全部作为子口贸易商品运销内地。有些运入内地洋货子口贸易洋货所占比例较小。如芜湖开埠后，金属品进口到芜湖，其销售分为子口贸易洋货和非子口贸易洋货 2 部分。光绪四年（1878），金属类进口 4372 担 20 斤，其中有 1196 担 32 斤领有子口凭单运入内地，约占 27.4%。③ 光绪五年（1879），进口的铁支、锡块与钢等金属品，"其全额三分之一上岸后，均领有子口凭单，运往内地"。④ 金属品中子口贸易洋货占到 30% 左右。光绪三十一年（1905）入内地子口贸易洋货值 1951300 余两，占进口货估值总数 28%，其余非子口贸易洋货，或在本口销售，或报完厘金运往内地。⑤ 到民国时期，运入内地洋货子口贸易份额提高，达到 60%—70%。

---

① 沈世培校注：《〈芜湖关华洋贸易情形论略〉校注》，安徽师范大学出版社 2015 年版，第 132 页。

② 沈世培校注：《〈芜湖关华洋贸易情形论略〉校注》，安徽师范大学出版社 2015 年版，第 98—99 页。

③ 沈世培校注：《〈芜湖关华洋贸易情形论略〉校注》，安徽师范大学出版社 2015 年版，第 3 页。

④ 沈世培校注：《〈芜湖关华洋贸易情形论略〉校注》，安徽师范大学出版社 2015 年版，第 13 页。

⑤ 中国第二历史档案馆编：《中国旧海关史料（1859—1948）》，京华出版社 2001 年版，第 42 册，第 269 页。

表4-8　民国时期运入内地子口贸易洋货和非子口贸易洋货比例

年份	进口洋货总值（关平两）	运入内地子口贸易洋货		运入内地非子口贸易洋货（常关）	
		价值（关平两）	比例（%）	价值（关平两）	比例（%）
1915	6890000	3980000	60	1330000	19.3
1916	8120000	4870000	60	1720000	21.2
1917	7140000	4990000	70	1510000	21.1
1918	9759465	5800000	60	1756703.7	18
1919	10278357	6664963	65		

资料来源：根据中国第二历史档案馆编《中国旧海关史料（1859—1948）》（京华出版社2001年版）统计资料编制。

芜湖海关贸易报告中虽然没有完全写出比例，但是从表4-8中数据看，洋货进口总值超过了晚清时期，运入内地子口贸易洋货比例也大大超过晚清时期，运入内地非子口贸易洋货比例有所减少。如1918年，芜湖进口洋货销售分为3个部分：运入内地子口贸易洋货比例为60%，运入内地非子口贸易洋货比例为18%，留在芜湖销售及储存的洋货比例为22%。[1] 留在芜湖的洋货比例增大，说明芜湖贸易繁荣。1919年，洋货进口总值10278357两，运入内地子口贸易洋货值6664963两，占65%，发出子口单11509张。[2] 洋货进口总值、运入内地子口贸易洋货值和发子口单数，超过了历史上任何一年，反映了洋货贸易的繁荣。另外，这一年还有华人机制仿照洋式棉纱，领特别运单运销内地，其价值减少关平银145967两，"以中国棉纱销路较小故也"。[3] 中国民族工业产品竞争不过洋货。

二　运入内地洋货非子口贸易市场范围

芜湖开埠初期，销往皖江地区等腹地的洋货不多，主要在芜湖市场

---

[1] 中国第二历史档案馆编：《中国旧海关史料（1859—1948）》，京华出版社2001年版，第81册，第693页。

[2] 中国第二历史档案馆编：《中国旧海关史料（1859—1948）》，京华出版社2001年版，第85册，第631页。

[3] 中国第二历史档案馆编：《中国旧海关史料（1859—1948）》，京华出版社2001年版，第85册，第631页。

销售，子口贸易属于起始阶段。如光绪四年（1878）领有子口凭单运入内地的洋货值关平银 206352 两，占进口洋货（鸦片烟除外）35.3%，"此路贸易并不繁盛"。① 光绪五年（1879），金属和糖在芜湖贸易全年均稳定，而布匹和杂货运入内地贸易，在上年 12 个月中都没有什么变化，只是到此年秋冬两季，"此项贸易甚形活跃"。② 光绪六年（1880）领有子口凭单运往内地洋货为 279092 两，占进口洋货 45.6%。光绪七年（1881）领有子口凭单 1093 张，运往内地洋货为关平银 214163 两，占进口洋货（鸦片除外）34.64%。但是，光绪七年（1881），芜湖子口贸易，逐渐减少。③ 到光绪八年（1882），输入内地领有凭单的洋货，其量亦减少，仅发凭单 921 张，所照洋货为关平银 182718 两，占进口洋货 10%。④ 光绪九年（1883）进一步减少，发出凭单 854 张，所照洋货值关平银 183871 两。⑤ 光绪二年（1876）芜湖开埠到光绪九年（1883）的 7 年间，运入内地子口贸易洋货比例不大，并有降低的趋势。同时，运入内地非子口贸易洋货比例就比较大。关于降低的原因，芜湖总税务司白恩说："（一）运往洋货之各地，皆在本省，距芜不远，仅过少数关卡，完纳厘金亦微，且常关之考查，较在此地为松懈。故货物运往不甚远之区域，或不经多数关卡者，均不须领子口凭单，以待照验也。（二）本省多数民众，甚为穷乏，内地之洋货商人，几等于小贩，购货甚少，不值得领子口凭单也。"⑥ 这段话道出了运入内地子口贸易洋货比例不大的原因，洋货进口到芜湖，销售范围距芜不远，市场范围不大，不需要领取子口凭单。洋货深入皖江地区范围

---

① 沈世培校注：《〈芜湖关华洋贸易情形论略〉校注》，安徽师范大学出版社 2015 年版，第 10 页。

② 沈世培校注：《〈芜湖关华洋贸易情形论略〉校注》，安徽师范大学出版社 2015 年版，第 16 页。

③ 沈世培校注：《〈芜湖关华洋贸易情形论略〉校注》，安徽师范大学出版社 2015 年版，第 38 页。

④ 沈世培校注：《〈芜湖关华洋贸易情形论略〉校注》，安徽师范大学出版社 2015 年版，第 45 页。

⑤ 沈世培校注：《〈芜湖关华洋贸易情形论略〉校注》，安徽师范大学出版社 2015 年版，第 53 页。

⑥ 沈世培校注：《〈芜湖关华洋贸易情形论略〉校注》，安徽师范大学出版社 2015 年版，第 90—91 页。

不大，对内地影响不大。

光绪十年（1884）、光绪十一年（1885）、光绪十二年（1886），子口贸易值和凭单数"有显著之增加"。① 光绪十六年（1890）运入内地洋货子口贸易激增，子口贸易值达关平银674656两，比光绪十五年（1889）多64%，比以往最大值多约3万两。② 由芜湖运入内地洋货子口贸易凭单增长也很快，从最低的光绪四年（1878）503张到最高的光绪十二年（1886）2617张不等。从表4-8中可以看出，随着运入内地子口贸易洋货增加，运入内地非子口贸易洋货在减少，这部分贸易范围不大，芜湖辐射范围也就不大。

三 各种运入内地洋货子口贸易市场范围

领有子口贸易凭单的洋货，由于一次性纳税，并且纳税较低，在销往内地时，不会受到常关和厘卡的反复征税，税负不重，可以销往比较远的地方。因此，进口洋货中，运入内地子口贸易洋货比重在不断加大，洋货销售市场范围在扩大。从各种洋货销售来看，运入内地子口贸易洋货销售市场范围主要是皖江地区。

糖，产自南方，芜湖开关后，输入芜湖，为畅销品，大部分作为子口贸易洋货运销皖江地区。如光绪四年（1878）输入赤糖11126担30斤，白糖9647担83斤。其领有子口单运往内地的，计池州、安庆、宁国、六安州等处赤糖10754担90斤，白糖9633担33斤。③ 光绪六年（1880）进口糖值关平银164352两，其中赤糖13373担27斤，白糖17609担48斤，内除去475担17斤外，全领有子口凭单运入内地。此项贸易，较光绪五年（1879）减少约6650担。④ 赤糖和白糖合计进口30989担75斤，只有475担17斤没有领有子口贸易凭单。光绪七年（1881）在

---

① 沈世培校注：《〈芜湖关华洋贸易情形论略〉校注》，安徽师范大学出版社2015年版，第64页。

② 沈世培校注：《〈芜湖关华洋贸易情形论略〉校注》，安徽师范大学出版社2015年版，第84页。

③ 沈世培校注：《〈芜湖关华洋贸易情形论略〉校注》，安徽师范大学出版社2015年版，第3页。

④ 沈世培校注：《〈芜湖关华洋贸易情形论略〉校注》，安徽师范大学出版社2015年版，第19页。

芜湖海关统计册上所谓"洋糖"中，光绪六年（1880）进口赤糖13373担27斤，白糖17609担48斤，光绪七年（1881）则减少为赤糖11567担87斤，白糖10247担37斤，"大约全数均领有子口凭单运入内地"。① 光绪二十一年（1895）芜湖进口赤、白糖86966担，"其领取子口凭单，均作为洋货待遇"，计除去4000担外，余悉运入内地。② 也就是说，糖绝大部分作为子口贸易洋货运入内地皖江地区销售，少数可能留在芜湖本埠销售。

棉织品，多数领有子口凭单运销皖江地区。如光绪十九年（1893）有棉斜纹布315匹，及棉市布20匹，为中国织布厂出品，领子口凭单6张运往内地。光绪二十年（1894），计运往内地之货为：原色布23225匹，光绪十九年（1893）为45450匹；白粗布780匹，光绪十九年（1893）为2458匹；标布6210匹，光绪十九年（1893）为5281匹；英国斜纹布1365匹，光绪十九年（1893）为2340匹；英国市布5260匹，光绪十九年（1893）为10249匹。印度棉纱运往内地者，有4599担，光绪十九年（1893）为9339担，光绪十八年（1892）为26393担，"所有棉纱均为本省消费"。③ 光绪二十一年（1895）进口印度棉纱增至6834担，光绪二十年（1894）为4852担，已领子口凭单运入内地。④ 光绪二十一年（1895）运入洋货子口贸易，原色布为31002匹，光绪二十年（1894）为23225匹；白粗布为1300匹，光绪二十年（1894）为5260匹；英国斜纹布1680匹，光绪二十年（1894）为1365匹；印度棉纱从光绪二十年（1894）4599匹，增至光绪二十一年（1895）6415匹。⑤ 庐州合肥棉纱一般来自芜湖。东亚同文会《支

---

① 沈世培校注：《〈芜湖关华洋贸易情形论略〉校注》，安徽师范大学出版社2015年版，第33页。

② 沈世培校注：《〈芜湖关华洋贸易情形论略〉校注》，安徽师范大学出版社2015年版，第116—117页。

③ 沈世培校注：《〈芜湖关华洋贸易情形论略〉校注》，安徽师范大学出版社2015年版，第112—113页。

④ 沈世培校注：《〈芜湖关华洋贸易情形论略〉校注》，安徽师范大学出版社2015年版，第116—117页。

⑤ 沈世培校注：《〈芜湖关华洋贸易情形论略〉校注》，安徽师范大学出版社2015年版，第119—120页。

那省别全志》载，1919 年庐州合肥棉纱，一年约有 20 万元输入，仅次于砂糖，有日本纱、印度纱和中国纱 3 种，日本纱居第二位，中国上海纱居第一位。日本纱多为 16 支、20 支细纱。据说芜湖输入价格，日本纱每捆 110 两，合肥为 114 两左右，中国纱在合肥的市价为每捆 100 两上下。① 芜湖与合肥形成价格差，由于有利可图，所以棉纱从芜湖销往合肥。

煤油，是洋货中比较欢迎的商品，多领有子口贸易凭单销往皖江地区。如光绪九年（1883）进口煤油约为光绪八年（1882）2 倍，相较光绪四年（1878）则在 10 倍以上。"煤油大部分运往内地，领有子口凭单，以芜湖为中心，在其百里半径以内者，均易购得。"② 每年运销到安徽包括皖江地区煤油有变化，如光绪二十八年（1902）运往内地煤油，比光绪二十七年（1901）少 377000 加仑。③ 宣统元年（1909）领取凭单运入内地煤油，有 2837320 加仑，比光绪三十四年（1908）少 100 万加仑。④ 具体来说，"三外商"在芜湖经营石油的范围，主要为皖江地区，包括宣城、宁国、舒城、庐江、无为、六安、合肥、和县等地。⑤ 其销售煤油网点，以芜湖为轴心，东至太平府（当涂县），南至宣城、郎溪、广德一线，西至安庆府，北至庐州府（合肥）。⑥

檀香，光绪五年（1879）进口 7161 担 16 斤，光绪六年（1880）进口仅 5664 担 85 斤，值关平银 22065 两，有三分之一领子口凭单运往内地。⑦

金属进口，光绪十六年（1890）为关平银 21977 两以上，光绪十七

---

① 章有义编：《中国近代农业史资料（1912—1927）》第 2 辑，生活·读书·新知三联书店 1957 年版，第 256 页。
② 沈世培校注：《〈芜湖关华洋贸易情形论略〉校注》，安徽师范大学出版社 2015 年版，第 47 页。
③ 沈世培校注：《〈芜湖关华洋贸易情形论略〉校注》，安徽师范大学出版社 2015 年版，第 150 页。
④ 沈世培校注：《〈芜湖关华洋贸易情形论略〉校注》，安徽师范大学出版社 2015 年版，第 188 页。
⑤ 安徽省党史工作委员会编：《安徽革命史话》上册，黄山书社 1987 年版，第 100 页。
⑥ 芜湖市地方志编纂委员会编：《芜湖市志》，社会科学文献出版社 1995 年版，第 669 页。
⑦ 沈世培校注：《〈芜湖关华洋贸易情形论略〉校注》，安徽师范大学出版社 2015 年版，第 19 页。

年（1891）值关平银24622两，均领有凭单运入内地。①

洋药，进口到芜湖后，少部分在芜湖城区消费，大部分销往芜湖周围广大农村和城镇，即主要销往皖江地区，其次销往徽州，并不是安徽全省。专贩鸦片的洋行，光绪三年（1877）9月在芜湖成立后，贩卖洋药就销往皖江地区和徽州地区。光绪四年（1878）进口芜湖的洋药销往皖江地区的庐州府、安庆府、宁国府、池州府、太平府及徽州府。②芜湖关税务司白恩认为，安庆、庐州、徽州各地商人到芜湖进货很便利，预估光绪五年（1879）烟土进口将增加10%或15%。③ 光绪六年（1880）进口鸦片，其售出量中，约有44%送往徽州、和州及庐州府，24%送往安庆，8%送往徽州府、池州府各地，4%送往宁国府，其余12%送往太平府（连在芜湖当地收买者在内）。④ 光绪十五年（1889），洋药大部分销往内地，并无洋药在芜湖海关关栈存储，关栈粘贴洋药印封计用141197张，载运洋药凭单24715张。⑤ 光绪十七年（1891）洋药进口总净值为关平银1217424两，占进口洋货全额36%，其量为2608担，比光绪十六年（1890）仅多约42担，加贴封条方圆包，计130047个，发出子口凭单22063张，光绪十六年（1890）有135395个方圆包，发出子口凭单22774张，"本埠及安庆府、宁国府、徽州府消费此项货物之大半"。⑥ 表4-9更能反映进口芜湖的洋药主要销往皖江地区。

---

① 沈世培校注：《〈芜湖关华洋贸易情形论略〉校注》，安徽师范大学出版社2015年版，第91页。

② 沈世培校注：《〈芜湖关华洋贸易情形论略〉校注》，安徽师范大学出版社2015年版，第1—2页。

③ 沈世培校注：《〈芜湖关华洋贸易情形论略〉校注》，安徽师范大学出版社2015年版，第2页。

④ 沈世培校注：《〈芜湖关华洋贸易情形论略〉校注》，安徽师范大学出版社2015年版，第18页。

⑤ 中国第二历史档案馆编：《中国旧海关史料（1859—1948）》，京华出版社2001年版，第15册，第122页。

⑥ 沈世培校注：《〈芜湖关华洋贸易情形论略〉校注》，安徽师范大学出版社2015年版，第93页。

表 4-9　　　　　晚清洋药（鸦片）销售市场范围及
数量（1878—1895）　　　　（单位：担）

年份	芜湖	庐州府	安庆府	宁国府	池州府	太平府	和州	大通	广德州	六安州	徽州府	凤阳府
1878		720	420	350	360	350					180	
1883	730	390	400	380				270	260		510	270
1892	408	360	480	300	180		360		60	60	300	
1893				439	248		879			16	289	
1894		249	1	469	202	628	886		2	5	337	
1895		375	1	342	205	519	702				332	

资料来源：根据沈世培《〈芜湖关华洋贸易情形论略〉校注》（安徽师范大学出版社 2015 年版）统计资料编制。

表 4-9 中，洋药销售市场范围主要是皖江地区，芜湖、庐州府、安庆府、宁国府、池州府、太平府、和州、大通、广德州、六安州均属于皖江地区，这样构成了芜湖与皖江地区城乡经济关系。徽州府也是重要销售市场，每年都有相当数量洋药销往徽州，这又构成芜湖与徽州城乡经济关系。光绪九年（1883）进口芜湖的洋药甚至销售到凤阳府，市场范围进一步扩大，但这是少数情况。

在芜湖海关贸易报告中，子口贸易中"内地"一般指的是皖江地区。"皖省江北输入洋货，向由本埠转运"。① 芜湖进口洋货，大量转销皖江地区。如光绪十六年（1890），发放运单 2294 张，光绪十五年（1889）只有 1771 张，子口洋货运往外省的以江苏为最多，其价值在总数中不及 10%，所以贸易仍属本省居多，如安庆府、六安州、池州府销货最盛。② 此年，皖江地区子口洋货销量比例达到 90%，江苏所占比例较小。

四　运入内地洋货子口贸易销售市场范围分区比重

运入洋货子口贸易主要范围是皖江地区，还包括江苏、江西和河南，

---

① 中国第二历史档案馆编：《中国旧海关史料（1859—1948）》，京华出版社 2001 年版，第 65 册，第 598 页。

② 中国第二历史档案馆编：《中国旧海关史料（1859—1948）》，京华出版社 2001 年版，第 16 册，第 132 页。

芜湖洋货贸易辐射范围不仅包括皖江地区，还包括江苏、江西和河南。

表4-10　　　　　　运入内地洋货子口贸易市场范围　　　（单位：关平两）

年份	子口贸易值	皖江地区	江苏	江西	河南
1880	279092	253151	8335		121
1891	980264	915264	32000	33000（含河南）	
1892	1415906	1379848	34852	1206	
1893	1134322	1093037	37083	4202	
1894	931118	884715	44329	2074	
1895	981889	929757	51470	6	
1896	1394653	69732.65		360	
1904	2344450	2221648	121403	1399	

资料来源：根据沈世培《〈芜湖关华洋贸易情形论略〉校注》（安徽师范大学出版社2015年版）统计资料编制。

表4-10中，可以看出运入内地子口贸易洋货销售市场范围各自比重，皖江地区是主要市场，其次是江苏，再次是江西，最少的是河南。

芜湖洋货子口贸易辐射范围主要是皖江地区，其次是省外市场。光绪二十四年（1898），子口贸易货值125万两，"概运本省内地销售，其分运江苏、江西内地者，百两中不到五两"。[1] 如光绪三十三年（1907）在运入子口贸易中，发出凭单3833张，以照至本省各地洋货，又发出136张至江苏，4张至江西。[2] 光绪三十四年（1908），洋货运入内地子口贸易中，芜湖海关发出子口单计4253张，只97张报往江苏省，其余均系安徽省各属。[3] 1912年，洋货领有运照运入内地值关平银3824000两，其中828000余两属于机器厂所制土货，发出运照共6588张，内有6324张属于安徽省，运照发往江苏省的多为高淳、溧水等偏僻城镇，发往湖北

---

[1] 中国第二历史档案馆编：《中国旧海关史料（1859—1948）》，京华出版社2001年版，第28册，第155—156页。

[2] 沈世培校注：《〈芜湖关华洋贸易情形论略〉校注》，安徽师范大学出版社2015年版，第178—179页。

[3] 沈世培校注：《〈芜湖关华洋贸易情形论略〉校注》，安徽师范大学出版社2015年版，第183页。

运照有 2 张。①

江苏，主要是江宁府从芜湖购进洋货较多。江宁府购买洋货按说是到镇江购买，但由于其离芜湖较近，光绪三年（1877）于芜湖领有子口凭单，购原色布 100 匹，标布 154 匹；光绪六年（1880）贸易活跃起来，发出至该府之子口凭单所照之物，计棉织品 1935 匹，毛织品 97 匹，金属 224 担，糖 450 担 86 斤，檀香 314 担 47 斤。②

江西，离芜湖也比较近，所以运入内地洋货子口贸易可以辐射到江西。

河南，离芜湖相对远些，但是与淮北相邻，运入内地洋货子口贸易在光绪六年（1880）辐射到河南。

皖江地区市场，又分为不同州府，每年洋货贸易也不同。光绪六年（1880）所发出子口凭单，全限于本省各府，池州府仍为芜湖埠的大顾主，在芜湖购买洋货值关平银 95483 两。其次，安庆府为关平银 79810 两，宁国府为关平银 53348 两，庐州府为关平银 23444 两。销往和州、江宁府及六安州的洋货值仅为关平银 1066 两。③ 光绪十五年（1889），分运内地洋货，填发分运单 1771 张，分运洋货值银 463199 两，占进口洋货三分之一，其中洋货，不包括洋药，原色布、赤白糖 2 种占分运货值银数大半，其次为煤油、檀香、英粗布、葵扇、铁条，洋货销售市场主要是皖江地区池州府、安庆府、六安州、宁国府、庐州府等处。④ 其发出至江西、江苏各地凭单所照货物之值，仅为总值 3%。⑤ 光绪十六年（1890）运入子口贸易中，赤糖、白糖、原色布、煤油、英国市布、檀香、桂圆、芭蕉叶扇、铁支等，也是主要销往皖江地区，安庆府、六安州、池州府

---

① 中国第二历史档案馆编：《中国旧海关史料（1859—1948）》，京华出版社 2001 年版，第 60 册，第 307—308 页。
② 沈世培校注：《〈芜湖关华洋贸易情形论略〉校注》，安徽师范大学出版社 2015 年版，第 27 页。
③ 沈世培校注：《〈芜湖关华洋贸易情形论略〉校注》，安徽师范大学出版社 2015 年版，第 26 页。
④ 中国第二历史档案馆编：《中国旧海关史料（1859—1948）》，京华出版社 2001 年版，第 15 册，第 124—125 页。
⑤ 沈世培校注：《〈芜湖关华洋贸易情形论略〉校注》，安徽师范大学出版社 2015 年版，第 79 页。

共占子口货物75%，上年池州从第一位降至第三位，江苏省江宁府于表4-10中占第四位。运往外省货物值，仅占全额6%。^① 光绪十七年（1891）运入洋货子口贸易，除了辐射江苏、河南和江西3省，主要辐射安徽，并主要是皖江地区。庐州府及和州从芜湖进口棉纱，均领凭单运往庐州府。又，糖及棉织品，多半运安庆府、六安州、池州府，煤油则运至安庆、贵池、宁国府。^②

  洋货主要销往皖江地区，其次是徽州地区，再次是安徽其他地区，最后是江苏、江西、湖北、江西。潮水般的洋货经芜湖，涌入皖江地区等腹地城乡各地。在江北，洋货顺裕溪河入巢湖，达巢城、三河、合肥等地，再分销各地。巢湖"五洋"商品，由商人到芜湖向英、美、日等国洋行批发。清末民初六安地区进口物品，东部多由上海输入芜湖，至三河镇集散而来；北部由蚌埠输入，至寿县正阳关集散而来。^③ 安庆也通过水道输入洋货。江南的洋货，沿着水道，行销皖南各地。如20世纪初当涂县，洋呢、洋缎、洋绸、洋布、洋纸、洋油、洋火、洋皂并零星洋货以及外省糖、盐、布匹、纸张、油、酒、药材并各项杂货，均由芜湖运入本县各镇市销售，每年约值银20万两。^④

小　结

  晚清和民国时期对外贸易是不同的，晚清输入洋货多为工业品，并且主要为轻工业品。芜湖开埠后，洋货就输入到芜湖，由芜湖转销皖江地区及其他地区。甲午战争后，随着民族工业的发展，芜湖也出现了民族工业。芜湖洋货进口总净值总体上呈现上升趋势。资本主义列强向皖江地区倾销洋货方式主要有买办制经营方式、经理制经营方式、教会势力对安徽乡村渗透。由芜湖销往内地的洋货有两部分：一部分是运入内

---

  ① 沈世培校注：《〈芜湖关华洋贸易情形论略〉校注》，安徽师范大学出版社2015年版，第84页。

  ② 沈世培校注：《〈芜湖关华洋贸易情形论略〉校注》，安徽师范大学出版社2015年版，第91—92页。

  ③ 六安地区地方志编纂委员会编：《六安地区志·商业》，黄山书社1997年版。

  ④ 安徽省政协文史资料委员会编：《工商史迹》，安徽人民出版社1987年版，第166—168页。

地子口贸易洋货,另一部分是运入内地非子口贸易洋货。运入内地子口贸易洋货主要有鸦片、糖、棉织品、煤油、金属及其他杂货。运入内地洋货非子口贸易市场范围,随着运入内地子口贸易洋货增加,运入内地非子口贸易洋货在减少,这部分贸易范围不大,芜湖辐射范围也就不大。各种运入内地洋货子口贸易市场范围在扩大。随着芜湖城市辐射能力增强,芜湖口岸城市的贸易覆盖面扩大,输入芜湖的洋货销往安徽、河南、江苏等地,但是洋货主要销售市场是皖江地区。由于有技术和产业优势,洋货价廉物美,在芜湖的腹地很畅销,加强了芜湖与腹地主要是皖江地区的城乡经济关系,对皖江地区广大乡村产生了巨大影响。

第五章

近代腹地原运出土货向口岸城市集散

口岸开放，带来了口岸城市制度优势、能力优势及技术和产业优势增长，口岸城市经济辐射能力增强，也体现在口岸对腹地商品吸纳能力增强，腹地各种农副产品、手工业品及矿产品等土货涌向口岸城市，促进了口岸城市土货贸易。腹地输往口岸城市的土货贸易属于口岸土货贸易的一部分，为原运出土货贸易。我们在看到资本主义列强采取各种措施掠夺中国经济的同时，还要看到在原运出土货贸易过程中，市场起着支配作用，是在国内市场和世界资本主义市场作用下，土货大量运出腹地。中国近代农村在口岸城市经济吸纳下被纳入了世界资本主义市场体系，成为资本主义产业链低端部分，为资本主义提供生产原料和消费品。由于不具有技术和产业优势，土货处于弱势，和洋货存在价格剪刀差。在原运出土货贸易中，构成了腹地对口岸城市的经济关系。近代芜湖城市优势增长，对腹地的经济吸纳能力增强，构成了腹地对芜湖的经济关系。但是在以水路为主的贸易年代，口岸贸易覆盖区有限，口岸土货来源市场范围也有限，城市与腹地经济关系构建也建立在这个基础上。

第一节 原运出土货贸易与口岸土货贸易市场

芜湖开放后，芜湖土货贸易与洋货贸易都是重要内容。土货，是相对于西方资本主义机制洋货而言的，包括农副产品、手工业品和矿产品等。口岸土货贸易，内容丰富，有不同的结构。海关贸易报告将口岸土货贸易归入"复进口贸易",或"土货",或"土货贸易",或"沿海贸易"等栏目;在这一栏目下,又划分不同的子目。按照土货销售方向划分口岸土货贸易结构,把土货贸易分为"原运出者""复运出者"(或"复运出""复出口")和"运进"三个部分。"原运出者",又称"原出口",是指土货由腹地运到口岸集散的贸易。这部分土货,称为"原运出土货",或"原出口土货"。由腹地运到芜湖的原运出土货各年不同,数量也不断变化,这与芜湖土货贸易市场形势有关。

一 原运出土货贸易量波动

从贸易结构来看,经过芜湖输出的土货主要是农副产品、手工业品及煤、铁矿石,农副产品有米粮、丝、茶、羽毛、菜籽、花生、豆类、棉花、禽蛋、芝麻等,其中以米粮、丝、茶出口为大宗。原运出土货虽然以米为主,但是随着国际和国内市场发展,除米以外,各种土货投放市场,这些土货包括麦、豆等粮食作物,菜籽、花生等油料作物,茶叶、棉花、土药等经济作物,丝及丝织品等手工业品,煤炭、铁矿石等矿产品,内容丰富,品种很多,各年也有变化。基本土货品种为米、麦、生丝、丝织品、茶、棉花,其他的称为杂货,如药材、菜籽、花生、豆类、玉米、鸡鸭毛、蛋、香粉、铁块、烟、粗夏布、麻布、药材、纸、煤炭等。如光绪四年(1878)出口土货有 16 种,有稻、米、麦、茶、丝、丝织品、棉花、铁块、烟、粗夏布、麻布、药材、纸、煤炭等。[①] 芜湖以米市著名,但是不仅仅只有米贸易,还有很多其他土货贸易。不过,上述土货大部分在国内口岸市场销售,一部分销往资本主义国家。在芜湖海关贸易报告中,原运出土货,又称为"土产物",[②] 或"原料品"。[③] 也就是说,在世界资本主义市场体系中,中国广大农村是原料供应地,处于产业低端,没有任何技术和产业优势。

---

① 沈世培校注:《〈芜湖关华洋贸易情形论略〉校注》,安徽师范大学出版社 2015 年版,第 5 页。
② 沈世培校注:《〈芜湖关华洋贸易情形论略〉校注》,安徽师范大学出版社 2015 年版,第 5 页。
③ 沈世培校注:《〈芜湖关华洋贸易情形论略〉校注》,安徽师范大学出版社 2015 年版,第 78 页。

由于中国各地差异很大，由腹地输往各口岸城市的土货也千差万别。芜湖腹地原运出土货与其他地方口岸城市腹地原运出土货有所不同，不同时期有变化。从芜湖海关贸易报告，可以看出腹地输入芜湖土货的情况（见表5-1）。

表5-1　　　　芜湖海关原运出土货价值（1877—1919）（单位：关平银两）

年份	原运出土货总值	年份	原运出土货总值
1877	365669	1895	2356559
1878	594945	1896	5507551
1879	635374	1899	10596952
1880	1014709	1900	9696603
1881	1395129	1901	5498877
1882	1313150	1902	10980263.3
1883	1278724	1903	13204411.6
1884	1206793	1904	13282546
1885	2025418	1905	21161167
1886	3574122	1906	12715527
1888	1999903	1913	9860000
1889	3429321	1914	9740000（除迳运外洋土货值）
1890	3051492	1915	12761931
1891	5267406	1916	12203268
1892	5237684	1917	7808865
1893	4194066	1918	13207639
1894	5152948	1919	13238593

资料来源：根据中国第二历史档案馆编《中国旧海关史料（1859—1948）》（京华出版社2001年版）、沈世培校注《〈芜湖关华洋贸易情形论略〉校注》（安徽师范大学出版社2015年版）统计资料编制。

口岸开放后有诸多优势，使广大腹地土货向口岸聚集，由于口岸贸易形势不同，原运出土货贸易量是波动的。其有两个特点：第一，在上升中有波动。从光绪三年（1877）到光绪十二年（1886）10 年间，土货原运出值总体是上升的，10 年平均 1340403.3 两。从光绪十四年（1888）到光绪二十二年（1896）10 年间，土货原运出值进一步上升，土货原运出值除光绪十三年（1887）没有记载和光绪十四年（1888）1999903 两外，每年均在 200 多万两到 500 多万两，虽然有波动，但是平均在 4021881 两，是前 10 年的近 2 倍。从光绪二十三年（1897）到光绪三十二年（1906）的 10 年间继续增长，土货原运出值除光绪二十三年（1897）和光绪二十四年（1898）没有记载外，每年均在 500 多万两到 2000 多万两，虽然有波动，但是平均在 12142043 两。从 1913 年到 1919 年是徘徊时期。第二，波动原因受到口岸贸易形势影响。如 1913 年到 1919 年土货原运出值不稳定，一方面是因为皖北旱灾，能运出农产品数量不多，最受影响的是小麦、豆子、花生、火麻、烟叶和米 6 种；另一方面，因欧洲开战后，银根极紧，又因西贡米竞争。①

二 原运出土货贸易结构变动

在芜湖口岸贸易中，洋货贸易以鸦片、"五洋"商品贸易为主，土货贸易以米市贸易为主，其他土货贸易为辅。由于受到世界市场和国内市场波动的影响，各年土货原运出的品种和数量也是有变化的。

第一阶段是光绪三年（1877）到光绪十一年（1885）。这一时期，原运出土货以丝、茶等为主，米还不重要（见表 5-2）。

表 5-2　　　　　　　　芜湖海关原运出土货价值及比率

品名	1880 年		1881 年	
	价值（关平两）	占原运出土货比值（%）	价值（关平两）	占原运出土货比值（%）
丝织品	401014	39.52	534507	38.31
生丝	118553	11.68	141719	10.16
米	265271	26.14	397727	28.53

---

① 中国第二历史档案馆编：《中国旧海关史料（1859—1948）》，京华出版社 2001 年版，第 65 册，第 600 页。

续表

品名	1880 年		1881 年	
	价值（关平两）	占原运出土货比值（%）	价值（关平两）	占原运出土货比值（%）
茶	67076	6.61	85913	6.16
纸	63381	6.25	65672	4.71
棉花	40723	4.01	93920	6.73
杂货	58691	5.79	75671	5.40

资料来源：根据沈世培《〈芜湖关华洋贸易情形论略〉校注》（安徽师范大学出版社 2015 年版）资料整理。

米在土货贸易中主导地位也显现出来。芜湖海关出口米粮价值在各种原运出土货价值中，光绪六年（1880）至光绪十年（1884）为第二位，光绪十一年（1885）至 1936 年始终为第一位，成为最重要的出口土货。① 光绪十一年（1885）至 1936 年，芜湖海关出口米粮价值占出口土货价值，只有 8 年不到 50%，多数年份在 70%—80%，② 特别是 1919 年，达到 91.23%。光绪二十四年至三十年间（1898—1904），米粮出口多达 500 余万石，少亦三四百万石。1918 年以后，出口米粮一度增至 800 余万石。③

第一阶段光绪三年（1877）至光绪十一年（1885）。光绪三年（1877）芜湖海关输出粮食数量，稻 32839.50 担，米 102389.58 担，麦 2588.02 担，④ 稻米数量远超小麦。粮食贸易，以稻米为主。芜湖以米市著名，但是在开埠初，原运出土货值以丝织品为最多。光绪六年（1880），土货出口总值中，大米 26.14%，丝织品 39.52%，生丝

---

① 王鹤鸣、施立业：《安徽近代经济轨迹》，安徽人民出版社 1991 年版，第 292 页。
② 王春芳：《稻米贸易与近代安徽长江流域市镇的发展》，《安徽大学学报》2012 年第 3 期。
③ 马永欣：《芜湖米市春秋》，安徽省政协文史资料委员会编：《工商史迹》，安徽人民出版社 1987 年版，第 103 页。
④ 沈世培校注：《〈芜湖关华洋贸易情形论略〉校注》，安徽师范大学出版社 2015 年版，第 7 页。

11.68%，茶叶 6.61%，纸 6.25%，棉花 4.01%，其他杂品 5.79%。① 土货出口总值中，丝织品和生丝合计占比最高，其次是大米。但是，米税占出口税主要成分，所征总数关平银 40241 两 8 钱 7 分 4 厘中，米占 31%，丝织品 29%，生丝 13%，茶 13%。② 光绪七年（1881）芜湖原运出土货仍然以丝织品、生丝、米、茶、纸、棉花为主，原运出土货值以丝织品为最多，占原运出土货值 38.31%，米只占 28.53%，排在第二位，比光绪六年（1880）有提高。至光绪十年（1884）间米为第二位。当时芜湖米市没有形成，所以，米不是主要的原运出物。

第二阶段，光绪十二年（1886）至光绪二十六年（1900）。这一时期，随着米市发展，米从芜湖原运出量超过丝和丝织品，光绪十一年（1885）米原运出激增，为 120 万担，是光绪十年（1884）的 4 倍。③ 这是芜湖米市成立初期米原运出开始增长。到光绪十七年（1891），土货原运出总净值为关平银 5267406 两，其中米为关平银 390 万两，占 74%；丝及丝织品为关平银 89 万两以上，占 17%；茶、毛、羽、稻及豆各仅占 1%。④ 光绪十八年（1892），原运出至中国各埠土货总值为关平银 5237684 两，其中米为关平银 3704511 两，占总额 70.72%，丝及丝织品为关平银 1084717 两，占 20.70%。⑤ 光绪十九年（1893），原运出至中国各埠土货总值为关平银 4194066 两，其中米为关平银 2574877 两，占全额 61.39%；丝及丝织品为关平银 1081496 两，占 25.79%。⑥ 光绪二十五年（1899），芜湖原运出土货，米 4922746 担，占最大比重，而他种货物反似无足轻重。次于米之值的，首为丝，有 1795 担原运出，值关平银

---

① 芜湖市地方志编纂委员会编：《芜湖市志》下册，社会科学文献出版社 1995 年版，第 831 页。
② 沈世培校注：《〈芜湖关华洋贸易情形论略〉校注》，安徽师范大学出版社 2015 年版，第 28 页。
③ 沈世培校注：《〈芜湖关华洋贸易情形论略〉校注》，安徽师范大学出版社 2015 年版，第 57 页。
④ 沈世培校注：《〈芜湖关华洋贸易情形论略〉校注》，安徽师范大学出版社 2015 年版，第 89 页。
⑤ 沈世培校注：《〈芜湖关华洋贸易情形论略〉校注》，安徽师范大学出版社 2015 年版，第 96 页。
⑥ 沈世培校注：《〈芜湖关华洋贸易情形论略〉校注》，安徽师范大学出版社 2015 年版，第 96 页。

46790两,麦122965担,豆类8591担,花生44406担,毛羽19986担,玉米47905担,油菜子65574担,芝麻33399担。原运出货总值为关平银10596952两,米为关平银8779846两,上述其他8种货物,为关平银1415874两。① 基本上是米为第一位,丝为第二位。

表5-3　　　　　　　芜湖海关原运出土货比重(1900)

各种土货	米	生丝	麦	豆	鸡鹅鸭毛等	落花生
数量(担)		4970810	996	170000	157688	19302	73000
价值(关平银两)	9696603	8022238	285088	266025	262578	193155	161266
占原运出土货比值(%)		82.7	3	2.7	2.7	2	1.7

资料来源:根据中国第二历史档案馆编《中国旧海关史料(1859—1948)》(京华出版社2001年版,第32册,第158页)、沈世培校注《〈芜湖关华洋贸易情形论略〉校注》(安徽师范大学出版社2015年版,第136—137页)、芜湖市地方志办公室编《芜湖对外关系史》(黄山书社2014年版,第80—101页)统计资料编制。

从表5-3中可以看出,光绪二十六年(1900)原运出至芜湖土货,占比最多的是米,达到82.7%,其次是丝,再次是麦和豆,接着是鸡鹅鸭毛等和落花生。

第三阶段,光绪二十七年(1901)至宣统三年(1911)。这一时期,米原运出增加较快,在原运出贸易中,仍然为第一位。原运出米,光绪二十七年(1901)2324424担,光绪二十八年(1902)4302049担,光绪二十九年(1903)5720256担,光绪三十年(1904)5621143担,到光绪三十一年(1905)达到8438093担,为关平银19313942两,占原运出贸易总值91%,其余生丝、棉花、毛羽、纸、麦、玉米及豆类等只占9%。② 光绪三十二年(1906)至宣统三年(1911),原运出米有减少趋

---

① 沈世培校注:《〈芜湖关华洋贸易情形论略〉校注》,安徽师范大学出版社2015年版,第130页。
② 沈世培校注:《〈芜湖关华洋贸易情形论略〉校注》,安徽师范大学出版社2015年版,第167页。

势,从光绪三十二年(1906)4994100余担减少到光绪三十三年(1907)2452100余担,随后有所增加,但是没有达到光绪三十一年(1905)水平。宣统元年(1909),芜湖出口米统计全年4006980石23斤。① 但是其他土货地位发生了变化,如到光绪二十七年(1901)原运出菜籽235962担,丝1392担,麦139981担,毛羽19422担,豆类74125担,落花生48364担,蛋白86担,蛋黄568担。② 米仍然为第一位,菜籽代替丝成为第二位。光绪二十八年(1902),麦324169担,菜籽162715担,毛羽19833担,生丝353担,纸张3506担,牛皮5930担,豆类25570担,落花生19175担,棉花3977担,乱丝头1089担,面粉13698担,麻5499担,药材35753担,稻32131担,蛋白70担,蛋黄469担。米仍然为第一位,但是其他土货原运出量发生变化,特别丝由光绪二十六年(1900)前第二位降为第五位,"至于乱头丝出口之量,较前数年为大,但多半绕道南京出口。丝织品曾为重要之出口货,现已不见于表中"。③ 光绪二十九年(1903),米5720256担,占出口贸易总值86%,他项出口货按照其值多寡为先后排列,即生丝、麦、豆类、毛羽、菜籽、棉花、纸张、茶叶、乱头丝等。④ 米仍然是第一位,生丝又为第二位。光绪三十一年(1905)原运出米占原运出贸易总值91%,其余9%为生丝、棉花、毛羽、纸、麦、玉米及豆类等。⑤ 到宣统三年(1911),由于水灾、物价上涨、辛亥革命等原因,原运出土货中,米原运出除光绪三十三年(1907)不计外,10年中本年为数少,菜籽减少,皮货、生牛皮增加,丝茶较上年略加,烟叶原运出兴旺,小麦由63000余担跌至38000余担。⑥

---

① 《己酉芜湖出口米数》,《新闻报》第2张第1页,1910年正月十八日。
② 沈世培校注:《〈芜湖关华洋贸易情形论略〉校注》,安徽师范大学出版社2015年版,第142—143页。
③ 沈世培校注:《〈芜湖关华洋贸易情形论略〉校注》,安徽师范大学出版社2015年版,第148—149页。
④ 沈世培校注:《〈芜湖关华洋贸易情形论略〉校注》,安徽师范大学出版社2015年版,第154—155页。
⑤ 沈世培校注:《〈芜湖关华洋贸易情形论略〉校注》,安徽师范大学出版社2015年版,第167页。
⑥ 中国第二历史档案馆编:《中国旧海关史料(1859—1948)》,京华出版社2001年版,第57册,第302页。

第四阶段，1912年至1919年。这一时期，土货原运出有3个特点：第一，经历第一次世界大战，是土货原运出波动较大时期。米原运出仍然为第一位，"芜湖土货出口，以米为大宗"①，但是变化大，1912年原运出米4562195担，到1913年原运出米一落千丈，为2473835担，比上年减少一半。这主要是因为干旱歉收，产米地与销米地有乱事，暹罗和安南运到广东米价格低。此外，原运出土货减少的，为花生、茶、生牛皮、水牛皮等。所有原运出大增者，小麦、菜籽、菜饼及芜湖机器面粉。其原运出略增的，为豆类和烟叶。②1914年原运出贸易比上年更加萧条。皖北旱灾，运出农产品不多，最受影响的，为小麦、豆子、花生、火麻、烟叶、米6种。③1915年，土货原运出增加，大半因芜湖主要土产米增加，达266万担，但是比1913年前减少很多，此外丝、蛋黄、蛋白及花生米均增加，增加最多的为花生米。④ 第二，皖北土货原来输入到芜湖的，1912年津浦铁路修通以后，开始部分通过铁路出口到南京、上海。第三，日本对皖江地区掠夺加强。1917年，土货出口，铁矿砂174700担，为一日本洋行买自宝兴铁矿公司。土货复出口往外洋的，主要有二：一为三菱公司于本年中由大冶运来铁矿砂1434552担，其中772800担，值关平银155800两，复出口运往日本；二为熟铁33600担，值关平银123648两，由九江、汉口2处运到芜湖转运出口。⑤

三 原运出土货贸易与输入洋货贸易互动

在芜湖口岸贸易中，原运出土货贸易与输入芜湖洋货贸易之间不是无关的贸易，而是存在着互动关系。

---

① 中国第二历史档案馆编：《中国旧海关史料（1859—1948）》，京华出版社2001年版，第62册，第681—682页。

② 中国第二历史档案馆编：《中国旧海关史料（1859—1948）》，京华出版社2001年版，第62册，第681—682页。

③ 中国第二历史档案馆编：《中国旧海关史料（1859—1948）》，京华出版社2001年版，第65册，第601—602页。

④ 中国第二历史档案馆编：《中国旧海关史料（1859—1948）》，京华出版社2001年版，第69册，第650—653页。

⑤ 中国第二历史档案馆编：《中国旧海关史料（1859—1948）》，京华出版社2001年版，第77册，第723页。

表5-4 芜湖洋货输入总净值和原运出土货总值对比（1877—1906）

年份	输入洋货总净值（关平银两）	原运出土货总值（关平银两）
1877	893408	365669
1878	1925075	594945
1879	2323857	635374
1880	2374575	1014709
1881	2376324	1395129
1882	1816695	1313150
1883	1965055	1278724
1884	2088152	1206793
1885	2660787	2025418
1886	3764837	3574122
1889	2693183	3429321
1890	2922253	3051492
1891	2134282	5267406
1892	3933092	5237684
1893	3544984	4194066
1894	3416889	5152948
1895	3733303	2356559
1896	4255747	5507551
1899	6889366	10596952
1900	8329651	9696603
1901	7729651	5498877
1902	4735017	10980263.3
1903	8384238	13204411.6
1904	7207923	13282546
1905	6883830	21161167
1906	7124849	12715527

资料来源：根据中国第二历史档案馆编《中国旧海关史料（1859—1948）》（京华出版社2001年版）、沈世培《〈芜湖关华洋贸易情形论略〉校注》（安徽师范大学出版社2015年版）统计资料编制，部分数据来自芜湖市地方志办公室编《芜湖对外关系史》（黄山书社2014年版）第67—68页表。

表 5-4 中，反映了原运出土货贸易与输入洋货贸易波动情况。总体来说，有以下 3 种情况：

（1）二者同步增加，或同步减少，这是总体趋势，二者相互影响。如光绪八年（1882），各项贸易几乎全部惨落，贸易总值从光绪七年（1881）关平银 4379036 两，降为光绪八年（1882）关平银 3707514 两，输入洋货低落尤多，原运出土货也普遍减少。这主要是因为夏秋之交，洪水泛滥，安徽大部分地区受灾，上百万居民集中在芜湖和省城安庆依靠官府救济。① 土货原运出减少，洋货输入自然受到影响。所以，光绪八年（1882）洋货输入总净值 1816695 两，少于光绪七年（1881）2376324 两；土货原运出总值 1313150 两，少于光绪七年（1881）1395129 两。当然，这也不是绝对的，有时二者也不同步，如光绪九年（1883），输入洋货总净值为关平银 1965055 两，多于光绪八年（1882）为关平银 1816695 两；而原运出土货值关平银 1278724 两，比光绪八年（1882）少关平银 34426 两。②

（2）芜湖开埠后，洋货贸易促进了土货贸易，同时土货贸易也促进了洋货贸易，并且土货贸易发展速度超过洋货贸易。如光绪十五年（1889）贸易净值比光绪十四年（1888）贸易全额增加 32%，即关平银 1782317 两，在这种增加中，输出货占关平银 1429418 两，增加约 80%，输入土货占关平银 315630 两，增加约为 17%。土货贸易合计增加 97%。而输入洋货增加不到 3%。③ 这表明输入洋货贸易增长速度低于土货贸易。土货贸易繁荣，以土货为主，国内市场在扩大。

（3）米粮和鸦片贸易具有核心地位。在近代芜湖贸易中，米粮和鸦片是芜湖贸易的两大货物，米粮是土货贸易的主要商品，鸦片是晚清洋货贸易的主要商品，二者的变动，影响着芜湖土货贸易和洋货贸易走向，

---

① 沈世培校注：《〈芜湖关华洋贸易情形论略〉校注》，安徽师范大学出版社 2015 年版，第 41 页。

② 沈世培校注：《〈芜湖关华洋贸易情形论略〉校注》，安徽师范大学出版社 2015 年版，第 46 页。

③ 沈世培校注：《〈芜湖关华洋贸易情形论略〉校注》，安徽师范大学出版社 2015 年版，第 75 页。

进而左右着芜湖整个贸易走向，影响着芜湖海关征税。如1887年进口洋货值关平银2994000两，少于1886年关平银3760000两，同时，原运出土货也减少。输入洋货值和原运出土货值都有所降低，输入的跌落，还不及原运出跌落巨大，此年原运出土货值减少44%，"购买米粮之减少，实为出口低落之主因（亦非完全因此）。至于鸦片进口之减少，则酿成进口值之低落"。① 又如1899年所征税钞总数为关平银953726两，是本埠海关所征税钞中最高纪录，大于1898年及往年，"乃大量之米出口之结果，又鸦片之税厘，增加亦巨也"。②

四　输入货上岸时之值和输出货上船时之值比较

芜湖口岸贸易，货物在进入芜湖时，无论输入货物，还是输出商品，都要纳税及商业中间费用。从芜湖海关贸易统计来看，输入货物和输出货物在纳税及支付商业中间费用后，形成了"输入货上岸时之值"和"输出货上船时之值"。不过，二者的算法不同。

净输入洋货市价之值和净输入土货市价之值，是指输入洋货和土货还没有缴纳海关税钞和厘金及支付商业中间费用时按照市价计算之值，为初运到芜湖还未下船的进口货；输入货净值，是指净输入洋货市价之值和净输入土货市价之值的和；输入货在芜征收税钞、厘金，是指输入洋货和土货在芜湖海关征收税钞和洋药（鸦片）征收的厘金；7%运进口者之利益等，有的称为"商人利息等"，是洋货输入芜湖下船后经中间商人之手操作后付给中间商人的7厘佣金及各费，这些零星杂费占7%，即1两银子付7厘；上岸时输入货之值，是指输入洋货和土货缴纳海关税钞和厘金及支付7厘商业中间费用后之值，为"输入货价实数"（见表5-5）。

---

① 沈世培校注：《〈芜湖关华洋贸易情形论略〉校注》，安徽师范大学出版社2015年版，第66页。

② 沈世培校注：《〈芜湖关华洋贸易情形论略〉校注》，安徽师范大学出版社2015年版，第129页。

表 5-5　　芜湖海关"输入货上岸时之值"和"输出货上船时之值"比例　　（单位：关平银两）

		1890年	1891年	1892年	1893年	1894年	1895年	1896年	1897年	1898年
输入	净输入洋货市价值	2922253	3351706	3933092	3544984	3416889	3733303	4255747	3700373	3913420
	净输入土货市价值	1655452	1633942	1746757	1918710	1651561	1865752	1860479	1955867	2230057
	输入货净值	4577705	4985648	5679849	5463694	5068450	5599055	6116226	5656240	6143477
	输入货在芜征税钞、厘金	285341	290665	291626	282404	321303	279418	232744	173654	189088
	净输入减去税钞、厘金	4292364	4694983	5388223	5181290	4747147	5319637	5883482	5482586	5954389
	7%输入口者之利益等	300466	328649	377175	362690	332300	372375	411844	383781	416807
	合计上岸时输入货值	3991898	4366334	5011048	4818600	4414847	4947262	5471638	5098805	5537582
输出	原运出货市价之值	3051492	5267406	5243390	4198268	5156090	2360427	5508602	3232121	4037052
	原运出货在芜所纳税钞	203475	400861	385062	282122	380263	124664	332789	206042	206138
	原运出货值加税钞	3254967	5668267	5628452	4480390	5536353	2485091	5841591	3438163	4243190
	8%运出利益等	244119	421392	419471	335861	412487	188834	440688	258570	322964
	合计装运时输出货值	3499086	6089659	6047923	4816251	5948840	2673925	6282279	3696733	4566154

资料来源：根据沈世培校注《〈芜湖关华洋贸易情形论略〉校注》（安徽师范大学出版社2015年版）整理，其中1897年、1898年资料来自中国第二历史档案馆编《中国旧海关史料（1859—1948）》（京华出版社2001年版）。

原运出货市价之值，是指皖江地区等腹地土货运到芜湖，按照市价计算的价值；原运出货在芜所纳之税钞，是指原运出货在芜湖海关缴纳的出口税钞；原运出货值加税钞，是指原运出货市价之值加上原运出货在芜湖海关缴纳的出口税钞；8%运出者之利益等，也称"商人利息等"，是指土货经手8厘佣金及各费，即1两关平银付8厘，属于零星杂费；装运时输出货之值，是指土货照装船时估计的价值，是指原运出货市价之值，加上出口税钞，再加上经手8厘佣金及各费，为"输出货价实数"。

在芜湖海关报告中，输入货上岸时之值和输出货上船时之值的计算方法相反，输入货上岸时之值是输入货（包括洋货和土货）净值减去海关税钞和厘金及商业中间费用之值，为"输入货价实数"；而输出货上船时之值，是原运出货市价之值加上税钞及商业中间费用之值，为"输出货价实数"。

例如，光绪二十三年（1897），输入洋货，除复出口之外，按市价，共值关平银3700373两，土货值关平银1955867两，共值关平银5656240两。照卸船时估计，应除进口税、洋药厘金173654两，实为5482586两，再除零星杂费7%，计383781两，则输入货价实数仅5098805两；输出货物，按市价共值关平银3232121两，照装船时估计，应加输出税饷206042两，实为3438163两，再加零星杂费8%，计258570两，则输出货价实数共3696733两。① 又如光绪二十四年（1898），输入洋货，按市价共值关平银3913420两，土货值关平银2230057两，共值关平银6143477两，照卸船时估计，应除输入税厘银189088两，实为5954389两，再除经手7厘佣金及各费共416807两，则输入货价实数仅5537582两；输出货物按市价值关平银4037052两，照装船时估计，应加出口税项206138两，实为4243190两，再加经手8厘佣金及各费322964两，则输出货价实数，共4566154两。②

进出芜湖的货物，主要分为两大部分：一是从腹地运到芜湖的原运出土货，这部分货物一部分运出到其他口岸城市，另一部分出口到外国，

---

① 中国第二历史档案馆编：《中国旧海关史料（1859—1948）》，京华出版社2001年版，第26册，第155页。

② 中国第二历史档案馆编：《中国旧海关史料（1859—1948）》，京华出版社2001年版，第28册，第158页。

构成输出货物贸易；二是从外洋和其他口岸输入到芜湖的洋货和土货，一部分是从外洋进口到芜湖的洋货，另一部分是从其他口岸城市运进芜湖的洋货和土货，构成输入货物贸易。在市场作用下，从腹地运到芜湖的原运出土货，其数量和结构是受市场波动影响的，即原运出土货贸易与输入货物贸易产生互动，二者相互促进，相互影响，有共振现象。总之，在市场作用下，原运出土货贸易与输入货物贸易互动，促进了城市与腹地经济关系的构建，没有这样的互动，城市与腹地经济关系就很难构建起来。

第二节 原运出粮油贸易与城乡经济互动

近代芜湖是巨大的粮油贸易市场，特别近代芜湖以米市著名，与无锡、九江、长沙并称全国4大米市，并居首位，享誉国内外。

学界对米市研究较多，对近代芜湖米市兴衰进行了详细分析，分析了芜湖米市在全国的地位，芜湖米市的销售范围，米市短期波动原因，20世纪二三十年代芜湖米市长期衰落的原因，全国市场米价波动的影响等问题。①

芜湖开放及米市迁芜，有利于腹地米等粮油源源不断地涌向芜湖，米市日渐繁荣，形成了以米粮贸易为中心的贸易格局。原运出粮油贸易，包括稻米、麦、豆、玉米、菜籽、芝麻、落花生等，其中以米贸易最为突出。

一 原运出米贸易量

芜湖每年有数百万米集散，这些米实自乡村斗集而来。农村收获之后，一部分水稻归于地主粮仓，另一部分属于农民。地主囤积待时而售，农民因为在农忙时借债需要偿还，不得不脱售部分或全部水稻，用人力担负，或独轮车载，或用驴输送至小镇或县城中，卖给砻坊、粮行，由砻坊砻成糙米（熟米也有，但不多），以待米客收买。贩米客人根据芜湖米行发

---

① 方前移：《国际视域下皖江区经济（1877—1937）》，社会科学文献出版社2018年版，第219—266页。

来的米价信息，米价高就向砻坊、粮行大量购米，或者砻坊派人将囤积的米运到芜湖兜售。由城镇到芜湖之间的运输，大都采用帆船运输。四乡米运到芜湖后，卖米客人住在米行，由米行代表客人，与代表买客的米号接洽，卖客与买客不需直接面谈，一切手续由米行与米号办理。①

表5-6　　　　芜湖海关出口大米数量（1877—1932）　　　（单位：石）

年份	米数量	年份	米数量	年份	米数量
1877	102389.58	1895	856203	1913	2473835
1878	95887.28	1896	3956473	1914	2473815
1879	66336	1897	1521912	1915	2660000
1880	210369.96	1898	1654714	1916	3350000
1881	388792	1899	4922746	1917	1660000
1882	665632（含稻）	1900	4970814	1918	3190827
1883	454926	1901	2324424	1919	8888166
1884	348390.05	1902	4302049	1922	829710
1885	1200000	1903	5720256	1923	1138070
1886	2325841	1904	5621143	1924	2985869
1887	1055822	1905	8438093	1925	6178205
1888	902411	1906	4994135	1926	1577592
1889	2117097	1907	2452180	1927	1180290
1890	1518545	1908	4825753	1928	2483655
1891	3385989	1909	3997708	1929	2401026
1892	3087092	1910	3500000	1930	1696461
1893	2091019	1911	2651039	1931	2426247
1894	3142873	1912	4562195	1932	1304722

资料来源：根据中国第二历史档案馆编《中国旧海关史料（1859—1948）》（京华出版社2001年版，1897年、1898年、1915年、1916年、1917年、1918年、1919年出口米数据来源于此）、沈世培《〈芜湖关华洋贸易情形论略〉校注》（安徽师范大学出版社2015年版）、芜湖市地方志编纂委员会编《芜湖市志·海关》下册（社会科学文献出版社1995年版，第830—831页）"1877至1932年芜湖大米出口统计表"、王维德《芜湖米市概况》（《工商半月刊》1934年第6卷第3号，第56—57页）等资料整理。

① 王维德：《芜湖米市概况》，《工商半月刊》1934年第6卷第3号，第59页。

表 5-6 中数据反映了芜湖出口米的情况,也反映了米市变化情况。芜湖输出大米,光绪三年(1877)102389.58 担,光绪四年(1878)稻、米共计 104467.28 担,有所减少,是因为光绪四年(1878)皖江地区粮食收成减少,只有往年 8 成。光绪五年(1879)芜湖米输出计 66336 担,虽然输出量减少,但是"米业之贸易甚好,商人亦自认颇有盈余"。① 米出口量,光绪六年(1880)升到 210369.96 担,是光绪五年(1879)的 3 倍多;光绪七年(1881)又突然升到 388792 担,增幅很大。光绪八年(1882)米市迁到芜湖,米输出量突然增加到 665632(含稻)担,光绪十一年(1885)达 1200000 担。光绪十二年(1886)米出口总值为关平银 3574122 两,比光绪十一年(1885)增 74%,实为最高纪录。② 据徐正元先生统计,光绪十一年(1885)至光绪二十四年(1898)芜湖海关每年运出米粮均在二三百万石。③ 19 世纪 80 年代,芜湖米市就日趋兴盛,"粤客之在芜贩米者,源源不竭。近复由沪雇轮船两艘,装谷米四万余包,于上月二十六日,展轮赴粤"。④ 每至米谷在芜湖出港季节,常有海轮数艘来泊,装运米谷,盛况达于极点。其贸易总额为 230 万两乃至 300 万两。⑤ 芜湖输出米量虽然不大,但是呈上升趋势,到光绪二十年(1894)达 3142873 担,⑥ 增加了 30 多倍。

光绪二十年(1894)甲午战争时期,因为禁米运出,皖江地区土货运出也减少,海关报告称,光绪二十一年(1895)皖江地区出产运至中国各埠土货总值为关平银 2356559 两,与光绪二十年(1894)关平银 5152948 两相较,少关平银 2796389 两。"此大量之减少,几可谓全因运出米之值[从光绪二十年(1894)关平银 3620360 两,落至光绪二十一

---

① 沈世培校注:《〈芜湖关华洋贸易情形论略〉校注》,安徽师范大学出版社 2015 年版,第 15 页。
② 沈世培校注:《〈芜湖关华洋贸易情形论略〉校注》,安徽师范大学出版社 2015 年版,第 62 页。
③ 徐正元:《芜湖米市述略》,中国展望出版社 1988 年版,第 21—23 页。
④ 《申报》,光绪十年(1884)十一月四日。
⑤ 李文治编:《中国近代农业史资料》第一辑,生活·读书·新知三联书店 1957 年版,第 479 页。
⑥ 沈世培校注:《〈芜湖关华洋贸易情形论略〉校注》,安徽师范大学出版社 2015 年版,第 1—115 页。

年（1895）关平银1027444两]。"① 战后，皖江地区米原运出恢复。特别是光绪二十四年（1898）皖省在芜设米捐局，米市固定下来，米输出量大增。光绪二十五年（1899）大米原运出4922746担，值关平银8779846两，占原运出总值82.8%。至光绪三十年（1904）大米原运出5621143担，值关平银11203477两，占原运出总值82.8%。光绪二十四年（1898）至光绪三十年（1904），是芜湖米市发展的兴旺时期，"（大米）出口数多至五百余万担，少亦三四百万担"。② 光绪三十一年（1905）大米原运出达8438093担，值关平银19313942两，占原运出总值91.3%。此后，大米原运出一般稳定在80%左右。③ 到光绪三十四年（1908）芜湖原运出米4825753担，占原运出土货价值88%，其余重要土货土丝、鹅鸭毛、纸、牛皮、麦等类占比较小。④ 光绪五年（1879）出口米约6万担，到1912年450余万担，30多年增加至75倍。⑤ 1918年、1919年连续2年农业丰收，1919年米粮原运出增至8888166石。大米原运出量激增，带动各业发展，尤其是采运业更加繁忙。这些大米原运出速度发展很快，从光绪三年（1877）的102389.58担，增至光绪三十一年（1905）8438093担、1919年8888166担，40余年，增长了80余倍。1919年为芜湖出口米粮最高峰期。19世纪末20世纪初，皖江地区各地米挂帆源源运往芜湖，各地粮商云集江城，芜湖江段成了"黄金航路"，芜湖成为近代中国著名的四大米市之一，成为长江流域最大的米粮交易市场。芜湖每年输出的米额，一般在三四百万石，多则七八百万石。据统计，当时每年进出芜湖的轮船在4000艘左右，吨位达700万吨。⑥ 但是，20世纪20

---

① 沈世培校注：《〈芜湖关华洋贸易情形论略〉校注》，安徽师范大学出版社2015年版，第117页。

② 余谊密修，鲍寔纂：《（民国）芜湖县志》卷35《实业志》，黄山书社2008年版，第245页。

③ 芜湖市地方志编纂委员会编：《芜湖市志》下册，社会科学文献出版社1995年版，第831页。

④ 沈世培校注：《〈芜湖关华洋贸易情形论略〉校注》，安徽师范大学出版社2015年版，第182—183页。

⑤ 中国第二历史档案馆编：《中国旧海关史料（1859—1948）》，京华出版社2001年版，第60册，第306页。

⑥ 安徽省政协文史资料委员会编：《工商史迹》，安徽人民出版社1987年版，第166—168页。

年代以后，或因歉收，或因地方限制米出口，米出口减少，如1926年出口米1577592担，比1925年减少450万担。①

以上是芜湖海关出口米粮情况，另外帆运出口主要通过常关大米出口量也很可观。帆运数字虽然不可靠，但是此外没有可供参考资料，可以视为最低限额出口量（见表5-7）。②

表5-7　　芜湖帆运和轮运大米出口量（1912—1933）　　（单位：关担）

年份	轮运	帆运	共计
1912	4562195	104492	4666687
1913	2473835	74975	2548810
1914	2271581		
1915	2657113	293675	2950788
1916	3350766	124027	3474793
1917	1664575	292395	1956970
1918	3190827	306096	3496923
1919	8888166		
1920	4715099	215267	4930366
1921	2248117	552634	2800751
1922	829710	192163	1021873
1923	1138076	155117	1293193
1924	2985869		
1925	6178205	155460	6333665
1926	1577592	1419716	2997308
1927	878039		
1928	2483655	1304131	3787786

① 《税务司呈拟1926年中国各海关口岸华洋贸易报告书》（1927年4月30日），中国第二历史档案馆编：《中华民国史档案资料汇编》3辑《农商（2）》，江苏古籍出版社1991年版，第1354页。

② 吴正：《皖中稻米产销之调查》，《交通大学研究所社会经济组专刊》第2号，中华书局印刷所1936年印，第16页。

续表

年份	轮运	帆运	共计
1929	2401026	724010	3125036
1930	1698461	588500	2286961
1931	2426247	595000	3021247
1932	1304722	885630	2190352
1933	1610759		

资料来源：吴正：《皖中稻米产销之调查》，《交通大学研究所社会经济组专刊》第 2 号，中华书局印刷所 1936 年印，第 15—16 页表。轮运数字来自芜湖海关《海关册》；帆运数字自 1922 年至 1926 年系根据芜湖常关及 50 里分关统计，自 1928 年至 1932 年系根据大胜关米捐局每年税额计算而得。

二 原运出米贸易与芜湖口岸洋货贸易互动

原运出米贸易，是芜湖口岸贸易轴心，影响着对芜湖洋货输入贸易。洋货输入芜湖，再输入腹地，是与稻米贸易相联系的，均以米原运出贸易情形而定。"余思布匹贸易，亦与他进口贸易同，均以米出口贸易之情形而定。其他且不论，姑举一例，如大批民船运米至此，则不难以廉价雇用船只，装运各种货物至内地，因船主宁愿于归途中，稍得酬金，不愿空舟而返也"①。这样，形成腹地土货运出贸易与洋货贸易互动，运出米贸易是土货贸易的主要内容，米商用帆船从腹地把米运到芜湖集散，返回时捎带洋货回腹地，形成原运出米贸易与芜湖口岸洋货贸易互动关系，互相促进，共同发展。

洋货输入与米原运出是相辅相成的。光绪六年（1880）米原运出数为 210369 担 96 斤，是光绪五年（1879）运出量 3 倍以上，米原运出增加，洋货输入也增加。"因米出口增加而引起进口之膨胀，则进口税钞亦必增加"②。米贸易影响洋货输入贸易。如光绪十七年（1891）芜湖进口

---

① 沈世培校注：《〈芜湖关华洋贸易情形论略〉校注》，安徽师范大学出版社 2015 年版，第 61 页。

② 沈世培校注：《〈芜湖关华洋贸易情形论略〉校注》，安徽师范大学出版社 2015 年版，第 65 页。

棉纱减少,"此似因在上海低落之故,但此种增加之主因,为本省收成之减少"。① 收成减少,土货特别是米运出就少,洋货进口就减少。光绪六年(1880)芜湖贸易总净值为关平银 3934144 两,光绪五年(1879)为 3563573 两,"出口贸易之值加多,同时,进口洋货之值亦略有增进"。②

大米和鸦片是进出口两大贸易内容,影响芜湖贸易。光绪十三年(1887)输入洋货计值关平银 2994000 两,比光绪十二年(1886)关平银 3760000 两少。但是原运出跌落比输入跌落更严重,光绪十三年(1887)输出值,比光绪十二年(1886)减 44%。"购买米粮之减少,实为出口低落之主因。至于鸦片进口之减少,则酿成进口值之低落。"③ 光绪二十九年(1903)米市繁荣,"一般制米、载运、贩卖者,收入既均有增加,则其生活程度必为之提高,而耗费必需品、奢侈品亦必较从前为巨,故今年前三季,主要洋货之输入激增,而洋药一项贸易,前已极为衰微,今年则复形活跃,进口增多矣"。④ 光绪三十二年(1906)初,一般商人皆预料米市可以活跃,囤积大批之布匹货物,以备米商从内地运出谷类之后,或以货易货,或以赚得之钱,购货而运回内地。但后来知此种企图已归失望,米市长期不振,因而使外洋布匹贸易亦发生同样之情形,年终时,商号内囤积布匹各货,仍无多少移动。⑤ 1922—1931 年,洋货输入增加,煤油和糖品为输入货物大宗,洋货输入旺盛原因,"系上年食米贸易繁荣,金融舒展之故也"。⑥ 可见,原运出米贸易与芜湖口岸洋货贸易相互影响,左右着芜湖口岸贸易。

---

① 沈世培校注:《〈芜湖关华洋贸易情形论略〉校注》,安徽师范大学出版社 2015 年版,第 89 页。
② 沈世培校注:《〈芜湖关华洋贸易情形论略〉校注》,安徽师范大学出版社 2015 年版,第 18 页。
③ 沈世培校注:《〈芜湖关华洋贸易情形论略〉校注》,安徽师范大学出版社 2015 年版,第 66 页。
④ 沈世培校注:《〈芜湖关华洋贸易情形论略〉校注》,安徽师范大学出版社 2015 年版,第 153 页。
⑤ 沈世培校注:《〈芜湖关华洋贸易情形论略〉校注》,安徽师范大学出版社 2015 年版,第 173 页。
⑥ 《民国十一年至二十年:最近十年各埠海关报告》上卷《华北及长江各埠》,海关总税务司署统计科译印。见中国第二历史档案馆编《中国旧海关史料(1859—1948)》,京华出版社 2001 年版,第 158 册,第 753 页。

三　原运出米等粮油来源市场

中国粮食系指米、麦及高粱、玉米、豆类、薯类等。其中米、麦两种最为普遍，称为正粮。其他各种称为杂粮。① 芜湖米市的米，主要来自皖江地区。据王维德《芜湖米市概况》载，"计各县之米谷，须由芜湖出口者，有芜湖、繁昌、宣城、南陵、泾县、太平、旌德、广德、郎溪、当涂、青阳、贵池、铜陵诸县，江北的舒城、合肥、庐江、无为、巢湖、太湖、怀宁、潜山、桐城、宿松、和县、含山等诸县。以上诸县属江之南，而又有青弋、水阳二川流域。其在江北，则为巢湖流域，有舒城、合肥、庐江、巢县、无为，皆为最富米谷之区，而桐城、宿松、怀宁、和县、含山等诸邑，亦产米不少。皖北一带，除一部分田地生产小麦外，其所产米谷，为数亦不在少，常由陆运至合肥、舒城一带，而猬集于芜湖焉。总而言之，安徽之中部与南部各县，产米之区，除旧徽属六邑外，无不过剩。此过剩之米，自来多由芜湖出口，而输之于省外，以调剂国内之民食"②。这些县多为皖江地区，为产米区，其中江南青弋江、水阳江流域，巢湖流域诸县，都为最富米谷之区。又据吴正《皖中稻米产销之调查》载，到20世纪30年代，在6处安徽商业中心芜湖、大通、安庆、正阳、蚌埠、屯溪，"就中芜湖更为皖中米粮之集中出口地，凡沿大江及巢湖流域各县，与夫六安县东南乡之米，莫不直接间接向此汇集，年达数百万石，大通为青阳及桐城稻米汇集处，六安县沿淠河两岸之米粮则向正阳关集中，由淮河转蚌埠出口"。③ "主要产米县分为无为、庐江、舒城、六安、合肥（江北），宣城、南陵（江南）。其次为繁昌、青阳、当涂、郎溪、广德、铜陵（江南），含山、和县、巢县、桐城及溪山（江北）。每年除供当地粮食外，皆有出口，而尤以无为、庐江、六安、

---

①　中国第二历史档案馆编：《中华民国史档案资料汇编》5辑2编《财政经济》（8），江苏古籍出版社1991年版，第282页。

②　王维德：《芜湖米市概况》，《工商半月刊》1934年第6卷第3号，第51页。

③　吴正：《皖中稻米产销之调查》，《交通大学研究所社会经济组专刊》第2号，中华书局印刷所1936年印，第1页。

宣城、南陵为最多"。① 米粮输入，以江北各县占大多数，约占总输入量的70%，江南各县约占30%。② 米输入量，向无统计可考，大约江北输入以三河口居首位，次无为、合肥、庐江，最次巢县、桐城、和县、含山，江南以宣城居首位，南陵次之，繁昌、当涂又次之。③ 据朱孔甫于1935年3月至7月调查写的《安徽米业调查》载，芜湖米主要来自巢湖流域诸县，以舒城（桃镇）、合肥（三河镇）、庐江、无为（襄安镇）、巢县、含山（运漕镇）等县，产米最多，除无为襄安镇米由凤凰颈搬坝出江外，余均帆运出巢湖、裕溪河口以至芜湖，桐城、怀宁、潜山、庐江、舒城出产的一部分米，每年也有20万石，经桐城枞阳镇运到芜湖，以上所述各县，为芜湖米市主要产区，数量约占运出全数的70%，其间无为、合肥、庐江3县约各占15%，舒城、六安占10%，其余巢县、和县、含县及桐城4县共占15%。皖南则以青弋江、水阳江流域的宣城、南陵、泾县产米为最著名，繁昌、青阳、贵池次之，是芜湖米重要来源，像当涂和芜湖本县产米虽多，大部分由肩挑售于芜湖本市小米行，供给市民食米需要及直接运往南京、镇江销售。总之，皖南来芜交易出口之米，仅占总数30%。米的品质，则以南陵和芜湖县产米为佳，在商人交易中分上、中、下3等，以南陵县特别机米，芜湖县高冈铺麻籼、东南乡特别洋籼、南关机米，以及庐江县麻籼为上等，合肥、三河、巢县、宣城等地产米为中等，当涂、繁昌米则为下等。判断米等级的标准是在色泽口味及能碾制程度，至于碾制米品好坏则在于贩运米商的需要和碾米技术。④

安徽是中国著名的产米区，而南陵县在安徽诸县中，其产量之丰，品质之优，实为皖省各县之最。⑤ 先秦时，南陵就种植水稻。西汉武帝元

---

① 吴正：《皖中稻米产销之调查》，《交通大学研究所社会经济组专刊》第2号，中华书局印刷所1936年印，第1页。

② 吴正：《皖中稻米产销之调查》，《交通大学研究所社会经济组专刊》第2号，中华书局印刷所1936年印，第14页。

③ 吴正：《皖中稻米产销之调查》，《交通大学研究所社会经济组专刊》第2号，中华书局印刷所1936年印，第15页。

④ 朱孔甫：《安徽米业调查》（1935年3月至7月调查），《社会经济月报》1937年第4卷第3期，第8—9页。

⑤ 刘家铭：《南陵农民状况调查》，《东方杂志》第24卷第16号，第91页。

封二年（前109）置春谷县，县境广阔，包括今南陵、繁昌、铜陵等县。当时，以农作物为县名的只有春谷县。因稻谷春二月种，六月中已有新谷，成熟皆较他县为早，所以名为春谷县。近代南陵是芜湖米市的重要米源地，有"芜湖米市，南陵粮仓"之美称。"南陵为皖南产米主要县分，本县社会经济之盛衰，全以米市为转移。"① 南陵水稻产量高，品质好，"除供本地消费外，尚有巨量之输出"。② 南陵每年产米在八九十万石，1932年产米高达90万石，③ 平均每年出口米粮达60万石。④ 南陵大米，为安徽省南陵县特产，以"外观品质好，光泽度佳，胶稠底轻，气味清香"等特点闻名，当今南陵仍被誉为"江南鱼米之乡""江南粮仓"。

有高河大米产于安庆怀宁县高河埠，明清时期曾以"贡米"之称，质优色白，光滑油润，香软可口，驰名南北，俗言"杨柳籼，麻壳籼，一人吃饭两人添"。从清代到民国时期，高河大米一直在芜湖、安庆市场享有盛名，价格亦较庐江的三河大米、望江的坯子米每担高一块至两块银圆⑤。

芜湖米市是依靠皖江地区水运系统，把皖江地区米运往芜湖，再通过长江运销长江沿岸和沿海城市，并销往国外。历史上的芜湖米市外运靠长江航运之便，内调靠周围河网密布（见表5-8）。

表5-8　　　　　　芜湖米市稻米产地和销量（1918）

产地	销量（万石）	产地	销量（万石）
南陵	100	青阳	30
太平	45	西河	10
宁国	100	南乡	4
湾沚	20	三河	100

---

① 吴正：《皖中稻米产销之调查》，交通大学研究所社会经济组专刊第二号，中华书局印刷所1936年版，第64页。

② 刘家铭：《南陵农民状况调查》，《东方杂志》第24卷第16号，第91页。

③ 吴正：《皖中稻米产销之调查》，交通大学研究所社会经济组专刊第二号，中华书局印刷所1936年版，第64页。

④ 吴正：《皖中稻米产销之调查》，交通大学研究所社会经济组专刊第二号，中华书局印刷所1936年版，第65—66页。

⑤ 怀宁县工商联：《高河大米》，安庆市政协文史委编：《安庆文史资料·工商经济史料专辑（三）》第23辑，中共安庆市委机关印刷厂1991年印，第79—80页。

续表

产地	销量（万石）	产地	销量（万石）
庐江	100	襄安	10
和州	45	孔城	25
无为	10	柘皋	10
安庆	100	运漕	20
庐州	45	合计	774

资料来源：程必定：《安徽近代经济史》，黄山书社1989年版，第190页。

这样，芜湖就成为皖江地区大米贸易和集散中心。皖江地区米向芜湖集中，也有渐进过程。如巢湖流域是芜湖米市重要米源地，但是，镇江米市形成后，这里稻米一般运往镇江销售，与芜湖联系不大，但是光绪八年（1882）米市从镇江迁到芜湖后，"庐州农人最近已开始运送大量货物来此，不复运至较远商埠之镇江"。[1] 庐州府米输入芜湖，这样芜湖的米源市场扩大了。不仅如此，"后来由于各帮粮商大批采购的诱导，川、鄂、湘、赣等省的余米，有时也用帆船运芜销售"。[2] 如晚清时期，皖江地区由于社会不安定，影响了稻米生产，对芜湖米市有影响，这给外省大米到芜湖销售提供了机会。如光绪五年（1879）湖北、江西两省稻米销到芜湖，与皖江地区稻米生产不稳定有关。[3] 江西米质量超过皖江米，这也是江西米不断运来芜湖销售的重要原因，"皖省所产之米，其质虽佳，究非顶上品，江西麻籼乃可称巨擘"。[4] 当然，这些米数量较少。可见，芜湖米主要来源于皖江地区，构成了皖江地区乡村对芜湖的经济关系，芜湖米市市场贸易圈主要是皖江地区。其他地区是芜湖米市市场贸易圈的延伸地区，处于次要地位。

在皖江地区，人们以稻米为主食，麦、豆等为次。"芜湖粮食买卖，

---

[1] 沈世培校注：《〈芜湖关华洋贸易情形论略〉校注》，安徽师范大学出版社2015年版，第44页。

[2] 芜湖市粮油食品局编：《芜湖市志·粮食志》（评审稿），1988年，第10页。

[3] 沈世培校注：《〈芜湖关华洋贸易情形论略〉校注》，安徽师范大学出版社2015年版，第15页。

[4] 中国第二历史档案馆编：《中国旧海关史料（1859—1948）》，京华出版社2001年版，第60册，第306页。

以米粮为大宗,其他为数甚少。此次调查所得,如小麦,常年交易数量约二十万担,大豆八九万担,绿豆一二万担,大麦极少,菜籽四十万担(旺年有达七八十万担)。"①

小麦,芜湖开埠初就是原运出量最多的一项。光绪十三年(1887)原运出小麦 109 两,光绪十四年(1888)则达到 20944 两,是上年的 192 倍多。② 到 1929 年达到 489399 担,为最高值。另外,口岸粮食加工业发展和 1917 年 5 月起小麦免税放行,都促进了小麦输出。③ 芜湖小麦也是来自皖江地区,每年有十五六万石（126 斤）,就近销往南京大同、扬子两面粉厂。④

豆类,由内地原运出主要是黄豆,还包括其他豆类,如豌豆等。在芜湖海关贸易报告中有"各色豆"的表述。如光绪二十七年(1901)运出"各色豆"74100 余担。⑤ 豆类原运出,大致比小麦略低。如光绪二十六年(1900)运出小麦 170000 余担,豆 157000 余担,相差不大。⑥ 黄豆,在芜湖开埠后也是重要的输出货物,是芜湖海关原运出的 10 大货物之一,其中部分销往欧洲。豆类主要来自皖江地区,由芜湖海关运出豆类,主要来自安庆、庐州、滁州等地。⑦ 如 1912 年各种豆多由庐州、安庆、皖北、宁国等处运来。⑧ 由于油脂含量高,腹地运往芜湖出口的黄豆,在国内仅次于东北黄豆,很畅销,运出持续增加。

---

① 社会经济调查所编:《芜湖米市调查》,《粮食调查丛刊》第 4 号,社会经济调查所 1935 年印行,第 7 页。

② 沈世培校注:《〈芜湖关华洋贸易情形论略〉校注》,安徽师范大学出版社 2015 年版,第 70 页。

③ 中国第二历史档案馆编:《中国旧海关史料（1859—1948）》,京华出版社 2001 年版,第 77 册,第 724 页。

④ 朱孔甫:《安徽米业调查》(1935 年 3 月至 7 月调查),《社会经济月报》1937 年第 4 卷第 3 期,第 7 页。

⑤ 中国第二历史档案馆编:《中国旧海关史料（1859—1948）》,京华出版社 2001 年版,第 34 册,第 172 页。

⑥ 中国第二历史档案馆编:《中国旧海关史料（1859—1948）》,京华出版社 2001 年版,第 32 册,第 158 页。

⑦ ［日］日本东亚同文会编:《支那省别全志·安徽省》,东京铅印本,日本大正八年(1919),第 203 页。

⑧ 中国第二历史档案馆编:《中国旧海关史料（1859—1948）》,京华出版社 2001 年版,第 60 册,第 307 页。

玉米，"此种谷类无论所运之多寡，从前概经常关"，用民船装运外销，不经过海关，所以在芜湖海关贸易报告中一般不见记载。但是光绪十五年（1889），玉米初次见于统计册上，上半年有11231担运往上海。因芜湖关征税高于其用民船装运时所征常关税，所以，此项贸易仍有回复原来港口可能。① 在芜湖海关贸易报告中，对玉米原运出贸易记载不多，但是，其运出增长明显，如光绪十六年（1890）玉米贸易有显著进步。② 光绪二十五年（1899）原运出玉米47905担，③ 是光绪十五年（1889）的4倍多。不过，因为玉米原运出多经过常关，经过海关的不多，所以经过海关的玉米贸易有限，次于米、麦、豆贸易，如光绪二十五年（1899）在原运出贸易中，除米占91%外，其余9%为生丝、棉花、毛羽、纸、麦、玉米及豆类等，份额很小。④

芜湖腹地运出油料作物主要是菜籽、花生、芝麻等。

菜籽，芜湖开埠后，腹地菜籽大量运往芜湖集散，成为重要的运出土货之一。中国菜籽最著名产区，为浙江温州、江苏苏州、安徽芜湖，而尤其以芜湖所产品质最好。在芜湖海关贸易报告中，出现菜籽原运出记载是光绪十六年（1890），"花生、菜子饼本年出口颇多，在本口大宗土货中初次列名"。⑤ 光绪二十五年（1899）开始输出菜籽65574担，价值银95979两，占原运出土货值0.9%，居第9位。当时，各地手工业油坊较多，芝麻、菜籽被卖到当地油坊榨油，所以，有时原运出芝麻、菜籽减少。但是，菜籽饼运出却在增加。如光绪二十六年（1900）运出芝麻23000余担，菜籽18000余担，较上年少。但是菜籽饼48000担，较上年原运出多，芝麻、菜籽运出少，"乃系本地自用榨油，不然焉有许多渣

---

① 沈世培校注：《〈芜湖关华洋贸易情形论略〉校注》，安徽师范大学出版社2015年版，第79页。

② 沈世培校注：《〈芜湖关华洋贸易情形论略〉校注》，安徽师范大学出版社2015年版，第81页。

③ 沈世培校注：《〈芜湖关华洋贸易情形论略〉校注》，安徽师范大学出版社2015年版，第130页。

④ 沈世培校注：《〈芜湖关华洋贸易情形论略〉校注》，安徽师范大学出版社2015年版，第167页。

⑤ 中国第二历史档案馆编：《中国旧海关史料（1859—1948）》，京华出版社2001年版，第16册，第129页。

饼出口?"① 光绪二十七年（1901）运出大宗土货，米居首位，往年丝列第 2 位，本年菜籽列第 2 位，是因为菜籽运出格外增多，有 235900 余担，比以前运出最旺之年增加 3 倍。② 民国元年以来，芜湖就有菜籽行市，菜籽每年有 20 万石（平秤 108 斤）至 60 万石之多，多数销于日本。③ 日商坐香港收买，由广、潮两帮运往。日商收购菜籽，以供民事及工业需要。如 1926 年菜籽丰收，品质又好，加以汇兑合宜，日本需求量大，所以本年出口共有 742958 担，"几倍于去年之数，倘全年情形平稳，出口之数或不止此"。④ 20 世纪 30 年代初日商驻上海或直接派员到芜湖收买。⑤ 民国时期，菜籽、花生米，如年岁较丰，出口多至 60 余万石。⑥ 菜籽主要来自皖江地区，"菜籽多本口（芜湖）附近出产"，⑦ 如宣城县每年有菜籽 2 万担、菜饼 3 万担运销芜湖。⑧

　　花生，也是芜湖开埠后原运出销售的重要土货。芜湖开埠后，花生原运出量迅速增加，出口花生主要销往日本。日本已左右了皖省花生、菜籽出口贸易。光绪十六年（1890）原运出花生 5127 担，光绪二十五年（1899）44406 担，光绪二十六年（1900）增加至 7.28 万担。芜湖海关设立后，安徽花生也是重要输出商品，输出量逐渐上升。光绪十六年（1890）芜湖海关输出花生为 5127 担。光绪二十六年（1900）增加到

---

　　① 中国第二历史档案馆编：《中国旧海关史料（1859—1948）》，京华出版社 2001 年版，第 32 册，第 158 页。

　　② 中国第二历史档案馆编：《中国旧海关史料（1859—1948）》，京华出版社 2001 年版，第 34 册，第 171 页。

　　③ 朱孔甫：《安徽米业调查》（1935 年 3 月至 7 月调查），《社会经济月报》1937 年第 4 卷第 3 期，第 7 页。

　　④ 《税务司呈拟 1926 年中国各海关口岸华洋贸易报告书》（1927 年 4 月 30 日），中国第二历史档案馆编：《中华民国史档案资料汇编》3 辑《农商（2）》，江苏古籍出版社 1991 年版，第 1354 页。

　　⑤ 朱孔甫：《安徽米业调查》（1935 年 3—7 月），《社会经济月报》1937 年第 4 卷第 3 期，第 7 页。

　　⑥ 余谊密修，鲍寔纂：《（民国）芜湖县志》卷 35《实业志》，黄山书社 2008 年版，第 246 页。

　　⑦ 中国第二历史档案馆编：《中国旧海关史料（1859—1948）》，京华出版社 2001 年版，第 65 册，第 601 页。

　　⑧ 朱孔甫：《安徽米业调查》（1935 年 3—7 月），《社会经济月报》1937 年第 4 卷第 3 期，第 23 页。

7.28万担,光绪二十七年(1901)48364担。① 到1926年,原运出至芜湖海关花生达146600担,值银105万两,占此年原运出土货价值5.24%,为近代芜湖海关原运出花生最高纪录。② 20世纪,芜湖海关大多数年份花生原运出在3万担左右,居原运出土货价值第7位,约占安徽花生产量的5%。③ "扬子江一带多沙之地,最合宜种植花生",④ 于近代推广种植花生。

芝麻,也是芜湖开埠后重要的原运出土货,位于菜籽、花生之后。如光绪二十五年(1899),原运出菜籽65574担,花生44406担,芝麻33399担,开始输出芝麻。⑤ 1900年原运出芝麻23000余担。⑥

第三节　其他原运出土货贸易与城乡经济互动

其他原运出土货是除粮油之外的土货,如经济作物、副产品、工矿产品。

一　经济作物贸易

在芜湖土货贸易中,经济作物如茶叶、棉花、烟草、药材等都是重要原运出土货。

茶叶,安徽产茶历史悠久,秦汉时即由西南经陕、豫传到皖西,两晋时安徽茶业就相当兴盛,盛产贡茶。唐代安徽产茶已有相当规模,产地有舒州、寿州、宣州、池州、歙州。宋代茶业发展为安徽重要产业,

---

① 芜湖市地方志办公室编:《芜湖对外关系史》,黄山书社2014年版,第97—98页。
② 王鹤鸣:《芜湖海关》,黄山书社1994年版,第33页。
③ 安徽省地方志编纂委员会:《安徽省志·对外经济贸易志》,方志出版社1998年版,第49页。
④ 中国第二历史档案馆编:《中国旧海关史料(1859—1948)》,京华出版社2001年版,第69册,第652页。
⑤ 中国第二历史档案馆编:《中国旧海关史料(1859—1948)》,京华出版社2001年版,第30册,第170页。
⑥ 中国第二历史档案馆编:《中国旧海关史料(1859—1948)》,京华出版社2001年版,第32册,第158页。

产地包括寿、庐、舒、宣、歙、池、太平州及广德军，另外，滁、和等州及无为军也产茶。南宋时皖南茶叶崛起，明清达鼎盛。明初创制的松萝茶，到清嘉道时演化为屯绿。光绪二十二年（1896）创制抽贡（抽蕊珍眉）和特贡（特级贡熙），为屯绿极品。光绪元年（1875）创制休宁红茶。此外，黄山毛峰、六安瓜片、太平猴魁、泾县火青等名茶都创制于清代中后期。六安霍山芽茶，专供皇室享用，使六安茶名满天下。到清末，皖南"徽州茶"和皖西"六安茶"誉满海内外，统称"徽六名茶"。①我国茶叶产区辽阔，产茶省份达17省，其中以浙、皖、赣、闽、鄂、湘等省最为重要，以植茶制茶为业的，全国凡十数区，安徽有皖南与皖西两大产茶区，是中国产茶最多的省份之一，包括皖西六安绿茶区，皖南徽州的屯溪绿茶区、祁门红茶区。②19世纪末20世纪初茶叶是安徽出口的大宗，"徽州茶"和"六安茶"，也有部分通过芜湖集散。芜湖开埠，本应刺激茶叶贸易，但是事实上芜湖开埠初，皖江地区销往芜湖的茶叶贸易并不繁荣，1877年由芜湖原运出绿茶3162担7斤，红茶仅28斤，而到光绪四年（1878），原运出绿茶减少很多，只有707担58斤，红茶增加了，有383担57斤。③到19世纪90年代，茶叶出口，亦年逊一年。④到宣统元年（1909），茶减少400担，出口更少。⑤归纳起来，芜湖原运出茶叶贸易变动很大，并不繁荣，原因：（1）自然灾害造成茶叶减产。（2）少数皖南山区所产经由芜湖，很多茶叶不经过芜湖出口，而是通过其他口岸或城镇销售。六安茶运销，原有三路，一为苏庄茶商经营，先运至苏州，熏花精制后由海道运营口，转销东三省；二为口庄茶商，由淠河、颍河北运亳州、周家口，转销华北及口外、内蒙古等地；三为

---

① 詹罗九、曹利群：《古往今来话皖茶——关于安徽茶叶经济的思考》，《茶叶通报》2001年第23期，第4—5页。
② 中国第二历史档案馆编：《中华民国史档案资料汇编》5辑2编《财政经济（8）》，江苏古籍出版社1991年版，第316—317页。
③ 沈世培校注：《〈芜湖关华洋贸易情形论略〉校注》，安徽师范大学出版社2015年版，第9页。
④ 中国第二历史档案馆编：《中国旧海关史料（1859—1948）》，京华出版社2001年版，第26册，第152页。
⑤ 沈世培校注：《〈芜湖关华洋贸易情形论略〉校注》，安徽师范大学出版社2015年版，第188页。

鲁庄茶商,采运山东。同、光年间苏庄、口庄茶商极多,营业甚盛,民国以后因交通因素影响,商情变迁,此两庄均停办,唯鲁庄独占市场,且因津浦路成,六安茶集中蚌埠及浦口,以铁路运往山东。① 屯溪绿茶运输,多由新安江(帆运)入浙江,抵杭州后换火车至上海(未通火车前,或由宁波,或由杭州轮运上海)。杭徽公路通车后,屯禄则多半舍水就陆。② 祁门红茶诞生后,出境路有三:"自闾江南下入赣境,走鄱阳至九江,分赴沪、汉,此其一;自属渔亭镇(离祁东约五十里),下徽江而达杭州,再转上海,此其二;走屯溪,北达宣城、芜湖,过京入申,此其三。③"芜湖是祁门红茶贸易通道。祁红在1919年前多经由九江转汉口,经洋行收购后出口,1919年后则以上海为主。起初主要走水路,路线凡二:一经饶州、九江至上海;二经鄱阳湖抵九江转上海;1933年杭州至屯溪间杭徽公路修成,可通汽车,于是祁红可经黟县渔亭(人力负挑)换帆船至屯溪,后舍水就陆,以汽车运至杭州,由杭州换装火车运至上海。④ (3)光绪二十八年(1902)后,外国茶叶大量涌入中国市场,冲击了中国茶叶市场,安徽茶叶价格下降,同时厘金加重了华商茶叶贸易负担,推高了华茶贸易成本,而外洋茶不纳税,削弱了华茶竞争力,使华茶出口日渐减少。芜湖开埠初,芜湖销售的茶叶均来自泾县、太平县、徽州等处。⑤ 此后,经芜湖海关输出的茶叶主要来自石埭(今石台县)、贵池、舒城、六安等地,有毛尖、雨前、乌龙茶等。⑥ 1936年,安徽省政府主席刘镇华给国民政府事业部函,要求设立红茶运销委员会,他指出:"皖赣两省所产之红茶品质优良,为红茶中之珍品。在出口贸易上,原有特殊地位,唯以茶

---

① 谢国兴:《中国现代化的区域研究:安徽省(1860—1937)》,台北:"中研院"近代史研究所1991年版,第446页。
② 谢国兴:《中国现代化的区域研究:安徽省(1860—1937)》,台北:"中研院"近代史研究所1991年版,第447页。
③ 张宗成、严庚雪:《祁门红茶区近况》,《实业部月刊》第1卷第8期,1936年11月10日,第131页。
④ 谢国兴:《中国现代化的区域研究:安徽省(1860—1937)》,台北:"中研院"近代史研究所1991年版,第446—447页。
⑤ 余谊密修,鲍寔纂:《(民国)芜湖县志》,黄山书社2008年版,第246页。
⑥ 安徽省地方志编纂委员会:《安徽省志·对外经济贸易志》,方志出版社1998年版,第44—45页。

商、茶农向无相当之联络组织，任人操纵剥削，运销均不能自由，遂致产量日减，销路日落"①，表5－9反映了1930年皖茶产销情况。

表5－9　　安徽省各县茶叶产销状况统计（1930）　　（单位：担）

县名	种类		合计	出口量	本省需要量
	红茶产额	绿茶产额			
祁门	19505	2700	22205	22205	
婺源		28000	28000	20000	8000
霍山		35000	35000	20000	15000
歙县	400	32000	32400	20400	12000
庐江		840	840		840
黟县		3450	3450	2450	1000
绩溪		300	300		300
南陵		50	50		50
太平		10000	10000	6500	3500
广德		1584	1584	1000	584
舒城		7540	7540	2514	5026
潜山		28	28		28
太湖		800	800		800
繁昌		80	80		80
秋浦	11745	2080	13825	12825	1000
宜城		4500	4500	2250	2250
休宁		20000	20000	10000	10000
泾县		8200	8200	4100	4100
铜陵		4300	4300		4300
石埭		5700	5700		5700
郎溪		3000	3000		3000
六安		36300	36300	26000	10300
霍邱		3400	3400		3400
共计	31650	209852	241502	150244	91258

资料来源：《安徽建设》第22号统计，第16页。见王鹤鸣、施立业《安徽近代经济轨迹》，安徽人民出版社1991年版，第185页。

---

① 《安徽省政府解释设立红茶运销委员会缘由的代电》（1936年4月14日），中国第二历史档案馆编：《中华民国史档案资料汇编》5辑1编《财政经济（8）》，江苏古籍出版社1991年版，第921—922页。

棉花，作为商品运到芜湖集散，在芜湖开埠初贸易中比例还不大。由于原运出棉花所占比例不大，芜湖海关贸易报告有时把棉花列入"杂货"类。晚清时期皖江地区输芜棉花出口量及价值总体是增长的。从光绪三年（1877）芜湖开埠到1937年海关闭关，60年间，由芜湖海关集散棉花很多，其中一部分出口日本。其来源为安徽长江两岸，如安庆和和州等，同时，主要来自江西湖口，市场扩大到江西。光绪四年（1878），输芜棉花987担13斤中，四分之三来自江西湖口镇，其余来自安庆、和州乌江镇等地。①

　　烟草，在皖江地区庐州府、巢县、桐城县、宿松、繁昌县和泾县等地有种植，晚清时期，安徽烟叶生产不多，"惟安庆府属之宿松等县有之"。②芜湖开埠后，烟草也销往芜湖，包括烟叶及烟丝。在芜湖海关报告中关于皖江地区运销芜湖烟叶及烟丝的记录较迟，据载，巢县烟叶输入芜湖，光绪八年（1882）1039担，光绪九年（1883）减少到756担。③光绪十一年（1885）输往芜湖出口的杂货，豆类、棉花、药材和纸张减少，"但皮货、鸡鸭毛及烟等贸易，尚形畅旺耳"。④芜湖原运出烟叶，绪二十三年（1897）343担，光绪二十四年（1898）升至4692担；烟丝，光绪二十三年（1897）691担，光绪二十四年（1898）降至436担。⑤宣统三年（1911）中英签订《禁止鸦片进口条约》，禁止印度鸦片进口，洋药和土药贸易被禁止。这样影响了经济及财政收入。所以芜湖海关税务司主张，土药贸易可以由多种实业替代，如推广栽种烟叶与制成烟丝等。烟叶和烟丝在40个通商口岸中，约有15—20个口岸贸易很繁荣。⑥民国

---

① 沈世培校注：《〈芜湖关华洋贸易情形论略〉校注》，安徽师范大学出版社2015年版，第6页。

② （清）冯煦主修，陈师礼总纂：《皖政辑要》，黄山书社2005年版，第345页。

③ 沈世培校注：《〈芜湖关华洋贸易情形论略〉校注》，安徽师范大学出版社2015年版，第49页。

④ 沈世培校注：《〈芜湖关华洋贸易情形论略〉校注》，安徽师范大学出版社2015年版，第58页。

⑤ 中国第二历史档案馆编：《中国旧海关史料（1859—1948）》，京华出版社2001年版，第28册，第154页。

⑥ 中国第二历史档案馆编：《中国旧海关史料（1859—1948）》，京华出版社2001年版，第60册，第309页。

时期，桐城、宿松烟草种植和运销继续发展。皖江地区烟草销往芜湖，再运到外埠销售。

土药，在原运出至芜湖的土货贸易中，土药贸易是特殊的土货贸易。自芜湖海关开关后，洋药（鸦片）大量进口到芜湖，并在洋货进口中占有重要地位。晚清鸦片贸易，是通过口岸进行的，先是外国洋药进口到口岸，行销内地，然后因为有利可图，利益巨大，刺激了内地鸦片种植和销售。中国生产鸦片，称为土药，土药又输入到口岸，和洋药竞争。晚清时期，洋药流毒，几遍天下，而土烟广泛种植，"种者既多，吸者必广"。① 土药贸易是在洋药贸易刺激下产生和发展的，在芜湖鸦片贸易中日渐活跃，与洋药贸易进行竞争，虽然属于鸦片贸易，但是由于土药产于中国内地，也属于土货，可以纳入土货贸易范畴。在芜湖开埠后的晚清30余年间，这种土货贸易，与其他土货贸易不同：（1）它在国内进行，土药不出口外国，而其他土货一部分是出口到外国的；（2）土药贸易的来源市场范围远远超过其他土货，芜湖与腹地城乡经济关系构建范围，就超过了其他土货带来的城乡经济关系构建范围。从史料看，皖江地区种植罂粟不多，只是少量种植，芜湖土药主要来自安徽淮河流域及四川、江苏、安徽、云南、河南、陕西等省。芜湖对土药吸附的市场范围是不断扩大的。芜湖开埠后，最早输入芜湖的土药是四川土药，其次是安徽、江苏、云南、陕西、河南。1888年芜湖土药来源市场，扩大到安徽全省、江苏、河南，江苏省徐州、砀山、丰县，安徽省颍州、亳州及河南省都广植罂粟，"据说有大批烟土由河南运来芜湖，此烟皆装成小包，藏于人身携至者"。② 光绪二十七年（1901）扩大到云南，光绪二十九年（1903）扩到陕西。安徽种植罂粟主要是颍州、亳州、寿州及皖北一带。晚清"皖北土药出产之丰，惟阜阳、亳州、蒙城、涡阳为最"。③ 安徽种罂粟区域也不断扩大，光绪二十八年（1902）安徽土药收成约有7成，约计在5000余担。种罂粟区域增广，但是还不能满足本

---

① 郑观应：《盛世危言》，中州古籍出版社1998年版，第159页。
② 沈世培校注：《〈芜湖关华洋贸易情形论略〉校注》，安徽师范大学出版社2015年版，第73页。
③ 《皖北阜土药分卡之近情》，《申报》光绪三十一年（1905）二月六日，第11750号，第9版。

省需要。① 芜湖对土药吸附的市场范围主要是安徽淮河流域及四川、江苏、云南、陕西、河南，不在皖江地区，范围极其广大，与其他土货不同，构筑的城乡经济关系的范围也超出了其他土货，反映了土药贸易是在洋药贸易刺激下发展的。

药材，输出也是芜湖土货贸易的一个重要内容。皖江地区丘陵、山地多，药材较多。如滁州富产药材，"药材出口以明党、桔梗、柴胡为大宗。春夏之间，贫民携铲提筐上下山谷掘而采之，售诸行，转运上海，分售于沿江各省及香港等处"。② 皖江地区很多药材运至芜湖集散。从芜湖海关贸易报告记载来看，原运出至芜湖的药材品名繁多，有桔梗、芡实、半夏、枫树叶、龟板、鳖甲、丹须、丹根、丹皮、胆草、杜仲、莲须、玉竹、赤苓、青香、秋石、种术、紫苏子、紫苑、药菇、萸肉、榆皮、远志、银花、乌药、柴胡、丹参、苍术、枣仁、土荆皮、山楂、山萸肉、首乌、苏子、蝎子、滑石、红娘子、益母子、苦参、光菇、卢巴、马勃、茅术、蒙花、明党、南星、白合、百部草、百薛皮、白芍、白术、白苏子、二丑、花粉、旱莲草、辛夷、黄芪、党参、菊花、茵陈、银花等药材。上述药材，主要来自皖江地区，如无为、含山县、太平府、芜湖、南陵、池州府、运漕镇、和州、太平县、泾县、繁昌、宁国府、铜陵县、徽州等地。③ 只有萸肉从徽州运出。1878 年，"有少数船只，或从上海运煤油与火柴，或从宁波运药材、土酒及墨鱼到此"④。药材输入芜湖，扩大到宁波，不过，是少部分。

二 羽毛、禽蛋物贸易

羽毛，主要指鸡、鸭、鹅毛，其中在芜湖本埠运出之货中，鸡毛和鸭毛占大多数。在近代原运出芜湖土货贸易中，芜湖输出的羽毛质量居

---

① 中国第二历史档案馆编：《中国旧海关史料（1859—1948）》，京华出版社 2001 年版，第 36 册，第 183 页。
② 杭海：《滁县乡土志·物产·药材》，滁州市方志办 1984 年印。
③ 沈世培校注：《〈芜湖关华洋贸易情形论略〉校注》，安徽师范大学出版社 2015 年版，第 6 页。
④ 沈世培校注：《〈芜湖关华洋贸易情形论略〉校注》，安徽师范大学出版社 2015 年版，第 11 页。

全国第一位，其出口在芜湖开埠后一直占据芜湖海关出口的重要位置。芜湖羽毛贸易，"亦渐变为重要"。① 从光绪十年（1884）到光绪十二年（1886），输出羽毛连续3年增长，光绪十年（1884）1287担，光绪十一年（1885）4073担，光绪十二年（1886）7055担。光绪十一年（1885），"皮货、鸡鸭毛及烟等贸易，尚形畅旺耳"。② 芜湖毛羽市场旺盛。羽毛，主要来自长江两岸，特别是庐州府及其附近区域，"供给芜湖市场之货，大半为庐州及其附近区域者，先由小贩四处收买，卖与毛商，约十文钱一斤。本埠（芜湖）有一洋商，专作盛大之羽毛贸易，在运往上海之前，由收买人留心提拣一遍，彼派人监督之"。③ 有的洋商专门在合肥周围以每斤10文钱的价格收购鹅鸭毛，运至上海经挑选加工，然后运到德国汉堡、柏林、斯图加特等地，供制床垫用。宣城、郎溪、广德等广大农村也有饲养鹅、鸭的习惯，郎溪所产羽毛，片大绒多，色泽光润，御寒性较好。

禽蛋，在芜湖开关后也是重要的出口物资，占有一定比例，主要是鸡蛋和鸭蛋，外商在长江两岸大量收购鸡、鸭蛋出口法、美和英。洋商设立蛋厂，收购和加工鸡蛋，刺激了腹地鲜蛋的运出。光绪二十年（1894）原运出禽蛋66.65万枚。光绪二十三年（1897）芜湖有2家洋商设立的收制蛋白、蛋黄工厂，原运出至芜湖的鲜蛋每年达1200万枚，可收制蛋黄6000担，蛋白800担，鸡蛋每1000枚值洋圆6圆至8圆。④ 到20世纪20年代，原运出至芜湖鲜蛋在全国占有重要地位，1928年居全国32个海关出口禽蛋第二位，占是年全国出口禽蛋第二位，占是年全国出口禽蛋数量1/6。⑤ 这些禽蛋，均来自皖江地区。

---

① 沈世培校注：《〈芜湖关华洋贸易情形论略〉校注》，安徽师范大学出版社2015年版，第63—64页。

② 沈世培校注：《〈芜湖关华洋贸易情形论略〉校注》，安徽师范大学出版社2015年版，第58页。

③ 沈世培校注：《〈芜湖关华洋贸易情形论略〉校注》，安徽师范大学出版社2015年版，第69页。

④ 沈世培校注：《〈芜湖关华洋贸易情形论略〉校注》，安徽师范大学出版社2015年版，第133页。

⑤ 芜湖市地方志办公室编：《芜湖对外关系史》，黄山书社2014年版，第97页。

三 木材贸易

木材，明清以来芜湖有大量木材贸易，到近代仍然有大批木材贸易，有大量湖南、贵州、江西等省木材运到芜湖，然后转运到南京、上海等地销售，形成了长江中下游市场，芜湖是转口贸易市场。清末，由于受到资本主义列强排挤，木材市场搬迁，木材贸易逐年衰落，民国时期也不景气。这些木材经过芜湖常关纳税，不在海关纳税。光绪三十二年（1906），有木簰103只经过常关，纳税库平银39890两。这些木簰中，又有32只在芜湖本埠拆开，一部分被芜湖当地购去，其余又编成小木簰，销往内地；又有76只，通过长江运到南京；1只为御用木材，运往北京。①

木材贸易反映了芜湖吸附面很广，不仅有安徽徽州，还远及湖南、贵州、江西等省，构成了数省乡村对芜湖的城乡经济关系；同时，芜湖木材贸易辐射面也很广，有安徽芜湖、皖江地区，并远及长江三角洲，甚至通过运河，远及北京，又构成了芜湖与这些地区的经济关系。

四 工矿产品贸易

皖江地区原运出土货还包括丝及丝织品、纸等手工业品，其贸易也很重要。

丝及丝织品，为芜湖原运出土货贸易重要内容。鸦片战争前，丝和茶叶是中国对外贸易的最重要土货。鸦片战争后，国外丝需求量增长，刺激了安徽长江两岸生丝的生产，而芜湖开埠又带来了新的刺激，进一步促进了市场的需求。19世纪后期，皖江地区生丝生产发展较快，如皖南的泾县、太平、青阳、旌德等地不少农民养蚕缫丝。在19世纪末南京开埠前，芜湖海关出口的丝织品主要来自南京。芜湖开埠以后，丝及丝织品是芜湖对外输出的重要土货，出口数量不断上升，从芜湖海关出口的生丝大部分销往日本、印度等地。晚清时期，米和丝及丝织品为芜湖

---

① 中国第二历史档案馆编：《中国旧海关史料（1859—1948）》，京华出版社2001年版，第44册，第269页。

土货贸易大宗。丝及丝织品在光绪四年（1878）至光绪十年（1884）6年间，大体居土货原运出总值第一位，光绪十一年（1885）至光绪二十一年（1895）这10年间，丝及丝织品原运出价值居第二位，次于米。光绪二十一年（1895）后，生丝在原运出土货中仍占有一定地位。光绪三十四年（1908）原运出生丝数量最大，达到1802担，价值银670284两，占原运出土货总值的4.58%。民国元年（1912），原运出丝达1955担，为芜湖开埠后最高值，值银762051两，占当年原运出土货价值的4.49%，[①] 居原运出土货总值第二位。当时，芜湖海关除原运出生丝外，还有乱头丝运出，数量超过生丝。20世纪二三十年代，蚕茧输出，消长无常，平均每年约6000担。[②]

纸张，为手工业品，是文化必需品，唐宋以来宣纸最有名。宣纸是皖江地区历史悠久的手工业品，主要在泾县生产。同治间芜湖纸店有12家，货源大都来自江西及吴城镇。[③] 芜湖开埠后，宣纸从泾县经水路运到芜湖销售，并销往其他口岸，甚至外国。由于制作工艺独特，外国机制品无法模仿，宣纸原运出量也很大。芜湖海关统计的原运出纸张数量，呈上升趋势。光绪四年（1878）计1031担24斤，比光绪三年（1877）多277担17斤。[④] 光绪五年（1879）为1192担59斤，光绪六年（1880）有1501担5斤，货值为关平银63381两，占原运出土货总值6.25%。[⑤] 光绪七年（1881）为1580担36斤。[⑥] 光绪八年（1882）为1816担。[⑦] 光

[①] 王鹤鸣、施立业：《安徽近代经济轨迹》，安徽人民出版社1991年版，第301页。

[②] 《民国十一年至二十年：最近十年各埠海关报告》上卷《华北及长江各埠》，海关总税务司署统计科译印。见中国第二历史档案馆编《中国旧海关史料（1859—1948）》，京华出版社2001年版，第158册，第752页。

[③] 余谊密修，鲍寔纂：《（民国）芜湖县志》卷35《实业志》，黄山书社2008年版，第249页。

[④] 沈世培校注：《〈芜湖关华洋贸易情形论略〉校注》，安徽师范大学出版社2015年版，第8页。

[⑤] 沈世培校注：《〈芜湖关华洋贸易情形论略〉校注》，安徽师范大学出版社2015年版，第26页。

[⑥] 沈世培校注：《〈芜湖关华洋贸易情形论略〉校注》，安徽师范大学出版社2015年版，第36—37页。

[⑦] 沈世培校注：《〈芜湖关华洋贸易情形论略〉校注》，安徽师范大学出版社2015年版，第44页。

绪十九年（1893）增加到3747担。① 自光绪二十一年（1895）后，宣纸原运出量有减少趋势，主要是因为上海已能生产各种纸张，影响了宣纸销路。从宣统二年（1910）到1933年，原运出纸张又开始增长，在4000担至8000担，贸易旺盛。1933年原运出纸8084担，为历史最高数值，值银37044两，占当年芜湖原运出土货值1.38%。② 只是1934年至1936年逐年减少。经芜湖海关出口的纸张，主要有泾县运到芜湖的宣纸，还有外省纸张。如光绪六年（1880）除了泾县纸张运到芜湖，还有江西纸。③

近代皖江地区矿业，在芜湖口岸辐射下发生了变化，芜湖市场和国内市场带动矿业发展，并且采用机器生产。芜湖开埠后，资本主义列强及其代理人就觊觎安徽矿产，直接进行开采，利用中国廉价劳动力开矿，把矿产品运回本国。

煤炭，光绪初年，芜湖煤炭来自湖南宝庆蓝田煤矿，专为锻铁用。后有小轮航运，使用烟煤，购用洋煤。其后木柴渐贵，馆店、作坊多改用煤炭，起初仅用湖南柴煤，光绪末年政府提倡实业，准许开矿，安徽池州、宣城、繁昌等处相继开采，柴煤来源日渐扩大。民国时期，大兴矿业，江西萍乡、天津开滦、山东峄县煤炭，舟车转运到芜湖，络绎不绝，均为上等烟煤，比舶来品好，以致洋煤进口逐渐断绝。④ 芜湖开埠后，安徽煤炭主要产自池州。光绪三年（1877）8月28日，两江总督沈葆桢上奏，用西法开采安徽池州府贵池县贯口诸山煤铁。⑤ 池州煤矿有池州和贵池2处煤矿，"均采用泰西之方法及机器。闻池州煤矿富于铁、铜及煤，贵池煤矿尤富于铁"。⑥ 该煤矿是近代皖省第一家使用机器生产的

---

① 沈世培校注：《〈芜湖关华洋贸易情形论略〉校注》，安徽师范大学出版社2015年版，第105页。

② 王鹤鸣、施立业：《安徽近代经济轨迹》，安徽人民出版社1991年版，第304—307页。

③ 沈世培校注：《〈芜湖关华洋贸易情形论略〉校注》，安徽师范大学出版社2015年版，第30页。

④ 余谊密修，鲍寔纂：《（民国）芜湖县志》卷35《实业志》，黄山书社2008年版，第248页。

⑤ 孙毓棠编：《中国近代工业史资料》第1辑下册（1840—1895），科学出版社1957年版，第1083页。

⑥ 沈世培校注：《〈芜湖关华洋贸易情形论略〉校注》，安徽师范大学出版社2015年版，第49页。

煤矿，其煤炭被称为"土煤"，运到芜湖，再转口销往镇江、上海。芜湖的煤炭主要来自池州煤矿。池州煤炭用民船运输，按季到省城安庆厘金总局缴纳厘金，又按季到芜湖关监督纳出口税。所以，芜湖海关报告中，芜湖是池州煤炭纳税转口的口岸。

铁矿石，是皖江地区矿品经过芜湖出口的重要土货。近代芜湖米市繁荣，积累了大量商业资本，不仅对芜湖有巨大影响，还辐射到皖江地区。广东商人霍守华在芜湖经营芜湖顺泰成米行，积累了一定商业资本，1913 年与汉冶萍公司职员洪受之合作，邀集陈梅庭等 90 名股东，在繁昌桃冲成立了裕繁铁矿股份有限公司。由于裕繁铁矿公司开采桃冲铁矿，芜湖铁矿石输出成为重要土货，"芜湖一埠，将成矿业重镇"。[①] 1915 年，安徽铁矿集中在繁昌和当涂，繁昌桃冲铁矿，有裕繁公司华商借日款，已开工；当涂东北、南乡铁矿，有宝兴、利民、振冶三公司取得有矿权。[②] 20 世纪二三十年代，安徽矿业没有什么起色，其中以铁矿最为重要，繁昌和当涂铁矿发展为安徽省 2 大铁矿区域，2 大铁矿区域产的铁矿石，主要经过芜湖海关，出口到日本。20 世纪二三十年代，铁矿石是米粮之外出口外国货物巨擘，一般出口量占芜湖出口外国土货总数 95%，在直接出口国外货物中，铁矿石出口占第一位，而以日本为尾闾，其中 1924 年出口为最盛，因为日本需求旺盛，马鞍山、荻港 2 处铁矿产量达 780 万担之多。[③]

第四节　原运出土货子口贸易

原运出土货子口贸易，需要领取子口凭单，即土货出内地请领三联单。

[①] 中国第二历史档案馆编：《中国旧海关史料（1859—1948）》，京华出版社 2001 年版，第 73 册，第 663 页。

[②] 《中国铁煤矿纪要稿》（1915），中国第二历史档案馆编：《中华民国史档案资料汇编》3 辑《工矿业》，江苏古籍出版社 1991 年版，第 514 页。

[③] 《民国十一年至二十年：最近十年各埠海关报告》上卷《华北及长江各埠》，海关总税务司署统计科译印。见中国第二历史档案馆编《中国旧海关史料（1859—1948）》，京华出版社 2001 年版，第 158 册，第 752 页。

一 原运出土货子口贸易量

表5-10　芜湖海关原运出土货子口贸易量（1877—1919）

年份	子口凭单数（张）	价值（关平银两）	所照土货
1878	3（丝2，药材1）	丝3309，药材161	泾县丝17担60斤，药材20担16斤
1885	5		烟丝962担
1890	31	8896	其中26张子口凭单为镇江商人所领取，所照货物为25587石香粉①
1891	3	836	竹竿、香粉
1893	1	98	49担麻皮
1894	5	4703	棉花、生牛皮、兽油
1895	1	1710	300担兽油
1899	2		鸡鸭毛、药材及若干杂货
1902	1		396担落花生
1903	2		蚕茧、乱头丝
1904			其量仍如往日之少，但在年终时便中，运出者略多
1905		31100	除他项货物不计外，棉花则有1900余担
1906	8		棉花、牛角及菜籽饼

资料来源：根据中国第二历史档案馆编《中国旧海关史料（1859—1948）》（京华出版社2001年版）、沈世培校注《〈芜湖关华洋贸易情形论略〉校注》（安徽师范大学出版社2015年版）记载编制。

---

① 据《清光绪十六年芜湖关贸易形情论略（1880）》（见沈世培《〈芜湖关华洋贸易情形论略〉校注》，安徽师范大学出版社2015年版，第83页）载，"最著名之香粉，如土木香末，在安庆府之怀宁县及池州府之贵池县有大量之制造，每年出产计有五十万担之多。其最佳之一种系用数种榆树皮制成，每担值银三两至四两。其最粗之一种，系用树皮、树根及木料制成，毫无香味，每担仅值银二钱五分"。

从表 5 - 10 可以看出，芜湖开埠后，原运出土货子口贸易并不繁荣。在芜湖海关贸易报告的记载中，在光绪十六年（1890）以前，除了光绪四年（1878）和光绪十一年（1885）有记载，其他年份无运出子口贸易记载。到光绪十六年（1890），在芜湖海关贸易报告"内地子口贸易"或"内地税则"记载中，专门分为"运入"和"运出"两类，到此时"运出子口贸易"才被重视，进行分类专门记载，并作为芜湖海关税收的一项重要收入。从光绪三年（1877）芜湖开埠到 1919 年 43 年中，有光绪三年（1877）、光绪五年（1879）—光绪十年（1884）、光绪十二年（1886）—光绪十五年（1889）、光绪十八年（1892）、光绪二十二年（1896）—光绪二十四年（1898）、光绪二十六年（1900）—光绪二十七年（1901）、光绪三十三年（1907）—1919 年等 30 年芜湖海关没有发出原运出土货子口贸易凭单，占到一大半年份无原运出土货子口贸易，只有 13 年有原运出土货子口贸易记载。在有原运出土货子口贸易记载的 13 年中，有些年份数字记载也不完整，对子口凭单数、价值、所照土货记载都有缺项。自光绪三十二年（1906）以后，皖江地区没有土货领有三联单运出内地，但是有外省其他口岸给皖江地区土货运出发放三联单，这种贸易比例也比较小。如 1912 年安徽省出口贸易，由镇江领三联单运出的约计 50 万至 100 万余两，"殆因该口联单办法实行甚久之故"。① 这种外省口岸需求，直接影响皖江地区原运出土货子口贸易，如 1917 年，皖江地区原运出鲜蛋，卖给南京和记公司，上年 2700 万枚，本年减至 1600 万枚，其用三联单采用的，上年 1780 万张，本年减至 1050 万张，因为第一次世界大战，欧洲需求减少，本年南京和记公司需货也减少。②

二　关于原运出土货子口贸易有关认识

一般认为原运出土货子口贸易是外商利用特权，在中国以低税掠夺中国土货出口到外国。这是片面的看法。

---

① 中国第二历史档案馆编：《中国旧海关史料（1859—1948）》，京华出版社 2001 年版，第 60 册，第 308 页。

② 中国第二历史档案馆编：《中国旧海关史料（1859—1948）》，京华出版社 2001 年版，第 77 册，第 728 页。

（1）从事原运出土货子口贸易的不仅有外商，也有华商。

（2）子口贸易中原运出土货主要在国内其他口岸市场销售，而运销外国是少数。皖江地区直接出口外国的土货不多，即使有出售，也不一定是子口贸易土货。如土货出内地，有些是销往其他口岸。如光绪十六年（1890）始有商人请领三联单从皖江地区采购土货运出内地，发出31张运出子口贸易凭单，货价总计8900两，运照中有26张为镇江口两洋行报缴运出香粉25500余担，占大部分，是要运到镇江口岸销售的。口岸之间子口贸易土货种类是有限制的。如芜湖运出子口贸易货物至镇江的限于31种，口岸之间子口贸易货物种类还是比较多的。不过，香粉不在这31种货物范围之内，"并因香粉究非洋人所用之货，从未运去外洋者，以此不准给发三联报单"，所以厘金局长反对外国人由内地运出香粉，芜湖海关监督拒绝再发凭单，未能运出。① 如光绪十七年（1891）内地子口贸易中，发放运出凭单3张，所照货物总值为关平银836两。"今年所运出之货物为竹竿及香粉，余信此项货物，仍在中国消费，决不运至外洋也"。② 光绪十九年（1893）土药输入芜湖为四川土6担64斤，直接由重庆绕道宜昌运来，其第一批交货为6月1日，此货于6月底即领取子口凭单，运送江宁府。③

（3）一般来说，原运出土货子口税低于沿途所纳常关税和厘金税，商人为了低税，愿意获得子口凭单交易特权。这种给外国人的特权，也是为了方便西方资本主义推销其产品和掠夺中国土货。这是一种为了低税而领取子口凭单的情况。还有一种情况，由于晚清政治腐败，征税混乱，关卡林立，华商在贸易中不仅受到税卡的盘剥，还受到税卡的刁难，被逼领取子口凭单，即使沿途税卡征纳的税额低于子口税，也愿意领取子口凭单运销土货，缴纳高于关卡纳税的子口税。如芜湖开埠后，

---

① 中国第二历史档案馆编：《中国旧海关史料（1859—1948）》，京华出版社2001年版，第16册，第132页；沈世培校注：《〈芜湖关华洋贸易情形论略〉校注》，安徽师范大学出版社2015年版，第84—85页。

② 沈世培校注：《〈芜湖关华洋贸易情形论略〉校注》，安徽师范大学出版社2015年版，第92页。

③ 沈世培校注：《〈芜湖关华洋贸易情形论略〉校注》，安徽师范大学出版社2015年版，第107页。

皖江地区的丝运到芜湖销售。光绪四年（1878），由泾县运到芜湖的丝增加 285 担 80 斤，为光绪三年（1877）8 倍。① 这些丝，从泾县运到芜湖，沿途有运费及厘金等，每担约银 2 两，即每担须纳码头厘金 800 文，湾沚厘金 800 文，芜湖常关进口税银 4 钱，支付运铜至北京的运费银 4 钱，运费（水浅时运费较高）500 文，合计费用低于子口税。按说不应该有子口贸易，应该是一般贸易。但是，为什么还有泾县丝 17 担 60 斤领取 2 张子口贸易凭单呢？其原因，芜湖海关税务司认为，"或因领有子口凭单，即可免内地关卡之留难，否则甚觉麻烦之故耳"。②

（4）原运出土货子口贸易名目是受到限制的。如光绪二十五年（1899），内地原运出土货子口贸易并不多，运出子口凭单只发出 2 张，所照货物只有一些鹅鸭毛、药材及若干杂货，因仅有少数货物准许发给运出子口凭单，"此项贸易因限定货色名目太少，所以难望扩充"。③ 此项贸易因为受到限制，所以不能有大量增加。④

三　原运出土货子口贸易在原运出土货贸易中比重

从表 5-10 可以看出，总的来说，运出土货子口贸易分量不大。

（1）原运出土货子口贸易量不大。原运出土货子口贸易时断时续，贸易量是波动的，有的年份有，有的年份没有，低的如光绪十九年（1893），运出子口凭单仅有 1 张，所照货为麻皮 49 担，值关平银 98 两，高的如光绪三十一年（1905），值关平银 31100 两，除其他货物外，棉花则有 1900 余担，其他有运出土货子口贸易记载的年份，贸易量都在几百到数千之间，数额不大。光绪三十年（1904）运出，"其量仍如往日之

---

① 沈世培校注：《〈芜湖关华洋贸易情形论略〉校注》，安徽师范大学出版社 2015 年版，第 8 页。
② 沈世培校注：《〈芜湖关华洋贸易情形论略〉校注》，安徽师范大学出版社 2015 年版，第 8—9 页。
③ 中国第二历史档案馆编：《中国旧海关史料（1859—1948）》，京华出版社 2001 年版，第 30 册，第 172 页。
④ 沈世培校注：《〈芜湖关华洋贸易情形论略〉校注》，安徽师范大学出版社 2015 年版，第 132 页。

少,但在年终时便中,运出者略多"。①

(2) 和整个内地原运出土货相比,原运出土货子口贸易只是土货输出的一小部分。内地原运出土货子口贸易不多,土货贸易主要为非子口贸易,这是在市场经济作用下进行的。运到芜湖的土货,一部分是没有子口凭单的货物,另一部分是有子口凭单的货物。并且在土货贸易中,有大部分土货是没有领有子口凭单进行贸易的。光绪四年(1878),从内地运出货物,领有子口凭单者甚少。② 光绪四年(1878),输到芜湖的丝增加285担80斤,其中有17担60斤丝以2张子口凭单运销,只占近6.2%,另外从泾县运出药材20担16斤以1张子口凭单运销,在药材贸易中也是小部分。③ 光绪二十五年(1899)只发出运出子口凭单2张,"所照之货为鸡鸭毛、药材及若干杂货,因仅有少数货物准许发给运出子口凭单,故此项贸易不能有大量之增加也"。④

(3) 与运入内地洋货子口贸易量相比,原运出土货子口贸易量也较小。这也反映了近代不平等的贸易,资本主义列强积极向中国推销洋货,洋货大量输入到内地,对皖江地区经济、社会产生了巨大影响。

不过,原运出土货子口贸易也密切了芜湖与皖江地区经济关系。在芜湖海关税收记载中,子口贸易有时被称为"内地子口贸易","内地"主要是指皖江地区,运出土货子口贸易主要在皖江地区进行,构成芜湖与皖江地区的经济关系。一般子口贸易运出土货是皖江地区产的土物,如蚕茧、乱头丝、药材、烟丝、竹竿、香粉、麻皮、棉花、牛角、生牛皮、牛角、兽油、鸡鸭毛、落花生、菜籽饼及其他杂货等。同时,一般子口贸易运出土货主要在国内销售,运到外国的少。

---

① 沈世培校注:《〈芜湖关华洋贸易情形论略〉校注》,安徽师范大学出版社2015年版,第160—161页。

② 沈世培校注:《〈芜湖关华洋贸易情形论略〉校注》,安徽师范大学出版社2015年版,第10页。

③ 沈世培校注:《〈芜湖关华洋贸易情形论略〉校注》,安徽师范大学出版社2015年版,第8—10页。

④ 沈世培校注:《〈芜湖关华洋贸易情形论略〉校注》,安徽师范大学出版社2015年版,第132页。

小　结

　　近代芜湖土货来源市场范围很广，特别是土药来源市场，不仅有安徽省，还远及四川、云南、江苏、陕西、河南等省。土货内容丰富，有农副产品、手工业品、矿产品等。这反映了近代土货贸易的深度和广度都在扩大，城市与腹地经济关系构建的深度和广度也在扩大。不过，和洋货贸易一样，芜湖土货来源市场范围主要是皖江地区，芜湖城市吸附范围是有限的。这主要是因为当时的贸易是水路贸易，芜湖是皖江流域水路的中枢，陆路交通发展有限，自然芜湖口岸覆盖区主要是皖江地区。

第 六 章

优势互补:近代芜湖与沿海、沿江口岸城市经济互动

我们在理解近代口岸城市与腹地这一特殊的经济关系时,不能孤立地理解一个口岸城市与其腹地的经济关系,如果孤立地理解,就无法理解口岸城市发展,也无法理解口岸城市与腹地经济关系发展。口岸城市之间是有联系的,沿海口岸城市之间有联系,沿海口岸城市与内陆口岸城市有联系,它们优势互补,相互促进,共同发展。口岸腹地,也是在口岸城市的互动中获得发展,口岸城市与腹地经济关系也在这种优势互补中,不断发展,不断深化。近代芜湖与皖江地区等腹地经济关系构建不是孤立进行的,是在沿海、沿江口岸城市特别是沿江口岸城市优势互补中进行的。沿海、沿江口岸城市经济与芜湖城市经济互动,联动发展,带动了芜湖与皖江地区等腹地经济互动,促进城乡经济关系发展。而口岸城市之间互动发展,是在鸦片战争后中国纳入世界资本主义市场体系后经济格局发生根本变化的背景下进行的,受到国际贸易和国内贸易影响。在沿海、沿江口岸城市中,许多口岸城市开放比芜湖早,发展快,对芜湖及皖江地区发展有带动作用;同时,芜湖经济对沿海、沿江口岸城市经济发展也有促进作用。

第一节 外洋贸易对城市与腹地经济互动关系构建的影响

五口通商以后,中国经济被纳入世界资本主义市场体系,与外国进

行了商品贸易,包括洋货贸易和土货贸易,这种国际贸易又称为"外洋贸易"。在对外贸易方面,近代总体是增加的。如光绪二十九年(1903)中国对外贸易总额为5.4亿海关两,1912年增至8.43亿余海关两,1922年增至16亿海关两,1931年更增至23亿余海关两。1932年因为世界经济不景气及东北丧失缘故,贸易额跌至15亿余海关两,为10年来最低。① 其后抗战和解放战争时期,对外贸易受到影响。在芜湖同样如此,开埠后对外贸易业呈现增长态势。

在海关贸易报告中,"洋货贸易"或"外洋贸易",实际上指的就是国际贸易,包括"进口""出口"和"复出口"3种。"进口",就是"直接进口洋货贸易";"出口",就是"出口外洋土货贸易";"复出口",就是"复出口外洋洋货贸易"。三者构成外洋—口岸—腹地的城乡经济互动关系。沿海和沿江口岸城市是中国开放的窗口,主要发挥其贸易功能,担负着国际市场与腹地经济联系的媒介角色。在外洋贸易中,洋货有其自身优势,很快渗透到中国各口岸,进而渗透到口岸腹地广大地区,城乡经济关系出现了前所未有的变化,不仅洋货通过口岸城市渗透到广大腹地,而且腹地乡村土货也通过口岸城市直接出口到外洋,中国乡村经济与世界市场直接发生了联系。同时,由于开埠时间和自身条件不同,各口岸城市发展是不平衡的,各口岸城市又各具优势,它们相互联系,相互影响,优势互补,共同发展。口岸城市由于地理位置不同,与外洋贸易情况也不同,外洋贸易额占口岸城市贸易额比例也不同,有的较大,有的较小。芜湖在长江沿岸开发城市中,开埠时间不算早,又处于内地,因此其外洋贸易也与其他口岸城市不同。

一 直接进口洋货贸易

提到洋货进口,给人的感觉是洋货直接由外国进口到口岸城市,然后销往口岸城市的广大腹地。实际不然,芜湖洋货进口有两个市场,包括国际市场和国内其他口岸市场。国际市场,就是直接从外洋各国进口洋货到芜湖,或由上海转运而来。

直接进口洋货贸易变化。芜湖开埠前,安徽没有与外洋直接贸易,

---

① 朱羲农:《三十年来我国对外贸易的回顾》,《东方杂志》第31卷第1号,第57—58页。

芜湖的农副产品就经上海、宁波、潮州、广州等口岸转输国外，与长江及沿海各商埠的埠际贸易经久不衰，①而各种洋货主要是由上海转运而来。芜湖开埠后，安徽开放，理应有与外洋直接贸易，但是很长一段时间没有与外洋直接贸易。据《芜湖市志》载，"开关后，于五月底由转口贸易发展成直接对外贸易。主要出口货物有：米、茶、生丝及丝织品、纸、中药材、菜籽、羽绒、矿产品，大宗进口货物有：鸦片、棉毛织品、煤油、糖等，鸦片居进口货物之首。光绪四年（1878）进口鸦片净值为134万关平两，占进口洋货税收总额的69.34%"。②但是，实际情况未必。光绪四年（1878）芜湖海关贸易报告指出，芜湖开埠后，"芜湖曾未与外洋直接贸易，各种入口之洋货，皆由上海转来"。③光绪六年（1880），"本埠并无直接进口洋货"。④进口芜湖的洋货，除了少数从香港运来，一般由上海运来，然后主要销往皖江地区，以鸦片和纺织品为主。上海就构成芜湖洋药贸易的中转市场。如光绪七年（1881）10月有大批洋药从印度孟买运至上海。⑤光绪八年（1882）始有洋货直接进口贸易。光绪十七年（1891），芜湖埠进口之货，全由江轮载来，并于上海抽5%之税，税额为关平银10万两。进口洋货净值为关平银2134282两（鸦片除外），棉织品占31%，绕道香港而来的中国糖占15%，印度棉纱占10%，煤油占8%，袋（大半为装米用）占7%，毛织品占6%，金属占3%，其中袋与扇计值关平银26076两，"直接从香港运来，他种货物全由上海"。⑥

海关贸易报告光绪二十三年（1897）始有洋货直接进口记载，其

---

① 《芜湖市志·对外经济贸易志》领导小组编：《芜湖市志·对外经济贸易志（送审稿）》，第1页。
② 芜湖市地方志编纂委员会编：《芜湖市志》，社会科学文献出版社1995年版，第819页。
③ 沈世培校注：《〈芜湖关华洋贸易情形论略〉校注》，安徽师范大学出版社2015年版，第1页。
④ 沈世培校注：《〈芜湖关华洋贸易情形论略〉校注》，安徽师范大学出版社2015年版，第18页。
⑤ 沈世培校注：《〈芜湖关华洋贸易情形论略〉校注》，安徽师范大学出版社2015年版，第32页。
⑥ 沈世培校注：《〈芜湖关华洋贸易情形论略〉校注》，安徽师范大学出版社2015年版，第88—89页。

第六章 优势互补:近代芜湖与沿海、沿江口岸城市经济互动

"进口款项无多",估值关平银2105两。① 光绪二十四年(1898),"外洋贸易向来少见,外洋货径抵本口贸易者,惟香港一处稍有往来",共计进口货值关平银4711两。② 光绪二十五年(1899),芜湖海关报告中才记载"进口洋货径由外洋来者",共计关平银69700余两,其主要货物为麻袋、草包80万条,全为盛米之用,从香港进口,并有自日本运来的若干捆杂色布匹及火柴,从新加坡运来少量芭蕉扇及杂货。③ 以前洋货主要从上海转运而来,到光绪二十五年(1899)第一次有洋货直接由外洋进口到芜湖。香港为英国占领,所以在海关报告中作为外洋看待。光绪二十五年(1899)发生变化,有直接从外洋各地进口的洋货,把香港作为外洋进口地,并从日本和新加坡直接进口洋货,芜湖市场范围扩大到外洋。此后,多有记载直接从外洋各地进口及由上海转运来的洋货。直接进口洋货贸易,从无到有,贸易量逐步扩大,从光绪二十五年(1899)69758关平银两发展到光绪三十四年(1908)553300关平银两,10年时间增加了几乎10倍。宣统三年(1911)直接进口洋货净值为824122海关两,"直接进口洋货之净值,为历年来最高之纪录,因有意外之巨量美国煤油由海轮径运来芜也"。④ 皖江地区和芜湖直接被纳入国际市场。

民国时期,直接进口洋货继续增加。1912年,洋货由外洋径运进口及由通商口岸运来的,贸易净值约关平银9499000两,连洋药价值在内,为历史最高数,因为货值增高,如洋药、棉纱等类;货额增广,如棉纱与他类洋货。据业者说,"比年舶来品销路非常畅旺,其间以原色布、白色布及英细斜纹布等为最",细斜纹一类进口继续增加,进口数

---

① 中国第二历史档案馆、中国海关总署办公厅:《中国旧海关史料(1859—1948)》,京华出版社2001年版,第26册,第151页。
② 中国第二历史档案馆编:《中国旧海关史料(1859—1948)》,京华出版社2001年版,第28册,第153页。
③ 中国第二历史档案馆编:《中国旧海关史料(1859—1948)》,京华出版社2001年版,第30册,第169页。
④ 沈世培校注:《〈芜湖关华洋贸易情形论略〉校注》,安徽师范大学出版社2015年版,第199页。

比1903年多6倍多。① 洋货由外洋径运进口及由通商口岸运来的，1912年净值计共关平银9499000两，1913年跌至7437630两。这是因为1912年进口洋药2809607两，此年禁绝进口，"若将洋药估值扣除不计外，其余洋货进口估值，有增无减"。在径运洋货内，数量增加的有白糖、车白糖，共进口97799担，其中有香港径运72678担，日本径运250121担，并有由英国运来纸卷烟，由通商他口运来洋货有棉布类数种、五金类、肥皂与糖。② 但是，第一次世界大战期间，直接进口洋货贸易低落。1915年由外洋径运洋货及由通商口岸运来洋货，值银6890000两，比以前减少，是因为第一次世界大战导致物价上涨，洋货运来很少，或没有运来。③ 民国时期，芜湖直接进口的外国商品，除1915年为741303海关两，低于100万海关两外，其余年份均超过100万海关两，1926年为最高年份，达到3077274海关两。1922年至1931年，直接进口贸易货值，每年达关平银220万两，比前一个10年期增加36%。④

直接进口洋货来源市场。芜湖洋货直接进口贸易分为洋货径由外洋运来贸易和洋货由上海转口运来贸易两部分，都属于外洋贸易。（1）洋货径由外洋运来贸易是外国洋货直接运到芜湖，再转销到皖江地区及其他地方。洋货主要来自东南亚、日本、英、美、俄、德等国。如1906年，从日本直接运来3000吨煤，为小轮船及家庭使用，从香港及日本转道上海运来糖、米袋、洋火，又从美国运来少量杂货，计关平银271524两。⑤ 宣统元年（1909），直接从外洋进口的是火车糖，其中有

---

① 中国第二历史档案馆编：《中国旧海关史料（1859—1948）》，京华出版社2001年版，第60册，第304页。

② 中国第二历史档案馆编：《中国旧海关史料（1859—1948）》，京华出版社2001年版，第62册，第680页。

③ 中国第二历史档案馆编：《中国旧海关史料（1859—1948）》，京华出版社2001年版，第69册，第648页。

④《民国十一年至二十年：最近十年各埠海关报告》上卷《华北及长江各埠》，海关总税务司署统计科译印。见中国第二历史档案馆编《中国旧海关史料（1859—1948）》，京华出版社2001年版，第158册，第753页。

⑤ 沈世培校注：《〈芜湖关华洋贸易情形论略〉校注》，安徽师范大学出版社2015年版，第172页。

67004 担来自香港，2301 担来自日本；又煤 13252 担，火柴 112950 罗，均来自日本，其他洋货多由江轮自上海运来。① 棉纱，自本埠有织布、织巾、织袜等业以来，进口日多，据 1917 年海关报告，自日本运来者 2.6 万余担，印度运来者 2.1 万余担，贩纱之店计 20 余家，除子口分运外，多数在本地销售。② 在洋货贸易部分，海关税务司把香港也作为外国对待，作为外洋进口地，是因为香港是英属殖民地。一些国内土货为了获得子口贸易的好处，也标为洋货，从香港销往内地。因此，在洋货径由外洋运来贸易中，芜湖和皖江地区被纳入外洋贸易覆盖圈，属于资本主义市场的一部分。（2）由上海转口运来洋货贸易。芜湖开埠初，没有与外洋直接贸易，各种进口洋货包括洋药，一般从外国进口到上海，再由上海转运到芜湖。进口芜湖的洋货，除了少数从香港运来，一般由上海运来，然后主要销往皖江地区，以鸦片和纺织品为主。芜湖进口鸦片大部分通过上海转运而来，如光绪五年（1879）有印度鸦片 3174 担，波斯鸦片 89 担；光绪六年（1880）有印度鸦片 3239 担，波斯鸦片 60 担；至光绪九年（1883）这两个数值分别达到 3514 担和 23 担。③ 这些鸦片均为自上海转口而来。又如光绪十七年（1891）洋货进口净值为关平银 2134282 两（鸦片除外），棉织品占 31%，绕道香港的中国糖占 15%，印度棉纱占 10%，煤油占 8%，装米用的麻袋占 7%，毛织品占 6%，金属占 3%。袋与扇值关平银 26076 两，直接从香港运来，他种货物全由上海来。④ 后来，洋货可以直接进口到芜湖，但是其占芜湖洋货进口的一小部分，大部分从上海转运而来。海关贸易报告把洋货直接进口芜湖与由上海转运洋货到芜湖放在一起叙述，都归入洋货贸易部分，就是说上海是芜湖和皖江地区对外贸易的转口贸易城市，是上游城市。所以，到 20 世

---

① 中国第二历史档案馆编：《中国旧海关史料（1859—1948）》，京华出版社 2001 年版，第 51 册，第 310 页。
② 余谊密修，鲍寔纂：《（民国）芜湖县志》卷 35《实业志》，黄山书社 2008 年版，第 247 页。
③ 李必樟译编：《上海近代贸易发展概况：1854—1898 英国驻上海领事贸易报告汇编》，上海社会科学院出版社 1993 年版，第 567 页。
④ 沈世培校注：《〈芜湖关华洋贸易情形论略〉校注》，安徽师范大学出版社 2015 年版，第 88—89 页。

纪，仍然有很多洋货，"多由江轮自上海运来"，①"多数由上海转运而缴纳进口税于芜湖"。② 因此，皖江地区深受外洋贸易影响，上海成为主要贸易口岸城市，上海贸易圈覆盖了芜湖及皖江地区。

直接进口洋货贸易是与皖江地区和芜湖的商品贸易相适应的，影响芜湖与皖江地区城乡经济互动关系。皖江地区通过芜湖进行大米贸易，需要大量的麻袋装米，每年进口大量的麻袋，大半从香港运来，作为盛米出口之用。③"袋之进口，尤足资证明一般货物之出口，必须有相当之进口，此二者互相为用也"。④光绪二十五年（1899）从香港进口麻袋80万条；光绪二十六年（1900），从外洋各地直接运来或由上海转运洋货总值，为关平银87794两，其中麻袋55780两，大半从香港运来；光绪二十七年（1901）从外洋各地直接运来或由上海转运洋货总值为90254两，从香港运来盛米袋1182330个，值关平银66937两，也占主要部分；光绪二十八年（1902）直接进口洋货为银151855关平两，各种盛米袋1659710条，关平银122309两；光绪三十年（1904）直接进口洋货为关平银475581两，其中盛米袋11955000条，值关平银40916两。⑤ 在这几组直接进口洋货值数据中，麻袋值占主要部分，并主要是为芜湖米市服务的。

其他进口的洋货，主要是工业品，还有其他特产，是为芜湖及皖江地区日用品。如光绪二十五年（1899）从日本运来杂色布匹和火柴，从新加坡运来芭蕉扇和杂货；光绪二十六年（1900）从新加坡及香港运来锡124担，从香港运来芭蕉叶扇约100万柄和火车糖1786担；光绪二十七年（1901），从香港运来芭焦叶扇1290947把，值关平银11494两，从

---

① 沈世培校注：《〈芜湖关华洋贸易情形论略〉校注》，安徽师范大学出版社2015年版，第187页。
② 沈世培校注：《〈芜湖关华洋贸易情形论略〉校注》，安徽师范大学出版社2015年版，第177页。
③ 沈世培校注：《〈芜湖关华洋贸易情形论略〉校注》，安徽师范大学出版社2015年版，第135页。
④ 沈世培校注：《〈芜湖关华洋贸易情形论略〉校注》，安徽师范大学出版社2015年版，第159—160页。
⑤ 沈世培校注：《〈芜湖关华洋贸易情形论略〉校注》，安徽师范大学出版社2015年版，第129—164页。

日本运来棉织品及金属值关平银 1191 两，从伯剌及香港运来锡 82 担，值关平银 5266 两；光绪二十八年（1902）从香港运来芭蕉扇 893510 柄，值关平银 7589 两，糖 833 担，值关平银 4699 两，从日本运来海菜 966 担，值关平银 2895 两，火柴 2 万罗，值关平银 5758 两；光绪三十二年（1906）从日本直接运来小轮船及家庭用的煤 3000 吨，从香港及日本转道上海而来的糖、米袋、洋火，从美国运来少量杂货，共计贸易总值关平银 271524 两；光绪三十三年（1907），从外洋各地运来进口货，从香港运来火车糖，火柴、煤、铁路材料，大部分从日本运来；光绪三十四年（1908），由外洋径运进口货，有占多数的车糖 61032 担，20% 来自日本，80% 来自香港，他如铁路材料，来自美国的计值关平银 86000 两等；宣统元年（1909），直接从外洋进口火车糖，有煤 13252 担，火柴 112950 罗，从日本运来，他种洋货，多由江轮自上海运来；宣统二年（1910），直接进口货物，一如往昔，从香港运来盛米之袋、芭蕉叶扇及火车糖，从日本运来煤、火柴等，由上海转运进口布匹等；宣统三年（1911），直接进口洋货净值，为历年来最高纪录，因有大量美国煤油由海轮径运来芜等。①

有意思的是，皖江地区盛产稻米，芜湖是米市，但是 1907 年从外洋各地运来进口货，有一最可注意之事，即有越南米 333 担，在秋收前运来，每担售洋 5 元 8 角，与土产米竞争，"大约因索价过高，不能与本地米争衡，是以无人续为探办"。②

二 复出口外洋洋货贸易

洋货进口到中国各口岸，销往广大腹地，这是一般情况。但是，洋货进口到某口岸，主要在本口岸及其腹地销售，还有一部分复出口到其他口岸销售。不过，在海关贸易报告中，出现了洋货复出口外洋的记载，在"洋货贸易"栏下，列出了"复出口"子目，指的就是洋货复出口

---

① 沈世培校注：《〈芜湖关华洋贸易情形论略〉校注》，安徽师范大学出版社 2015 年版，第 129—202 页。

② 中国第二历史档案馆编：《中国旧海关史料（1859—1948）》，京华出版社 2001 年版，第 46 册，第 288 页。

外洋。

从芜湖海关贸易报告中"复出口"记载，可以考察洋货复出口外洋情况（见表6-1）。

表6-1　　芜湖海关洋货复出口外洋记录（1890—1919）

年份	复出口
1908	复出口货，计有美煤油五十万一千五百二十加仑，及波罗岛煤油四万加仑
1912	洋货复出口，以煤油为最，因去岁汉口之乱，不能于该口起卸而转载来此者，乃于本年运回原处
1913	洋货复出口，以美国煤油十九万三千二百加仑为大宗，其余甚微。此煤油大都运赴九江，系于江流趋浅，海船不能上驶之时
1915	本年因制成之青靛及别种颜料，价值奇涨，以致由本口复出口往上海装运赴美及日本者甚多。洋货由民船出口经过常关前往内地，估值增至一百三十三万两

资料来源：沈世培《〈芜湖关华洋贸易情形论略〉校注》（安徽师范大学出版社2015年版），其中1897年、1898年、1912—1919年来自中国第二历史档案馆编《中国旧海关史料（1859—1948）》（京华出版社2001年版）。

在芜湖海关贸易报告中，"洋货贸易"叙述方式从光绪四年（1878）到光绪十五年（1889）不固定，没有专门记载"复出口"现象。但是从光绪十六年（1890）起比较固定，把"洋货贸易"分为"进口"（指洋货进口）、"出口"（指土货出口）和"复出口"（指洋货复出口）三类，或者分为"进口"（指洋货进口）和"复出口"（指洋货复出口）两类。洋货复出口又分为洋货复出口外洋和洋货复出口其他口岸两种。在芜湖海关贸易报告"洋货贸易"或"外洋贸易"栏下，列出了"复出口"子目，指的是洋货复出口外洋。自光绪十六年（1890）至1919年，芜湖海关贸易报告对"复出口"均有记载，其所说"复出口"，指的就是"洋货复出口至外洋"。但是光绪十六年（1890）开始记载"今年无洋货复出口至外洋者"句子，只记载，没有实际数字。只是到光绪三十四年（1908）才有实际数字记载。虽然为数不多，但是反映了芜湖洋货充足，能够满足本埠和腹地需求，多余部分又复出口到外洋。

洋货复出口外洋现象虽然很少，但是作为一项内容，每年都有记录。

第六章 优势互补：近代芜湖与沿海、沿江口岸城市经济互动

这也反映了芜湖海关贸易报告叙述方式的固定化，并重视了洋货复出口外洋现象，也反映了皖江地区通过芜湖与外洋贸易关系的复杂化，与外洋关系的密切。从文献学角度可以看出，芜湖海关贸易报告重视"洋货复出口至外洋"记载。从记载内容看，从光绪十六年（1890）到1919年，只有光绪三十四年（1908）、1912年、1913年、1915年有洋货复出口至外洋贸易，其他年份均没有。可见，洋货复出口至外洋的情况比较少。

复出口外洋洋货贸易对芜湖与皖江地区城乡经济互动关系构建产生影响。从洋货复出口至外洋的年份看，有三个问题：（1）有的记载内容并不是洋货复出口至外洋。如芜湖海关贸易报告载，1912年，"洋货复出口：以煤油为最，因去岁汉口之乱，不能于该口起卸而转载来此者，乃于本年运回原处"。① 这一记载视为洋货复出口至外洋贸易是不妥的。1911年洋货本来是要运到汉口的，但是因为辛亥革命爆发，汉口社会混乱，不能在汉口卸货，而转运到芜湖，1912年又返运到汉口。明显这种复出口为中国口岸之间的复出口，而不是洋货复出口至外洋贸易。1913年洋货复出口，以美国煤油193200加仑为大宗，"此煤油大都运赴九江"。② 此煤油是由芜湖复出口到九江的，而不是外洋。（2）即使是洋货复出口至外洋，但是数量也比较少。光绪三十四年（1908）洋货复出口贸易，有美国煤油501520加仑及波罗岛煤油40000加仑。③（3）上海是中转城市，如1915年洋货复出口青靛及其他颜料，运到上海，装运赴美及日本。④ 这样构成了上海对芜湖的贸易圈覆盖。

三　出口外洋土货贸易

在海关贸易报告中，有时将土货出口外洋贸易归于"洋货贸易"或"外洋贸易"栏下"出口"子目中，即把出口外洋土货贸易作为国际贸易

---

① 中国第二历史档案馆编：《中国旧海关史料（1859—1948）》，京华出版社2001年版，第60册，第306页。

② 中国第二历史档案馆编：《中国旧海关史料（1859—1948）》第62册，京华出版社2001年版，第681页。

③ 沈世培校注：《〈芜湖关华洋贸易情形论略〉校注》，安徽师范大学出版社2015年版，第182页。

④ 中国第二历史档案馆编：《中国旧海关史料（1859—1948）》，京华出版社2001年版，第69册，第650页。

一部分；有时列在"土货贸易"栏下"出口"子目中。这反映了不同时期海关税务司在撰写海关贸易报告时不同的认识。不过，无论如何，土货出口外洋贸易属于国际贸易的一部分。

近代口岸土货贸易主要是国内贸易，出口外洋不占主要部分。一般认为，芜湖开埠后，土货大量出口到外国，并且是土货的主要部分。事实上并非如此，在芜湖海关贸易报告中，记载土货出口外洋贸易比重较小。芜湖于光绪三年（1877）开埠后，一直没有土货出口外洋贸易记载，从芜湖海关直接出口的土货数额为零，直到光绪十六年（1890）才记载"出口土货由本口径运外国，无"，① 开始重视土货出口外洋贸易问题，但是仍然是"无"。到光绪十七年（1891）后才有具体内容记载，有些年份没有土货出口外洋，如光绪二十二年（1896）、光绪三十二年（1906）、宣统三年（1911）均记载无土货出口外洋。从各年情况看，出口外洋土货值远远小于原运出土货值。从光绪十七年（1891）到宣统三年（1911）清末时期，出口外洋土货值比较小，最高年份为光绪三十年（1904），直接出口额也仅为 24384 海关两，此后又减少。光绪三十四年（1908）土货出口径往外洋的很少，仅值关平银 1367 两。② 宣统元年（1909）直接运往外洋土货，约值银 2000 两，并其 1/3 由邮包寄出。③ 光绪三十三年（1907），"日本在芜湖购米，有妨民食"，芜湖商会致电督抚阻止日人在芜湖运米。④ 宣统二年（1910），"直接运至外洋之贸易，并不重要，与往年相同，邮件为其主要之部分"。⑤ 而到宣统三年（1911），"无直接出口至外洋各地之货"。⑥

---

① 中国第二历史档案馆编：《中国旧海关史料（1859—1948）》，京华出版社 2001 年版，第 16 册，第 130 页。
② 沈世培校注：《〈芜湖关华洋贸易情形论略〉校注》，安徽师范大学出版社 2015 年版，第 182 页。
③ 沈世培校注：《〈芜湖关华洋贸易情形论略〉校注》，安徽师范大学出版社 2015 年版，第 187 页。
④ 《各省新闻：电请阻止日人在芜湖运米》，《吉林官报》1907 年第 45 期。
⑤ 沈世培校注：《〈芜湖关华洋贸易情形论略〉校注》，安徽师范大学出版社 2015 年版，第 193 页。
⑥ 沈世培校注：《〈芜湖关华洋贸易情形论略〉校注》，安徽师范大学出版社 2015 年版，第 199 页。

民国时期，尤其在 1918 年后，芜湖出口外洋土货值迅速上升，数额达 40 万海关两以上。1917 年、1918 年、1919 年 3 年连续增长，数额达到 278865 两、417424 两、683289 两，超过以前任何年份。1922 年至 1931 年，出口贸易货值增加迅速，每年由 40 万两升至 160 万两，激增 3 倍多。① 甚至有商人"将米私运出洋"。② 这表明在近代中国对外贸易中芜湖海关地位上升，也表明外国资本主义对安徽经济渗透和控制加强（见表 6－2）。

表 6－2　　芜湖海关原运出土货值与出口外洋土货值对比（1891—1931）　　（单位：关平银两）

年份	原运出土货值	出口外洋土货值	年份	原运出土货值	出口外洋土货值
1891	5267406	17040	1905	21161167	8641
1892	5237684	5706	1907	12715527	16016
1893	4194066	4202	1908		1367
1894	5152948	3142	1909		2000
1897		10000	1915	12761931	1931
1899	10596952	11400	1916	12203268	3268
1900	9696603	17938	1917	7808865	278865
1901	5498877	15416	1918	13207639	417424
1902	10980263.3	13555	1919	13238593	683289
1903	13204411.6	15435	1922—1931		400000—1600000
1904	13282546	24384			

资料来源：根据中国第二历史档案馆编《中国旧海关史料（1859—1948）》（京华出版社 2001 年版）、沈世培校注《〈芜湖关华洋贸易情形论略〉校注》（安徽师范大学出版社 2015 年版）统计资料编制。

---

① 《民国十一年至二十年：最近十年各埠海关报告》上卷《华北及长江各埠》，海关总税务司署统计科译印。见中国第二历史档案馆编《中国旧海关史料（1859—1948）》，京华出版社 2001 年版，第 158 册，第 753 页。

② 《芜湖贩米案减轻交保》，《民国日报》1920 年 11 月 7 日。

出口外洋土货值，与原运出土货值相比，晚清时期占比较小，到民国时期增加很多，1922—1931 年达到银 40 万至 160 万关平两。直接出口增加，反映了皖江地区与芜湖口岸和国际市场经济联系加强。

表 6-3　　　　　　　　芜湖海关出口货物统计（1934）

品名	1931（国币）	1934（国币）
总计	1372794	1904305
茶		3
纱、线、编织品、针织品	766	813
匹头	63	96
其他纺织品	22	45
矿砂、金属及金属制品	1370767	1902545
杂货	1173	806

资料来源：安徽省统计年鉴委员会编著：《安徽省统计年鉴表》，1934 年，第 332 页。
注：表 6-3 反映了 1931 年和 1934 年芜湖海关出口货物情况。

在芜湖海关贸易报告中，把香港作为芜湖土货对外出口市场，多数年份土货主要出口到香港。当时土货出口到香港，就算作出口到外洋。从光绪十七年（1891）到光绪二十一年（1895）有土货出口外洋记载的 5 年中，土货完全出口到香港，没有销售到其他国家，如光绪十七年（1891）芜湖出口值关平银 10740 两的豆类、火腿、器具及杂货，光绪十八年（1892）出口的 3500 担豆和少量药材，光绪十九年（1893）出口约 1577 担豆和少量药材等，光绪二十年（1894）出口豆类 1667 担及少量药材，光绪二十一年（1895）出口豆类 2114 担和少量粉丝，全部运至香港，多为当地和中国内地消费。① 此后出口地仍然是以香港为主。除光绪二十二年（1896）到光绪二十四年（1898）3 年土货没有出口到香港外，光绪二十五年（1899）至光绪二十七年（1901）连续 3 年，土货全部出口到香港，光绪二十五年（1899）出口货物为豆类 3888 担，蒜头 663

---

① 沈世培校注：《〈芜湖关华洋贸易情形论略〉校注》，安徽师范大学出版社 2015 年版，第 89 页。

担，花生281担；① 光绪二十六年（1900）出口豆类8100担和少数杂货；② 光绪二十七年（1901）出口豆类4713担，蒜头3196担，落花生523担，菜籽120担，及其他少数货物。③ 其他年份虽然没有明确记载，但是香港一直是芜湖土货主要出口市场。

芜湖出口土货，一般通过上海出口到外洋。土货主要由皖江地区输入到芜湖，用轮船运到上海，再出口到外洋，上海是芜湖及皖江地区土货主要转口城市。如棉花出口，光绪十九年（1893）为5532担，值关平银40739两。光绪二十年（1894）前数月中，日本购买大量棉花，于是大批芜湖产品，复出口至上海，运往日本，棉花出口20657担，值关平银142909两。此时棉价由每担银10两，涨至11两。但是光绪二十年（1894）中日甲午战争爆发后，棉花出口停止。④ 棉花销售市场，除了长江中下游口岸城市外，还销往日本，供给于日本纺织业。如民国时期，鸡鸭毛在芜湖本埠分类，多由轮船运往上海出口。鲜蛋运往上海出口，出口旺盛，"皆因金价高涨，兑银币多，致使本地蛋黄、蛋白各制造厂将其出品运往外洋，可以赢利"。⑤ 1915年，很多青靛及其他颜料，由芜湖本口复出口运往上海装运赴美及日本。⑥

土货出口与皖江地区土货原运出贸易产生互动。芜湖开埠后，许多皖江地区土产物通过芜湖出口到外洋，包括农副产品、手工业品和矿产品等，主要是农副产品和铁矿石，米粮、丝、茶、羽毛、菜籽、花生、豆类、棉花、禽蛋、芝麻、羽毛、禽蛋及铁矿石等。

芜湖出口外洋土货，拉动了皖江地区土货输出。如光绪二十五年

---

① 沈世培校注：《〈芜湖关华洋贸易情形论略〉校注》，安徽师范大学出版社2015年版，第129页。

② 沈世培校注：《〈芜湖关华洋贸易情形论略〉校注》，安徽师范大学出版社2015年版，第136页。

③ 沈世培校注：《〈芜湖关华洋贸易情形论略〉校注》，安徽师范大学出版社2015年版，第142页。

④ 沈世培校注：《〈芜湖关华洋贸易情形论略〉校注》，安徽师范大学出版社2015年版，第111页。

⑤ 中国第二历史档案馆编：《中国旧海关史料（1859—1948）》，京华出版社2001年版，第69册，第653—654页。

⑥ 中国第二历史档案馆编：《中国旧海关史料（1859—1948）》，京华出版社2001年版，第69册，第650页。

（1899）出口豆类 3888 担，蒜头 663 担，落花生 281 担；① 光绪二十六年（1900）出口豆类 8100 担和少数杂货；② 光绪十七年（1891）出口豆类、火腿、器具及杂货；③ 光绪二十七年（1901）出口豆类 4713 担，蒜头 3196 担，落花生 523 担，菜籽 120 担，及其他少数货物；④ 光绪二十八年（1902）出口豆类 2484 担，药材值关平银 1101 两，纸张 296 担，腌肉 233 担等。⑤ 土货出口内容丰富，以下几种土货出口比较显著。

生丝，大部分销往日本、印度等地。20 世纪二三十年代，"蚕茧则消长靡常，平均每年不过六千担"。⑥

茶叶，19 世纪末 20 世纪初出口，带动了皖南和皖西山区茶叶生产和销售。皖南茶叶主要通过上海出口，皖西部分茶叶出口到俄国。⑦

菜籽，来自皖江地区的菜籽主要出口到日本。甲午战争后，日本加紧对中国农产品掠夺，皖江地区菜籽更是其掠夺的重要目标，芜湖海关出口菜籽明显上升。20 世纪初，在芜湖出口外洋土货贸易中，菜籽出口价值为第一。⑧ 如光绪二十七年（1901），菜籽原运出大量增加，仅次于米，有 235900 余担，超过以前出口最旺之年 3 倍。⑨ 光绪二十九年（1903），前两三年花生与菜籽出口甚多，本年较少，唯此二项销场在粤

---

① 沈世培校注：《〈芜湖关华洋贸易情形论略〉校注》，安徽师范大学出版社 2015 年版，第 129 页。

② 沈世培校注：《〈芜湖关华洋贸易情形论略〉校注》，安徽师范大学出版社 2015 年版，第 136 页。

③ 沈世培校注：《〈芜湖关华洋贸易情形论略〉校注》，安徽师范大学出版社 2015 年版，第 89 页。

④ 沈世培校注：《〈芜湖关华洋贸易情形论略〉校注》，安徽师范大学出版社 2015 年版，第 142 页。

⑤ 沈世培校注：《〈芜湖关华洋贸易情形论略〉校注》，安徽师范大学出版社 2015 年版，第 147 页。

⑥ 《民国十一年至二十年：最近十年各埠海关报告》上卷《华北及长江各埠》，海关总税务司署统计科译印。见中国第二历史档案馆编《中国旧海关史料（1859—1948）》，京华出版社 2001 年版，第 158 册，第 752 页。

⑦ 安徽省地方志编纂委员会编：《安徽省志·对外经济贸易志》，方志出版社 1998 年版，第 44—45 页。

⑧ 王鹤鸣：《芜湖海关》，黄山书社 1994 年版，第 32 页。

⑨ 中国第二历史档案馆编：《中国旧海关史料（1859—1948）》，京华出版社 2001 年版，第 34 册，第 171 页。

省、日本二处,多寡不一。① 到光绪三十三年（1907），芜湖土货出口发生变化,出口货物中占重要地位的是菜籽,有4640担运往日本,其与各土货出口共估值关平银16016两。② 宣统元年（1909），豆油、菜籽生意很好,豆出口多系装运欧洲,菜籽则畅销日本。③ 民国时期,芜湖菜籽出口量增长明显。1914年皖江地区菜籽原运出至芜湖数量占中国各商埠输出量第一位,达290248万担,其中出口菜籽主要出口到日本。④ 20世纪初,芜湖成为日本所需菜籽的重要供应口岸。⑤ 1922年至1931年,菜籽仍然是主要出口货物之一,输出数量以1926年为最多,共计743000担,其副产品菜籽饼,则以1928年出口为极旺,达74000担。⑥

花生,与菜籽一样,来自皖江地区,主要出口到日本,日本花生需求左右了皖江地区花生出口贸易。如光绪二十九年（1903），由芜湖海关出口的花生有13000担,仅为数年前出口量25%,是因为在日本缺乏他种油料供应时,始有大量购买,否则购买量小。⑦ 民国初,菜籽、花生米,如年岁较丰,原运出多至20余万石。⑧ 20世纪,芜湖海关大多数年份原运出花生在3万担左右,其中出口部分主要是销往日本。⑨

棉花,主要出口日本,棉花贸易拉动了皖江地区棉花种植和输出。

---

① 中国第二历史档案馆编:《中国旧海关史料（1859—1948）》,京华出版社2001年版,第38册,第195页。

② 中国第二历史档案馆编:《中国旧海关史料（1859—1948）》,京华出版社2001年版,第46册,第288—289页。

③ 中国第二历史档案馆编:《中国旧海关史料（1859—1948）》,京华出版社2001年版,第51册,第311页。

④ 中国第二历史档案馆编:《中国旧海关史料（1859—1948）》,京华出版社2001年版,第65册,第601页。

⑤ 芜湖市地方志办公室编:《芜湖对外关系史》,黄山书社2014年版,第91页。

⑥ 《民国十一年至二十年:最近十年各埠海关报告》上卷《华北及长江各埠》,海关总税务司署统计科译印。见中国第二历史档案馆编:《中国旧海关史料（1859—1948）》,京华出版社2001年版,158册,第752页。

⑦ 沈世培校注:《〈芜湖关华洋贸易情形论略〉校注》,安徽师范大学出版社2015年版,第155页。

⑧ 余谊密修,鲍寔纂:《（民国）芜湖县志》卷35《实业志》,黄山书社2008年版,第246页。

⑨ 安徽省地方志编纂委员会:《安徽省志·对外经济贸易志》,方志出版社1998年版,第49页。

皖江地区棉花经过芜湖口岸，运到上海，然后出口到日本。光绪二十年（1894）前数月中，日本购买大量棉花，于是大批芜湖产品，复出口至上海，运往日本。①

药材，主要来自皖江地区，是出口土货中重要商品，在出口杂货中，药材仍占重要部分，转运上海，分售于沿江各省及香港等处。②

禽蛋，主要是鸡蛋和鸭蛋出口法、美和英，其出口带动了皖江地区鲜蛋加工和出口。到光绪二十三年（1897）芜湖径运外洋的土货不多，只有少量的蛋白和蛋黄。这些鸡蛋、鸭蛋都是皖江地区收购来的，开始出口到欧洲，而且发展势头很好，"此乃洋商在本口手艺制成，在兴工之始，报运出口值关平银三千八百七两，并他项货物运至上海转运外洋者，合计不过值关平银一万余两。此种生意如能获利，将来制造是货出口，兴盛可期"。③ 光绪二十四年（1898），出口土货只有蛋白、蛋黄两种，是2洋行工艺制成，为芜湖口岸径运外洋之货，"据局外人云，该两洋行在初办之年，生意已佳，厥后接踵而兴，更可逆料"。④ 光绪二十五年（1899），蛋黄以法国及德国购买为最多，其主要功用为制皮革，干蛋白是法国及德国南部收买，为印花布之用，亦有用于制作饼干的。⑤ 此年，有3家制蛋白蛋黄公司制成鸭蛋腌蛋黄和干蛋白，腌蛋黄行销于德、法两国，用以腌手套皮，制作饼干；干蛋白则销于英国曼彻斯特，为多个织布厂布上印花之用。⑥ 光绪二十七年（1901），芜湖只有1家蛋厂，制作蛋白、蛋黄。据此家蛋厂报告说，此年用鸭蛋155万个，制成出口产品，计蛋白86担，蛋黄598担。蛋白，有75担运往美国，其余皆运往英

---

① 沈世培校注：《〈芜湖关华洋贸易情形论略〉校注》，安徽师范大学出版社2015年版，第111页。

② 杭海：《滁县乡土志·物产·药材》，滁州市方志办1984年印。

③ 中国第二历史档案馆编：《中国旧海关史料（1859—1948）》，京华出版社2001年版，第26册，第151页。

④ 中国第二历史档案馆编：《中国旧海关史料（1859—1948）》，京华出版社2001年版，第28册，第153页。

⑤ 沈世培校注：《〈芜湖关华洋贸易情形论略〉校注》，安徽师范大学出版社2015年版，第133页。

⑥ 中国第二历史档案馆编：《中国旧海关史料（1859—1948）》，京华出版社2001年版，第30册，第173页。

国伦敦，蛋黄大部分运往法国。① 民国时期，鲜蛋出口增加，如1915年，鲜蛋出口，海关计簿，1913年321万个，1914年1414万个，1915年减至607700个，但实际芜湖本口出口鲜蛋增加很多，因商家改换装运方法，即用民船运至南京，又由火车运至上海，这样可以节省运费、关税，减少破碎损失。② 民国初，芜湖鸭行7家，每年约销30万颗，以运销南京、上海为大宗。蛋行8家，每年约销鸭蛋200万颗，鸡蛋300万颗内。③ 20世纪二三十年代，"鲜蛋及皮蛋，输出亦盛"，如1927年至12800万个。④

羽毛，主要出口到德国汉堡、柏林、斯图加特等地，刺激了长江两岸，特别是庐州府及其附近区域羽毛的运出，羽毛出口逐渐增加。如光绪十五年（1889）出口8563担，至光绪十九年（1893）达18409担。⑤ 第一次世界大战期间，欧洲需求减少，由芜湖运出的羽毛出口也减少，战争结束后，出口又增加。

铁矿石，主要出口到日本，其出口带动了当涂县宝兴公司和繁昌县裕繁公司的铁矿生产和销售。由于矿产资源匮乏，日本铁钢一直依赖进口，清末日本就到中国长江流域寻找铁矿，于宣统元年（1909）、宣统三年（1911）先后取得繁昌县桃冲铁矿和当涂县马鞍山铁矿开采权后，兴办裕繁公司和当涂县宝兴公司，开采铁矿。这2个铁矿公司生产的铁矿砂，主要经过芜湖海关，由日本轮船，按照专章由荻港与采石矶装运出口到日本。民国时稳定开采铁矿的有繁昌县裕繁公司及当涂县宝兴公司、利福民公司和振冶公司4家，其所产铁矿砂均被日本垄断，以低价出口日本。宝兴公司售给日本铁矿石，第一次世界大战时每吨日币11.78元，

---

① 中国第二历史档案馆、中国海关总署办公厅编：《中国旧海关史料（1859—1948）》，京华出版社2007年版，第34册，第172页。

② 中国第二历史档案馆编：《中国旧海关史料（1859—1948）》，京华出版社2001年版，第69册，第652页。

③ 余谊密修，鲍寔纂：《（民国）芜湖县志》卷35《实业志》，黄山书社2008年版，第251页。

④ 《民国十一年至二十年：最近十年各埠海关报告》上卷《华北及长江各埠》，海关总税务司署统计科译印。见中国第二历史档案馆编《中国旧海关史料（1859—1948）》，京华出版社2007年版，第158册，第752页。

⑤ 沈世培校注：《〈芜湖关华洋贸易情形论略〉校注》，安徽师范大学出版社2015年版，第105页。

20世纪20年代后降为日币4.2元，使宝兴公司亏损，欠日本70万元。[1]民族资本敌不过资本主义列强的掠夺。1920年前，裕繁公司铁矿石全部供给日本福冈县东洋制铁所。第一次世界大战后期，钢铁生产过剩，铁价暴跌，由于亏损，东洋制铁所工厂改由日本国立八幡制铁所经营，裕繁公司铁矿石也转供八幡制铁所。从民国建立至抗日战争爆发前，由芜湖海关出口日本的铁矿石达668万吨，值白银1941.68万两，每年平均31.8万吨。这些铁矿石供给日本三井、东洋制铁所、三菱会社等钢铁企业冶炼钢铁。第一次世界大战后，日本钢铁业发展迅速，由芜湖出口的铁矿石出口也增加。如1918年，从荻港和采石矶装运出口的铁矿砂总数为1514608担，其中来自采石矶的为1239878担，来自荻港的274730担，以运往日本者占多数。[2] 1919年由采石矶和荻港运往日本及朝鲜铁矿砂共138290吨，1918年则为90155吨。[3] 1922年至1931年，铁砂属出口货物巨擘，其货值在平常之年约占出口货值总数95%，而以出口日本为多。本期以1924出口为最盛，是因为日本铁矿石需求量增大，马鞍山、荻港2处生产增加，达7800000担。[4] 芜湖海关出口日本铁矿石，1934年为47.2万吨，占日本进口铁矿石22%；1936年为71.3万吨，占这一年日本进口铁矿石总数19%（见表6-4）。[5]

可见，近代芜湖及皖江腹地纳入世界资本主义市场体系，受世界贸易影响，并成为世界贸易一个部分。洋货进口和土货出口，使芜湖及腹地纳入世界资本主义产业和市场分工体系，中国处于技术和产业分工下游，不具有优势，只能忍受资本主义列强的经济剥削。

---

[1] 安徽省地方志编纂委员会：《安徽省志·对外经济贸易志》，方志出版社1998年版，第47页。

[2] 中国第二历史档案馆编：《中国旧海关史料（1859—1948）》，京华出版社2001年版，第81册，第688—689页。

[3] 中国第二历史档案馆编：《中国旧海关史料（1859—1948）》，京华出版社2001年版，第85册，第630页。

[4] 《民国十一年至二十年：最近十年各埠海关报告》上卷《华北及长江各埠》，海关总税务司署统计科译印。见中国第二历史档案馆编《中国旧海关史料（1859—1948）》，京华出版社2001年版，第158册，第752页。

[5] 芜湖市地方志办公室编：《芜湖对外关系史》，黄山书社2014年版，第101—102页。

表 6-4　　由芜湖海关出口日本铁矿石数值（1919—1931）

年份	价值（两）	数量（担）	年份	价值（两）	数量（担）
1919	859865	4247914	1929	1526083	8238578
1923	1078935	5958456	1930	1428948	7353528
1927	757763	4661009	1931	1103163	4881324
1928	994900	6271725			

资料来源：据《中国各通商口岸对各国进出口贸易统计》（《安徽实业杂志》第 4 卷 11 号，1936 年，第 474 页）等资料编制。

同时，芜湖及皖江地区与外国直接经济联系较少，产生联系也比较迟。芜湖和皖江地区处于长江下游地区，其与外国进行贸易的通道主要是长江，由长江航运，经过上海，然后与外国进行国际贸易。因此，芜湖进行国际贸易，与上海和外国有着密切联系。与外国直接贸易，芜湖及皖江地区纳入了世界资本主义市场范围。在外洋贸易中，凸显了芜湖与上海的经济关系。上海是长江流域最大的转口贸易城市，芜湖进口洋货主要是通过上海转运而来，并通过其他口岸运来；土货也经过上海出口，上海是芜湖及皖江地区进行国际贸易必须经过的口岸城市，直接进出口或转口进出口，都绕不开上海。这说明上海是长江流域最主要口岸城市，是国家中心城市，其他城市从属于上海。上海贸易圈覆盖芜湖及皖江地区，芜湖贸易圈，属于上海贸易圈的一部分。同时，近代以前，芜湖主要受长江贸易影响，近代不仅受长江贸易影响，还受外洋贸易和沿海贸易影响，贸易范围扩大了，与其他口岸城市经济关系更加密切了。芜湖与腹地经济互动关系构建，离不开外洋贸易的影响。

第二节　国内其他口岸运进洋货贸易与芜湖口岸洋货贸易互动

在近代口岸洋货贸易结构中，一些内地口岸城市的直接进口洋货并不占主要部分，而是以从国内其他口岸运进洋货为主。

一　国内其他口岸运进洋货贸易与城乡经济互动关系构建

近代以前，长江流域经济是农业经济为主的封建经济，长江贸易主要是农副产品、手工业品和矿产品的贸易，是封闭型的国内贸易，是处于低端技术和产业的贸易。在长江贸易过程中，长江流域城市在城乡经济互动及城市与城市之间互动中发展，优势互补，带来了长江流域城市和乡村的经济发展。但是，近代洋货通过口岸输入长江流域后，以其技术和产业优势，渗透到广大口岸腹地乡村，贸易格局发生质的变化，土货则处于技术和产业劣势，长江贸易与全国贸易一样，形成了洋货贸易和土货贸易的二元格局。洋货贸易以其优势，不断从外洋输入长江流域，畅销于广大乡村。这种优势很明显，从外洋到口岸，再从口岸渗透到乡村。在口岸洋货贸易结构中，直接进口洋货贸易、口岸就地销售洋货贸易、运入内地洋货贸易（或分运内地洋货贸易），构成了外洋—口岸—腹地三段式经济关系，把广大乡村、口岸城市和外国经济联系起来，是一种纵向的经济关系。直接进口洋货贸易为外洋贸易，口岸就地销售洋货贸易、运入内地洋货贸易为洋货由口岸城市向乡村渗透的贸易。在一般人看来，这就构成了口岸城市洋货贸易的全部。实则不然，一些内地口岸城市之间，有大量洋货贸易往来，构成了国内洋货贸易，这种洋货贸易甚至为口岸城市洋货贸易的主要部分。一些内地口岸城市，其洋货进口有两个来源，一是从外洋直接进口，二是从其他口岸进口，洋货进口到其他口岸后再转运而来，构成了复进口洋货贸易。一些内地口岸城市洋货主要从国内其他口岸运进，而不是从外洋直接进口而来，复进口洋货往往成为内地口岸洋货的主要部分。一些口岸城市进口洋货消化不掉，就销往其他口岸，形成复出口洋货贸易。比如像上海、武汉等大口岸城市，直接进口洋货比较多，自己消化不掉，就部分销往其他口岸城市，就构成了复出口洋货贸易；对其他口岸城市来说，就构成了复进口洋货贸易。这种贸易现象在口岸城市洋货贸易中很普遍。复进口洋货贸易和复出口洋货贸易则反映了口岸城市之间的经济关系，是一种横向的经济关系，口岸城市之间通过这种贸易关系，加强了口岸城市之间的经济联系。同时，这种洋货国内贸易也带动了口岸城市与腹地的洋货贸易，促进了口岸与腹地乡村经济关系发展。在复进口洋货贸易中，洋货从其他口岸城市进口到此口岸城市，再转销腹地广大乡村，构成了彼口岸—此口岸—此口岸腹地乡村的经济关系；在洋货复出口贸易中，洋货由此口岸城市复出口到彼口岸城市，再转销到彼口岸腹地广大乡村，构成了此口岸—彼口岸—彼口岸腹地乡村的经济关系。芜湖作为内地口岸城市，国内洋货贸易占洋货贸易的主要部分，在芜湖与腹地经济互动关系构建中起着重要作用。

二 复进口洋货贸易

进口到芜湖的洋货，在芜湖开埠后很长一段时间不是从外国直接进口的，而是洋货进口到国内其他口岸，再从国内其他口岸复进口到芜湖，转销皖江地区。到19世纪90年代开始有洋货直接从外洋进口到芜湖，再转销腹地。但是从外洋直接进口洋货量仍然不大，芜湖洋货主要是国内其他口岸复进口到芜湖的。因此，洋货复进口是芜湖洋货贸易的主轴，值得深入探讨。

复进口洋货贸易量。芜湖开埠比较迟，开埠前洋货一般从其他口岸复进口而来；开埠后，长时间没有洋货直接进口，也是从其他口岸复进口而来。民国初，芜湖京广洋货，共有店铺26家，商会注册者15家，货源多数来自上海、南京、苏州、广东等处，货类共有3000余种，最畅销者为中日火柴、纸烟、英美煤油、德美日玻璃、中英美洋烛、日本洋伞。各色为大宗毛巾、机器线袜，初皆洋货，民国初悉为国产，销场除本埠外，如外江庐州、巢县、三河，内河宁国、徽州各处均来本埠贩运。① 1921年，自阴历十月十九日至十一月初六日，一星期内由江轮进口货物，白糖3876件，海篓豆麻油215件，包篓豆麻油50件，瓜子195件，土酒绍兴酒280件，枝干桂圆77件，烟叶烟丝172件，前草43件，大小洋纸42件，杭箔16件，靛桶37件，洋碱29件，杂货658件，洋火230件，洋烛1000箱，洋烟55件，肥皂50箱，广货132件，洋布84件，洋纱152件，土布46件，杂铁640担。② 从海关史料可以看出复进口洋货贸易情况（见表6-5）。

---

① 余谊密修，鲍寔纂：《（民国）芜湖县志》卷35《实业志》，黄山书社2008年版，第247页。

② 《上星期进口货之调查》，《皖江日报》1921年12月6日。

表6-5　　芜湖复进口洋货值、直接从外洋进口及由
　　　　　上海转运洋货值　　　　（单位：关平银两）

年份	复进口洋货值	径从外洋进口及上海转运的洋货值
1877	893408	
1878	1925075	
1879	2323857	
1880	2374575	
1881	2376324	
1882	1816695	
1883	1965055	
1884	2088152	
1885	2660787	
1886	3764837	
1888	比1887年多8%	
1889	2693183	
1890	2922253	
1891	2134282（鸦片除外）	
1892	3933092	
1893	3544984	
1894	3416889	
1895	3733303	
1896	4255747	
1897		2105
1898		4711
1899	6889366	69758
1900	8329651	87794
1901	7729651	90254
1902	4735017	151855
1903	8384238	304728
1904	7207923	475581
1905	6883830	455460
1906	7124849	271524
1907	8722940	442889
1908	7827943	553300

资料来源：主要来自沈世培校注《〈芜湖关华洋贸易情形论略〉校注》（安徽师范大学出版社2015年版），其中1897年、1898年来自中国第二历史档案馆编《中国旧海关史料（1859—1948）》（京华出版社2001年版）。

第六章 优势互补:近代芜湖与沿海、沿江口岸城市经济互动

芜湖复进口洋货值和直接从外洋进口及由上海转运洋货值对比。从表 6-5 中可以看出,复进口洋货量增加很快。光绪三年（1877）进口洋货 893408 两,光绪四年（1878）就达到 1925075 两,是光绪三年（1877）的 2 倍多。此后增长量虽然有波动,但是总体呈现上升趋势,光绪三十三年（1907）达到 8722940 两,是光绪四年（1878）的近 5 倍。芜湖海关贸易报告虽然对光绪三十四年（1908）以后的复进口洋货没有总数记载,但是文字叙述也反映了芜湖复进口洋货情况。如宣统元年（1909）,从外洋径运进口与别口转运而来之货,价估值关平银比光绪三十四年（1908）少 150 万两,减少 20%,"大抵由于金贵银贱,洋货进口势难兴旺故耳"。① 其中棉织品进口减少,粗布减少 2000 匹,棉纱减少 7000 担,土布减少 4000 担②。宣统二年（1910）,进口土制仿照洋货（粗布及市布）布匹,从宣统元年（1909）3160 匹增至 8200 匹;棉纱增加 6000 担;土布也有增加;石膏则减少;豆油减少很多,芝麻及茶油略有增加。③ 1913 年,洋货由外洋径运进口及由通商口岸运来者,前一年净值计共关平银 9498935 两,本年跌至 7437630 两。减少的原因是洋药禁止进口,如果去除洋药一项,"其余洋货进口估值,有增无减"。④ 1918 年由外洋径运进口及由通商口岸运来的洋货有 9759465 两,1919 年增加到关平银 10278357 两。⑤ 其中由其他通商口岸运来的洋货数量远超以前数字。从光绪三年（1877）至光绪二十二年（1896）,芜湖海关贸易报告中没有直接从外洋进口及由上海转运洋货值记载,也就是说,没有洋货直接进口贸易,洋货一般是从其他口岸复进口而来。从光绪二十三年（1897）开始有直接从外洋进口及由上海转运洋货值记载,但是,直接从

---

① 中国第二历史档案馆编:《中国旧海关史料（1859—1948）》,京华出版社 2001 年版,第 51 册,第 310 页。

② 沈世培校注:《〈芜湖关华洋贸易情形论略〉校注》,安徽师范大学出版社 2015 年版,第 188 页。

③ 沈世培校注:《〈芜湖关华洋贸易情形论略〉校注》,安徽师范大学出版社 2015 年版,第 194 页。

④ 中国第二历史档案馆编:《中国旧海关史料（1859—1948）》,京华出版社 2001 年版,第 62 册,第 680 页。

⑤ 中国第二历史档案馆编:《中国旧海关史料（1859—1948）》,京华出版社 2001 年版,第 85 册,第 629 页。

外洋进口及由上海转运洋货值远比洋货复进口值小。仅以光绪三十四年（1908）直接从外洋进口及由上海转运的洋货值最高年份为例，洋货复进口值为7827943两，直接从外洋进口及由上海转运的洋货值仅为553300两，仅占洋货复进口值的7%。而且直接从外洋进口及由上海转运的洋货还有一部分是从上海转运来的。可见，这种洋货复进口贸易，是长江沿岸口岸城市进行洋货贸易的主要构成，芜湖洋货主要是从长江沿岸口岸城市复进口而来。可见，芜湖与长江沿岸口岸城市经济联系极为密切。

复进口洋货品种多。从中国各埠复进口至芜湖的洋货品种很多。如光绪二十九年（1903）从中国各埠运来进口货总值，为关平银11143741两，其中洋货值为关平银8384238两，土货值为关平银2759503两。主要货物及其关平银值：鸦片1721432两，糖1328646两，棉纱1197848两，外国棉织品1188587两，煤油601379两，袋（盛米用）453692两，土棉布409314两，柏油296445两，金属231193两，木杆221664两，火柴168149两，丝织品156504两，煤138413两，夏布139818两，毛织品138532两，檀香124801两，烟草及纸烟120459两，瓜子108765两，纸张值92162两，伞57531两。此20种货物，值8895334两，占进口贸易全值80%。① 其中，有洋货，也有土货，且很多为洋货。1919年，由外洋径运进口及由通商口岸运来的洋货，有棉货类，如原色布、日本粗布、英国细斜纹与标布、袈裟布、印花布、棉剪绒、面巾等；有印度棉纱、日本棉纱。五金类，及杂货，由芜湖进口，分销内地各路洋货，有纸烟、葵扇、自来火、煤油、糖及各种袋包等。②

复进口洋货主要来自长江沿岸口岸城市。在近代长江贸易中，洋货贸易是重要内容，长江沿岸各口岸洋货贸易构成了长江洋货贸易，这种贸易渗透到长江流域广大城乡地区。芜湖洋货贸易主要是在长江洋货贸易影响下进行的，长江沿岸各口岸城市是芜湖洋货的主要来源地。并在复进口洋货贸易中，以上海为主要口岸。进口芜湖的洋货，除了少数从

---

① 沈世培校注：《〈芜湖关华洋贸易情形论略〉校注》，安徽师范大学出版社2015年版，第155—156页。
② 中国第二历史档案馆编：《中国旧海关史料（1859—1948）》，京华出版社2001年版，第85册，第629页。

香港运来，一般由上海运来，然后主要销往皖江地区，以鸦片和纺织品为主。芜湖开埠后，芜湖原先未与外洋直接贸易，各种入口之洋货，皆由上海转来。① 光绪十七年（1891）洋货净进口值，为关平银2134282两（鸦片除外），棉织品占31%，绕道香港之中国糖占15%，印度棉纱占10%，煤油占8%，麻袋（大半为装米之用）占7%，毛织品占6%，金属占3%，袋与扇计值关平银26076两，"直接从香港运来，他种货物全由上海"。② 芜湖进口货，全由江轮载来，不仅仅从上海转运，而且还从香港转运，市场范围扩大。光绪二十三年（1897），复进口之货，"洋货进口均从上海而来"。③ 直到光绪二十五年（1899），芜湖海关贸易报告才记载"直接从外洋各地进口者，及由上海转运者"的洋货。④ 到光绪三十四年（1908），"至别埠转运进口洋货，大半皆由上海过载而来"。⑤ 这就明确了上海是洋货转口贸易城市，是芜湖洋货复进口的主要口岸，芜湖洋货贸易从属于上海。芜湖受长江沿岸口岸城市洋货贸易圈覆盖，并主要受上海洋货贸易圈覆盖。这就构成了芜湖与其他口岸的洋货复进口关系，也消除人们关于洋货直接从外洋进口的误解。

三 复出口洋货贸易

一般认为洋货进口到口岸后就销往腹地。实际不然，洋货进口到一个口岸后，大部分销往腹地广大乡村，有一小部分洋货因为市场和价格等原因，又出口到其他口岸，形成复出口洋货贸易，这部分洋货又称为复出口洋货。

芜湖开埠后，洋货进口到芜湖，又有一部分复出口到其他口岸，或

---

① 沈世培校注：《〈芜湖关华洋贸易情形论略〉校注》，安徽师范大学出版社2015年版，第1页。

② 沈世培校注：《〈芜湖关华洋贸易情形论略〉校注》，安徽师范大学出版社2015年版，第88—89页。

③ 中国第二历史档案馆编：《中国旧海关史料（1859—1948）》，京华出版社2001年版，第26册，第153页。

④ 沈世培校注：《〈芜湖关华洋贸易情形论略〉校注》，安徽师范大学出版社2015年版，第129页。

⑤ 沈世培校注：《〈芜湖关华洋贸易情形论略〉校注》，安徽师范大学出版社2015年版，第182页。

复出口到外国，为两种洋货复出口贸易。复出口到外国的情况很少，复出口到其他口岸的情况很多（见表6-6）。

表6-6　　　　芜湖复出口洋货值及详情（1878—1919）（单位：关平银两）

年份	洋货复出口值	复出口至中国各埠洋货详情
1878	9340（包括土货）	输往镇江关平银5081两，上海关平银3657两，汉口关平银599两，九江关平银3两
1880	45965（包括土货）	值鸦片关平银35835两
1881	113121（包括土货）	鸦片值关平银109523两
1890	313813	其中出口至九江、汉口二埠的白粗布、原色布、标布、英国斜纹布及市布，计关平银307616两
1891	8769	洋货复出口所往中国之商埠，大半为上海，其主要部分为鸦片、布匹、袋、煤油
1892	14755	其中以鸦片、棉织品、毛织品袋及煤油为最重要之货，系送往汉口、上海、九江、镇江
1893	10630	重要货物为棉织品、金属、袋及煤
1894	10791	主要货物为棉织品、毛织品、金属、袋、美国煤油及白糖
1895	15779	大部分为棉织品、毛织品袋、英国煤油及伞
1896	17201	洋药复出口至中国各埠总值为关平银9584两，其中值关平银3300两俄国煤油运往汉口，值关平银4317两杂货运回上海
1897	8496	
1898	7785	运往通商各口洋货值关平银7785两
1900		"本埠复出口之货甚少，仅为运此贩卖而未能售出之货物"。洋货有棉纱266担和煤油4000箱
1903	12133	
1904	11472	
1905		"复运出，无足纪者"
1906		"复运出，无足纪者"

第六章 优势互补:近代芜湖与沿海、沿江口岸城市经济互动

续表

年份	洋货复出口值	复出口至中国各埠洋货详情
1907		"复运出,无足纪者"
1908		美煤油 501520 加仑,波罗岛煤油 40000 加仑
1909		"复出口,无足纪者"
1910		"复出口,无足纪者"
1911		"运出,无"
1916		"洋货复出口不具论"
1917		"洋货复出口不具论"
1918		"洋货复出口,无可论述"
1919		"洋货复出口,无可论述"

资料来源:中国第二历史档案馆编《中国旧海关史料(1859—1948)》(京华出版社 2001 年版)、沈世培《〈芜湖关华洋贸易情形论略〉校注》(安徽师范大学出版社 2015 年版)。

芜湖开埠初,就有了洋货复出口。不过,洋货复出口贸易量不大,复出口贸易比例还比较小。光绪四年(1878)芜湖复出口洋货和土货数值不大,除本地白糖与夏布外,复出口总值仅为关平银 9340 两。① 光绪二十五年(1899),从芜湖复出口之货甚少。② 光绪二十六年(1900),本埠复出口货甚少,仅为运此贩卖而未能售出之货物。光绪二十六年(1900),复出口之主要货物,为土布 51 担,夏布 189 担,棉纱 266 担,煤油 4000 箱。③ 洋货复出口贸易带有不稳定性。如光绪十六年(1890),芜湖布匹复出口洋货总值为关平银 313813 两,但是从事此种贸易之洋行,夏季已停止,似无恢复之望。④ 并且除光绪三十四年(1908)外,从光绪

---

① 沈世培校注:《〈芜湖关华洋贸易情形论略〉校注》,安徽师范大学出版社 2015 年版,第 4 页。

② 沈世培校注:《〈芜湖关华洋贸易情形论略〉校注》,安徽师范大学出版社 2015 年版,第 130 页。

③ 沈世培校注:《〈芜湖关华洋贸易情形论略〉校注》,安徽师范大学出版社 2015 年版,第 137 页。

④ 沈世培校注:《〈芜湖关华洋贸易情形论略〉校注》,安徽师范大学出版社 2015 年版,第 83 页。

三十一年（1905）后，就没有洋货复出口贸易记载。

洋货复出口原因，有的是因在芜湖口岸及腹地销售过剩，有的是因土货质量差，在芜湖卖不出去。如光绪七年（1881），复出口洋土各货总值为关平银 113121 两。其中鸦片一项，即值关平银 109523 两，"皆为质量太劣之土，在本市难于售出者。此种情形，余可详释其故。在过去三年中，内地收买者，对于烟土质量之考察，较前精细，一八七七年与一八七八年劣烟尚可售出，现时购者，善于分别孰优、孰劣、孰中等，诛求甚苛，劣烟遂难售矣"。①

从表 6-6 看，复出口洋货品种很多，棉织品（白粗布、原色布、标布、英国斜纹布及市布）、毛织品、鸦片、金属、杂货（煤、煤油、伞）等。

表 6-7　　　　　芜湖复出口洋货和土货数值表（1878）

品名	数量	价值（关平银两）
大土（烟）	3 担	1701
波斯土（烟）	2 担	794
标布	250 匹	375
美国斜纹布	100 匹	190
英国羽毛	10 匹	115
大企呢哆啰呢	6 匹	144
素绵羽绫	20 匹	200
哔叽	20 匹	124
海参	3.83 担	153
香菌	0.64 担	20
麻袋	2450 匹	236
粗细夏布	154.04 担	4301
桂圆	2.46 担	20
药材	4.15 担	57

---

① 沈世培校注：《〈芜湖关华洋贸易情形论略〉校注》，安徽师范大学出版社 2015 年版，第 34 页。

续表

品名	数量	价值（关平银两）
土布	0.85 担	28
桐油	3.10 担	16
白糖	140.02 担	798
未详计货物值		68

资料来源：沈世培校注：《〈芜湖关华洋贸易情形论略〉校注》，安徽师范大学出版社2015年版，第4—5页。

表6-7中除土货外，洋货有洋药、标布、美国斜纹布、英国羽毛、大企呢哆啰呢、素绵羽绫、哔叽等为洋货。

复出口洋货市场主要为长江沿岸口岸城市。光绪四年（1878）芜湖复出口洋货和土货关平银值，输往镇江5081两，上海3657两，汉口599两，九江3两。① 复出口范围是长江中下游口岸城市，最多的是镇江，其次是上海，然后是汉口和九江。光绪十五年（1889）棉织品复出口，"系在此收买而运至九江及汉口者"。② 光绪十六年（1890），"在去年及今年某一时期，芜湖直成为九江及汉口布匹之货栈"，芜湖布匹复出口到九江和汉口，出口至二埠的白粗布、原色布、标布、英国斜纹布及市布，计有关平银307616两。③ 芜湖布匹复出口的口岸城市是九江和汉口。洋货复出口主要为上海，如光绪十七年（1891），"洋货复出口所往中国之商埠，大半为上海"。④ 洋货复出口市场范围，主要是长江中下游口岸城市，如上海、镇江、汉口、九江等城市，并以上海为主。这反映芜湖受这些口岸城市贸易圈覆盖，特别是受上海贸易圈覆盖，同时，芜湖是转口贸易口岸，进口货物，在芜湖城市和腹地等腹地销售，还转口销售到长江

---

① 沈世培校注：《〈芜湖关华洋贸易情形论略〉校注》，安徽师范大学出版社2015年版，第5页。
② 沈世培校注：《〈芜湖关华洋贸易情形论略〉校注》，安徽师范大学出版社2015年版，第76—77页。
③ 沈世培校注：《〈芜湖关华洋贸易情形论略〉校注》，安徽师范大学出版社2015年版，第83页。
④ 沈世培校注：《〈芜湖关华洋贸易情形论略〉校注》，安徽师范大学出版社2015年版，第90页。

中下游口岸，加强了芜湖与长江中下游口岸城市的经济联系，市场扩大了。这反映了芜湖特殊的口岸地位，也反映了芜湖与腹地的经济关系。

第三节　芜湖与其他口岸城市之间土货贸易互动

在口岸土货贸易结构中，"出口"贸易为国际贸易，其他如"原运出""本埠销售""运出""运进""复运出"等贸易为国内贸易。在国内贸易中，"运出""运进""复运出"等贸易则反映了口岸城市之间的经济关系，口岸城市之间优势互补，在市场作用下，口岸城市及其腹地获得发展。一般人们重视从腹地乡村原运出到口岸城市的土货贸易，认为土货均来自口岸腹地广大乡村。这种观点有其合理性，因为口岸城市土货贸易中的土货来源主要是腹地广大乡村，这部分土货占主体部分，但是这种观点也不全对，因为口岸城市土货贸易中的土货有一部分来自其他口岸城市，构成"运进"贸易，这部分土货贸易，学界一般是忽视的。另外，口岸城市之间土货"运出"和"复运出"贸易也被学界忽视。"运出""运进""复运出"等口岸城市之间土货国内贸易，对口岸城市土货贸易有重要的促进作用。口岸城市之间往来的土货，通过口岸城市，又销往口岸腹地广大乡村，加强了口岸城市与腹地乡村经济互动关系。芜湖口岸土货贸易，主要受到沿江口岸城市土货贸易的影响，芜湖与这些口岸城市相互进行土货贸易，优势互补，不仅带动了口岸城市发展，也有利于芜湖与腹地经济互动关系构建。

一　"运出"

"运出"，即运出土货贸易，这种土货由腹地运到口岸城市后，再运到国内其他口岸城市销售的贸易，是口岸土货贸易的主要方面，比重最大，土货出口到外洋的比重并不大。

土货运出与皖江地区土货原运出互动。近代芜湖商贸繁荣，皖江地区土货原运出至芜湖，除了部分在芜湖本埠销售和出口外洋外，主要销往沿海、沿江口岸城市，形成土货运出贸易。芜湖土货运出又与腹地土货原运出形成互动。

第六章 优势互补:近代芜湖与沿海、沿江口岸城市经济互动

芜湖土货运出量影响腹地土货原运出量。芜湖土货运出量越大,则腹地土货原运出量就越大,反之,土货运出量越小,则腹地土货原运出量就越小。口岸市场土货需求旺盛,需要土货量大,则带动腹地土货原运出量增加。米粮是芜湖土货贸易的主要内容,我们以米粮为例,可以看出这一贸易规律。芜湖大米主要销往沿海口岸城市,尤其是南方广东市场,南方广东市场需求旺盛,芜湖运出米才会增加,进而带动腹地米原运出量增加。南方米粮需求量,受很多因素影响,最主要体现的是价格因素,反映了市场经济规律,价格调节着米粮供求关系。南方市场米价影响芜湖米运出,而米价受到诸多因素影响,如米源、需求、税收、运费等。南方市场米价高于芜湖市场米价,米商可以盈利,才会把芜湖米粮运销南方市场,南方市场米价越高,越有利于芜湖米输出,芜湖米原运出米就会增加;如果南方市场米价低于芜湖市场米价,或与芜湖市场米价持平,米商无利可图,就不会把芜湖米运销南方市场,芜湖米运出就减少,腹地原运出米就会减少。芜湖米市受到南方米市波动影响很大。如光绪四年(1878)腹地粮食收成较好,有8成,米价很低,米商运到南方市场可赚钱,腹地原运出米增加。"因贱价之故,米在南方市场大半年间均甚活跃,否则出口之米必更少矣"。① 芜湖运出米,光绪六年(1880)为210369担96斤,光绪七年(1881)增加为388792担8斤。② 米出口增加原因,"今年又得丰收,米价低贱,在秋季大半季间,贩米至南方者,获利甚厚。但至年冬,因大量米聚积于广州,市场米价低落,利益锐减矣"。③ 光绪十三年(1887)南方购米市场发生变化,广东从安南及江西运进大量米粮,从芜湖购米减少,加上皖江地区水旱灾严重,稻谷及他种植物仅及往年一半,这样芜湖米运出减少,腹地原运出米也减少。④ 光绪十五年(1889),购买米粮销往广东市场的贸易极为活跃,

---

① 沈世培校注:《〈芜湖关华洋贸易情形论略〉校注》,安徽师范大学出版社2015年版,第7—8页。
② 沈世培校注:《〈芜湖关华洋贸易情形论略〉校注》,安徽师范大学出版社2015年版,第37页。
③ 沈世培校注:《〈芜湖关华洋贸易情形论略〉校注》,安徽师范大学出版社2015年版,第37页。
④ 沈世培校注:《〈芜湖关华洋贸易情形论略〉校注》,安徽师范大学出版社2015年版,第65页。

开赴广东运米轮船,春季16只,夏季11只,秋季7只,冬季18只。此52只轮船运出总量为1372545担。"但此数字尚不足以表示广东确为本埠之大雇主,因尚有大量之米以江轮运至上海,最后转运至广东也。"① 20世纪30年代,南方市场受洋米倾销影响,芜湖米运出量减少。如1932年广东洋米进口统计,由安南输入750万石,由英属印度输入716万石;由暹罗输入640余万石;由香港输入110万石;加上其他国家所输入的,共计2240余万石。"于此足见芜米当前之大敌,其势之来,诚有如泰山压顶也②。"由于南方市场需米减少,芜湖运出南方米粮减少,腹地原运出米粮也就减少了。

腹地土货原运出量影响芜湖土货运出量。丰年腹地土货原运出量大,则芜湖土货运出量就大,灾年腹地土货原运出量小,则芜湖土货运出量就小。如光绪十年(1884)秋季米粮丰收,为前几年来所未有,农人无须多储米粮,以备饥荒,"故各季中,米之到芜者几至无限,市价亦降,低至每担仅需银七钱",芜湖各种贸易均极兴盛,秋季原运出至芜湖米粮274510担6斗2升,运到南方广东的米粮就增加,并出现了新变化,有稻54948担全部运往广东,此为稻在芜湖运出以来最大量,往年稻运出较少。③ 光绪六年(1880),皖江地区米粮丰收,来自宁国府、太平府、庐州府等地的米达210369担96斤,运出其他口岸的米就增加,其中有86312担运至广东,用来救济灾区,领有护照,一律免税。④ 光绪十四年(1888)安徽全省收成减少,影响了芜湖米运出到广东。起初贸易形势暗淡,米粮出口减少。但若干星期后,接南方来电说,广东从安南出口之米被禁止,有利于芜湖米出口到广东。⑤ 由于芜湖出口米受到南方市场波动影响较大,清末芜湖米流向北方沿海口岸城市,促进北方口岸城市经

---

① 沈世培校注:《〈芜湖关华洋贸易情形论略〉校注》,安徽师范大学出版社2015年版,第78页。
② 王维德:《芜湖米市概况》,《工商半月刊》第6卷第3号,1934年,第63页。
③ 沈世培校注:《〈芜湖关华洋贸易情形论略〉校注》,安徽师范大学出版社2015年版,第52页。
④ 沈世培校注:《〈芜湖关华洋贸易情形论略〉校注》,安徽师范大学出版社2015年版,第26页。
⑤ 沈世培校注:《〈芜湖关华洋贸易情形论略〉校注》,安徽师范大学出版社2015年版,第70页。

济发展，市场扩大。

芜湖土货主要销往国内其他口岸市场。皖江地区物产丰富，农副产品、手工业品、矿产品等土货，运至芜湖，只有少量在本埠销售和出口外洋，大部分则销往国内其他口岸市场。国内其他口岸市场对土货贸易需求旺盛，是皖江地区土货大量通过芜湖运出的主要原因。国内其他口岸市场，是消化芜湖运出土货的主要渠道，即芜湖土货运出市场主要为国内市场。光绪九年（1883），出口货中，茶、生丝、熟丝、鸡鸭毛，共计值关平银83353两，销往外国市场。至于米、丝织品、棉花、纸、烟、药材，以及其余杂货，共计值关平银1195371两，销往国内口岸市场。[①] 出口外洋的土货值占销往国内口岸市场土货值不足7%，比例很小。近代主要是水路贸易时代，水运是土货流通的主要运输方式。由于交通的限制，由芜湖运出的这些土货主要在沿海和长江中下游口岸销售。在近代以前，皖江地区土货运到芜湖，主要在长江流域运销，从属于长江贸易。到近代，经济格局变化，即沿海和沿江口岸城市由于工商业发展、人口增加，对土货需求量增加，土货流通的范围扩大，从长江流域扩大到沿海，1897年芜湖海关贸易报告把土货运出归为"沿海贸易"，说明芜湖土货贸易属于"沿海贸易"，包括长江和沿海贸易。[②] 水路交通发展，特别是轮船运输业兴起，使交通近代化，口岸土货贸易交通条件改善，也扩大了口岸贸易的范围。

表6–8　　芜湖运出其他口岸土货值（关平银两）及占比

商埠	1878年		1880年		1881年	
	运出值	占比（%）	运出值	占比（%）	运出值	占比（%）
上海	469740	78.95	840948	82.88	1069910	76.69
汉口	83452	14.03	81049	7.99	124980	8.96
广东	30457	5.13	70975	6.99	99545	7.14

[①] 沈世培校注：《〈芜湖关华洋贸易情形论略〉校注》，安徽师范大学出版社2015年版，第48页。

[②] 中国第二历史档案馆编：《中国旧海关史料（1859—1948）》，京华出版社2001年版，第26册，第152页。

续表

商埠	1878年		1880年		1881年	
	运出值	占比（%）	运出值	占比（%）	运出值	占比（%）
镇江	8870	1.50	5606	0.55	8451	0.60
九江	2326	0.39	16131	1.59	31845	2.28
天津					58697	4.21
香港					1701	0.12

资料来源：根据沈世培《〈芜湖关华洋贸易情形论略〉校注》（安徽师范大学出版社2015年版）资料整理。

从表6-8中看，芜湖土货运出贸易有以下特点：

（1）土货运出量不断增长。运到上海、汉口、广东、九江土货量连续3年均有增长，只有镇江有波动。到光绪七年（1881），芜湖土货还运出到天津、香港，运到天津土货达到58697两，超过运到九江、镇江土货量，发展势头很好。

（2）土货运出的城市，除香港为英国占领外，其余均为沿海和沿江口岸城市。也就是，腹地土货运出的贸易圈主要是沿海和沿江口岸城市，芜湖及腹地受沿海和沿江口岸城市贸易圈覆盖。

（3）芜湖运销各口岸城市土货贸易量有差异。从表6-8中可以看出，光绪四年（1878）芜湖运出土货市场主要是长江中下游口岸城市市场，占94.87%，最多的是上海，其次是汉口，再次是镇江，最少的是九江；运出广东土货只占5.13%，量比较小，但是芜湖开埠初，土货运出市场就延伸到了广东。光绪六年（1880），从芜湖与各埠贸易比例表可以看出，芜湖运出土货市场仍然主要是长江中下游口岸城市市场，占93.01%，最多的是上海，其次是汉口，再次是九江，最少的是镇江；出口广东土货占6.99%，量虽然比较小，但是有了提高。光绪七年（1881），从芜湖与各埠贸易比例可以看出，芜湖运出土货市场仍然主要是长江中下游口岸城市市场，占88.53%，最多的是上海，其次是汉口，再次是九江，最少的是镇江；沿海口岸城市，除了出口广东，还增加了香港和天津，土货市场扩大了。不过，仍然以长江中下游口岸城市市场为主，并以上海为最大出口市场。光绪九年（1883），芜湖运出棉花大部分产于乌江镇,有 5748 担运进,比光绪八年(1882)2990 担约增加 1 倍。棉花全部运往汉口出售。铁器产自芜湖工厂,销往镇江。煤产自池州,有池州和贵池两处煤矿,销往上海。① 因此,芜湖土货运出的城市,最主要的是上海,其次是汉口、九江、镇江等,长江下游城市优势互补,共同发展,贸易圈互相覆盖,形成城市群或城市带,并以上海为主。

芜湖米粮贸易范围。芜湖口岸土货贸易的主要内容是米粮贸易,由腹地皖江地区原运出至芜湖的米粮,大多数销往长江沿岸口岸城市和沿海口岸城市,从属于长江贸易和沿海贸易,把芜湖市场范围由长江流域扩大到沿海地区。近代中国虽然是农业国,但是多数地方常感米粮不足,每年运进大量米粮,有国内米粮,有外国米粮,因此长江沿岸口岸城市和沿海口岸城市每年运进大量芜湖米粮。芜湖米粮,"其在销路方面,因历年运销路线的逐渐扩展,并已遍及粤、闽、江、浙、鲁、冀等省份"。② 当时芜湖米粮的销路,"在北方有烟台、天津、青岛、大连,在东部有上海、宁波,在东南部有广州、汕头、厦门等处,因此芜湖出口之米,亦为上列各口岸所消纳。凡天津、烟台、大连、青岛等处所消受之芜湖米,大多由烟台帮客商运送,凡上海、宁波等处,所消受之芜湖米,大多由宁波客商运送;凡汕头、厦门所需要之芜湖米,大多由潮州帮客商输送;广州方面所需要之芜湖米,则由广州帮客商输送。因此,芜湖米商,有广、潮、烟、宁四大帮。亦足见芜湖米之出路,以四口为基本地也"。③ 芜湖米粮输出,分为帆运和轮运,轮运大部分或全部系由广、潮、烟、宁、申、津各帮驻芜米号经运,运销于广东为多,次为烟台、青岛、天津、上海、宁波等处,帆船大部分沿江而下,运销于南京、无锡为多,次为镇江、南通、硖石、上海、宁波等处。④ 自芜湖至沿江各埠,南京、

---

① 沈世培校注:《〈芜湖关华洋贸易情形论略〉校注》,安徽师范大学出版社 2015 年版,第 49 页。
② 芜湖市粮油食品局:《芜湖市志·粮食志》(评审稿),1988 年 2 月 28 日,芜湖市地方志办公室藏,第 10 页。
③ 王维德:《芜湖米市概况》,《工商半月刊》1934 年第 6 卷第 3 号,第 61 页。
④ 吴正:《皖中稻米产销之调查》,交通大学研究所社会经济组专刊第二号,中华书局印刷所 1936 年版,第 15 页。

镇江、南通、无锡、硖石；下列各埠由上海转口，上海、天津、大连、青岛、烟台、营口、安东；下列各埠由芜湖直接运达，浦口、汕头、广州。如光绪三十年（1904）9月1日《时报》芜湖六月份出口米数之调查，农历六月初一日，鄱阳轮运上海509石20斤，初二日江宽轮运往上海；初四日，鲤门船运广东9620石62斤，又大通船运上海571石52斤；初六日益生船运汕头14581石18斤；初九日江子船运上海405石；十一日江永船运上海3247石68斤，又嘉兴船运烟台25991石5斤，十四日吉和船运上海535石4斤，又绍兴船运广东24019石39斤；十六日江永船运上海832石32斤；十七日芜湖船运广东20839石98斤；十八日益利船运上海154石；二十一日云南船运烟台34893石60斤，又山西船运烟台18265石；二十二日威升船运广东15375石42斤；二十三日岳阳船运广东14146石10斤。以上出口米共194682石10斤。①

广东和福建两省，人多地少，粮食种植不足，每年米额缺口有1600石至1700石之多，广州、潮、汕、厦门等处人民食用芜湖米粮，已有数十年历史，认为芜湖米适口。由于这些地方米粮需求太大，芜湖米供不应求，于是安南、暹罗、新加坡等处洋米大量乘虚而入。统计东南数省，如粤闽每年除消费本国米外，仍须消费洋米1000万石。所以，芜湖米在广州、汕头销路极好，最多时广东曾销售至三四百万石。

烟台本处消费芜湖米并不十分多，但烟台帮往往贩运一次，装载一大铁船米，可以分销于青岛、烟台、龙口、天津、营口、大连诸埠。烟台一处，每年仅消费米20余万石，天津、大连消费较多。但烟台帮贩运米所至各埠，对芜湖米消费不过70万石。

宁波消费芜湖米不多，每年最多不能超过四五十万石。

上海、通州、南京诸处，"则系旧皖商直接贩运，每年运销之数量，亦及全省米粮出口全数三分之一强"。②

芜湖米市大米的来源，主要是南陵、宁国、庐州、安庆、三河集等地，其中以三河米质量最好，宣城地区得地利气候之便，盛产粮食和油料作物，素称"鱼米之乡"，晚清时期也成为芜湖米市主要粮源地。在

---

① 《芜湖六月份出口米数之调查》，《时报》1904年9月1日。
② 王维德：《芜湖米市概况》，《工商半月刊》1934年第6卷第3号，第62—63页。

《中国近代农业生产及贸易统计资料》一书中，许道夫先生将粮食流通过程的市场分为初级市场（产地市场）、消费市场（供本城市居民消费、不再转售外地）、聚散市场（中级市场）、转载市场、终点市场（中心市场或最终市场）。① 芜湖既是消费市场，又是聚散市场。安徽各地的粮食在一些中心集镇集中后，流向芜湖集散市场。芜湖米市各级市场系统分布在皖江流域，运出米粮市场为长江沿岸口岸城市和沿海口岸城市。芜湖米粮除了用轮船直接运到广东，还有一部分运到上海，再转运到广东，上海为转运市场。芜湖米粮一般是以海轮运到南方城市销售，但是海轮运费较高，所以芜湖开埠后不久，在长江芜湖至上海段，使用江轮运米，因为江轮运米费低于海轮，在上海再以海轮转运到南方市场。如光绪七年（1881），芜湖运出米中，有237042担21斤，由招商局轮船运至上海，再复出口至南方。②

二 "运进"

"运进"，即运进土货贸易，是土货由其他口岸城市运到此口岸城市销售的贸易，在口岸土货贸易中，仅次于运出土货贸易，占有较高比重。在海关贸易报告中，把土货从其他口岸运来的贸易称为"土货进口"，为了避免与外洋进口中国口岸货物的贸易相区别，不用"进口"一词，而用"运进"一词。芜湖土货，一般认为是从口岸腹地农村运来的，运到芜湖的土货似乎也都是从安徽特别是皖江地区乡村运来的。这一看法不完全正确，确实这部分土货是口岸土货主要部分，构成了芜湖口岸与腹地经济关系，也构成芜湖与腹地市场关系。但是，芜湖土货还来自其他口岸城市。

在芜湖海关贸易报告中，土货运进值分为净值和总值两个部分，总值大于净值。不过，关于净值和总值，芜湖海关贸易报告记载并不完整，有的年份有净值无总值，有的年份无净值有总值，有的年份净值和总值

---

① 许道夫编：《中国近代农业生产及贸易统计资料》，上海人民出版社1983年版，第150—151页。

② 沈世培校注：《〈芜湖关华洋贸易情形论略〉校注》，安徽师范大学出版社2015年版，第37页。

都没有记载。(见表 6-9)

表 6-9　　　　　芜湖土货运进量 (1878—1919)　　　(单位：关平银两)

年份	净值	总值	年份	净值	总值
1878	699456	704980	1898		2247260
1880	544860	552971	1899		2751420
1881	607583	610226	1900		2392765
1882		577669	1901		1921697
1884		593545	1902		1951698
1885		571177	1903		2759503
1886		650874	1904		2266317
1887		837177	1905		2131095
1888		916334	1906		1914635
1889		1231964	1907		3091409
1890	1633454	1655452	1914	4530000	
1891	1633452		1915	4610000	
1892		1746757	1916	5320000	
1893		1918710	1917	4730000	
1894		1651561	1918	6143436	
1895	1865752		1919	6001788	
1896	1860479				

资料来源：根据中国第二历史档案馆编《中国旧海关史料（1859—1948）》（京华出版社 2001 年版）、沈世培校注《〈芜湖关华洋贸易情形论略〉校注》（安徽师范大学出版社 2015 年版）资料整理。

从光绪四年（1878）到光绪十二年（1886），土货运进值在 50 余万两到 70 余万两，每年平均值约为关平银 60 万两。光绪十一年（1885），"进口土货之贸易，本较为不甚重要，今年略低落"。[①]

[①] 沈世培校注：《〈芜湖关华洋贸易情形论略〉校注》，安徽师范大学出版社 2015 年版，第 55 页。

第六章 优势互补:近代芜湖与沿海、沿江口岸城市经济互动

从光绪十三年（1887）到光绪二十三年（1897）土货运进值增长很快，从光绪十三年（1887）关平银 837177 两增长到光绪二十一年（1895）1865752 两。光绪十三年（1887）后逐渐增加，光绪十四年（1888）运进土货916334 两，"比之进口洋货，尤令人满意"。①光绪十五年（1889）运进土货 1231964 两，比光绪十四年（1888）增加 315630 两，约为外洋杂货贸易 2 倍，增加 34%，较光绪十二年（1886）多 89%。"此项贸易甚发达，从事此种企业之商人均获利"，光绪十一年（1885）到光绪十五年（1889）进口的杂货项 32 种货物中，有 26 种比光绪十四年（1888）增多，有 19 种"打破已往之最高纪录"。②光绪十六年（1890）除洋货外，土货运进 1655452 两，比光绪十五年（1889）增加 423488 两，"土货贸易甚盛"。③ 光绪十八年（1892）土货进口总值为关平银1746757 两，比往年"实为最高记录"。④ 光绪十九年（1893）总值为1918710 两，又是历年之最。这说明其他口岸运进土货很多，国内市场是芜湖土货的重要来源。

从光绪二十四年（1898）至光绪三十三年（1907），土货运进值增长到 200 万两左右。土货进口总值，光绪二十四年（1898）为2247260 两，又上了一个台阶，超过 200 万两，此后多在 200 万两以上。光绪二十五年（1899）进口土货总值为关平银 2751420 两，较光绪二十四年（1898）多关平银 504160 两。光绪三十三年（1907）最高达 3091409 两，是光绪四年（1878）的 4 倍多。

从统计的 1914 年至 1919 年数据看，民国时期，土货运进量增加迅速，从 1914 年 4530000 两增加到 1918 年 6143436 两，远远超过晚清时期。

总体来说，芜湖开埠后，从其他口岸运进芜湖土货量虽然有波动，

---

① 沈世培校注：《〈芜湖关华洋贸易情形论略〉校注》，安徽师范大学出版社 2015 年版，第 73 页。
② 沈世培校注：《〈芜湖关华洋贸易情形论略〉校注》，安徽师范大学出版社 2015 年版，第 75、77 页。
③ 沈世培校注：《〈芜湖关华洋贸易情形论略〉校注》，安徽师范大学出版社 2015 年版，第 84 页。
④ 沈世培校注：《〈芜湖关华洋贸易情形论略〉校注》，安徽师范大学出版社 2015 年版，第 97 页。

但是呈现上升趋势。

因此，土货进口有两个市场：口岸腹地市场，以皖江地区为主的腹地土货直接输入到芜湖，为原运出土货市场；口岸市场，土货运到芜湖的其他口岸城市市场。

芜湖开关后，不仅洋货进入芜湖，而且土货从其他口岸输入芜湖。输入到芜湖的土货有2个来源市场：口岸腹地市场，以皖江地区为主的腹地土货直接输入芜湖，为原运出土货市场；国内口岸市场，为土货运到芜湖的其他口岸城市市场。而国内口岸市场，主要是长江中下游一带的口岸，并以上海和汉口为主，市场扩大了。这些土货运进芜湖市场，促进了芜湖商业的繁荣，并进一步销往以皖江地区为主的腹地。

表6-10 各口岸运进芜湖土货价值（关平银两）及占运进土货总值比例（%）（1878—1896）

年份	上海		汉口		九江		镇江		宜昌、镇江、宁波	
	价值	比例	价值	比例	价值	比例	价值	比例	价值	比例
1878	461170	56.42	213648	30.3	22977	3.26			7185	1.02
1880	347140	62.78	163437	29.55	33574	6.07	6803	1.23		
1881	388636	63.69	162098	26.56	39953	6.55	17511	2.87	2028（宁波）	0.33（宁波）
1894	709451	43	776870	47						
1895	753996	40.4	907843	48.7	115102	6.2				
1896	800006	43	874425	47			148838	8		

资料来源：根据沈世培校注《〈芜湖关华洋贸易情形论略〉校注》（安徽师范大学出版社2015年版）资料整理。

表6-10中，芜湖海关贸易报告记载的几组数据，可以反映进口芜湖土货的来源市场变化。

芜湖土货运进的口岸城市上海、汉口、九江、镇江、宜昌、镇江、宁波均为长江中下游口岸城市，这些城市贸易圈覆盖芜湖及皖江地区。

这些城市土货大多来自腹地乡村，各地乡村物产不同，各个口岸城市的土货贸易也不同，市场规律作用下，各个口岸城市优势互补，互通有无，土货在长江流域口岸城市流通，口岸之间相互联系，不同口岸有不同贸易圈，不同贸易圈相互连接和覆盖，构成了长江贸易整体。

各口岸城市在芜湖土货运进中地位也不同。表6-10中，输入芜湖的土货来源市场，扩大到皖江地区以外地区，是以上海为主的长江中下游地区口岸市场，市场扩大了。其中上海和汉口土货运进比重各年有变化，但是它们是芜湖土货运进的最大来源市场，反映了这两个城市是中心城市，对芜湖影响最大，芜湖及皖江地区主要受到上海和汉口城市辐射，属于上海和汉口城市经济圈范围。另外芜湖及皖江地区还受到九江、镇江、宜昌、宁波口岸城市的辐射，受到这些口岸城市贸易圈覆盖。

运进土货补芜湖及腹地土货不足。从其他口岸运进芜湖的土货，主要是皖江地区不能提供给芜湖的，或者提供不够的，不仅芜湖城市需要，而且皖江地区也需要。这些土货，很多带有地域特色（见表6-11）。

表6-11 长江各口岸运进芜湖土货量（担）及价值（关平银两）

品名	1878年		1880年		1881年	
	数量	价值	数量	价值	数量	价值
墨枣	3542.42	14170	1438·96	6545	3732.58	14543
红枣	1118.07	3354				
木耳	565.16	11303	496.53	14902	623.20	17150
粗细夏布	678.56	19170	996.87	29741	1389.28	42308
桂圆	1274.99	10200	1176.60	9291	1688.46	13099
药材	1900.24	9914	2197.64	12552	1774.12	10571
土布	1877.17	62886	954.16	32378		
豆油	13156.81	78941				
桐油	11916.38	59581	10259.46	54451	4619.32	24577

续表

品名	1878年		1880年		1881年	
	数量	价值	数量	价值	数量	价值
赤糖	17072.70	63169	15567.98	61943	17565.31	60479
细糖	37936.80	216240			37936.80	216240
柏油	4814.44	48144	2234.40	18993	2376.19	17089
生铁			2785.50	6069	2620.38	5388
白糖			32914.26	207590		
冰糖			7756	6744		
纸					569.78	16588
生铁					1841.73	66233

资料来源：根据沈世培校注《〈芜湖关华洋贸易情形论略〉校注》（安徽师范大学出版社2015年版）统计资料编制。

光绪四年（1878）、光绪六年（1880）和光绪七年（1881）从上海、汉口、九江、镇江、宜昌、宁波等口岸运进的土货，主要为墨枣、红枣、木耳、粗细夏布、桂圆、药材、土布、豆油、桐油、赤糖、细糖、柏油、生铁、纸等。此后，从各口岸城市运进土货不断增加，品种也不断增加。如光绪十七年（1891）运进土货，糖占全值27%，土布占23%，桐油占9%，夏布及柏油各占4%。糖从其他商埠直接运来及绕道香港运来。汉口与本埠贸易额，约值关平银78万两，主要货物为土布、桐油、柏油。从上海运来货物，计值关平银691000两以上，主要货物为糖、土布、桂圆及黑枣。九江运来货物，计约值关平银11万两，为夏布、烟、爆竹。[1] 光绪十九年（1893）运进土货有赤糖、白糖、桐油、干桂圆、烟草、夏布（粗细两种）、丝及丝织品、药材、柏油、扇、木耳、红黑枣及石膏等。[2] 光绪二

---

[1] 沈世培校注：《〈芜湖关华洋贸易情形论略〉校注》，安徽师范大学出版社2015年版，第91页。

[2] 沈世培校注：《〈芜湖关华洋贸易情形论略〉校注》，安徽师范大学出版社2015年版，第105页。

十年（1894）运进口土货有赤糖、白糖、土布、桐油、土药、烟叶及烟丝、豆油、干桂圆、粗细夏布、丝及丝织品、柏油、旧麻袋及布袋、漆值等。① 20世纪，土货运进品种增加，光绪二十九年（1903）达20种，其主要货物为糖、袋（盛米用）、土棉布、柏油、金属、木杆、丝织品、煤、夏布、毛织品、檀香、烟草及纸烟、瓜子、纸张、伞等。② 此20种货物，值关平银8895334两，占进口贸易全值80％。随着国产商品增加，土制仿照洋货（粗布及市布）的布匹，如上海所织市布也不断运进芜湖。如1914年运进土货，第一主要为中国仿造的棉货，大有增加。上海粗布，1912年运进8660匹，1913年运进12973匹，1914年加至2569匹。上海棉纱运进，1912年25182担，1913年27211担，1914年增加至59104担。③ 仿照洋货的土货增加，是国内土货运进芜湖的一个趋势，如棉货。因为小火轮增加，民用增加，煤运进，改变人们生活。

从其他口岸运进土货，构筑了芜湖与其他口岸关系，是对芜湖与皖江地区城乡经济关系的补充。运进的土货也销往皖江地区，形成了芜湖与皖江地区土货互销关系，并不是仅仅皖江地区等腹地向芜湖销售土货（见表6-12）。

三 "复运出"

土货复出口贸易，是复运出贸易的重要组成部分，海关贸易报告中称为"复出口"，或"复运出者"，或"复运出"。"复运出"，即土货复运出贸易，是指土货运到此口岸城市，再转运到其他口岸城市销售的贸易，在口岸贸易中比例不大。芜湖土货，其中一部分土货，从其他口岸城市运进，由于销售问题，再从芜湖转口销往到中国其他口岸商埠（见表6-12）。

---

① 沈世培校注：《〈芜湖关华洋贸易情形论略〉校注》，安徽师范大学出版社2015年版，第112页。

② 沈世培校注：《〈芜湖关华洋贸易情形论略〉校注》，安徽师范大学出版社2015年版，第155—156页。

③ 中国第二历史档案馆编：《中国旧海关史料（1859—1948）》，京华出版社2001年版，第65册，第602页。

表 6 – 12 芜湖向其他口岸复运出土货值（1878—1908）

（单位：关平银两）

年份	复出口土货值	复出口至中国各埠土货细目
1878	9340（包括洋货）	输往镇江、上海、汉口、九江，主要为夏布、海参、香菌、麻袋、粗细夏布、桂圆、药材、土布、桐油等
1880	45965（包括洋货）	其中鸦片占关平银 35835 两，夏布占关平银 7333 两
1890		复运出土货中主要部分为，山羊皮，计值关平银 4601 两；九江夏布，计值关平银 3327 两
1891	10524	其主要部分为夏布（运至镇江及上海）、烟丝（运至九江及上海）
1892	12823	大部送往上海、镇江
1893	14890	中国各埠大半为镇江及上海。
1894	9704	大半运往镇江及上海
1895	7482	大半趋往镇江及上海
1897	24005	
1898	17203	
1899	23591	运往广州之落花生 1932 担，占大部分，又运往上海之烟叶 311 担
1900		土货主要有土布 51 担和夏布 189 担
1901		复出口运至中国各埠之重要货物，为夏布 139 担及土布 54 担，夏布运往上海及长江各埠，土布运往汉口及九江
1902		此项贸易中重要货物仅有几种，计土布 39 担，夏布 160 匹，黄色乱头丝 7 担，又各种杂货值关平银 2486 两
1903	82935	复出口至中国各埠土货中主要货物为，豆类、豆饼、米及稻，全体货物均由汉口租赁帆船，运至芜湖，再由轮船运出，大部分往汕头
1904	21896	复出口至中国各埠土货中，大半由汉口租赁帆船运来，豆饼占第一位，皆复由江轮运至上海
1905		复运出，无足纪者
1906		复运出，无足纪者
1907		复运出，无足纪者
1908		运出，内地无土货运出

资料来源：主要来自沈世培《〈芜湖关华洋贸易情形论略〉校注》（安徽师范大学出版社 2015 年版），其中 1897 年、1898 年数据来自中国第二历史档案馆编《中国旧海关史料（1859—1948）》（京华出版社 2001 年版）。

第六章 优势互补:近代芜湖与沿海、沿江口岸城市经济互动

从芜湖海关贸易报告对土货复运出记载来看,有些年份无土货复运出贸易记载,如光绪三年(1877)、光绪五年(1879)、光绪八年(1882)、光绪十五年(1889)、光绪二十二年(1896)、光绪三十四年(1908)以后均无土货复出口贸易记载,可能这些年份没有土货复出口贸易,或很少,海关税务司不予重视而不记载。芜湖复运出土货品种,各年有变化。从有限记载来看,芜湖开埠初,复运出贸易量还比较小。洋货和土货复出口贸易值,光绪四年(1878)9340两、光绪六年(1880)45965两、光绪七年(1881)113121两,三年增加数倍。不过,其中洋货复运出贸易值大于土货复运出贸易值,如光绪六年(1880)45965两复运出贸易值中,鸦片占关平银35835两,洋货占了近80%,土货夏布占关平银7333两,占近16%,土货比例较小;又如光绪七年(1881)113121两复出口贸易值中,其中鸦片值关平银109523两,占主要部分,为约97%,土货复运出贸易值只占3%,数量较小。在光绪十七年(1891)到光绪三十年(1904)有土货复出口贸易值数字记载的年份里,土货复运出贸易波动较大,较低的只有7482两,最高的是光绪二十九年(1903),为82935两,增长了10倍多,平均22505.3两。光绪十六年(1890)、光绪二十六年(1900)、光绪二十七年(1901)、光绪二十八年(1902)虽然有土货复运出贸易细目,但是没有土货复运出贸易值数字记载。光绪三十一年(1905)、光绪三十二年(1906)、光绪三十三年(1907),虽然有"复运出,无足纪者"记载,但是没有具体内容,反映即使有土货复运出贸易,也不重要,不值得记载。在芜湖海关贸易报告中,光绪三十四年(1908)后记载"土货"部分,只有"出口"和"进口"两部分,没有"复运出"记载,说明土货复出口贸易可以忽略不计,甚至没有土货复出口贸易。可见,土货复运出贸易只是芜湖口岸贸易的一小部分。

土货复运出,既不是土货运出,也不是土货运进,是土货从其他口岸运到芜湖,又从芜湖运到其他口岸,兼具运进和运出的特性。商品流通,价格是决定因素。土货从其他口岸商埠运进芜湖,是因为商人认为芜湖土货价格高于当地口岸商埠土货价格。而运进芜湖的土货又从芜湖运到其他口岸商埠,是因为商人认为芜湖市场土货价格不满意,甚至滞销,只好又把土货复出口到土货价格更高、更好销的其他口岸商埠。如

光绪十六年（1890）复运出土货中主要部分为山羊皮，计值关平银 4601 两，因难售出，运回上海；又九江夏布，计值关平银 3327 两，复出口至镇江，"因欲觅一较好之市场"。① 又如光绪二十六年（1900），"本埠复出口之货甚少，仅为运此贩卖而未能售出之货物"，复运出主要货物，土货有土布 51 担和夏布 189 担，洋货有棉纱 266 担和煤油 4000 箱。② "殆因他口缺货、行情较高，商人趋利若鹜，是以复运出口，其中或有在本口滞销、价不合算，复运他口图售者，亦未可知。"③ 米价也是芜湖米市变动的重要原因。如光绪九年（1883）从镇江运来 35276 担米。"盖以位于产米区域中心之芜湖乃迫而向他处运米补充。骤观之，宁不可怪，实则运米进口在今年春季省当局为急切需要而购办者，因镇江米价较芜湖为贱也"。运进之米，全数售与本省之灾民，计分配于芜湖近郊者 16320 担。复出口，以江轮运至安庆省城者 18956 担。售出之价，较市价低 20%。④ 芜湖成为转口贸易口岸城市。芜湖复运出土货贸易市场扩大，除了价格因素外，还与交通有关，其市场主要是水路交通方便的口岸城市，且运输工具有了进步，轮船运输可以使土货复出口贸易在长江中下游口岸城市市场进行，并进一步延伸到广东。如光绪二十九年（1903）豆类、豆饼、米及稻等土货均由汉口租赁帆船，运至芜湖，再由轮船运出，大部分销往汕头。⑤ 光绪三十年（1904），复运出土货大半由汉口租赁帆船运来芜湖，皆复由江轮运至上海。⑥ 这种复运出贸易，使土货经历了两次寻找销售市场，增加了销售成本，其中包括运费、关税、厘金、人员消费、人工费等，一般不是商人愿意进行的贸易。所以，这种贸易必然不

---

① 沈世培校注：《〈芜湖关华洋贸易情形论略〉校注》，安徽师范大学出版社 2015 年版，第 83—84 页。

② 沈世培校注：《〈芜湖关华洋贸易情形论略〉校注》，安徽师范大学出版社 2015 年版，第 137 页。

③ 中国第二历史档案馆编：《中国旧海关史料（1859—1948）》，京华出版社 2001 年版，第 32 册，第 159 页。

④ 沈世培校注：《〈芜湖关华洋贸易情形论略〉校注》，安徽师范大学出版社 2015 年版，第 48 页。

⑤ 沈世培校注：《〈芜湖关华洋贸易情形论略〉校注》，安徽师范大学出版社 2015 年版，第 155 页。

⑥ 沈世培校注：《〈芜湖关华洋贸易情形论略〉校注》，安徽师范大学出版社 2015 年版，第 160 页。

会成为商业贸易的重要部分,是运进土货贸易的延伸,只能是商业贸易的一小部分,其贸易额必定是不大的(见表6-13)。

表6-13　　　　　芜湖关转口土货统计(1934)

品别	进口值国币	出口值国币	复出口值国币
总计	12356755	14087627	58343
动物及动物产品	18290	1267678	67
生皮、熟皮、皮货	5807	24412	
鱼介、海产品	9668	336972	56
豆	4278	167617	
杂粮及其制品	101297	9928203	
植物性染料	2778		
鲜果、干果、制果	119280	1327	513
药材及香料	19157	18324	1506
油蜡	8752	30227	
子仁	11082	1706111	
酒	13850		
糖	434615		1013
茶	109	32845	73
烟草	1234618	24662	32598
菜蔬	27497	1863	577
其他植物产品	2394	202	
竹	536	22955	
燃料	169354	88930	
藤	1487		103
木材、木及木制品	4753	4266	254
纸	75501	182670	451
纺织纤维	16626	54542	1251
纱、线、编织品、针织品	2943013	41922	935
匹头	3459156	3467	5240
其他纺织品	404255	16651	4186
矿砂、金属及金属制品	387261	15883	962
玻璃及玻璃器	38944	3	

续表

品别	进口值国币	出口值国币	复出口值国币
石、泥土、砂及其制品	29108	45	
化学品、化学产品	419456	20005	
印刷品	157424	10750	441
杂货	236354	11796	7850

资料来源：安徽省统计年鉴委员会编著：《安徽省统计年鉴》，1934年，第333页。

芜湖复运出土货来源市场，主要为长江中下游口岸城市。如光绪十六年（1890）夏布来自九江；光绪二十九年（1903）豆类、豆饼、米及稻来自汉口；光绪三十年（1904）豆饼来自汉口等。芜湖复运出土货销售市场，各年也有变化。光绪四年（1878）土货复运出至镇江、上海、汉口、九江；光绪十七年（1891）夏布销往镇江及上海，烟丝销往九江及上海；光绪十八年（1892）、光绪十九年（1893）、光绪二十年（1894）、光绪二十一年（1895）土货大半运往镇江及上海；光绪二十五年（1899）落花生运往广州，烟叶运往上海；光绪二十七年（1901）夏布运往上海及长江各埠，土布运往汉口及九江；光绪二十九年（1903）豆类、豆饼、米及稻大部分运往汕头；光绪三十年（1904）土货运至上海。芜湖复运出土货销售市场主要为长江中下游口岸市场，以上海为主。至于运销广州和汕头是少数情况，也反映了复出口市场延伸到广东。芜湖也是转口贸易城市，运进货物，在芜湖城市和皖江地区、徽州销售，还转口销售到长江中下游口岸，加强了芜湖与长江中下游口岸的经济联系，市场扩大了。

第四节　金银进出口：国内外贸易与芜湖口岸贸易互动

在近代口岸贸易中，使用金、银、铜钱等货币，芜湖海关贸易报告中，专门列出"金银"栏目，叙述芜湖贸易中金、银、铜钱等资金流动。

谈到金银进出口，给人的感觉是在外洋贸易中外洋与中国进行的资金往来，实则不然，因为口岸贸易主要是国内贸易，外洋贸易只占小部分，金银等资金往来主要是在国内流动，而不是国际流动。在海关贸易报告中，使用了"出口"和"进口"的概念，容易使人产生错觉，以为是金银等资金在国际间流动。所以，有必要首先明确概念，这里的"出口"指的是金银等资金从芜湖输出，包括外洋和其他口岸城市，不是特指出口到外洋；"进口"，是指金银等资金从外洋和其他口岸输入芜湖，不是特指金银等从其他口岸输入芜湖。金银进出口贸易，反映了国内外贸易与芜湖口岸贸易的互动关系，从中可以看出芜湖口岸贸易在外洋贸易和国内贸易中的地位，也可以看出芜湖与腹地经济互动关系的水平。

一　金银等资金进出口量

金、银、铜钱等资金流动，也反映了芜湖开埠后贸易情况，"本埠贸易发达，金银表上之数字，亦日有增加"，① 进出口金银量很大。

表6-14　　　芜湖与各埠贸易往来金银及铜钞价值量
（1877—1918）　　　　　　（单位：关平银两）

年份	金、银、铜钱进口量	金、银、铜钱出口量	总数	出口金银超过进口金银
1877	329552	1130114	1459666	800562
1878	424923	2649547	3074470	2224624
1879	294156	3187393	3481649	2893237
1880	280659	3493402	3774061	3212743
1881	208680	2616309	2824989	2407629
1886			4097000	
1887	1500000		2931000	
1889	491531	2267549	2759080	1776018
1890	540387	2495567	3035954	1955180
1891	533974	1650567	2184541	1116593
1892	455750	1545096	2000846	1089346
1893	402540	1912410	2314950	1509870

---

①　沈世培校注：《〈芜湖关华洋贸易情形论略〉校注》，安徽师范大学出版社2015年版，第11页。

续表

年份	金、银、铜钱进口量	金、银、铜钱出口量	总数	出口金银超过进口金银
1894	689810	1777651	2467461	1087841
1895	686773	1491324	2178097	804551
1896	624820	1393160	2017980	768340
1897	172310	1853320	2025630	1681010
1898	518274	1904270	2422544	1385996
1899	581269	1385440	1966709	804171
1900	397080	1214246	1611326	817166
1901	162980	1239616	1402596	1076636
1902				750000
1903				1000000
1904				1237649
1907				1000000
1908				1000000
1909	194823	1450280	1645103	1255457
1910	57650	2114126	2171776	2056476
1911				1500000
1914	537109	3033084	3570193	2495975
1917	239731	1022899	1262630	783168
1918	201392	1308665	1510057	1107273

资料来源：根据中国第二历史档案馆编《中国旧海关史料（1859—1948）》（京华出版社2001年版）、沈世培校注《〈芜湖关华洋贸易情形论略〉校注》（安徽师范大学出版社2015年版）资料编制。

表 6-14 中，金、银、铜钱进出口总量，从光绪三年（1877）到1918 年，最低的是光绪二十七年（1901）1402596 两，最高是光绪十二年（1886）4097000 两，一般在 150 万两到 400 万两，资金流动量很大。金、银、铜钱等进口量，各年波动较大，一般在 20 万两到 150 万两，光绪三年（1877）为关平银 329552 两，光绪四年（1878）增加到关平银424923 两，光绪十六年（1890）增加到 540387 两，光绪二十年（1894）

达到 689810 两，此后减少。金、银、铜钱等出口量，各年波动也较大，光绪三年（1877）1130114 两，光绪四年（1878）2649547 两，光绪五年（1879）3187393 两，光绪六年（1880）达到 3493402 两，此后减少，到 1914 年达到 3033084 两，为历史最大值。

二 关于金银出口超过进口的问题

芜湖本埠金银等，"出口常多于进口"，① 且"金银之出口，向来超过进口甚巨"。② 如光绪二十五年（1899），直接从外洋各地进口及由上海转运洋货值为 69758 两，出口至外洋各地主要货物豆类、蒜头、落花生，皆运至香港，其总值仅为关平银 11400 两。③ 这是近代芜湖口岸始终存在的问题。

从表 6-14 中可以看出，芜湖开埠以后，有记录的每年金银出口量都超过金银进口量，差额最小的是光绪三年（1877），为 800562 两。不过，因为光绪三年（1877）4 月 1 日才开关，时间不是一整年，这个差额比全年要小些。一般年份，差额都在 100 多万，乃至 200 多万，最多的年份是光绪六年（1880），为 3212743 万，数额巨大。

金银出口超过进口的原因，比较复杂，芜湖海关税务司在每年海关贸易报告中都会论及，但是有些情况也不是很清楚，其认为，"有一事须注意者，即本埠大量之进口货，俱付以本地钱号钞票，何以出口之金银，超过进口有如此之多，诚不可解也"。④ 笔者结合海关贸易报告，认为金银出口超过进口原因有以下三点：

（1）进口货技术和产业具有优势。在芜湖口岸贸易中，有一个现象，出口货多，却价值低，则金银等资金进口少；进口货少，却价值高，金银等资金出口多，商品进口和出口与金银等资金进口和出口成反

---

① 中国第二历史档案馆编：《中国旧海关史料（1859—1948）》，京华出版社 2001 年版，第 57 册，第 303 页。
② 沈世培校注：《〈芜湖关华洋贸易情形论略〉校注》，安徽师范大学出版社 2015 年版，第 168 页。
③ 沈世培校注：《〈芜湖关华洋贸易情形论略〉校注》，安徽师范大学出版社 2015 年版，第 321 页。
④ 沈世培校注：《〈芜湖关华洋贸易情形论略〉校注》，安徽师范大学出版社 2015 年版，第 29 页。

比。让人费解的是,"出口货多、进口货少之年份,仍系出口银多于进口银"。①

表6-15 芜湖进出口贸易值 (单位:关平银两)

	1877年	1878年	1879年	1880年
进口洋货净值	893408	1925075	2323857	2374574
进口土货净值	327605	699456	604342	544860
进口总数	1221013	2624531	2928199	2919435
出口总数	365669	594945	635374	1014709
进口值超过出口值	855344	2029586	2292825	1904726
金银出口值超进口值	890562	2224624	2893237	3212743
余数	35218	195038	600412	1308017

资料来源:根据《清光绪六年芜湖口岸贸易情形论略(1880)》编制,见沈世培《〈芜湖关华洋贸易情形论略〉校注》,安徽师范大学出版社2015年版,第30页。

表6-15中,进口货包括洋货和土货,出口货主要是土货,进口值均超过出口值,因而金银出口值也均超进口值,每年金银均出超,"余数"就表示了金银出超额。这在近代口岸贸易中,具有普遍性。如光绪二十七年(1901),进口货估价7772000余两,比出口货估价多2256000余两。出口银1239600余两,比进口银多1076000余两。19世纪90年代的近10年中,进口货估价比出口货估价多1000万两,其出口银比进口银多1100万两,则10年内出口货银比进口货银多100万两。可见,"出口货多之年份,仍当多将银出口,以补其往年欠缺之数耳"。② 到20世纪,这一情况仍然没有改变。1902年,报芜湖海关出口货估价虽比进口货估价多280万余两,而报本芜湖海关出口银比进口银多70余万两。③ 光绪二十九年(1903),出口货物估价比进口货物估价约多200万两,但是报运出口之

---

① 中国第二历史档案馆编:《中国旧海关史料(1859—1948)》,京华出版社2001年版,第34册,第174页。

② 中国第二历史档案馆编:《中国旧海关史料(1859—1948)》,京华出版社2001年版,第34册,第174页。

③ 中国第二历史档案馆编:《中国旧海关史料(1859—1948)》,京华出版社2001年版,第36册,第182页。

第六章 优势互补:近代芜湖与沿海、沿江口岸城市经济互动

银比进口仍多 100 万余两。① 光绪三十年(1904),出口银有 1237600 余两,多于进口数,但是"出口货之价值,亦多于进口货之价值"。② 近代芜湖进出口贸易增长很不正常,进口额一般大于出口额,从开埠到清末,仅由芜湖关直接向外洋进出口部分,进口额就超过出口额 4688054 海关两,如果加上由其他通商口岸进出口部分,则入超更多。③

之所以会出现这种情况,海关税务司在撰写海关贸易报告时常有探讨,虽然罗列了一些原因,但是仍然不能解释为什么出口货多而进口金银等资金少、进口货少而金银等资金出口多的现象。比如光绪三十一年(1905)出口银数多于进口,"进出口货之价值亦仍大相悬殊,其中情理不符,实为一疑难问题,无从解说"。④ 有人认为,造成进口额大于出口额的原因是,芜湖海关被洋人所把持,起不到保护农、工、商业的作用,进出口货物的品种和价格亦为洋人所操纵,进出口货物多适应外国人的需要,进出口价格不能等价交换,不平等的贸易是主要原因。⑤ 这种解释,看到了近代贸易的不平等性,是半殖民地社会造成的不平等。但是,还要看到近代贸易中市场的作用,贸易不平等还来源于商品在技术和产业中的地位。笔者认为,芜湖输出的货物主要是农副产品、手工业品和矿产品,处于产业低端,技术含量低,而进口货中洋货处于产业高端,技术含量高,比出口土货更具优势,价值量比出口土货大,所以,每年金银出口超过进口。这反映了芜湖腹地皖江地区处于封建落后的农业社会,技术和产业处于劣势,在世界资本主义市场竞争中,处于低端,必然造成金银等资金外流。

(2) 金银等资金多流往上海、镇江。近代芜湖与上海和镇江金融往来密切。光绪六年(1880),金银出口超过进口很多,原因是其超出数大部分运至镇江,一方面是用来付扬州以民船运来芜湖的盐价,另一方面

---

① 中国第二历史档案馆编:《中国旧海关史料(1859—1948)》,京华出版社 2001 年版,第 40 册,第 218 页。
② 中国第二历史档案馆编:《中国旧海关史料(1859—1948)》,京华出版社 2001 年版,第 38 册,第 199 页。
③ 芜湖市地方志编纂委员会编:《芜湖市志》,社会科学文献出版社 1995 年版,第 748 页。
④ 中国第二历史档案馆编:《中国旧海关史料(1859—1948)》,京华出版社 2001 年版,第 42 册,第 270 页。
⑤ 芜湖市地方志编纂委员会编:《芜湖市志》,社会科学文献出版社 1995 年版,第 748 页。

是用来收买江西钱票，这些钱票是江西商人因买盐而带至镇江的，江西商人在购买江西纸、瓷器等货物时，喜欢用江西汇票，而不喜欢现洋，并在现银与钞票交易中，还可获利。[①] 盐是芜湖贸易的重要商品，每年付镇江盐款很多。商人把芜湖货物运至镇江口岸销售，再到扬州购买盐，回来销往芜湖乃至皖江地区，银款在镇江结算。光绪十三年（1887）有大量金银出口，"盖为每年付由镇江来此进口之盐价，本埠人口增加，每年需盐之量较多也"。[②]"芜期海关金银进出口主要与上海、镇江口岸往来，其次为汉口、九江、南京等口岸。芜湖关金银进出口，除个别年份有金条往来外，主要是银条、银元宝、银圆，另有少量铜币。芜湖关自1877年开关后，除个别年份外，绝大多数年份出口金银数量大大超过进口金银数量，主要原因一是进口货值（主要是洋货）超过输出货值，二是用以购买经镇江运来的食盐"。[③] 光绪十六年（1890），所有进口银两，除14000余两外，元宝都是从上海、镇江两口而来；出口则元宝、洋钱各居其半，大都运往上海、镇江两口，共计运往上海1192000余两，运往镇江1134000余两，英洋运往上海，本洋则都运往镇江。运往镇江之银是为了还盐本，并购买江西汇票。因为芜湖江西商人很多，他们赚了钱寄回江西，一般使用江西汇票，比寄元宝、银洋方便。[④] 芜湖也受镇江金融圈覆盖，与镇江、扬州经济联系密切，并受上海影响。

上海是芜湖进出口贸易的转口贸易城市，大量洋货从上海进口到芜湖，再行销于皖江地区等腹地。因此，上海与芜湖金银等资金往来最多。光绪二十八年（1902），芜湖海关出口银比进口银多75余万两。其出超原因，一半是由于汇款至上海长江贸易货栈，以付土药价值，此项土药以四川土为最多，都是用民船运来芜湖口岸的。[⑤] 晚清所有贸易往来多用

[①] 沈世培校注：《〈芜湖关华洋贸易情形论略〉校注》，安徽师范大学出版社2015年版，第30页。

[②] 沈世培校注：《〈芜湖关华洋贸易情形论略〉校注》，安徽师范大学出版社2015年版，第67—68页。

[③] 王鹤鸣、施立业：《安徽近代经济轨迹》，安徽人民出版社1991年版，第320页。

[④] 中国第二历史档案馆编：《中国旧海关史料（1859—1948）》，京华出版社2001年版，第16册，第133页。

[⑤] 沈世培校注：《〈芜湖关华洋贸易情形论略〉校注》，安徽师范大学出版社2015年版，第151—152页。

钱庄的庄票，商人在芜湖本地购买米、豆等土货，结款则在上海或镇江交付。到民国时期，进行改革，购物都需现银，银在市面更加紧缺。1912年9月、10月间，鹰洋和龙洋兑换关平价极高，每圆值银8钱2分9厘，至年底时则跌至6钱8分。晚清商人向乡人购米，全部用本洋，本洋价值以前约值银1两，到1912年已退至约值银6钱5分，几乎渐渐匿迹销声了。①

民国时期，大量公家税款汇往上海，使芜湖出超金银量增加。芜湖漕平银与上海规元标准汇价，为芜湖漕平银93两买上海规元100两。②但是，实际兑换时，汇价很高，上海规元价高，可以兑换更多的芜湖漕平银，使芜湖银外流现象更加严重。1915年，金银出口超过进口，其中与上海银子汇价有密切关系，"汇银至沪，汇价周年甚高，以致商务大受阻碍"，有4个月平均数为，芜湖漕平银100两买上海规元104两至105两，就超过了芜湖漕平银93两买上海规元100两标准汇价。上海汇价也影响着芜湖金融业。芜湖本口银圆市价随芜湖本口漕平银汇沪之价及上海银圆市价涨落为涨落。铜钱价也受影响，每芜漕平银1两，少则兑1840文（即铜圆184枚），多则兑2080文（即铜圆208枚）。③ 1916年，金银出口超过进口很显著，是因公款多或直接经由南京汇往上海。在这个过程中，芜湖受损严重。因为汇银至沪，汇价全年很高，商业受损，全年平均，芜湖漕平银100两买规元101两2钱9分7厘，而超过芜漕平银93两买规元100两标准汇价更多。银价差，就使芜湖多输出银子。上海银价也影响了芜湖银价，1916年8个月内，芜湖漕平银100两买上海规元100两，汇价很高，芜湖口岸银圆市价，仍然随本口漕平银汇沪之价及上海银圆市价之涨落为涨落。至于铜钱价格，每芜湖漕平银1两，少则兑1852文，即铜圆185枚，多则兑2000文，即铜圆200枚。④ 到1917

---

① 中国第二历史档案馆编：《中国旧海关史料（1859—1948）》，京华出版社2001年版，第60册，第309页。
② 中国第二历史档案馆编：《中国旧海关史料（1859—1948）》，京华出版社2001年版，第69册，第655页。
③ 中国第二历史档案馆编：《中国旧海关史料（1859—1948）》，京华出版社2001年版，第69册，第655页。
④ 中国第二历史档案馆编：《中国旧海关史料（1859—1948）》，京华出版社2001年版，第73册，第669页。

年，进口关平银 239731 两，出口 1022899 两，出超 783168 两。究其原因，是因为公家税款，多汇上海，以致本年进口、出口相差显著。此年汇银至沪汇价，全年平均，上海规元 100 两合芜湖漕平银 96 两 6 钱 7 分 6 厘，比 1916 年规元 100 两合漕平银 98 两 7 钱 2 分稍有进步。但是若与标准汇价芜漕平银 93 两合规元 100 两相比，则 1917 年汇价仍然很高，规元市价随芜湖口岸漕平银汇沪之价及上海银圆市价之涨落为涨落。钱价，芜湖漕平银 1 两，兑钱 1828 文至 1968 文，兑铜元 183 枚至 197 枚。① 史载，"本埠银市，向视沪市为转移，沪市银圆缺乏，致本埠银元行市飞涨，有一时期，其与漕平银两，及沪市规元兑换价格之高，为向所未有，一时银市几起恐慌，银圆价格涨落"。② 因此，上海金融圈覆盖芜湖，对芜湖金融有巨大影响。

（3）"赔款" 和商人对外地投资等也加重了芜湖金银出超。近代芜湖商贸繁荣，也是清末对外赔款筹集的重要地方。1903 年，芜湖口岸输出货物值超过输入货物值约 200 万两，而金银出超仍在银 100 万两以上。其原因，除了商业交易所必须运出款项外，"官方汇出赔款，亦占出口金银中之一大宗也"。③

近代芜湖米市繁荣，大量米商不是本地人，他们赚了钱以后，多运到家乡，有的到外地投资，而不在芜湖投资，这就导致了大量金银外流。如 1905 年，英国领事撰写的报告中曾论及此事，"据云本埠米市之枢纽实操于此邦之多财善卖者，盖彼辈于货既售后所得之银并不用于本口，将运往别处，另作机谋"。④ 另外，各地银价不同，也导致了芜湖银外流。

20 世纪初，芜湖市面有很多银圆和纸币流通，稍微缓解了芜湖口岸银两缺乏情况。芜湖流行银圆有英国银圆、墨西哥银圆及安徽省所铸银圆。英国银圆实值，比墨西哥银圆低，但安徽百姓则认英国银圆为唯一

---

① 中国第二历史档案馆编：《中国旧海关史料（1859—1948）》，京华出版社 2001 年版，第 77 册，第 726 页。

② 中国第二历史档案馆编：《中国旧海关史料（1859—1948）》，京华出版社 2001 年版，第 85 册，第 632 页。

③ 沈世培校注：《〈芜湖关华洋贸易情形论略〉校注》，安徽师范大学出版社 2015 年版，第 157 页。

④ 中国第二历史档案馆、中国海关总署办公厅编：《中国旧海关史料（1859—1948）》，京华出版社 2007 年版，第 51 册，第 312 页。

第六章 优势互补:近代芜湖与沿海、沿江口岸城市经济互动

可用银币,内地更是如此,此种情形尤以秋季为最明显,因需要大量英国银圆购米,所以英国银圆价格上涨,以至每 1 英国银圆合墨西哥银圆 1 圆半,有时还超过这一价格。芜湖口岸长官芜湖道,曾通令英国银圆、墨西哥银圆及安徽省所铸银圆价格均一致,但是百姓偏见仍难解除。① 进出口多寡,本洋价值高低,均以米业兴衰为轴心。宣统元年(1909),米业旺时,银圆值 1 两上下,米业萧条时,银圆仅值 8 钱 3 分,而此时镇江银圆价格略高,商家将此项银圆运往镇江,共计 23 万元。② 1918 年由通商口岸进口银圆价值关平银 201392 两,出口往通商口岸银圆价值 1308665 两,银圆出超达 1107273 两,这一数字不能代表出入芜湖本埠金银准确数字,出口中多半为税款汇往上海,在芜湖海关有账可查,进口则寄交商号的为多,由银行汇兑的少,运入时又不是完全正式轮运通过海关,有的则为了减省运费,用其他方式运入芜湖,在海关检查金银进口确切数字,比检查金银出口数字难。③ 虽然如此,银圆外流严重是肯定的。

金银出口超过进口的危害及补救。金银出口超过进口的结果是,白银外流,财政困难,银行倒闭,现金缺乏。如 1911 年,金银出超 150 万两。财政情形极为恶劣,有数家银行相继倒闭,11 月 9 日后,所有银行皆停止营业,现金极难获得。④

到 1913 年,芜湖本埠小钱庄歇业的,内有 4 家在当年 2 月又开张。芜湖本埠全年银市不旺,有钱庄数家因之倒闭,现银缺乏。本埠金融市场混乱时,每鹰洋或龙洋涨至关平银 7 钱 5 分多,至年终始跌至 6 钱 4 分多。铜圆价值,1913 年 7 月每洋 1 元可换 128 枚,12 月可换 139 枚。⑤

---

① 沈世培校注:《〈芜湖关华洋贸易情形论略〉校注》,安徽师范大学出版社 2015 年版,第 151—152 页。
② 中国第二历史档案馆编:《中国旧海关史料(1859—1948)》,京华出版社 2001 年版,第 51 册,第 312 页。
③ 中国第二历史档案馆编:《中国旧海关史料(1859—1948)》,京华出版社 2001 年版,第 81 册,第 691 页。
④ 沈世培校注:《〈芜湖关华洋贸易情形论略〉校注》,安徽师范大学出版社 2015 年版,第 201 页。
⑤ 中国第二历史档案馆编:《中国旧海关史料(1859—1948)》,京华出版社 2001 年版,第 62 册,第 682—683 页。

为了缓解芜湖货币紧缺，安庆设立安徽省铜圆局安庆造币厂，铸造铜钱供应市面。光绪二十五年（1899）停止铸造，光绪二十八年（1902）新机器运到即铸造当五或当十的铜钞。① 此种铜钞，人民多乐于使用，在芜湖本埠以及各地，均通行无滞。光绪三十年（1904），安庆铜圆局铸造当十铜圆，有9780万枚。② 光绪三十一年（1905），安庆的铜圆局进口铜有19600余担，所出当十铜圆有240兆枚，兑换价为英洋每元可换得95枚铜圆。③ 同时，芜湖设立金融机构，缓解金融困局。1914年，西式银行在芜湖开设，1月1日开设的是中国银行支行，为官办性质；9月25日开设的是交通银行支行，系半官办性质。此外，钱庄共有20家，内有3家储备金较多，交易量大，其余资本均小。④ 芜湖金融业发展缓慢。

三　芜湖金银进出与沿江其他口岸城市之间经济关系

与芜湖进行进出口贸易的是长江中下游的各口岸，包括上海、镇江、南京、安庆、大通、九江、汉口。芜湖口岸贸易与长江中下游的各口岸关系密切，其中与上海、镇江贸易量最大。1889年金银贸易，"其运往最多之地为上海及镇江，且为数约相等，入口之金银亦由此二埠运来"（见表6－16）。⑤

表6－16　　　芜湖对各埠进出金银和铜钞数量　　　（单位：关平银两）

年份	输入量	输入地和数量（两）	输出量	输出地和数量（两）
1878	424923	上海42534，镇江369193，安庆938，九江7806，汉口4452	2649547	上海334188，镇江1840866，安庆98061，九江230707，汉口145725

---

① 沈世培校注：《〈芜湖关华洋贸易情形论略〉校注》，安徽师范大学出版社2015年版，第151—152页。

② 中国第二历史档案馆编：《中国旧海关史料（1859—1948）》，京华出版社2001年版，第38册，第199页。

③ 中国第二历史档案馆编：《中国旧海关史料（1859—1948）》，京华出版社2001年版，第42册，第270页。

④ 中国第二历史档案馆编：《中国旧海关史料（1859—1948）》，京华出版社2001年版，第65册，第603页。

⑤ 沈世培校注：《〈芜湖关华洋贸易情形论略〉校注》，安徽师范大学出版社2015年版，第80页。

续表

年份	输入量	输入地和数量（两）	输出量	输出地和数量（两）
1879	294156		3187393	
1880	280659	上海 129842，镇江 135832，九江 10649，汉口 4336	3493402	上海 1844155，镇江 1357634，南京 3084，安庆 106515，大通 11853，九江 159669，汉口 10492
1881	208680	上海 40666，镇江 72034，南京 2891，安庆 82393，大通 6745，九江 3951	2616309	上海 1026058，镇江 1247625，南京 9636，安庆 86064，大通 1927，汉口 23734，九江 221265
1889	491531	其运往最多之地为上海、镇江，且为数约相等	2267549	进口金银也主要来自上海、镇江
1890	540387	大约全由上海、镇江运来	2495567	大多数送往上海、镇江
1891	533974	上海、镇江	1650567	上海、镇江、九江
1892	455750	大部分从镇江、上海运来	1545096	上海 840134，镇江 613782
1893	402540	多从上海、镇江运来	1912410	上海 877108，镇江 905880。还有值关平银 2165 两铜钱，送往上海、汉口
1894	689810	上海 531910，镇江 157900	1777651	上海 865005，镇江 777900
1895	686773	上海 413608，镇江 273165	1491324	镇江 740530，上海 622594
1896	624820	大半数从上海运来，其余镇江 171661，汉口 74260	1393160	大半数运往上海，运往镇江之数与上海运来数颇相同，余则运往汉口、九江、安庆，其比例汉口占 60%，九江占 18%，安庆 22%
1897	172310	"系由上海、镇江而来"	1853320	"运往上海暨长江各口"
1898	518274		1904270	"内有三分之二运往上海"
1899	581269	镇江 131925，上海 442375	1385440	上海 839530，镇江 401800

资料来源：根据中国第二历史档案馆编《中国旧海关史料（1859—1948）》（京华出版社 2001 年版）、沈世培校注《〈芜湖关华洋贸易情形论略〉校注》（安徽师范大学出版社 2015 年版）资料编制。

宣统三年（1911），"芜湖宝善长被上海义善源牵累搁浅后，金融界气机已为一挫，不意十二日又有镇江宏仁庄警电，致瑞和钱庄又被牵倒，以是各号所存之庄票以及存款，无不纷往提现，慌乱更甚，某某等号势颇危险，后接镇电，谓宏仁庄系豫省某盐商所设，家资丰厚，庄款不致无着等情，市面始稍宁谧"①。芜湖金融受到上海和镇江的影响。

与芜湖有金银和铜钞进出口往来的各埠城市，均为长江中下游口岸城市，各口岸城市金融圈相互覆盖，构成了长江流域金融圈范围，其中芜湖受镇江和上海金融影响最大，资金往来最多。金融往来，影响着芜湖贸易及芜湖与皖江地区城乡经济关系构建。近代芜湖金银进出口反映了国内外贸易与芜湖口岸贸易互动关系，从中可以看出芜湖口岸贸易在外洋贸易和国内贸易中的地位，也可以看出芜湖与腹地经济互动关系的水平。

小　结

近代芜湖口岸城市经济发展及其与腹地经济互动关系构建，不仅是区域经济发展的结果，更是当时中国纳入世界资本主义市场后，国内和国外经济互动、沿海沿江口岸城市之间互动的结果。芜湖是长江流域市场的一部分，长江流域市场是中国市场和外洋市场的一部分。在市场作用下，由于地域特色、分工差异，各自优势不同，各口岸城市优势互补，相互促进，相互带动，使口岸城市经济发展起来，区域经济也发展起来。芜湖与腹地经济互动关系就是在这样背景下构建和发展的。

---

① 《芜湖金融界之恐慌》，《新闻报》第2张，1911年4月19日，第2页。

第 七 章

城市与腹地经济互动下近代区域
中心城市形成

鸦片战争后，中国传统城市开始了近代化进程，而最早开始这一历程的是按照条约通商的"五口"，它们成为中国最早具有近代化特征的城市。① 条约口岸城市，在促使中国向半殖民地半封建社会继续"沉沦"的同时，也因受到西方资本主义影响，"因商而兴"，近代工商业发展起来，实现城市转型。"可以说，外国资本主义势力将这些城市推向近代化"。② 近代口岸城市开放以后，口岸洋货贸易和土货贸易发展，城乡货物、人员、信息、资金往来加强，使城乡经济联系日益紧密，乡村经济变革也推动口岸城市经济发展，城市近代工商业、金融业、交通业发展起来，近代区域中心城市逐渐形成。在近代芜湖与皖江地区等腹地经济互动关系构建中，近代芜湖口岸城市从传统区域中心城市成长为近代区域中心城市，成为皖江地区工商业中心，并向近代城市转型。芜湖在开埠前，就是一个工商业城市，开埠后，对外贸易和省外贸易均有长足发展，到 19 世纪末，发展为与镇江、九江并列的长江流域三大巨埠。到 20 世纪 30 年代，商业益加繁盛，"芜湖为皖省经济之中心，同时亦为我国内地最大之米市"。③

---

① 杨天宏：《口岸开放与社会变革——近代中国自开商埠研究》，中华书局 2002 年版，第 344 页。
② 周忍伟：《举步维艰：皖江城市近代化研究》，安徽教育出版社 2002 年版，第 1 页。
③ 社会经济调查所编：《芜湖米市调查》，《粮食调查丛刊》第 4 号，社会经济调查所 1935 年印行，第 1 页。

第一节　芜湖成长为近代皖江地区商业中心

历史上芜湖与大部分城市一样,是"因商而兴"的城市,商业与城市互相促进,共同进步,在这一过程中,芜湖成长为传统区域中心城市。马克思说:"商业依赖于城市的发展,而城市的发展也要以商业为条件。"① 到近代,芜湖与沿江、沿海城市一样,"商业成为城市发展的主要动力,城市也相应成为商业中心"。② 芜湖为水陆通衢,近代商业贸易进步,"自昔俗尚贸迁,同、光以来,商场尤辟"。③ 至 20 世纪初,芜湖进一步成为安徽的商业中心。④

一　芜湖开埠后贸易地位

芜湖开埠后,大量洋货和土货在芜湖集散,转输贸易十分繁荣,本埠贸易也呈现出从未有的繁荣。洋货贸易,晚清以鸦片贸易最为突出,民国时期"五洋"商品最为显著;土货贸易,以米粮贸易最为突出,米市最为著名。芜湖开关后,口岸贸易就活跃起来,输入和输出商品贸易额增长很快。从城市贸易量,可以看出这个城市的商业地位(见表 7-1)。

表 7-1　　　　芜湖海关历年贸易统计(1877—1933)　　(单位:海关两)

年份	输入额		输出额		总额
	洋货、土货输入额	其中直接自外洋输入额	土货输出额	其中直接向外洋输出额	
1877	1221013		365669		1586682
1878	2624531		594945		3219746
1879	2928199		635374		3563573
1880	2919435		1014709		3934144

---

① 马克思:《资本论》第 3 卷,人民出版社 1975 年版,第 371 页。
② 隗瀛涛:《中国近代不同类型城市综合研究》,四川大学出版社 1998 年版,第 418 页。
③ 余谊密修,鲍寔纂:《(民国)芜湖县志》卷 8《地理志》,黄山书社 2008 年版,第 37 页。
④ 程必定:《安徽近代经济史》,黄山书社 1989 年版,第 188 页。

第七章　城市与腹地经济互动下近代区域中心城市形成

续表

年份	输入额		输出额		总额
	洋货、土货输入额	其中直接自外洋输入额	土货输出额	其中直接向外洋输出额	
1881	2983907		1395139		4379046
1882	2394364	2500	1313150		3707514
1883	2628633		1278724		3907357
1884	2681697	2025	1206793		3888490
1885	3231964	19462	2023396		5255360
1886	4415711	22184	3574122	675	7989833
1887	3831213	1739	2000027		5831240
1888	3572248	2001	1999903		5572151
1889	3925147	9865	3429321		7354468
1890	4577705	3206	3051492	10740	7629197
1891	4985648	26076	5267405	7506	10253053
1892	5679849		5243390		10923239
1893	5463694	15258	4198268	4202	9661962
1894	5068450	24309	51566030	3142	10224480
1895	5599055		2360427		7959482
1896	6133679	34453	5508566	1015	11642245
1897	5680245	2105	3232121	8935	8912366
1898	6168465	4711	4037052	3551	10205517
1899	9710544	69758	10608352	11400	20318896
1900	8417445	87794	9714541	17938	18131986
1901	7810903	90254	5516815	15416	13327718
1902	8177187	151855	10948865	13553	19126052
1903	1448469	304728	13189382	15435	24637851
1904	9949821	475581	13306930	24384	23256751
1905	9470385	455460	21169808	8641	30610193
1906	9311008	271524	12719251	3724	22030259
1907	12257238	442889	9173633	16016	21430871
1908	12952127	553356	14636809	1367	27588936

续表

年份	输入额		输出额		总额
	洋货、土货输入额	其中直接自外洋输入额	土货输出额	其中直接向外洋输出额	
1909	10182002	549143	14910841	2028	25092843
1910	11255177	424088	13586738	2432	24821915
1911	10828349	824122	10636102	11704	21464451
1912	12746363	729146	12973910	698	29710273
1913	10489406	904186	9859001	843	20348407
1914	12940593	1488318	9739309	1931	22679902
1915	11656241	741303	12758397	1474	24414638
1916	13516923	1535352	12204375	3268	25721298
1917	12213985	1574528	7573036	38630	19787021
1918	16202607	1908152	12972728	417424	2915335
1919	17242538	2248978	31408645	683289	78651184
1920	18866046	2305725	21608629	440543	40474675
1921	19524923	2907860	13808806	746794	33333729
1922	17825745	1951802	8283222	854598	26108967
1923	20012348	1967851	11473641	1116412	31485989
1924	19035944	1550560	20032384	1359073	39068328
1925	26871661	2490525	37167003	991404	64038664
1926	30251933	3077274	20063222	2321833	50315155
1927	19770347	1401154	14249049	632398	34019396
1928	26933904	2794264	17575134	814257	44509038
1929	28533529	1556412	2448356	1277733	50317485
1930	29423482	2261572	20587812	1205068	50011294
1931	227144641	2259732	26336594	864785	53481235
1932	14209423	1603002	10227750	864067	24437273
1933	11799844	1239101	171992574	581126	28992418

资料来源：根据芜湖市地方志办公室编《芜湖对外关系史》（黄山书社 2014 年版，第 110—112 页）统计资料编制。

第七章　城市与腹地经济互动下近代区域中心城市形成

王鹤鸣先生认为，从光绪三年（1877）芜湖开关到1937年闭关的60年间，芜湖海关进出口贸易可以分为两个阶段：光绪三年（1877）—光绪二十五年（1899）为上升阶段，芜湖在长江沿岸各商埠中地位逐渐提高；光绪二十六年（1900）—1837年继续发展但起伏较大，芜湖在长江沿岸各商埠中地位有所下降。① 不过，结合表7-1，我们可以更加清楚地看出其变化，未必如王先生所言。

晚清时期，芜湖出入商品贸易额增长显著。芜湖开埠后，从光绪三年（1877）至光绪十二年（1886）的10年间，芜湖贸易持续增长，到光绪十二年（1886）达到一个高峰，光绪十二年（1886）贸易总净值为关平银7989833两，鸦片一项进口达最高记录，占洋货进口贸易全额的68%，贸易增长，主要是因为米粮贸易繁荣。② 从光绪十三年（1887）到光绪二十二年（1896）的10年间，芜湖贸易额又进一步增长，光绪十三年（1887）贸易净值，虽仅为光绪十二年（1886）的27%，但与光绪三年（1877）相比，则是前10年的267%。③ 到光绪十五年（1889），芜湖贸易净值，比最高纪录的光绪十二年（1886）仅少8%，但是比光绪十四年（1888）则增32%，即关平银1782317两。如果将两年贸易情形及详细项目比较，则知光绪十五年（1889）各项贸易实际上比光绪十二年（1886）表现更为突出。所以，海关税务司对芜湖贸易满意，评价很高，并抱有信心，认为"且更可显示本埠足以为贸易中心之能力"④。也就是19世纪后期，芜湖已经成为区域贸易中心。光绪十八年（1892）芜湖贸易净值为关平银10923239两，为芜湖口岸对外洋贸易开放以来最高纪录，比光绪十七年（1891）多关平银670185两。特别是进口贸易增加明显，计进口洋货增关平银581386两，进口土货增关平银110815两；而出口反

---

① 王鹤鸣：《芜湖海关》，黄山书社1994年版，第14页。
② 沈世培校注：《〈芜湖关华洋贸易情形论略〉校注》，安徽师范大学出版社2015年版，第60页。
③ 沈世培校注：《〈芜湖关华洋贸易情形论略〉校注》，安徽师范大学出版社2015年版，第66页。
④ 沈世培校注：《〈芜湖关华洋贸易情形论略〉校注》，安徽师范大学出版社2015年版，第75页。

而比光绪十七年（1891）少关平银24016两。① 从光绪二十三年（1897）到宣统三年（1911）清末时期，芜湖贸易额又超过过去，光绪三十一年（1905）达到30610193两。另外，从光绪三年（1877）至宣统三年（1911），出入商品贸易额，从光绪三年（1877）1586682海关两，提高到宣统三年（1911）21464451两，35年中增长了12.52倍，但直接由外洋进出口的比重很小，直接由外洋进口洋货值，光绪八年（1882）为2500两，仅占当年进口洋货总值的0.14%；宣统三年（1911）为824122两，占当年进口洋货总值的7.61%。直接向外洋出口土货值，光绪十二年（1886）为675两，仅占当年土货运出总值的0.02%，到宣统三年（1911）增加到11704两，占当年土货运出总值的0.11%。由上海等通商口岸进口洋货占92.39%，出口土货占99.89%。②

民国时期，芜湖出入商品贸易额继续增长。1912年贸易额为29710273两，1919年达到78651184两，为历史最高值。1922年至1931年，虽然有政变、兵燹、水灾及工潮影响芜湖贸易，但就总体而言，平均每年贸易净值仍然达关平银43783000两，比上个10年期增加14600000两，约50%，"虽系比来货价激增所致，然亦进出贸易昌盛之现象也"。③ 在1922年至1931年，洋货输入总额也不断增加，以煤油和糖为大宗，安尼林染料1925年输入最多，共值关平银121000两，该年以后，输入减少，到1930年稍有恢复，其进口货值115000两。安尼林染料贸易货值平均则由3万两，增为92000两，增加原因是价格腾涨所致，并非进口数量增多。出口贸易货值增加，突飞猛进，每年由40万两升至160万两，激增3倍，铁砂出口踊跃为其主因，计由180万担增至570万担，其他出口土货，如菜籽、蚕茧、鸡蛋、纸烟、火柴，均有进步，只有食米和菜籽饼稍微减少。④ 1931年出入商品贸易额达54465613海关两，比宣统三年

---

① 沈世培校注：《〈芜湖关华洋贸易情形论略〉校注》，安徽师范大学出版社2015年版，第95页。
② 芜湖市地方志编纂委员会编：《芜湖市志》下册，社会科学文献出版社1995年版，第748页。
③ 中国第二历史档案馆编：《中国旧海关史料（1859—1948）》，京华出版社2001年版，第158册，第752页。
④ 中国第二历史档案馆编：《中国旧海关史料（1859—1948）》，京华出版社2001年版，第158册，第753页。

(1911) 21496745 两，增长了 1.53 倍。其中输入总额 27144641 两，占 49.84%，输出总额 27320972 两，占 50.16%，二者基本持平。① 因此，"芜湖地濒大江，航运便利，独皖省中部之良港，抑亦进出货物之枢纽也"。② 芜湖成为近代著名的货物转输城市。

芜湖开埠后，贸易量增加很快，贸易范围扩大。口岸贸易盛衰，从海关征收税钞也可以看出。每年进出芜湖海关的贸易船只不断增加，海关征税也增加。芜湖海关征收税钞，包括进口税、复进口税、出口税、船钞、内地子口税等。芜湖开埠后芜湖海关所征收税钞增加很快，量很大。从光绪三年（1877）开埠时 21918.158 两，增加到最高年份光绪三十一（1905）税钞 1144216 两，增长了 52 倍。1922 年至 1931 年 10 年间，平均每年达关平银 904712 两，比上个 10 年期平均每年多 632000 两，约增 43%。这一时期，随着关税自主、提高税率以及改征关金实行，关税变化较大。芜湖常关征税，从上期平均年达 654000 两，增加到本期 778000 两，共计多 20%，其中以 1930 年为最旺，共征 180 万两，为历史最高纪录。③

和沿江其他口岸城市相比，芜湖海关征税地位也在逐渐提高。光绪二十五年（1899）冬到光绪二十六年（1900）秋，长江沿岸口岸城市海关税银，除上海外，汉口 219 万两，九江 98 万两，芜湖 98 万两，镇江 87 万两，宜昌 55 万两，重庆 38 万两，南京 11 万两。④ 芜湖开埠比汉口、九江、镇江迟，但是其海关征税到 19 世纪末位居上海、汉口后，与九江同居第三位。可见芜湖地位的重要。与全国口岸城市相比，芜湖海关征税地位也较高。征税只能从大体上反映一个口岸城市商业贸易情况，但是不准确。如海关征税，就不能准确反映进出海关商品贸易情况，其中本埠进口货物一般在上海纳税，货物运抵本埠时，即凭完税进口税凭单，

---

① 芜湖市地方志编纂委员会编：《芜湖市志》下册，社会科学文献出版社 1995 年版，第 748 页。
② 中国第二历史档案馆编：《中国旧海关史料（1859—1948）》，京华出版社 2001 年版，第 158 册，第 752 页。
③ 中国第二历史档案馆编：《中国旧海关史料（1859—1948）》，京华出版社 2001 年版，第 158 册，第 755 页。
④ 《中国近代对外贸易史料》第 3 册，《光绪二十五年芜湖贸易情形论略》，日本东亚同文会编《安徽省志》，转自王鹤鸣《安徽近代经济探讨 1840—1949》，第 57 页。

验明免税进口，直接向芜湖海关缴纳进口税款的就寥寥无几了。① 另外，还有的商品在常关纳税，有的逃税，不好统计。所以，芜湖海关署所征税钞，"未可为贸易盛衰之大概标准"②，因为有些商品不一定在芜湖海关纳税。但是，芜湖征税也可以反映芜湖商业地位。

芜湖虽然开埠比上海迟30多年，比镇江、江宁、汉口迟近20年，"然扬子江一带，外人已习如户闼，指定之口，动中肯綮，故芜湖关一开，屹然与上九（九江）下镇（镇江），鼎立为长江巨埠"。③ 20世纪20年代统计，芜湖商业资本占整个手工业、近代工业和商业资本的86.6%，其商业在长江流域仅次于上海、武汉，居第三位。④ 到抗战爆发，"芜湖商业素以米市为大宗，事变后因来源不易，兼统制输出，大为逊色，本市商业外观虽似恢复颇速，但各业实际资力与货物积存及购买力之雄厚，悉不如事变前之状况"。⑤

二 安徽最大市场

历史上安徽商业中心主要集中在江河水运要道，到20世纪30年代，安徽商业中心约有6处，即芜湖、大通、安庆、正阳、蚌埠、屯溪。⑥ 这6个城镇分处淮河、长江、新安江沿岸，均为一方水运中心，也是商业中心。

历史上，安徽淮河流域以淮河沿岸的寿县正阳关和临淮关为商品集散中心。临淮关，归凤阳县管辖，地处淮河右岸，濠水河口，"各地货物辐辏，民船碇泊常数百只。终以地势不若蚌埠，工商业务，渐为所夺，

---

① 中国第二历史档案馆编：《中国旧海关史料（1859—1948）》，京华出版社2001年版，第158册，第755页。

② 沈世培校注：《〈芜湖关华洋贸易情形论略〉校注》，安徽师范大学出版社2015年版，第49页。

③ （清）冯煦主修，陈师礼总纂：《皖政辑要》，黄山书社2005年版，第1—2页。

④ 《芜湖县经济调查》，第25页。见谢国权《近代芜湖米市与芜湖城市的发展》，《中国社会经济史研究》1999年第3期。

⑤ 《关于1939年3至11月底芜湖、蚌埠及其它各局恢复业务报告》，安徽省档案馆馆藏档案，档案号：L049-000001-00007。

⑥ 吴正：《皖中稻米产销之调查》，交通大学研究所社会经济组专刊第二号，中华书局印刷所1936版，第1页。

第七章　城市与腹地经济互动下近代区域中心城市形成

以致一蹶不可复振"。① 正阳关，也居淮河之滨，淠水、颍水汇流之处，"所有豫东各县、颍州各县、六安州各县的输入输出货物，无不从此经过，故在往日经济地位，可与临淮关相提并论，同为淮河沿岸最大商场之一。自津浦路成，淮河沿岸工商均集蚌埠，兹地工商亦难免有江河日下之势了"。② 民国时期，虽然这两个城镇仍然是重要的商业中心，但是蚌埠发展起来，超越了它们的地位，取代临淮关的商业贸易中心地位。③ 蚌埠，原为凤阳县濒临淮河南岸的一个小镇，1912 年津浦铁路通车后，很快成为皖北交通和通信枢纽。1924 年 9 月 1 日，蚌埠开埠，从集镇变为商埠，淮河上游豫东固始、息县等县及安徽亳县、涡阳、蒙城、阜阳、颍上、寿县、凤台、霍邱、六安等地粮食及土产，多由淮河用船运到蚌埠，再由津浦路火车转运南北；淮河下游江苏板浦、海州食盐运到蚌埠，再分销淮河上游各县；天津、南京京广杂货运到蚌埠，多为粮商带回淮河上游各地。④ 蚌埠商贸以盐粮贸易为主。1930 年蚌埠商业有 48 个行业，仅盐粮交易 1 项，全年就达 50 多万吨。到 1934 年，蚌埠有居民 25000 多户，人口十余万，其中注册商户 4443 户，占总数 17.8%。⑤ 到 20 世纪 20 年代末 30 年代初，蚌埠商贸发展到鼎盛时期，不仅是皖北农副产品集散地和商业中心，也是津沪一带工业品转销地，整个津浦铁路南段最重要的货物集散中心。⑥ 蚌埠是新兴城市，比不上芜湖历史悠久和城市地位。

屯溪，为新安江边城市，是徽州商品集散中心，由于交通和地理位置，其商业地位也难以与芜湖相比。20 世纪 30 年代，"该处虽为歙县、休宁、黟县、绩溪、祁门等县货物输出输入的咽喉，为严州、杭州、上

---

① 龚光朗、曹觉生：《安徽各大市镇之工商现状》，《安徽建设月刊》第 3 卷第 2 号，第 36 页。

② 龚光朗、曹觉生：《安徽各大市镇之工商现状》，《安徽建设月刊》第 3 卷第 2 号，第 36 页。

③ 沈世培：《近代"三外商"在安徽的石油垄断经营及其对社会经济的影响》，《中国社会经济史研究》2007 年第 3 期。

④ 蚌埠市地方志编纂委员会：《蚌埠市志·商贸》，方志出版社 1995 年版。

⑤ 沈世培：《文明的撞击与困惑：近代江淮地区经济和社会变迁研究》，安徽人民出版社 2006 年版，第 108 页。

⑥ 王鹤鸣：《安徽近代经济探讨：1840—1949》，中国展望出版社 1987 年版，第 59 页。

海等埠往来要道，但迄目前仍为乡镇，未筑城墙。更兼距省辽远，省军保护无术，前年致遭朱老五洗劫，损失影响，关系均大。其后本厅虽派专员实地筹制复兴，但终难复旧观"。①

沿江城镇，历史上以芜湖为最主要的商品市场。近代大通和安庆辟为"寄航港"，并在光绪二十八年（1902）增辟安庆为通商口岸。大通是清末安徽境内仅次于芜湖的一个重要商埠，是安徽著名的稻米市场和鱼盐市场，也是皖岸盐业运输的枢纽，皖南地区的棉花、粮食、茶叶、蚕丝、苎麻等由此销往外地，而外地生活用品由此销往皖南徽州地区以及南陵、青阳、贵池、石台等地。每年有上万斤铜陵生姜、每日有鲜鱼4万斤左右由大通转销外地。安庆是皖江沿岸又一个重要商埠，自南宋末年建府以来，一直是安徽政治中心和军事重地，自古就是皖西南最大的民船集聚地和进出口物资的重要门户。安庆境内盛产的水稻、油料、棉花、蚕丝、行木、茶叶、柴炭、药材、水果、鱼虾由此外销，淮盐在此倾销境内。② 安庆虽为商埠，并临长江，但是由于水运发展有限，陆路交通发展也滞后，到20世纪初，仍然商业萧条，难以与芜湖相比。大通发展程度和市场范围也比不上芜湖。大通和安庆都没有发展成芜湖这样的商业中心。所以，近代芜湖成为皖江地区商品集散中心，"为安徽中部南部一最大市场"③，也是安徽最大市场。皖江地区的土特产品和工业制品等商品流向形成了以芜湖为中心的趋势，"芜湖为安徽全省唯一之通商口岸，大江南北之进出口货，大部分悉荟萃于此"。④ 因此，民国时期，安徽虽然有6个商品贸易中心，但是最大的是淮河流域的蚌埠和皖江地区的芜湖，这两个城市成为安徽一北一南的两个最大的商品贸易中心，并以芜湖市场为最大。总之，近代安徽芜湖、安庆、大通、蚌埠4个通商、交通口岸，以芜湖的地位最重要。

---

① 龚光朗、曹觉生：《安徽各大市镇之工商现状》，《安徽建设月刊》第3卷第2号，第35页。
② 马茂棠：《安徽航运史》，安徽人民出版社1991年版，第177页。
③ 陈必贶：《芜湖米业之实况与其救济方法》，《东方杂志》第31卷第2号，第21页。
④ 铁道部财务司调查科：《京粤京湘线芜湖县市经济调查·商业经济篇》，铁道部财务司调查科1930年印，第53页。

三 芜湖米市繁荣

芜湖米粮业起源很早，清代嘉庆、道光年间，"本埠砻坊二十余家，在仓前铺地名大砻坊者居多，大概供本地食米，间有客船装运邻省，市面实不若湾沚及鲁港也"。① 近代芜湖米市却发展成为全国最大米市，米市地位也可以说明芜湖商业地位，是近代城乡经济互动的结果。

芜湖米贸易构成芜湖商贸主要部分。芜湖米粮输出，分为帆运和轮运，轮运大部分或全部系由广、潮、烟、宁、申、津各帮驻芜米号经运，运销于广东为多，次为烟台、青岛、天津、上海、宁波等处，帆船大部分沿江而下，运销于南京、无锡为多，次为镇江、南通、硖石、上海、宁波等处。② 自芜湖至沿江各埠，南京、镇江、南通、无锡、硖石；下列各埠由上海转口，上海、天津、大连、青岛、烟台、营口、安东；下列各埠由芜湖直接运达，浦口、汕头、广州。芜湖米市成立后，粮食贸易组织有米号、米行、同业公会等。

米粮采运业，俗称米号，为广肇帮、潮州帮、宁波帮、烟台帮在芜湖所设，专代各该地商帮在芜湖代购米粮，由这些商帮用轮船贩运到广东、汕头、烟台、宁波、平津等处销售。米号起中间商角色，属经纪性质，居间抽取"号佣"和手续费。各帮米号有一定的资金周转，有时也向钱庄和银行借贷。米号，早期以代客为主，并兼自营；后来资本增强，代客和自营2种业务兼营。米号贱买贵卖，获取高额利润，操纵市场，垄断芜湖米市全部稻米出口交易。米号，大者有职工30人，小者有10—20人，广、潮、烟、宁等帮，晚清有50余家，到民国初有26家。③ 20世纪30年代初采运米号27家，其中广州帮米号7家，最著名的是利源长、永昌利、裕生祥等；潮州帮米号9家，最著名的是公发、源泰、常发等，烟、宁帮米号11家，其中烟台帮最著名的是复和、永丰公等。芜

---

① 余谊密修，鲍寔纂：《（民国）芜湖县志》卷35《实业志》，黄山书社2008年版，第245页。

② 吴正：《皖中稻米产销之调查》，交通大学研究所社会经济组专刊第二号，中华书局印刷所1936年印，第15页。

③ 余谊密修，鲍寔纂：《（民国）芜湖县志》卷35《实业志》，黄山书社2008年版，第245—246页。

湖"米商的生意，要算潮州帮最大"①。广肇帮于1882年迁芜，潮州帮于1895年迁芜，宁波、烟台2帮于光绪末年迁芜，广、潮2帮为最大商帮，宁波、烟台2帮相对弱小。米市商帮设有公所或会馆，如广肇帮设有广肇公所，潮州帮设有潮州会馆，宁波和烟台2帮联合设立烟宁米业公所。这些商帮带有地方同乡会性质，内部协调一致，对外排他，进行竞争。1930年各帮联合成立"米粮采运业同业公会"，协调各帮关系，但业务仍然是单独进行。②

  米行业，又称江广米行业，以代各地帆运商销售米粮为业务，③是介于米号与帆运商人的米粮买卖中间介绍机构，有牙贴，负责代客卖货和代收贷款，居间抽取佣金和手续费。米行必须要向当地税务局获取行帖，以取得经营权。帆运商把米粮运到芜湖，通过米行出售给米号，由米行与米号交涉，商定价格，帆运商同意后，帆运商与米号买卖便谈成。之后，米行雇工办理过斛、绞包、起运和存栈等手续，由贩商提供行佣费及其他杂费。也有帆运米商直接与米号交易，但是米行仍然收取行佣费。这个规定在芜湖米市开张时就定下来了，是张荫桓应允而传下来的陋规，它增加了商品流通的中间环节，不利于自由贸易，增加了贸易成本。米行经营者不需要资金、铺面及栈房设备，只具备行帖即可，在门首悬挂牌号就可以营业。米行经营者雇工24人至30人不等，雇工业主办理代客交易、交货和兑款等业务。1918年官方额定江广米行43家，实际经营户39家。米行经营由于不需要资金，经营户日增，到1913年达到89家。④此外南市米行30余家，东市十余家，西市河南北20余家，北市10余家。⑤ 1931年成立米业同业公会，30年代初米行有50家，最著名的是广兴和、源圣长、兆丰和、同兴祥、同丰和、同昌、禾丰、正鑫、广源祥、

---

① 王维德：《芜湖米市概况》，《工商半月刊》1934年第6卷第3号，第52—55页。
② 王维德：《芜湖米市概况》，《工商半月刊》1934年第6卷第3号，第52—55页。
③ 芜湖市工商业联合会史料小组：《芜湖市米市的发生发展和改造的经过的概况（初稿）》，1959年9月，芜湖市档案馆藏，编号：DFWX4.1.1，第10页。
④ 社会经济调查所编：《芜湖米市调查》，《粮食调查丛刊》第4号，社会经济调查所1935年印行，第19—21页。
⑤ 余谊密修，鲍寔纂：《（民国）芜湖县志》卷35《实业志》，黄山书社2008年版，第245—246页。

潮生和等。①

什粮市米行业，俗称小市行，嘉庆、道光年间，芜湖南、北关还有约20家箩头行（小市行），② 它是芜湖附近四乡农民（包括少数米贩）与消费者进行粮食买卖的居间介绍人，属于行纪性质。该业分布的区域划分为东、西、南、北四市，大约在光绪末年（1908）有行户近30家，其中南市10家左右，北市七八家，东、西两市各五六家，都领有牙贴（营业执照），由于本小利大，1912年至1921年10年中增加到近100家。③ 杂粮米行业，又称为小市行，1931年7月6日由芜湖东南西北4市米行合并，成立杂粮米行业同业公会，专以贩卖米粮，供应本埠居民，有别于江广米行。④

芜湖为米业市场，芜湖大部分工人，多赖米市为生，包括帆运业、斛行业、绞包业、捐包业、码头夫等业工人。米业人员，因芜湖米市繁荣，数量较多，米市增加了城市人口和行业结构。光绪三十四年（1908），计有米号40户、米行40户、小市行约50户、砻坊约70户。1930年采运业计27户，江广米行50户，杂粮米行120户，砻坊49户，碾堆栈9户。1935年采运业计25户，江广米行89户，杂粮米行115户，砻坊42户，碾米堆栈9户。⑤

芜湖米市发展显著，主要是从光绪八年（1882）镇江米市迁芜后发展起来的，光绪三年（1877）至1925年为兴盛期。学界认为，从光绪三年（1877）至1949年73年间，芜湖米市经历了由兴至衰的4个时期，即光绪二年（1876）至1927年的兴盛期，1927年至1937年的衰退期，1937年至1945年的混乱时期，1945年至1949年的没落期。⑥ 这种划分不

---

① 王维德：《芜湖米市概况》，《工商半月刊》1934年第6卷第3号，第54页。
② 芜湖市地方志编纂委员会编：《芜湖市志》下册，社会科学文献出版社1995年版，第785—786页。
③ 芜湖市工商业联合会史料小组：《芜湖市米市的发生发展和改造的经过的概况（初稿）》，1959年9月，芜湖市档案馆藏，编号：DFWX4.1.1，第12—13页。
④ 王维德：《芜湖米市概况》，《工商半月刊》1934年第6卷第3号，第54页。
⑤ 芜湖市地方志编纂委员会编：《芜湖市志》下册，社会科学文献出版社1995年版，第786—787页。
⑥ 马永欣：《芜湖米市春秋》，见安徽省政协文史资料委员会编《工商史迹》，安徽人民出版社1987年版，第102页。

够准确。第一个时期光绪二年（1876）至1927年兴盛期划分就不够准确，起始时间应该以光绪三年（1877）芜湖海关开关为起点，而不是光绪二年（1876），截止时间也不是1927年，应该是1925年。自1919年以后，由于洋米倾销和农村歉收，芜湖米市比较萧条。自1922年以来，芜湖米粮出口数量，以1925年为最多，超过600万担。1925年后，芜湖米市就开始衰退了，1927年最少，仅118万多担。1930年全国各地闹米荒，芜湖仅出口100多万担。1931年1月1日芜湖米厘裁撤，内地米粮任意运销，加上长江流域闹水灾，农村工作停顿，芜湖米市"生意停顿，乃有一落千丈之势"。① 1932年芜湖出口米特少，仅100多万担。"从此，不但芜湖市况萧条，而安徽整个农村，亦奄奄待毙矣"。② 幸亏广、潮、烟、宁4帮米号，驻芜办米，历史悠久，吸收力强，各米业赖以支持，1932年、1933年两年，生意也各有二三百万石出口数量。1934年江南、江北各产米区域均遭奇旱，来源极少，仅上半有四五十石交易，下半年则陷于停业状况。1945年春，各行号稍有进口生意，由沪运来洋米，及芜湖境内富户囤积之米，运销内地，以供灾荒地区需要。总之，芜湖米粮中等之年，轮帆两运出口，约计在400万石至600万石。到1935年，"萧条景况，乃空前仅见云"③。至于抗战时期和解放战争时期，局势动荡，米市更是变化无常。所以，芜湖米市发展阶段，应该以1877年至1925年为兴盛期，1926年至1937年为衰退期，1937年至1945年为混乱时期，1945年至1949年为没落期。

表7-2　芜湖米市贸易额和全国米市贸易总额对比（1914—1916）

年份	芜湖米市贸易额（石）	全国米市贸易额（石）	占比例（%）
1912	4562195	6647538	68.63
1913	2231581	3946011	56.55

---

① 朱孔甫：《安徽米业调查》（1935年3月至7月调查），《社会经济月报》1937年第4卷第3期，第6页。
② 王维德：《芜湖米市概况》，《工商半月刊》1934年第6卷第3号，第57页。
③ 朱孔甫：《安徽米业调查》（1935年3月至7月调查），《社会经济月报》1937年第4卷第3期，第6—7页。

续表

年份	芜湖米市贸易额（石）	全国米市贸易额（石）	占比例（％）
1914	2231581	3128863	71.32
1915	2657113	3161016	84.06
1916	3350766	4696689	71.34

资料来源：[日] 日本东亚同文会编：《支那省别全志·安徽省》，东京铅印本，日本大正八年（1919年版）。

表7-2中，1912—1916年芜湖米市稻米交易量占全国米粮贸易量一半以上，在全国米市贸易中占据重要位置，芜湖米市居中国近代4大米市之首，超过其他米市地位。

四 米粮贸易是芜湖口岸贸易轴心

皖江地区米粮贸易，"以芜湖为尾闾之区域"①，芜湖为"淮南米市之中心"②。皖江地区稻米销芜对芜湖贸易有巨大影响。芜湖贸易以米市为中心，米市贸易还促进了芜湖其他商业的大发展，米市繁荣则芜湖贸易繁荣，反之，米市萧条，则芜湖贸易萧条。芜湖贸易，以米市米粮贸易为中心。"芜湖之米业，实为其商务生命之原动力，凡百贸易皆以此为中轴而旋转"，③"芜湖商业之盛衰，全持米市为转移"。④ 例如，1922年庄稼歉收，原运出米减少，以致年终核计贸易总值，仅有2500万两。此后二年，商务稍盛，及至1925年，米产丰稔，出口数量达620万担，贸易总额亦升至6300万两，是芜湖开埠以来最高纪录。1926年、1927年米原运出稍衰，其后2年，又开始活跃，1930年又趋萎缩，是因为洪水为

---

① 沈世培校注：《〈芜湖关华洋贸易情形论略〉校注》，安徽师范大学出版社2015年版，第153页。
② 中国第二历史档案馆编：《中国旧海关史料（1859—1948）》，京华出版社2001年版，第158册，第752页。
③ 沈世培校注：《〈芜湖关华洋贸易情形论略〉校注》，安徽师范大学出版社2015年版，第62页。
④ 安徽省建设厅编：《安徽实业杂志》1919年第1期。

灾，收获仅有3成，米市不振，可以想见。①

芜湖开埠时，贸易并不繁荣，洋货输入有限，土货输出不理想，米市没有形成。光绪四年（1878）芜湖口岸贸易总净值为关平银3219476两，比光绪三年（1877）多关平银1632794两。表面上看，光绪四年（1878）贸易为光绪三年（1877）2倍多，实际上芜湖于光绪三年（1877）4月1日开关，真正对外洋贸易于5月底才正式开始，光绪三年（1877）贸易只有7个月，时间短，"又多项细目，其价值之计算，似嫌略高。由此以观，在芜湖成为通商口岸之第二年时，其贸易之开展或不能如预算之大"。②但是，1882年米市从镇江迁到芜湖后，米市贸易繁荣，米原运出（连稻在内）为665632担，超过光绪八年（1882）全额70%以上。③这带动了洋货输入和土货输出贸易，芜湖贸易也日渐繁荣。

芜湖米市兴旺与否，关乎整个芜湖贸易，也关乎芜湖海关税收多少。芜湖市面，"全视米业盛衰为转移。米粮出口如多，市场顿呈活泼之气象，各业亦随之而发展"。④光绪九年（1883）芜湖海关税钞为关平银78447两，比光绪八年（1882）关平银95187两少关平银16740两，原因是米原运出减少。⑤光绪十年（1884）原运出贸易值，比光绪九年（1883）少关平银71931两，全因米原运出减少之故。此年芜湖原运出米总数为348390.5担，较光绪九年（1883）减少125000担以上。⑥光绪十二年（1886）米原运出增加显著，使芜湖贸易比以前有显著发展，输入、输出及子口各项贸易均有增加，且皆超过以往最高纪录。此年贸易总净值为关平银7989833两，较最高纪录的光绪十一年（1885）贸易全额增

---

① 中国第二历史档案馆编：《中国旧海关史料（1859—1948）》，京华出版社2001年版，第158册，第752页。
② 沈世培校注：《〈芜湖关华洋贸易情形论略〉校注》，安徽师范大学出版社2015年版，第1页。
③ 沈世培校注：《〈芜湖关华洋贸易情形论略〉校注》，安徽师范大学出版社2015年版，第44页。
④ 龚光朗、曹觉生：《安徽各县工商概况》，《安徽建设月刊》第3卷第3号，1931年。
⑤ 沈世培校注：《〈芜湖关华洋贸易情形论略〉校注》，安徽师范大学出版社2015年版，第49页。
⑥ 沈世培校注：《〈芜湖关华洋贸易情形论略〉校注》，安徽师范大学出版社2015年版，第52页。

加 52%。"此种兴盛之由来,仍为米出口贸易之继续发达,增加甚巨,且给予与本埠贸易之各县以新生命及能力。"① 光绪十二年（1886）海关贸易报告书中,"曾谓该年实为芜湖最放光彩之时期,各项贸易均发达,所作成之数字,实超过从前希望最切者之预料"。② 光绪十九年（1893）本埠贸易净值为关平银 9661962 两,比光绪十八年（1892）减少关平银 1261277 两,"盖去年实为本埠开放以来贸易净值最大之年也。今年低落之主因,为出口米一项之减少"。③ 又如光绪二十一年（1895）芜湖贸易净值为关平银 7959482 两,较光绪二十年（1894）少关平银 2265058 两。在输入表中,洋货、土货较去年皆略有增加,则今年贸易总值之减少原因,"查出口米之停顿,殆为主因"。④ 到光绪二十五年（1899）原运出米 4922746 担,"米为本埠之主要支持物,其收获之丰盛及荒歉,本埠之繁荣系焉。本埠亦有他种货物出口,但米占其最大部分。相形之下,他种货物反似无足轻重矣"。⑤ 到光绪三十三年（1907）,"进口货之增减,皆以各乡所产之米出口多寡为定断,如出口之米多,则进口之货亦必加增,否则反是此说"。⑥ 这是因为米市兴旺时,米商把米运到芜湖销售,然后带回洋货再销往内地,芜湖"商业的盛衰,全恃米市为转移,米市不振则各业皆受间接影响。何以故？因江北一带之米船来芜售出之款,皆在此购货"。⑦

粮食生产和贸易繁荣,可以稳定社会,可以繁荣芜湖市场。如 1900 年义和团运动爆发,对芜湖虽然有一定影响,但是没有大的波动,主要

---

① 沈世培校注：《〈芜湖关华洋贸易情形论略〉校注》,安徽师范大学出版社 2015 年版,第 60 页。
② 沈世培校注：《〈芜湖关华洋贸易情形论略〉校注》,安徽师范大学出版社 2015 年版,第 65 页。
③ 沈世培校注：《〈芜湖关华洋贸易情形论略〉校注》,安徽师范大学出版社 2015 年版,第 102 页。
④ 沈世培校注：《〈芜湖关华洋贸易情形论略〉校注》,安徽师范大学出版社 2015 年版,第 116 页。
⑤ 沈世培校注：《〈芜湖关华洋贸易情形论略〉校注》,安徽师范大学出版社 2015 年版,第 129—130 页。
⑥ 中国第二历史档案馆编：《中国旧海关史料（1859—1948）》,京华出版社 2001 年版,第 46 册,第 287 页。
⑦ 《安徽实业杂志》第 17 期,1919 年 1 月。

是粮食丰收,"实际则大有益于本地之治安,且能使民心惶恐万状之后迅速即复于贸易之正轨也"。① 到民国时期,仍然如此。"芜湖为淮南米市之中心。故食米一项,实为本埠出口之大宗,以故每年贸易数字之消长,恒视食米出口多寡为转移,盖以出口量巨,农民收入自丰,而购买洋货能力,亦即随之增长也"。例如1922年,庄稼歉收,原运出米减少,以致年终核计贸易总值,仅有2500万两。此后2年,商业稍盛,及至1925年,稻米丰收,原运出米数量达620万担,贸易总额也升至6300万两,为芜湖开关以来所没有的记录。1926年、1927年原运出米贸易稍衰,其后2年,又活跃起来,1930年又趋萧条,因洪水为灾,水稻收获仅3成,原运出米贸易也随之不振。②

米市贸易给城市带来了空前未有的大发展,人口骤增,带动了芜湖商业、金融业、运输业及其他各业发展,为城市经济发展奠定了基础。

五 洋货、土货贸易与芜湖本埠贸易

芜湖口岸贸易,又可以分为转口贸易和本埠贸易两个部分。转口贸易是指进出商品经过芜湖海关、常关、厘金局等纳税,再转销其他口岸城市,或外洋,或内地广大乡村。这部分贸易是主体部分。还有一部分进出商品在芜湖本埠销售,形成本埠贸易。学界往往把二者混淆,不利于我们理解口岸贸易全部。近代芜湖本埠贸易在转口贸易及城乡经济互动下,出现了前所未有的繁荣,即芜湖口岸城市商业繁荣。从芜湖米市形成到1937年沦陷前的50年,是芜湖私营商业的鼎盛时期。

据《芜湖海关年度贸易报告》载,光绪三年(1877)芜湖的商店数量是121家,光绪九年(1883)增加到262家,光绪十七年(1891)增加到499家。在早期的年份,专门销售铜钱、丝线、水果、靛蓝、燃料、布匹、帽子、纸扇、鞋、燕窝、人参的商店均未被记录,它们的业

---

① 沈世培校注:《〈芜湖关华洋贸易情形论略〉校注》,安徽师范大学出版社2015年版,第135页。
② 中国第二历史档案馆编:《中国旧海关史料(1859—1948)》,京华出版社2001年版,第158册,第752页。

务与其他商业联系在一起，如与鸦片零售在一起的是货币兑换业务。此外，木材部门、稻米加工厂、白酒和铜绿生产厂、红线染厂、金银匠、轮船买办和邮政部门已经在芜湖出现。商业部门有所增加，特别是稻米、丝绸、金属、医药、烟草、油库和鸦片部门有所增加。很多商店的规模也比以前大了很多。二街成为新的商业中心，它的规模已经超过了青弋江附近的旧一街。十字街道周围，林立着商店、旅社和堆栈。①

近代芜湖商业以长街为闹市，陡门巷、国货路、二街、沿河路、大马路（今中山路）、四明街（今新芜路）、吉和街、江口等街路也都形成各有特色的商业街市。长街，是从明末清初以来形成以经营百货为主的十里长街大市。长街，兴于北宋，盛于明、清。明万历三年（1575），在宋城基础上重建芜湖县城，筑弼赋门，截断原西门大街，城内为西门内街，城外为长街。明初，长街店肆林立，有"弼赋门西接长街大市"之称。其后街巷向西扩展，到清康熙十二年（1673），弼赋门外形成以长街为主的33条街巷，沿青弋江延伸至江口的宝塔根，开始有"芜湖长街七里长"民谣。② 历史上，"县市"就是指长街，"县市在县治前，由新市街，出弼赋门，西抵江口，名十里长街，阛阓之盛，甲于江左"。太平天国运动时期，长街遭兵燹毁坏，店肆为墟。芜湖开埠后，商业兴盛，进入鼎盛时期，"通商以后，繁盛视昔有加。江口一带，米、木商及行栈居多，长街百货咸集，殷实商铺亦萃于此"。③ 在芜湖米市形成以后，货盛铺多，由城内薪市街、鱼市街、西内街，连绵至江口，人称"十里长街闹市"，驰誉大江南北，进入鼎盛时期。长街两旁店铺林立，铺面华丽，装饰考究。店内货物丰富，品种齐全。十里长街，整日人声若潮，生意兴隆。芜湖开埠后，洋货侵入，经营"五洋"商品的杂货店兴起。当时长街，经营行业较多的是茶叶、绸布、杂货、百货、银楼、酱坊、笔墨、纸张、中药、皮货、典当、钱庄等业，其次是铁器、铜银器、戥秤、烟

---

① 方前移编译：《芜湖海关十年报告编译》，安徽师范大学出版社2019年版，第28页。
② 芜湖市地方志编纂委员会编：《芜湖市志》下册，社会科学文献出版社1995年版，第652页。
③ 余谊密修，鲍寔纂：《（民国）芜湖县志》卷5《地理志》，黄山书社2008年版，第27页。

酒等业。在长街六七百家店铺中，名店老店约占10%。① 其中著名的有胡开文笔墨店，继汪永春药店之后而后来居上的张恒春药店，以烹调牛羊肉擅长的金隆兴菜馆，别具风味的鼎泰酱园。② 河南市，在县治河南，肆廛视县市为不及，"江口一带为米商堆栈及机器砻房。自南关至浮桥，类皆米行，谓之南市"。③ 租界，在陶家沟北、弋矶山南长江边，有鸿安、太古、怡和、瑞记、和记等洋行经营。至抗战前，芜湖市区商业达到鼎盛，市声若潮，至夜不休。

此时芜湖商业，除闹市长街外，沿河路、国货路、陡门巷、二街、大马路（中山路）、四明街（新芜路）、吉和街、江口等街路，也都形成商业街市。④ 县城东、南、北三门，商业较逊，二街马路则茶楼、酒肆、梨园、歌馆，环绕镜湖堤边，都是光绪末年新开辟的。宣统二年（1910），安徽巡抚人同芜湖关道丈量西门外商埠，东至县城，西至江沿，南至大河，北至蒲草塘电灯公司、陶家沟。⑤ 青弋江以南的河南市，多砻坊，以经营米粮贸易为主。

法国学者费尔南·布罗代尔认为，"没有起码的分工，就没有城市；反过来，没有城市的干预，就不会有比较发达的分工。没有市场，就没有城市，没有城市就不会有地区性或全国性的市场"。⑥ 近代芜湖商业发展，行业分工也逐步细化，特别是米市和洋货贸易给芜湖带来了新的商业行业，主要经营绸布、杂货、中药、西药、酱坊、烟酒、陶瓷、铁器、鞋帽等类商品贸易。⑦

---

① 芜湖市地方志编纂委员会编：《芜湖市志》下册，社会科学文献出版社1995年版，第652页。
② 芜湖市文化局编：《芜湖古今》，安徽人民出版社1983年版，第34页。
③ 余谊密修，鲍寔纂：《（民国）芜湖县志》卷5《地理志》，黄山书社2008年版，第27页。
④ 芜湖市地方志编纂委员会编：《芜湖市志》下册，社会科学文献出版社1995年版，第652页。
⑤ 余谊密修，鲍寔纂：《（民国）芜湖县志》卷5《地理志》，黄山书社2008年版，第27页。
⑥ [法]费尔南·布罗代尔：《15至18世纪的物质文明、经济和资本主义》第1卷，生活·读书·新知三联书店1992年版，第569页。
⑦ 芜湖市政协文史委员会等编：《芜湖通史·古近代部分》，安徽人民出版社2011年版，第407页。

民国初土货贸易影响的行业达 11 个,《(民国)芜湖县志》载:

丝业,光绪二十年(1894)后,本埠丝店为极盛时期,共计十余家,每年营业达 100 万元。民国时衰落,只存 7 家,商会注册的只有 5 家。

茶业,嘉、道间,本埠茶叶销售少,不及湾沚。芜湖开埠后,茶业逐渐发展,到光绪三十一年(1905)左右,计有店铺 12 家,每年营业在 20 万元上下。其源皆来自泾县、太平县、徽州等处。20 世纪初,因价格升高,售钱较多,销货与前相似。1919 年商会注册的共 11 家。又花园有 29 家,莳植各种花卉,而以珠兰为大宗,其花均由茶业收买,用来窨制茶叶。

烟业,分生熟 2 种,生货专门贩运烟草销售外埠,熟货为人工刨制,品类很多。营业以光绪间最盛,本埠刨工达 300 余人。芜湖开埠后,烟卷输入,传统烟业到近代受到冲击,到民国初有 28 家,每年营业不过十余万元。只有皮丝烟来自福建,销路较前有发展。

纸业,同治间只有 12 家,货源大都来自江西及吴城镇。光绪初有纸号 16 家,每年营业额 20 余万,设箔坊 2 家。自宣统至民国,纸价频涨,机制各色洋纸日渐输入,除杂货业代卖外,共有纸号 20 家,每年营业额 50 余万两,以批发外镇为大宗。

煤炭业,晚清贩运煤炭到芜湖的主要是湖南宝庆蓝田煤、洋煤及池州、宣城、繁昌等处煤,民国时期江西萍乡、天津开滦、山东峄县煤贩运到芜湖。民国初,本埠开设运售煤炭的公司行号有十余家,每日共计销售各种煤炭平均约 300 吨。

木业,光绪初有棚 10 家,来源为江西、湖南二处,湖南称为苗木,价值较高。光绪二十八九年间,开辟租界马路,销场较大,共有棚 30 余家。宣统至民国初,十二三家,南岸 5 家,河北六七家。因江北各处自到江西办货,且苗木来源不易,是以营业不振。此外,木行南北岸现有 33 家,俱为代客买卖,行用零市 5 分、批发 3 分。又内河木行四五家,系代售宁国所产之松木、杉木及各项树料。竹棚 10 家,专售皮木、毛竹,民国初因草屋较少,江北自往泾县、太平县运货,营业亦逊于前。

药业,民国时在商会注册的有 28 家,其川广药材,内河外江一带均来芜贩运。此外,药房六七家,均由上海运来新法制成熟药。

日用食物，以猪肉销场为大，1904年左右，宰户共有100余家，宣统间80余家，民国初六七十家。民国初，芜湖有回民宰牛户7家，鸭行7家，蛋行8家，孵坊5家，鱼蟹行5家。

盐业，光绪初有盐店16家，民国初增加到100余家，芜湖盐局改称榷运分局，征收盐厘。外岸如宣城、湾沚、和州、梁山、太平5岸，从芜湖进盐。

硝磺，清代例禁贩卖，各花爆铺用硝磺，要向官府申请购买。1892年，省城安庆设立硝磺总局，芜湖设分局，由官发卖，名官销磺局。宣统二年（1910），总局移到芜湖，每年额硝3000余担，芜埠约销400担。

漕酱业，光绪初，有20余家，1919年在商会注册的达36家。①

口岸与腹地相互影响。如木业，民国初，木材需求旺盛，森林砍伐过多，价格上涨，芜湖"江干停泊之木材与滩上堆积货之本料，皆较昔年已经减少一半"②。

民国初洋货贸易影响的行业有8个，《（民国）芜湖县志》载：

染坊，光绪初只有数家，民国时土布生产增加，除机坊自染外，芜湖有染坊十余家，染印花及各色丝绸，工艺进步很快，营业也因之发展，因颜料日渐涨价，尤以靛为大宗，本埠有靛行十余家，欧战后涨价，染业减色。红坊染的红头绳因洋绳入口，逐渐式微，民国初，仅存五六家，均代织染丝带，不能专一染业了。

钢，为芜湖传统驰名产品，咸丰后有炼坊14家，洋钢输入后，逐渐衰落。不过，民国初，澛港及本埠剪工数百人生产的剪刀，远近驰名，"过芜者莫不购归，以为赠品，盖以尖利耐久，非他处可及也"。铁画，"虽无汤天池之神工，而衣钵传流，精巧者亦自不乏，甚至可以乱真，远方仍争购之"。冶坊1家，鼓铸釜甑、农具及钟鼎器皿行销附近各处。铁厂3家，修理机器，配制机件，并能仿造简单机器。五金号，2家，运售各种机制金类器具。铜锡店5家，以行销江北内河为大宗。

银朱，用石桥港水炼成，光绪初朱坊1家，后绝迹。铜绿，主要用

---

① 余谊密修，鲍寔纂：《（民国）芜湖县志》卷35《实业志》，黄山书社2008年版，第245—251页。
② 《芜湖米商与木业》，《农商公报》第6卷第7期，1920年，第35页。

来染纸，铜绿店嘉、道时有 18 家，自洋绿入口，加上原料昂贵，此业衰落，民国初只有 3 家。

棉纱，洋纱输入后，民国初，有贩纱店 20 余家，除子口分运外，多数在本地销售。

布业，同治间批发店仅数家，芜湖开埠后，洋货、丝绸输入芜湖，加以人烟繁盛，布业也逐渐发展，内河、外江一带，均来芜湖贩运。1919 年在商会注册的有 64 家，其中在公所直接由沪杭进货的只有 20 余家，又布行 3 家，专售匹头，以洋货为大宗，每年营业约 50 余万元。

煤油，用小铁瓶由上海运来，堆积河南油栈。民国间，美孚公司在弋矶山，建筑大油池 2 座，每座可容 5000 吨，亚细亚公司也建有 2 座，每座可容 500 吨，改用散舱，转运迅速，外江内河，各市镇均由芜转运。由于第一次世界大战影响，来源减少，油价升高，点灯使用，煤油销售减少。

京广洋货，民国初年，京广洋货店铺有 26 家，其中商会注册的有 15 家，货物多来自南京、上海、苏州、广东等处，有 3000 余种，中英美洋烛，德美日玻璃，日本洋伞，中日火柴、纸烟及英美煤油等最畅销。各色为大宗毛巾、机器线袜，初皆洋货，民国初均为国产，销场除本埠外，如外江庐州、巢县、三河，内河宁国、徽州各处均来本埠贩运。1904 年后，营业每年约五六百万元。

杂货，同治初，金马门外兴隆街及江口有杂货号数家，汕头白赤糖由东坝运来，油及杂货有的运自汉口、九江、上海。芜湖开埠后，设立海关，轮运兴起，杂货业也日渐繁荣，1884 年约有 19 家，每年营业达 100 余万。1904 年左右，共有 20 余家，每年营业达额 300 万元。民国初，有 31 家，连门市店，在商会注册的有 50 家。凡外江内河各镇均由芜贩运海货，共计 400 余种，以海参、鱼翅销场为大。民国时，日本货进口居多，因为价廉，很畅销。茶食销场以桂圆、荔枝、金腿为最。杂货行十三四家，代办杂货并各种果品、变蛋。初皆自外运来，后来本地设坊 2 家，每年能制 400 万颗，除供应本埠外，还能运销广东、山东、台湾等处。①

---

① 余谊密修、鲍寔纂：《（民国）芜湖县志》卷 35《实业志》，黄山书社 2008 年版，第 245—251 页。

上述行业，有的是洋货贸易产生的，有的是土货贸易产生的，反映了芜湖与皖江地区城乡经济互动关系。20世纪30年代，芜湖商业繁荣，城厢约3000余户，50000人上下，计商店2929家，其中营业登记的693家，免于登记的236家，共分19业，1932年统计，各业营业共101316900元。①

六　商业群体和组织

为维持商业秩序，商界筹划成立了商会、同业公会等组织，管理商业市场。民国年间，有徽州、曹州、广潮及湘、鄂、陕、晋诸省的帮会馆18处，1919年注册入会商铺750家，主要经营绸布、杂货、中药、西药、酱坊、烟酒、陶瓷、铁器、鞋帽等类商品。

芜湖开埠后，进出口贸易不断增长，光绪三年（1877）为1586682海关两，光绪二十五年（1899）增至20318896海关两，1919年增为48651184余海关两，为开关时的30倍。② 芜湖进出口贸易增长，带动芜湖城市百业兴旺。商号，光绪三年（1877）只有121家，光绪十七年（1891）增至499家，光绪二十七年（1901）又增至722家。③ 芜湖主要是以商业为主的城市，商业人口是主要从业人员。据1919年统计，有布业64家，京广洋货业、茶业、丝业、典当业等各业都有极大的发展。至1932年，芜湖商业共有44业1650家，共有店员、学徒10018人，资本高达1981.47万元，全年营业额达9164.34万元（其中米业为5282万元），成为仅次于上海、武汉的商业巨埠。1935年统计，芜湖各类商号1633家，资本总额达11586970元，营业总额达70250865元，职工人数13913人。④

近代芜湖经商的主要还是客籍商人。"同、光以来，邑人以商致富者颇不乏人，较之旧俗，大有进步。然城镇乡各处，大率业耆坊者居多，此外各业，仍不若客籍之占优胜。"⑤ 各地客籍商人在芜湖云集，五方杂

---

① 李洁非：《芜湖风土志》，《学风》第3卷第4期，1933年5月15日，第77页。
② 安徽省地方志编纂委员会编：《安徽省志·外事侨务志》，方志出版社1999年版，第16—18页。
③ 章征科：《从旧埠到新城：20世纪芜湖城市发展研究》，安徽人民出版社2005年版，第18页。
④ 陈筱南：《安徽实业概况·实业统计》1935年第3期，第114页。
⑤ 余谊密修，鲍寔纂：《（民国）芜湖县志》卷8《地理志》，黄山书社2008年版，第38页。

处，来源多元化。从商人员，多为外地人，广、潮、烟、宁等米业商帮及其他外地商业人员，在芜湖商业中占有重要地位。在这些客商中，徽商仍然是主要客商，人数最多，资本最雄厚，对芜湖商业发展起着重要作用（见表7–3）。① 如乾隆时徽州绩溪上庄村胡天注先在休宁创设胡开文墨业店，后来在屯溪开设胡开文分店。胡天注派下的六房懋德孙胡贞一（1829—1899），为胡开文墨业走出徽州第一人，1852年在芜湖南正街开设"胡开文沅记"，在下长街增设"胡开文源记"。这是胡开文墨店走出徽州，走向全国的第一店。此后，他在九江、南京、汉口、安庆等地开设分店，在郑州、开封、成都等地有几十家批发户和特约代理店。②

表7–3　　　　　　　　晚清在芜湖活动徽商略表

姓名	籍贯	在芜活动情况	资料来源
余士恩	黟县	咸丰、同治间，在芜湖经商，获利数万	《环山余氏宗谱》卷21
李天本	婺源	咸丰、同治间，在芜湖捐资赈灾	光绪《婺源县志》卷35
余朝旺	黟县	清末，在荻港经商，其后迁芜湖经商	《环山余氏宗谱》卷21
余士英	黟县	清末，在芜湖从事金融业	《环山余氏宗谱》卷21
单芳宗	婺源	清末，在芜湖建义渡	光绪《婺源县志》卷35
余锡荣	黟县	在芜湖经商	《环山余氏宗谱》卷21
汪守藩	歙县	在芜湖倡捐设乐善堂	民国《芜湖县志》卷12

资料来源：王廷元《论明清时期徽商与芜湖》，《安徽史学》1984年第4期。

商业组织。随着芜湖开埠和芜湖米市成立，芜湖米商云集，米栈遍布，带动了各行各业发展。商业机构数目，光绪三年（1877）为121个，光绪九年（1883）为262个，光绪十七年（1891）为499个。③ 明清时期，芜湖就成为商业名城，外地客商互助的会馆就出现了。会馆，又称公所，后称同乡会或同业公会。20世纪初，芜湖各类商号达3000户，从业人

---

① 王廷元：《论明清时期徽商与芜湖》，《安徽史学》1984年第4期。
② 芜湖市地方志办公室编：《徽商与芜湖》，黄山书社2013年版，第15页。
③ 《芜湖海关十年报告（1882—1891）》，见芜湖市地方志办公室编《芜湖对外关系史》，黄山书社2014年版，第152页。

员1万余，会馆和商会也纷纷设立。① 芜湖有会馆22所，2所建于明朝，17所建于清代，3所建于民国，其中包括广东、福建、浙江、湖南、湖北、江西、江苏、山西、陕西、山东10个省所建13所，安徽省有徽州、泾县、庐和、旌德、合肥、安庆、太平、宿太、桐城、青阳10所会馆。② 20世纪30年代，在芜湖从事商业者约5万人，3000余户。商业组织各业公所：（1）各业公所，有芜湖总商会（长街）、钱业公所（长街）、布业公所（河沿井儿巷口）、米业公所（驿前铺）、烟业公所、茶业公所、杂货公所、钱庄公所。（2）外县会馆，有徽州会馆（百家铺）、泾县会馆（东门）、旌德会馆（北廊）、太平会馆（西门）、庐和会馆（北廊）、安庆会馆（驿前铺）。（3）外省会馆：广东会馆、潮州会馆、广肇公所、山西会馆、湖南会馆、湖北会馆、福建会馆、江西会馆、浙江会馆、山东会馆、溧水会馆、临清会馆。③

会馆和商帮等组织的设立，促进了芜湖米市发展，也促进了芜湖商业组织发展。19世纪末20世纪初，由于店铺、手工业作坊、工厂等大量涌现，商业组织出现新变化，出现了同业公会和商会等现代商业组织。同业公会是由公所、会馆演变而来，突破传统狭小的范围，接近于商会。商会下辖同业公会，同业公会按行业设立，办理本行业内的有关事务，也系理事会制，设理事长1名，理事若干名，亦经选举产生。④ 1930年，全国有同业公会4185个，会员152260人。⑤ 民国时期，芜湖同业公会发展迅速，1919年，芜湖有工会总会、杂货公所、米业公所、药业公所、钱业公所、布业公所、染业公所、南市米业公所8个同业公会。⑥ 据1932

---

① 欧阳发、周明洁、施立业编：《经济史踪》，安徽人民出版社1999年版，第480、482页。

② 方兆本主编：《安徽文史资料全书·芜湖卷》，安徽人民出版社2007年版，第839页；郭万清：《安徽地区城镇历史变迁研究》下卷，安徽人民出版社2014年版，第402页。

③ 龚光明、曹觉生：《安徽各大市镇之工商现状》，《安徽建设月刊》第2卷第2号，第25页。

④ 居尚志：《巢县商会简介》，《安徽文史资料全书·巢湖卷》，安徽人民出版社2007年版，第632页。

⑤ 《中国商业百科全书》编辑委员：《中国商业百科全书》，中国大百科全书出版社1993年版，第627页。

⑥ 余谊密修，鲍寔纂：《（民国）芜湖县志》卷34《实业志》，黄山书社2008年版，第243—244页。

年统计,商业方面,芜湖有同业公会59种,如果扣除棉织厂等业,其余纯商业经营者44业,有店员学徒约1万人,资本额1980余万元,商店1650家(其中还不包括保险业、报关业及小杂货店等376家在内),年营业额9164余万元。① 商会是商人组织的群众团体,由封建社会早、中期商业行会发展而来。商会,在晚清一些城市产生,民国时期已普及。光绪三十一年(1905),在李经方和李经榘策划下,筹建芜湖商务总会,次年正式成立,李经榘为首任总理,这是安徽最早的商会,地址在中二街,紧邻圣雅阁教堂。芜湖商务总会由芜湖13帮商董组建,13帮为广肇、潮州、奢坊、米业、钱业、布业、杂货、木业、典当、药业、槽酱、茶业、烟业等公所。芜湖商务总会为安徽最早设立的商会,有开风气的意义,全省各县成立商会是在辛亥革命以后。芜湖商会名称几经变更,1905称"芜湖商务总会",1915年称"芜湖总商会",1930年名称仍旧,改委员会制。1937年仍为委员制。到1945年改称芜湖县商会。② 芜湖商务总会初办时,仅13帮入会,到1918年入会注册殷实商铺达750余家,主要经营绸布、杂货、中药、西药、酱坊、烟酒、陶瓷、铁器、鞋帽等类商品,澛港、方村、清水河镇均有分会。③ 1928年,芜湖总商会发起筹建安徽省商业联合会,于1928年4月16日至25日在芜湖召开成立大会,芜湖商人汤善福被公推为第一任会长。④ 在当时社会团体中,芜湖商会对芜湖城市近代化起到了积极作用。芜湖商会,民主决策,以才德选举会长,经费收支公开,维护商业秩序,协调各行业关系,注重联络省内其他商会,赞助城市公益事业,1913年创办1所七年制完全小学"私立乙种商业学校"。⑤ 商会一般采用理事会的组织形式,设1名理事长,若干名理、监事,理事会由商民代表会选举产生,理、监事会和商民代表会定期召开,

---

① 谢国兴:《中国现代化的区域研究:安徽省(1860—1937)》,台北:"中研院"近代史研究所1991年版,第510页。

② 方兆本主编:《安徽文史资料全书·芜湖卷》,安徽人民出版社2007年版,第383—384页。

③ 余谊密修,鲍寔纂:《(民国)芜湖县志》卷34《实业志》,黄山书社2008年版,第243页。

④ 芜湖市地方志办公室编:《芜湖人物志略》,南陵县印刷厂1988年印,第42页。

⑤ 马永欣:《芜湖总商会私立乙种商业学校忆述》,《芜湖文史资料》第1辑,安徽人民出版社1984年版,第227页。

特殊情况下可随时召开。① 商会是一个具有现代意识的新式团体，基本实现了从传统行会向现代社团的过渡。1921 年芜湖市政筹备处统计，加入商会的行会有 30 个，819 户，会员 19377 人。② 几乎所有的手工业、商业都加入了商会。在商业发展过程中，商业组织如会馆、同业公会和商会及广、潮、烟、宁等米业商帮，对商业发展是有利的，有利于芜湖商业有序发展。

商业发展，出现了商业学校。光绪三十年（1904）芜湖设立商务半日学堂，专授各店幼徒，以通融中西文字、算学为主。芜湖谢绅等近将鸠江书院存款在广仁局，创设襄垣小学堂。③ 1912 年设立安徽省第二甲种农业学校（又简称为"二甲农"，或"二农"）和安徽省立第一甲种商业学校（简称"甲商""一商""一甲商"），有了实业学校，进行实业教育。

徽商在芜湖经商，为了给子弟学习，还在芜湖创办学校。柳春园小学创建于光绪三十二年（1906），它的前身是徽州公学，由旅芜徽商创办，原校址在中二街三圣坊内。著名革命家陈独秀曾在学校担任过国文教员，社会活动家、外交家李克农和现代剧作家、文学评论家阿英（钱杏邨）曾在徽州公学就读。抗战期间，学校被日机炸毁，曾一度停办。1941 年 6 月恢复办学，改名为私立徽州小学，迁至芜湖市镜湖区中二街 100 号（现为 72 号），1956 年 2 月学校改为公办小学，并定名为柳春园小学。

七　商业区变化

由于工商业发展，近代芜湖城市功能区也逐渐形成，有城内、城外、租界、河南（青弋江南）4 块，商业区发生了变化。

传统"一"字形城区布局扩大。芜湖主要是商业城市，城市建设也以商业为中心展开。县市，是沿青弋江以长街为中心的传统商业区，清

---

① 居尚志：《巢县商会简介》，《安徽文史资料全书·巢湖卷》，安徽人民出版社 2007 年版，第 632 页。
② 《安徽建设》第 3 卷第 2 号。
③ 《各省教育汇志》，《东方杂志》第 2 期，光绪三十一年（1905）二月二十五日，第 28 页。

代就形成了以长街为主的沿青弋江延伸至江口的 33 条街巷。除长街外，沿河路、国货路、陡门巷、二街、大马路（中山路）、四明街（新芜路）、吉和街、江口等街路，也都形成商业街市。① 县城东、南、北三门及二街马路，都是光绪末年新辟的。② 南市，自南关至浮桥，米行多集中在这里。河南市，在青弋江以南，多砻坊，以经营米粮贸易为主。

出现了公共租界区。芜湖开埠后，资本主义列强在范罗山建有领事馆，在江边建有海关，沿江从陶沟到弋矶山建有租界，突破了沿着青弋江的传统布局，使城市布局出现了"L"形布局，并在租界及其以东不断拓展商业街区。在租界，修建了 2 条南北向沿江马路和中马路、后马路，5 条东西向马路，自南至北为一、二、三、四、五马路。米市由镇江迁至芜湖后，城区人口急增，街道拥挤，需求扩建。李鸿章之子李经方在中山路一带修建了一些房屋和街道。中山路，原名姚家路，道路狭窄，光绪二十八年（1902）扩建为大马路，后来孙中山来芜湖，在这里演讲，遂改名为中山路，成为仅次于长街的商业区。后成立马路工程局，负责街道修建。20 世纪 20 年代，成立县工务局，主持城建，修建了吉和街、中正路（新芜路），30 年代修建了铁基路（黄山路）、新市口、北平路（北京路）、中江路、环城马路等。③ 这样，商业发展，促使芜湖城市规模扩大，贸易区迅速向老城区以外扩展，新辟二街、三街、吉和街等商业街道，同原有的长街连成一片，成为芜湖市的繁华商业区。④ 这些街道，修建多曲折。其中，国货路，宽 6.5 米，长 176 米，1936 年曾经在马路面敷以沥青，是芜湖第一条柏油马路。⑤

八　商业畸形发展

近代城乡经济互动，使芜湖成为长江下游地区一个区域商业中心，

---

① 芜湖市地方志编纂委员会编：《芜湖市志》下册，社会科学文献出版社 1995 年版，第 652 页。
② 余谊密修，鲍寔纂：《（民国）芜湖县志》卷 5《地理志》，黄山书社 2008 年版，第 27 页。
③ 方兆本主编：《安徽文史资料全书·芜湖卷》，安徽人民出版社 2007 年版，第 410 页。
④ 安徽省文史资料研究委员会编：《工商史迹》，安徽人民出版社 1987 年版，第 114 页。
⑤ 芜湖市地方志办公室编：《芜湖风光揽胜》下册，黄山书社 2006 年版，第 326 页。

即为皖江地区商业中心,也是安徽最大的商业中心。但是,近代芜湖和皖江地区近代工业比较落后,商品贸易仍然是主要经济活动,洋货贸易和土货贸易是主要经济内容。国内贸易和外洋贸易均不断发展,商业畸形发展。

近代混乱的社会环境不利于农产品市场流通。近代军阀割据、盘剥,常人为限制商品流通。据1934年《中国粮食对外贸易》载,1919年前后,安徽芜湖历年禁米出口有数月、半年不等,"由安徽、江苏境界上办米过境往往被卡,两省督军大起交涉,派员验看,到底是苏米,还是皖米,结果被糊里糊涂的瓜分了"①。这对城乡经济关系构建十分不利。

沉重的封建剥削,也加大了贸易成本。庚子赔款,加重了商户的负担,不利于贸易,增加了成本,不利于芜湖城市商业发展。光绪二十八年(1902)因外国赔款到期及本省经费原因,安徽全省各项税钞均有增加。除出口之米及他种货物厘金加倍征收外,其余各种税捐征收率如下:屋捐征收每年中1个月租金,分4季缴纳;店捐分为9种税率,依照店之种类及贸易大小而定,从铜钱500文起,至银10两止,按月缴纳;鸦片店每一卧榻,日征钱10文;屠店日征钱100文。② 帆运商把稻米从米源地运到芜湖,沿途捐税有营业、保安、学捐、米捐、闸捐、庙捐等;到芜湖买卖成交后,有公安捐、自治捐、善堂捐、学捐、米捐、公会捐、码头捐等;有运输、上下码头、斛量等过程中的额外敲诈勒索,如"首仓香烟钱""斛工额外贿赂费用""扛包工人窃米洗浴费""开舱费"等;还要受地痞"河侩""水地保"勒索,并常遭流氓抢米等。米粮在芜湖交易中,无论是否通过米号、米行和箩头行,都得给此三个机构缴纳佣金。加上米在运输过程中运费等,芜湖米在整个流通过程中成本很高,成本高,质量差,难与质优价廉的洋米竞争。③ 厘卡林立,商业阻碍多,影响了商业贸易,难与外商竞争。如光绪三十年(1904),安徽茶厘,设局12

---

① 章有义编:《中国近代农业史资料(1912—1927)》第2辑,生活·读书·新知三联书店1957年版,第279页。

② 沈世培校注:《〈芜湖关华洋贸易情形论略〉校注》,安徽师范大学出版社2015年版,第152页。

③ 周忍伟:《商业对近代中国城市发展作用——芜湖米市分析》,《华东理工大学学报》(社科版)2002年第4期。

第七章 城市与腹地经济互动下近代区域中心城市形成

处,其总局在六安州属麻埠镇,会办驻霍山县城,他如七里河、八里滩、舞旗河、女儿街、管家渡、流波撞、黄栗杪、毛坦厂、两河口、固始县10处,各设1局,每年清明开局,白露撤局。① 征收茶厘,增加了茶叶销售成本,不利于市场竞争。京广洋货,民国初,有店铺26家,清末营业每年五六百万元,民国初,不过300万元,因关税过重,销场减小,又以欧战,来货阻滞,所以日渐萧条。② 市场不健全,使市场不能有序发展。民国初,"芜湖长街各杂货号交易之清淡,为今年来所未见,究其内容情形莫非以补抽与关税之繁苛致客商裹足不前耳"。③ 芜湖米市在1920年至1937年就处于衰退期,其中捐税繁重、市场混乱是重要原因。"米市衰落,固由水旱频仍,灾患迭见,而捐厘重复抽收,米商负担过重,实为其一大原因。"④ 米粮在运销过程中,有各种捐税,如行商出口税(按米值每元4分征税)、市建设捐(每元1分)、救灾捐(每元1分)、印花捐(每元3厘)等,还有其他各种摊派陋规,成为阻塞粮源的障碍。米船到芜湖码头,要向搬运米粮的码头工人付出各种费用,如头包香烟、包酒、斛酒、走筹费、捕快费、茶水费等,这些费用大部分落入封建把头口袋,工人所得很少。⑤ 米厘征收逐步上升,增加了米商负担。到民国初,"芜埠米市日形堕落,其原由于捐税过重,本省之米多数径往浦口、通州各处销售,承由本埠出口。商务坐是日见萧条,此不可不考察也。"⑥ 如1897年芜湖原运出米1521912担,比上年减少一半。原因是多方面的,芜湖附近低田被淹,水稻歉收,芜湖米价过高,而芜湖米销售市场广东省因越南西贡米、广西梧州及三水输入,米价跌落,低于芜湖米价;另外,安徽内地原有米厘及运至芜湖口岸又须缴纳新设江苏厘金,始准完税出口,进一步增加了米的成本,芜湖米难以与广东进口的洋米和运进

---

① 《商务·各省商务汇志》,《东方杂志》第9期,光绪三十年九月二十五日,第113—114页。
② 余谊密修,鲍寔纂:《(民国)芜湖县志》卷35《实业志》,黄山书社2008年版,第247页。
③ 《芜湖糖市最近之确耗》,《安徽实业杂志续刊》1917年第3期。
④ 《皖议员请撤销芜湖米厘》,《新闻报》1919年11月19日。
⑤ 芜湖市地方志编纂委员会编:《芜湖市志》下册,社会科学文献出版社1995年版,第787—788页。
⑥ 余谊密修,鲍寔纂:《(民国)芜湖县志》卷25《赋税志》,黄山书社2008年版,第206页。

广西米竞争。这样，芜湖米商大都裹足不前，影响了芜湖米市贸易，"行销既滞，浮费又多，有米之区，不得不另觅出路，而本口之米来源稀矣。宁国府所产，则用民船运行浙江；庐州府所产，则迳运江苏，因此两省亦正需米粮之故"。①

城市发展侧重商业，工业落后，优势不足，容易受到国内外市场波动影响。长江沿岸一些区域中心城市，如芜湖和宜昌等，以转口贸易为主，"商业的发展状况也表明了中等城市如果单纯依靠对外贸易，而没有近代工业的支撑，其商业就缺乏稳定性。芜湖、沙市、宜昌的短期繁荣就证明了这一点"。② 城市发展要依靠制度优势，技术和产业优势，交通优势等。这些优势失去，城市发展就迟滞了。芜湖米市衰落，就体现了这些优势的丧失。民国以来，捐税既多，运费加重，所以邻近米粮相继径往浦口、通州等处销售，不由芜埠出口。数年以来，统计每年不过200万担左右，与晚清相比，"今昔相差，几逾半数"。③ 1927—1937年，南京国民政府实行"裁厘加税"，裁撤江苏和安徽两省米捐局，各县米粮又自由运往，失去约束，粮源分散。1931年大水灾使粮食减产。水灾后，南京国民政府又进口大量米、面倾销国内，1933年至1935年3年间共进口洋米33629092公担、洋麦20573140公担，冲击了芜湖米市。以上均为政府行为，政策优势失去，不利于米市发展。同时，南方广州米市原来一般从芜湖购进米粮，粤汉铁路通车后，米粮商路改变，广州米市多改由湘、赣等省购进米粮。此为原来水运交通系统被陆路交通打破，原来自然水运优势失去。随着政策优势和水运优势失去，芜湖米市也衰落了。1932年原运出米粮约300万石。此后，芜湖米市更加衰落，1937年到1945年抗日战争时期，社会动荡，米市混乱，渐趋萧条。1945年至1949年，米市没有恢复，继续处于低落时期。④ 1931年，"芜湖常关奉令裁

---

① 中国第二历史档案馆编：《中国旧海关史料（1859—1948）》，京华出版社2001年版，第26册，第152页。
② 隗瀛涛：《中国近代不同类型城市综合研究》，四川大学出版社1998年版，第431页。
③ 余谊密修，鲍寔纂：《（民国）芜湖县志》卷35《实业志》，黄山书社2008年版，第245页。
④ 芜湖市地方志编纂委员会编：《芜湖市志》下册，社会科学文献出版社1995年版，第786—787页。

撤，往来民船得以直接行驶，不必再停本埠候验，货运固得迅速，向在本埠购货商人，至是得以不复来往，以致运米民船，渐超下游各端口交易，亦不经由芜湖也"。① 可见，芜湖诸多优势成就了米市繁荣，但是，优势失去，也会带来衰落。同时，米市衰落，整个芜湖市场贸易也萧条了。市场衰落，城市对腹地辐射和吸附能力减弱，不利于城乡经济关系发展。

第二节　芜湖成为安徽近代工业中心

关于芜湖近代工业，学界已经有所重视，已有一些成果。这些研究成果肯定了芜湖近代工业地位，分析了其不足，也分析了其产生的背景。但是，为什么芜湖成会为安徽近代工业中心，这个问题研究还不充分，学界没有将此问题放到口岸与腹地经济关系下进行分析，利用近代芜湖与腹地经济互动关系来分析芜湖近代工业的成长。芜湖开埠后，"以贸促工"，民族工业发展显著，工业结构，以棉织业、粮食加工业等轻工业为主，电力、矿业等重工业为辅。

一　安徽近代工业中心形成

中国近代工业起步很晚，甲午战争以前，中国的民族工业发展微弱，只有上海、广州等少数大城市有少量民族工业，其他多为外国资本和洋务派创办的。长江流域上海、汉口、九江等地有71家外国资本企业，约占总数73%，而又以上海占绝大多数。② 甲午战争后，清政府对工商业限制减轻，1903年设立商部，后改为农工商部，奖励民营，促进民营资本发展。民国初年实行了一些有利于民族资本主义发展的法律和政策，进一步促进了民族资本主义发展。

其实，芜湖并不是安徽近代工业产生最早的地方，却是安徽近代工业发展最快、最集中的地方。安徽近代工业始于洋务运动时期，1861年

---

① 《民国十一年至二十年：最近十年各埠海关报告》上卷《华北及长江各埠》，海关总税务司署统计科译印。

② 严中平等编：《中国近代经济史统计资料选辑》，科学出版社1955年版，第116—122页。

曾国藩任两江总督时在安庆创办的官办近代军事工业企业内军械所，制造洋枪洋炮，至1864年裁撤。① 从19世纪70年代开始，安徽出现了以开采煤矿为主的官办、官商合办和官督商办的工矿企业，如1877年招商局集股开办的池州煤矿，光绪二十五年（1899）成立的礼和公司的贵池煤矿，1910年成立的泾铜矿务公司泾县煤矿，以及19世纪90年代由商办、官商合办转为官办的淮南大通煤矿和宿县烈山煤矿等。② 但是，这些企业由于经营方式不符合近代工业发展需要，发展并不顺畅。芜湖开埠后，安徽打开大门，经济和贸易格局发生了根本变化，近代工业发展有了新的条件，特别是甲午战争以后，商办的民族工业兴起，一些商人、官僚和地主，以一部分资金投向近代工业。这部分近代企业，包括采矿业、机器轧米面业、制砖瓦业、日用品工业、运输业、农产品加工业等。在这一民族工业兴起的浪潮中，芜湖展现了自身优势，民族工业发展起来，并成为安徽近代工业发展最显著的地方。芜湖近代工业是从晚清到民国初期兴起、发展起来的，20世纪20年代以后由于各种原因，发展缓慢（见表7-4）。

从19世纪90年代益新公司创办到宣统三年（1911），是晚清芜湖近代工业陆续兴起的时期。

表7-4　　　　　　　　　晚清芜湖近代工业概况

年份	企业名称	性质	创办人	资本（万元）
1897	益新公司	商办	章维藩	21
1904	泰昌肥皂厂	商办	许向臣	不详
1905	裕源织麻公司	商办	张广生	42
1905	锦裕织布厂	商办	李国楷	1.4
1906	明远电灯公司	商办	程宝珍	16.8
1907	兴记砖瓦厂	商办	李家桢	2.8

资料来源：《芜乍路沿线经济调查（安徽段）·芜湖县经济调查》，见芜湖市政协文史委员会等编《芜湖通史·古近代部分》，安徽人民出版社2011年版，第243页。

---

① 孙毓棠：《中国近代工业史资料》第1辑上册（1840—1895），科学出版社1957年版，第1188页。

② 汪敬虞：《中国近代工业史资料》第2辑下册，科学出版社1957年版，第870—910页。

除了上述近代工业，还有福记恒机器厂和鸿昌肥皂厂等。① 据《皖政辑要》统计，截至光绪三十四年（1908），安徽全省设立农、垦、林、蚕桑公司、厂、研究所、试验场等47个，其中官办13个，官绅合办3个，商办31个。② 清末民初，安徽有万元以上资本的工矿企业16家，其中5家设在芜湖，资本额占全省50%。③ 到宣统二年（1910），芜湖已创办了9家企业，其中面粉业2家，制蛋业3家，染织业2家，总资本912万元，平均每家资本10万元。④

第一次世界大战爆发，西方资本主义列强无暇东顾，加上北洋政府提倡实业，实行一些有利于工商业发展的政策，芜湖近代工业发展明显。这一时期，城乡手工业多为家庭个体手工业，一些传统手工业由于工艺独特，有自身优势，没有受到洋货冲击，仍然保持发展势头，各种作坊、店铺、摊铺遍布城镇；随着近代资本主义发展和市场扩大，许多纺织和粮油加工等手工业转化为机器工业。《（民国）芜湖县志》载，"通商以来，各种工业进步甚速，迩来织布机坊多至七百余家，各种土布，花样翻新，邻近市镇多购用之。此外，如藤木各器以及毛巾机鞋等，尤为本埠工业出产大宗，他县均不能及也"。⑤

第一次世界大战结束后，西方资本主义卷土重来，大量洋货进口，冲击了芜湖近代工业。南京国民政府统治时期，经济上对外投靠美英日等帝国主义，允许资本主义列强对中国进行经济掠夺，倾销洋货，掠夺土货，对内加强经济剥削，一些民族工商业企业直接或间接地被官僚资本排挤或兼并。到抗日战争爆发前的南京国民政府统治的10年中，芜湖近代工业发展，小起而大落。不过，与安徽其他城市相比，这一时期芜

---

① 《芜乍路沿线经济调查（安徽段）·芜湖县经济调查》，见周忍伟《商业对近代中国城市发展作用——芜湖米市分析》，《华东理工大学学报》（社科版）2002年第4期。

② 中共安徽省党史工作委员会编：《安徽现代革命史资料长编》第1卷，安徽人民出版社1986年版，第70页。

③ 谢国兴：《中国现代化的区域研究：安徽省（1860—1937）》，台北："中研院"近代史研究所1991年版，第422页。

④ 杜恂诚：《民族资本主义与旧中国政府（1840—1927）》，上海社会科学院出版社1991年版，附表。

⑤ 余谊密修，鲍寔纂：《（民国）芜湖县志》卷8《地理志》，黄山书社2008年版，第38页。

湖近代工业发展也是比较显著的。1925年前后，芜湖面粉加工业、纺织、火柴、机械相继兴办，如1919年建成裕中纱厂，为安徽第一家机器纺纱厂，使用的纺机由上海洋行从英国进口；① 1920年建成大昌火柴厂，为安徽第一家火柴厂，② 等等。近代工业有了一些发展，电力也供不应求。其中到1934年，明远电灯厂总容量达2160瓦，每天两台发电机轮流运转，全市日夜供电。据统计，到了20世纪30年代初，芜湖共有近代机器工厂24家，资本共2346200元，产值347万元。③ 1932年统计，芜湖有24家机器工厂，职工2481人，固定资本2346200元，1932年产值约347万元。④ 1934年芜湖有面粉厂1家，纺织厂2家，电灯厂1家，肥皂厂1家，机械厂2家，油厂1家，其他2家，共计11家。⑤ 1935年铁工厂共有7家，拥有设备54台，职工250多人，能制造矿山起动机，营业范围至皖北一带。至1937年18年间，有1个酒厂、1个肥皂厂、2个玻璃厂相继开办。⑥ 20世纪30年代，芜湖工业，机器工厂，有益新面粉公司及崇余、美胜、汇丰、同丰、合兴、洽昌等碾米公司，有明远电灯公司、裕中纺织公司、明远电话公司、大昌明记火柴公司、中江肥皂厂，以及船厂、玻璃厂、机器厂、皮革厂、化学工厂等。

芜湖手工业本来就兴盛，民国时进步很快，据1929年市政处统计，芜湖各工会所包含的范围就有：黄包车规定辆数771两，织机业户124家，理发店109家，漕酱作坊87家，水炉业户110家，印刷纸业16家，染坊23家，瓦业大小厂72家，织袜业58家，推车车辆220辆，大小旅社29家，烟宁米业户11家，大小拖船14只，小轮船38只，米业户42

---

① 芜湖市地方志编纂委员会编：《芜湖市志》下册，社会科学文献出版社1995年版，第770页。
② 芜湖市档案局编：《"双赢"的交流——芜湖与上海交流合作的回顾》，皖内部资料，2004年印，第3页。
③ 《芜乍路沿线经济调查（安徽段）·芜湖县经济调查》，见周忍伟《商业对近代中国城市发展作用——芜湖米市分析》，《华东理工大学学报》（社科版）2002年第4期。
④ 谢国兴：《中国现代化的区域研究：安徽省（1860—1937）》，台北："中研院"近代史研究所1991年版，第422页。
⑤ 程必定主编：《安徽近代经济》，黄山书社1989年版，第224页。
⑥ 芜湖市地方志编纂委员会编：《芜湖市志》下册，社会科学文献出版社1995年版，第75页。

家，碾米砻坊38家，还有许多业户没有加入工会。"芜湖为本省首屈一指的工商业底城市。"①

抗战前，芜湖逐渐成长为皖江地区也是安徽近代工业中心。芜湖近代工业，在抗战时期遭到破坏，"自芜湖沦陷，本省工业中心竟入敌手"。②解放战争时期芜湖近代工业也无序发展，处于衰落时期，到解放时芜湖仅有"两个半烟囱"，即尚存益新面粉厂、明远电厂和裕中纱厂，并均面临绝境。③虽然如此，近代芜湖在安徽也是工业化程度最高的城市。

表7-5　长江流域区域中心城市工厂数目统计（1895—1936）

城市	1895—1911	1912—1921	1922—1936	总计
无锡	15	59	241	315
南通	12	6	13	31
芜湖	8	8	4	20
镇江	5	7	7	19
宜昌	2	2		4
九江		5	2	7
沙市		5	2	7

资料来源：根据《近代史资料》总58号、《民族资本主义与旧中国政府》、《中国实业志》（江苏省）等有关资料编制。见隗瀛涛《中国近代不同类型城市综合研究》，四川大学出版社1998年版，第436页。

表7-5中，芜湖近代工业发展在长江流域区域中心城市中位于第三位。芜湖近代工业产生和发展，是芜湖乃至安徽近代经济重大发展的表现，不仅使机器生产代替手工劳动，手工业向近代工业过渡，而且使资本主义雇佣劳动制度代替封建个体手工劳动制度，生产关系发生重大变化，对皖江地区经济发展有深远影响。受到芜湖开埠影响，皖江地区也是安徽近代工业最集中的地区，20世纪30年代，在安徽全省60个县中，有36个县设立各类工厂160家，其中皖江芜湖、泾县、宣城、桐城、怀

---

① 龚光朗、曹觉生：《安徽各大市镇之工商现状》，《安徽建设月刊》第3卷第2号，第26—30页。
② 《非常时期本省建设概况》，《安徽政治》1938年第6—7期，第7页。
③ 安徽省政协文史资料委员会编：《工商史迹》，安徽人民出版社1987年版，第87—88页。

宁等县就有 100 家。①

二 粮食加工业

皖江地区土货大量运到芜湖，促进了芜湖农产品加工业的产生和发展。皖江地区是产粮区，源源不断的米粮、小麦、黄豆等运往芜湖集散，出现了米市繁荣，在粮食贸易的拉动下，芜湖粮食加工业也发展起来。同时，这些农副产品加工业产品，有的出口到外洋，有的运销其他口岸城市，有的在本埠销售，有的返销皖江地区等腹地。近代芜湖农副产品加工业是城乡经济关系互动的结果。

芜湖稻米加工是从砻坊发展起来的。嘉庆、道光年间，芜湖仓前铺大砻坊一带已有砻坊 20 余家。② 近代米市发展，出现了米商兼有商人、工场主和地主身份，出现了砻坊业。砻坊业，就是砻坊业主雇佣工人使用木砻、石臼、木杵等传统工具手工碾米，以代客砻米为主，并备有栈房以堆货、出租栈房，还兼营抵押放贷。清末砻坊有 100 余家。③ 起初开业的大半是地主（包括少量官僚兼地主），因为有利可图，开业增多，如光绪年间，有官僚地主崔国英开的汇丰，崔登开的广厚，李鸿章家族开的源德裕等。辛亥革命后，崔李砻坊先后歇业，继之而来的芜湖县大地主恽云亭兄弟、谈弼丞、陶荫槐开的馥记、崇发、利丰、萃丰、宝丰祥、农记、顺余、庆余等砻坊。④ 民国初年，砻坊由 100 余家减少为 50 余家，每年进稻不过五六十万担。⑤ 又据调查，1915 年前有 90 家，1920 年前有 80 家，1925 年前有 70 家，1930 年前有 65 家，⑥ 到 1931 年 42 家，各店

---

① 郭万清、朱玉龙编：《皖江开发史》，黄山书社 2001 年版，第 167 页。
② 余谊密修，鲍寔纂：《（民国）芜湖县志》卷 35《实业志》，黄山书社 2008 年版，第 245 页。
③ 余谊密修，鲍寔纂：《（民国）芜湖县志》卷 35《实业志》，黄山书社 2008 年版，第 245—246 页。
④ 芜湖市工商业联合会史料小组：《芜湖市米市的发生发展和改造的经过的概况（初稿）》，1959 年 9 月，芜湖市档案馆藏，编号：DFWX4.1.1，第 13—14 页。
⑤ 余谊密修，鲍寔纂：《（民国）芜湖县志》卷 35《实业志》，黄山书社 2008 年版，第 246 页。
⑥ 朱孔甫：《安徽米业调查》（1935 年 3 月至 7 月调查），《社会经济月报》第 4 卷第 3 期，1937 年，第 19 页。

员1到7人不等，共有资本25.7万元。①砻坊减少主因是米市衰落，改用机器效力、产量大也有关系。

砻坊业分为本地帮和太平帮，光绪末年，太平帮有大有、谦吉、汇丰等十五六家，本地帮有何福源、源德裕、同顺祥、立成等40余家，资金在二三千两至一二万两不等。②砻坊业主不少是地主，其加工米源，有自己租谷，自买稻谷，还有客商委托代砻的稻谷。一些大的米号，就经营了米粮贸易、房地产、砻坊业、土地出租、金融业等事项。利源长米号，经营米粮贸易，生意旺时，曾有9只铁壳轮运米，大船可载5—6万包（每包米100公斤，1石1斗8分），小船可装运1.5万包米，一般船载3—4万包。该号米市赚钱以后，则购置大批产业和投资其他事业经营，在芜湖县方村购进3000余亩田，出租旧中央饭店、吉和街、永福里等处房屋，又在芜湖市河南设立堆栈。隆泰昌米号，在来龙里和狮子山一带也有大量房产出租，又购置1000多亩田，其附属企业有本市河南同丰碾米厂一片钱庄。一些砻坊业主，赚钱后投资土地，如芜湖县地主恽云亭兄弟5人在芜湖开设利丰、崇发、宝丰祥、复记、翠丰5家砻坊，他们原在本县麻风、南乡二圩一带有2000亩田，后来又陆续购进1万多亩，其中二房崇发老板最多，占50%，次为五房利丰老板。③砻坊业为手工业，是皖江地区稻米贸易拉动的结果。随着稻谷机器加工业的发展，1928年后砻坊逐步采用小型碾米机，以马达为动力。砻坊雇工生产，中型企业有五六十雇工，小型企业有二三十雇工。④该业兼营典当业，如源德裕开设源成、源丰、源庆三家典当。⑤

机器磨面也是米市发展的结果。芜湖米市兴起，运出米粮增多，砻

---

① 社会经济调查所编：《芜湖米市调查·芜湖砻坊一览表》，《粮食调查丛刊》第4号，社会经济调查所1935年印，第10页。
② 芜湖市工商业联合会史料小组：《芜湖市米市的发生发展和改造的经过的概况（初稿）》，1959年9月，芜湖市档案馆藏，编号：DFWX4.1.1，第14页。
③ 芜湖市地方志编纂委员会编：《芜湖市志》下册，社会科学文献出版社1995年版，第786页。
④ 马永欣：《芜湖米市春秋》，载安徽省政协文史资料委员会编《工商史迹》，安徽人民出版社1987年版，第109页。
⑤ 芜湖市工商业联合会史料小组：《芜湖市米市的发生发展和改造的经过的概况（初稿）》，1959年9月，芜湖市档案馆藏，编号：DFWX4.1.1，第15页。

坊业满足不了市场需要，于是光绪十六年（1890）章维藩在芜湖大砻坊建面粉厂，创办了芜湖益新机器磨面碾米榨油股份有限公司，简称"益新公司"，购进蒸汽机，聘任外籍技师指导安装调试，光绪二十年（1894）建成投产，[1] 主要加工面粉，是安徽省最早的机器粮食加工工业，也是芜湖近代工业的开始。上海洪盛米号于同治二年（1863）开始使用机器碾米，是中国最早使用机器碾米的企业；光绪五年（1879）汕头创办的机器榨油厂，是中国最早使用机器榨油的企业。因此，"益新公司"是中国最早采用机器制作面粉的3家工厂之一，采用英国的机器生产。公司开业初只有1台蒸汽机和1台直径1.2米的人造石磨。益新公司到光绪二十五年（1899），一年就获利1万元。[2] 到光绪二十七年（1901），每日可出米400石，面粉100石，光绪二十六年（1900）获利约2万元。[3] 光绪三十二年（1906）又引进新式进口机器。宣统元年（1909）益新公司厂房失火遭焚，宣统二年（1910）重新建设新厂房。其生产"飞鹰"牌面粉被誉为全国头牌面粉。其厂房为4层楼，至今仍屹立在青弋江边。益新公司设立后，相继又有阜丰公司和利安公司面粉厂兴建，使用机器生产面粉。[4] 集资重建时，又从英国亨利西蒙磨粉机厂购进蒸汽机及附设照明和制冰设备，延聘了美国建筑师和英国工程师，于1916年安装竣工复业[5]。民国初，机器面坊1家，除供本埠食用外，还能运销外埠。[6] 益新面粉厂，最先经营碾米、制粉、榨油，后只制粉，到20世纪30年代，有机器六部，值洋10万元，每日磨麦400石，全年产面粉30万袋，总值约90余万元，准免税厘，销售安庆、九江沿江一带。[7]

---

[1] 李絜非《芜湖风土志》（《学风》第3卷第4期，1933年5月15日，第76页）载，"芜湖东门外有益新面粉工厂，光绪二十二年（1896）开办"。

[2] 《中外日报》1899年2月20日，见汪敬虞：《中国近代工业史资料》第2辑下册，科学出版社1957年版，第707页。

[3] 《中外日报》1901年3月29日，见汪敬虞：《中国近代工业史资料》第2辑下册，科学出版社1957年版，第707页。

[4] 汪敬虞：《中国近代工业史资料》第2辑下册，科学出版社1957年版，第807页。

[5] 芜湖市地方志编纂委员会编：《芜湖市志》下册，社会科学文献出版社1995年版，第770页。

[6] 余谊密修，鲍寔纂：《（民国）芜湖县志》卷35《实业志》，黄山书社2008年版，第246页。

[7] 李絜非：《芜湖风土志》，《学风》第3卷第4期，1933年5月15日，第76页。

第七章　城市与腹地经济互动下近代区域中心城市形成

芜湖碾米业（又称碾米堆栈业），产生于 1912 年以后，用外国进口的旧机器生产。1912 年 4 月间，芜湖本埠新设 1 家碾米机器厂，有机器 7 副，都以电力发动，每日下午 4 点钟开碾，清晨 6 点钟停工，计出米 600 担。砻坊向机器生产过渡，本埠共设有砻坊 6 家，都配装新式机器，其中 3 家为本年所建，其经理人，江苏人 3 家，皖人 2 家，粤人 1 家。本省米业仍多操于有势力几家之手。① 民国初，粮食加工业进一步发展，1919 年机器砻坊发展到七八家，共有机器数十部，每年可碾米 60 余万担。② 到 20 世纪 30 年代，芜湖有 9 家机器碾米企业，并成立了机器碾米同业公会。③ 1931 年发展到 10 家。这些机器碾米企业又兼磨面。据《京粤、京湘两线芜湖市县经济调查》载，芜湖砻坊共有 50 余家，分布于江口一带。全年约砻米 200 万担。全业共有柴油引擎 10 架，碾米机 106 架。土砻数目无从考察，工人共有 800 余名。该业营业之大小，以年岁丰歉为转移。又据《京粤线安徽段经济调查报告书》载，芜湖以代客碾米为业者，计有 50 余家，悉属独资开设。其中 13 家系用机器碾米，共有柴油引擎 13 架，碾米机 106 架。其余都是砻坊，用人力砻米。共有工人 800 余名。据此，芜湖砻坊业中，芜湖机器碾米厂有 13 家。④ 由于芜湖砻坊改用机器碾米，腹地产米地市镇也设碾米厂，挤占了芜湖机器碾米厂大量生意，芜湖机器碾米厂到 1935 年左右出现衰落趋势，不少碾米厂关闭破产，仅少数几家勉强生产。

机器碾米同业公会，1931 年成立，30 年代初有 9 家，为崇余、商记、华丰、协丰长、同丰、和记、新记、泰来恒等；砻坊业同业公会，1930 年成立，30 年代初有 49 家，较大砻坊有恽厚昌、成康、农记、陈源记、谈恩记、永康、普丰、长裕、大生、茂记等。芜湖为米业市场，芜湖大部分工人，多赖米市为生，包括帆运业、斛行业、绞包业、捐包业、码头夫等业工人。⑤

---

① 中国第二历史档案馆编：《中国旧海关史料（1859—1948）》，京华出版社 2001 年版，第 60 册，第 307 页。
② 余谊密修，鲍寔纂：《（民国）芜湖县志》卷 35《实业志》，黄山书社 2008 年版，第 246 页。
③ 陈必觥：《芜湖米也之现况与其救济方法》，《东方杂志》第 31 卷第 2 号，第 23 页。
④ 《中国经济年鉴》第 2 册，商务印书馆 1934 年版，第 68 页。
⑤ 王维德：《芜湖米市概况》，《工商半月刊》1934 年第 6 卷第 3 号，第 52—55 页。

三 纺织业

明代芜湖就有徽商进入芜湖，设立手工棉纺织工场，出现了浆染业。芜湖开埠后，洋布、洋纱大量输入，刺激了芜湖本地棉纺织业发展。晚清时期，芜湖出现了手工棉纺织业发展高潮。芜湖手工棉织业纺织于19世纪末，李鸿章之子李经方在芜湖设有纺织工场，有百余架木织机，从事手工棉纺织生产。巢县西乡人鲁福庆到芜湖，以手抛梭的木机进行土纺土织，部分街巷也兴起了小机坊。当时，肥东、巢县一些农民到芜湖，设立机坊，生产土布。开始以粗支纱为原料织的土布，规格不一，生产工具简陋，技术落后，土布产量低，质量差。到辛亥革命时，机坊发展到30余家，织机也不过50余张，比较落后，当时机户被称为"机花子"。① 民国时期，芜湖手工棉纺织业有了较大进步，1912—1937年是芜湖棉织业兴盛时期。民国初，手工棉织业作坊到北伐战争时已从30余家发展到500多家，有近2000张机台。② 到1919年，织布机房多至700余家，"各种土布花样翻新，邻近市镇，多购用之"。③ 1920年，芜湖纺织业繁荣，"大小纺织工厂不少，最大的是裕中纱厂，其余的家庭小纺织厂不下数百家。大约每家二三张机"。④ 1937年发展到1000余家，有5000张织机。抗战前南京国民政府统治的10年间，是芜湖棉织业纺织鼎盛时期。⑤ 这些机坊织布、织巾、织袜等，也促进了棉纱进口，1917年自日本进口26000余担，印度进口21000余担，贩纱之店计20余家，除子口分运外，多数在本地销售。⑥ 历史上芜湖市场所需土布多从外省运入，近代手工棉纺织业发展迅速，到民国初，芜湖本地机坊所织土布大有进步，生产土布不仅能满足本埠需求，还能发销外埠，外省输入土布大大减少。⑦ 这些机户来自皖江地区，生产的土布主要销往芜湖本埠、皖江地区及外

---

① 方兆本主编：《安徽文史资料全书·芜湖卷》，安徽人民出版社2007年版，第367页。
② 方兆本主编：《安徽文史资料全书·芜湖卷》，安徽人民出版社2007年版，第367—368页。
③ 余谊密修，鲍寔纂：《（民国）芜湖县志》卷8《地理志》，黄山书社2008年版，第38页。
④ 高语罕：《芜湖劳动状况》，《新青年》第7卷第6号（劳动节纪念号），1920年5月1日。
⑤ 方兆本主编：《安徽文史资料全书·芜湖卷》，安徽人民出版社2007年版，第367—368页。
⑥ 余谊密修，鲍寔纂：《（民国）芜湖县志》卷35《实业志》，黄山书社2008年版，第247页。
⑦ 余谊密修，鲍寔纂：《（民国）芜湖县志》卷35《实业志》，黄山书社2008年版，第246页。

埠，构成了城乡经济互动关系。

  芜湖机器纺织业兴起是在民国时期。1912 年，庐州商人在芜湖设立工厂，内设洋式机器，以织汗衫等商品。此前庐州人在芜湖创办作坊，手织毛巾等，流通市上，颇受欢迎。① 1916 年经北洋政府农商部批准，由官僚豪绅石台人陈绍吾、旌德人江干卿、青阳人宁松泉等集资在芜湖狮子山外兴办裕中纱厂。建厂基金，是由陈绍吾筹集"预厘税"（准备上缴的盐务税）20 万两银子，其中 10 万两购机器，5 万两建厂房，5 万两购地皮。厂建成后，成立了裕中纺织股份有限公司，公开招股银 80 万元，分 8 千股，每股 100 元，其中陈绍吾 6 万两，宁松泉 4 万两，中国实业银行经理刘晦之约 2 万两，翟展成约 0.5 万两。后上海中国实业银行参与经营，控制裕中纱厂。裕中纱厂是安徽最早、也是唯一的纺纱厂，"为扬子江流域纯粹民营开业，最早之电厂"，② 是后来芜湖纺织厂的前身。当时股本总额为白银 10 万两（每股 10 两），一般上市面对于用电不习惯，业务无大进展，后来用电风气渐开，至 1929 年，发电容量已达 800K. W. A，股本总额增至银币 50 万元，每股 25 元。③ 其厂房面积 10432.5 平方米，主要为二层砖木结构，分清花、梳棉、粗纱、细纱 4 个车间，除本厂自制的 40 部木制手摇纱机外，大部分机械设备来自外洋。1919 年 5 月正式开工生产。当年因引擎马力不足，只开纱锭 1 万枚；到年底该厂规模为 18400 纱绽，每昼夜出 40 件纱。棉花主要来自安庆、合肥、乌江、东流等地，也有少部分是从印度、美国进口的。生产的 10 支、16 支粗纱，以"三多""四喜"为商标，通过本埠纱号，在省内各地出卖，也有少数卖到南京一带。④ 其销售市场主要为皖江地区，因此芜湖机器纺织业是建立在芜湖与皖江地区经济互动基础上的。皖江地区为芜湖机器纺织业提供劳动力和市场。

---

  ① 中国第二历史档案馆编：《中国旧海关史料（1859—1948）》，京华出版社 2001 年版，第 60 册，第 305 页。

  ② 沈立中：《关于明远电厂材料》（1951 年 9 月 10 日），芜湖市档案馆藏，档号：0001 - W01 - 0125 - 0004，第 1 页。

  ③ 芜湖市明远电厂：《明远电气公司梗概》（1946），芜湖档案馆藏，档号：0579 - W01 - 0005 - 0001，第 3 页。

  ④ 中共安徽省委中级党校政治经济学教研组编：《芜湖纺织厂史》，安徽人民出版社 1960 年版，第 1—4 页。

纺织业作坊是芜湖开埠后重要的手工作坊，1920年纺织工厂，最大的是裕中纱厂，其余的家庭小纺织厂不下数百家。① 1926年芜湖有机坊500余家，1937年机坊1000余家，人员大都来自农村。②

四 其他农副产品加工业

除了粮食，其他土货贸易也促进了芜湖其他农副产品加工业产生，特别是制蛋较为突出。皖江地区鲜蛋运销芜湖，刺激了芜湖制蛋厂设立。甲午战争后，芜湖近代工业产生，19世纪末，芜湖有了"新工业"，一为用外洋机器制米及磨麦粉工厂，即益新公司，另外则为制蛋厂，收制蛋白、蛋黄，均为出口外洋。1897年芜湖设立2家英商制蛋厂，收制蛋白及蛋黄。禽蛋主要来自皖江地区。当时，这种工业，以俄国加里西亚和西里亚为最盛，德国也有几个主要区域制蛋业兴盛。收制蛋白，仅用蒸馏法，将蛋清水气烘干即成，不须加化学品及防腐剂，所以蛋价及人工低廉地方，都能赚钱，但是所运出的蛋黄仍为液体，必须加盐和化学药品，添加份量，须占全重15%。由于中国盐不够清洁，1899年芜湖洋商进口洋盐，盐内掺有化学药品，加工蛋黄。后来又不允许进口洋盐，蛋黄加工受到影响。蛋白和蛋黄出口到外国。③ 到1899年有3家制蛋白蛋黄公司，生意兴旺，都能获利。④ 光绪二十六年（1900）从皖江地区原运出鸡蛋极多，收买者将蛋白、蛋黄分贮运载，运出总量为光绪十五年（1889）2倍以上。⑤ 光绪二十七年（1901）由于外洋蛋价低，芜湖只有1家蛋厂，制作蛋白、蛋黄，其他都倒闭。⑥ 但是，其后制蛋业一直是芜湖

---

① 高语罕：《芜湖劳动状况》，《新青年》第7卷第6号（劳动节纪念号），1920年5月1日。
② 芜湖市地方志编纂委员会编：《芜湖市志》下册，社会科学文献出版社1995年版，第188页。
③ 沈世培校注：《〈芜湖关华洋贸易情形论略〉校注》，安徽师范大学出版社2015年版，第133页。
④ 中国第二历史档案馆编：《中国旧海关史料（1859—1948）》，京华出版社2001年版，第30册，第173页。
⑤ 见沈世培《〈芜湖关华洋贸易情形论略〉校注》，安徽师范大学出版社2015年版，第137页。
⑥ 沈世培校注：《〈芜湖关华洋贸易情形论略〉校注》，安徽师范大学出版社2015年版，第143页。

重要农副产品加工业,如1913年,有洋商开设一个制蛋厂,制造干蛋白、蛋黄,运往外洋。①

还有一些农副产品加工业为手工业。如烟业,"分生熟两种,生货专以贩运烟草销售外埠,熟货则加人工刨制,品类甚多。营业以光绪间为最盛,本埠刨工达三百余人。比年(民国初)以来,生意渐落,一以税率及货价太高,一以卷烟充斥,全埠共二十八家,每年营业不过十余万元,惟皮丝烟一项来自复员,销路较前发展云"②。漕酱业,光绪初,有20余家,1919年在商会注册的达36家,其自行酿酒的18家,因捐税过重,城乡不均,销场滞涩,烧锅日见减少。③ 宣纸运销芜湖,也促进芜湖纸业发展。光绪初芜湖有纸号16家,每年营业额20余万,开始设有箔坊1家,后来于青弋江南增设1家,能容箔工270人,为全皖之冠。④ 这些产品来源市场为皖江地区,销售市场除了皖江地区,还有其他口岸市场。

五 洋货输入下的近代工业

历史上芜湖以炼钢业和染业著名,但是近代洋钢和染料进口,冲击了传统炼钢业和染业。钢为芜湖传统驰名物产,其生产的剪刀、铁钉、铁锅、犁头等销往皖江地区各地。"芜钢"冶炼业在明清时期有数十家,每日须数百人工作。咸丰后尚存炼坊14家,均极富厚,"通商以后,洋商以机炉炼出之钢输入,此业遂辍"。⑤ 不过,"芜钢"冶炼业历史悠久,到新中国时期,焕发活力,芜湖市出产的"芜湖三刀"(剪刀、剃刀、菜刀)深为沿长江各省群众所喜爱,"它们具有钢火好、刀口锋利、不卷

---

① 中国第二历史档案馆、中国海关总署办公厅编:《中国旧海关史料(1859—1948)》,京华出版社2007年版,第62册,第679页。

② 余谊密修,鲍寔纂:《(民国)芜湖县志》卷35《实业志》,黄山书社2008年版,第247页。

③ 余谊密修,鲍寔纂:《(民国)芜湖县志》卷35《实业志》,黄山书社2008年版,第249—250页。

④ 余谊密修,鲍寔纂:《(民国)芜湖县志》卷35《实业志》,黄山书社2008年版,第249页。

⑤ 余谊密修,鲍寔纂:《(民国)芜湖县志》卷8《地理志》,黄山书社2008年版,第38页。

口、不崩口、轻便耐用、外形美观等优点"。① 染坊，光绪初只有数家，民国时土布生产增多，除机坊自染外，共有十余家染坊，所染印花及各种颜色丝绸，工艺进步很快，染业也随之发展。因颜料价格渐高，尤以靛为大宗，染业也衰落。又红坊所染大红头绳，为芜湖驰名物产，自洋绳进口，逐渐衰落，到民国时仅存五六家，均代织染纱带，不能专为一业。②

洋货输入，出现了一些日用轻工业。晚清芜湖设立鸿昌肥皂公司，后改名公裕祥。③ 1919 年，吴兴周在青弋江畔大砻坊设立大昌火柴股份有限公司，1920 年 7 月建成芜湖大昌火柴厂，1921 年正式投产，生产"松老牌"火柴。④ 大昌火柴厂是安徽第一家火柴厂，聘请日本技师主持设计。⑤ 随着石油销售和普及，又出现了少量的石油加工业和灯具制造业。1921 年资本家崔靖华投资 5000 元建成华福化工社，生产肥皂、雪花膏、蛤蜊油等产品。1922 年始有灯具制造，汤善福等在泗关街设立大明玻璃厂，有 1 座小元炉，70 个雇工，以玻璃管吹制壶类、吊灯产品，1932 年停产后，王松泉接手，改名"久明玻璃厂"，以铁管吹制"双美孚"灯罩等玻璃杂货。另外，杨博裕在吉和街设立裕华玻璃厂，制造玩具"滴滴动"、煤油灯罩等。1937 年由于芜湖县政府因防空禁止烟囱冒烟，两厂关闭。1940 年久明玻璃厂曾复业 1 年。⑥ 这些企业产品除销售本埠外，还销往皖江地区。

芜湖开埠后，航运事业畸形兴盛，随着港口、航运事业发展，船舶修造业同步发展，出现了以修船为主的 10 家私营工厂，包括福记恒、冈

---

① 《总结生产经验　制定操作标准　芜湖提高剪刀菜刀剃刀质量　永光厂先进经验剪刀耐用标准》，《人民日报》1962 年 5 月 8 日。
② 余谊密修，鲍寔纂：《（民国）芜湖县志》卷 35《实业志》，黄山书社 2008 年版，第 250 页。
③ 《光绪三十一年芜湖口华洋贸易情形论略》，《通商各关华洋贸易总册》下卷，第 42 页，见彭泽益编《中国近代手工业史资料（1940—1949）》第 2 卷，中华书局 1962 年版，第 337 页。
④ 安徽省政协文史资料委员会编：《工商史迹》，安徽人民出版社 1987 年版，第 90 页。
⑤ 芜湖市地方志编纂委员会编：《芜湖市志》下册，社会科学文献出版社 1995 年版，第 771 页。
⑥ 芜湖市地方志编纂委员会编：《芜湖市志》下册，社会科学文献出版社 1995 年版，第 110 页。

兴、恒升、吴永昌、协成等机器厂及兴发祥铁工厂等。① 光绪三十三年（1907）李经方从英国进口机器设备，在芜湖四褐山建立兴记机制砖瓦公司，"李广记倡设兴记机制砖瓦公司，近已兴工制造"②，于1908年建成投产。③ 光绪三十二年（1906）商人程宝珍、吴兴周合资创立明远电气股份有限公司，发电设备从德国引进，工程包给法国西蒙洋行设计安装④。建厂资金702500银圆，大股东为浙江人，其次为徽州人，股东中没有董事会，公司为董事少数人把持。抗战前，全厂职工仅有110人（工人60人，职员50人）。⑤ 该公司建电厂1座，购蒸汽引擎原动机2座，配有125千瓦蒸汽发电机2台，生产"黑白月亮"牌电灯，为安徽最早的电力工业。1917年增添1台200千瓦汽轮发电机，因其结构欠佳，不久报废。1925年增购1台德国西门子厂制造的640千瓦汽轮发电机组，3台英国拔柏厂制造的锅炉。1929年芜湖明远电灯公司改名为芜湖明远电气股份有限公司。1936年将125千瓦蒸汽发电机出卖，总量减少到2160千瓦。芜湖电业发展，也带动了皖江地区电业发展。如1934年查梓材、汪道明等筹资2万元，在湾沚镇棺材巷设立沚津电灯公司，有55匹马力煤气机1座、40千瓦发电机1台。又如1918年霍守华在桃冲长龙山下和荻港下山埠分别安装1套发电设备，装1000盏电灯，供采矿和卸矿石用，此是为繁昌县用电之始。1920年戴洪飞、刘范财于南陵县城设立远明电灯公司，用2台柴油发电机组发电，供碾米和照明之用，1923年改为南陵电灯有限公司。其他城市也陆续有电灯公司。⑥ 从电业发展，可以看出芜湖对皖江地区的辐射作用。

近代芜湖手工业发展和机器工业兴起，使芜湖城区向郊外延伸。碾

---

① 芜湖市地方志编纂委员会编：《芜湖市志》下册，社会科学文献出版社1995年版，第516页。
② 汪敬虞：《中国近代工业史资料》第2辑下册，科学出版社1957年版，第819页。
③ 芜湖市地方志编纂委员会编：《芜湖市志》下册，社会科学文献出版社1995年版，第770页。
④ 芜湖市地方志编纂委员会编：《芜湖市志》下册，社会科学文献出版社1995年版，第770页。
⑤ 《关于芜湖明远电气公司情况报告》，芜湖市档案馆藏，卷宗号0001-W01-0040-0003。
⑥ 方兆本主编：《安徽文史资料全书·芜湖卷》，安徽人民出版社2007年版，第417页。

米业集中在大小砻坊，益新公司在青弋江北大砻坊，江口一带是米商堆栈及机器砻坊。芜钢在城内西北部及城外的西湖池、石桥巷等地。裕中纱厂和明远电厂在城东镜湖和租界之间，使老城区与租界之间的大片空地连起来。不过，企业分散，厂地不集中。到1937年，"查近年芜湖交通日渐发达，市面随趋繁荣，且地当皖省首冲，省府早已规定芜湖为市商埠，一切公用事业及工厂等，均在依次建设或筹设之中"。① 20世纪30年代，"芜湖虽为通商巨埠，然依然为农业社会，工商业未见其如何发达，然其比例，则在安徽全省，固首屈一指"。②

芜湖发展工业，具有安徽其他城市没有的两个优势条件：（1）芜湖是历史上传统区域中心城市，以商业和手工业著名，是著名的传统工商业城市，为浆染业中心，也是手工炼钢业中心。芜湖具有发展商业和工业的基础，这是安徽其他城市所没有的。（2）芜湖是通商口岸城市，具备其他城市所没有的辐射能力，洋货贸易和土货贸易构成了城市经济的主轴，商业发展带动工业发展，"因商兴工"是口岸城市近代工业发展的特点。芜湖近代工业产生和发展，离不开芜湖与皖江地区城乡经济互动，没有这样特殊的城乡经济互动关系，芜湖城市难以发展，近代工业也难以进步。正是芜湖与皖江地区城乡经济互动，才使芜湖近代工业产生和发展，并成为安徽近代工业中心。

但是，也要看到口岸城市工业落后性。近代化的核心是工业化。晚清张之洞就认识到，"工者，农商之枢纽也"。③ 近代工业发展，不仅可以推动城市经济发展，而且可以促进农村经济发展，推动农村城镇化，吸引农民到城镇务工，实现劳动力转移。近代口岸城市企业均起到吸引腹地乡村农民进城务工的作用。口岸城市经济主要是商业，而不是工业，工业比重较小。制约中国工业的发展原因：（1）帝国主义的经济侵略；（2）保护关税政策之未能实行；（3）政治不稳定；（4）天灾人祸之频仍；（5）交通之不便；（6）苛捐杂税之繁重。④ 自1912年以后，新式工

---

① 《关于对芜湖一等甲级邮局呈请添加员工名额问题的指令》，安徽省档案馆馆藏档案，档案号：L049-000001-00003。
② 李洁非：《芜湖风土志》，《学风》第3卷第4期，1933年5月15日，第77页。
③ 张之洞：《劝学篇·农工商学第九》，中州古籍出版社1998年版，第145页。
④ 梁潜翰：《中国工业内在的症结》，《东方杂志》第31卷第14号，第229页。

业有所发展,但是由于军阀混战,"新式工业依然不能发达,外人在华兴办工业的机会因而一天多一天"。① 民族资本主义遭到排挤。商业资本活跃,商业优先发展,"它的作用在促进社会交换发达,市场范围扩大,沟通生产者与消费者的需要以取得利润"。② 到1949年,在中国工农业总产值中,近代工业所占比重只有17%,连同工场手工业在内也仅占23.1%。③ 这些近代工业,包括外资企业在内,多集中在东南沿海一带上海、大连、广州、青岛等少数城市,尤其是上海。④ 由于近代工业弱小及偏处沿海沿江狭长地带,口岸城市对内地乡村经济辐射和吸附范围就有限。芜湖虽然也产生了近代工业,但是为数不多,产品难以满足腹地城乡需求,难以在皖江地区起到工业化和城镇化的促进作用,对腹地城乡经济关系构筑也有限。当时,手工业超过机器工业。20世纪30代安徽手工业产值超过机器工业。芜湖是安徽省近代工业最集中的城市,据1932年调查,手工业有15类,868家,职工7302人,资本703730元,营业额约360万元;机器工厂有24家,职工2481人,固定资本2346200元,产值约347万元,低于手工业产值。⑤ 芜湖商业畸形繁荣,工业发展不足,是因为商业资本利润高,而工业资本投资则相对周期长、风险大。近代工业发展缓慢,阻力很大。如益新面粉公司,光绪二十二年(1896)章维藩初创益新公司时,曾因风水问题等被当地官绅阻挠,只得改向香港英国殖民当局办理注册,还向太古洋行借1名佣工留住厂内,最终于光绪二十三年(1897)开工投产。⑥ 芜湖机器米面益新公司,自光绪二十四年(1898)正月开设以来,一年多获利万金。芜湖道袁昶与英国领事富美基议定善后章程6条,不准该公司增添机器,多做米面,以免掠夺本地人力砻坊生计。每日做米以500担为额,做面以60担为度,不准逾额,不能再行扩充。⑦ 由于资金困难、管理不善、资本主义侵略、政局动

---

① 周谷城:《中国近代经济史论》,复旦大学出版社1987年版。
② 光武:《商业资本的穷途》,《中央日报》1945年10月5日。
③ 吴承明:《中国资本主义的发展述略》,《中华学术论文集》,中华书局1981年版。
④ 郑友揆:《中国的对外贸易和工业发展(1840—1948)》,上海社会科学院出版社1984年版,第51页。
⑤ 建设委员会调查,浙江经济所编印:《芜乍路沿线经济调查》,1933年,第19—21页。
⑥ 方兆本主编:《安徽文史资料全书·芜湖卷》,安徽人民出版社2007年版,第356页。
⑦ 《中外日报》1899年2月20日,见汪敬虞《中国近代工业史资料》第2辑下册,第707页。

荡等原因，这些企业常处于亏本状态。如 1931 年益新公司亏损 14 万元，超过了全部资本。公司停工，由债权人代管，直至抗战前才收回产权。①裕中纱厂办厂初期的经营管理，是由董事会（董事长陈绍吾）委托总办江干卿具体执行。由于经营不善和洋货的竞争，开工一年裕中纱厂就面临着资金不足、产品滞销的厄运。②到 20 年代，开工不足，1936 年负债高达 180 万元，为总资本的 180%。③工业以轻工业为主，规模小，工业资本多为商业资本转化而来。皖江地区近代工矿业发展缓慢，一直没能成为推动乡村城市化的一种巨大动力。产业优势最为重要，但是，近代产业发展阻力很大。受到帝国主义和封建主义的压迫，民族工业、手工业许多破产。帝国主义的商品输入和资本输入，在中国扩大商品市场和加强对原料的掠夺，使一些民族工业在竞争中破产。洋货享受低税特权，且技术含量高，优势明显，而民族工业品、手工业品是技术落后的个体经营者生产的，质量低劣，从产地外运各地，要负担繁重的内地税和其他捐税，这是民族工业品、手工业品无力与洋货竞争，从而导致破产的根本原因。④工业落后，城市辐射和吸附能力就弱，难以带动腹地乡村发展。如皖江地区工业落后，到民国时，仍然"工业不兴"，⑤芜湖虽然有纺织业，但是辐射、带动能力有限。如 1921 年前后，宿松县产棉，但是因为织布业落后，只能把棉花运到江西贩卖，再购回布匹。"每年所出之棉均贩售江西各埠，载棉而往，买布而归。"⑥宿松距江西近，受到芜湖辐射弱，也反映芜湖纺织业发展不足。

---

① 章向荣：《芜湖益新公司创建始末》，《芜湖文史资料》第 1 辑，安徽人民出版社 1984 年版，第 146—154 页。
② 中共安徽省委中级党校政治经济学教研组编：《芜湖纺织厂史》，安徽人民出版社 1960 年版，第 6 页。
③ 冯之：《裕中纱厂述略》，见安徽省政协文史资料委员会编《工商史迹》，安徽人民出版社 1987 年版，第 73 页。
④ 中共安徽省党史工作委员会编：《安徽现代革命史资料长编》第 1 卷，安徽人民出版社 1986 年版，第 74 页。
⑤ 俞庆澜、刘昂修，张灿奎等纂：《宿松县志》卷 17《实业志·工业》，1921 年活字本。
⑥ 俞庆澜、刘昂修，张灿奎等纂：《宿松县志》卷 17《实业志·工业》，1921 年活字本。见戴鞍钢、黄苇主编《中国地方志经济资料汇编》，汉语大词典出版社 1999 年版，第 716 页。

第三节 人口流动与城市人口聚集

人员流动与口岸城市经济之间有互动关系，口岸城市人员流动增加，也促进了口岸城市经济的发展；反之，口岸城市经济发展，也促进了口岸城市人员流动增加。由于各个口岸城市不同，各自优势不同，各口岸城市优势互补，经济交往频繁，人员往来就日益频繁。城市人口流动和居住人口数量，也反映城市发展程度。

一 往来芜湖旅客量

芜湖海关贸易报告专门列出"旅客"栏目，记录每年旅客来芜和离芜情况，反映了芜湖与外洋、其他口岸城市、皖江地区关系。1890年始有"旅客"记载，不过只有来芜人数记载，而无离芜人数记载。到1891年才有完整记载，既有来芜人数记载，又有离芜人数记载。这些"旅客"，有外国人，有中国人，有经商的，有旅游的，有走亲访友的，不好具体划分。往来口岸城市的"旅客"量不断增加，是近代口岸城市发展的一种重要现象，不仅反映了城市经济发展，也反映了口岸城市之间经济联系加强，口岸城市与腹地城乡经济联系加强。

表7-6 芜湖海关进出旅客人数（1890—1902）

年份	来芜人数	离芜人数	合计	年份	来芜人数	离芜人数	合计
1890	37500			1903	76095	74749	150844
1891	55848	22891	78739	1906	113871	107826	221697
1892	52102	70715	122817	1907			321584
1893	65369	39416	104785	1908			528592
1894	43479	50721	94200	1909			665178
1895	38467	42761	81228	1910			644539
1899	26827	36963	63790	1915			628725
1900	32493	37186	69679	1916			958214
1901	44276	48260	92536	1917			622915
1902	49741	54078	103819	1918			587244

资料来源：根据中国第二历史档案馆编《中国旧海关史料（1859—1948）》（京华出版社2001年版）、沈世培《〈芜湖关华洋贸易情形论略〉校注》（安徽师范大学出版社2015年版）资料编制。

表7-6中数字只是海关贸易报告给出的数字。这些"旅客",包括江轮乘客和内河小轮乘客。其中江轮乘客数字,只是通过海关的轮船主提供的乘坐江轮人员数字,实际乘客因为没有发给船票,没有准确统计数字,"长江轮船每每搭客,不先发给船票,人数难以稽查,惟据各船主报称"。① 还有江轮上买办,营私舞弊,有的将旅客人数隐匿若干名不报,"可知旅客之统计,难期真确也"。② 所以,海关贸易报告所列江轮乘客数字,小于实际江轮乘客数字。内河小轮乘客数字,同样也小于实际乘客数字。还有大量帆船及陆路往来芜湖的人员无法统计在内。因此,表中往来芜湖人员数字,不能准确反映芜湖进出人员数字,只是部分数字,实际进出芜湖的人数远远大于表中数字。

仅就表中芜湖进出旅客人数看,光绪十六年(1890)至光绪二十六年(1900)10年间,逐年增加,到光绪十八年(1892)有122817名,达到高峰,此后逐渐减少,到光绪二十六年(1900)降到69679名;光绪二十七年(1901)至宣统三年(1911),从光绪二十七年(1901)92536名增加到宣统二年(1910)644539名,增长了6倍多,至宣统三年(1911),由于"民船既不用小轮拖带,其行旅细数,册薄无从得悉",③ 所以芜湖海关贸易报告没有记载确切数字;民国时期,从1915年628725名增加到1916年958214名,达到历史最高值,1917年和1918年有所减少。从总的趋势看,芜湖进出旅客人数是增加的,"来往之旅客,岁有增加",④ 反映了芜湖城市和经济发展。

二 芜湖与长江其他口岸城市人员交往

往来芜湖的人流有两个渠道,一是水路,如长江和内河,二是陆路,主要是乘车等。芜湖近代交通,水路有民船、轮船,陆路开始有火车、

---

① 中国第二历史档案馆编:《中国旧海关史料(1859—1948)》,京华出版社2001年版,第32册,第160页。
② 沈世培校注:《〈芜湖关华洋贸易情形论略〉校注》,安徽师范大学出版社2015年版,第151页。
③ 中国第二历史档案馆编:《中国旧海关史料(1859—1948)》,京华出版社2001年版,第57册,第303页。
④ 沈世培校注:《〈芜湖关华洋贸易情形论略〉校注》,安徽师范大学出版社2015年版,第151页。

汽车等。市内交通，原来居民出行主要是依靠轿子、手推货车，到近代，城内有人力车，甚至有了汽车。1929年，芜湖城内有人力车约有771辆，车夫1500人，轿30乘。此外还有手推货车500辆，弋矶山医院有汽车1辆。① 近代商业和轮船运输业的发展，长江沿岸口岸城市的经济联系日益加强，长江贸易繁荣，各类人群通过江轮往来于长江沿岸口岸城市不断增多，影响来往芜湖人数因素也很多。

  航行于长江的轮船公司互相竞争，增加江轮数，竞相降低船票价格，争取客源，这样，旅客也随之增加。如光绪十六年（1890）从各口岸城市来芜湖的旅客有37500余名，从芜湖口岸往各口岸的人员更多，"因轮船公司彼此争载，客位大减，其价华客称便，乘机往来稠密……行走长江轮船既多，而沿江设备华客候船洋棚，约百余里即有一处，此诚利便于旅客不小也"。② 这种长江轮船公司互相竞争成为常态，直接影响了芜湖进出旅客。光绪十七年（1891）数家大公司仍然竞争激烈，"彼此减价，揽载客位"③，使客源增加，乘江轮来芜人数由光绪十六年（1890）37500名增加到55848名，离芜人数22891名。④ 光绪十八年（1892），"轮船公司仍彼此贬价，揽载来往华船甚多"，⑤ 竞争结果，所定票价全年非常低廉，华人利用此种机会旅行，客源增加，进出芜湖人数，从光绪十七年（1891）78739名增加到光绪十八年（1892）122817名，增加了44078名，其中来芜人数从光绪十七年（1891）55848名略有减少，光绪十八年（1892）为52102名，而离芜人数增加较多，从光绪十七年（1891）22891名增加到光绪十八年（1892）70715名。⑥ 光绪十九年

---

  ① 隗瀛涛：《中国近代不同类型城市综合研究》，四川大学出版社1998年版，第168页。
  ② 中国第二历史档案馆编：《中国旧海关史料（1859—1948）》，京华出版社2001年版，第16册，第132—133页。
  ③ 中国第二历史档案馆编：《中国旧海关史料（1859—1948）》，京华出版社2001年版，第17册，第136页。
  ④ 沈世培校注：《〈芜湖关华洋贸易情形论略〉校注》，安徽师范大学出版社2015年版，第92页。
  ⑤ 中国第二历史档案馆编：《中国旧海关史料（1859—1948）》，京华出版社2001版，第19册，第131页。
  ⑥ 沈世培校注：《〈芜湖关华洋贸易情形论略〉校注》，安徽师范大学出版社2015年版，第98页。

(1893）前10个月，由于各轮船公司相互竞争，船票价格仍然很低，旅客增加，其中来芜人数从光绪十八年（1892）52102名增加到光绪十九年（1893）65369名，只是离芜人数减少。① 到光绪十九年（1893）11月，为了减少竞争带来的损失，各轮船公司协商，统一加价，形成价格联盟，"各公司议定划一规程，客位水脚加倍"。② 这样，竞争减少，船票价格上涨，也影响了芜湖来往客源。不过，随着长江流域经济发展和芜湖城市进步，往来芜湖的人数仍然增加，光绪二十三年（1897）9月底，外国轮船搭客运费骤涨三成，而来芜旅客，"仍觉其有增无减"。③ 往来芜湖人数到民国时期增加很快。光绪三十四年（1908）往来内地旅客增多，合长江、内河，光绪三十三年（1907）321584人，光绪三十四年（1908）528592人。"其附航之胜如此，大抵因船只愈多，水脚遂贱之故"。④

长江流域经商人员往返。来芜湖的人员，有经商的。在芜湖经商的，除了徽商、皖江地区商人，还有江西商人、广东商人、江苏商人等，他们在芜湖经商，往返家乡，构成了人流往来。如光绪二十年（1894）乘江轮来芜旅客为43479名，离芜旅客为50721名，比来芜旅客人数多7242名，之所以会出现离芜旅客人数超过来芜旅客人数现象，是因为在长江木材贸易中，有长江中上游大批木簰上雇工，先驾木簰来芜，然后乘江轮回乡。⑤ 19世纪末，"长江来往客商，逐渐递加"。⑥ 长江贸易繁荣，而且轮船比民船快捷，乘坐江轮来芜湖人员增多，特别是客商往来增加尤为显著。

芜湖开埠后，资本主义列强在芜湖设立领事馆、海关、租界、洋行、

---

① 沈世培校注：《〈芜湖关华洋贸易情形论略〉校注》，安徽师范大学出版社2015年版，第106页。

② 中国第二历史档案馆编：《中国旧海关史料（1859—1948）》，京华出版社2001版，第21册，第133页。

③ 中国第二历史档案馆编：《中国旧海关史料（1859—1948）》，京华出版社2001版，第26册，第154页。

④ 沈世培校注：《〈芜湖关华洋贸易情形论略〉校注》，安徽师范大学出版社2015年版，第184页。

⑤ 中国第二历史档案馆编：《中国旧海关史料（1859—1948）》，京华出版社2001年版，第22册，第133页。

⑥ 中国第二历史档案馆编：《中国旧海关史料（1859—1948）》，京华出版社2001年版，第28册，第156页。

教堂、学校和医院等时，也涌入了一些外国人，增加了芜湖人流量，扩大了芜湖人流圈。光绪二十一年（1895），华人乘江轮到芜湖的有 38467 名，比光绪二十年（1894）43479 名有所减少；离芜的 42761 名，比光绪二十年（1894）50721 名少。但是，此年有外国人来往芜湖，其中来芜的约有 170 名，离芜的有 168 名。① 光绪二十二年（1896）来芜旅客比光绪二十一年（1895）多华人 1000 名，外国人 50 名；离芜旅客，比光绪二十一年（1895）多华人约 6000 名，外国人 57 名。② 不过，外国人乘江轮至某地，其经过沿途各埠，在海关贸易报告中不记其名，所以，关于外国旅客统计，很不完全③。其中洋行发展加快，洋商也比较多，英、美、日、葡萄牙等国洋商到芜湖经商，到 20 世纪初日本人到芜湖经商人数增加迅速。1922 年日本芜湖领事馆设立后，日本在芜人数虽然没有增加，但是历年不断。日本人在芜湖人数与九江相当，并高于杭州、苏州（见表 7-7）。

表 7-7　　　　　　　　近代在芜湖日本人数量　　　　　　（单位：名）

年份	人数	年份	人数	年份	人数
1915	50	1924	71	1931	66
1917	59	1925	85	1932	35
1918	84	1926	116	1933	40
1919	92	1927	36	1934	51
1920	120	1928	70	1935	39
1922	89	1929	93	1936	35
1923	90	1930	67	1937	40

资料来源：［日］岩村成允：《在安徽省芜湖急设领事馆之必要》，《外务省警察史·支那之部（中支）：在芜湖领事馆》第 48 卷，第 275—279 页。参见曹大臣《日本驻芜湖领事馆的历史考察（1922—1945）》，《民国档案》2012 年第 3 期。

---

① 沈世培校注：《〈芜湖关华洋贸易情形论略〉校注》，安徽师范大学出版社 2015 年版，第 120 页。
② 沈世培校注：《〈芜湖关华洋贸易情形论略〉校注》，安徽师范大学出版社 2015 年版，第 126 页。
③ 沈世培校注：《〈芜湖关华洋贸易情形论略〉校注》，安徽师范大学出版社 2015 年版，第 195 页。

长江上下游口岸人员往来芜湖。江轮穿行于长江各埠，货物和人员往来各埠，加强了各埠之间的经济联系。往来芜湖的人员，有长江中上游的，有长江下游的，芜湖与长江沿岸口岸城市构成了人流圈。

表7-8　　长江上下游各地往来芜湖人数（1900—1903）　　（单位：名）

年份	离芜赴上游人数		上游赴芜人数		离芜赴下游人数		下游赴芜人数	
	华人	外国人	华人	外国人	华人	外国人	华人	外国人
1900	19745		17736		17441		14757	
1901	28590	79	23980	15	19500	91	20217	64
1902	31679	63	27305	28	22222	114	22373	35
1903	31210		28713		23958		28130	

资料来源：根据沈世培《〈芜湖关华洋贸易情形论略〉校注》（安徽师范大学出版社2015年版）资料编制。

表7-8中，芜湖与长江上下游各地均有人员往来，并且离芜赴上下游人数、上下游赴芜人数，无论华人，还是外国人，均逐年增加，反映了芜湖与长江上下游各地联系日益紧密，并与外国联系也日益增多。

此后，长江一线，客运不断发展。光绪三十二年（1906）旅客逐年增加，轮船及小轮所载来芜人数为113871名，离芜人数为107826名，比以往任何年份都多。其中保持最多数的是往来芜、汉间旅客，因湖北人民移居安徽省的人口众多，他们时常从芜湖乘船回湖北家乡；另外京汉铁道为通北方的新路，至京城的旅客常由芜动身取道汉口。① 宣统元年（1909）江轮及小轮上载旅客人数，共有665178名，超过光绪三十四年（1908）528592名的数字。② 到1915年，来往芜湖旅客人数共有628725人，其中467865人由小轮，160860人由大轮船运送出入。③

---

① 沈世培校注：《〈芜湖关华洋贸易情形论略〉校注》，安徽师范大学出版社2015年版，第174页。
② 沈世培校注：《〈芜湖关华洋贸易情形论略〉校注》，安徽师范大学出版社2015年版，第189页。
③ 中国第二历史档案馆编：《中国旧海关史料（1859—1948）》，京华出版社2001年版，第69册，第655页。

三 芜湖与皖江地区人员往来

交通变化和芜湖经济发展,使芜湖与皖江地区人员往来日益增加。海关贸易报告,主要记录了通过江轮和小轮在皖江运输,芜湖与皖江沿岸城市进行人员交流;通过小轮和民船在内河运输,芜湖与皖江地区进行人员交流。

航行于皖江的江轮和小轮,把芜湖与皖江沿岸城市联系起来,大量人员在芜湖与皖江沿岸城镇之间往来。长江一线,客运不断发展,如光绪三十一年(1905)往来芜湖的江轮及小轮船上旅客,均有增加,芜湖—庐州线及芜湖—大通—安庆线旅客,比光绪三十年(1904)超出很多。[①] 三十三年(1907)江轮及航行内地小轮乘客,逐年增加,尤其芜湖—庐州线及芜湖—大通—安庆线旅客,增加更为迅速。[②]

芜湖小轮公司设立后,小轮除航行于长江水道外,还航行内河,深入皖江地区腹地,从事客货运输,使内地和芜湖进行客货交流,人员往来增加。光绪二十六年(1900),乘小轮船往来于芜湖、庐州间旅客人数增加极多,从庐州府到芜人员有6174名,离芜赴庐州府人员有5865名。在冬季有一两只小轮船,往来于芜湖、江宁间,专运旅客,不装货物,并有若干旅客,前往赴离芜不远的太平府。[③] 光绪二十七年(1901)从芜湖至庐州府旅客4724名,从庐州府至芜湖旅客4582名。[④] 光绪二十九年(1903)乘内河航行的江轮离芜的旅客有19581名,从内地乘小轮来芜的有19252名。[⑤] 20世纪初,"旅客逐年增加,尤以来往内地者为甚。因小轮船行程之迅速及时间之准确,人极喜乘之故。开行时及抵岸时,船均

[①] 沈世培校注:《〈芜湖关华洋贸易情形论略〉校注》,安徽师范大学出版社2015年版,第168页。

[②] 沈世培校注:《〈芜湖关华洋贸易情形论略〉校注》,安徽师范大学出版社2015年版,第179页。

[③] 沈世培校注:《〈芜湖关华洋贸易情形论略〉校注》,安徽师范大学出版社2015年版,第138—139页。

[④] 沈世培校注:《〈芜湖关华洋贸易情形论略〉校注》,安徽师范大学出版社2015年版,第144页。

[⑤] 沈世培校注:《〈芜湖关华洋贸易情形论略〉校注》,安徽师范大学出版社2015年版,第157页。

载满旅客"①。如宣统元年（1909）江轮及小轮上载旅客人数，共有665178 名，超过光绪三十四年（1908）528592 名人数。② 由于内河小轮竞争激烈，票价减低，"据船主云，未能获利"③。

江轮及内河航行的小轮，是客运的重要工具。中国旅客乘坐江轮虽然舒适，但是受到待遇很差。内河航行民船（帆船）虽然设备尤为简陋，但是在长江各路中，以民船为最多，当时中国人生活贫困，出行多选择民船，"此足见华人生活之艰难，对于舒适之事，不甚措意也"④。由民船行驶内河，大量旅客来往于芜湖与皖江地区，形成了人流圈，芜湖居民多来自皖江地区。如 1924 年《民国日报》报道，本埠（芜湖）发现十四岁童养媳为其婆母惨害，孀妇吴杨氏，含山运漕人，在当涂大桥领得张姓之女孩为童养媳。此女"八岁入门，兹已十四岁矣。在江口鸭毛厂检毛，每日工资铜圆二十枚，悉交乃婆。十五夜十二时放工，犹欣欣归家，乃至十七日上午十时，竟已毙命"⑤。

四　产业工人及其来源

安徽第一代产业工人是在芜湖、安庆等沿江地区、矿区以及铁路沿线先后诞生的。芜湖城市工商业发展，增加了城市发展优势，吸引了周边农村劳动力进城务工。芜湖繁荣吸引来了大批穷人，他们在轮船或运货船上找到了工作，扛运大米或其他货物，为熟练工人作辅助性工作，总之到任何需要"苦力"的地方工作。饥荒和便宜的船票价格都促进了这种涌流。⑥

---

① 沈世培校注：《〈芜湖关华洋贸易情形论略〉校注》，安徽师范大学出版社 2015 年版，第 189 页。
② 中国第二历史档案馆编：《中国旧海关史料（1859—1948）》，京华出版社 2001 年版，第 51 册，第 312 页。
③ 沈世培校注：《〈芜湖关华洋贸易情形论略〉校注》，安徽师范大学出版社 2015 年版，第 179 页。
④ 沈世培校注：《〈芜湖关华洋贸易情形论略〉校注》，安徽师范大学出版社 2015 年版，第 162 页。
⑤ 《芜湖惨杀十四岁童养媳之骇闻》，《民国日报》1924 年 5 月 23 日第 3 版。
⑥ 《芜湖海关十年报告（1882—1891）》，见芜湖市地方志办公室编《芜湖对外关系史》，黄山书社 2014 年版，第 152 页。

第七章　城市与腹地经济互动下近代区域中心城市形成

近代芜湖手工业、机器工业、交通业等产业工人在芜湖城区人口中占有重要比例。其中比较重要的有米业人员、搬运工人、人力车夫、纺织工人等。芜湖米市庞大的商业活动，不仅在芜湖聚集了股东、经理、店员等商业人员，而且还从芜湖周围地区吸收了许多失去生产资料的贫苦家民，从事米粮业的工作，芜湖人口为之剧增。斛工，就是到粮船上量稻米的工人，当时芜湖斛行有2家，有200个斛工。绞包工人，就是打包工人，隶属于米号，35家米号共有400名绞包工。船工，就是用船运米粮到芜湖为业的船工，分别来自本省各地和苏鄂湘，1928年芜湖有船户2515户，船工连同其家属共6493人。码头工人，是芜湖洋货贸易和土货贸易船只进出芜湖码头装卸货物的人员，此类人员较多。他们主要是扛包业工人，把打包米粮从船上搬运上岸，或由栈房搬上码头装船。芜湖码头，清代就已被不同封建行帮割据，1906年芜湖县衙将码头划分为青弋江南岸（内河南岸码头）、北岸（内河北岸码头）及外江3大片。3处码头各有固定活动区域，内河码头基本上是由芜湖当地人把持，南北码头由潮州帮、山东帮、金斗帮、寿州帮把持。1935年此3处码头共有码头工人1490人。① 斛工、绞包工、码头工人是米市一线工人。砻坊、机器碾米厂还雇用工人碾米。据《芜乍路沿线经济调查（安徽段）》估计，1933年前后，"五业（指机器碾米厂、砻坊、小市行、米行、米号）店员学徒1948人，合之驳船工人、绞包工人、上栈打包、下栈驳以及南北两码头工人，共直接仰米市生活者为数在五万以上"，② 约占当时全市14万人口的35.7%。"这仅仅是从事米业的职工和家属，如以米市带动各业发展而增加的人口而言，没有米市贸易就没有芜湖市人口的增长，也没有芜湖城市的兴起和发展。"③

芜湖产业工人数量，1919年从事工业的工人2万余人。④ 1925年芜湖城内有打米工人2000人左右，农忙时会增至4000人左右，人力车夫约

---

① 安徽省教育厅编：《安徽全省户籍第一次报告书》表21，1929年，北京图书馆藏。
② 《芜湖路沿线调查（安徽段）》，建设委员会调查浙江经济所1933年编印，第30页。
③ 周忍伟：《商业对近代中国城市发展作用——芜湖米市分析》，《华东理工大学学报》（社科版）2002年第4期。
④ 李洁非：《芜湖风土志》，《学风》第3卷第4期，1933年5月15日，第77页。

2000 人，理发工约 1200 余人，木工 1000 余人，厨工 500 余人。① 据 1932 年调查，芜湖城内有同业工会 59 种，若扣除棉织袜厂等业，其余纯商业经营者 44 业，有店员学徒 1 万人，资本额 1980 余万元，商号 1650 家（其中还不包括保险业、报关业及小杂货店等 376 家在内），年营业额达 9164 余万元。② 人力车夫，1922 年芜湖有人力车（黄包车）600 余辆，从业人员 2000 人，出租车行五六家。③ 工厂工人、手工业者及各种劳动苦力，总计各类劳工人数 4 万余人。④

1920 年在芜湖中学任教的高语罕对芜湖劳动状况进行调研，可以看出当时劳工结构、生活状况、来源，当时芜湖行业分工，有市内交通、搬运业、粮食加工业、纺织业、冶炼业、建筑业，及理发工、厨工等服务业。

表 7-9　　　　　　　芜湖产业工人结构和状况（1920）

工人结构	人数	组织	工作情况	待遇	籍贯
人力车夫	2000 人	车行有五六家，车子有 600 余号	每天分上午、下午两班	除掉车价，多则七八百文，少则四五百文	小半是北方人士，如山东、徐州、颍州人，寿县的人居多数
扛米工人	平时 2000 多人，秋收时约 4000 人左右，至少也有三千四五百人	工人在各米栈、砻坊、机器碾米厂工作	每早 6 时上工，下午 6 时散工	扛米每包 8 文至十二三文不等	有寿州帮、合肥帮、奋帮（山东、徐州、宿州一带人），以寿州帮势力最大
理发工	1200 人	300 家，有合作会社性质的，有东家和伙结合作的	分散经营	赚了钱，东家 6 成，伙结 4 成	湖北人最多，安庆人也有

---

① 芜湖市总工会编：《芜湖工运史资料》第 1 辑，1990 年印，第 115 页。
② 建设委员会调查，浙江经济所编印：《芜乍路沿线经济调查》，1933 年，第 25—28 页。
③ 芜湖市地方志编纂委员会编：《芜湖市志》下册，社会科学文献出版社 1995 年版，第 542 页。
④ 建设委员会调查，浙江经济所编印：《芜乍路沿线经济调查》，1933 年，第 22 页。

第七章　城市与腹地经济互动下近代区域中心城市形成

续表

工人结构	人数	组织	工作情况	待遇	籍贯
厨工	五六百人	分散经营	工作时间为1日3餐	月工资多则5块，少则两三块	桐城人占最多数
泥水匠（建筑工）	总数不详	每个匠头所辖的工人，多则一二百人，少亦数十人	少则10小时，多则12小时	大工每天大洋1角7分；小工每天大洋1角	
铁工		铁工分大铁工、小铁工2种，小铁工又叫钉铁工	多则14小时，少则12小时	每日1角多钱	
纺织工		大小工厂不少，最大的是裕中纱厂，其余的家庭小纺织厂不下数百家	每日12小时至14小时	平均大洋2角至3角	
肥皂工			每日12小时至14小时	每人每日大洋1角	
木工	1000人	包工制	天长的约10小时，天短的约9小时	每天是1角7分	江北无为、和县、含山人居多

资料来源：高语罕：《芜湖劳动状况》，《新青年》第7卷第6期（劳动节纪念号），1920年5月1日。

表7-9中，劳工分为人力车夫、扛米工人、理发工、厨工、泥水匠（建筑工）、铁工、纺织工、肥皂工、木工等工人，分属不同的行业。这些劳工基本上都带有佣工性质。人力车夫分属不同的车行，车行共有五六家，平时对于车夫，只知道要加钱，不计其他。扛米工人，被各米栈、砻坊、机器碾米厂雇佣，由工头带领工人干活。工人扛米上下，每包8

文至 10 文不等,每人每日可扛 90 包,有时生意清淡,人多活少,每人仅扛得数包或一二十包不等。他们的码头都有势力范围的,分属寿州帮,或合肥帮,或奋帮。理发工,组织有合作会社性质,东家和伙结合作,赚了钱,东家 6 成,伙结 4 成,东家管饭。他们的团体,平时是散的。厨工,受雇于商店或公馆衙门,他们在商店里做厨工要好些,如果在公馆衙门里面则完全是奴隶了。泥水匠,为建筑工,受雇于匠头,每个匠头所辖工人,多则一二百,少亦数十人。纺织工,受雇于大小工厂及家庭小纺织厂,"小工厂还好些,大工厂便加几倍的不人道。去年裕中纱厂的工人因为工作的时间(管理人叫他们一班停工,一班吃饭;他们要一律停工吃饭。)大起冲突。管理人大发威风,'拍','拍',打工人几个嘴巴;工人不服,便招警察上前压制,工人还不服,则用武力镇服。这次听说很打伤几个工人"。肥皂工,受雇于肥皂厂,雇主对于工人,都抱着愚民政策,供给火食,每餐两样蔬菜而已。木工,从前属于芜湖工会,后没有工会,没有团体,就由有工头带领,管饭,发给工资。实行"包工制",雇主把木工活包给木工做,由工头带领木工干活。从城市化来讲,这些工人多为"打工"性质,属于雇佣劳动,他们有的是要回到原籍的。

在调查中,人力车夫、扛米工人、理发工、厨工、木工标明了来源,人力车夫来源主要是寿县人,还有山东、徐州、颍州人,工人来源不局限于皖江地区,而是延伸到淮河流域,并延伸到山东和江苏徐州。芜湖城市吸附能力,超越了皖江地区;扛米工人有寿州帮、合肥帮、奋帮,以寿州帮势力最大,奋帮是指山东、徐州、宿州一带的人,芜湖是米市,这一部分产业工人最多,工人来源与米的来源却不完全重叠,只有合肥属于皖江地区,其他寿州、山东、徐州、宿州超出了皖江地区,芜湖米业工人吸附圈延及皖北、苏北和山东;理发工,来源以湖北人最多,安庆人也有,理发业吸附圈除安庆以外,延及湖北;厨工,桐城人占最多数,主要来自皖江地区;木工,主要来自江北无为、和县、含山,吸附圈在皖江地区。肥皂工、纺织工、铁工、泥水匠(建筑工)没有标明籍贯,但是也应主要来自皖江地区及周边省份。各个行业工人来源不同,吸附圈不同,与物流圈是有区别的。①

---

① 高语罕:《芜湖劳动状况》,《新青年》第 7 卷第 6 号(劳动节纪念号),1920 年年 5 月 1 日。

1922年芜湖工人召开芜湖劳动大会,成立芜湖劳工会,① 有了自己的现代组织。在芜湖近代民主革命过程中,岳王会、同盟会芜湖支部、国民党支部与共产党支部也都在芜湖相继成立。

五 城市人口增长

学界有的把人类城市发展的全过程都称为城市化,分为产业革命前的城市化和产业革命后的城市化。② 学界有人认为,中国是世界城市化起步最早的国家,从宋代就开始了。宋代以前,中国城市以行政中心为主,以行政管理为主要职能,是消费城市。③ 不过,一般说法,城市化是指19世纪至20世纪随着工业革命而来的城市发展,城市人口急速增长,称为"真正的城市化"。④

传统中国城市由于手工业不发达,主要是"因商而兴",到近代仍然以商业为主,和西方城市以工业为主不同。城市化也不同,"在西方是以工业化为主导,在中国是以商业化为主导,即没有工业化的城市化"。⑤ 到近代,虽然工业有了一定发展,但是多数城市还是以商业为主。"近代城市化是以有工业化背景的商业化为动力形成的,是中国独立的城市化和西方城市化的接轨"。⑥

近代以前,在自然经济条件下,农民安土重迁,自给自足,流动性极低。近代城市工商业发展,特别是机器工业产生,需要大量农村劳动力,人口流动性增强,乡村人口开始向城市流动。晚清时期特别是甲午战争后,民族工业兴起,农村自然经济开始解体,一部分农村人口流入城市,据统计,当时各地农民离村率已达1.44%—8.72%,平均为4.16%。⑦ 在芜湖城市转型过程中,大量移民涌入,对芜湖发展起着重要作用。

---

① 章征科:《从旧埠到新城:20世纪芜湖城市发展研究》,安徽人民出版社2005年版,第43页。
② 《中国大百科全书·建筑园林城市规划》,中国大百科全书出版社1991年版,第58页。
③ 隗瀛涛:《中国近代不同类型城市综合研究》,四川大学出版社1998年版,第2页。
④ [英] G. 邓肯·米切尔:《新社会学词典》,上海译文出版社1987年版,第419—420页。
⑤ 隗瀛涛:《中国近代不同类型城市综合研究》,四川大学出版社1998年版,第6页。
⑥ 隗瀛涛:《中国近代不同类型城市综合研究》,四川大学出版社1998年版,第11页。
⑦ 章有义编:《中国近代农业史资料(1912—1927)》第2辑,生活·读书·新知三联书店1957年版,第636页。

芜湖在太平天国运动时遭受了创伤，城市人口减耗严重。随着社会逐渐稳定，芜湖工商业发展，人口缓慢增长，芜湖腹地乡村及外省人口迁入芜湖，从事工商业活动，人口城市化明显。① 芜湖贸易繁荣吸引了大量穷人的迁入，他们在运输稻米等货物的船只上从事体力劳动，实际上，芜湖各个行业都需要这样的苦力。饥馑和廉价的轮船票价增加了这种移民的流入量，每个季节木簰都给芜湖带来大量暂住人口。很多迁入者都是穷人，他们没有能力建造房屋，只能搭建草棚，这经常引起火灾。到光绪三年（1877）芜湖成为约开口岸时，已经是相当繁荣的城镇。该年4月1日开放时，芜湖约有4万中国人，另有14名外国居民和1家英国公司。光绪七年（1881）时有4万名中国人、20名外国人和3家外国公司，光绪八年（1882）中国人约有6万人。光绪十七年（1891）有79140名中国人、135名外国人（4家英国公司和2家日本人杂货店），但是传教士和居住在安徽省其他地方的很多外国人并不包括在内。芜湖人口变化是可以看得见的，用一句话概括：芜湖由城镇变成了一个城市。② 芜湖开埠后，芜湖城市人口增长较快。

表7-10　　　　芜湖城市人口统计（1877—1894）　　　　（单位：人）

年份	人数	年份	人数
1877—1881	40000	1889	78700
1882—1885	60000	1890	80000
1886	70000	1891	79140
1887	72000	1892	71000
1888	74000	1893—1894	77000

资料来源：王鹤鸣：《芜湖海关》，黄山书社1994年版，第164页。

表7-10中，芜湖城市人口，从光绪三年（1877）40000人，发展到光绪十六年（1890）80000人，14年间增长了1倍。由于产业和商

---

① 谢国权：《近代芜湖与无锡人口城市化之比较》，《东南大学报》（哲学社会科学版）2000年第4期。
② 方前移编译：《芜湖海关十年报告编译》，安徽师范大学出版社2019年版，第28—29页。

业的兴起，芜湖人口迅速增加。芜湖城市的繁荣吸纳了大量的外来人口，芜湖城区人口，光绪十七年（1891）79140 人，光绪二十七年（1901）102116 人，1915 年有 17876 户、92631 人，1928 年又增至 26419 户、140554 人。① 从人口规模也可以看出芜湖城市地位。据《申报年鉴》载，芜湖城厢人口，1921 年为 126900 人，1931 年为 135385 人，10 年之中只增 8485 人。② 到 1935 年，"芜湖全市人口，计达一十七万余人，其中多皆直接或间接依米业为生，芜湖市面之荣枯，亦视米粮交易旺淡为转移，米业实为芜湖最重要之柱基。米商营业不振，其他各业亦随之而衰落"。③

表 7-11　　安徽城镇等级与人口数量（20 世纪 30 年代中期）　　（单位：人）

大城市（7 万人以上）	芜湖（17 万人）、安庆（13 万人）、蚌埠（12 万人）、合肥（7.5 万人）
中等城市（3—7 万人）	宣城（4 万人），广德、六安、正阳（以上均 3 万人）
小城市（1—3 万人）	滁县（2.8 万人） 屯溪、临淮、大通、宿县（以上均 2.5 万人） 凤阳、桐城、阜阳（以上均 2 万人） 婺源、休宁、歙县、绩溪、郎溪、南陵、湾址、水东、贵池、当涂、孙家埠、水阳、全椒、太湖、涡阳、霍邱、寿县、舒城、双桥、无为、运漕、乌衣、山口（铺）、怀远、亳县（以上在 1—2 万人）

资料来源：见谢国兴《中国现代化的区域研究：安徽省》，台北："中研院"近代史研究所 1991 年版，第 517 页。

表 7-11 中，城区人口数量顺序是芜湖、安庆、蚌埠、合肥等城镇，芜湖为第一位。

---

① 芜湖市志地方志编纂委员会：《芜湖市志》上册，社会科学文献出版社 1993 年版，第 155 页。
② 李絜非：《芜湖风土志》，《学风》第 3 卷第 4 期，1933 年 5 月 15 日，第 76 页。
③ 社会经济调查所编：《芜湖米市调查》，《粮食调查丛刊》第 4 号，社会经济调查所 1935 年印，第 2 页。

表7-12　　　　1934年安徽省各城镇人口规模及男女比例

地区	人口数（人）	男（人）	女（人）	比例
安庆	125229	72594	52635	137.9
芜湖	170251	102111	68140	149.9
蚌埠	105237	61948	43289	143.1
大通	23374	13025	10349	125.9
屯溪	24327	13614	10713	127.1
正阳	29981	17587	12394	141.9
临淮	21130	11854	9276	127.8
合计	499529	292733	206796	143.6

资料来源：《安徽省23年度统计年鉴》，第54页。见谢国兴《中国现代化的区域研究：安徽省》，台北："中研院"近代史研究所1991年版，第480页。

表7-12中，芜湖城区人口最多，其次是安庆、蚌埠等城镇。这主要是因为芜湖以米市为主，聚集了大量人口。芜湖城市人口，1921年126900人，1931年135385人。[①] 1935年芜湖全市人口达17万余人，"其中多皆直接或间接依米市为生。芜湖市面之荣枯，亦视米粮交易之旺淡为转移，米业实为芜湖最重要之柱基，米商营业不振，其他各业亦随之而衰落"[②]。"以其属通商口岸，产米具区，所以外县外省人颇多"[③]。1949年4月24日，芜湖解放时城区面积有14平方千米，建成区为7平方千米。人口有140157人。[④]

施坚雅认为，19世纪末长江下游地区江苏、安徽两省沿江地区及浙江省北部沿钱塘江地区是中国城市化程度最高的地区，1893年长江下游地区城市化率是10.6%，而全国平均是6%。[⑤] 据统计，芜湖、安庆、蚌埠3地每平方公里人口密度，1928年分别为21000余人、17000余人和

---

① 李洁非：《芜湖风土志》，《学风》第3卷第4期，1933年5月15日，第76页。
② 社会经济调查所编：《芜湖米市调查》，《粮食调查丛刊》第4号，社会经济调查所印行，1935年，第2页。
③ 李洁非：《芜湖风土志》，《学风》第3卷第4期，1933年5月15日，第77页。
④ 刘金声、曹洪涛：《中国近现代城市的发展》，中国城市出版社1998年版，第183页。
⑤ G. William Skinner, "Regional Urbanization in Nineteenth-Century China", in Skinner ed., *The City in Late Imperial China*, Stanford: Stanford University, 1977, pp. 229, Table 4.

23000 余人；1934 年分别为 50000 余人、42000 余人和 28000 余人。而安庆、芜湖两市所在的怀宁、芜湖 2 县人口密度，1928 年怀宁县 300 多人，芜湖县 400 多人，1934 年芜湖县增至 700 多人，在安徽各县中最高。① 芜湖城市人口增长最快，人口密度也最高，城市化率也最高。

长江中下游来往芜湖的旅客增加，芜湖与皖江地区人员往来增加，联系加强，促进了芜湖城市经济发展，促进了腹地经济关系的构建，也促进了芜湖与长江沿岸城市经济关系构建。

第四节　金融与城乡资金流通

鸦片战争前，中国传统的金融机构为当铺、票号和钱庄，近代新式银行兴起较迟，当铺、钱庄和票号仍然起重要的作用，"近百年中，我国社会金融组织的形式，最重要的是票号、钱庄和银行三种"。② 道光年间，芜湖有票号十数家，钱业十余家，市面不及湾沚，出进以现银，无汇划。③ 鸦片战争后外国资本在中国设立了新式银行。芜湖开埠后，随着工商业发展，芜湖及皖江地区金融业也发展起来，芜湖金融市场逐渐由传统向近代嬗变。

一　典当业

典当，又称当店、当铺，经营高利贷业务。民间信用有民间借贷、高利贷 2 种，当铺经营的是高利贷。典当业很早就有，清代以后，逐渐增多，设于府州、县城及较大集镇。除经营典质而外，同时接受存款，是当时经营货币、调剂资金余缺的唯一金融机构。清乾、嘉年间，安徽已有当铺。安徽典当业，先有徽州人创始，道光年间，不少徽商也介入典当行业。他们恃其多财善贾，大量吸收存款，发行钞票，数额多至巨

---

① 郑玉林、高本华：《中国人口（安徽分册）》，中国财政经济出版社 1987 年版，第 61—62 页。
② 汪敬虞：《中国近代工业史资料》第 1 辑，生活·读书·新知三联书店 1957 年版，第 753 页。
③ 余谊密修，鲍寔纂：《（民国）芜湖县志》卷 35《实业志》，黄山书社 2008 年版，第 245 页。

万,已类同于钱庄。① 以后则官僚地主陆续开设当铺,至光绪十年(1884)以后,大县有当铺五六个,小县一两个不等。典内业务,起初多由徽州人承担,后来典当业日盛,各县当地人也参与了典内各事,不过,"管楼""站柜"二项主要业务,仍多由徽州人主管。② 皖江地区当铺,主要由李鸿章家族、徽商及本地人开设。③ 清末李鸿章家族在芜湖、安庆、合肥等许多县市开设当铺,先后有八九十家之多。④ 李鸿章的当铺,除合肥城内东门及南门开设义和、恒升两当铺外,合肥四乡如梁园、长临河、三河、官亭、下塘集均有专铺。其他如皖北之阜阳、滁县、亳县,南之芜湖、宣城、安庆,以及外省之苏州、杭州、无锡、南京、九江、汉口、北京、天津等地也都设有专铺。在辛亥革命时,它的典当歇业者计108处。⑤ 芜湖当铺,嘉、道间十二三家,光绪间7家,宣统间4家。在辛亥革命后,由于战事频繁,大都收歇,仅存惠和1家,至1915年停业。1918年长德等3家典当分别在二街、河南街开业,北门内、河南各增设1家,陡门巷下首开设1家,⑥ 全部改典为"质",利息加至3分,典期缩短为18个月。1919年同和开业。1922年、1923年,信诚、惠元先后营业。⑦ 民国以后,典当业因钱业和银行业兴起而衰落了。

二 钱业

钱业是近代资本主义发展不成熟条件下出现的金融组织,与银行业同为金融业两个重要的支柱。在未有银行前,钱庄既可以吸收社会资金,也可以供应资金需要,起着一定的融通资金的作用。钱业,即钱庄,芜

---

① 程必定:《安徽近代经济史》,黄山书社1989年版,第181页。
② 刘炳卿:《晚清安徽的典当业》,《安徽文史资料选辑》第13辑,安徽省出版局(内部发行)1983年印,第112页。
③ 沈世培:《文明的撞击与困惑:近代江淮地区经济和社会变迁研究》,安徽人民出版社2006年版,第244页。
④ 刘炳卿:《晚清安徽的典当业》,《安徽文史资料选辑》第13辑,安徽省出版局1983年印,内部发行。
⑤ 刘海峰:《关于李鸿章官僚资本的一些资料》,载《史学工作通讯》1957年第1期。
⑥ 余谊密修,鲍寔纂:《(民国)芜湖县志》卷35《实业志》,黄山书社2008年版,第247页。
⑦ 芜湖市地方志编纂委员会编:《芜湖市志》下册,社会科学文献出版社1995年版,第916页。

湖钱业起于山西"票号",从事放款和汇兑业务。票号进行埠际汇兑业务,对芜湖与外地土货贸易有很大促进作用。后来票号逐渐被钱庄所代替。芜湖开埠后,随着工商业发展,特别是米市兴起,钱业也随之发展。当时芜湖米商云集,贩运粮食、豆类、菜籽等农产品船只往来不绝,运往国外,堪称盛极一时。与粮食采运业有着密切联系的钱庄,也相应兴起。由于白银转运风险大,钱业除了向米业放贷外,还办理汇兑,收取"汇水"①。米粮业靠钱庄贷款,调剂资金,钱庄放贷也以米业为大宗,彼此形成相互依存关系。道光间芜湖票号和钱业各十余家,市面不及湾沚。清末芜湖各业兴盛,芜湖米市发展,商贸繁盛,金融活跃,也促进了钱业的发展。光绪元年(1875)设立钱业公所,此为芜湖首创银钱资金交易市场。光绪时,裕泰、鼎泰、懋泰、万和、同和、瑞和等7家,大部皆为徽商所开。② 至光绪二十年(1894)以后,钱业渐臻发达,至23家,进出汇划至1300余万,以米款为大宗。③ 光绪初年,在芜湖有李鸿章之子李经方设有宝善长、恒泰2家官僚资本钱庄。光绪三十二年(1906)安庆设立安徽第一家省级地方银行官办裕皖官钱局,并在芜湖设立分局,结束了旧式钱业一统金融局面。但由于以米市为主的商业发展迅速,钱业仍兴盛,清末钱业达30余家。④ 到宣统三年(1911),"芜湖钱业,自壬寅至戊申,可称极盛,约三十家左右。每年盈余二十余万。至前去两年(1909、1910),米帮衰败,市面萧条,又加秋间银根奇紧,各庄均周转不灵,相继搁浅,虽经同业维持,无不时时震动,某某庄主几至有破败之虞。今岁新正初十开市到公所者,仅大清银行、裕宁、裕皖、裕大、怡大、宝善长、宝泰来、厚生、万祥、瑞和、恒泰、利亨、同茂、同和十四号,其余有决意收歇者,有尚存未言者,今昔相较,大有沧桑之感云"。⑤ 宣统间,金融停顿,钱业完全关闭。

---

① 杨邦太、朱渭滨:《忆芜湖钱庄业》,《工商史迹》,安徽人民出版社1957年版,第124页。
② 程必定:《安徽近代经济史》,黄山书社1989年版,第184页。
③ 马永欣:《芜湖米市春秋》,《工商史迹》,安徽人民出版社1957年版,第114页。
④ 沈世培:《文明的撞击与困惑:近代江淮地区经济和社会变迁研究》,安徽人民出版社2006年版,第247页。
⑤ 孟菁:《芜湖钱业之沧桑》,《福建商业公报》1911年第14期,第2—3页。

民国时期，银行兴起，挤占了钱业业务，钱业业务逐渐缩小。民国元年（1912）战事迭起，钱庄大都收歇，仅存万祥 1 家。越冬，米市复兴，钱庄多有开业，合股经营居多，年终大结后又多不愿营业而停歇，仅存茂恒 1 家。1913 年开业刚一年的中华银行被抢劫停业后，有西合泰开业。有公所 27 家，每年出进 300 余万元，比光绪末年相差甚远，"非因商务缩小，盖自银行开设，大宗营业多被吸收也"。① 到民国时期，芜湖为米粮汇萃之区，"金融流通可谓以米市为转移"，② 芜湖钱业与米市共进退。由于米市繁荣，从 1912 年到 1930 年，为钱业兴盛时期。1919 年米市兴旺，先后有茂恒、西合泰、承余、同和、厚丰、单瑞丰等 20 余家营业，分镇（江）帮、徽（州）帮和本帮。1921 年钱庄增至 30 多家，钱庄发展再次进入高峰。芜湖钱业在 1930 年前还处于兴盛期，每家资本在白银 1 万两至数万两之间，经营者可分为徽帮、镇扬帮和本地帮。③ 芜湖为米粮农产品及工商品交易中心，钱业与米业结下不解之缘。1931 年水灾和旱灾相继发生，米市萧条，钱业多倒闭。1932 年米市复苏，米市稍有回温，钱庄有茂恒、承余、兴大、久余、同余、同和、源康、厚丰、兴康、南和、西合泰等 18 家营业。1932 年前，钱庄与工商户往来进出都以银两为本位。1933 年国民党政府实行废两改元，从此，钱庄以银两升降的剥削也随之取消，多数钱庄蚀本停业，至 1936 年年末仅存承余、源康、鸿丰、太和 4 家，钱业发展落入低谷。④ 又据吴正《皖中稻米产销之调查》载，1913 年重开三四家钱庄，至 1919 年米市兴盛，逐渐增至十余家，至 1926 年，因 1925 年米市兴旺，金融活跃，增至 36 家。1927 年因为北伐战争影响，钱庄又纷纷关闭，仅余 6 家。至 1928 年下半年及 1929 年，米市又见兴盛，钱庄又增至 20 余家，1931 年大水后，继之以 1932 年米市衰落，钱庄又关

---

① 余谊密修，鲍寔纂：《（民国）芜湖县志》卷 35《实业志》，黄山书社 2008 年版，第 245 页。

② 吴正：《皖中稻米产销之调查》，交通大学研究所社会经济组专刊第二号，中华书局 1936 年版，第 25 页。

③ 杨邦太、朱渭滨：《忆芜湖钱庄业》，《工商史迹》，安徽人民出版社 1987 年版，第 124 页。

④ 芜湖市地方志编纂委员会编：《芜湖市志》下册，社会科学文献出版社 1995 年版，第 910—911 页。

闭数家，到1936年仅剩十余家。① 钱庄的业务范围主要是存款、放款、汇兑。因此，与各行业商户都有业务往来。这对调剂余缺，便利工商户，起了一定的促进作用。近代钱业与银行同为金融业两大支柱，与工商业联系紧密。晚清时，皖江地区各府县城都有钱庄设立。在清代安庆、芜湖、合肥钱业较兴旺些，其他地方则较少。这与商业发展状况密不可分。

三 银行

新式银行是城市近代化的标志之一，光绪二十三年（1897）在上海设立的中国通商银行是中国第一家银行。此后新式银行陆续在中国各城市出现。芜湖旧金融机构分官办和商办两类。晚清时期，皖江地区金融业起作用的主要是当铺、票号、钱庄，至光绪三十二年（1906）安徽巡抚诚勋奏办裕皖官钱局，初设于安庆省商务局，后迁司下坡②。芜湖设立裕皖官钱局分局，辛亥革命时结束，新式银行产生。光绪三十年（1904）清政府在北京设立户部银行，是中国第一个国家银行。③ 光绪三十四年（1908）户部银行改名大清银行，总行在北京，宣统元年（1909）芜湖设立分行，发行大清银币和钞票，其为国家中央银行在皖省设立的最早机构，辛亥革命时结束。

民国初年，政局动荡，芜湖银行业机构，替换频繁。民国时期是银行业发展时期，安徽银行业发展也主要在民国时期，当时芜湖及皖江地区银行较为集中。1914年北洋政府在各地恢复金融机构。中国、交通二行发行的银圆券开始在芜湖流通。20世纪20年代末30年代中，是芜湖银行业兴盛时期。北伐战争后，芜湖银行再易其主。抗日战争前，币值稳定，民国政府对商业银行控制较松，是商业银行兴旺时期。此时，地方性银行增多，业务范围扩大，营业额上升。抗战前，芜湖金融机构主要有钱庄和银行，银行有6家，中国银行分行、交通银行分行、中央银

---

① 吴正：《皖中稻米产销之调查》，交通大学研究所社会经济组专刊第二号，中华书局1936年版，第26页。
② 安庆市地方志编纂委员会：《安庆之最》，黄山书社1999年版，第116页。
③ 隗瀛涛：《中国近代不同类型城市综合研究》，四川大学出版社1998年版，第71页。

行分行、上海银行分行、中国实业银行分行、中国农民银行,其中实力以中国银行最为雄厚,此为交通银行、中央银行。中国银行分行由大清银行分行改组,设立很早。①

安徽中华银行,1912年设立,总行在安庆,是安徽都督柏文蔚为淮上军筹集军饷而设,皖江地区设立芜湖二街分行、合肥分行、三河分行,淮河沿岸设临淮关分行。同年1月15日开业,一度成为皖省支柱,1914年停业。②

中国银行,1912年8月1日在北京成立中国银行总行,是在大清银行基础上建立的。起初其主要业务为经理国库为主,发行为辅,到1915年接受了直隶、江苏、浙江、山东、山西、安徽、江西、福建、广东、奉天、吉林、黑龙江、四川、贵州14省区的金库。③ 中国银行首先来芜湖建立分号,当年1月19日对外营业,发行中国银行纸币,代理省库,全省丁漕、厘金、关税均由中银管理。同时承办各种存、放、汇兑、押款之收兑银圆等业务。这是民国政府中央银行成立之前的国家银行。④ 在安徽设立分行,1914年在芜湖设立分行,1915年设立安庆分行,1917年设立庐州支行,1918年设立六安支行,1935年设立滁州支行,1914年设立蚌埠支行等。中国银行为国家金库,专收全省丁漕、厘金、关税及信用之银圆、钞票,并办理营业上各种汇兑押款。⑤

交通银行,1914年9月中国交通银行芜湖支行在芜湖下二街30号成立,1914年安庆设立支行,1945年合肥设立办事处,蚌埠设立支行。设立初期,主要代替政府经收关税,后设储蓄部、信托部、区办事处、承放农仓储押贷款,并主办仓库业务,储备物资。1928年后,中国交通银

---

① 吴正:《皖中稻米产销之调查》,交通大学研究所社会经济组专刊第二号,中华书局1936年版,第26页。
② 管天文:《解放前芜湖银行业概述》,《安徽文史资料全书·芜湖卷》,安徽人民出版社2007年版,第402页。
③ 许毅等:《从百年屈辱到民族复兴——北洋外债与辛亥革命的成败》,经济科学出版社2003年版,第442—444页。
④ 管天文:《解放前芜湖银行业概述》,《安徽文史资料全书·芜湖卷》,安徽人民出版社2007年版,第402页。
⑤ 余谊密修,鲍寔纂:《(民国)芜湖县志》卷35《实业志》,黄山书社2008年版,第245页。

行芜湖支行设立储蓄部和信托部，此后应皖省农仓管理处的特约，首次设立区办事处，承放农仓储押贷款，并主办仓库业务，储备物资。1936年有仓库5处。① 1949年停业。

中央银行，1929年2月1日，国民党中央银行芜湖支行设立，行址在华盛街，1935年改为分行，内设会计、营业、国库、出纳四股。② 还有安庆分行、蚌埠分行、合肥分行等，代理国库，发行钞票，发行和兑换债券等，管辖安徽金融业务，为"银行之银行"。1949年停业。

中国农民银行芜湖分行，1934年豫鄂皖赣四省农民银行皖分行，由安庆移至芜湖，1935年4月改称中国农民银行芜湖分行，仍为省行。1936年9月增设农贷所。1937年12月撤至汉口。1946年4月复业，该行分别有芜湖分行，恢复和增设屯溪、安庆、蚌埠3个办事处，祁门、宣城、合肥、六安4个分理处，歙县、太湖、太平、滁县、贵池6个县农贷所，一个芜湖仓库，设农贷所，业务遍及全省，为农民放款；芜湖农业仓库，抵押农民稻谷等，1949年停业。③

安徽银行，1920年设立蚌埠总行，芜湖设立分行，经营储蓄、堆栈及农村合作社存款放款，1926年停业。

上海商业储蓄银行芜湖支行，1915年5月上海商业储蓄银行在芜湖中长街三圣坊斜对面设立支行，在芜湖进宝街设立办事处，不久停业，于1930年3月再次复业。④ 邮政储金汇业局，1930年正式成立。⑤ 上海银行，1932年在中长街成立芜湖分行。1929年春，安徽商业储蓄银行在芜湖设立，1934年春因资金周转失灵而停闭。

1929年8月，中国实业银行来芜华盛街设办事处，9月正式开业。

---

① 芜湖市地方志编纂委员会编：《芜湖市志》下册，社会科学文献出版社1995年版，第913页。

② 管天文：《解放前芜湖银行业概述》，《安徽文史资料全书·芜湖卷》，安徽人民出版社2007年版，第402页。

③ 芜湖市地方志编纂委员会编：《芜湖市志》下册，社会科学文献出版社1995年版，第913页。

④ 陶明刚：《芜湖唯一公私合营的银行》，《芜湖文史资料》第5辑，芜湖市大江印刷厂印，第127页。

⑤ 芜湖市地方志编纂委员会编：《芜湖市志》下册，社会科学文献出版社1995年版，第913页。

安徽地方银行,1936年1月16日,芜湖设有总行,1936年安徽地方银行在芜中长街成立。该行始设经营到抗战,在芜湖约有两年时间。在全省62县中普设机构行处为53处,代理省库47处,代理县库44处,初步形成全省金融网络,安庆、蚌埠、屯溪均为分行。① 抗战爆发后,先后设立总分行办事处53个,构成地方金融网络,为安徽省银行业中第一大行。② 省银行的重点业务是,在银行的一般业务以外又和它的经济发展有关联的业务:收兑硬币银圆,最后归到中央银行的库内;发行辅币券、一元券和领用券。③

表7-13　　　　　　　　　抗战前芜湖银行一览

行名	创设年份	业务范围	备注
中华银行	1912		本省开设,1913年因兵事停歇
中国银行	1914	代理国库,专收全省丁漕、厘金、关税及有信用的银行钞票兼营汇兑押款	租用碾米厂栈房作堆栈
交通银行	1915	代办国家金库,兼营汇兑押款	
安徽银行	1926	经营储蓄、堆栈及农村合作社存款放款	省办
中央银行	1929	代理国库	中交两行代办国库业务划归该行
上海银行	1929	一般银行业务,附设商记堆栈,专营米市押款	

资料来源:芜湖市工商业联合会史料小组:《芜湖市米市的发生发展和改造的经过的概况(初稿)》,1959年9月,芜湖市档案馆藏,编号:DFWX4.1.1,第25页。

---

① 管天文:《解放前芜湖银行业概述》,《安徽文史资料全书·芜湖卷》,安徽人民出版社2007年版,第404—405页。
② 芜湖市地方志编纂委员会编:《芜湖市志》下册,社会科学文献出版社1995年版,第914页。
③ 江存源:《国民政府安徽地方银行的回忆》,《工商史迹》,安徽人民出版社1987年版,第139—141页。

表7-13反映了抗战前芜湖银行情况，既有国家银行，又有地方银行。

县银行，有庐江县、含山县、无为县银行等，这些银行业务为存放款、汇兑、押汇、票据承兑、贴现、代收款项、经营债券等。

民国时期银行业比当铺、钱业发展要快。芜湖市是安徽近代经济重心所在，实际上也是皖省金融中心，特别是安徽地方银行总行设于芜湖，为皖省银行业中第一大行，其在安徽金融覆盖面最大。① 芜湖金融业，不仅与上海等口岸城市有资金往来，还与皖江地区有资金交流，把业务推广到广大城乡地区。例如，芜湖安徽银行设立后，其储蓄部不仅在芜湖，还于1930年到大通报纸登广告，开辟客源，赠送储户多种皮夹，制定增息办法，分为复利存款、零存整付、预定整数3种办法。② 这样，以芜湖为中心，构建皖江金融圈，有利于城乡资金往来。近代芜湖成为皖省金融中心。芜埠现代金融机构以其雄厚的资本、先进的经营方式及优越的地位，在金融业中取得长足发展。如1919年，芜湖裕中纱厂的股东有官僚军阀陈绍吾、李经方、刘晦之等。其中，李经方既是裕中纱厂的董事长，又是中国实业银行的大股东，刘晦之则是上海实业银行的经理。这样，裕中纱厂的实权就被操纵在官僚资本的银行手中。③ 不过，近代传统城市金融业发展是畸形的，这是因为城市近代工业不发达，金融资本不能投到工业上，而是与商业资本结合，进行投机，不利于城市经济发展。

小　结

在城市与腹地经济互动下，芜湖城市发生了变化。城市功能多样化，明清时期芜湖城市已具有政治、军事、文化、经济功能，近代城市工商业发展，经济功能进一步增强，城市经济地位提高，在全国占有重要地位，芜湖成为皖江地区经济中心。城市结构也发生变化，除了政治、军

---

① 沈世培：《文明的撞击与困惑：近代江淮地区经济和社会变迁研究》，安徽人民出版社2006年版，第253—257页。
② 《芜湖安徽银行储蓄部广告》，《大通新报》1930年9月3日。
③ 程必定：《安徽近代经济史》，黄山书社1989年版，第188页。

事、文化区域，还有工商业区域，有居民区、码头、租界、领事馆、教堂等。城市生活社会化、多样化，基础设施也多样化，有排水、供水、供电、道路、建筑等设施。芜湖城市有了资本主义工商业，与原来手工业和个体商业不同，城市纳入世界资本主义市场，城市与腹地也因市场联系起来，形成广阔的劳动力市场和商品市场。芜湖城市性质发生了变化，从传统区域中心城市成长为近代区域中心城市。

第 八 章

近代芜湖对腹地农村经济的影响

口岸城市与腹地经济关系，主要是城乡经济关系，口岸城市通过腹地城镇影响农村经济社会。口岸开放后，随着西方资本主义入侵，洋货倾销，土货输出，中国经济成为世界资本主义市场经济的一部分，乡村农民生活以前与外界隔绝的状态被打破了，农村商品经济获得发展，自然经济开始解体，农村经济生活也发生了变化。法国史学家布罗代尔指出："每一座城市好比一个变压器：它加大电压，加快交换速度，无休止地搅混人的生活。城市难道不是起源于最古老、最具革命性的分工，即耕田与所谓城市活动的分离？"[①] "城市既是经济发展的动力，又是发展的产物"。[②] 我们从近代芜湖对皖江地区农村经济影响，可以看出近代口岸城市对腹地农村经济的巨大影响。

第一节　口岸与腹地农村商品经济

近代乡村变化，主要是通过口岸城市对乡村的辐射产生的。一个口岸城市经济对乡村的辐射能力越强、范围越广，乡村变化就越大，反之，乡村变化就越小。近代口岸与腹地经济互动的结果，是乡村生产和生活发生变化，乡村经济向市场化方向发展，乡村与城市经济关系越来越紧密，经济互动也更加频繁。近代口岸主要功能是通商，洋货贸易和土货

---

① ［法］费尔南·布罗代尔：《15 至 18 世纪的物质文明、经济和资本主义》第 1 卷，生活·读书·新知三联书店 1992 年版，第 589 页。
② ［法］费尔南·布罗代尔：《15 至 18 世纪的物质文明、经济和资本主义》第 1 卷，生活·读书·新知三联书店 1992 年版，第 569 页。

贸易是其主要内容，因此，探讨口岸城市对乡村经济影响，要从洋货贸易和土货贸易入手。19世纪后期，由于战乱影响，安徽农业生产下降明显。20世纪初期，除了政府采取招揽客居、奖励垦荒等措施刺激农业生产，芜湖开埠促进了农村商品发展。

一 口岸城市连接世界资本主义市场

口岸城市是世界资本主义市场连接中国市场的纽带和桥梁，世界资本主义市场刺激，必然通过口岸城市影响中国广大农村经济。道光二十年（1840）以后，资本主义势力对中国乡村农产品的掠夺，扩大了其市场需求，还促使其价格上涨，这势必会刺激农业商品化生产，促使某些与世界市场相联系的农产品生产和出口增加，影响了农民经济生活，使小农经济同世界资本主义市场联系起来。毛泽东说，外国资本主义入侵，使中国社会发生重大变化，"中国封建社会内的商品经济的发展，已经孕育着资本主义的萌芽，如果没有外国资本主义的影响，中国也将缓慢地发展到资本主义社会。外国资本主义的侵入，促进了这种发展。外国资本主义对于中国的社会经济起了很大的分解作用，一方面破坏了中国自给自足的自然经济的基础，破坏了城市的手工业和农民的家庭手工业；又一方面，则促进了中国城乡的发展"。① 王亚南认为，在近代，"中国农民的产品，仅有百分之五十以下留供自用，其余都须出售"。② 安徽和全国各地一样，鸦片战争后一步一步地沦入半殖民地半封建社会的深渊。特别是光绪二年（1876）芜湖被辟为通商口岸后，资本主义列强以芜湖为据点，一方面向安徽各城镇和乡村大肆倾销洋货，如民国5年（1916）《当涂县乡土志》载，20世纪初，当涂，"洋呢、洋缎、洋绸、洋布、洋纸、洋油、洋火、洋皂并零星洋货以及外省糖、盐、布匹、纸张、油、酒、药材并各项杂货，均由芜湖运入本埠各镇市销行，每年约值银二十万两"，安徽其他地方也是如此。另一方面拼命掠夺安徽农产品和矿产品，更加快了安徽半殖民地化进程，洋货贸易和土货贸易如火如荼。随着这种畸形商业贸易发展，安徽经济已被深深卷入世界资本主义市场，

---

① 《毛泽东选集》第2卷，人民出版社1991年版，第626页。
② 王亚南：《中国半封建半殖民地经济形态研究》，人民出版社1957年版，第62页。

安徽商业贸易逐渐受到世界资本主义市场支配，安徽已经成为帝国主义重要的商品倾销地和原料供应地。近代口岸贸易发展，扩大了市场，加强了城乡经济互动，从而促进了城乡商品经济的发展。皖江地区经济被纳入世界资本主义市场体系，带有半殖民地性质。同时，在市场规律作用下，国内商业呈现畸形繁荣，民族商业兴起，更多华商参与洋货贸易和土货贸易，城乡经济互动更加频繁，农村经济被纳入市场经济范围，农产品商品化是必然趋势。

沿海、沿江口岸市场互相刺激。皖江地区土货出口到外洋只是一小部分，大部分是销往沿海、沿江口岸城市，这些口岸城市由于工商业发展，人口增加，需要大量的生产原料和生活必需品，相互影响，土货贸易市场扩大。芜湖开埠后，土货贸易广泛展开，刺激了皖江地区农业商品化生产。特别是芜湖米市兴起，逐步成为全国四大米市之首，各地商人来芜湖经营稻米生意，20世纪初平均每年输出稻米400万石左右，不仅影响整个芜湖口岸贸易，还影响芜湖与皖江地区城乡经济和生活。如光绪二十四年（1898）稻米丰收后，继以光绪二十五年（1899）大熟，"此两次丰年所影响于贸易者获取丰富之利益。至于苦力及水手，无乏工作之虞，并常有钱，恣其花费"。①米市贸易直接影响城乡生活，也刺激了稻米商品化种植和销售。其次，生丝、菜籽、大豆、花生等农产品经芜湖海关输出，在民国初输出大量增加，也刺激了安徽经济作物种植。农人有大批之米出售，得以供给其家庭之必需品、舒适品及奢侈品，而中间人，如运米出口之米贩，及供给货物于商埠上之商人，亦得为茂盛之贸易，物商品化生产。同时，口岸城市洋货贸易，带动腹地农村对洋货的消费。农民生产和生活与市场联系越来越紧密，生产和生活资料商品化程度提高，吃穿用，衣食住行，有很大一部分是从市场购买，农民必须将农产品出售换钱，购买生产和生活用品。

二 口岸城市是腹地农村销售农产品的主要渠道

近代农民深受地租和赋税的盘剥。在近代皖江地区农村封建土地制

---

① 沈世培校注：《〈芜湖关华洋贸易情形论略〉校注》，安徽师范大学出版社2015年版，第129页。

度下，有较发达的租佃体系，佃农普遍存在，他们的身份复杂，有的是单纯佃农，有的为自耕农兼佃农，有的是雇农兼佃农，有的是地主兼佃农。皖江地区佃农加半自耕农身份占多数，这是因为皖江地区人口多，人多地少，土地供不应求。"农夫类别，大概江北以永佃占多数，江南以承佃为多，至自耕农除三河镇附近之农村外，仅占全部耕农之一小部分。"① 这使农民处于不利地位，容易受到地主的盘剥。地租分为定额租和分成租。一般定额租租额较低，而分成租租额较高。如芜湖农村，地租计亩定额，"视岁之丰歉而增减，其数率主人三之，佃作五之"。无为县，农民多佃户，自耕农很少，"所得之半，皆登仕绅之仓库"。② 南陵县，有的实行定额租形式，在水稻亩产 500 斤情况下，纳租 150 斤，占到三成，农民在纳租后，可以增加生产投入，增产部分归自己所有，"多加人工，多用肥料，以使产量加增"，③ 有利于提高农民生产积极性。佃农除了缴纳地租外，还承担一些额外负担，还要受到地主管家收租时的盘剥。④ 农民在地主盘剥过重和天灾人祸而入不敷出时，不得不举借高利贷，如稻债、麦债、青苗利、砍头利、印子钱等。20 世纪 30 年代，"综各县农夫之情形，经济上最大之压迫，厥为债务，大部分农夫终岁勤劳，尚不足以维持一家生活，其主要原因，即为债务所压迫，其次为捐税，至于非经济的天灾与人祸，则更遍处皆是，频年皆然（1927 年以来）"。⑤ 在皖江地区，地主、典当、钱庄、银行形成高利贷网络。农民将衣物和粮食等典当抵押，过期不能赎回，当铺就把这些粮食出售，投向市场。而负债农民为了生活，不得不出售农产品。芜湖米市兴盛，也促使皖江地区地主把剥削来的农产品出售，特别是稻米大量投入市场，卖给砻坊、米厂或米行。另外，近代货币地租加重，货币赋税因赔款和财政开支也加重，也促使农民出售农产品，获得货币，以缴纳赋税和地租，使农村

---

① 吴正：《皖中稻米产销之调查》，交通大学研究所社会经济组专刊第二号，中华书局印刷所 1936 年版，第 71 页。

② 戴鞍钢、黄苇编：《中国地方志经济资料汇编》，汉语大词典出版社 1999 年版，第 32 页。

③ 刘家铭：《南陵农民状况调查》，《东方杂志》第 24 卷第 16 号，第 92 页。

④ 费正清：《伟大的中国革命》，世界知识出版社 2000 年版，第 53 页。

⑤ 吴正：《皖中稻米产销之调查》，交通大学研究所社会经济组专刊第二号，中华书局印刷所 1936 年印，第 71 页。

经济市场化发展。

近代皖江地区农产品商品化,与皖江地区农村经济恢复有关。太平天国运动时期,皖江地区由于战争破坏严重,人口减少,土地荒芜,农业生产下降。清政府在平定农民起义后,为了增加财政收入,招民垦荒,地主也招佃垦荒。如全椒县,咸丰乱后,客商逃离,土著减少,田多人少,皖江地区其他县如合肥、潜山等县客民来此垦荒,"或佃田,或垦山,颇多厚利"。① 宣城,自兵燹后,也是田荒人稀,"当不得不籍客民协力开垦"。② 广德县,战后也是土民所存无几,政府招垦,"于是楚、豫各邻省之民络绎来归"。③ 招垦政策,使皖江地区内部移民,还有外省移民皖江地区,使农业生产得到恢复。至20世纪初,农业生产有所恢复,产量增加,投入市场量也增加。另外,由于自然条件优越,皖江地区农业产量高,特别是皖江地区有大量水田,其中圩田占有很大比例,水稻产量比较高,使农村有大量米粮投入市场。一般来说,圩田产量高于岗田,如20世纪30年代,水稻平均亩产,桐城5担;巢县岗田3担,圩田4担;宣城5担;南陵岗田、圩田4担;铜陵县(大通镇),山田3担,圩田5担。④ 清末安徽年产稻米达3000万石左右,其中有10%可以作为商品粮出售。⑤

三 口岸城市农产品加工业的促进作用

土货贸易促进了芜湖与皖江地区城乡农产品加工业产生和发展。芜湖开埠后,在芜湖有粮油加工业,有禽蛋、羽毛加工业,还有纺织业;在皖江地区城乡,还有大量手工业和机器工业,这些手工业和机器工业需要农村提供大量原料,促进了农村商品化生产,农作物可以大量投放到市场。特别是民族资本建立的一些粮油加工业和纺织业,其原料多来自皖江地区,这就促进了农产品商品化程度提高。如19世纪末20世纪

---

① 戴鞍钢、黄苇主编:《中国地方志经济资料汇编》,汉语大词典出版社1999年版,第1138页。
② 《客民禁入皖省宣城示》,《申报》同治十三年(1874)二月二十一日。
③ 戴鞍钢、黄苇主编:《中国地方志经济资料汇编》,汉语大词典出版社1999年版,第1138页。
④ 吴正:《皖中稻米产销之调查》,交通大学研究所社会经济组专刊第二号,中华书局印刷所1936年印。
⑤ 翁飞等:《安徽近代史》,安徽人民出版社1990年版,第234页。

初,芜湖近代工业中机器纺织、碾米、磨面、榨油、制蛋、卷烟等工业兴起,其生产原料主要依赖于皖江地区提供,这就促进了粮食、油料、棉花和烟草等作物生产和销售。在皖江地区工业生产中,手工业比例最大,其消耗的农产品原料也最多,特别是粮油加工业和手工纺织业对粮食、油料和棉花消耗最多。这些手工业品价格变动,也直接引起农产品价格波动,对农产品商品化影响很大,同时这些手工业品在本地区生产和销售,"农村资金可不致外流,农村经济赖以流通"。① 资金在本地区流动,也有利于促进本地区商品经济发展。例如芜湖口岸城市粮食加工业带动了皖江地区粮食加工业发展。如民国时,大通随着粮食贸易繁荣,机器粮食加工业也有发展,其生产的杨子牌面粉盛极一时,成为"最著名之极品国货面粉"。② 又如1932年,庐江县碾米多以土砻碾米,但是机器碾米已经引用,集中于县城西门外临河一带。③ 同时,芜湖口岸城市粮食加工业带动了皖江地区粮食贸易。皖江地区是芜湖口岸城市粮食加工业的主要来源市场,也是主要销售市场。口岸需求增加,也拉动了皖江地区土货出口。口岸在土货出口作用下,机器粮食加工业发展起来,而机器粮食加工业又拉动内地土货运出。这些机器生产企业,使芜湖产业优势增长,对腹地辐射增强。19世纪末,益新公司加工的水稻和小麦主要来自皖江地区,而加工米和面粉,"此种货物于当地出售,并出口至镇江及汉口",④ 不仅返销皖江地区,还销往镇江和汉口。特别是其生产的"飞鹰"牌面粉,销往长江流域及华北各埠,被誉为全国头牌面粉。⑤ 由于芜湖面粉厂小麦需求旺盛,拉动了皖江地区小麦运出,如1902年,"机器砻坊所出麦面,在本埠行销极盛,然尚有万余担报运出口,可想其生意之亨通"。⑥ 1915年,其小麦海关、常关进口88000担,其中有20000担由商家购入零售给本埠驴磨小面坊;其余68000担被益新机制面

---

① 《抗敌》第9期,1940年3月16日,安徽档案馆藏。
② 《杨子面粉盛极一时》,《鹊江日报》1921年12月15日。
③ 《庐江风土志》,《学风》第3卷第3期,1933年4月15日,第31—32页。
④ 沈世培校注:《〈芜湖关华洋贸易情形论略〉校注》,安徽师范大学出版社2015年版,第133页。
⑤ 汪敬虞:《中国近代工业史资料》第2辑下册,科学出版社1957年版,第807页。
⑥ 中国第二历史档案馆编:《中国旧海关史料(1859—1948)》,京华出版社2001年版,第36册,第180页。

粉公司所购。该公司本年共制面 36952 担，每麦 1 担制成面粉 68 斤、麸 32 斤，其中有 30740 担，销于本埠及寄往内地，5142 担以轮船装运运出。益新公司小麦主要来自邻近本口之地。① 同时，其他口岸机器面粉加工，也拉动皖江地区小麦运出，如 1917 年，小麦收成，虽不满意，而出口数目，反而比上年多，主要原因是 1917 年 5 月以后施行小麦免税条例及上海、镇江 2 埠磨坊需麦数目巨大。② 长江贸易拉动皖江地区小麦运出。

四 口岸城市向腹地由近及远的贸易

口岸开放后，洋货大量输入，通过口岸城市集散，运销腹地城乡。从《中国旧海关史料（1859—1948）》记载看，各个口岸城市洋货输入量都在增加，洋货输入总净值呈现上升趋势。芜湖开埠后，洋货输入芜湖，销往安徽特别是皖江地区，商业贸易从县城渗透到市镇、农村，其中芜湖附近各地销货量最大。各口岸城市土货贸易差异较大，但是随着国内外贸易发展，贸易量也在不断增加。芜湖开埠后，腹地农村主要是皖江地区土货，如稻米、小麦、茶叶、菜籽、羽毛、棉花、药材、竹、木等农产品，源源不断地运到芜湖集散，特别是稻米最为显著，并越近越多。稻米主要来自皖江地区，其中江南青弋江、水阳江流域，巢湖流域舒城、合肥、庐江、巢县、无为等县，都在最富米谷之区。土货贸易成为芜湖腹地城乡贸易的重要内容，并以粮食为主。如近代无为县城乡经济受芜湖影响最大，无为县土货多经芜湖外销，而工业品多由芜湖输入，销往城乡地区，商业贸易从县城渗透到市镇、乡村。清末，无为县私营商业逐步兴起，无城、襄安为商业集中地。无城，清末仅有聚丰祥等数家布店，多售土布，到民国初有恒盛、恒丰、庚大等布店售洋纱、洋布。1919—1936 年，商业发展，布店中有 16 家卖绸缎，3 家专营洋纱、洋布，年进美国、日本棉纱 1000 多捆；杂货业 17 家，广货业 7 家，年盈利多则 1 万元左右，少则不足 0.5 万元。当时日盛隆、同兴隆、永兴隆、马浜

---

① 中国第二历史档案馆编：《中国旧海关史料（1859—1948）》，京华出版社 2001 年版，第 69 册，第 654 页。

② 中国第二历史档案馆编：《中国旧海关史料（1859—1948）》，京华出版社 2001 年版，第 77 册，第 724 页。

记、马德成祥、花日泰等商店，资金足，商品齐全，时称"三隆两马一枝花"。还有药业、酱业、鲜果行等53家。襄安，是无为县西南区域和庐江县东部进出商品集散地，商业兴盛，到抗战前，有行业25个，商户244家，日均300多名客商来此交易。据统计，1933年，无为县的无城、襄安、仓头、黄雒、石涧、土桥、泥汊、牛埠、黄姑、汤沟、三汊河、临江坝、三官殿、河坝、泉塘、凤凰颈、开城、刘渡、横步桥、严桥、三水涧、尚礼岗、虹桥等集镇，有行业37个，商户1083家，其中粮米行277家（襄安73家、无城48家、汤沟35家），杂货店158家，布店86家。在农村，还有扛布贩、肩桃货郎，手摇小鼓，沿村叫卖。① 而偏僻且交通不便的皖西大别山区和皖南山区，洋货输入和土货输出少些。如霍山县，位于皖西大别山腹地，相对偏僻，离芜湖远些，交通相对不便，自然经济占优势，到近代与市场也联系紧密，输出土货多样，入境之货也丰富，但是商品经济比无为相对薄弱。光绪三十一年（1905）前后，"霍山虽居万山之中，泉清而土腴，风气朴鲁，民勤耕凿。五谷之所入，以东北之余，补西南之不足，中稔之年尚敷挹注。而物产富博，厥为上上大宗，如芽茶、竹木、茯苓、木耳、丝麻、山纸，次之药材、矿冶、香末、牲畜，又所在多有，以未开通兴畅，不具论就。见在出境各土货进款计之，自千百而至数万数十万，岁不下五十万金。入境之货，盐、布为巨，其次猪、棉、烟、糖、纸张数者，约在二十万金"。② 这些土货，一部分运销芜湖，但是比不过无为。口岸城市洋货和土货贸易量成为城乡联系紧密的两大指标，贸易量越大，城乡关系越密切，自然经济解体越快。

五 口岸贸易与腹地自然经济解体

在中国封建社会，自然经济占绝对优势，城市与腹地农村联系不太紧密，城乡交流的产品主要是农产品和工业品。自然经济是相对于商品经济的经济形式，传统中国封建自然经济是小农业与家庭手工业"耕织

---

① 吴伟：《新中国成立前无为县的私营工商业》，《安徽文史资料全书·巢湖卷》，安徽人民出版社2007年版，第660页。
② （清）秦达章修，何国佑等纂：《霍山县志》卷2《地理志下·物产》，清光绪三十一年木活字本。转引自戴鞍钢、黄苇主编《中国地方志经济资料汇编》，汉语大词典出版社1999年版，第715页。

结合"的自给自足的一家一户小农经济。其主要特征是家庭作业，分散经营，生产规模细小，生产技术落后，经济活动以个人关系和血缘关系为基础，缺乏现代资本主义制度下的理性引导与市场结构，农产品商品率极低，基本维持在糊口农业的低水平。① 随着农村手工业商品生产和农产品商品化，一些手工业从家庭经济中独立分化出来，或从官府手工业中转化过来，但是不占主导地位。农产品商品化，主要是粮食，约占粮食总产量的10%，其次是棉布，占其产量一半强。② 其他如丝织品、煤、铁器、瓷器、纸、油等手工业品，茶、木材、棉花、蔗糖等农产品，也有一定程度的商品化，商品经济已经有了一定发展。不过，在封建土地所有制下，商品生产份额较小，自然经济很牢固，没有解体。

鸦片战争后，外国资本主义在中国增辟通商口岸，控制中国对外贸易，决不是要把封建中国变成资本主义国家，而是要把中国变成其半殖民地、殖民地。但外国资本主义侵略，伴随着西方技术引进和贸易扩大，客观上有利于中国商品经济和资本主义发展。鸦片战争后，沿海、沿江口岸城市在西方资本主义影响下，成为全国或区域经济中心，城市优势增强，辐射能力增强，冲击了腹地乡村传统自然经济结构，促进了农村商品经济发展，部分农业技术改良，经营方式改进，农产品销售市场扩大，劳动力在城乡间流动，不仅为口岸城市近代工商业提供人力支撑，还有利于"近代文化科技知识和技能的传播"。③ 随着口岸开放，洋货逐渐输入中国，茶、丝等土货也出口外洋。但是，初始阶段，口岸数量有限，口岸城市对农村经济影响有限，自然经济解体仍然较为缓慢，洋纱、洋布等洋货主要入侵大中城市市场，对农村影响较小，对手工业破坏也只限于城镇手工业。甲午战争以后，外国资本主义入侵加速，洋货输入和土货输出也激增，城乡联系加强，那些距离口岸城市较近或与口岸城市交通方便的地方，商品经济发展迅速，自然经济解体加快。近代西方资本主义入侵后，传统农村自然经济开始解体，向商品经济发展，一是

---

① 马敏、朱英等：《中国经济通史》（下），湖南人民出版社2002年版，第63页。
② 吴承明：《中国资本主义与国内市场》，中国社会科学出版社1985年版，第25页。
③ 戴鞍钢：《近代中国城乡经济关系演进述论》，《安徽史学》2013年第3期。

"耕织分离",农民家庭手工棉纺织业遭到破坏;二是农产品商品化。① 在全国工农业生产总值中,1920 年自然经济与商品经济比重约为 55∶45,自然经济仍占优势,到 1936 年两者比重已经逆转约为 42∶58。②

芜湖开埠后,安徽农业生产愈益被纳入世界资本主义市场,服从于资本主义列强的需要。近代随着国内外市场发展,中国广大城乡被纳入这一庞大的市场体系,不仅沿海乡村与世界市场紧密相连,就是内地乡村也与世界市场相连,农村经济对市场愈益依赖。19 世纪末 20 世纪初,农村经济与口岸贸易及外洋贸易日益紧密,形成农产品市场和城市工业劳动力市场。到第一次世界大战后,国内民族市场形成,"市场势力和货币权力对农民已经有了统治作用了"。③ 口岸土货和洋货贸易带动腹地农村农产品商品化,"耕"和"织"的商品化,农民生产和生活与市场联系越来越紧密,生产和生活资料商品化程度提高,吃穿用,衣食住行,除部分自给外,有很大部分是出售给市场或从市场购买。另外,由于近代农村经济凋敝,一些农民外出打工,有的到口岸城市谋生,出卖劳动力挣钱,如皖江地区农民到芜湖从事米业及其他行业劳动,其佣工挣来的钱贴补家用,购买生产和生活资料,也提高了农村经济商品化程度。与口岸联系紧密的地区,商品经济发展越迅速,自然经济解体也越快。

表 8-1　　安徽部分地区农村经济商品化程度(1921—1925)

地区	农产物(%)		农家生活资料(%)	
	自用	出售	自给	购买
怀远	64.8	35.2	67.3	32.7
宿县	59.7	40.3	59.9	40.1
来安(1921)	45.1	54.9	—	—
来安(1922)	43.2	56.8	73.8	26.2
芜湖	44.3	55.7	—	—

资料来源:[美]卜凯:《中国农家经济》(中译本),山西人民出版社 2015 年版,第 275、525 页。章有义:《明清及近代农业史论集》,中国农业出版社 1997 年版,第 207 页。

---

① 宁可:《中国经济发展史》,中国经济出版社 1999 年版,第 2034 页。
② 徐新吾:《近代中国自然经济加深分解与解体的过程》,《中国经济史研究》1988 年第 1 期,第 102 页。
③ 严中平等编:《中国近代经济史统计资料选辑》,科学出版社 1955 年版,第 328 页。

表 8-1 中，1921—1925 年，安徽自北往南，农村经济商品化程度逐步提高，其中芜湖虽然数据不完整，但是农村经济商品化程度最高。也就是离口岸城市愈近，农村经济商品化程度愈高。其中，皖北没有口岸城市，怀远、宿县离口岸城市较远，农产品出售比例较低，而来安离南京较近，农产品出售比例较高。

近代口岸城市由于有经济、文化优势，通过各种交通路线和商业网络，对腹地广大农村产生巨大影响，促进腹地农村自然经济解体。首先，口岸开放影响了自然经济解体进程，土货和洋货贸易促进城乡紧密联系，促进农村商品经济发展。其次，口岸城市土货贸易促进了"耕"的商品化，提高了农产品商品化程度，其中稻米商品化最为显著。最后，口岸城市洋货贸易促进农村"织"的商品化，促进农村传统家庭棉纺织手工业"耕织分离"，使农业生产市场化发展，有的家庭土布"织"停业，有的家庭"纺织分离"，有的家庭向城镇手工作坊生产发展。受口岸城市影响越大的地方，自然经济解体越快，反之，受口岸城市影响越小的地方，自然经济解体越慢。因此，近代口岸城市与腹地经济互动，促进了自然经济解体和商品经济发展。

当然，自然经济解体是必然过程，也是个渐进过程，各地不同，进程不同，不能绝对化。

第二节　口岸贸易与腹地农村"耕"的商品化程度提高

19 世纪末 20 世纪初，腹地农村经济与口岸城市贸易及外洋贸易日益紧密，形成农产品市场和城市工业劳动力市场。到第一次世界大战后，国内民族市场形成，"市场势力和货币权力对农民已经有了统治作用了"。[①] 19 世纪后期，安徽由于战乱影响，安徽农业生产下降明显。20 世纪初期，除了政府采取招揽客居、奖励垦荒等措施刺激农业生产，芜湖开埠则促进了"耕"的商品化，提高了农村商品化程度。在这种背景下，农产品商品化就成为必然。如芜湖聚集了江西、湖北、安徽、河南、江

---

① 严中平等编：《中国近代经济史统计资料选辑》，科学出版社 1955 年版，第 328 页。

苏等地土货，但主要集中于皖江地区，因此皖江地区受到芜湖影响最大。皖江地区粮食、生丝、羽毛、菜籽、大豆、花生、药材等销往芜湖。口岸城市辐射程度，直接影响了农村经济商品化程度。农产品商品化是中国近代农村商品经济发展的共性，是近代中国经济发展的大趋势，不仅仅是皖江地区。对农产品商品化问题，学界探讨也较多，似乎已经是耳熟能详。不过，各个地域的农产品商品化情况是不同的，各有不同特点。皖江地区，由于处于长江下游地区，受到外洋贸易和长江贸易影响，这里农产品商品化有其特殊性。

一 粮油作物商品化

安徽是中国重要的粮食产区，19世纪后期，长江下游地区和珠江三角洲地区因发展经济作物而成为缺粮地区，增加了对安徽稻米的需求，刺激了安徽稻米输出。安徽粮食作物主要是水稻和小麦，安徽长江两岸及巢湖周围盛产稻米，安徽主要是皖江地区稻米运往芜湖集散。稻米，皖江地区历来是稻米重要产区，芜湖开埠以后，芜湖及皖江地区各地米市贸易的发展，提高了农民种植水稻的积极性。由芜湖海关运出稻米增长很快，光绪四年（1878）为104467.28担，光绪二十五年（1899）达4922746担，增长了22倍多。① 光绪二十五年（1899）和光绪二十六年（1900）两年，安徽稻米丰收，使皖江地区米市兴盛，"农人有大批之米出售，得以供给其家庭之必需品、舒适品及奢侈品"。② 清末安徽年产稻米3000万石左右，约1/10作为商品粮销往省外。光绪二十九年（1903），芜湖米贸易极盛，"不仅农人于本埠市场得以高价出售，即米商、经纪人、水手、搬夫及依米粮贸易为生之人等，无不获厚利焉"。③ 米市兴盛，也使皖江地区稻米商品化率提高。在芜湖土货贸易中，米粮贸易是主要部分，芜湖米市形成后，皖江地区每年运出米粮不断增加，

---

① 沈世培校注：《〈芜湖关华洋贸易情形论略〉校注》，安徽师范大学出版社2015年版，第7、130页。

② 沈世培校注：《〈芜湖关华洋贸易情形论略〉校注》，安徽师范大学出版社2015年版，第320页。

③ 沈世培校注：《〈芜湖关华洋贸易情形论略〉校注》，安徽师范大学出版社2015年版，第153页。

不仅刺激了皖江地区稻米生产，也反映了皖江地区稻米商品化程度不断提高。芜湖米市，"对于农村经济之枯荣，实有极密切之关系"。① 各地运到芜湖的稻米数量不同，如20世纪初，南陵县、三河镇、庐江县每年运出稻米在100万石左右；庐州、和州、太平县在45万石左右；青阳县30万石左右，其他地区如安庆、无为、襄安、柘皋、孔城等每年有10万石。② 1894年中国粮食商品率为15.8%，1931年上升到31.4%。③ 1925年金陵大学农科对芜湖102家农户进行调查，平均每户农作物出售率占种植量为56%，其中稻谷占51%，约值143.1元，自用稻米占49%，价值138.52元，在农户家庭总收入中，出售稻米收入占总收入64.3%。④ 芜湖农产品商品率明显高于全国平均数。农民货币来源主要是稻米销售所得，虽然各地农民售米比例不同，但是总体来说，是比较高的。芜湖102家农户各项现款收入，几乎全由售卖粮食所得，"由稻作所收入者，占半数以上"。⑤ 无为是水稻生产大县，每年稻米，"所产二分之一供民食，余皆输往芜湖销售，为全县生计之所赖"。⑥ 可见，皖江地区稻米商品化率是比较高的。

芜湖米市作为中国近代最大的米市，极大地促进了芜湖腹地稻米商品化，特别是皖江流域是芜湖稻米的主要来源，这一地区稻米商品化程度更高。例如，南陵邻近芜湖，是芜湖米市的重要米源地，稻米商品化程度比远离芜湖的地区高，城乡人民生活都与商品稻米息息相关。以宣统二年（1910）南陵米粮风潮为例，一次稻米调运，就牵动了南陵县城乡居民。据《东方杂志》载，宣统二年（1910）南陵县发生了商人罢市、乡民聚众抗争的事件。当时，南陵县米粮踊贵，居民慌惧，绅学界主张禁止运米出口，商界不以为然，争持不决。2月16日，南陵县知县程大

---

① 社会经济调查所编：《芜湖米市调查》，《粮食调查丛刊》第4号，社会经济调查所印行，1935年，第84页。
② 郭万清、朱玉龙主编：《皖江开发史》，黄山书社2001年版，第154页。
③ 吴承明：《近代中国工业化的道路》，《文史哲》1991年第6期。
④ 卜凯：《芜湖一百零二农家社会及经济的调查》，徐澄译，金陵大学农林科出版社1925年版，第35页。
⑤ 卜凯：《芜湖一百零二农家社会及经济的调查》，徐澄译，金陵大学农林科出版社1925年版，第34页。
⑥ 《无为县小志·物产》，1931年。

令在自治会开会，提议禁河问题。到会的绅学界人很多，乡民来城聚观者也不下千人。① 这是南陵县1910年2月发生的米粮风潮，在南陵县禁米出口事件中，乡民坚持力争。4月南陵县米粮风潮继续发酵，有谣传说平粜委员到南陵采购米粮，以致米价日昂。乡民误以为真，于是集合13图乡民，昼夜派人巡守河干，遇有米船出境，立即投石击沉。群众纷起，有想请官府禁止米商出境的，有欲阻塞河路的，有欲为难平粜委员的，扰扰纷纷，人心惶恐。4月12日，知县程大令想在县署大堂开会，以便研究米的问题，见是日乡民入城探听信息者数千余人，又恐闹成前次开会风潮，只好暂行停止，请绅士朱则衣当众宣布并无委员来购平粜米之事，乡民要求县令出来讲话，程大令只好向乡民保证民食，禁止米粮外运，要求大家不要相信谣言，以致农业荒废，乡民才散去。② 此次风潮牵涉面很广，县令、米商、学界、四乡农民均参与其中，米市牵动整个社会，城乡都动了起来，说明大家吃粮都与米市紧密联系，同时，持续时间很长，产生轰动效应。从这个案例可以看出，皖江地区农村经济生活并不是分散、孤立的，而是与市场紧密联系在一起，生产和生活均已市场化，是自然经济解体和商品经济发展的结果。

小麦，在皖江地区也广泛种植，也是输出的重要土货，在土货贸易中，麦和豆次于米。安徽除稻米外，还盛产小麦。1916年全省种小麦9029041亩，产量为7223233石，亩产0.8石。1931年全省种植小麦面积扩大，达21295000亩，产量2655857000斤，亩产125斤。③ 芜湖开埠初，小麦就是皖江地区输出最多的一项，"足见此项市场之活跃也"④。皖江地区丰收年，输出小麦50万石至100万石。⑤ 皖江地区人民生活习惯吃米，收获小麦出卖了较多，如"皖南大概无大地主，农人现将一年所获之谷

---

① 《安徽南陵县商人罢市乡民聚众滋扰（宣统二年二月）》，《东方杂志》1910年第3期。又见中国史学会主编《辛亥革命》（三），上海人民出版社1981年版，第519—522页。

② 《安徽南陵县抢米风潮（宣统二年四月）》，《东方杂志》1910年第5期。又见中国史学会主编《辛亥革命》（三），上海人民出版社1981年版，第522页。

③ 王鹤鸣：《安徽近代经济探讨：1840—1949》，中国展望出版社1987年版，第156—157页。

④ 沈世培校注：《〈芜湖关华洋贸易情形论略〉校注》，安徽师范大学出版社2015年版，第70页。

⑤ 中国第二历史档案馆编：《中国旧海关史料（1859—1948）》，京华出版社2001年版，第60册，第307页。

囤积，至小麦收成有把握然后逐渐粜出"。① 不过，在皖江地区，水田多，雨水多，小麦是旱粮作物，容易受灾。如光绪十五年（1889）秋，皖江地区阴雨数旬，水势陡涨，黄豆遭淹没，水退缓慢，麦多难种。② 光绪二十二年（1896），"麦收不过一半"③。光绪二十四年（1898），麦子因为上年一冬无雪，种苗尽坏，所以本年出口仅 11340 担，只有上年 1/10。④ 光绪三十四年（1908），"麦亦向为出口货之大宗"，因歉收，本年只 7647 担。⑤ 1912 年，小麦出口 3149 担，"为十年来之最少数，去年退水愆期，遂使当春不能播种耳"⑥。这也影响了小麦销售和商品化率。

黄豆，为芜湖土货贸易中 10 大货物之一。安徽大豆种植，1916 年为 3662465 亩，产量 2563726 石，亩产 0.7 石；1931 年为 7140 千亩，产量 971188000 斤，亩产 136 斤。⑦ 安徽大豆种植主要分布在淮河以北地区，皖江地区也有种植，主要分布在安庆、庐州、滁州等地区。由于油脂含量高，皖江地区黄豆很畅销。

油菜，在安徽各地都有种植，安徽种植油菜面积，1931 年 375 万亩，1947 年为 378.6 万亩，总产由 1931 年的 318.8 万担增至 371.5 万担，增长 16.5%。安徽特别是长江两岸最适宜菜籽生长，菜籽产量大，品质优良。日本东亚同文会编《安徽省志》载，芜湖输出菜籽，品质最优良，在中国确能占第一位，其次为湖南菜籽，最下为湖北菜籽。⑧ 芜湖开埠后，皖江地区菜籽大量运往芜湖集散，刺激了油菜生产。到 20 世纪 20 年

---

① 中国第二历史档案馆编：《中国旧海关史料（1859—1948）》，京华出版社 2001 年版，第 69 册，第 650 页。

② 中国第二历史档案馆编：《中国旧海关史料（1859—1948）》，京华出版社 2001 年版，第 15 册，第 124—125 页。

③ 中国第二历史档案馆编：《中国旧海关史料（1859—1948）》，京华出版社 2001 年版，第 24 册，第 153 页。

④ 中国第二历史档案馆编：《中国旧海关史料（1859—1948）》，京华出版社 2001 年版，第 28 册，第 154 页。

⑤ 中国第二历史档案馆编：《中国旧海关史料（1859—1948）》，京华出版社 2001 年版，第 48 册，第 285 页。

⑥ 中国第二历史档案馆编：《中国旧海关史料（1859—1948）》，京华出版社 2001 年版，第 60 册，第 307 页。

⑦ 王鹤鸣：《安徽近代经济探讨：1840—1949》，中国展望出版社 1987 年版，第 157 页。

⑧ ［日］日本东亚同文会编：《支那省别全志·安徽省》第 12 卷，日本大正八年（1919），东京铅印本。

代，皖江地区已成为中国著名油菜生产基地，菜籽大量运出销售，也使芜湖成为全国最大菜籽销售中心之一。

另外，花生和芝麻也是安徽重要的油料作物。安徽花生种植，1916年为709785亩，产量709785石，平均亩产1石；1931年为811千亩，产量194686千斤，亩产240斤。① 特别是花生在长江沿岸沙地广泛种植，且产量高，出油多，一般销往日本。

二 经济作物商品化

吴承明先生认为，近代农村经济结构变动，为口岸城市经济发展提供了原料和劳动力。从鸦片战争到抗日战争前，中国农业生产力有所增长，经济作物占农作物总产值比重，由19世纪末10%增为1920年17%和1936年23%，加上棉种、蚕种的改良，烤烟的种植，基本上能满足当时工业发展对农产原料的需要。② 近代皖江地区推广经济作物种植，比如茶、桑树、棉花、鸦片、烟草等。皖江地区地形复杂，各地作物种植不同。

皖南、皖西山区盛产茶叶，皖茶除部分内销外，大部分运销海外，成为欧美各国的重要饮料之一。"皖省为产茶最富之区，大江南北，几无县不产：江北所产者，统名曰'北茶'；江南所产者，统名曰'南茶'。皖北六、霍之绿茶，名振国内，皖南秋、祁之红茶，驰誉海外。所谓'徽六名茶'，由来久矣。考其历史，绿茶始于魏晋，而盛行于唐宋。红茶肇于秋浦，当民国纪元前三十七年（1875），有黟人余姓，在秋浦尧渡街设红茶庄，试制红茶。翌年，旋往祁门设子庄，劝导园户酿色、遏红诸治。第三年，即在祁门西乡，开设红茶庄。同时，祁门南乡，有大园户胡仰儒者，特自制园茶，以为之倡，此为徽茶改制红茶之始。此后逐年增加红茶庄，秋祁两县，遂为皖省产制红茶之区矣。"③ 安徽为名茶产地，且为我国主要茶区，如"六安""祁红屯绿"均产安徽，产最丰盛，占对外贸易最大部分，誉满欧美，畅销全球，皖南之祁门、至德、贵池、石埭、歙县等所产红茶（即祁红），年约123356担；休宁、歙县、祁门、

---

① 王鹤鸣：《安徽近代经济探讨：1840—1949》，中国展望出版社1987年版，第158页。
② 吴承明：《近代中国工业化的道路》，《文史哲》1991年第6期。
③ 王兴序：《安徽茶业之概况》，《安徽建设》1929年第5期，第28页。

黟县等所产绿茶（即屯绿），年约 82065 担，皖西立煌、六安、霍山、舒城、庐山、岳西所产绿茶（即六安），年约 92192 担。祁门东乡"四大名家"所产"屯绿"毛茶年 800 余担，另有合作社由茶管机关扶持成立，代理或收购毛茶，精制箱茶，1936 年 250000 箱，1937 年 268000 箱，1938 年 355000 箱，1939 年 475000 箱，1940 年 279000 箱，1941 年 200000 箱。① 道光二十年（1840），中国茶叶出口 4200 万磅，到 1888 年，华茶出口达 28000 万磅，较道光二十年（1840）增加了 6 倍。② 19 世纪后期，安徽茶叶出口量占全国总量 2/3，年产量在 100 万担以上。祁门红茶于 1875 年诞生后，安徽茶业进入极盛时期。③ 茶叶贸易繁荣，也刺激了皖南和皖西茶叶生产。在皖西产茶区，每到采茶时，茶农自己忙不过来，还雇人采摘和加工。芜湖开埠后，由芜湖输出的茶叶，有皖南、六安等地的毛尖、雨前和乌龙茶等。19 世纪 70 年代后，芜湖的茶号和店铺日益增多，芜湖郊区茶园不断扩张，在通向茶园的内地水道上，设立税卡，对运往芜湖的茶课征收厘金。"据说种茶树的新地是太平叛乱时荒废的旧地，同时在通向茶区的内地水道上，各个据点都建立了税卡，公开宣称其目的在于对运到芜湖的茶课征厘金。这是地方当局相信茶的出口会有增加的征兆。"④ 19 世纪中叶到 1884 年为安徽绿茶运销国外最盛时期。19 世纪 90 年代，由于日本、爪哇、印度、锡兰茶的竞争，排挤华茶，茶市萧条，中国茶叶出口继续下降，也影响了安徽茶业生产。"盖自外茶勃兴之后，吾国红茶厄于印度、锡兰、爪哇，绿茶则厄于日本。"⑤ 到第一次世界大战时，安徽产茶农民，"感于茶价一蹶不振，竟有不鲜烧伐茶丛而另植棉花等作物"。⑥ 不过，由于国内市场扩大，到民国时皖西茶叶生产

---

① 李品仙署：《安徽概览》，1944 年，安徽档案史料丛书，安徽省档案馆 1986 年 10 月印，第 192 页。
② 王鹤鸣、施立业：《安徽近代经济轨迹》，安徽人民出版社 1991 年版，第 263 页。
③ 王鹤鸣、施立业：《安徽近代经济轨迹》，安徽人民出版社 1991 年版，第 166 页。
④ 姚贤镐编：《中国近代对外贸易史资料（1840—1895）》，中华书局 1962 年版，第 1474—1475 页。
⑤ 章有义编：《中国近代农业史资料》第 3 辑，生活・读书・新知三联书店 1957 年版，第 419 页。
⑥ 章有义编：《中国近代农业史资料（1912—1927）》第 2 辑，生活・读书・新知三联书店 1957 年版，第 142 页。

出现增长势头。如六安茶，1919年产量为13027.2担，1934年增长到39000担，1939年降至26637担，但是比1919年产量高。① 皖江地区其他丘陵山地也种植茶叶，如1932年，庐江县种植茶叶26500亩，亩产15斤，年产4000斤。②

桑蚕，安徽农村原来养殖蚕桑者不多，第二次鸦片战争后，特别是1877年芜湖开埠后，丝及丝织品出口增加，刺激了安徽桑蚕生产。太平天国失败后出现的许多荒地，其中一部分开辟种植桑园。泾县、宁国、安庆、滁州、芜湖、石台等县在这期间开始普遍种桑养蚕，遂使蚕茧成了皖江流域一带农民副业的重要收入。③ 19世纪后期，安徽长江两岸、皖南地区、六安等地的生丝生产均获得新的发展。皖南的泾县、太平、青阳、旌德等地不少农民养蚕缫丝。④ 光绪时期，安徽一些地方官府引种湖州桑，鼓励种桑养蚕。除省长官外，道府县也积极倡导。清末民初，芜湖、安庆、六安、滁州等地引进湖桑，种桑养蚕。光绪十九年（1893），洋务派官员袁昶任徽宁池太广道道台，在任时，发现皖南地近江浙，适宜种桑，就自费买数十万株浙江桑苗，给各县种植，并设立课桑局，刻印《齐民要术》《农桑辑要》《种树书》《广蚕桑说》，下发各县学习，流通不下数千部，还亲自编写有关韵语、歌谣，派人到各县传授，介绍浙江种桑养蚕先进经验，鼓励农民种桑养蚕，不到两年功夫，"比岁合属登茧出丝，遂盛大宗"。⑤ 光绪二十三年（1897），安庆府购进湖州桑苗数万株，在五里庙一带种植，雇人管理及教人养蚕缫丝方法。⑥ 怀宁县，"桑多野生，昔年蚕缫之事，百家一二，清光绪间省长官创设桑园，由江浙运桑秧栽于城之东郊，使人习养蚕、缫丝诸法，并迭经出示劝导，

---

① 沈世培：《文明的撞击与困惑：近代江淮地区经济和社会变迁研究》，安徽人民出版社2006年版，第148页。
② 《庐江风土志》，《学风》第3卷第3期，1933年4月15日，第31页。
③ 王鹤鸣、施立业：《安徽近代经济轨迹》，安徽人民出版社1991年版，第268页。
④ 安徽省地方志编纂委员会编：《安徽省志·对外经济贸易志》，方志出版社1998年版，第48页。
⑤ 余谊密修，鲍寔纂：《（民国）芜湖县志》卷44《名宦志》，黄山书社2008年版，第393页；姚晨：《洋务派袁昶在芜湖》，《安徽文史资料选辑》第13辑，安徽省出版局1983年印，第181页。
⑥ 安庆地区地方志编纂委员会：《安庆地区志·农业》，黄山书社1995年版。

风气渐开。邑人仿而栽者，如白麟坂、戴家店、江家嘴等处，不下数十家，得丝数百两或百余两不等，光泽细洁，无异江浙"。① 同治初年以后。滁州"向无蚕事，乱后养蚕颇多，每年可出茧四千斤"。② 在地方官劝导下，安徽蚕丝业获得较大发展。据统计，仅皖南泾县、太平、青阳、旌德等县农户养蚕，平均每户年生产量在100两左右，这些生丝均从芜湖海关出口到国外，而且数量逐年增长。③ 民国时，由于外洋市场需求，国内丝厂开设，皖江地区蚕桑业有所发展，如1916年全省有92602户农民饲养蚕类（春蚕、夏蚕、秋蚕、柞蚕等），产蚕茧11.8万石，主要产区是皖南丘陵和沿江农村，尤以绩溪、泾县为多。④ 民国时期，安徽生产丝的县份，有天长、贵池、广德、泾县、当涂、青阳、郎溪、宣城、铜陵、英山、南陵、亳县等。⑤ 20世纪20年代后，受外丝压迫影响，丝出口减少，桑蚕业也萧条了（见表8-2）。

表8-2　　皖江地区各县蚕丝产量、价格及户数（1920）

县别	类别	数量	价额（元）	制造户数
怀宁县	春蚕茧	200石	3200	30
	丝	8000斤	40000	28
桐城县	春蚕茧	100石	3000	150
	夏蚕茧	50石	1500	50
	丝	370斤	2100	18
庐江县	春蚕茧	150石	4200	400
	丝	1000斤	5100	30
舒城县	春蚕茧	1200石	26700	850
	丝	5000斤	29000	200

①《怀宁县志》卷6《物产》，江苏古籍出版社1998年版，第110页。
②（清）熊祖诒纂修：《滁州志》卷2《食货志一·风俗》，清光绪二十三年木活字本。转引自戴鞍钢、黄苇主编：《中国地方志经济资料汇编》，汉语大词典出版社1999年版，第117页。
③ 芜湖市地方志办公室编：《芜湖对外关系史》，黄山书社2014年版，第94页。
④《安徽实业杂志》第16、17期，见翁飞等《安徽近代史》，安徽人民出版社1990年版，第438—439页；张南等《简明安徽通史》，安徽人民出版社1994年版，第463—464页。
⑤ 中国第二历史档案馆编：《中华民国史档案资料汇编》5辑2编《财政经济》（8），江苏古籍出版社1991年版，第325页。

续表

县别	类别	数量	价额（元）	制造户数
巢县	春蚕茧	230 石	7000	360
	丝	1000 斤	5500	27
和县	春蚕茧	400 石	12800	980
	丝	4100 斤	20500	30
宣城县	夏蚕茧	430 石	15000	980
	丝	3800 斤	19000	59
南陵县	春蚕茧	400 石	14000	900
	丝	3800 斤	19000	160
贵池县	春蚕茧	2600 石	89000	1400
	夏蚕茧	490 石	19000	400
	丝	6700 斤	31100	250
青阳县	春蚕茧	8600 石	300000	8500
	夏蚕茧	55 石	1600	55
	丝	34000 斤	188400	1000

资料来源：王鹤鸣、施立业：《安徽近代经济轨迹》，安徽人民出版社1991年版，第123—124页。

棉花，在芜湖土货贸易中也很重要。鸦片战争以后，虽然国内手工纺织业逐步遭到破坏，但是由于外国资本主义棉纺织业发展的需要，棉花出口价格还在上升，棉花出口数量不断增加。同治七年（1868），中国棉花输出量为3.8万担，到光绪二十年（1894），出口剧增为74.7万担。棉花出口数量的剧增，也促进了安徽植棉区迅速扩大。鸦片战争前，安徽淮北利辛等县已经种植棉花，到甲午战争前后，淮北植棉区域日益广泛，萧县、砀山等县砂质地带也开始大量种植棉花。至20世纪初，随着棉花出口贸易增加和国内棉纺织业发展，安徽长江沿岸的东流、和县、芜湖、宿松、望江、滁州等地的棉花种植面积都有不同程度的扩大。①"安徽产棉区域，以宁国、定远、涡阳、和州等处为最，岁收或三千余担，或四千余担不等……全椒、怀宁、望江、东流、贵池次之，太湖、

---

① 王鹤鸣、施立业：《安徽近代经济轨迹》，安徽人民出版社1991年版，第268页。

太和、建德、繁昌又次之"。① 安徽全省棉田，1916年为568445亩，产量34106700斤，亩产60斤；1936年为2137千亩，产量73.5万担，亩产35斤。② 棉花贸易，刺激了皖江地区棉花生产，东流、望江、贵池、怀宁、全椒等县棉花种植面积不断扩大。如东流县，棉田由1919年3.9万亩，后来增至4.8万亩，占全县耕地面积30%；贵池县，棉田由1919年1000亩增至30年代初53400亩，增加50余倍。③ 其中和州的乌江镇棉花生产尤为突出。光绪六年（1880），芜湖棉花出口达5701担39斤，是光绪五年（1879）出口量的4倍，增加很快。其中4397担25斤从乌江镇运来，1295担31斤从和州运来。④ 光绪七年（1881），芜湖运出棉花为13652担46斤，比光绪六年（1880）多7951担9斤，由乌江镇运来12551担51斤，和州运来1048担92斤。⑤ 光绪九年（1883），芜湖进口棉花，大部分产于乌江镇，有5748担进口，比光绪八年（1882）2990担约增加1倍。⑥ 光绪十四年（1888），"棉花一项，亦曾作一盛大之贸易。本埠此项货物实已售罄，主要出产地之和州"。⑦ 无为县植棉历史悠久，以地方品种为主，1919年曾引种美国棉花。⑧ 1932年，庐江县种植棉花2万亩⑨。皖江地区输出棉花数量多少，除天气不好影响收成外，市场起着主要作用：第一，运费太高，推高运输成本。如光绪四年（1878）输芜棉花出口量比光绪三年（1877）较少了178担80斤，减少原因，因为春雨淹没幼苗，主要原因是轮船收费太贵，运货不合算，大宗出口，均改用民船

---

① 李文治编：《中国近代农业史资料》第一辑，生活·读书·新知三联书店1957年版，第421页。
② 王鹤鸣：《安徽近代经济探讨：1840—1949》，中国展望出版社1987年版，第157页。
③ 郭万清、朱玉龙主编：《皖江开发史》，黄山书社2001年版，第189页。
④ 沈世培校注：《〈芜湖关华洋贸易情形论略〉校注》，安徽师范大学出版社2015年版，第22页。
⑤ 沈世培校注：《〈芜湖关华洋贸易情形论略〉校注》，安徽师范大学出版社2015年版，第35页。
⑥ 沈世培校注：《〈芜湖关华洋贸易情形论略〉校注》，安徽师范大学出版社2015年版，第49页。
⑦ 沈世培校注：《〈芜湖关华洋贸易情形论略〉校注》，安徽师范大学出版社2015年版，第71页。
⑧ 无为县地方志编纂委员会：《无为县志》，社会科学文献出版社1993年版，第138页。
⑨ 《庐江风土志》，《学风》第3卷第3期，1933年4月15日，第31页。

装运，影响了运输量。① 第二，自然经济下，棉花商品化率有限。虽然有洋纱进口冲击，但是皖江地区棉花多用于家庭纺织，输出棉花不多。第三，市场综合因素的影响。棉花收成与原运出不一定一致，有时是相反的。棉花收成好，原运出不一定高，是综合因素造成的，市场起着作用。如光绪二十一年（1895）棉花收成很好，出口6120担，值关平银46594两，而光绪二十年（1894）为20657担，值关平银142909两，减少很多。棉花原运出低落原因：一是光绪二十年（1894）棉花原运出量巨大，处于顶峰，是日本购买增加造成的。二是内地棉花价格太高，商人难获巨利。三是皖江地区运入日本棉花机，产棉大户都用日本棉花机，把棉花和棉花籽分开，而将净棉花运往其他市场，不运到芜湖。四是因囤货者不愿低价出售，大批棉花仍积于芜湖埠。② 综合因素造成了1895年输芜出口棉花贸易低落。相反，棉花收成不好，出口不一定不高。如光绪二十二年（1896），棉花收获，因遭水患，仅有6成，但其出口量，较光绪二十一年（1895）反多38%。③ 棉花生产与市场紧密相联。

烟草，明末清初开始传入安徽，明清时期烟草种植发展迅速，安徽是著名的产烟区。近代随着英美烟公司的入侵和上海南洋兄弟烟草公司等民族资本主义卷烟企业的兴起，烟草需求市场扩大，刺激了中国内地烟草生产，安徽淮河流域以凤阳为中心的烤烟种植逐步推广，皖江地区烟草生产也进一步发展，宿松、桐城、怀宁等地产烟最旺。宿松，"年产烟草数万担，由本地商人贩往外埠。入境购买者，每年外客以上海帮最多，其次则为镇江，邻近潜山、东流、黄泥阪等城镇，凡制烟各店，亦多挟资来购，南京、芜湖及沿江诸埠各有销售"。④ 在桐城县，开始推广美烟种子，年产烟草2万余担，"以东乡周家钱、瞳家铺等处所产最优，散给美烟种子于小塔寺、考城等处农民，教以栽种、施肥、收获、考藏

---

① 沈世培校注：《〈芜湖关华洋贸易情形论略〉校注》，安徽师范大学出版社2015年版，第6页。

② 沈世培校注：《〈芜湖关华洋贸易情形论略〉校注》，安徽师范大学出版社2015年版，第117—118页。

③ 沈世培校注：《〈芜湖关华洋贸易情形论略〉校注》，安徽师范大学出版社2015年版，第124—125页。

④ 俞庆澜、刘昂修，张灿奎等纂：《宿松县志》卷17《实业志·商业》，1921年，活字本。

之法，借以资本，定期收买"。① 怀宁县，处处可种烟叶，"昔年自独秀山至东西冶塘、江镇所产尤多，惟香炉冲、蔡家畈最良……其值视他产为高，农民一亩烟之获利，厚于一亩田。人之耽烟者，视为日用不可缺之物。岁六七月，扬州烟贾大至，洪家铺、江镇牙行填满，货锱辐辏，其利几与米盐等"。② 表 8-3 中，宿松、桐城、太湖 3 县种烟最多，其他相对较少，但是皖江地区种烟也比较普遍。

表 8-3　　　　　　皖江地区部分县烟草产量统计（1919）

县名	品种	面积（亩）	每亩平均（斤）	总量（石）	每石平均价（元）	总价（元）
宿松	东、西路烟	40000	60	24000	18	432000
太湖	土烟	100	100	100	10	1000
桐城	土烟	1345	245	3295.25	12	39543
望江	宿松烟	100	100	100	10	1000
潜山	黄烟叶	30	200	60	10	600
六安	土烟叶	333	120	399.6	8	3196.8
贵池	烟叶	60	70	42	16	672
东流	小烟	50	115	57.5	14.3	822.25
繁昌	土烟	20	150	30	15	450
石埭	烟草	30	180	54	9	486
宣城	土烟叶	35	80	28	10	280
泾县	土烟	1317	80	1053.6	10	10536

资料来源：王鹤鸣、施立业：《安徽近代经济轨迹》，安徽人民出版社 1991 年版，第 120 页。

麻，长江下游江西、安徽 2 省均产麻，麻的贸易也刺激了麻的生产。在沿江一带，安庆府、宁国府、池州府、滁州山地中多种麻，许多农家从事手工麻纺织业。③ 如怀宁县产麻，有苎麻、黄麻、白麻、柳叶麻。④ 1916 年，安徽种植大麻 97814 亩，产麻 19562800 斤，平均每亩 200 斤，

---

① 程叔度、秦景丰：《烟酒税史》，河南人民出版社 2018 年版，第 4 页。
② 舒景蘅等纂，朱之英修：《怀宁县志》卷 6《物产》，1918 年，铅印本。
③ 程必定、汪贵胜、许祖范：《安徽近代经济史》，黄山书社 1989 年版，第 57 页。
④ 舒景蘅等纂，朱之英修：《怀宁县志》卷 6《物产》，1918 年，铅印本。

主要产区在金寨、六安、霍邱等地。① 六安地区有麻行 200 余家，年销大麻 1 万吨，主要销往山东、河南、浙江、江苏。② 表 8－4 中，皖江地区麻生产较为普遍，以六安、滁县、铜陵为多。

表 8－4　　　　　　　　　皖江地区麻生产统计（1919）

县名	品种	面积（亩）	每亩平均（斤）	总量（石）	每石平均价（元）	总价（元）
太湖	野麻	1300	100	1300	15	19500
潜山	苎麻	100	70	70	20	1400
宣城	苎麻、黄麻	1876	120	2251	10	22512
宁国	苎麻	900	50	450	20	900
南陵	麻、大麻、亚麻	1280	150	1920	12	23040
青阳	黄麻	1200	50	600	18	10800
泾县	青麻、黄麻	1350	120	1620	8	12960
铜陵	大麻	4680	37	1731	20	34632
繁昌	苎麻、亚麻	1230	180	2214	20	44280
巢县	苎麻	600	80	480	18	8640
无为	大麻	1264	200	2528	14	35392
和县	黄麻	2000	135	2700	5.5	14850
含山	大麻	500	150	750	11	8250
贵池	青麻、黄麻	500	60	300	12	3600
秋浦	苎麻	110	120	132	21	2772
石棣	青麻	50	60	30	16	480
滁县	山麻	18365	60	1119	18	198342
六安	火麻、寒麻	32961	200	65922	7	461454

资料来源：王鹤鸣、施立业：《安徽近代经济轨迹》，安徽人民出版社 1991 年版，第 121—122 页。

---

① 沈世培：《文明的撞击与困惑：近代江淮地区经济和社会变迁研究》，安徽人民出版社 2006 年版，第 153 页。

② 舒城县地方志编纂委员会：《舒城县志·商业》，黄山书社 1995 年版。

洋药进口，刺激安徽罂粟种植。19世纪70年代后，安徽开始种植罂粟，尤其以合肥、亳州、颍州、阜阳、涡阳等地种植为多，芜湖周边有少量种植。如光绪十八年（1892），安徽亳州、颍州、涡阳为芜湖大宗鸦片来源地，运进总额为760担。安徽种植罂粟逐渐扩大，生产的土药质量也迅速进步，"在最近的将来，或可与洋药抗衡也"。[①] 到光绪二十三年（1897），"本省种罂粟者亦年胜一年，罂粟一项，从前土人私种干禁，近年则议有章程，土人可以公然种植矣"。[②] 罂粟种植面积扩大，侵占了耕地，毒害人民身心健康，同时，土药输入芜湖增多，也形成了与洋药竞争的局面。

商品性农业是近代农业发展方向，以市场为导向的农业产业化经营是趋势。随着商品经济发展，近代皖江地区农村经济已逐渐市场化，并成为世界资本主义市场经济的一部分，农产品商品化程度提高，使乡村与市场紧密联系起来，城乡经济关系也日益紧密，从而促使自然经济解体。

第三节　口岸城市洋货贸易促进农村"织"的商品化

自然经济解体是近代城乡经济互动的结果，近代口岸城市对腹地农村辐射大于一般城市，对腹地农村自然经济解体作用巨大。目前学界对口岸城市在自然经济解体中作用研究不足。同时，各地自然经济解体速度不同，"耕织分离"顺序不同，不能绝对化。尤其认为洋纱、洋布输入，促使"耕织分离"，使自然经济开始解体，把自然经济解体理解为小农业与家庭手工业的分离，把"耕"与"织"的分离作为理解自然经济解体的标志。这些看法，具有一般性。洋纱、洋布输入，促进了农村家庭棉纺织业生产专门化、市场化及其分化。近代自然经济解体，还表现

---

① 沈世培校注：《〈芜湖关华洋贸易情形论略〉校注》，安徽师范大学出版社2015年版，第99—100页。

② 中国第二历史档案馆编：《中国旧海关史料（1859—1948）》，京华出版社2001年版，第26册，第157—158页。

在农村家庭棉纺织手工业的破坏,即"耕织分离",口岸城市贸易起了催化作用,促进农村"耕织分离","织"的商品化,不仅冲击了家庭手工棉纺织业,而且促使家庭手工棉纺织业向新的方向发展。学界认为中国自然经济解体是"耕织分离",这种解体的顺序为:(1)"三部曲":第一步,非植棉纺织户出现,用纱来自市场,由"棉纺结合"到"棉纺分离";第二步,洋纱代替土纱织布,即"纺织分离";第三步,洋布代替土布,家庭手工棉纺织业停业,即"耕织分离"。① (2)"二部曲":认为这种解体的顺序为,"外国资本主义首先在中国用洋纱代替土纱,使手纺业与手织业分离;其次是用洋布代替土布,使手织业与农业分离"。② 关于安徽自然经济解体过程,学界认为,"先是洋纱取代土纱,继而洋布取代土布"。③ 表面上看这种说法是合理的,但是如果深入研究,从芜湖与皖江地区城乡经济互动关系中,可以看出,这种解释是不妥的,不是绝对的。这恐怕要看口岸城市辐射强弱,如果强,则"耕织分离"的快;如果弱,则"耕织分离"的慢,同时,"耕织分离"顺序也不是绝对的。

一 洋布输入使有的家庭土布纺织停业

在口岸城市距离较近的腹地农村,由于持续不断的洋布输入,有的地方家庭手工棉纺织业受到冲击,有的土布生产停业,很快出现"耕织分离",农民穿衣依靠市场。这是因为传统家庭手工纺织业土布生产,属于简单的手工劳动,"生产组织幼稚","工具简陋,技术幼稚",在市场上缺乏竞争力。④ 而近代输入的洋布,"洋人以机器织成,幅宽质细价廉,而适于用,人皆便之,反弃土布而不用,其夺我之利,实为最巨"。⑤ 洋布比土布具有明显优势,竞争力强,所以洋布输入后,受到人们欢迎,直接冲击了土布生产。随着光绪十九年(1893)—光绪二十五年(1899)

---

① 徐新吾:《近代中国自然经济加深分解与解体的过程》,《中国经济史研究》1988 年第 1 期。
② 于素云、张俊华、周品威:《中国近代经济史》,辽宁人民出版社 1985 年版,第 121 页。
③ 翁飞等:《安徽近代史》,安徽人民出版社 1990 年版,第 233 页。
④ 王子建:《中国土布业之前途》,徐松石:《民国丛书》第二编(35),上海书店出版社 1990 年版,第 140—141 页。
⑤ 清代钞档:光绪十五年奕劻奏,同年十二月十七日朱批,见彭泽益主编《中国近代手工业史资料(1840—1949)》第 2 卷,中华书局 1962 年版,第 222 页。

欧洲棉纺织品以及光绪二十五年（1899）—光绪二十六年（1900）美国棉纺织品的入侵，中国棉纺织手工业破产了。而且这种棉纺织品进口越来越多，于1920年达到了最高数目，后来则由于灾荒而缩减。① 棉纺织手工业破坏也愈加严重。19世纪后期，洋布消费增加，光绪二年（1876），"洋布在中国已经广泛使用了"。② "棉花一项，产自沿海各区，用以织布纺纱，供本地服用外，运往西北各省者，络绎不绝。自洋纱洋布进口，华人贪其价廉质美，相率购买，而南省纱布之利，半为所夺。迄今通商大埠，及内地市镇城乡，衣大布者十之二三，衣洋布者十之七八。"③ 19世纪末，皖江地区洋布消费增加，而用于纺织的洋纱消费减少，就表明一些家庭棉纺织业遭到破坏。就是离口岸城市较远的地方，也出现了土布生产停业现象。据民国《霍山县志》载，咸丰、同治以前，皖西霍山县，有很多农民制机织布，土布生产很有名，但是，洋布输入，土布生产受到破坏，到光绪三十一年（1905）前后，"名家机布，今已无传"。④ 皖东滁州由于商品经济发展，自然经济解体，对市场依赖性加强，光绪二十三年（1897）前后，一些滁州人，"不谙纺织，率购布于他方"。⑤ 光绪三十年（1904）芜湖海关贸易报告就指出，洋纱进口少，而洋布进口多，"似有棉纱消费较少，而棉布消费较多之趋势，可见本地家庭纺织工业已渐衰落也"。⑥ 1905年芜湖海关贸易报告又指出，"进口棉纱减少，洋布增多，显见本地居民于纺织一道今逊于昔矣"。⑦ 到民国时

---

① ［法］谢和耐：《中国社会史》，江苏人民出版社1995年版，第534页。
② 彭泽益编：《中国近代手工业史资料（1940—1949）》第2卷，中华书局1962年版，第220页。
③ 郑观应：《盛世危言》卷7《纺织》，第20页。见彭泽益编《中国近代手工业史资料（1940—1949）》第2卷，中华书局1962年版，第223—224页。
④ （清）秦达章修，何国佑等纂：《霍山县志》卷2《地理志下·物产》，清光绪三十一年木活字本。见戴鞍钢、黄苇主编《中国地方志经济资料汇编》，汉语大词典出版社1999年版，第714页。
⑤ （清）熊祖诒纂修：《滁州志》卷2《食货志一·风俗》，清光绪二十三年木活字本。见戴鞍钢、黄苇主编《中国地方志经济资料汇编》，汉语大词典出版社1999年版，第715页。
⑥ 沈世培校注：《〈芜湖关华洋贸易情形论略〉校注》，安徽师范大学出版社2015年版，第167—168页。
⑦ 中国第二历史档案馆编：《中国旧海关史料（1859—1948）》，京华出版社2001年版，第42册，第269页。

期,洋布代替土布成为趋势,"尤以日本货占其大宗"。① 受西方市场的影响,在 1920 年以前,棉花出口增加,棉纱和棉布则输入增加,表明中国手工纺织在资本主义的械器纺织的压迫下,纷纷破产,不得不输出棉花而输入其成品。1920 年后,棉花成了主要进口原料之一,棉纱由入超变成了出超,棉布的入超值也逐渐减少,这是帝国主义在华所设棉纺织厂增多的结果。帝国主义从前在其本国纺纱织布向中国输出,后来就得用中国廉价劳动力在中国设厂制造,并从中国输往其他殖民地。"棉花及其制品在旧中国进口贸易中地位的演变,是说明近代中国经济变化过程和半殖民地性加深的一个主要标志。"② 到 20 世纪 30 年代,中国"土布业也逐渐倾向于衰微了"。③ 洋布输入冲击了家庭手工棉纺织业,人们依赖市场购买洋布穿衣,使土布生产减少,甚至停止了。传统家庭手工纺织业逐渐破坏了,"织"与"耕"分离了。当然,这是部分的,不是全部。

二 洋纱输入使"纺织分离"

有的地方洋纱输入,使手纺业与手织业分离,即"纺织分离",没有完全"耕织分离"。洋纱输入促进家庭手工棉纺织业生产的分化。

洋纱与土纱的竞争。口岸开放后,洋纱也开始进口到腹地农村,对传统自然经济下家庭棉纺织业有巨大冲击。但是,洋纱对传统纺织业的冲击并不是立即见效的,有个渐进过程。19 世纪 40 年代,上海等口岸开埠后,洋纱输入东南沿海各省,曾出现过 10 年滞销的现象,反映出这些地方农村自然经济对洋纱有顽强抵制。其实,晚清时期,芜湖进口洋纱也不多。一般进口到芜湖再转销到皖江地区的洋纱主要是印度棉纱,"印度棉纱匀细,织布出色,而且耐久"。④ 但是,在 19 世纪末,由于印度纱价格高于土纱,不如用本地棉花纺的土纱便宜、合算,所以进口有限。

---

① 王子建:《中国土布业之前途》,徐松石编:《民国丛书》第二编(35),上海书店 1989 年版,第 140 页。
② 严中平等编:《中国近代经济史统计资料选辑》,科学出版社 1955 年版,第 77—78 页。
③ 王子建:《中国土布业之前途》,《民国丛书》第 2 编(35),上海书店 1989 年版,第 127 页。
④ 中国第二历史档案馆编:《中国旧海关史料(1859—1948)》,京华出版社 2001 年版,第 21 册,第 130 页。

如光绪十九年（1893），印度纱价格，由光绪十八年（1892）每包300斤值银44或45两涨至每包57两或58两，年底增至60余两，而本地棉花每包300斤售价约64元，低于印度纱价格，所以，印度棉纱进口急剧减少。① 土纱仍然普遍使用，洋纱进口有限。如光绪十七年（1891），芜湖进口洋棉纱，只销往庐州府、六安州2处，"因本年庐州、和州棉花收成最薄"。② 光绪十九年（1893），棉花收成最佳，输出只有578担，没有输出的棉花主要用来家庭纺纱织布，"因印度棉纱来源特少，土产仅敷内地之用，无多余出口故也"。③ 到20世纪初，洋纱进口增加，如光绪三十二年（1906），印度棉纱进口到芜湖有31480担，约为光绪三十一年（1905）进口量之2倍，因皖江地区棉花受水灾，收成减少，并印度棉纱价格略低。④ 洋纱在与土纱的竞争中，有其优势，使有的家庭织布可以使用洋纱。

洋纱用于家庭手工棉纺织业。19世纪后期，中国农村经济依然是耕织结合的自然经济，农村用纺车、织机，把土纺织成土布，满足农民穿衣需要。但是，印度棉纱输入，用来织布，冲击了传统家庭手工业。如光绪二十三年（1897），印度棉纱和中东棉纱大量进口，"悉供织布，其进口洋布会否末减，尚未易言。所可信者，中华专用洋纱，或搀用土纱，织成布匹，均属销售合宜，殆只敌外洋下等粗布耳"。⑤ 印度棉纱，"或单用此纱，或掺杂以手工所制之纱，织成粗布，较通常各种棉布，实为经济也"。⑥ 到1912年，印度棉纱为近4年中进口最多的，日本各种棉纱则为近10年中最多的，以前为鸦片贸易商店多改销售洋布。内地购买洋纱，

---

① 中国第二历史档案馆编：《中国旧海关史料（1859—1948）》，京华出版社2001年版，第21册，第130页。

② 中国第二历史档案馆编：《中国旧海关史料（1859—1948）》，京华出版社2001年版，第17册，第135页。

③ 中国第二历史档案馆编：《中国旧海关史料（1859—1948）》，京华出版社2001年版，第21册，第131页。

④ 沈世培校注：《〈芜湖关华洋贸易情形论略〉校注》，安徽师范大学出版社2015年版，第173页。

⑤ 中国第二历史档案馆编：《中国旧海关史料（1859—1948）》，京华出版社2001年版，第30册，第171页。

⑥ 沈世培校注：《〈芜湖关华洋贸易情形论略〉校注》，安徽师范大学出版社2015年版，第131页。

多为用来生产手工纺织品（如面巾等）。人们喜欢素深黑泰西缎为衣料，代替了各种毛织品。①

家庭手工棉纺织业使用棉纱织土布的，最为典型的是合肥一带产生了生产土布的"机户"。合肥地区历史上种桑养蚕，以丝织业闻名，明清时期所产"万寿绸"，就已成为贡品。鸦片战争后，丝及丝织品出口一度兴盛，且芜湖开埠后，皖江地区很多地方引种湖州桑树，合肥官府也曾号召农民种桑养蚕。但是，由于丝及丝织品出口需求减弱，江浙等地丝织品进入合肥市场，合肥丝绸市场受到冲击，丝绸销售困难，农民多由种桑养蚕改为种棉花，棉花产量曾占安徽全省首位。合肥东南乡农民利用当地盛产的棉花，发展家庭棉纺织业，富裕农户把纺织作为致富的副业，形成一耕二织为业的"机户"，有五六千户。每个村庄，机杼昼夜不停，声闻遐迩。② 这种"机户"仍然是耕织结合，似乎和封建自然经济下的耕织结合相同，实际上有很大区别。第一，专业化生产。原来家庭棉纺织业生产的纱和布只是为了家庭使用，需求量不大，投入的人工和资金很少。但是，"机户"不同，他们有木机1张至四五张不等，在农闲时间，全家参与，不仅可以用自纺土纱或购买土纱织成土布，还用洋纱织成格花布和条花布。有些"机户"还可以自纺、自织和自染。第二，市场化生产。"机户"生产的布匹不是为了自己家庭使用，而是向市场出售，为专业纺织商品生产，从市场购买土纱和洋纱织布，产品也卖给合肥布业市场上布行。由于"机户"生产属于家庭劳动，杂项开支少，成本较低，外埠布匹到合肥难以与之竞争，所以合肥"机户"多，产品也多，土纱、土布纺织业逐渐成为合肥最大行业。同时，还要看到，除上等"机户"能走出农村外，有大量中下等"机户"仍然留在农村，从事家庭手工棉纺织生产。中等"机户"比例较大，资金不多，产品花色和质量一般。下等"机户"，资金少，技术低，产品里外不一致，外面厚，里面薄，常喷水、上浆来补充。布行对这类"机户"最不欢迎，往往以

---

① 沈世培校注：《〈芜湖关华洋贸易情形论略〉校注》，安徽师范大学出版社2015年版，第206页。

② 邓竹如：《解放前合肥工商业概况》，安徽政协文史委员会编《安徽文史资料选辑》第14辑，巢湖印刷厂1983年印，第83页。

低于市价杀价收购。① 但是，这些中下等"机户"在合肥东南乡大量存在，体现了农村家庭手工棉纺织生产专门化和市场化，属于商品生产，与自然经济下为家庭生产截然不同。所以，近代家庭手工棉纺织业生产走向，或遭到破坏，或进行商品生产，自然经济向商品经济发展。这些"机户"生产只能算是"纺织分离"，不是"耕织分离"。

三 农村家庭手工棉纺织生产向城镇手工作坊生产发展

有的地方，纺织户从"纺织分离"到在城镇开机坊，专门用洋纱织布，实现"耕织分离"。洋纱输入口岸城市以后，有两个去向：一是城镇手工织布作坊购进洋纱织布，二是农村家庭购进洋纱织布。前者比较普遍，近代城镇土布业兴盛，这也是口岸城市及其他城镇手工织布作坊纷纷设立的原因。后者不太普遍，但是家庭手工纺织业采用洋纱织布，还是存在的，特别像合肥一带"机户"，就是大量购进洋纱织布。这些"机户"生产属于商品生产，为市场服务的专门化生产。"机户"生产不同，发展方向也不同，出现了分化。"机户"约分上、中、下3等。上等"机户"，生产已开始专业化。他们资金充裕，信用好，产品多，花色新颖。有些"机户"投机取巧，把布匹展开，在内层喷水，以增加其重量，而上等"机户"所出售布匹不喷水，里外一致。也有一些"机户"为了增加布匹重量，在布匹内层洒上稀薄的米浆，晒干后出售，而上等"机户"所出售布匹不上浆。合肥布业市场的布行信任上等"机户"，优先收购他们的布匹。这些上等"机户"生产布匹销路好，销量大，生产也较为兴旺，自己家忙不过来，还雇工帮忙织布，出现了雇工劳动，按件计工。一些上等"机户"积累了较多资金后，离开了家乡，到芜湖和合肥开设机坊，从事专门手工织布业。这些手工业发展，对口岸城市工业品输入进行抗争，有利于保护农村经济。近代芜湖所有机坊主和织布工人，都来自合肥东南乡。这也构成了芜湖对皖江地区资金和人员的吸附，加强了城乡关系。他们在芜湖生产土布，在芜湖销售，还返销皖江地区，还销往江苏。少数的上等"机户"在合肥市区开设机坊，也促进了合肥土

---

① 邓竹如：《解放前合肥工商业概况》，安徽政协文史委员会编：《安徽文史资料选辑》第14辑，巢湖印刷厂1983年印，第83页。

布业发展。① 到抗战时期，芜湖和合肥沦陷，这些"机户"又到合肥附近的三河镇开设机坊，使 20 世纪 40 年代三河镇棉纺织业最为兴盛，有"机户"1000 余家，木制机组 1500 台，从业人员 5000 人，年产棉布 900 余万米，销往皖西及湖北、河南等地。② 这些上等"机户"生产，已从农村家庭手工棉纺织生产向手工作坊生产发展了，并向资本主义生产发展，"织"不仅商品化，还从农村家庭生产分离出来，"织"与"耕"已分离。家庭手工棉纺织业生产出现了分化。

不过，自然经济解体是渐进过程，家庭纺织业商品化也是有限的，自然经济在农村长期存在。《二十三年度安徽省统计年鉴》载，安徽素不产棉，昔日常赖苏、浙、赣、鄂等省供给布匹，20 世纪 30 年代仍为苏省南通一上好销场。但安徽家庭织业，也遍布全省，不过产量不足自给罢了。1934 年安徽省府调查，全省 73 县中，存有家庭织业者有 42 县之多。产量甚高的县份为合肥，年达 98 万余匹；其次为怀宁、芜湖、舒城，各在 10 万匹至 30 万匹；再次为桐城、六安、望江、定远，各在 5 万匹以上，其他如寿县、巢县、当涂、凤阳、广德、潜山、太和、南陵、宣城，亦均在万匹以上；42 县的总产量 200 余万匹，值 400 余万元。③ 安徽家庭织业仍然占据重要地位。

第四节　口岸洋货贸易对皖江地区农村经济生活影响

芜湖对皖江地区经济辐射，以运入内地洋货贸易为主。洋货以工业品为主，代表了先进的技术和产业优势，自芜湖开埠以后，洋货以其优势广泛地渗透到皖江地区广大乡村，影响着人们生活和生产。皖江地区不仅受到芜湖口岸城市经济影响，还受到其他口岸城市经济影响。口岸

---

① 邓竹如：《解放前合肥工商业概况》，安徽政协文史委员会编：《安徽文史资料选辑》第 14 辑，巢湖印刷厂 1983 年版，第 83 页。
② 徐传钊：《三河纺织业今昔》，肥政协西文史委员会编：《古镇三河》，肥西三河印刷厂 1985 年印，第 131 页。
③ 《二十三年度安徽省统计年鉴》，见严中平《中国棉纺织史稿》，科学出版社 1955 年版，第 261—262 页。

土货贸易，促进腹地自然经济解体，使农村经济进一步依附城市经济。本节以芜湖海关资料为主，考察口岸洋货贸易对皖江地区农村经济影响。

一 口岸洋货贸易对腹地乡村经济影响

五口通商后，洋货大量流入内地，销路较广，人们乐于接受，不仅仅是因为资本主义列强以不平等条约对中国进行经济侵略，而且是因为洋货本身多为工业品，有自身技术和产业优势，产品质量超过了手工业品，因此在中国，市场在洋货倾销中有重要作用。光绪二十四年（1898）前后，中国进口洋货值银 17100 余万两，其中杂货 7800 余万两，棉货 5300 余万两，洋药近 3000 万两，绒毛 300 余万两，钢铁 800 余万两，而中国出口仅有丝 3000 余万两（机器缫丝居 1/3）、茶 2000 余万两（红茶 2300 余万，绿茶 300 万至 400 万、梗末数十万），洋货充斥，土产滞销，经济仰给于人。"如洋油盛，则豆、叶等油日少，洋布盛，则土布日绌。"① 这种情况在芜湖和皖江地区表现得也很明显。芜湖开埠后，洋货在皖江地区很畅销，洋药、洋纱、洋布、洋糖及洋烟、洋火、洋皂、洋油、洋烛等"五洋"商品充斥内地市场，很受欢迎。如光绪三十二年（1906），芜湖进口印度各种棉纱 31400 余担，比光绪三十一年（1905）进口约增 1 倍，进口糖 231700 余担，煤油 4802700 加仑，均超过前 10 年进口数额。其最易销畅地，为池州府和省会安庆以及西北六安州。白糖、车糖以及美煤油，"均为人乐于食用，在本市销用"。② 洋货成为人们喜爱的日用品，很畅销，影响着乡村百姓生活方式。

二 穿戴的变化

传统衣料主要为土布，但是洋布进口后，因其质优价廉，在城乡畅销，逐渐占领了皖江地区城镇布业市场，冲击了人们传统衣着习惯，人们开始逐渐改穿洋布衣服。芜湖开埠后，棉织品进口增加迅速，如芜湖

---

① （清）李应珏撰：《皖志便览》卷 2《池州府序》，清光绪二十八年刻本。见戴鞍钢、黄苇主编《中国地方志经济资料汇编》，汉语大词典出版社 1999 年版，第 861 页。

② 中国第二历史档案馆编：《中国旧海关史料（1859—1948）》，京华出版社 2001 年版，第 44 册，第 267 页。

海关进口洋布，光绪三年（1877）仅 66505 匹，光绪四年（1878）达 159063 匹，增长 1 倍多。到光绪十二年（1886）有实质的增加，其中最重要货物，原色布和白粗布共 13522 匹，英国市布 18851 匹，手帕 16820 打，为历年最高数字。① 光绪二十五年（1899），经芜湖海关输入的洋布已高达 514488 匹，为开关第一年进口洋布的 7.73 倍，可见增长速度之快。据不完全统计，当年安徽全省共有人口 1800 万左右，② 平均每个安徽人服用洋布 1.4 尺左右。③ 1912 年，芜湖海关贸易报告，就谈到该年洋货进口量超过历史时期，人们生活受到的影响很大，其中棉布匹贸易极为活跃，其中，尤以原色布、白粗布及英国斜纹布行销最畅。④ 这些布匹染色制成衣服，运销内地。1886 年海关税务司在海关贸易报告中，详细地描述了棉布在芜湖加工后销往皖江地区情况："闻本地居民作衣服及他项用者，至今仍约有一半为土布，但对洋货之信用，已逐渐增高，尤以其易于染成华人所爱好之蓝色。始则将其压光，继则卷成大小适中之捆，以丝带系紧，复以纸裹之，纸上印有图案，并说明言多过实，如此装置于华商店中，屡屡见之。英国市布亦仿此装置，脱售甚速，且以价格较美国各种市布为廉，今已在贸易表上占重要之位置。余思布匹贸易，亦与他进口贸易同，均以米出口贸易之情形而定。其他且不论，姑举一例，如大批民船运米至此，则不难以廉价雇用船只，装运各种货物至内地，因船主宁愿于归途中，稍得酬金，不愿空舟而返也。"⑤ 米商在运米到芜湖销售后，不能空船回去，必须带回洋货到内地销售，其中就包括洋布。19 世纪末，通商大埠及内地市镇城乡，衣大布者十之二三，衣洋布者十之七八。⑥ "大布"即土布，穿土布少，穿洋布多，可见洋布成为城乡重

---

① 沈世培校注：《〈芜湖关华洋贸易情形论略〉校注》，安徽师范大学出版社 2015 年版，第 61 页。
② 王鹤鸣、施立业：《安徽近代经济轨迹》，安徽人民出版社 1991 年版，第 18 页。
③ 王鹤鸣：《芜湖开埠对安徽近代经济的双重影响》，《合肥工业大学学报》（社会科学版）1990 年第 2 期。
④ 沈世培校注：《〈芜湖关华洋贸易情形论略〉校注》，安徽师范大学出版社 2015 年版，第 206 页。
⑤ 沈世培校注：《〈芜湖关华洋贸易情形论略〉校注》，安徽师范大学出版社 2015 年版，第 61 页。
⑥ 郑观应：《盛世危言》，中州古籍出版社 1998 年版，第 385 页。

要衣料。19世纪末20世纪初,"安徽长江两岸城镇的居民已渐渐改穿洋式服装,乡人衣着,大半仰给于洋纱布"。① 皖江地区农村穿洋布成为时尚,如怀宁县,清光绪末,棉花减收,出布渐少,"乡人衣着,大半仰给于洋纱布也"。② 大量洋布销往皖江地区各城镇,居民衣服布料结构发生了变化。

洋式衣帽,进口也逐渐最多,1912年是宣统三年(1911)20倍,为最高纪录,"此一般人趋新之结果也"。帽,以英国和日本货为多,当时芜湖民众对于式样还不注意其新旧,这样,欧洲式样过时货物运到中国销售。当时,"穿丝绸及戴旧式帽者,复触目皆是,其中尤以商人为最多,此显然旧历新年中之气象,此等装束似为中国交际礼仪所应备,但亦隐然含有提倡国产之丝绸,以代替舶来品之意也。至如中国服装,适合中国式房屋之说,此亦不过指一时而言,现渐渐改穿洋式服装矣"。③

另外,芜湖出现洋式理发馆,使用日本工业品,贸易兴盛。居民家庭常用木梳,以代洋式毛刷,因其功用相同,而价较贱。从上海运来的皮革用于生产中国式鞋和靴,这些鞋靴还未完全仿照洋式,阴天穿靴,晴天穿鞋,价格又较低。芜湖所做洋式皮鞋,最为坚固、结实,每双只需洋2.5元。④

三 用的变化

煤油,在中国是比较畅销的洋货,晚清输入中国由来已久,深入农村,"已成为一般民众生活资料"。⑤ 到19世纪90年代,传统植物油照明的生活方式,被煤油照明方式所取代。⑥ 芜湖开埠后,煤油销量不断增

---

① 安徽省地方志编纂委员会:《安徽省志·对外经济贸易志》,方志出版社1998年版,第43页。
② 《怀宁县志》卷6《物产》,江苏古籍出版社1998年版,第110页。
③ 沈世培校注:《〈芜湖关华洋贸易情形论略〉校注》,安徽师范大学出版社2015年版,第206页。
④ 沈世培校注:《〈芜湖关华洋贸易情形论略〉校注》,安徽师范大学出版社2015年版,第206页。
⑤ 韦镜权:《英美俄之石油战与我国之国计民生》,《东方杂志》第31卷第14号,第137页。
⑥ [美]费正清:《剑桥中国晚清史》下卷,中国社会科学出版社1985年版,第39页。

加。石油公司渗透到皖江乡村。如1921年,受美国美孚石油公司委托,无为县城人金绍韩在襄安设立中孚石油公司,并在无城和庐江城设立分公司,以批发为主,有5名职员、3名工人。在无城仓埠门外石油栈储油有20余铁桶。1927—1937年,亚细亚、光华石油公司在无城先后开办,石油来自英、美。① 煤油畅销的原因,是因为"较土货价值便宜,发光力强大"。② 所以,煤油进口,"年盛一年,以其利用,人乐购之"。③ 光绪十二年(1886),由于煤油市场价格低,每市斤仅为40文,且质量很好,十分畅销,"本地居民十有九家用煤油点灯,至于贫民则用以点燃土制之灯"。④ 洋油灯,民国时期,"逐渐取代油灯成为主要照明具"⑤。不过,煤油在城市普及率高些,农村由于经济落后,使用少些,以致到清末菜籽油灯仍然在使用。如宣统元年(1909),"煤油之销场,概从未减。至于报运内地亦寥落者,系乡民于春夏时,多用菜籽油为燃料故也"。⑥

肥皂,主要用来洗面、洗手、洗衣、洗发等,芜湖居民除对煤油重视外,对肥皂也很重视,光绪十三年(1887)肥皂需用量,约为10年前860%的。⑦

火柴,芜湖进口有大量增加,芜湖开埠初主要是进口瑞典和英国火柴,到光绪十四年(1888),此2国火柴被日本货驱逐于市场之外,因日货价贱,且发光力强。⑧

---

① 无为县地方志编纂委员会:《无为县志》,社会科学文献出版社1993年版,第267页。
② 沈世培校注:《〈芜湖关华洋贸易情形论略〉校注》,安徽师范大学出版社2015年版,第57页。
③ 彭泽益编:《中国近代手工业史资料(1840—1949)》第2卷,中华书局1962年版,第167页。
④ 安徽省地方志编纂委员会编:《安徽省志·商业志》,安徽人民出版社1996年版,第50页。
⑤ 肥西县地方志编纂委员会:《肥西县志·风俗志》(评议稿)。
⑥ 中国第二历史档案馆编:《中国旧海关史料(1859—1948)》,京华出版社2001年版,第51册,第310页。
⑦ 沈世培校注:《〈芜湖关华洋贸易情形论略〉校注》,安徽师范大学出版社2015年版,第67页。
⑧ 沈世培校注:《〈芜湖关华洋贸易情形论略〉校注》,安徽师范大学出版社2015年版,第73页。

与百姓相关的生活用品，大量倾销皖江地区。如 1912 年，仅日本绕道上海运来的洋货就有棉布、斜纹布、手帕、面巾、棉纱、衣服、煤、被单、棹毯、玻璃器具及玻璃、袜、灯及灯具等、纸、香水、海菜、肥皂、糖、硫酸、裁缝用具、玩具、伞、火柴等，值关平银 100 万两，但此数字仅占进口洋货总值的 1/9。① 上述货物价格低廉，所以畅销。还有其他货物，适应当时需要，进口也很多。

四　吃的变化

吃的方面，典型的是鸦片和糖的输入。鸦片输入芜湖后，很快成为城乡民众消费品，而且很畅销。到光绪十年（1884），"芜湖及其附近区域吸鸦片者，占百分之大多数，且常增加。将来此项贸易，尚有继续发达之可能也"。② 鸦片流入皖江地区，刺激了当地鸦片生产和消费，形成洋药和土药的竞争。土药种植扩大，输入芜湖的也多，对洋药冲击。到 20 世纪初，种罂粟区域增广，但是仍然不能满足本省需要。所以，有四川、云南、陕西、河南、江苏土药输入。③ 糖，有白糖、香港火车糖、太古糖，称为洋糖，"为人乐于食用"。④ 洋糖畅销，20 世纪初，洋糖（香港火车糖）有排挤土产白糖于市场之外之势。⑤ 如光绪三十一年（1905），进口糖 231700 余担，煤油 4802700 加仑，均超过前 10 年进口数额。其最易销畅之地，则为本省之池州府与省会之安庆以及西北之六安州。⑥ 糖是农村一种受欢迎的消费品，"此货消费之多寡，可卜其居民幸福之程度，亦如用奢侈品，然据是以观，则内地居民之幸

---

①　沈世培校注：《〈芜湖关华洋贸易情形论略〉校注》，安徽师范大学出版社 2015 年版，第 206 页。

②　沈世培校注：《〈芜湖关华洋贸易情形论略〉校注》，安徽师范大学出版社 2015 年版，第 52 页。

③　中国第二历史档案馆编：《中国旧海关史料（1859—1948）》，京华出版社 2001 年版，第 36 册，第 183 页。

④　中国第二历史档案馆编：《中国旧海关史料（1859—1948）》，京华出版社 2001 年版，第 44 册，第 267 页。

⑤　沈世培校注：《〈芜湖关华洋贸易情形论略〉校注》，安徽师范大学出版社 2015 年版，第 149—150 页。

⑥　中国第二历史档案馆编：《中国旧海关史料（1859—1948）》，京华出版社 2001 年版，第 44 册，第 266—267 页。

福,尚未减低也"。①

总之,我们在看到洋货贸易不平等的一面,也要看到洋货的优势和市场的作用,不能片面看待洋货贸易。

第五节 乡村发展障碍

近代芜湖口岸城市与腹地城乡经济互动关系给城乡带来了变化,但是由于受到外国资本主义和本国封建主义双重影响,城乡经济关系难以实现良性互动,存在很多障碍问题,其发展困境也是近代社会发展问题的体现。

一 资本主义压迫和剥削

近代中国的城乡关系是由通商口岸城市主导的,这些通商口岸城市的设立,则主要是服务于外国资本主义在华经济扩张的需要。② 光绪三十年(1904),青岛的华商说:"青岛不是为中国人建的,自由港的好处首先要让德国人享用。"③ 孙中山指出,"外人之在我国百计营求,无非欲握特别利权,冀达其自私之目的"。④ 通商口岸的基本格局,是由外国资本主义倚仗不平等条约强行开埠后逐渐形成。1939 年毛泽东指出,帝国主义列强根据不平等条约,控制了一切重要的通商口岸、租界、海关、对外贸易、交通等,以此大量推销其商品,把中国变成其工业品市场,同时又使中国的农业生产服从于帝国主义需要,"从中国的通商都市直到穷乡僻壤,造成了一个买办的和商业高利贷的剥削网"。⑤ 资本主义列强在华贸易采取不平等贸易,首先,享受低税特权,洋商进口洋货,在海关只要纳 5% 的关税,如果运销内地,再纳 2.5% 子口税,便可畅行无阻,而到内地收购土货,运出时也只需缴纳 5% 关税,便可顺利输出。而内地

---

① 沈世培校注:《〈芜湖关华洋贸易情形论略〉校注》,安徽师范大学出版社 2015 年版,第 167—168 页。
② 戴鞍钢:《近代中国城乡经济关系演进述论》,《安徽史学》2013 年第 3 期。
③ [德]余凯思:《在"模范殖民地"胶州湾的统治与抵抗———1897—1914 年中国与德国的相互作用》,孙立新译,山东大学出版社 2005 年版,第 186—187 页。
④ 张金超辑注:《孙中山佚文三篇》,《民国档案》2010 年第 2 期。
⑤ 毛泽东:《中国革命和中国共产党》,《毛泽东选集》第 2 卷,人民出版社 1991 年版,第 629 页。

商品贸易关卡林立,税负沉重,难以与洋商竞争。芜湖海关已失去保护本省工农业生产作用。其次,操纵物价,进行不等价贸易。口岸城市与腹地乡村之间城乡经济互动关系,主要是在洋货贸易和土货贸易中构建起来的,但是进出口贸易商品价格受到国际市场影响,并受到外国资本主义操纵。因为芜湖海关被外国人控制,洋货进口和土货出口征税不平等,洋货比土货明显有价格优势,洋人操纵进出口货物价格和品种,进出口贸易不正常,进口货值大于出口货值,出现金银出超。此种不平等贸易,给芜湖及安徽城乡人民生活和经济发展造成了极大的损害,不利于乡村经济发展,也不利于商品经济发展。① 如种桑养蚕、茶叶、烟草、棉花等种植,受到国际市场影响,其价格亦多受外商主导,中国经济从属于世界资本主义经济。近代国内市场商品流通格局,主要为进口商品和机制工业品从沿海、沿江口岸城市输往内地城乡,农副产品及矿产品从腹地乡村输往沿海、沿江口岸城市。在商品流通过程中,由于受到洋商操纵价格,"工农业产品的不等价交换格外突出"。② 最后,利用洋货技术和产业优势,形成工业品与内地农产品价格剪刀差,剥削中国农村经济。

二 封建主义压迫和剥削

封建统治者和地主阶级对广大农民实行封建剥削和压迫的主要手段为田赋、地租、高利贷和劳役。③ 口岸城市对农村的影响,并没有摧毁农村土地所有制,自然经济仍然占主体地位,农民与口岸经济关联有限。农村土地所有制没有动摇。太平天国运动失败后,安徽农村生产关系发生了变化,出现了永佃制,佃农人身依附关系有所减轻。但是,封建土地占有制有强化的趋势。晚清安徽是淮军发迹的地方,淮军将领发迹以后,在家乡投资土地,大量占有土地,成为大地主。近代军阀、官僚、地主、商人结合,牢牢控制着农村经济和社会。他们采取各种手段兼并土地,成为大土地所有者。官僚地主占有土地主要集中在皖江地区的合

---

① 芜湖市地方志编纂委员会编:《芜湖市志》下册,社会科学文献出版社1995年版,第748页。
② 戴鞍钢:《近代中国城乡经济关系演进述论》,《安徽史学》2013年第3期。
③ 程必定等:《安徽近代经济史》,黄山书社1989年版,第136页。

肥县、六安州、芜湖县、郎溪县、建德县及淮北凤台县、宿州。土地占有量和租额都比较大。光绪三十一年（1905）英国领事报告说，大约 6 家有权势家族占有安徽大部分稻田，如李鸿章家，"从安徽芜湖到河南信阳方面，占有着不能测知的大片土地"①。到北洋军阀统治时期，军阀、官僚、地主兼并土地日益剧烈，如"安徽军阀张敬尧（霍丘）、倪嗣冲（阜阳）占地都在七八万亩以上"。② 军阀以下各级军官和一般地主也兼并土地。兼并土地方法多种，有的利用放高利贷手段，灾年放贷，收买土地，乡、保长以贪污、卖壮丁等手段占有土地。③ 农村土地买卖，促进了农村封建性加强。随着商业性农业发展，田价也在发生变化。

在明代，商人购买土地的现象很少，到清代，在暴力因素削弱、经济因素加强的情况下，商人购买土地的现象逐渐多起来了。④ 辛亥革命后，军阀混战，工商业发展环境不安定，许多官僚、富商纷纷购买田地。在这种情况下，地价上涨，农村封建土地所有制在发展，加强了农村封建性，不利于商品经济发展。官僚投资封建土地，也不利于城乡一体化发展。同时，近代农民贫困化，不利于城乡经济关系发展。黄宗智用"内卷化"概念研究长江三角洲小农家庭与乡村发展，认为自明清以来，由于人口增加，中国小农经济为"糊口经济"。中国农村经济，因西欧资本主义之侵入，"已陷入破灭崩溃之途"。⑤ 这种情况也适合皖江地区。民国时期，"农民的生活是一天一天的降低，农村经济已趋于破产的地位"。⑥ 近代城市对乡村的影响，促使农村发生了变化，乡村经济商品化，与城市联系日益紧密。但是近代农村贫困化和封建经济制度，又使乡村背离城市，

---

① 章有义编：《中国近代农业史资料（1912—1927）》第 2 辑，生活·读书·新知三联书店 1957 年版，第 5、15 页。

② 李文治编：《中国近代农业史资料》第一辑，生活·读书·新知三联书店 1957 年版，第 181 页。

③ 中共安徽省党史工作委员会编：《安徽现代革命史资料长编》第 1 卷，安徽人民出版社版 1986 年，第 27 页。

④ 章有义编：《中国近代农业史资料（1912—1927）》第 2 辑，生活·读书·新知三联书店 1957 年版，第 279 页。

⑤ 陈鸾书：《经济建设之新生命》，《安徽半月刊》第 5 期，1931 年 3 月。

⑥ 《霍邱县委工作报告》（1930 年 4 月 17 日），《安徽革命根据地财经史料选》（一），安徽人民出版社 1983 年版，第 13 页。

封建性在加强，不利于城市化和城乡关系一体化。城乡经济关系要实现良性互动，就要消除城乡对立的所有制障碍，充分利用其技术、商品、资金、信息等优势，带动乡村经济发展。

三 商业性农业发展缓慢

近代外国资本主义的入侵，在一定程度上刺激了安徽农业商品生产的发展。但是由于帝国主义势力入侵，封建军阀和地主豪绅统治，灾荒连年，战争频繁，交通闭塞，工商业不发达，丰富的资源得不到开发，人民受尽剥削和煎熬，经济落后，自给自足的自然经济仍占主要地位。[①] 中国传统经济主要是农业经济，工商业比较落后，封建自然经济仍然占主要地位。因此，近代农村自然经济解体也是渐进过程，并且各地不同。李时岳说："在外国资本主义的影响下，近代中国社会的发展形成了这样的格局：通商口岸是经济、文化最发达的资本主义城市；在它的辐射线内形成一个半资本主义半封建的地带，传统的经济、文化被迫调整以适应资本主义中心城市的需要，连传统的农业也发生着某些变化，例如，地主对农民的剥削虽然仍是超经济的封建剥削，但随着经济作物的发展、定额租和货币地租的流行，农民对地主的人身依附关系日益淡化；辐射圈外则仍然滞留在封建桎梏里，而那些外国资本主义影响所不及的内地和山区，便成为最贫穷、最落后的地区。这种格局，至今仍留下了不可磨灭的印记。"[②] 长期以来，学界对自然经济破坏程度估计较为严重，有的甚至认为甲午战前家庭棉纺织业已与农业相分离。黄逸平先生认为，甲午战争前后自然经济的破坏还不很充分，自给自足经济在农村仍占有主要地位。其解体不充分，完全显示了近代中国经济的半殖民地半封建性质。[③] 徐新吾先生认为，到20世纪30年代，中国自然经济仍然占主导

[①] 中共安徽省党史工作委员会编：《安徽现代革命史资料长编》第1卷，安徽人民出版社1986年版，第2页。

[②] 李时岳：《鸦片战争与中国近代社会的畸形发展》，《近代史新论》，汕头大学出版社1993年版，第67页。原载《屈辱与抗争——鸦片战争150周年文集》，中国社会科学出版社1990年版。

[③] 黄逸平：《十九世纪末二十世纪初中国自然经济解体的程度》，《学术月刊》1982年第9期。

地位。① 其实，在工业不发达的中国，自然经济长期存在，直到新中国成立后，仍然占据一定地位。在近代中国，一般在口岸开放的沿海和沿江地区，农村自然经济解体快些，远离口岸城市的内陆和偏远地区，农村自然经济解体则慢些。美国罗兹·墨菲《局外人：西方在印度和中国的经历》一书将通商口岸城市视为"外层中国"，传统乡土社会视为"内层中国"，认为"外层中国"虽然有一些畸形发展，但是对传统乡土社会影响非常有限，而"内层中国"仍然富有活力，不仅阻碍了外国殖民主义势力渗透，还抵制了资本主义扩散，形成革命的反城市主义（anti-urbanism）。② 所以，近代中国农村社会封建性依然很浓厚，口岸城市经济的冲击作用有限，城市化有限，"耕织分离"有限。

商品生产发展缓慢，商业性农业发展规模、数量和质量均有限，也不太稳定。在世界资本主义市场中，中国农村经济处于弱势，不利于农产品在国际市场竞争。当时农业技术落后，农业生产力落后，传统耕作工具主要有木犁、木耙，牛力牵引，人工操作，用以翻耕、平整土地；收获用具有镰刀、禾桶、连枷、木锨、风车等，用以收割、脱粒，扬净稻、麦、油菜籽等；中耕用具有乌头、锄头，用以水稻田、旱地除草、打凼、理沟等；戽水工具主要有木制龙骨水车，用以排灌；粮食加工用具主要有木砻、石碾、石磨、石臼等，用以脱壳、碾粉；运输工具主要有独轮车、小木船、栅盆，短途运输常以扁担、箩筐肩挑人抬。③ 近代芜湖也有一些农业技术改进。宣统三年（1911）在芜湖北门内大街古八蜡庙成立芜湖县农会，1913 年及 1917 年改组 2 次，照章开会，讨论全县农业改良、兴利除弊各事宜，曾附设乙种农业小学 1 班，因款绌停办。有农业试验场 1 块，在迎秀门外水际仓故址；试验水产塘一口，俗名官塘，在旧江防厅南首桑园废址。1916 年在河南（青弋江南）旧演武厅开办芜湖道苗圃，并附设芜湖县苗圃，设技师 1 员，专管培养各项树苗，其薪

---

① 徐新吾：《近代中国自然经济加深分解与解体的过程》，《中国经济史研究》1988 年第 1 期。
② ［美］罗兹·墨菲：《局外人，西方在印度和中国的经验》，密歇根大学出版社 1977 年版。（Rhoads Murphey, *The Out-siders: the Western Experience in India and China*, the University of Michigan Press, 1977）
③ 无为县地方志编纂委员会：《无为县志》，社会科学文献出版社 1993 年版，第 142 页。

水公费，照章在地方财政局内支出。1918年1月在芜湖县南20里白马山北集贤庵及艾蒿山一带，开办芜湖县立模范森林局，面积1000余亩，种植桑槐等树共计7万余株。开办经费在财政局内动支。① 1916年，芜湖蚕茧出口增加颇多，本年出口3950担，1915年1968担，1914年2362担，此项蚕茧，来自芜湖上游大通地方，上海江浙皖丝厂茧业总公所在该镇附近，推广蚕业，指导种桑养蚕。② 1932年"于米市的中心芜湖，设稻作改良场；产麦区域的凤阳，设麦作改良场；以产茶著称的祁门，设茶叶改良场；就省会东郊原有的农事试验场及模范蚕桑场，改为棉业改良场，及蚕丝改良场"。③ 但是，作用有限，对农业经济并没有多大影响，农业上仍为传统的农业，其生产工具和技术没有多大的进步。民国时就有人指出，"我国的农业耕种，一向是用人工而不讲究改进的。因之食料生产力，非常薄弱，倘能利用科学方法，改进耕植则将来收获方面，必有出人预料的增进"。④ 农业生产力水平低，农产品技术含量低，加上农业税收多，米捐税重，增加了农产品成本，在市场竞争中，处于不利地位。外国农产品经过技术加工，而中国近代农业生产和加工技术落后，在技术剪刀差下，农产品销售竞争不过外国商品。安徽历史上以产大米、烟叶、棉、茶、丝等著称，也是近代贸易的重要内容。但由于封建社会制度的束缚，耕作技术落后，这些农产品商品性生产受到局限。

近代皖江地区虽然自然经济逐渐解体，商业性农业得到发展，但是，农村自然经济没有完全解体，皖江地区工业落后，对农村的影响有限，耕织结合的自然经济仍然有支配性地位。如民国时，太湖、望江产棉不多于宿松县，"而土法织成之布较为匀细，其贩售于长江一带者甚伙，为每年收入之大宗"。⑤ 我们以离芜湖比较近的含山县和宣城县为例，考察

---

① 余谊密修，鲍寔纂：《(民国)芜湖县志》卷31《实业志·农会》，黄山书社2008年版，第227页。
② 中国第二历史档案馆编：《中国旧海关史料（1859—1948)》，京华出版社200年版，第73册，第667页。
③ 《安徽政务月刊》第6期，1935年4月，第19页。
④ 程文熙：《人口问题与中国》，《安徽半月刊》1931年第3、4期。
⑤ 俞庆澜、刘昂修，张灿奎等纂：《宿松县志》卷17《实业志·工业》，民国十年活字本。转引自戴鞍钢、黄苇主编《中国地方志经济资料汇编》，汉语大词典出版社1999年版，第716页。

口岸城市对附近腹地农村自然经济破坏作用。如宣城县，离芜湖只有50多千米，受芜湖影响，据1933年调查，当时宣城县仍然以农业为主，只有小规模工业，城内手工业工人300人，工厂资本额最多的不过5000元，工人占全县人口只有5%，矿工占1%。① 又如含山县，位于江北，离芜湖也只有50多千米，受芜湖影响较大，到民国时期，也是以农业为主，农民占最多数。

表8-5　　　　　　　　含山县产业人口数及比例（1919）

全县人口数		247100人	占比
直接生产人口数	农业	129735人	75.9%
	工业	12108人	7.1%
	商业	19028人	11.1%
	渔业	6650人	3.9%
	牧业	3459人	2.0%
	合计	170980人	100%

资料来源：李洁非：《含山风土志》，《学风》第3卷第8期，1933年9月15日，第51页。

表8-5中，农业人口占直接生产人口数的75.9%，如果加上渔业、牧业人口，则占直接生产人口数的81.2%。而工商业人口只占直接生产人口数的18.2%。直接生产人口数170980人占全县人口数247100人的69.2%。江南也是如此，如青阳县，20世纪30年代初，全县人口145000人，其中70%为农民，其余为工商业者，工人占全县人数的5%，商人占全县人数的8%。② 我们在看到口岸城市作用的同时，也要看到中国封建社会的稳固性，否则就不会爆发激烈的民主革命了。

四　口岸城市辐射下农民生活的贫困化

口岸城市的影响下，腹地农村自然经济逐步解体，商品经济获得发

---

① 李洁非：《宣城风土志》，《学风》第3卷第5期，1933年6月15日，第39页。
② 李洁非：《青阳风土志》，《学风》第3卷第10期，1933年12月15日，第45—46页。

展。但是，在外国资本主义和本国封建主义双重压迫下，农民却日益贫困化。近代中国农民的生活程度之低是很明显的，绝大多数农民生活水平是不断下降的，"农民贫困化的进程是同农产商品化、农民卷入市场的进程一致的。在当时的社会制度下，广大农民不可能享受到商品经济发展的实惠，而只得承受贱卖贵买的灾难和更沉重的租税剥削。商业资本的膨胀，少数市镇的繁荣，掩盖着广大农村的贫困"。[①]

芜湖关与国外洋货的贸易一直处于逆差状态，安徽金银外流严重。据统计，光绪二十年（1894），芜湖关洋货直接进口货值为24309两，土货直接向外洋出口货值仅3140两；光绪二十五年（1899），洋货直接进口货值为69758两，出口至外洋各地主要货物有豆类、蒜头、落花生，皆运至香港，其总值仅为关平银11400两。由于大量金银外流，金银流通减少，当时缴纳地租、赋税以银价计算，而农民出售农产品，只能换取铜钱，使"银贵钱贱"现象较鸦片战争前更加严重，必然加重广大劳动人民的负担。美国学者也认为，中国进入20世纪以后，中国农民的生活水平普遍下降。[②] 国民党取代北洋政府之后，农民的贫困化并未出现任何转机，相反，愈来愈严重。近代中国农民收入很低，而各种负担却非常沉重，农民生活极端贫困。农村经济商品化程度也就是农民生活对市场的依赖程度，第一次世界大战以后，农民对世界市场和外国商品的联系越来越紧密。旧中国对帝国主义的依附关系，给中国人民带来了很大的灾难，这在对外贸易方面表现得很为突出。例如丝、茶，是历史悠久的主要出口货物，但由于帝国主义在殖民地或本国生产丝、茶，中国丝、茶出口在世界市场上的地位遂一落千丈。光绪十九年（1893）中国茶的输出量尚占世界总输出量一半以上，但到1930年则仅为1/10；抗日战争以后，印度及锡兰茶的输出量比华茶输出量多到一二十倍。[③] 中国出产的生丝，大部销往世界市场，但中国的丝是分散的个体农民的产品，他们不明了行情，因此变成了帝国主义操纵打击的对象。1880年日本生丝出口

[①] 章有义编著：《明清及近代农业史论集》，中国农业出版社1997年版，第241页。
[②] 中国近代经济史丛书编委会编：《中国近代经济史研究资料》（5），上海社会科学院出版社1985年版，第140—141页。
[③] 严中平等编：《中国近代经济史统计资料选辑》，科学出版社1955年版，第78页。

量仅为华丝出口量1/5，至1935年已达华丝出口量六倍以上。1927—1929年，中国生丝出口增加了18.74%，而美国华丝市价却跌落12.98%，至1930年美国华丝市价跌落几近一半，而华丝出口量乃开始下降5.36%。在帝国主义的控制下，中国农民不得不在压低了的价格下忍痛出售他们花费了大量劳动的产品，但价过低的结果形成生产的缩减。①

旧中国农民的分化和贫穷化的倾向是十分明显的。1933年在安徽调查的21处，雇农占农村人口8.24%。雇农包括长工和短工，中国农村雇工人数较少，"这是农业资本主义经营没有得到发展的一个标志"②。辛亥革命后到蒋介石统治的末期，无地化的过程在继续和加速中，自耕农不断地沦为佃农或半佃农。地主的小亩出租，大斗受粮，地主对佃户勒索各种附加租，地主迫令佃户从事各种无偿劳役，这些都带有浓厚的原始封建强制性。佃户对地主的无偿劳动，根据1934年《鄂豫皖赣四省之租佃制度》记载，安徽舒城县，用斗随地主的意图为转移，有"河斗""挑斗""轿斗"之别。③ 如安徽在1924—1934年租佃期限，3—10年的只占10%，10—20年的只占10%，永佃的只占5%，无定租期占到75%。④ 这说明农村生产关系并没有改变。农民经济很困难，负债较多，如1934—1935年，安徽农户中，自耕农负债占76%，半佃农负债占82%，佃农负债占82%，平均负债80%，比河南的66%、湖北的74%、江西的57%都要高。在1933年，安徽农村总户数中，借款家数占63%，借粮家数占56%，平均数高于其他省份。⑤ 在封建半封建生产关系桎梏下农业生产停滞和下降是总趋势。在1929—1933年，安徽耕地有731280市顷（1市顷=100市亩）。⑥ 从1893—1933年的安徽耕地面积指数，以1873年为100，则1893年为106，1913年为107，1933年为107。这些数字是国民党政府农业实验所与金陵大学农业经济系根据省报材料而得出的，1913年至1933年，战乱不断，灾荒频仍，耕地面积应该要比1913年少。农民

---

① 严中平等编：《中国近代经济史统计资料选辑》，科学出版社1955年版，第78页。
② 严中平等编：《中国近代经济史统计资料选辑》，科学出版社1955年版，第263页。
③ 严中平等编：《中国近代经济史统计资料选辑》，科学出版社1955年版，第295页。
④ 严中平等编：《中国近代经济史统计资料选辑》，科学出版社1955年版，第324页。
⑤ 严中平等编：《中国近代经济史统计资料选辑》，科学出版社1955年版，第342页。
⑥ 严中平等编：《中国近代经济史统计资料选辑》，科学出版社1955年版，第356页。

没有生活出路，外出讨饭或打工就是必然的。1931 年长江大水灾，人民流动性很大。1935 年调查的安徽青年男女离村的人数，到城市工作的占 28.1%，到城市谋事的占 19.2%，到城市求学的占 15.1%，到别村做雇农的占 26.2%，到垦区开垦的占 3.9%，其他的占 7.5%。① 1935 年调查的安徽全家离村的去处所占百分比，到城市逃难的占 19.2%，到城市工作的占 18.0%，到城市住家的占 9.3%，到别村逃难的占 13.6%，到别村务农的占 13.8%，迁居别村的占 6.3%，到垦区开垦的占 2.2%，其他的占 3.0%。②

到 20 世纪 30 年代，"农村经济破产，已成了全国行为重大忧惧的事实，本省连年旱涝为灾，农村情状，尤不堪言，去年旱灾奇重"。③ "近数年来，因种种原因，致全国农村破产，饿莩在途，急待赈济者，达四十五县"。④ 到 1935 年"（安徽芜湖）往昔地价颇高，每亩少则四十元，最高至一百五十元。自民国二十年大水灾之后，客籍农民纷纷远徙，本地农民亦多附于都市以苦力维持生活，复加二三年来农产物之低贱，农村经济之枯竭，土地价格因之大跌。稻田每亩最高价仅六十元，最低二十元，平均四十元，至于山地、旱地更为低下，较之五年前之价值，约减少百分之五十以上"。⑤

农村经济没落的原因：（1）自然：水旱、蝗灾及瘟疫；（2）政治：捐税繁重，公债滥发、兵匪遍地内地秩序破产。厘金裁撤后，但是"安徽有米照捐，增加农民脱售之困难，芜湖平时每石价四元，后惨跌至两元"⑥。（3）经济：工业化的结果（经济商品化、旧的经济组织解体，其结果为人口集中都市）；因洋货倾销，其影响等于工业化，其以汇价倾

---

① 章有义编：《中国近代农业史资料》第 3 辑，生活·读书·新知三联书店 1957 年版，第 894 页。
② 章有义编：《中国近代农业史资料》第 3 辑，生活·读书·新知三联书店 1957 年版，第 893 页。
③ 《安徽政务月刊》第 6 期，1935 年 4 月，第 19 页。
④ 《安徽政务月刊》第 6 期，1935 年 4 月，第 23 页。
⑤ 章有义编：《中国近代农业史资料》第 3 辑，生活·读书·新知三联书店 1957 年版，第 712 页。
⑥ 章有义编：《中国近代农业史资料》第 3 辑，生活·读书·新知三联书店 1957 年版，第 142 页。

销，入超日趋增加，现银外流，金融益趋紧缩，物价更跌落。以上最重的有四种：捐税繁重，使农民负担加重数十倍；公债滥发，使农村金融趋于枯竭；洋米之进口，使农产品价格暴跌，农民收入低减数倍；各国之汇价倾销，夺取农村之副业，使自给自足之小农经济趋于崩溃。① 破产的农民去向，有的去城市做产业工人，有的去当乞丐，有的沦为盗匪。②

还要看到，一些人打工赚钱后，还回乡购买土地，变成地主，社会中人员的地位是可以变化的。如刘希平为安徽六安人，祖父刘银，原籍山东，逃荒到六安，孑然一身，以推独轮小车出卖苦力兼营小贩为业。50岁后，始纳室成家，定居于施家桥。节衣缩食，渐有积余。"适咸丰七年大旱，尽其积蓄，购买抛荒地三四百亩，变成地主，成为暴发户。这样的暴发户，在当时是被世家大族所看不起的，特别是认为'推小车'的是贱业，更受歧视。一个外来的土财主，就常要受到地方土豪劣绅的欺负和敲诈。"③ 在商品经济发展的同时，乡村的封建恶势力很强。

五　畸形的城乡经济关系

随着社会生产力和社会分工发展，城市产生了，城乡经济关系亦随之产生。城市产生和发展是建立在分工基础上的。随着社会生产力发展，到原始社会末期，三次社会大分工产生，出现了私有制，城市和乡村区别明显，城乡在逐渐分离中，又在分工中建立互补关系。马克思指出，一切发达的、以商品交换为媒介的分工的基础，都是城乡的分离，"社会的全部经济史，都概括为这种对立的运动"。④ "城乡分离"，是社会分工发展的产物，对人类文明进步和社会生产力的发展是有积极意义的。在前近代封建农业社会，城乡经济是建立在封建小农经济基础上的，乡村经济主要是封建自然经济，但是商品经济已经有了发展，各地发展出现不平衡，区域生产分工比较明显，手工业有了较大发展，如炼钢、浆染、

---

① 朱契：《农村经济没落原因之分析及救济农民生计之对策》，《东方杂志》第32卷第1号，第27—32页。

② 归廷轮：《农村经济没落之原因及其救济方案》，《东方杂志》第32卷第1号，第86页。

③ 石原皋：《回忆刘希平先生》，《安徽文史资料》第15辑，安徽人民出版社1983年版，第220页。

④ 《马克思恩格斯全集》第23卷，人民出版社1972年版，第390页。

纺纱织布、织丝、陶瓷、盐业等手工业发展，实现了区域内商品交换，城市起着商品集散和部分手工业品制造的作用，城乡之间商品生产的技术和产业差异不大，都是手工劳动，城乡对立性不大。如前近代芜湖城市手工业以浆染业和炼钢业著名，其对乡村影响有限，城市技术和产业与乡村相比，没有绝对优势。以自然经济为基础的、农业特征明显的封建政治城市，对乡村更多的是政治影响，传统城乡关系更多是依靠封建国家政治整合建立起来的，城乡经济联系薄弱，体现了传统城乡"无差别的统一"关系。在前近代社会，"在相对封闭的自然经济形态下，城市和乡村的社会经济并无质的差异，彼此之间的联系松散"。① 这种城乡关系，更侧重于政治、经济、文化、人口、地域上的一体性，并不排斥城乡因政治地位不平等所产生的对立。城乡经济关系处于松散状态，城市辐射范围也比较小。

但是，到近代就不同了，外国资本主义入侵，把中国纳入世界资本主义市场体系，工业品大量通过口岸城市输入到广大腹地乡村，农副产品输往国内其他地区和外洋，城市近代资本主义工商业逐渐发展起来，城市技术和产业比乡村占有绝对优势，城乡差距越来越大，城乡经济关系的不平等性，打破了城乡之间一体性，城乡之间差距是全方位的，由传统城乡关系"无差别的统一"向近代城乡关系"对立统一"转变。近代中国城乡关系的特点是"对立统一"，不同于近代以前的"无差别的统一"的关系。②"统一"，是指近代城市与腹地城乡关系，处于统一体中。在近代化过程中，芜湖与腹地乡村之间相互依赖，互利互动，共同发展，日益成为一个政治、经济、文化、社会一体化的整体。近代城乡关系是纳入世界资本主义市场体系的城乡关系，市场把城乡联系为一个整体。但是，随着近代资本主义产生，生产力发展，资本和生产向城市集中，城市是经济、文化中心，而乡村不仅是地主剥削对象，也是城市资本主义剥削对象，城乡分离发展为城乡对立。斯大林指出，"这个对立的经济

---

① 戴鞍钢：《近代中国城乡经济关系演进述论》，《安徽史学》2013年第3期。
② 陈炜：《近代中国城乡关系的二重性：对立统一》，《长沙大学学报》2005年第3期；林红：《现代化、革命与20世纪上半叶中国城乡关系》，《四川大学学报》2002年第6期；蔡云辉：《城乡关系与近代中国城市化问题》，《西南师范大学学报》2003年第5期。

基础，是资本主义制度下，工业、商业、信贷制度的整个发展进程使乡村遭受城市剥削，使农民遭到剥夺，使大多数农村人口遭到破产"。① 这种城市资本主义和乡村封建主义剥削制度，阻碍了城乡经济关系的健康、协调发展，使城乡不能建立平等的关系，剥削制度造成城乡之间根本对立。因此，"对立"，是指虽然城乡建立了关系，但是城乡差距在拉大，资本主义入侵使芜湖社会的生产力、社会文明、社会阶级发生质变，芜湖成为近代工商业城市，而腹地乡村仍然是没有脱离封建自然经济的落后农村，农村经济第一产业与城市经济第二、第三产业区分更加明显，城市经济成长，农村经济衰颓，城乡经济逐渐形成势差，城市经济的技术与产业优势日益明显，城乡关系由于资本主义入侵与封建主义压迫和剥削，对立日益严重，城乡二元结构初步形成。总之，近代芜湖城乡关系，展现出一种"对立统一"的关系。

小　结

近代口岸城市由于有经济、文化优势，通过各种交通路线和商业网络，对腹地广大农村产生巨大影响。口岸开放影响了自然经济解体进程，其土货和洋货贸易促进城乡紧密联系，促进农村商品经济发展。口岸城市土货贸易促进了"耕"的商品化，提高了农产品商品化程度，其中稻米商品化最为显著。口岸城市洋货贸易促进农村"织"的商品化，促进农村传统家庭棉纺织手工业"耕织分离"，使农业生产市场化发展，有的家庭土布"织"停业，有的家庭"纺织分离"，有的家庭向城镇手工作坊生产发展。"纺织分离"顺序并不是学界所说那样。近代口岸城市对农村影响程度，也影响了自然经济解体的快慢。受口岸城市影响越大的地方，自然经济解体越快，反之，受口岸城市影响越小的地方，自然经济解体越慢。因此，近代口岸城市与腹地经济互动，促进了自然经济解体，商品经济发展，而自然经济解体离不开口岸与腹地城乡经济互动。

---

① 斯大林：《苏联社会主义经济问题》，人民出版社1952年版，第22页。

第九章

近代城市与腹地经济关系构建下城市经济圈形成

在近代区域中心城市形成过程中，城市的发展离不开区域市场体系的构建，这些市场形成不同层级，各自发挥不同作用，把城市与腹地城镇市场联系起来，形成城乡之间经济联系。特别是近代，随着经济、社会发展，市场体系在扩大，城市的腹地日益扩大，城乡经济互动关系构建在加强，城市辐射范围在扩大，形成城市经济圈。随着城市圈的扩大，城市的地位在提高，有的城市发展为区域中心城市，甚至是国家级中心城市。这是近代中心城市发展的规律。1957年，法国地理学家戈特曼提出了"大都市经济圈（带）"的概念，西方学术界开列的世界六个大都市经济圈，以上海为中心的中国长江三角洲地区就名列其中。在长江流域口岸城市中，上海成为国家级中心城市，其他口岸城市成为大小不等的区域中心城市。近代芜湖与腹地经济互动关系构建，既对近代芜湖与腹地经济发展有巨大作用，芜湖从传统区域中心城市成长为近代区域中心城市，为皖江地区工商业中心，腹地城镇成为芜湖与腹地乡村联系的纽带，乡村农业经济商品化水平提高，自然经济开始解体。同时，它又对长江区域经济发展有巨大作用，如对长江流域城市经济圈和经济区域形成有促进作用。

第一节　芜湖通过腹地城镇市场把城乡之间经济联系起来

近代芜湖与腹地城乡经济互动关系的构建，并不是二者直接建立经济联系，而是通过城镇市场把城乡之间经济联系起来。在近代芜湖与腹地城乡经济互动下，芜湖与皖江地区城镇都有发展，构成了城镇市场体系。以芜湖为中心的皖江地区城镇体系构成，是近代芜湖与皖江地区城乡经济互动的结果。在一个中心城镇经济辐射范围内，即在一个中心城镇经济圈内，中心城镇周边城镇市场发展都会受到影响。芜湖作为近代长江流域区域中心城市，对其辐射范围的城镇市场发展都产生了一些影响。这种影响超过了前近代。

一　有关皖江地区城镇市场体系的学术讨论

关于近代芜湖区域中心城市与皖江地区城镇市场关系，学界有所讨论。有人将1664—1911年长江上游区域社会的市场体系按照由低至高序列分别划为农村、基本市场（乡镇）、地区市场（县城）、区域市场（区域城市）和多功能高级市场（中心城市）。[①] 这种划分方法被应用到皖江地区，如把近代皖江区域市场网络分为5个层级：农村为最基本市场层次；乡镇为基本市场地位，为第二市场层次；县城为第三市场层次；区域中等城市为第四市场层次；芜湖为最高市场层次，是多功能高级市场。[②] 也是按照行政区域划分市场层级的。有人认为在皖江城镇市场体系中，芜湖为"皖江地区中心城市"，对内联系着皖江地区县城、乡镇和广大农村，对外联系着更高层次的中心市场，起着内外传递、承上启下的作用。芜湖以其巨大的经济优势带动了皖江地区各级城镇市场的商贸发展。这个市场体系是以芜湖为中心市场，以县域城市为中间市场、广大的中小市镇为基层市场的多层次市场网络。[③] 表面上看，上述划分方法是正确的，仔细考察，会发现是不准确的，其看法带有想当然的意味，带着先入为主的方法研究的。其不准确有两点：第一，这些城镇并不是完全受到芜湖口岸城市的影响，还受到其他口岸城市及其他城镇影响，还

[①] 王笛：《跨出封闭的世界——长江上游区域社会研究（1664—1911）》，中华书局1992年版。

[②] 陈金勇：《芜湖开埠与近代皖江地区社会经济的变迁（1876—1937）》，硕士学位论文，苏州大学，2005年，第17页。

[③] 李云：《芜湖开埠与近代皖江城镇市场网络的形成》，《淮北师范大学学报》2013年第6期。

遵循着自身优势发挥、增长、互补的发展规律。第二，以芜湖为中心市场的观点是正确的，但是把县域城市作为中间市场、中小市镇作为基层市场的观点是不准确的。因为有些县域城市不一定是乡村与芜湖发生经济联系的中间市场，它们不一定直接与芜湖发生经济联系；小市镇也不一定是基层市场，有些集市才是基层市场。因此，关于近代芜湖区域中心城市与皖江地区城镇市场关系需要重新思考。

近代皖江地区以芜湖口岸为核心，"各县商品之输出，与外货之输入，莫不以芜埠为转运吐纳之总汇"。① 芜湖已成为皖江地区商品出入的中枢，成为区域中心市场。这一市场辐射范围，主要是皖江地区，还延及其他地区及外省。在芜湖口岸城市经济带动下，芜湖辐射的城镇和农村集市都得到发展，市场也出现了不同层级，有直接市场，还有间接市场。直接市场，就是直接与芜湖有经济联系的市场。间接市场，就是通过直接市场，与芜湖产生经济联系的市场。近代市场体系是一个复杂的多层次市场体系。

美国学者施坚雅把中国农村市场分为4个层级：村庄（没有设立市场的居民点）→"基层市场"（基层集镇，一种农村市场）→"中间市场"（在商品和劳务上下流动中处于中间地位）→"中心市场"（流通网络中处于战略性地位）。②

二　一些县级及以上城市成为直接市场

在皖江地区，城镇地位不同，安庆为省城，合肥为庐州府治所，贵池为池州府治所，六安为六安州治所，当涂为太平府治所，宣城为宁国府治所，其地位都高于县城。但是，这些城市在近代发展情况不同，它们与芜湖的关系各有不同，安庆、合肥、贵池、六安、当涂、宣城都与芜湖有直接经济联系，但是产生经济联系的程度不同，在水运交通时代，水运方便的城市，与芜湖关系密切些，如沿江的安庆、贵池、当涂，通

---

①　建设委员会调查浙江经济所统计课：《安徽段芜乍路沿线经济调查·芜湖县经济调查》，1933年，第1页。
②　[美]施坚雅：《中国农村的市场与社会结构》，中国社会科学出版社1998年版，第5—7页。

过青弋江相连的宣城；而六安，因为偏居皖西，与芜湖的联系主要通过三河镇，因而与芜湖经济联系相对弱些，不是与芜湖联系的直接市场。

在这几个级别高于县城的城市中，发展情况不同，其中发展较快的是安庆和合肥，其他城市发展相对弱些。20世纪30年代时，安徽商业中心主要有芜湖、大通、安庆、正阳、蚌埠、屯溪。① 其中，芜湖、大通、安庆就属于皖江地区的商业中心，而安庆则为省城，芜湖为县城，大通为城镇。

安庆，处于江北皖河的入江口，皖河位于长江北岸，上有长河、潜水、皖水，处于水运要道，南宋以后发展成为长江下游商业重镇。安庆滨临长江，当时是安徽省省会，于光绪二年（1876）《烟台条约》定为"寄航港"、光绪二十八年（1902）辟为通商口岸城市、光绪三十一年（1905）成立安徽省商务总会后，进一步发展成为皖西南商品集散地和总口岸，一个商业中心，输出土货主要是米、麻、竹木等农产品，输入洋货主要是洋布、药品、烟草等日用品，外商直接来安庆开设20多家洋行，国内商号也有100家以上。② 近代芜湖与安庆通过长江航运建立直接经济联系，通过安庆，与九江以下，芜湖、大通以上沿江诸县镇进行贸易往来；内河方面，由安庆出发，经过皖河与怀宁县、望江县、潜山县及皖西其他地区进行贸易往来，通过华阳河与太湖县、宿松县进行贸易往来，通过枞阳河与舒城、桐城县、江西九江往来，通过黄盆河、东流河与江南的贵池县、东至县等进行贸易往来。安庆通过各县的集镇，连接农村诸小集镇，进而与农村联系起来。如怀宁县，以安庆为中心，石牌、高河埠为连接点，沟通农村诸小集镇。③ 宿松县一些农产品运到安庆集散，如邑境东南滨水所产鱼虾等类很多，从前渔户担赴徽州及太湖、潜山等处售卖，民国时多用船运至安庆或九江销售；各油坊榨油皆运销安庆及湖北属之武穴、孔垅等处。④ 洋货则由安庆销往周边各县。进入民

---

① 吴正：《皖中稻米产销之调查》，交通大学研究所社会经济组专刊第二号，中华书局印刷所1936年印，第1页。
② 欧阳发、周明洁、施立业：《经济史踪》，安徽人民出版社1999年版，第480页。
③ 怀宁县地方志编纂委员会编：《怀宁县志》，黄山书社1996年版，第525页。
④ 俞庆澜、刘昂修，张灿奎等纂：《宿松县志》卷17《实业志·商业》，1921年活字本，第376—377页。

国以后，英、美、日、德等国商品充斥市场，几乎无货不洋，英、美的亚细亚、德士古、美孚煤油也通过代办处、代理商直接向市场倾销。① 不过，安庆虽濒临长江，有条约辟为商埠，但支流少，陆路交通落后，相比芜湖，发展商业基础薄弱，城市发展也较为缓慢，通商口岸最终未能实行。所以，安庆城市地位，民国时期就有准确的总结。

安庆逼临江岸，为安徽政治文化的中心。自中英《烟台条约》规定停泊港，复于光绪二十八年（1902）中英商约开辟为商埠后，中外大小汽船咸能停泊，旅客、货物运载至为便利，因此商工事业日渐繁盛而占安徽经济的重要地位。唯因附近出产不多，港务市政亦不尽善，工商街市城内仅四牌楼、倒扒狮、龙门口、梓潼阁等处稍为可观，城外仅西门外、东门外、南门外比较繁盛，北门外全为住户，可以说不是街市，所以对于安庆经济地位的认识，只能说它是供给市民消费的商场，附近各县输出输入的转运口岸；绝对不能说它是安徽或长江的工商业中心。②

当涂，是太平府治所，近代商业除盐务和太平米厂为官督商办外，都属于私营商业。由当涂，与其周边集镇如采石镇、护驾墩、博望镇、乌溪镇、黄池镇、丹阳镇、查湾镇及大桥等 39 个小集镇建立经济联系。到宣统三年（1911），当涂县城有米行、布店、南北杂货店、茶叶店等行业 39 个，商店 304 家；1936 年增至 2193 户，从业人员 6500 人。③ 当涂离芜湖很近，经济联系密切。民国初，洋呢、洋缎、洋绸、洋布、洋纸、洋油、洋火、洋皂并零星洋货，以及外省糖、盐、布匹、纸张、油、酒、药材并各项杂货，均由芜湖运入本境各镇市销行，每年约值银 20 万两。④ 由于当涂自身优势比不上芜湖，离芜湖也比较近，没有成长为区域中心城市，本身是府城，但是市场范围却是县域市场，因此当涂城市和市场地位并不高。

贵池，为池州府治，民国时期，"因其濒临长江，轮船、民船往来如织，水运甚便，附近货物，咸以此为集散地，所以商业颇为繁盛，市况

---

① 怀宁县地方志编纂委员会编：《怀宁县志》，黄山书社 1996 年版，第 525 页。
② 龚光朗、曹觉生：《安徽各大市镇之工商现状》，《安徽建设月刊》第 3 卷第 2 号，第 7 页。
③ 当涂县志编纂委员会编：《当涂县志》，中华书局 1996 年版，第 180 页。
④ 欧阳鏵：《当涂县志乡土志·商业》，石印本，1916 年。

极为活跃"。① 明嘉靖《池州府志》载，州城附近的百牙山，商业兴盛。池州境内九华山化城寺广场，历代都是繁荣的货物集散地。贵池县池田、殷家汇、观前、乌沙、梅埂、吴田、高阳；东至县尧渡、张溪、东流、洋湖、大渡口；青阳县蓉城、陵阳、庙前、木镇；石埭县广阳、乌石、夏村、七都、横渡，这些市镇商业集中，市场活跃。到近代，各县输出货物以青麻、苎麻、蚕丝、大米、鱼类、植物油、茶叶、竹、木、柴炭为大宗，鸡蛋、毛皮、杂骨、中药材、土布等次之。日用工业品和生活必需品多从芜湖等外埠购进。贵池城内市场有市门口（市心街）、塔儿下口（九华街）、府门口（大南门）、营门口（小南门）4处，大小商店皆聚集于此。② 其市场范围主要是安徽西南诸县，受到安庆、大通、芜湖市场范围覆盖，所以比不上安庆、大通、芜湖市场范围。

宣城，芜湖开埠后，在宣城县新庄口设立芜湖海关分关，海关势力遂伸向内地，宣城便成为倾销洋货和掠夺土货的主要市场，为泾县、宁国、广德、郎溪等县茶商集聚之区，粮、茶、竹木、山货集散地，尤其是芜湖米市的主要粮源地。民国时，每年都有100万石大米销往芜湖、南京、镇江、上海等地。③ 1917年《安徽实业杂志》"出口货物一览表"载，经新河庄关卡出口的宣城县内产品有33种，出口货物以大米、绿茶、蜜枣、水产品等农副产品为大宗，不少产品一直销往东南亚、欧洲、日本等地。④ 民国初年，宣城城区商业活跃，店铺林立。到1937年，商业进入鼎盛时期，30多个行业，大小商户1200多家，⑤ 资本总额901100元，营业总额1 608 000元，职工人数2 370人，⑥ 曾有"小芜湖"之称。抗日战争时期，日商以芜湖为据点，大肆掠夺宣城地区的粮食，仅1941年一次运走大米200万担。解放战争时期，美国在极力倾销外货的同时，并大肆掠夺区内的桐油、猪鬃等主要土特产品。⑦

---

① 龚光朗、曹觉生：《安徽各县工商概况》，《安徽建设月刊》3（27），1931年。
② 池州地区地方志编纂委员会编：《池州地区志》，方志出版社1996年版，第442页。
③ 宣州市地方志编纂委员会编：《宣城县志》，方志出版社1996年版，第361页。
④ 宣州市地方志编纂委员会编：《宣城县志》，方志出版社1996年版，第358页。
⑤ 宣州市地方志编纂委员会编：《宣城县志》，方志出版社1996年版，第337页。
⑥ 陈筱南：《安徽实业概况·实业统计》，1935年（6），第30页。
⑦ 宣城地区地方志编纂委员会编：《宣城地区志》，方志出版社1998年版，第369页。

第九章 近代城市与腹地经济关系构建下城市经济圈形成

合肥，为庐州府治所，战略地位十分重要，历来为兵家必争之地，不仅是军政重镇，而且是皖中商品集散中心。庐州府下辖合肥县、庐江、巢县，明代合肥是南北漕运的转输地，巢湖周围粮油棉及江淮各县赋粮物资，通过合肥运往京师，合肥成为巢湖地区经济中心。芜湖通过裕溪河、巢湖可以直通合肥。光绪二十四年（1898）芜湖开设商办"立生祥记小轮公司"，租用3艘外商小轮，悬挂外商旗帜，行驶庐州、太平等府，经营芜湖至巢县、合肥一带客运。① 其后，小轮往来芜湖与合肥之间，从事客运和货运，加强了二者经济联系。清光绪年间，合肥成为外埠商人投资和外省移民的场所，开设许多外地会馆，有山西人经营典当业，福建人做糕饼，湖北人经营染坊，江西人买卖木材，皖南和金陵人开设纺织厂、陶瓷店等。随着与芜湖贸易的开展，合肥的商业得到进一步发展，至20世纪初，合肥有商会、布业公所、钱业公所等商业组织，有商家500户，其中布业80户，杂货业80户，米业30户，纱业30户，广货业17户，钱业4户。② 民国初，合肥商业有棉纱、布业、服装、粮食、盐、茶、山货、百货、纸业、药材、竹木、典当、浴池、旅社等28个行业，尤以百货业和布业为最大；工业有碾米、纺织、印染、卷烟、电力、铁业、砖瓦等门类；金融有中国银行、建设银行、上海银行等机构。③ "合肥主要农产品为米、麦、棉，但仍以米为大宗，农村之盛衰，即以米市为转移也"。④ 到20世纪30年代，交通，陆路有公路，西通六安，东连巢县，南经舒城、桐城达于省会安庆，北抵蚌埠，可以连接津浦铁路；水路由长岗店水通巢湖，小轮及帆船连贯合肥—芜湖、合肥—三河的交通，"故其为皖中第一重镇也"。⑤ 庐州府位于安徽中部，以农产著称，年产稻米约50万石，产麦约10万石，每年可出菜油1000石，除本地消费外，均通过合肥对外输出。合肥商业多为米麦经营，每年周边

---

① 芜湖市地方志编纂委员会编：《芜湖市志》下册，社会科学文献出版社1995年版，第566页。
② 安徽省政协文史资料委员会编：《工商史迹》，安徽人民出版社1987年版，第169页。
③ 欧阳发、周明洁、施立业：《经济史踪》，安徽人民出版社1999年版，第480页。
④ 吴正：《皖中稻米产销之调查》，交通大学研究所社会经济组专刊第二号，中华书局印刷所1936年印，第41页。
⑤ 吴正：《皖中稻米产销之调查》，交通大学研究所社会经济组专刊第二号，中华书局印刷所1936年印，第41页。

约有100万石稻米通过合肥用民船运往芜湖，合肥成为芜湖米市的重要粮源。民船返回时，将芜湖各种洋货带回合肥，再销往四乡以及六安、霍山等地。合肥土布业很发达，每年可生产土布17万匹，大多运销外地，其中庐阳花布遐迩闻名。① 1946年1月15日，合肥二等甲级邮局长范春水向安徽邮政管理局提出扩充邮局的申请，说："查肥地为江淮重镇，城区旷阔，周围号称四十里，较之怀宁城垣约大四倍有奇，且为皖中交通孔道，商旅辐辏，炊烟稠密，人文荟萃，宦游国内外人士特多。"② 近代合肥成为皖中一个商业中心，城市经济辐射周边集镇，与农村联系，由于水运条件有限，其市场范围小于沿江的芜湖、大通和安庆。

一些县级城市也因水运方便，成为与芜湖有直接经济联系的城市，如铜陵县、巢县、庐江县、泾县、南陵县、繁昌县等，这些县城的市场范围主要在本县范围，受到芜湖市场圈覆盖。如民国时期，泾县隶属芜湖道，通过青弋江与芜湖相连，从县治至芜湖水路200余里，是泾县通长江的唯一通道，泾县物产除谷物、石炭外，有茶叶、竹木及各种果树，制造品以纸为最著名，"其他一切使用物品俱由芜湖输入"③。

不仅如此，芜湖与徽州经济关系也很密切，进行竹木、茶叶等贸易，徽州也从芜湖运进商品。如芜湖京广百货，"销场除本埠外，如外江庐州、巢县、三河，内河宁国、徽州各处均来本埠贩运"，④ 皖江地区是主要销场，徽州也是销场。

三 一些较大城镇成为直接市场

在皖江地区，一些水运要道的城镇，虽然行政地位没有县城高，但是与芜湖发生直接经济联系，成长为较为重要的商业中心，其地位甚至超过县城，其市场构成了与芜湖联系的直接市场。在皖江地区，这类城镇以大通和三河最为典型。

---

① 安徽省政协文史资料委员会编：《工商史迹》，安徽人民出版社1987年版，第169页。
② 《关于合肥二等邮局邮差名额问题的指令》，安徽省档案馆馆藏档案，档案号：L049 - 000001 - 00700。
③ 中国第二历史档案馆编：《中华民国史档案资料汇编》第3辑《工矿业》，江苏古籍出版社1991年版，第825页。
④ 余谊密修，鲍寔纂：《（民国）芜湖县志》，黄山书社2008年版，第247页。

第九章　近代城市与腹地经济关系构建下城市经济圈形成

大通镇，位于青通河入江口，属于铜陵县。青通河发源于九华山东麓，流经青阳县柏家桥、蓉城镇（青阳县城）、源桥、棕子店、童埠、新河口，至铜陵县大通镇流入长江，全长53公里。大通有天然良港，盐茶所集，入清后，设有榷运局，管理五省盐运和督销业务，① 成为安徽有名的盐市。光绪二年（1876）中英《烟台条约》辟为"外轮寄航港"，大通商业日趋繁荣，民国初达到鼎盛，成为安徽沿江仅次于安庆、芜湖的商埠，停泊货运驳船、帆船数百艘，街市白日人流如潮，夜晚灯火通明，有大小商户1000余家，其中富商巨贾100多户，一般资金在20万元，多则30万元，经营五洋杂货、京广百货。② 清末民初，大通已经成为沿江及皖南山区各县的商业和贸易中心，皖南山区及邻近各县行商均千里迢迢行至大通赶集，参加集市贸易人数远远超过往昔。③ 除传统鱼行、织布行等外，在当时皖江地区，大通渔盐市场闻名遐迩。"大通居长江之滨，内河出口之处，外通省内省外各埠，内达太属、池属、徽属各城，为洋货及皖南淮盐输入，土货（纸丝竹木等）输出必经之地，皖南军事的经济的中心。"④

表9-1　1919年前后大通出口土货来源市场和销售市场

品名	数量	价值	来源市场	销售市场
米	31.8万石	127.2万元	东流、贵池、青阳、大通	上海
麦	5.3万石	21.73万元		
黄豆	8.8万石	36.96万元		
稻	9.05万石	19.91万元		
豆油	4.35万石	78.3万元	东流、贵池、青阳、大通	芜湖
猪油	1.1万石	22万元		
皮面	2.9万石	89.9万元		
豆饼	0.34万石	0.9万元		

---

① 徐学林：《安徽城市》，中国城市经济社会出版社1989年版，第263页。
② 欧阳发、周明洁、施立业：《安徽重要历史事件丛书·经济史踪》，安徽人民出版社1999年版，第482页。
③ 铜陵县地方志编纂委员会编：《铜陵县志》，黄山书社1993年版，第285页。
④ 龚光朗、曹觉生：《安徽各大市镇之工商现状》，《安徽建设月刊》第3卷第2号，第35页。

续表

品名	数量	价值	来源市场	销售市场
鸡蛋	520万个	67.6万元	贵池、青阳、大通	江浙
皮蛋	80万个	12万元		
咸菜	2300缸	0.69万元		
冬笋	87石	13.92元		
生漆	0.15万石	14.25万元		
土靛	0.34万石	3.4万元	贵池、青阳、秋浦	芜湖
黄麻	2.5万石	32.5元		
中香末	2.5万石	24.3万元		
杂炭	8万石	10.4万元		

资料来源：根据安徽省经济调查分会编1919年《安徽省六十县产业调查繁表》、1919年《安徽省六十县经济调查简表》整理。

从表9-1来看，1919年大通的土货主要来自贵池、青阳、大通、秋浦、东流，大通辐射的范围主要在安徽西南部，算是大通的市场圈，通过土货贸易把大通与安徽西南一些县乡村联系起来。另外，这些土货销售市场，除在大通销售外，还销售到上海、江浙、芜湖，从属于长江贸易，受到沿江口岸城市辐射。芜湖也在这个贸易圈中，与大通联系起来，进而与安徽西南一些县的乡村经济联系起来，"大通为青阳及桐城稻米汇集处"，与芜湖米市联系紧密。[①] 近代大通凭借其优越的航运条件和地理位置迅速成为皖南物产和洋货集散之地，港口货物吞吐量之多，在沿江商埠中当属佼佼者。大通作为千年古镇，在近代是皖江沿岸的重要商埠，安徽西南部商品集散中心，民国时与芜湖、安庆、蚌埠发展成为安徽"四大商埠"，有"小上海"美誉。

三河镇，居巢湖之滨，位于合肥、舒城、庐江三县交界处。因处于

---

① 吴正：《皖中稻米产销之调查》，交通大学研究所社会经济组专刊第二号，中华书局印刷所1936年印，第1页。

丰乐河、杭埠河、南河三水汇流处，故名三河镇。① 太平天国时，三河战役就发生在这里。此地古称鹊渚、鹊岸、鹊尾等，原为巢湖中高地，后因泥沙淤积成陆地。三河镇，又称肥南、鹊渚镇、江中之洲，南北朝后期称三汊河，隋初设庐州（治合肥），归其管辖；明、清设三河镇，仍然由庐州府管辖，民国至抗战时期由合肥县管辖。三河镇是有着2500年历史的皖江地区水乡古镇，为巢湖西岸水陆交通要冲，南距庐江县城32千米，西距舒城县城30千米，北距合肥40千米，距上派镇24千米，陆路通合肥、庐江、上派、舒城；为巢湖西岸最大港口，丰乐河和杭埠河2大河流环绕四周在此交汇，经新河，向东流约15千米入我国五大淡水湖之一的巢湖，经丰乐河、杭埠河上通舒城和六安县境，下通巢湖，经过裕溪河通长江。三河因水而兴，自古以来就是为六安、庐江、舒城等地商品集散地，也是六安、庐江、舒城等地商品与区外商品通过丰乐河、杭埠河、南河、巢湖、裕溪河、长江内外交流的中转站。三河镇是芜湖辐射的直接市场，其辐射面很广，是连接六安、庐江、舒城等地，通过芜湖，参与长江贸易。三河镇，"为庐郡南一大都会"，素有"买不尽的三河"之说，为大别山东麓和巢湖西岸的商品集散中心。经济上直接与该镇有关系的有芜湖、合肥、六安、舒城、庐江，间接联系的有霍山、桐城、巢县、无为。工业品和农产品的输入输出是三河商业的主要内容。交通有小轮航线2条：一通合肥，一通巢县、芜湖。合肥、巢县、芜湖均一日可达，主要以客运为主，货运则以帆船为主要运输工具。后河为三河与其上流交通主要河道，前河和南港河仅能通驳船，六安米、霍山茶、舒城米及竹木柴炭，都通过此3条内河运至三河镇。所以，"三河镇实为皖中之一经济重心也"。② 20世纪初，英、美、德、日等外国资本通过买办徐兴源、郭文运等在三河设立美孚、德士古油栈和五洋杂货店，通过买办汪伯威、田越尘、刘卓峰等在三河设立培林、班达、协和等蛋庄、蛋坊，资金雄厚，垄断市场。1935年后，因当时形势恶化，这些油

---

① 也有说前河、后河、南港河，见吴正《皖中稻米产销之调查》，交通大学研究所社会经济组专刊第二号，中华书局印刷所1936年印，第31页。

② 吴正：《皖中稻米产销之调查》，交通大学研究所社会经济组专刊第二号，中华书局印刷所1936年印，第31页。

栈、蛋庄、商店等倒闭。① 在口岸米市和洋货倾销带动下，三河工业主要有碾米、纺织、卷烟、食品等行业。② 三河镇所处巢湖之滨，为鱼米之乡，盛产稻米，合肥、六安、舒城、庐江等四县米粮在此汇聚，年达百万石。"三河镇为皖中米粮集散市场"，③ 为江北米粮主要集中地，皖中米市，"芜湖以次，即当推本镇为盛，合肥、六安、舒城、庐江等四县皆有一部分米粮向此汇集，年达百万石"，"惟本镇米市之盛衰，并非以本镇之产量为转移，盖其性质有类芜湖，乃县际市场也"。④ 三河镇，虽然为城镇，但是为江北最大米市，直接与芜湖米市联系，为"县际市场"和直接市场，远超一般县城的市场范围。芜湖通过三河镇与皖西诸县乡村进行经济往来。通过三河，芜湖与巢湖以西、以北诸县乡村联系起来。

运漕镇，位于和州含山县城东南裕溪河畔，上通巢湖，下达长江，水陆交通方便，为含山县首镇，清乾隆元年（1736）前后，"上接巢湖，下通大江，居民稠密，商贾辐辏之地"。⑤ 自晚清至1949年前，含山县商业以运漕为盛。清朝咸丰、同治年间，运漕就设有厘卡。⑥ 近代是巢湖地区农副产品集散地之一，又是供应芜湖市稻米的水运转运站，过往客商云集，向有"小芜湖"之称。三河、运漕二镇，不仅是庐州府米粮汇集地，而且河南光州、固始等处产米也皆转运而来，每处每年出粮不下数百万石运到芜湖。⑦

一些沿江、沿河县城，不仅与芜湖直接有经济联系，其所属城镇还与芜湖直接联系。如1930年前后，无为县城在全境中心，城内以东部最繁荣，商店极多，各业均备。东部所以繁荣，是因为靠近码头。"自芜湖

---

① 肥西县地方志编纂委员会编：《肥西县志·私营商业》，黄山书社1994年版。
② 贾尚宏：《三河镇古民居之印象》，《小城镇建设》2002年第4期。
③ 中国第二历史档案馆编：《中华民国史档案资料汇编》5辑2编《财政经济》（8），江苏古籍出版社1991年版，第528页。
④ 吴正：《皖中稻米产销之调查》，交通大学研究所社会经济组专刊第二号，中华书局印刷所1936年印，第31页。
⑤ （清）尹继善等修，黄之隽等纂：《江南通志》卷28《舆地志·关津·含山县》，清乾隆元年刻本。
⑥ 宣健楠：《含山商会》，《安徽文史资料全书·巢湖卷》，安徽人民出版社2007年版，第628页。
⑦ 李文治编：《中国近代农业史资料》第一辑，生活·读书·新知三联书店1957年版，第470页。

第九章 近代城市与腹地经济关系构建下城市经济圈形成

来县城必在东门登岸,水途最先抵此。八九月间,河中米船骈列,樯桅如林"。① 芜湖通过无为县城及其所辖集镇,与乡村联系起来。无为县商业出口以稻米为大宗,每年有150万石,都运往芜湖销售,每石价约4元,分别由凤凰颈、黄雒河及运漕三镇运出,无为县西部米粮集中襄安镇,直趋凤凰颈,天旱则皆由黄雒河镇南下裕溪口镇,渡江至芜湖。芜湖米市运出米粮有1/3来自无为县。② 黄雒河镇,在无为县治北35里,位于濡须水要道,是东往含山、北入巢湖必经之地,米出口多经过这里,形成市集。襄安镇,为西河、永安水汇流处,且为陆路往桐城县、庐江县渡口。清末民国初,以米市驰名,有米行数10家,商业颇为兴隆,为周围米粮集中地,顺江而东可至芜湖。③

另外一些较大集镇位于沿江和内河沿岸水运要道,与芜湖有直接经济关系,特别是以米市为主。如19世纪中叶,芜湖县澛港镇和宣城湾沚镇就是米市,繁荣超过芜湖县城。澛港镇距芜湖县治仅15里,"为粮米聚贩之所,商旅骈集",晚清时期,"鸡鸣犬吠,烟火万家",④ 境内市镇唯此最大,皖南米粮多集于此。澛港镇为芜湖、繁昌、南陵三县货物贸易集散地,素有"大大的澛港镇,小小的芜湖城"之说。⑤ 当时澛港镇是南北舟车必经之地,川楚木材蔽江而下,必泊于此,等候芜湖关征税,大量商船聚集于此,澛港藉此而繁荣。

湾沚镇,处于芜湖城南43千米处湾沚大河(即青弋江)边,为宣城县首镇。皖南山区盛产林木、茶叶等,湾沚镇周围面积30余里,盛产稻薯、菜籽、豆、麦等,湾沚上通青弋江、红杨树、泾县、太平码头各处,上游各地土货通过青弋江至湾沚集散,往下运往芜湖。每值春夏之交,山水涨发,皖南山地所产木料顺着青弋江至湾沚再运往芜湖。长江贸易的土货、洋货等由芜湖上溯青弋江,运至湾沚,集散于皖南各地。通过湾沚镇,把皖南与芜湖直接联系起来,是芜湖连接皖南的重要孔道。类似集镇还不少,不一一列举。

---

① 佚名:《无为县小志·城镇略述》,1960年据1931年稿本石印本。
② 佚名:《无为县小志·交通与商务》,1960年据1931年稿本石印本。
③ 佚名:《无为县小志·城镇略述》,1960年据1931年稿本石印本。
④ 《芜湖岁歉》,《字林沪报》1890年11月3日。
⑤ 芜湖市地方志办公室等编:《芜湖商业史话》,黄山书社2012年版,第108页。

这些城镇与芜湖直接联系，成为芜湖的直接市场，起着纽带作用。并且大通镇成长为皖江地区商业中心之一，其地位远远超过一般县城。

四 不同层次的间接市场

芜湖与皖江地区乡村经济联系，是通过直接市场进行的，这些大大小小的直接市场背后还有大量间接市场。这些间接市场，层次不一，有县级及以上城市，有县级以下集镇，有农村小集市。

一些直接市场圈覆盖了一些县城和州城，这些县级及以上城市成为间接市场，从属于本区域较大的直接市场。如六安州，下辖六安州及所属霍山县。① 州城六安，近代成为皖西商业中心，20世纪初，六安成为皖西茶、麻等农副土特产品集散地，运出商品主要为大米、茶叶、蚕丝、羽毛、猪肠衣、猪鬃、皮张、中药材等，南经丰乐河、杭埠河入三河镇，转销芜湖，再运进洋货，返销六安乡村。皖西米、麻等农产品由六安运到合肥销售，再带回洋布、煤油、砂糖、纸张、食盐等洋货，转销霍山、霍邱等地。六安成为三河镇和合肥直接市场同时覆盖的间接市场。② 一些大的直接市场圈覆盖县级及以上城市间接市场，像安庆、大通、合肥、三河镇等直接市场下都有数个县城间接市场，这些城市也是本地商业中心。

一些县级及以上城市，无论是直接市场，还是间接市场，其下都辖有为数不等的集镇，这些集镇，少数为直接市场，大部分是间接市场。如巢县的炯炀、柘皋、夏阁、苏湾、黄麓、坝镇、槐林、散兵、中庙、半汤；无为的二坝、襄安、严桥、蜀山、刘渡、牛埠、开城、土桥、姚沟、泥汊、陡沟、石涧、黄雒、仓头、汤沟；庐江的盛桥、矾山、白山、金牛、缺口、汤池、泥河；含山的运漕、林头、东关、铜城闸、清溪、仙踪、陶厂；和县的乌江等。③ 像乌江、襄安、运漕、二坝、黄雒等为直接市场，大多数为间接市场。又如安庆，区内集市贸易历史悠久，清代及民国时期各县除城关外，有名的集市有：怀宁县石牌、桐城县青草塥

---

① （清）冯煦主修，陈师礼纂：《皖政辑要》，黄山书社2005年版，第357页。
② 六安县地方志编纂委员会编：《六安县志》，黄山书社1993年版，第236页。
③ 巢湖地区地方志编纂委员会编：《巢湖地区简志》，黄山书社1995年版，第214页。

第九章 近代城市与腹地经济关系构建下城市经济圈形成

和姚王集、潜山县黄泥岗、太湖县徐桥、望江县华阳、贵池县殷家汇、东流县大渡口等。① 这些集镇都比较大，怀宁县石牌镇为潜山、太湖、宿松的通道，常年商贾云集，贸易兴旺，怀宁高河埠是区内粮食集散地；桐城县青草塥，丰水季节为皖西、鄂东土特产的集散地；桐城县枞阳镇（今枞阳县城关）为县之首镇，百货攸集。

一些大的集镇以下是小的集镇，构成了大量的间接市场，并成为较大市场的基层市场。由于交通不发达，在水路交通要道，或陆路交通要道，往往出现小的集市，进行定期交易，形成小的集镇，其市场范围为周边乡村10里左右，是农村进行生产和生活资料交换的场所。周围乡村农民到集市交换剩余农产品，农民称之为"赶集"，又称为"市集""市合""墟集"等。② 这些集市商品集中到大的集镇或县城，再转销芜湖，并从大的集镇或县城购回洋货等工业品，在集市销售，渗透到乡村。通过集镇，口岸城市与乡村构成经济互动关系。一般较大集镇，有数家大商号，垄断市场，批零兼营。"出售农产品的多是交代金的佃农；收购农产品者，有的是地主、富农和高利贷者的囤积居奇，有的是行店代客收购或转手倒卖。"③ 集市贸易是一个农民进行生产和生活资料交换的一种传统形式，是近代洋货和土货贸易的基本市场。如怀宁县，早在汉、三国时，小吏港（今小市）、皖口、石碑口、黄马河等就已为集市。明末清初，洪家铺、江家嘴、河口、高河埠、雷埠、腊树等形成集市。民国时期，全县共有大小集市23个，其中以石牌、洪镇、高河集市贸易为盛。④ 近代，皖江地区集市数目增加，规模扩大，出现了专业性集市贸易，如桐城县姚王集，是大牲畜交易市场，汇集各省商旅至此贩牛、马、驴、骡，民国时集市，"日有牛、马、骡万头以上，客旅数万人"。⑤ 这些集市逢集日期错开，并采取多样集市贸易形式，主要有逢集贸易、日常贸易和庙会贸易等。集市是皖江城镇市场体系中的基层市场，是城乡联系的最基本纽带。

总之，在芜湖区域中心城市形成过程中，芜湖与腹地皖江地区城乡

---

① 安庆地区地方志编纂委员会编：《安庆地区志》，黄山书社1995年版，第748页。
② 单强：《江南区域市场研究》，人民出版社1999年版，第30页。
③ 肥西县地方志编纂委员会编：《肥西县志·私营商业》，黄山书社1994年版。
④ 怀宁地方志编纂委员会编：《怀宁县志·商业》，黄山书社1996年版。
⑤ 安庆地区地方志编纂委员会编：《安庆地区志·商业》，黄山书社1995年版。

经济互动，带动了皖江地区城镇发展，形成了城镇体系，也形成了中心市场—直接市场—间接市场三级市场体系，把城乡经济联系起来。

第二节 城市与腹地经济互动促进近代芜湖城市经济圈形成

从近代以来，城市越来越重要，在经济、社会发展中起着领头羊的作用。五口通商以来，口岸城市在中国城市发展中尤为翘楚。研究近代城市，单纯从城市本身，难以找到城市发展的规律。只有从城市与腹地经济互动关系，特别是从城乡经济互动关系中，才能找到城市发展轨迹及规律。"城市经济圈"概念，是由法国戈特曼首创，虽然这一概念是研究现代城市常用的概念，但是，现代城市经济圈是从历史中特别是从近代发展过来的，因此我们在研究近代城市成长时，也要重视城市经济圈问题。城市经济圈大小，决定了城市地位、区域经济发展程度、市场联系的广度和深度等，城市经济圈主要是通过城乡经济互动关系构筑的。

一 近代交通与城市经济圈形成的关系

在近代口岸与腹地互动关系下，中国交通格局出现了新的变化。由于口岸城市经济发展显著，其与腹地经济交往密切，物流、人流、资金流、信息流等显然快于其他非口岸城市，所以，轮船航运、公路、铁路等近代交通，首先出现在口岸城市较多的中国东南部，以东南部最为密集，并指向口岸城市。除了水运无法改变其水路方向，陆路公路和铁路交通则明显指向经济较为繁荣的口岸城市，这是近代交通发展的新格局和新方向。吴松弟先生认为，"随着外向型经济的发展和港口—腹地范围的扩大，中国的交通体系，无论是旧有的还是新建的，或纳入港口—腹地的交通体系，或与这一体系相联接。总之，近代以前以首都和各省省会为中心的交通体系，近代已逐渐转化为主要以口岸城市或省会为中心的新格局"。[①] 新的交通格局，对城市经济圈的拓展有重要作用。交通特

---

① 吴松弟：《通商口岸与近代的城市和区域发展——从港口—腹地的角度》，《郑州大学学报》2006年第6期。

别是近代轮船水运是芜湖贸易繁荣的基本条件,其中轮运业对商业贸易影响最大。芜湖商业生命,"其最大功用为轮船航行之交通"。① 这些轮船均以上海为中心,航行于长江各口岸城市,从事货运和客运,把各地经济联系起来,构成了上海经济圈对广大腹地的覆盖。近代芜湖与上海、汉口、镇江等口岸联系起来,并与上海最为密切,受到其他城市经济圈覆盖,其中主要受到上海经济圈覆盖。芜湖区域中心城市从属于上海国家中心城市。轮船航行对拓展芜湖经济交往的范围有重要意义。长江流域水运把长江各口岸城市及其腹地联系起来,使各口岸城市可以优势互补,互通有无,相互促进,共同发展。

二 芜湖区域中心城市和城市经济圈

中心城市是历史形成的产物,是城乡经济互动的结果,是城市优势发挥、增长和互补的结果,其辐射和吸附范围构成了这一城市经济圈。中心城市地位越高,城市经济圈就越大,反之,则城市经济圈就越小。

芜湖开埠后,成长为近代区域中心城市,主要是工商业城市,以商业为主,这一点是没有疑义的。芜湖除了与皖江地区有密切的城乡经济互动关系,还与安徽徽州地区、淮河地区及外省有城乡经济联系,还与沿海、沿江口岸城市及外洋有经济关系。那么,芜湖城市经济圈有多大呢?是否除了皖江地区,还包括安徽其他地区、外省,以及沿海、沿江口岸城市及外洋呢?这是一个复杂的问题。

城市经济圈理论,从20世纪90年代国内学者开始研究推广,虽然人们对城市经济圈概念有不同的解释,但是一般认为,城市经济圈是指,中心城市通过若干周边城镇,经济辐射和经济吸引所能达到的最大地域范围;并认为"城市经济圈"概念具有经济学意义,从经济学看,它是由一个城市经济中心,辐射带动的若干腹地城市所构成的环状经济区域。按照这种概念解释,有两点支撑这一概念:第一,是中心城市与腹地城乡经济互动才构筑了城市经济圈。第二,城市经济圈是环状的。城市经济圈理论,有利于我们厘清何为芜湖城市经济圈及其范围问题。

---

① 沈世培校注:《〈芜湖关华洋贸易情形论略〉校注》,安徽师范大学出版社2015年版,第54页。

近代芜湖口岸城市经济联系范围主要是长江流域，并延伸到外洋。在近代芜湖与国内外经济联系中，有三种经济关系：

（1）芜湖与外洋之间中外经济关系。洋货从外国进口到芜湖，土货由芜湖出口到外国，如果从城市经济辐射和吸附来讲，也可以说芜湖城市经济辐射和吸附达到外洋。但是从城市经济圈理论来讲，并非如此，并不能把芜湖城市经济圈延伸到国外，所以，这个层面经济关系，一般不作为城市经济圈范围来考虑。

（2）芜湖与沿海、沿江口岸城市之间城际经济关系。这种关系，在芜湖近代发展中占有重要地位，没有这种关系，芜湖也无法发展成近代区域中心城市，芜湖米市贸易范围延及沿海口岸城市，沿江一些口岸城市的其他土货也运销沿海及沿江口岸城市，这种城市与城市之间经济关系，也具有辐射和吸附关系，不过，这种关系，一般也不作为城市经济圈范围考虑。

（3）芜湖与腹地乡村之间城乡经济关系。在腹地乡村—芜湖口岸城市—其他口岸城市、外洋三级经济关系中，这种城乡经济关系是芜湖成长的基础关系，是最主要关系，没有这种经济关系，芜湖口岸城市与其他口岸城市、外洋经济关系就不存在。按照城市经济圈理论，芜湖与腹地乡村之间城乡经济关系属于城市经济圈范畴，也就是芜湖口岸城市对腹地乡村的经济辐射和吸附范围，构成了芜湖城市经济圈地域范围。

因此，不理解城乡经济关系，就无法理解城市经济圈问题。不过，中心城市对腹地乡村的经济辐射和吸附，涉及范围较广，包括贸易、工业、服务业、金融、交通、资金、人员等方面。其中，贸易是经济联系的主要方面。近代芜湖主要是工商业城市，以商业为主，从商业贸易考察近代芜湖城市经济圈范围，是比较符合近代芜湖口岸城市状况的。

另外，1933年德国克利斯塔勒在《南德的中心地》一书中提出了"中心地学说"，这一理论把城市看作区域经济的中心，一个区域内城市按一定规律形成大城市—中等城市—小城市梯形等级结构，一个大城市统辖若干中等城市，中等城市又统辖若干小城市。这种城市体系形成原理为，"如果某一经济区域内各子区域自然条件和各方面资源不存在差异，人们又都趋向于在最近的中心地购物，并能够自由迁徙，那么，该地区的'中心地'最初应当是均匀分布的，并且为数不少。假设每个中

第九章　近代城市与腹地经济关系构建下城市经济圈形成

心地的经济辐射半径相等,那么,在每三个相邻的中心地或市场之间就会形成一个不能接受该三处中心地提供的利益的真空地带。次一级的中心地由是而产生。当若干次一级的中心形成时,每三个这一级别的中心之间又会产生新的真空地带,从而导致再次一级的中心的出现。以此类推,直至没有真空地带可供形成更低一级的中心"。施坚雅用克氏"中心地学说"研究了晚清城市系统,划分了中国特别是长江上游地区贸易中心地的各个层次,提出了商品的"需求圈"和"销售域"两个概念。"需求圈"为商品的消费区,其大小取决于地区购买力。"销售域"为商品销售范围。需求圈和销售域一般均呈圆周形。[①] 这一理论重视了中心城市的作用和贸易在城市经济圈构建中的作用,对我们理解近代城市经济圈的形成有参考价值。

不过,城市经济圈理论和"中心地学说"都把城市经济圈看成"环状"或"圆周形",似乎是个规则的地域范围。从理论上讲,这些理论似乎是正确的,但是从实际历史考察,并不是理论上设计的那样。

从芜湖口岸贸易来看,运入内地洋货贸易范围,不仅有皖江地区,还有徽州地区、淮河地区,以及外省,如江苏、江西、河南。原运出土货贸易范围,也是除皖江地区外,还包括徽州地区、淮河地区,以及外省如江苏、江西、河南、湖北、陕西、四川、云南、贵州等,其中木材和土药(鸦片)来源市场范围就很大。就不好用"环状"或"圆周形"来概括芜湖城市经济圈范围,因此,城市经济圈理论和"中心地学说"只能是理论设计,难以形成普遍适用的准则。同时,在以水运交通为主的近代,交通也限制了城市经济辐射和吸附的范围,城市经济辐射和吸附往往主要是沿着水路延伸的,陆路是次要的,"环状"或"圆周形"理论也不适用。

按照城市经济圈理论,芜湖口岸城市辐射和吸附范围包括安徽大部分地区,还包括江苏、江西、河南、湖北、陕西、四川、云南、贵州等,城市经济圈范围很广泛。用口岸—腹地范式考察,芜湖的腹地范围也包括上述地区。这样,口岸城市的"腹地"或"城市经济圈"就很广泛。

[①] [美] G. W. 施坚雅:《中国封建社会晚期城市研究》,吉林教育出版社 1991 年版,第 144—231 页。

不过，从经济关系密切程度来说，皖江地区与芜湖关系最为密切，经济互动量也最大；其次是徽州地区，如清朝末年至民国初年，徽州府和宁国府是芜湖土货重要来源市场，也是洋货重要销售市场，通过芜湖海关宣城县新庄口分关出入，"出口货物以徽、宁各属之茶叶、丝茧、竹木、米稻、杂粮、竹器为大宗。进口京广洋货、布匹分销徽、宁各属者，均取道于此"；[①] 再次是淮河地区及外省。因此，皖江地区是芜湖口岸城市的"腹地"或"城市经济圈"的核心区，其他地区是次级区。次级区与芜湖口岸城市经济联系相对弱些，对近代芜湖区域中心城市成长的影响也有限。按照"中心地学说"，芜湖为皖江地区中心城市，其需求圈和销售域主要为皖江地区，虽然超越这一地区，芜湖也会产生经济辐射和吸附，但是有限。因此，芜湖是近代皖江地区中心城市，其经济圈范围也主要是皖江地区，运入内地洋货贸易范围主要是皖江地区，原运出土货贸易范围也主要是皖江地区。

近代口岸的贸易覆盖区常常以地理环境为范围，而省区的行政划分往往包含几个地理环境，在以水路为主的贸易年代，一个通商口岸的贸易覆盖区很少能及于全省。以前，学术界把开埠后的芜湖贸易作为整个安徽省的贸易看待，忽视了芜湖口岸贸易覆盖区的范围，这是不妥的。谢国兴先生认为，芜湖开放为通商口岸后，其贸易圈主要涵盖安徽省境内的池州、宁国、太平、安庆、庐州等府，六安州、和州，以及江苏境内的江宁府、河南省的光州亦有少许商贸货品流通。就贸易额而言，安徽全省的内地贸易总数，以来自芜湖口岸者为数最多。[②] 这种认识是有道理的。实际上，芜湖开埠后，芜湖口岸的贸易覆盖面很大，但是主要是皖江地区，其城乡经济关系构建范围，也主要是皖江地区。

在近代口岸城市与腹地乡村经济互动中，形成了城市经济圈，口岸城市辐射和吸附范围，包括交通、资金、人员、商品流通等方面，就构成了城市经济圈的大致范围，也形成了区域中心城市。

在城市经济圈中，口岸城市起着核心作用，在近代乡村社会转型中，

---

① 余谊密修，鲍寔纂：《（民国）芜湖县志》卷24《赋税志》，黄山书社2008年版，第166页。
② 参见历年海关报告（Chinese Maritime Customs Annual Report）芜湖部分内地贸易附表。

第九章　近代城市与腹地经济关系构建下城市经济圈形成

口岸城市发挥了巨大作用,"各个口岸城市几乎都是空间范围不等的地区现代化的领头羊"。① 一般来说,乡村离口岸城市愈近,受到口岸城市影响愈大,自然经济破坏愈严重,商品经济发展愈快,社会转型愈快;而乡村离口岸城市愈远,受到口岸城市影响愈小,自然经济破坏愈少,商品经济发展也愈慢,社会转型愈慢。这样构成了口岸城市对腹地影响的层级差异。李时岳先生说:"在外国资本主义的影响下,近代中国社会的发展形成了这样的格局:通商口岸是经济、文化最发达的资本主义城市;在它的辐射线内形成一个半资本主义半封建的地带,传统的经济、文化被迫调整以适应资本主义中心城市的需要,连传统的农业也发生着某些变化,例如,地主对农民的剥削虽然仍是超经济的封建剥削,但随着经济作物的发展、定额租和货币地租的流行,农民对地主的人身依附关系日益淡化;辐射圈外则仍然滞留在封建桎梏里,而那些外国资本主义影响所不及的内地和山区,便成为最贫穷、最落后的地区。这种格局,至今仍留下了不可磨灭的印记。"② 鸦片战争后,外国资本主义对中国社会影响巨大,离中心城市越近,市场化越明显。

三　芜湖与沿江口岸城市经济圈交叉

在一个大的区域,口岸城市与腹地关系不是一种单纯的城乡经济关系,还与其他地域城市产生经济关系。在长江流域,有众多口岸城市,他们的经济圈是交叉的,甚至是相互覆盖的。这样,在交叉的城乡经济关系下,口岸城市获得发展。

(1) 芜湖开埠前外省口岸经济圈对安徽的覆盖。安徽虽然还没有开放口岸,但是已经处于外省开放口岸城市市场经济的辐射范围之内了,皖江流域与口岸经济联系越来越密切。近代的开放口岸确实带动了各贸易圈的商品贸易。芜湖开埠前,整个安徽都开始受到口岸市场经济的影响,与镇江、九江、宁波、杭州、上海等口岸发生联系。

---

①　吴松弟:《通商口岸与近代的城市和区域发展——从港口—腹地的角度》,《郑州大学学报》2006 年第 6 期。

②　李时岳:《鸦片战争与中国近代社会的畸形发展》,《近代史新论》,汕头大学出版社 1993 年版,第 67 页。

(2) 芜湖开埠后其他口岸城市经济圈对安徽的覆盖。芜湖开埠后，安徽仍然受到其他口岸的辐射。"各口岸之贸易圈也常发生重叠的情形，以安徽为例，通省全境为芜湖、九江、镇江、宁波、杭州、南京、上海各口岸的贸易圈所涵盖，而各口岸在安徽的贸易圈又相互交错。"① 安徽省境内位居长江两岸的府州县属于芜湖、九江、镇江的贸易圈范围，其中与芜湖的贸易依存度最高。徽州与九江、宁波、上海、杭州皆有贸易往来，其中又以与杭州及上海之商贸关系较为密切。皖北淮河两岸各府州县与镇江商贸关系原较密切。但是，到1899年南京开放对外通商，江宁府原为镇江、芜湖的贸易圈所覆盖，现在皖江流域又受到南京口岸贸易圈覆盖。南京开为通商口岸后，芜湖销往江宁府货物减少，皖北运往镇江的货物数量减少，而多运往南京，由南京进口的货物也销往附近的安徽各州、县，包括滁州、和州、太平府及皖北（两淮）各府州。②

芜湖开埠后，皖江地区虽然是芜湖口岸城市经济圈，与芜湖城乡经济关系最为密切，但是又受到其他口岸城市经济圈的覆盖，有不少地方的货物不经芜湖，而是通过上海、九江、镇江等其他口岸进出，直接受其他口岸的辐射。在皖江地区西部受九江、武汉等影响，东部受上海、镇江、南京、杭州、宁波等影响，其中受上海、镇江影响最大。特别是近代芜湖与上海在对外贸易、交通、金融、信息等方面保持较为紧密的联系。③

皖江地区西部：安庆货物进出，主要靠长江、内河的水运。当时潜山的竹簟、茯苓；石牌的蔓荆子、天南星（药材）、山粉；建德的柴炭、竹木；贵池的茶叶、桐油，均集中到安庆，通过行栈或交给行商，远运至南洋群岛，近销往上海、南京。④ 安庆离九江近，受九江影响较大，以宿松为例，宿松商业受到九江等几个口岸的影响，到民国时，宿松县城有亚细亚福记分公司及美孚正大分公司，专营煤油及洋烛、火柴、洋货、

---

① 谢国兴：《中国现代化的区域研究：安徽省（1860—1937）》，台北："中研院"近代史研究所1991年版，第458页。
② 参见历年海关报告（Chinese Maritime Customs Annual Report）南京部分内地贸易附表。
③ 徐智：《边缘城市融入长三角的路径选择——基于近代以来芜湖与长三角城市关系的考察》，《南京工业大学学报》2008年第4期。
④ 安庆地区地方志编纂委员会编：《安庆地区志》，黄山书社1995年编，第739页。

布匹等,由九江分设。① 池州,日用工业品和生活必需品多从南京、上海、镇江、无锡、安庆、芜湖等外埠购进。② 池州殷家汇集市,清至民国时,主要有景德镇、南京、镇江、南通等地客商在此交易瓷器、布匹、药材、皮油、竹木等。③

皖江地区北部:民国时期,六安地区销售的南北杂货和日用工业品分别来自上海、南京、芜湖、安庆、蚌埠等城市;食盐购自蚌埠、田家庵,由水路运至各地码头中转;石油主要供货地为南京,由下关如长江转道淮河,至正阳关集散。④ 民国时期,六安地区卷烟主要来自南洋烟草公司和上海、南京卷烟厂。⑤ 巢湖,民国期间,各商号农副产品和以农副产品为原料的商品以及铁、木、竹器等手工业商品,由各商号自行到芜湖、南京、上海、蚌埠等大中城市和江苏、江西等省采购。⑥

皖江地区东部:滁州富产药材,"转运上海,分售于沿江各省及香港等处"。⑦

皖江地区南部:宣城,当地私商收购土货,运销芜湖、南京、上海等地。⑧ 宣城县大米,民国期间,正常年景除本县自食消费外,每年都有百万石大米销往芜湖、南京、镇江、上海等地。⑨ 广德,大米主要运销杭州、绍兴等地,土纸运销无锡、常州、苏州等地,板栗、茶叶、笋干、冬笋等山货主要运销杭州、湖州、苏州等地。在输入商品中,棉、针纺织品主要供货地是常州、无锡;煤油、肥皂、火柴、卷烟、蜡烛时称"五洋"的商品,都购自湖州。⑩ 1949 年前郎溪县商品流通全赖水路木船运输,辅以肩挑车推。水路以南漪湖与梅渚港两路运输为主。南漪湖

---

① 俞庆澜、刘昂修,张灿奎等纂:《宿松县志》卷 17《实业志·商业》,1921 年活字本,第 375 页。
② 池州地区地方志编纂委员会编:《池州地区志》,方志出版社 1996 年版,第 442 页。
③ 池州市地方志编纂委员会编:《池州市志·集市贸易》,方志出版社 2016 年版。
④ 六安地区志编纂委员会编:《六安地区志》,黄山书社 1997 年版,第 356 页。
⑤ 六安地区志编纂委员会编:《六安地区志》,黄山书社 1997 年版,第 371 页。
⑥ 巢湖市地方志编纂委员会编:《巢湖市志》,黄山书社 1992 年版,第 490 页。
⑦ 杭海:《滁县乡土志·物产·药材》,滁州市方志办藏,1984 年印。
⑧ 安徽省宣州市地方志编纂委员会编:《宣城县志》,方志出版社 1996 年版,第 357 页。
⑨ 安徽省宣州市地方志编纂委员会编:《宣城县志》,方志出版社 1996 年版,第 361 页。
⑩ 广德县地方志编纂委员会编:《广德县志》,方志出版社 1996 年版,第 263 页。

（南路），县内出产物资均集中在南漪湖畔的毕桥、飞鲤、东夏三镇，经水阳江运往芜湖，回来将南北货、杂货、百货运回郎溪。梅渚港（北路），县内出产物资由梅渚、定埠运往溧阳到无锡入运河。全县进出口以梅渚港为大宗。食盐、煤油、布匹、百货皆从梅渚运到县境。① 南陵县，民国初期，商品进货渠道以水路运输为主，主要从芜湖进货，由芜湖溯漳河而上，经黄墓渡抵县城的以布匹、纸张、煤油及日用杂品为多。另外南陵县也从其他口岸输入货物，由江苏高淳经水阳江抵青弋江镇的货物，以盐、布匹、卷烟为多；丝绸、绫罗多从苏州、杭州、南京进货。②

以皖江流域水运为依托，芜湖成长为近代皖江地区经济中心，城市经济圈比前近代扩大了，并受到其他口岸城市经济圈覆盖或交叉。

不过，芜湖城市经济圈以皖江地区为主，实际上扩大到其他地区。不仅稻米、土药贸易范围超过皖江地区，其他商品也是如此。如胡开文墨业，咸丰二年（1852）后，绩溪胡天注派下六房懋后裔胡贞一在芜湖开设"胡开文沅记""胡开文源记"，在南京开设"胡开文利记"，在安庆开设"胡开文立记"，1924 年桐城人李润伯将芜湖"胡开文沅记"墨贩卖到成都。③

四　交通落后制约了城市交际圈的拓展

还要看到，前近代芜湖成长为区域经济中心，水路交通是重要原因，到近代水路交通系统仍然是支撑芜湖中心城市形成的重要依据。历史上陆路交通落后，车马人力运输，难以进行远距离的商品贩运，在城乡经济关系构建中远远比不上水运。芜湖近代发展起来，主要是依靠水运，不过，水运仍然满足不了商品贸易运输需要。如稻米运销，皖省若非水患频仍，计丰收年出口米，能运 1200 万石至 1500 万石，此外小麦 50 万石至 100 万石，主要因为"开办浚河之费，工用浩繁"，交通跟不上，水运能力弱，影响了米麦出口。④ 近代陆路交通落后，芜湖海关税务司也认

---

① 郎溪县地方志编纂委员会编：《郎溪县志》，方志出版社 1998 年版，第 368 页。
② 南陵县地方志编纂委员会编：《南陵县志》，黄山书社 1994 年版，第 316 页。
③ 胡毓华：《徽墨世家胡开文》，安徽师范大学出版社 2022 年版，第 28—34 页。
④ 中国第二历史档案馆编：《中国旧海关史料（1859—1948）》，京华出版社 2001 年版，第 60 册，第 307 页。

为，安徽铁路建设落后，"铁路之未完成，实为本埠及全省发展之障碍"。① 20世纪初，人们就认识到改善交通的重要性。"中国内地之制造减色，实业未兴者，非尽由机器之难购，工师之难觅，物料之难求也。实以水陆运道，均极艰涩，除长江支河、名城大镇外，余多穷僻州县，深阻山谷外，有货而不能入，内有产而不能出，明知航路铁路之当开，而既乏钜富，又勘公司涓滴之财，安能创远大之举，所贵有经理之责者，相机审势，徐图开通，为吾四万万生灵，谋一永沾利益之长策也。"② 近代陆路交通发展不足，到民国时期，公路和铁路有所发展，但是没有发展到代替水运的地步。交通落后，严重制约了城乡经济关系的构建，制约了城市交际圈的拓展。

第三节　城市与腹地经济互动促进近代沿江口岸城市经济圈形成

口岸与腹地经济互动关系构筑了口岸城市经济圈，但是由于各自优势条件不同，不同口岸城市成长也不同，城市经济圈大小也不同。沿江口岸城市不是单独发展的，是相互联系、相互促进、共同发展的，众多口岸城市成长为区域中心城市，形成经济区域，使传统农村经济向近代城市经济发展。

一　近代沿江口岸城市成为经济中心

口岸城市开放后，在与腹地城乡经济互动中，形成了城市经济圈，口岸城市也相继成为一个区域的经济中心，近代中国城市格局发生了巨大变化。

在传统社会，军事和行政中心城市是建在水运交通相对比较发达的地方，城市功能主要是政治、军事、文化功能，军事和行政目的比较强，

---

① 沈世培校注：《〈芜湖关华洋贸易情形论略〉校注》，安徽师范大学出版社2015年版，第203页。
② 《实业·论兴实业在先筹通运》，《东方杂志》第9期，光绪三十年（1904）九月二十五日，第133页。

经济功能较弱。不过，这些带有军事和行政目的的城市，如首都、省会、州治、府治、县治，聚集大量军政人员，还有手工业者、商人和普通市民，在农业时代，由于城市生活需要和文化影响，它们也具有辐射和带动作用，城市商业和手工业发展带动周边乡村经济发展。这些城市主要为军政中心，同时也是小范围的经济中心。

随着近代口岸开放，经济发展向口岸城市聚集，并向优势明显的口岸城市聚集，口岸城市变成大小不等的经济中心。

鸦片战争后，随着条约口岸城市的开放，中国出现了近代因素的城市，主要分布在东北和东南沿海地区，其近代工业和商业发展超过了内地城市，在通商口岸设立工厂、银行、洋行，资本主义经济发展较快。19世纪后期，北京、苏州、广州、武汉都是超级巨大城市，北京是首都，自然是大城市，其他3个城市都是通商口岸城市，苏州是长江三角洲中心城市，广州是珠江三角洲中心城市，武汉是长江中游一带中心城市。①

汉口，位于长江与汉水交汇处，是中国东西南北水陆交通枢纽，有"九省通衢"之称，历来是长江中游的重要商业城市，自咸丰八年（1858）《天津条约》确定为通商口岸后，租界、洋行纷纷设立，商业日益繁荣，成为仅次于上海的贸易港。1913年汉口海关收入共365万两，占全国第三位。② 随着1890年汉口开始工业化，1893年成立汉冶萍煤铁公司，1898年起开始修建京汉、粤汉铁路，武昌、汉口、汉阳三市联系加强，1927—1929年期间，共同命名为武汉特别市。③ 武汉人口，在鸦片战争前有30万人，到宣统三年（1911）约80万人，1935年达129万人。④

上海，在开埠前是一个规模不大的中等城市，开埠时人口只有20余万，而宁波人口有50万人，杭州、苏州人口也在50万人以上，所以上海只能与松江、嘉兴、常熟、嘉定、湖州和无锡相等。⑤ 但是，上海在开埠后，发展迅速，人口增加也显著，1845年增长为155万人，到1864年为

---

① ［日］斯波义信：《中国都市史》，北京大学出版社2013年版，第112页。
② 《去岁海关税及物价表详志》，《东方杂志》第9卷第9号，1913年3月1日。
③ ［日］斯波义信：《中国都市史》，北京大学出版社2013年版，第118页。
④ 皮明庥主编：《近代武汉城市史》，中国社会科学出版社1993年版，第658—659页。
⑤ 隗瀛涛：《中国近代不同类型城市综合研究》，四川大学出版社1998年版，第273页。

第九章　近代城市与腹地经济关系构建下城市经济圈形成

375万人，1881年为435万人，1935年为665万人，1949年为805万人。①从19世纪70年代到1947年，上海逐渐成为中国对外贸易中心，从三等小城发展为中国第一都会，其对外贸易总值占全国的比重，多数年份为50%左右。②"上海非独为全国财政、金融、工商之中心，且系中外贸易之枢纽，历年进出口贸易，几占全国对外贸易总值之半数。③"近代上海发展迅速，到民国时期成为全国最大的中心城市，是中国的外贸中心、工业中心、商业中心、金融中心、文化中心，也是20世纪前期世界第五大城市，排名于伦敦、纽约、柏林、芝加哥之后，在巴黎、东京、布宜诺斯艾利斯、费城、洛杉矶之前。④民国时期，形成上海、天津、武汉、广州全国4大工商业城市，重庆开埠后发展成为长江上游最大商埠，经济中心大部分集中在长江流域。当时，镇江、芜湖、九江、汉口、沙市、万昌、安庆等城市则是沿江重要集散枢纽，开埠前工商业就已很繁荣。⑤

南京，在近代经历太平天国运动时期兵燹，破坏严重，到1927年4月重新定为中华民国首都前，人口不足27万人，到1936年即猛增至100万人以上，成为政治、文化中心，也成为长江下游地区一个经济中心。⑥

民国时期，长江中下游地区，除上海、汉口、南京等大城市外，多为中小城市，其中宜昌、沙市、长沙、岳州、九江、芜湖、镇江、苏州、杭州、宁波、温州等中等城市约占了全国口岸城市对外贸易的14.8%。⑦

随着上海的成长，到民国时期上海和武汉成为长江流域两大国家中心城市，武汉地位次于上海，这两个城市都与芜湖经济交往密切，城市经济圈都覆盖芜湖。上海到民国时期成为全国最大的经济中心，在其下，有若干口岸城市也成为区域经济中心。在西方资本主义影响下，沿海沿江口岸城市开始了近代城市转型，在长江沿岸口岸城市中，形成了以上

---

①　周源和、吴中文：《上海历史人口研究》，《复旦学报》1985年第4期。
②　王玉茹等：《制度变迁与中国近代工业化》，陕西人民出版社2000年版，第333页。
③　《民国二十一年海关中外贸易报告》，*Trade of China*, Volume 1, 1932。
④　隗瀛涛：《中国近代不同类型城市综合研究》，四川大学出版社1998年版，第274页。
⑤　隗瀛涛：《中国近代不同类型城市综合研究》，四川大学出版社1998年版，第22页。
⑥　杨颖奇等：《南京通史》，南京出版社2011年版，第205页。
⑦　隗瀛涛：《中国近代不同类型城市综合研究》，四川大学出版社1998年版，第418页。

海为中心的城市体系，芜湖作为区域中心城市，从属于上海这样的国家中心城市，上接武汉、九江等，下接南京、镇江、上海等，在沿江经济、文化交流中起着中转作用。

晚清100多个大中城市中，10万人以上城市主要分布在沿海、沿江地区，几乎包括了所有通商口岸城市。据统计，1919年全国10万人以上城市有19个，5—10万人城市107个，2—3万人城市182个，其中大城市主要集中在东南沿海，西南、西北城市数量少，规模小，分布稀疏。[1] 1936年统计，全国193个城市中有147个分布于东南沿海地区，占总数76.2%，其中19个中等城市中有16个在沿海，沈阳、北平、天津、青岛、上海、南京、汉口、杭州、广州、香港10个50万人口以上大城市，除沈阳、北平、南京、汉口外，均在沿海。学界把这一城市体系分为6个城市区：中国华北沿海城市群地区（包括北平、天津、唐山），胶东半岛轻工业城市区（包括青岛、烟台、威海卫、龙口、石岛、连云港等），长江三角洲城市密集区（以上海为中心，包括通州、苏州、无锡、常州、杭州、嘉兴、湖州、宁波、绍兴等），东南沿海港口城市带（包括温州、泉州、福州、厦门、漳州），珠江三角洲轻工外贸城市区（以广州、香港为中心），潮汕平原城镇群，共同组成了沿海城市密集带。[2]

在皖江地区，芜湖成为长江中下游地区的一个区域中心城市，主要为经济中心。原来首都、省会、州治、府治、县治等军政中心，兼具经济中心，其经济中心的影响力下降，让位于口岸城市经济中心影响力，在前近代首都、省会、州治、府治、县治既是军政中心，也是经济中心，二者是合一的，到近代这些军政中心城市的经济地位下降，在全国乃至区域出现了经济中心与军政中心分离的倾向，经济格局发生了巨大变化。近代口岸城市及腹地交通线上城市率先发展导致各行政区内部原先城市分布格局变化，一些城市经济地位的颠倒。这种情况在沿海和沿江省份都有不同的存在。

从国家层面来讲，晚清时期的北京和民国时期的南京是当时的国家军政中心，但是当时经济中心却是分布不同区域的中心城市，珠江流域

---

① 董增刚主编：《城市学概论》，北京大学出版社2013年版，第39—40页。
② 顾朝林：《中国城镇体系》，商务印书馆1992年版，第158、160页。

是广州和香港，长江流域是上海和武汉，环渤海湾是天津，其中上海是最大的经济中心，其与腹地商品、人员、资金的流动量超过了所有城市。新中国成立后，北京是首都，是军政中心，而上海则为最大的经济中心。近代以来，北方的天津因为是口岸城市，发展为北方的工商业中心；上海在成为直辖市以前，既不是国家的军政中心首都，也不是省会，却是国家经济中心，"为多功能经济中心城市"；① 广州历史上就是开放通商城市，到近代发展为珠江流域中心城市是很自然的事情；武汉号称"九省通衢"，通商以来发展成为中国中部的经济中心。

从省级层面讲，这种经济中心与军政中心分离在近代也比较明显，"非省会城镇的结构功能则偏重于经济"。② 山东省济南是省会，为军政中心，而青岛是由口岸发展起来的山东经济中心；四川省成都为军政中心省会，重庆则是由口岸城市发展起来的四川经济中心城市；江苏省南京是省会，并成为首都，为军政中心，而上海则为经济中心城市。这种情况在安徽也很明显，安庆是省会城市，是军政中心，但是近代经济发展不如皖北淮河流域的蚌埠，也不如皖江流域的芜湖，蚌埠和芜湖到民国时期分别为安徽一南一北两个经济中心城市。津浦铁路通车后，蚌埠因交通便利发展起来，北洋军阀倪嗣冲督皖时，督军署移驻于此，安庆成为名义上的省城，蚌埠可与省城相提并论。蚌埠从豫东、皖北的政治、军事中心，逐渐发展为豫东、皖北的经济中心。③ 不过，它是新兴城市，还比不上芜湖。在一些省份，省会同样是口岸城市，但是发展慢于省内其他口岸城市，经济地位也下降，让位于其他口岸城市经济地位。如福建省的福州为省会，与厦门都是五口通商口岸，开放最早，但是发展慢于厦门；广东省的广州和香港都是开放城市，但是广州发展慢于香港。在安徽，安庆与芜湖和蚌埠都是口岸城市，但是其发展慢于芜湖和蚌埠。

这种经济中心与军政中心分离的现象，也会导致军政中心的转移。

---

① 杨天宏：《口岸开放与社会变革——近代中国自开商埠研究》，中华书局2002年版，第344页。

② 杨天宏：《口岸开放与社会变革——近代中国自开商埠研究》，中华书局2002年版，第344页。

③ 龚光朗、曹觉生：《安徽各大市镇之工商现状》，《安徽建设月刊》第3卷第2号，第7页。

有些非省会的口岸城市因为经济地位提高，影响力也提高，重要性往往超越了省会，省会就可能被迁移到经济中心城市。如河南省的郑州取代开封成为省会，河北省的石家庄取代保定成为省会，即是如此。近代安徽，抗战前，省会在安庆，但是在北洋军阀统治时期，军阀倪嗣冲就驻守蚌埠统治安徽，蚌埠成为当时的实际省会。近代以来，芜湖发展为皖江地区经济中心。新中国成立后，省会在合肥，省委书记曾希圣曾经打报告给毛泽东主席，请求把省会迁到芜湖。这事后来虽然没有成功，但是说明了芜湖城市地位的提高。

二 经济区形成

近代随着口岸与腹地的经济互动，口岸与腹地的经济关系日益密切，口岸城市经济对腹地辐射和带动，促进了腹地经济发展，形成了城市经济圈。众多口岸城市经济及其辐射的城市经济圈经济联系发展，在交通所及的范围内，通常为江河流域，构成了一个经济区域，形成地方经济特色。口岸开放后，沿海及沿江口岸城市发展及其对腹地经济影响扩大，口岸城市与腹地的经济联系日益加强，城市经济圈发展及交叉覆盖，奠定了经济区域的形成基础。由于口岸城市经济发展，带动腹地经济发展，国内市场扩大，新的交通格局和商贸格局的改变，使传统中国经济格局重新整合，经济重心由江南、向沿海转移，农业经济向城市经济转变，以沿海口岸城市为中心，形成沿海向腹地延伸的经济区。吴松弟先生认为，经济区是一个经济地理学概念，"它是具有全国意义的地域生产统一体，内部主要通过市场进行密切的联系。各个经济区都有自己的经济中心，这一中心往往由一个大的综合性城市或一组城市所组成，是全区域经济发展的核心和交通中心，它的发展对整个地区的经济发展有着深刻的影响"。[①] 近代中国除陕西、山西、河南、贵州4省没有约开商埠外，其他各省区都有数量不等的约开商埠，这些商埠分布较广，但是，主要集中在沿海、沿江、东北以及西南、西北、西藏几个大的经济区域。[②] 到

[①] 吴松弟：《通商口岸与近代的城市和区域发展——从港口—腹地的角度》，《郑州大学学报》2006年第6期。

[②] 隗瀛涛：《中国近代不同类型城市综合研究》，四川大学出版社1998年版，第215页。

第九章　近代城市与腹地经济关系构建下城市经济圈形成

20世纪前后，以重要沿海口岸城市为中心，以城市经济圈为范围，初步形成了经济区。到民国时期，中国已形成7大经济区：东北经济区，东北各省和内蒙古东部，以大连和沈阳为中心；华北经济区，黄河流域大部分以及内外蒙古，以天津为中心；山东经济区，今山东省及其毗邻地区，以青岛、烟台为中心；华中经济区，长江中下游和浙江，以上海为中心；福建经济区，以厦门、福州为中心；华南经济区，范围为珠江流域和湘赣黔3省南部，以香港和广州为中心。[①] 这样经济重心由农业时代江南经济转移到近代城市经济时代的以口岸城市为中心的沿海区域经济时代。不过，这些经济区主要集中在珠江流域、长江流域和环渤海湾地区，反映了口岸城市经济辐射作用，也反映了近代区域经济形成是在传统水运交通基础上形成，陆路交通延伸了经济区范围。近代经济区，主要还是城市经济圈叠加形成的，不是单个城市经济就能支撑的了，说明近代已经过渡到城市经济时代。每一个口岸城市经济及腹地发展，都作出贡献。

近代城市经济圈的形成是商业发展或商品经济发展的结果，是市场把各地联系起来，进而把全国联系成一个统一市场，口岸起重要作用。城市经济圈，实际上是市场圈，众多城市市场圈构成了经济区，是由市场联系起来的。全国由众多经济区组成，也就是众多的市场区。在前近代社会，中国统一的市场没有形成，即使到晚清时期，也没有形成。只是到民国时期，随着城市经济发展，特别是口岸城市经济发展，近代交通发展，城市辐射和吸附范围扩大，城市经济圈逐渐形成，国内统一市场才逐渐形成。统一的国内市场，是中国近代资本主义经济发展的基础，也是近代国家建立的基础。中国和日本在国门被打开前都是封闭落后的封建国家，但是，在国门被打开后，中国近代化速度慢于日本，这是为什么呢？中日两国学界对近代中日两国近代化速度差异及其原因进行比较研究，从各种角度进行探讨，提出不同的看法。有的认为在鸦片战争前后的时期，日中两国经济差异的原因是生产方式不同，在前近代日本资本主义经济发展快于中国。也有学者认为，若将鸦片战争时期日本和

[①] 吴松弟：《通商口岸与近代的城市和区域发展——从港口—腹地的角度》，《郑州大学学报》2006年第6期。

中国最为发达的地区进行比较研究的话，可以说，日本并不特别地先进，日中两国经济差异的原因是在于统一的国内市场是否形成。日本在江户时代中期，以大阪和江户两个大都市为中心，建立起了统一的国内市场。这是由于日本国土比较狭小，四面临海，利用帆船比较便利，从而能够较早地建立起统一的全国性市场。此外，日本的"参觐交代"制度，也促进了国内统一市场的形成。中国则是有着辽阔国土的大国，而且是一个内陆国家，因此，即使建立起了"巨大的地方市场"，而全国性的统一市场却直到铁路和内河轮船颇为发达的第一次世界大战时期，才在中国本土的范围内建立起来。[①] 这里所说"巨大的地方市场"，就是城市经济圈或众多城市经济圈连起来的地域性市场。"国内统一市场"则是全国城市经济圈连接起来，市场把各经济区联系起来。在中国国内统一市场形成过程中，口岸城市起着关键性作用。

三 区域城市群形成

中国近代以来形成的城市，有体系和层级之分。总的来说，城市体系，构成城市群，主要有长三角城市群、珠三角城市群、渤海湾城市群，内地相对大的城市群如武汉城市群、西安城市群等。沿海三大城市群是中国城市中心所在，也是经济重心所在。在每个城市群中又可以划分层级，处于顶级的城市，是具有国家和国际影响的城市，如长三角城市群中的上海，珠三角城市群中的广州，渤海湾城市群中的天津，武汉城市群中的武汉，西安城市群中的西安等，尤其是上海、广州和天津具有广泛影响的城市，是代表性城市。这些顶层城市是国家中心城市，是每个城市群的总汇，对其所在的城市群在经济、政治、文化等方面产生巨大影响。各大城市群之间又相互联系，互相联通，对中国近代全国市场形成有重要意义。在城市群过渡地带，一些城市与相邻的城市群相互联系，起着两大城市群的纽带作用。在每个城市群中，分成不同的层级，顶层的是国家中心城市，上海、广州和天津等，它又统辖着几个区域中心城市，区域中心城市又统辖几个府州域城市，往下是县域城市和集镇。近代区域中心城市，处于顶级国家城市和府州域城市、县域城市和集镇之

---

① ［日］依田憙家：《日中两国近代化比较研究》，上海远东出版社2004年版，第232页。

间。近代区域中心城市，与历史上区域中心城市不同，历史上城市比较松散，经济联系不紧密，主要是文化、政治、军事联系，近代区域中心城市主要是经济发展的产物，是近代国际资本主义经济对中国封建农业经济冲击的产物，具有特殊历史性，体系和层级分明。

四 从农村经济向城市经济发展

近代是中国经济格局发生质变的时代，开始由农村经济向城市经济发展，经济重心由农村向城市转移。中国前近代社会是封闭落后的封建农业社会，农村经济是主要经济形式，城市经济从属于农村经济，农村是中国经济的大舞台，经济重心从唐代中期以后逐渐从北方移到江南，长江三角洲地区成为农村经济最为繁荣的地区，这种经济重心转移是农村经济重心南移，没有发生质的变化。鸦片战争以后，中国逐步沦为半殖民地半封建社会，开始了近代化历程，开始从封建农业社会向近代资本主义工业社会转化，城市经济开始发展起来，城市是近代以来社会发展的大舞台，农村经济逐渐从属于城市经济，经济重心开始从农村转向城市，由江南农村向沿海、沿江城市转移，虽然没有完全转移，但是这一趋势已经开始。这一重大经济变化，是口岸城市驱动发展的结果。

中国近代进入口岸城市经济时代，口岸城市由于在近代获得了特殊优势，辐射和吸附能力加强，在城乡经济互动中，农村经济支持城市经济发展，城市经济也带动农村经济发展，城乡互动，促进城乡经济、社会转型。随着口岸城市经济发展，城市经济中心逐渐形成，这些经济中心主要集中在沿海和沿江地区，每个城市经济中心都有城市经济圈，而小的城市经济中心从属于大的城市经济中心，小的城市经济圈从属于大的城市经济圈，如近代形成长江下游地区以上海为中心的城市经济圈、长江中游地区以武汉为中心的城市经济圈、以天津为中心的环渤海湾城市经济圈、以广州为中心的珠海流域经济圈等。城市经济圈构成了经济区。原来农村经济重心由江南地区向沿海和沿江城市转移，特别是向大的城市转移。

在这一过程中，市场起着关键作用。市场发育和成长，是近代经济发展的驱动力。市场利用各地物产差异和技术剪刀差，实现商品配置。明清时期商品经济已经发展，城镇逐步发展，同时明代以来沿海已有中外贸易，虽然有间断，但是沿海港口贸易已经开始。到近代，进入口岸贸易时代，口岸贸易起着主导作用，由沿海到沿江口岸开放，通过口岸贸易，市场把沿海和沿江与内地联系起来。市场规模扩大，城市与农村联系日益紧密、广泛，市场具有扩散功能和吸附功能，把各地经济联系起来。口岸贸易驱动口岸城市经济发展，带动区域经济发展。市场拓展，是近代内外、城乡经济联系加强的原因。

小　结

　　口岸与腹地经济互动关系构筑了口岸城市经济圈，但是由于各自优势条件不同，不同口岸城市成长也不同，城市经济圈大小也不同。沿江口岸城市不是单独发展的，是相互联系、相互促进、共同发展的，众多口岸城市成长为区域中心城市，形成经济区域，使传统农村经济向近代城市经济发展。近代沿江口岸城市成为经济中心，经济区开始形成，农村经济开始向城市经济发展。这一重大经济变化，是口岸城市驱动发展的结果。中国近代进入口岸城市经济时代，口岸城市由于在近代获得了特殊优势，辐射能力加强，在城乡经济互动中，农村经济支持城市经济发展，城市经济也带动农村经济发展，城乡互动，促进城乡经济、社会转型。在这一过程中，市场起着关键作用。市场拓展，是近代内外、城乡经济联系加强的原因。近代是以口岸城市为主构筑城市经济圈的时代，城乡经济互动形成了城市经济圈，虽然这一城市经济圈还处于成长阶段，但是奠定了现代中国城市格局和经济格局。近代芜湖城市经济圈已经远远超越了皖江地区，也就是腹地大大扩大了。

结　　语

　　中国近代化，离不开城市近代化，在城市近代化过程中，城市与腹地互动，特别是其经济互动，推动城市近代化。在城市与腹地经济关系中，主要是城乡经济关系。城乡关系伴随着城市发展而发展，是通过市场把城乡连接起来。随着近代社会发展，中国经济开始从农村经济逐渐向城市经济发展，城市扮演着越来越重要的角色。中国近代化主要是通过口岸城市逐渐展开的，口岸城市是近代化的引擎。资本主义列强逼迫中国开放口岸城市，掠夺中国经济，使中国逐步沦为半殖民地半封建社会，但是口岸城市作为一个开放窗口，输入西方文明，促进地区近代化发展。口岸城市与腹地经济互动，各地区形成外向型经济体系，城市开始近代化，农村自然经济也开始解体，口岸城市推动了区域近代化进程。

　　城市与乡村是相对的概念，二者的联系是随着时代变化而变化。城市产生有两种，一是最早城市为满足军政需要而建立，与乡村经济联系是次生需要，以后随着城市发展，城乡经济联系日益紧密。二是随着商品经济发展，一些集镇发展为都市，其与乡村经济联系一开始就比较紧密。在传统社会，交通以水运为主，城市与乡村经济联系的范围以水系流域为主要腹地范围，与其他地区联系处于次要地位。即使这样，在水系流域范围内，城市的腹地范围也是逐渐发展的，先是城市附近地区，然后随着商品经济发展，腹地范围逐渐达到水系流域全域，不是一开始腹地范围就达到全域的。这种腹地范围就是市场范围，是城市销货和买货市场范围。城市越发展，腹地范围越大，同时，腹地商品经济发展又促进城市发展，二者相辅相成。历史上，一些城市持续发展，腹地不断扩大，城乡经济联系日益紧密，而一些城市衰落了，腹地逐渐缩小，城乡经济联系也日益松弛。究其原因，是城市优势决定的，优势越大，城市发展越快，腹地范围越大，相反，城市优势越小，城市发展越慢，甚至萎缩，城乡经济联系越松弛，腹地越来越小。城市优势有先天优势和后天优势，二者缺一不可。一些城市先天优势较大，后天优势又不断积累，城市发展迅速，甚至成长为区域中心城市，乃至全国中心城市，如上海等。

芜湖从春秋时期一个军政城堡，到明清时期发展成为区域中心城市。究其原因，就是因为其有自身优势，芜湖与腹地经济互动是在芜湖城市优势发挥、增长、互补中形成的。芜湖具有先天的地理位置优势、区位优势、水运交通优势、地理环境优势、区域经济优势等，这些优势使芜湖具有了得天独厚的城市成长条件，所以西汉在这里设县。由于芜湖战略地位重要，"芜湖为南北咽喉，关系吴楚全局"，① 孙吴把芜湖县治由鸠兹迁移到今天芜湖市位置，处于青弋江与长江交汇处。随着时代发展，芜湖虽然经历了变迁，但是其后天优势是在积累的，如长江流域特别是皖江流域商品经济发展，区域经济优势在增长；交通优势在增加，水路交通工具在改进；城市技术和产业优势在增长，芜湖的冶炼业和浆染业名闻遐迩，增强了芜湖辐射能力；芜湖行政建制和政策发展，也增加了芜湖优势；芜湖建城和长街等发展，增加了城市建设的优势等。这些优势积累，使芜湖逐步成长，腹地范围也达到皖江地区全域，并扩大到徽州地区，乃至长江中下游地区，并延及长江流域其他地区、运河等延及的华北和岭南地区，城乡关系构建腹地范围逐渐扩大。当然，芜湖辐射范围主要是皖江地区。

近代城市发展，出现了新的变量，即外国资本主义入侵。这种入侵，一方面通过口岸城市向乡村渗透政治、经济、文化等势力，使中国变为半殖民地半封建社会；另一方面，使口岸城市获得新的优势，辐射能力增强，城市畸形繁荣，腹地在扩大，乡村受城市影响，出现了新的变化，使近代社会转型。

近代口岸开放，资本主义入侵，却使城市优势增长，包括制度优势、能力优势、技术和产业优势等，加强了口岸城市的辐射能力。通商口岸

---

① 《清文宗实录》卷184。

结　语

城市，是比较特殊的城市。口岸城市制度优势，一方面，是指西方资本主义入侵，签订一系列不平等的政治条约、通商专约等，形成口岸制度体系，列强在口岸城市设立领事署、海关、租界、洋行、教堂、学校和医院等，控制铁路、航运，强行子口半税制度，进行政治、经济、文化侵略和控制，倾销洋货，把安徽变成其工业品市场，操纵农产品和矿产品价格等，掠夺土货，使乡村农业生产服从其需要。资本主义列强经济上可以向腹地进行渗透，进行经济掠夺，从制度上赋予了口岸城市与其他一般城市发展的特殊条件。另一方面，是指晚清和民国政府在口岸城市进行制度调整，形成有利于口岸城市发展的制度优势。正是这种优势，使近代口岸城市畸形发展，提高了口岸城市辐射能力，加强了城市与腹地经济互动关系构建。近代口岸城市能力优势增长，就使近代口岸城市比一般城市具有对腹地乡村社会更强的辐射能力，资本主义入侵给口岸城市带来了先进的交通手段和金融形式，如轮船、汽车、火车、邮电等，增强了口岸城市能力优势。这有利于口岸城市与腹地乡村之间的物流、人流、信息流、资金流的加强，使城市与腹地经济关系构建更加有利。口岸城市技术和产业优势增长，就是西方资本主义打开通商口岸，利用自己的技术和产业优势，倾销工业品，输入资本，掠夺中国经济。资本主义列强把这种技术和产业优势移植到口岸城市，进而对腹地进行经济掠夺。口岸城市有了这样的优势条件，其获得了与其他城市不同的贸易平台和发展机会，使口岸城市形成了人口、资本、技术、知识、文化的集聚效应，促进口岸城市经济发展和社会转型，口岸城市特殊性，对城市发展来说，增加了一种优势。正是这种优势，使近代口岸城市畸形发展，提高了口岸城市辐射能力，加强了城市与腹地经济互动关系构建。

在市场作用下芜湖口岸城市对腹地经济辐射，构成口岸城市对腹地乡村经济关系，主要体现在运入内地洋货贸易，资本主义商品以其技术和产业优势渗透到腹地，资本主义列强采取不同倾销洋货方式，加强对皖江地区腹地经济渗透和掠夺。从各种洋货销售来看，运入洋货销售市场范围首先是皖江地区，其次是徽州地区，再次是安徽其他地区，最后是江苏、江西、湖北、江西。也就是说，芜湖腹地范围主要是长江流域，其中皖江地区又是主要部分。

在市场作用下，芜湖口岸城市对腹地经济吸附能力增强，构成乡村对城市的经济关系，主要是皖江地区腹地土货运至芜湖集散，包括粮食作物、经济作物、丝、丝织品、纸等手工业品、矿产品、建筑材料等。芜湖土货来源市场范围主要是皖江地区，还延及其他地区。这主要是因为当时贸易是水路贸易，陆路交通发展有限，芜湖是皖江流域水路的中枢，口岸覆盖区主要是皖江地区。

芜湖与沿海、沿江口岸城市经济互动，优势互补，促进芜湖与皖江地区经济互动关系发展。近代口岸与腹地经济关系构建不是孤立进行的，是在鸦片战争后中国纳入世界资本主义市场体系后经济格局发生根本变化的特殊历史背景下进行的，受到国际贸易和国内贸易影响。在市场作用下，各口岸城市之间相互建立经济联系，进行商贸、人员、资金等往来，它们优势互补，相互促进，相互带动，共同发展，不仅促进了口岸城市经济发展，也促进了口岸与腹地城乡经济关系发展。

在城市与腹地经济互动下，芜湖成长为近代区域中心城市，成为皖江地区乃至安徽中心城市，包括商业中心、工业中心、金融中心、交通中心，是城乡经济互动的结果。腹地主要是皖江农村影响芜湖城市功能、结构、产业结构等变化，促进芜湖城市近代化。同时，城市与腹地经济互动促进腹地自然经济解体，商品经济发展。

近代芜湖与腹地经济互动对长江区域经济发展有巨大作用，如对长江流域城市经济圈和经济区域形成有促进作用。芜湖通过腹地城镇市场把城乡之间经济联系起来，城乡经济互动关系促进近代芜湖城市经济圈形成，芜湖口岸城市辐射范围包括安徽大部分地区，还包括江苏、江西、河南、湖北、陕西、四川、云南、贵州等，城市经济圈范围很广泛，不过，皖江地区是芜湖口岸城市的"腹地"或"城市经济圈"的核心区，其他地区是次级区。与长江流域上海、武汉、南京、重庆等大城市相比，芜湖城市地位相对低些，其腹地范围以皖江地区为主，其他地区为辅，其城乡经济关系构建的地域范围不及这些大城市。城市与腹地经济互动关系促进芜湖与沿江口岸城市经济圈交叉，与九江、武汉、上海、镇江、南京、杭州、宁波等相互影响，其中与上海联系最紧密。城市与腹地经济互动关系促进近代沿江口岸城市经济圈形成。沿江口岸城市相互联系，相互促进，共同发展，成长为区域中心城市，形成经济区域，使传统农村经济向近代城市经济发展，奠定了现代中国城市格局和经济格局。

结　语

在近代中国半殖民地半封建社会，芜湖与腹地经济互动关系主要是半殖民地半封建社会城乡经济关系，是特殊时代的城乡经济关系，具有与其他时代不同的特点。近代芜湖与腹地经济关系构建具有特殊性、继承性、时代性、贸易导向性、城乡对立性。芜湖与皖江地区城乡经济互动关系虽然日益紧密，但是却存在很多障碍，如资本主义的压迫和剥削、封建主义压迫和剥削、商业性农业发展缓慢、工业落后、商业畸形发展、交通落后等，这些障碍不利于城乡经济关系的构建，使城乡形成二元结构，城市压迫和剥削农村，农村生活贫困化，城市畸形发展，外国资本主义和买办从中渔利。

因此，近代是农村经济向城市经济发展时期，近代口岸城市与腹地经济关系，是特殊的经济关系，带有半殖民地半封建性质，城市发展过程是城市优势发挥、增长和互补的过程，也是城乡经济关系形成和发展过程。城乡在互动中畸形发展，人民并没有获得幸福，反而贫困化在加剧。

21世纪中国已经从农业经济过渡到城市经济时代，城市引领经济发展，城市发展带动乡村发展，乡村助力城市发展，城乡协调共同发展，城乡一体化是发展趋势。近代芜湖与腹地经济互动关系研究也给我们带来深刻的启示。

第一，增强城市优势。当今城市在经济发展中发挥重要作用，增加城市优势，是城市发展的必要条件，只有增强城市制度、能力及技术和产业优势，城市辐射能力才会增强，腹地范围才能扩大。因此，城市需要发挥、增长优势，还要与其他城市优势互补，以市场联动，促进城市及其与腹地城乡经济关系发展。

第二，发挥中心城市对农村经济的辐射作用。区域中心城市在区域现代化建设中起着引擎作用，要发挥中心城市对农村经济的辐射作用，加强国家中心城市建设，着力打造区域中心城市，建设中心城市腹地城镇，打造区域城市群。城市及其与腹地经济互动关系发展，讲到底是市场发展的结果。市场的形成和发育必须以城市为依托，而城市的兴衰又与市场的发达程度紧密关联，二者形成依存互动的共生关系。城市在市场的作用下，通过优势发挥、增长和互补，实现城市发展及其与腹地经济互动关系的拓展和深化。中心城市成长必须要有完善的市场环境和运行机制。市场竞争需要质优价廉,就必须要降低商品成本,增加技术含量,否则在市场上难以形成竞争力。要使城市与腹地之间农业劳动力转移、城乡资本流动、城乡技术和人才流动等要素合理流动,必须要有健全的市场,市场以网络化优化配置资源。

第三,城乡一体化,需要城乡良性互动。近代城乡经济关系是畸形的经济关系,只有消灭剥削制度,建立社会主义经济制度,才能消除城乡经济关系发展的障碍,才能在公有制基础上建立分工合作关系,从"城乡分离"走向"城乡融合",实现城乡良性互动。

第四,重视以城市为中心的经济圈建设。城市经济圈不仅是经济圈,也是文化、政治圈,发挥了中心城市的辐射作用。今天中国经济发展重心,仍然是城市及其城市经济圈的经济发展。未来中国竞争力,取决于城市竞争力;而中国竞争力将取决于城市圈竞争力。构建和谐的城乡关系,扩大城市经济圈,是发展中国经济的重要途径。中国三大城市圈,京津冀、长三角、珠三角三大城市群具有绝对优势,为中国未来三大经济中心。"城市圈竞争力"包含了中心城市、城市带、城市经济圈的发展。城市的发展要有区域的支撑,区域的发展要靠城市带动。行政区划可以改变以前经济条块分割弊端,向着以城市为中心的城市经济圈方向改革。将来行政区划要与城市经济圈逐步接近,这样更有利于经济发展。

第五,重视以城市为中心的经济区建设。城市与腹地经济关系构筑了城市经济圈,一个城市经济圈可以看作一个经济区单元,一个大的区域有许多城市,每一个城市都有自己的经济圈,有的大的城市经济圈覆盖小的城市经济圈,它们相互交叉,甚至覆盖,构成一个相对独立的经济区。城市在经济区发展中起着引擎作用,城市与经济区交互作用,共同发展。以城市为中心的经济区建设,是现代化建设的重点地区。新中国成立后,国家重视以城市为中心的经济区的建设规划。中国不同经济区都能在城市带动下发展起来,中国经济才能实现腾飞,现代化才能早日实现。

因此,当今社会,要发挥城市的引领作用,不断增强城市优势,尤其是增长技术和产业优势,增强城市辐射能力,构建新型城市与腹地关系,构建新型城乡关系,使城乡共同、协调、一体化发展,才能到21世纪中叶实现中国特色社会主义现代化。

参考文献

一 经典著作

马克思、恩格斯：《马克思恩格斯选集》，人民出版社1995年版。

马克思、恩格斯：《马克思恩格斯全集》第23卷，人民出版社1972年版。

马克思：《资本论》第3卷，人民出版社1975年版。

列宁：《列宁全集》第3卷，人民出版社1984年版。

斯大林：《苏联社会主义经济问题》，人民出版社1952年版。

毛泽东：《毛泽东选集》，人民出版社1991年版。

二 档案及其他资料

《朱批奏折（关税）》，乾隆十九年二月十八日安徽巡抚卫哲治奏，中国第一历史档案馆馆藏。

《朱批奏折（关税）》，乾隆二十二年三月二十八日安徽巡抚高晋治奏，中国第一历史档案馆馆藏。

《朱批奏折（关税）》，道光三年八月十八日江苏巡抚韩文琦奏，中国第一历史档案馆馆藏。

中国第二历史档案馆编：《中国旧海关史料（1859—1948）》，京华出版社2001年版。

中国第二历史档案馆编：《中华民国史档案资料汇编》第3辑《工矿业》，江苏古籍出版社1991年版。

中国第二历史档案馆编：《中华民国史档案资料汇编》第3辑《农商（2）》，江苏古籍出版社1991年版。

中国第二历史档案馆编：《中华民国史档案资料汇编》第 5 辑第 2 编《财政经济（8）》，江苏古籍出版社 1991 年版。

安徽省财政厅、安徽省档案馆编：《安徽革命根据地财经史料选》，安徽人民出版社 1983 年版。

中共安徽省党史工作委员会编：《安徽现代革命史资料长编》第 1 卷，安徽人民出版社 1986 年版。

《关于 1939 年 3 至 11 月底芜湖、蚌埠及其它各局恢复业务报告》，安徽省档案馆藏，档案号：L049 - 000001 - 00007。

《关于合肥二等邮局邮差名额问题的指令》，安徽省档案馆藏，档案号：L049 - 000001 - 00700。

《关于芜湖明远电气公司情况报告》，芜湖市档案馆藏，档案号：0001 - W01 - 0040 - 0003。

《抗敌》第 9 期，1940 年 3 月 16 日，安徽档案馆藏。

沈立中：《关于明远电厂材料》（1951 年 9 月 10 日），芜湖市档案馆藏，档案号：0001 - W01 - 0125 - 0004。

芜湖市明远电厂：《明远电气公司梗概》（1946 年），芜湖档案馆藏，档案号：0579 - W01 - 0005 - 0001。

芜湖市工商业联合会史料小组：《芜湖市米市的发生发展和改造的经过的概况（初稿）》，1959 年 9 月，芜湖市档案馆藏，编号：DFWX4.1.1。

安徽省教育厅编：《安徽全省户籍第一次报告书》表 21，北京图书馆藏，1929 年。

吴云：《民国芜湖采访录》（1933 年），安庆图书馆藏，1934 年。

严中平等编：《中国近代经济史统计资料选辑》，科学出版社 1955 年版。

章有义编：《中国近代农业史资料》第 3 辑，生活·读书·新知三联书店 1957 年版。

孙毓棠编：《中国近代工业史资料（1840—1895）》第 1 辑，科学出版社 1957 年版。

汪敬虞编：《中国近代工业史资料（1895—1914）》第 2 辑，科学出版社 1957 年版。

王铁崖编：《中外旧约章汇编》第 1 册，生活·读书·新知三联书店 1957 年版。

李文治编:《中国近代农业史资料》第一辑,生活·读书·新知三联书店1957年版。

彭泽益编:《中国近代手工业史资料(1840—1949)》,中华书局1962年版。

姚贤镐编:《中国近代对外贸易史资料》,中华书局1962年版。

许道夫编:《中国近代农业生产及贸易统计资料》,上海人民出版社1983年版。

国民党安徽省政府编:《安徽概览》(1944年),安徽省档案馆1986年印。

李必樟译编:《上海近代贸易发展概况:1854—1898英国驻上海领事贸易报告汇编》,上海社会科学院出版社1993年版。

聂宝璋编:《中国近代航运史资料》第1辑上册,上海人民出版社1983年版。

(清)冯煦主修,陈师礼总纂:《皖政辑要》,黄山书社2005年版。

[日]《戴生昌汽船暴行事件交涉始末》(1923年12月27日),《外务省警察史·支那之部(中支):在芜湖领事馆》第48卷。

方前移编译:《芜湖海关十年报告编译》,安徽师范大学出版社2019年版。

《民国二十一年海关中外贸易报告》,*Trade of China*,Volume 1,1932。

沈世培校注:《〈芜湖关华洋贸易情形论略〉校注》,安徽师范大学出版社2015年版。

《宋处士笼山主人张公传》,《芜南行春张氏信谱》第3册卷29《行春圩张氏信谱列传纪》,芜湖县桃园村相思园藏。

《芜湖常关土货税则(附手续)》,安徽师范大学图书馆古籍部藏。

芜湖市地方志办公室编:《国史中的芜湖》,黄山书社2012年版。

三 古籍文献

《左传》,岳麓书社1988年版。

(唐)白居易:《白居易集》,中华书局1979年版。

(宋)单锷:《吴中水利书》,清嘉庆墨海金壶本。

(宋)洪迈:《夷坚甲志》,清十万卷楼丛书本。

（宋）洪迈：《夷坚支志》，清景宋钞本。

（宋）刘宰：《漫塘文集》，1918年嘉业堂丛书本。

（宋）吴龙翰：《古梅遗稿》，清文渊阁四库全书本。

（宋）张孝祥：《于湖集》，四部丛刊景宋本。

（宋）周必大：《文忠集》，清文渊阁四库全书本。

（宋）周紫芝：《太仓稊米集》，清文渊阁四库全书补配清文津阁四库全书本。

（元）脱脱：《宋史》，中华书局1977年版。

（元）吴澄：《吴文正集》，清文渊阁四库全书本。

（明）顾起元：《座客赘语》，金陵丛刻本。

（明）胡我琨：《钱通》，四库全书本。

（明）瞿九思：《万历武功录》，两京北直隶明万历刻本。

（明）刘洪谟纂，王廷元点校：《芜关榷志》，黄山书社2006年版。

（明）申时行等：《明会典》（万历重修本），中华书局1989年版。

《明神宗实录》，台北："中研院"历史语言研究所1962年版。

（明）宋应星：《天工开物》，明崇祯初刻本。

（明）汪道昆：《太函集》，黄山书社2004年版。

（明）许次纾：《茶疏》，民国景明宝颜堂秘籍本。

（明）叶权：《贤博编》，中华书局1987年版。

（明）张萱：《西园闻见录》，民国哈佛燕京学社印本。

（明）赵宏恩等监修：《江南通志》，商务印书馆2013年版。

（清）陈梦雷等：《古今图书集成》，中华书局1934年影印本。

（清）顾炎武：《天下郡国利病书》，四部丛刊本，商务印书馆1935年版。

（清）贺长龄辑，魏源参修：《清经世文编》，上海古籍出版社1992年版。

（清）黄汴：《天下水陆路程》，山西人民出版社1992年版。

（清）刘献廷：《广阳杂记》，清同治四年钞本。

（清）马建忠：《适可斋记言》，台北：文海出版社1968年版。

（清）沈复：《浮生六纪》，人民文学出版社1980年版。

（清）宋晋：《水流云在馆奏议》，台北：成文出版社1970年版。

（清）孙承泽：《春明梦余录》，天香斋光绪九年刻。

（清）孙承泽：《天府广记》，北京出版社1962年版。

（清）王韬：《弢园文录外编》，中州古籍出版社1998年版。

《清宣宗实录》，伪满"国务院"1931年影印本，安徽师范大学图书馆藏。

（清）张廷玉等：《明史》，中华书局1974年版。

（清）张之洞：《劝学篇》，中州古籍出版社1998年版。

（清）郑观应：《盛世危言》，中州古籍出版社1998年版。

《（光绪）大清会典事例》，中华书局1991年影印本。

杨正泰校注：《天下水陆路程·天下路程图引·客商一览醒迷》，山西人民出版社1992年版。

许承尧：《歙事闲谭》，黄山书社2014年版。

四　地方志

（清）廖腾煃修，汪晋征等纂：《休宁县志》，清康熙三十二年刻本。

（清）丁廷楗、卢询修，赵吉士等纂：《徽州府志》，清康熙三十八年刻本。

（清）光绪《宣城县志》，清文渊阁四库全书本。

（清）李敏迪修，曹守谦纂：《太平府志》，清康熙四十六年增修钞本，台北：成文出版社1985年影印本。

（清）尹继善等修，黄之隽等纂：《江南通志》，清乾隆元年刻本。

（清）俞云耕等修，潘继善等纂：《婺源县志》，清乾隆二十二年刻本。

（清）梁启让修，陈春华纂：《芜湖县志》，清嘉庆十二年刻本，1913年重印本。

（清）熊祖诒纂修：《滁州志》，清光绪二十三年木活字本。

（清）李应珏：《皖志便览》，清光绪二十八年刻本。

（清）黄桂修，宋骧纂，李敏迪增修，曹守谦增纂：康熙《太平府志》，清光绪二十九年据康熙十二年刻，四十六年增刻本木活字重印本。

（清）秦达章修，何国佑等纂：《霍山县志》，清光绪三十一年木活字本。

欧阳铎：《当涂县志乡土志》，1916年石印本。

余谊密修，鲍寔纂：《（民国）芜湖县志》，黄山书社2008年版。

俞庆澜、刘昂修，张灿奎等纂：《宿松县志》，1921年活字本。

佚名纂：《无为县小志》（1931年），合肥市古旧书店1960年印。

［日］日本东亚同文会编：《支那省别全志·安徽省》第 12 卷，日本大正八年（1919 年），东京铅印本。

安徽省地方志编纂委员会编：《安徽省志》，方志出版社 1998 年版。

安徽省通志馆编：《民国安徽通志稿》，1934 年铅印本。

安庆地区地方志编纂委员会编：《安庆地区志》，黄山书社 1995 年版。

巢湖地区地方志编纂委员会编：《巢湖地区简志》，黄山书社 1995 年版。

巢湖市地方志编纂委员会编：《巢湖市志》，黄山书社 1992 年版。

池州地区地方志编纂委员会编：《池州地区志》，方志出版社 1996 年版。

滁县地区地方志编纂委员会编：《滁县地区志》，方志出版社 1995 年版。

滁州市地方志编纂委员会编：《滁州市志》，方志出版社 1998 年版。

戴鞍钢、黄苇主编：《中国地方志经济资料汇编》，汉语大词典出版社 1999 年版。

当涂县志编纂委员会编：《当涂县志》，中华书局 1996 年版。

肥西县地方志编纂委员会编：《肥西县志》，黄山书社 1994 年版。

杭海：《滁县乡土志》，滁州市方志办 1984 年印。

合肥市地方志编纂委员会编：《合肥市志》，安徽人民出版社 1999 年版。

怀宁地方志编纂委员会编：《怀宁县志》，黄山书社 1996 年版。

六安地区地方志编纂委员会编：《六安地区志》，黄山书社 1997 年版。

六安县地方志编纂委员会编：《六安县志》，黄山书社 1993 年版。

民国《怀宁县志》（1916 年），江苏古籍出版社 1998 年版。

南陵县地方志编纂委员会编：《南陵县志》，黄山书社 1994 年版。

史州：《皖志综述》，安徽省地方志编纂委员会 1988 年印。

舒城县地方志编纂委员会编：《舒城县志》，黄山书社 1995 年版。

舒景蘅等纂，朱之英修：《怀宁县志》，1918 年铅印本。

太湖县地方志编纂委员会编：《太湖县志》，黄山书社 1995 年版。

铜陵县地方志编纂委员会编：《铜陵县志》，黄山书社 1993 年版。

望江县地方志编纂委员会编：《望江县志》，黄山书社 1995 年版。

无为县地方志编纂委员会编：《无为县志》，社会科学文献出版社 1993 年版。

芜湖市地方志编纂委员会编：《芜湖市志》上册，社会科学文献出版社 1993 年版。

芜湖市地方志编纂委员会编：《芜湖市志》下册，社会科学文献出版社 1995 年版。

芜湖市粮油食品局编：《芜湖市志·粮食志》（评审稿），1988 年。

宣州市地方志编纂委员会编：《宣城县志》，方志出版社 1996 年版。

宣城地区地方志编纂委员会编：《宣城地区志》，方志出版社 1998 年版。

五 文史资料

安徽省政协文史资料委员会编：《安徽文史资料选辑》第 2 辑，安徽人民出版社 1983 年版。

安徽省政协文史资料委员会编：《安徽文史资料选辑》第 13 辑，安徽省出版局 1983 年印。

安徽省政协文史资料委员会编：《安徽文史资料选辑》第 14 辑，巢湖印刷厂 1983 年印。

安徽省政协文史资料委员会编：《安徽文史资料》第 15 辑，安徽人民出版社 1983 年版。

安徽省政协文史资料委员会编：《安徽文史资料》第 26 辑，安徽人民出版社 1986 年版。

方兆本主编：《安徽文史资料全书·芜湖卷》，安徽人民出版社 2007 年版。

方兆本主编：《安徽文史资料全书·铜陵县卷》，安徽人民出版社 2006 年版。

方兆本主编：《安徽文史资料全书·巢湖卷》，安徽人民出版社 2007 年版。

芜湖市政协文史资料委员会编：《芜湖文史资料》第 1 辑，安徽人民出版社 1984 年版。

芜湖市政协文史资料委员会编：《芜湖文史资料》第 2 辑，芜湖政协 1986 年印。

芜湖市政协文史资料委员会编：《芜湖文史资料》第 4 辑，芜湖日报社印刷厂 1990 年印。

芜湖市政协文史资料委员会编：《芜湖文史资料》第 5 辑，芜湖市大江印刷厂印。

安庆市政协文史资料委员会编：《安庆文史资料·工商经济史料专辑（一）》第 13 辑，安庆市彩色印刷厂 1986 年印。

安庆市政协文史资料委员会编：《安庆文史资料·工商经济史料专辑（三）》第 23 辑，安庆市委机关印刷厂 1991 年印。

马鞍山市政协文史资料委员会编：《马鞍山文史资料》第 4 辑，马鞍山市政协文史资料委员会 1986 年印。

望江县政协文史资料委员会编：《望江文史资料》第 1 辑，1984 年。

六 著作

黄序鹓：《海关通志》，共和印刷局 1917 年版。

何炳贤：《中国的国际贸易》，《民国丛书》第 1 编第 38 种，上海书店出版社 1937 年版。

严中平：《中国棉纺织史稿》，科学出版社 1955 年版。

张家驹：《两宋经济重心的南移》，湖北人民出版社 1957 年版。

王亚南：《中国半封建半殖民地经济形态研究》，人民出版社 1957 年版。

中国近代经济史资料丛刊编委会编：《中国海关与英德续借款》，中华书局 1982 年版。

许同莘、汪毅：《通商约章类纂》卷 8，《近代中国史料丛刊续辑》第 463 种，台北：文海出版社 1984 年版。

胡如雷：《中国封建社会形态研究》，生活·读书·新知三联书店 1979 年版。

傅筑夫：《中国经济史论丛》上册，生活·读书·新知三联书店 1980 年版。

郑友揆：《中国的对外贸易和工业发展（1840—1948）》，上海社会科学院出版社 1984 年版。

樊百川：《中国轮船航运业的兴起》，四川人民出版社 1985 年版。

张海鹏王廷元：《明清徽商资料选编》，黄山书社 1985 年版。

杜石然等：《中国科学技术史稿》上册，科学出版社 1985 年版。

吴承明：《中国资本主义与国内市场》，中国社会科学出版社 1985 年版。

徐传钊：《古镇三河》，政协肥西文史委员会 1985 年印。

于素云、张俊华、周品威：《中国近代经济史》，辽宁人民出版社 1985

年版。

高本华等:《安徽省经济地理》,新华出版社1986年版。

李天敏:《安徽历代政区治地通释》,安徽省文化厅文物志编辑室1986年印。

郑玉林、高本华:《中国人口(安徽分册)》,中国财政经济出版社1987年版。

漆侠:《宋代经济史》,上海人民出版社1987年版。

安徽省党史工作委员会编:《安徽革命史话》,黄山书社1987年版。

王鹤鸣:《安徽近代经济探讨:1840—1949》,中国展望出版社1987年版。

安徽省政协文史资料委员会:《工商史迹》,安徽人民出版社1987年版。

沈云龙主编:《近代中国史料丛刊》,台北:文海出版社1987年版。

邓广铭、漆侠:《两宋政治经济问题》,知识出版社1988年版。

袁继成:《近代中国租界史稿》,中国财政经济出版社1988年版。

徐学林:《安徽城市》,中国城市经济社会出版社1989年版。

程必定、汪贵胜、许祖范:《安徽近代经济史》,黄山书社1989年版。

张学恕:《中国长江下游经济发展史》,东南大学出版社1990年版。

翁飞等:《安徽近代史》,安徽人民出版社1990年版。

樊树志:《明清江南市镇探微》,复旦大学出版社1990年版。

武进:《中国城市形态:结构、特征及其演变》,江苏科技出版社1990年版。

张仲礼:《近代上海城市研究》,上海人民出版社1990年版。

王涌:《中国四大米市》,漓江出版社1990年版。

谢国兴:《中国现代化的区域研究:安徽省(1860—1937)》,台北:"中研院"近代史研究所1991年版。

杜恂诚:《民族资本主义与旧中国政府(1840—1927)》,上海社会科学院出版社1991年版。

王鹤鸣、施立业:《安徽近代经济轨迹》,安徽人民出版社1991年版。

隗瀛涛:《近代重庆城市史》,四川大学出版社1991年版。

费成康:《中国租界史》,上海社会科学院出版社1991年版。

马茂棠:《安徽航运史》,安徽人民出版社1991年版。

上海市政协文史资料委员会：《列强在中国的租界》，中国文史出版社1992年版。

顾朝林：《中国城镇体系》，商务印书馆1992年版。

王笛：《跨出封闭的世界——长江上游区域社会研究（1664—1911）》，中华书局1992年版。

罗荣渠等：《中国现代化历程的探索》，北京大学出版社1992年版。

罗荣渠：《现代化新论——世界与中国的现代化进程》，北京大学出版社1993年版。

该书编辑委员：《中国商业百科全书》，中国大百科全书出版社1993年版。

张洪祥：《近代中国通商口岸与租界》，天津人民出版社1993年版。

茅家琦等：《横看成岭侧成峰——长江下游城市近代化的轨迹》，江苏人民出版社1993年版。

罗树伟：《近代天津城市史》，中国社会科学出版社1993年版。

李时岳：《近代史新论》，汕头大学出版社1993年版。

皮明庥主编：《近代武汉城市史》，中国社会科学出版社1993年版。

何一民：《中国城市史纲》，四川大学出版社1994年版。

张南等：《简明安徽通史》，安徽人民出版社1994年版。

浦善新：《中国行政区划概论》，知识出版社1995年版。

张海鹏、王廷元：《徽商研究》，安徽人民出版社1995年版。

张仲礼：《东南沿海城市与中国近代化》，上海人民出版社1996年版。

郑学檬：《中国古代经济重心南移和唐宋江南经济研究》，岳麓书社1996年版。

徐正元：《中国近代四大米市考》，黄山书社1996年版。

梁庚尧：《南宋的农地利用政策》，台湾大学文史丛刊，1977年。

章有义：《明清及近代农业史论集》，中国农业出版社1997年版。

刘金声、曹洪涛：《中国近现代城市的发展》，中国城市出版社1998年版。

戴鞍钢：《港口·城市·腹地——上海与长江流域经济关系的历史考察（1843—1913）》，复旦大学出版社1998年版。

隗瀛涛：《中国近代不同类型城市综合研究》，四川大学出版社1998

年版。

宁可:《中国经济发展史》,中国经济出版社1999年版。

安庆市地方志编纂委员会:《安庆之最》,黄山书社1999年版。

熊月之:《上海通史》,上海人民出版社1999年版。

单强:《江南区域市场研究》,人民出版社1999年版。

欧阳发、周明洁、施立业:《经济史踪》,安徽人民出版社1999年版。

黄宗智:《长江三角洲小农家庭与乡村发展》,中华书局2000年版。

王玉茹等:《制度变迁与中国近代工业化》,陕西人民出版社2000年版。

吴承明:《中国的现代化:市场与社会》,生活·读书·新知三联书店2001年版。

郭万清、朱玉龙:《皖江开发史》,黄山书社2001年版。

朱庆葆:《传统城市的近代命运:清末民初安庆城市近代化研究》,安徽教育出版社2001年版。

杨天宏:《口岸开放与社会变革——近代中国自开商埠研究》,中华书局2002年版。

陈诗启:《中国近代海关史》,人民出版社2002年版。

周忍伟:《举步维艰:皖江城市近代化研究》,安徽教育出版社2002年版。

马敏、朱英等:《中国经济通史》(第八卷下),湖南人民出版社2002年版。

张仲礼、熊月之、沈祖炜:《长江沿江城市与中国近代化》,上海人民出版社2002年版。

许毅等:《从百年屈辱到民族复兴——北洋外债与辛亥革命的成败》,经济科学出版社2003年版。

陈振江:《发微集》,中华书局2003年版。

周超、朱志方:《逻辑、历史与社会科学合理性研究》,中国社会科学出版社2003年版。

杨宽:《中国古代冶铁技术发展史》,上海人民出版社2004年版。

刘尚恒:《二馀斋说书》,河北教育出版社2004年版。

何一民:《近代中国城市发展与社会变迁》,科学出版社2004年版。

复旦大学历史地理研究中心主编:《港口—腹地和中国现代化进程》,齐鲁书社 2005 年版。

李剑农：《中国古代经济史稿》，武汉大学出版社 2005 年版。

许涤新、吴承明编：《中国资本主义发展史》，人民出版社 2005 年版。

李明伟：《清末民初中国城市社会阶层研究（1897—1927）》，社会科学文献出版社 2005 年版。

沈世培：《文明的撞击与困惑：近代江淮地区经济和社会变迁研究》，安徽人民出版社 2006 年版。

吴松弟：《中国百年经济拼图：港口城市及其腹地与中国现代化》，山东画报出版社 2006 年版。

吴松弟：《港口：腹地与北方的经济变迁（1840—1949）》，浙江大学出版社 2011 年版。

郑大华、彭平一：《社会结构变迁与近代文化转型》，四川人民出版社 2008 年版。

李旭：《西南地区城市历史发展研究》，东南大学出版社 2011 年版。

杨颖奇等：《南京通史》，南京出版社 2011 年版。

张克锁编：《巢湖文化全书·历史文化卷》，安徽省巢湖皖中印务有限公司 2011 年印。

董增刚：《城市学概论》，北京大学出版社 2013 年版。

张宪华：《皖江历史与文献丛稿》，安徽师范大学出版社 2013 年版。

郭万清：《安徽地区城镇历史变迁研究》，安徽人民出版社 2014 年版。

康健：《近代祁门茶叶经济研究》，安徽科学技术出版社 2017 年版。

方前移：《国际视域下皖江区域经济（1877—1937）》，社会科学文献出版社 2018 年版。

卜凯：《芜湖一百零二农家社会及经济的调查》，徐澄译，金陵大学农林科出版社 1925 年版。

中共安徽省委中级党校政治经济学教研组编：《芜湖纺织厂史》，安徽人民出版社 1960 年版。

芜湖市文化局编：《芜湖古今》，安徽人民出版社 1983 年版。

芜湖市地方志办公室编：《芜湖人物志略》，南陵县印刷厂 1988 年印。

徐正元：《芜湖米市述略》，中国展望出版社 1988 年版。

鲍亦骐编：《芜湖港史》，武汉出版社 1989 年版。

芜湖市总工会工运史资料征集领导组：《芜湖工运史资料》，芜湖市总工会 1990 年印。

王鹤鸣：《芜湖海关》，黄山书社 1994 年版。

黄成林：《徽州文化地理研究》，安徽师范大学出版社 2018 年版。

芜湖市档案局编：《"双赢"的交流——芜湖与上海交流合作的回顾》（皖内部资料），2004 年印。

章征科：《从旧埠到新城：20 世纪芜湖城市发展研究》，安徽人民出版社 2005 年版。

芜湖市地方志办公室编：《芜湖风光揽胜》，黄山书社 2006 年版。

芜湖市地方志办公室等编：《芜湖古城》，黄山书社 2006 年版。

芜湖市地方志办公室编：《芜湖工业百年》，黄山书社 2008 年版。

芜湖市地方志办公室等编：《芜湖通史·古近代部分》，安徽人民出版社 2011 年版。

芜湖市地方志办公室等编：《芜湖科技之光》，黄山书社 2011 年版。

芜湖市地方志办公室等编：《芜湖古城》，黄山书社 2011 年版。

芜湖市地方志办公室编：《芜湖城镇历史变迁》，芜湖新华印务有限责任公司 2012 年印。

芜湖市地方志办公室等编：《芜湖商业史话》，黄山书社 2012 年版。

芜湖市地方志办公室编：《芜湖城镇变迁史话》，黄山书社 2013 年版。

芜湖市地方志办公室编：《徽商与芜湖》，黄山书社 2013 年版。

芜湖市地方志办公室编：《芜湖对外关系史》，黄山书社 2014 年版。

芜湖市地方志办公室编：《芜湖通史·江北卷》，黄山书社 2015 年版。

芜湖市文化研究与弘扬工作领导组编：《芜湖市文化研究论文汇编》第 2 辑，安徽师范大学出版社 2020 年版。

芜湖市档案馆编：《芜湖历史区域变迁概要》，安徽师范大学出版社 2022 年版。

戴卿：《这样读懂芜湖》，安徽师范大学出版社 2023 年版。

［英］莱特：《中国关税沿革史》，商务印书馆 1964 年版。

［美］费正清：《中国沿海的贸易和外交：1842—1854 年通商口岸的开埠》，Stanford University Press，1969 年。

［美］罗兹·墨菲：《局外人，西方在印度和中国的经验》，密歇根大学出

版社 1977 年版。

[美] 费正清:《剑桥中国晚清史》下卷,中国社会科学出版社 1985 年版。

[美] 罗兹墨菲:《上海——现代中国的钥匙》,上海人民出版社 1986 年版。

[英] G. 邓肯·米切尔:《新社会学词典》,上海译文出版社 1987 年版。

[美] 吉尔伯特·罗兹曼:《中国的现代化》,江苏人民出版社 1988 年版。

[美] 保罗·柯文:《在中国发现历史——中国中心观在美国的兴起》,中华书局 1989 年版。

[美] G. W. 施坚雅:《中国封建社会晚期城市研究》,吉林教育出版社 1991 年版。

[法] 费尔南·布罗代尔:《15 至 18 世纪的物质文明、经济和资本主义》第 1 卷,生活·读书·新知三联书店 1992 年版。

[法] 谢和耐:《中国社会史》,江苏人民出版社 1995 年版。

[美] G. W. 施坚雅:《中国农村的市场与社会结构》,中国社会科学出版社 1998 年版。

[美] G. W. 施坚雅 (G. William Skinner):《中华帝国晚期的城市》,中华书局 2000 年版。

[美] 费正清:《伟大的中国革命》,世界知识出版社 2000 年版。

[日] 依田熹家:《日中两国近代化比较研究》,上海远东出版社 2004 年版。

[德] 余凯思:《在"模范殖民地"胶州湾的统治与抵抗——1897—1914 年中国与德国的相互作用》,山东大学出版社 2005 年版。

[日] 滨下武志:《中国近代经济史研究——清末海关财政与通商口岸市场圈》,江苏人民出版社 2006 年版。

[美] 马克·戈特迪纳、雷·哈奇森:《新城市社会学》,上海译文出版社 2011 年版。

[日] 斯波义信:《宋代江南经济史研究》,江苏人民出版社 2012 年版。

[日] 斯波义信:《中国都市史》,北京大学出版社 2013 年版。

[美] 卜凯:《中国农家经济》(中译本),山西人民出版社 2015 年版。

七　期刊论文

张九皋：《芜湖手工炼钢业的片断史料》，《安徽史学通讯》1958年第1期。

张九皋：《濮家与芜钢》，《安徽史学通讯》1959年第3期。

安徽哲学社会科学研究所芜湖米市调查研究组等：《芜湖米市——旧中国四大米市之一》，《安徽史学通讯》1959年Z1期。

殷涤非：《芜湖蒋公山遗址调查小记》，《考古》1959年第9期。

《总结生产经验　制定操作标准　芜湖提高剪刀菜刀剃刀质量　永光厂先进经验剪刀耐用标准》，《人民日报》1962年5月8日。

唐晓峰、于希贤、尹钧钟、高松凡：《芜湖的聚落起源、城市发展及其规律的探讨》，《安徽师范大学学报》1980年第2期。

方裕谨：《顺治年间设关榷税档案选（上）》，《历史档案》1982年第2期。

黄逸平：《十九世纪末二十世纪初中国自然经济解体的程度》，《学术月刊》1982年第9期。

刘伯瑄、姚永森：《芜湖铁画溯源》，《安徽师大学报》1983年第2期。

沈卓娅：《芜湖铁画的历史和艺术特色》，《淮北煤师院学报》1984年第1、2期合刊。

王廷元：《论明清时期徽商与芜湖》，《安徽史学》1984年第4期。

黄文：《试论城乡经济关系》，《财经问题研究》1985年第1期。

周源和、吴中文：《上海历史人口研究》，《复旦学报》1985年第4期。

王鹤鸣：《安徽近代工业的发展过程及其特点》，《江淮论坛》1987年第6期。

徐新吾：《近代中国自然经济加深分解与解体的过程》，《中国经济史研究》1988年第1期。

郑祖安、施扣柱：《国内租界史研究概述》，《社会科学》1988年第9期。

胡光明：《被迫开放与天津城市近代化》，《天津社会科学》1989年第5期。

郝秀清：《近代芜湖海关的鸦片贸易》，《安徽史学》1990年第1期。

丁家新：《中国城乡经济关系合理化问题探讨》，《经济研究》1990年第

3 期。

王鹤鸣：《芜湖开埠对安徽近代经济的双重影响》，《合肥工业大学学报》1990 年第 2 期。

吴承明：《近代中国工业化的道路》，《文史哲》1991 年第 6 期。

罗澍伟：《近代天津城市史散论》，《近代史研究》1991 年第 4 期。

陈振江：《通商口岸与近代文明的传播》，《近代史研究》1991 年第 1 期。

徐正元：《中国近代稻米供需、运销状况的计量考察》，《中国经济史研究》1992 年第 1 期。

涂文学：《近代汉口城市文化生成机制探源》，《近代史研究》1992 年第 3 期。

刘海岩：《近代中国城市史研究的回顾与展望》，《历史研究》1992 年 3 期。

［日］香坂昌纪：《论清朝嘉庆年间的国家财政与关税收入》，《社会科学辑刊》1993 年第 3 期。

周叔莲、郭克莎：《试论城乡经济关系问题的研究》，《中国工业经济研究》1993 年第 5 期。

金碚：《国外城乡经济关系理论评介》，《中国工业经济研究》1993 年第 5 期。

周叔莲、郭克莎：《地区城乡经济关系研究的内容和特点》，《经济学家》1994 年第 2 期。

苏斌、刘军保：《城乡经济关系研究的基本理论问题探讨》，《新疆财经》1994 年第 2 期。

戴鞍钢：《近代上海与周围农村》，《史学月刊》1994 年第 2 期。

龚胜生：《论"湖广熟、天下足"》，《农业考古》1995 年第 2 期。

王相钦：《中国历史上的洋货、土货、国货》，《中国商人》1995 年第 3 期。

王笛：《近年美国关于近代中国城市的研究》，《历史研究》1996 年第 1 期。

谢国权：《近代长江中下游沿岸中等城市商业研究》，《安徽师大学报》1996 年第 3 期。

张家康：《芜湖米市兴衰录》，《民国春秋》1996 年第 5 期。

杜语：《近代中国通商口岸研究——历史与现状》，《中国社会科学院研究生院学报》1996年第6期。

徐正元：《中国近代农产商品化的发展与米市的形成》，《安徽史学》1997年第1期。

戴鞍钢：《近代上海与苏南浙北农村经济变迁》，《中国农史》1997年第2期。

张丽：《关于中国近代农村经济的探讨》，《中国农史》1999年第2期。

谢国权：《近代芜湖米市与芜湖城市的发展》，《中国社会经济史研究》1999年第3期。

谢国权：《典型的城市近代化之路——近代芜湖与南通城市结构与功能之比较》，《安徽史学》1999年第4期。

谢国权：《近代芜湖与无锡人口城市化之比较》，《东南大学学报》2000年第4期。

陈联：《明清时期的芜湖榷关》，《安徽师范大学学报》2000年第1期。

郑忠：《近代中国条约口岸城市发展特征——与非条约口岸城市之比较》，《江海学刊》2001年第4期。

赵彬：《近代烟台贸易与城乡关系变迁》，《山东师范大学学报》2002年第2期。

周忍伟：《商业对近代中国城市发展作用——芜湖米市分析》，《华东理工大学学报（社科版）》2002年第4期。

贾尚宏：《三河镇古民居之印象》，《小城镇建设》2002年第4期。

林红：《现代化、革命与20世纪上半叶中国城乡关系》，《四川大学学报》2002年第6期。

吴仁安：《明清时期芜湖的社会经济与市政建设》，《大同职业技术学院学报》2003年第2期。

隗赢涛、田永秀：《近代四川城乡关系析论》，《中华文化论坛》2003年第2期。

官爱兰：《论我国城乡经济关系的整合》，《企业经济》2003年第4期。

蔡云辉：《城乡关系与近代中国城市化问题》，《西南师范大学学报》2003年第5期。

廖声丰：《清代前期的芜湖榷关及其商品流通》，《中国社会经济史研究》

2004年第1期。

周忍伟：《传统城市近代工业发展轨迹和特征——芜湖近代工业个案研究》，《安徽史学》2004年第1期。

陈炜：《近代中国城乡关系的二重性：对立统一》，《长沙大学学报》2005年第3期。

连心豪：《近代中国通商口岸与腹地——厦门、泉州常关内地税个案研究》，《民国档案》2005年第4期。

陈敬宇：《芜湖米市的兴起及其与李鸿章的关系》，《安徽师范大学学报》2006年第5期。

戴国芳：《近代芜湖米市兴衰的原因及其影响》，《长江大学学报》2006年第5期。

吴松弟：《通商口岸与近代的城市和区域发展——从港口—腹地的角度》，《郑州大学学报》2006年第6期。

文余源、段娟：《城乡互动发展的相关理论基础及其启示》，《安徽农业科学》2007年第36期。

郑忠：《近代非条约口岸城市化道路——以南通、无锡、常州为例》，《江海学刊》2008年第2期。

李琳琦、秦璐：《芜湖在明清江南经济发展中的地位》，《合肥学院学报》2008年第3期。

孙致陆：《城乡二元经济结构与经济增长关系的实证研究》，《内蒙古农业大学学报》2008年第3期。

徐智：《边缘城市融入长三角的路径选择——基于近代以来芜湖与长三角城市关系的考察》，《南京工业大学学报》2008年第4期。

叶东、王佳：《近代航运业与芜湖城市的兴起》，《重庆交通大学学报》2009年第5期。

马长伟、马陵合：《晚清芜湖子口贸易》，《安徽师范大学学报》2009年第6期。

欧阳跃峰、叶东：《近代芜湖海关与对外贸易》，《北华大学学报》2009年第6期。

冯云廷：《我国城乡经济关系的评价及分析》，《中国软科学》2009年第10期。

孙弘、金兆怀：《东北地区城乡经济关系与城乡经济协调发展》，《社会科学战线》2009年第12期。

张金超辑注：《孙中山佚文三篇》，《民国档案》2010年第2期。

程霞珍：《皖江城市带承接产业转移的现状、问题与对策》，《安徽行政学院学报》2010年第4期。

水海刚：《中国近代通商口岸城市的外部市场研究》，《厦门大学学报》2011年第2期。

李玉：《从被动到"被动中的主动"：晚清开埠制度的变迁》，《江苏社会科学》2011年第3期。

樊翠花：《近三十年来近代中国城乡关系问题研究综述》，《周口师范学院学报》2012年第1期。

范习中：《近代安徽城市发展的动力因素分析——以芜湖、安庆、蚌埠为例》，《西南民族大学学报》2012年第2期。

王春芳：《稻米贸易与近代安徽长江流域市镇的发展》，《安徽大学学报》2012年第3期。

陈爱娟：《19世纪50—80年代芜湖米市米源地稻米生产能力的历史考察》，《安徽史学》2012年第3期。

曹大臣：《日本驻芜湖领事馆的历史考察（1922—1945）》，《民国档案》2012年第3期。

高帆：《中国城乡经济关系的演变逻辑：从双重管制到双重放权》，《学术月刊》2012年第6期。

戴鞍钢：《近代中国城乡经济关系演进述论》，《安徽史学》2013年第3期。

李云：《芜湖开埠与近代皖江城镇市场网络的形成》，《淮北师范大学学报》2013年第6期。

褚平：《新型城镇化建设不是"应景之作"》，《中国政协》2013年第14期。

贾根良：《甲午战争败于晚清领导集团的发展战略观——贾根良教授访谈录》，《管理学刊》2015年第2期。

李发根：《小区域研究对大历史的推动：大通与皖江近代史研究——兼谈"中国中心观""区域系统"在史学研究中的偏向》，《华中师范大学研究生学报》2015 年第 3 期。

方前移：《口岸市场上中外鸦片的竞争与替代（1877—1912）——基于芜湖海关资料分析》，《安徽史学》2016 年第 3 期。

方前移：《近代口岸市场米粮贸易波动研究——基于海关资料的分析》，《中国农史》2017 年第 1 期。

八　学位论文

方乐乐：《清末民初安庆社会变迁研究》，硕士学位论文，复旦大学，2002 年。

田兵权：《中国近代城市转型问题初探》，硕士学位论文，西北大学，2004 年。

陈金勇：《芜湖开埠与近代皖江地区社会经济的变迁（1876—1937）》，硕士学位论文，苏州大学，2005 年。

方书生：《近代经济区的形成与运作——长三角与珠三角的口岸与腹地（1842—1937）》，博士学位论文，复旦大学，2007 年。

董首玉：《航运近代化与皖江地区的开发（1877—1937）》，硕士学位论文，安徽大学，2010 年。

黎剑飞：《民国时期皖江流域的工商业研究》，硕士学位论文，安徽大学，2010 年。

杨莲：《芜湖与近代皖江地区的经济互动（1876—1937）》，硕士学位论文，安徽师范大学，2010 年。

李德尚：《近代安徽手工业研究》，硕士学位论文，安徽大学，2011 年。

李猛：《芜湖开埠与芜湖近代工业发展》，硕士学位论文，安徽师范大学，2015 年。

丁琦：《近代芜湖与郊县城乡互动研究》，硕士学位论文，安徽师范大学，2012 年。

陈海群：《芜湖开埠与皖江地区手工业研究（1877—1937）》，硕士学位论文，安徽师范大学，2014 年。

马琼：《近代芜湖口岸开放与城市转型研究（1876—1937）》，硕士学位论文，安徽师范大学，2014 年。

刘博：《近代芜湖与上海经济互动关系研究》，硕士学位论文，安徽师范大学，2014年。

张翀：《近代皖江地区稻米的商品化》，硕士学位论文，安徽师范大学，2015年。

九　近代报刊

《皖江日报》《安徽俗话报》《吉林官报》《东方杂志》《申报》《农商公报》《新闻报》《新青年》《时报》《民国日报》《安徽实业杂志续刊》《学风》《工商半月刊》《社会经济月报》《粮食调查丛刊》《安徽建设月刊》《工商报》《安徽建设月刊》《安徽政务月刊》《中国建设》《安徽建设》《社会经济月报》《安徽实业杂志续刊》《安徽政治》《社会经济月报》《中央日报》《史学工作通讯》《福建商业公报》《抗敌》《鹊江日报》《安徽半月刊》《字林沪报》《吉林官报》《捷报》《中外日报》《中原月刊》。